다함께 블렌더 3D

실사 소품·캐주얼 캐릭터·제페토 아이템,
모두를 위한 3D 입문서

다함께 블렌더 3D

실사 소품·캐주얼 캐릭터·제페토 아이템, 모두를 위한 3D 입문서

초판 1쇄 2023년 5월 30일
　　2쇄 2024년 4월 12일

지은이 김현
발행인 최홍석

발행처 ㈜프리렉
출판신고 2000년 3월 7일 제 13-634호
주소 경기도 부천시 길주로 77번길 19 세진프라자 201호
전화 032-326-7282(代) **팩스** 032-326-5866
URL www.freelec.co.kr

편집 서선영 박영주
표지 디자인 황인옥
본문 디자인 황지영

ISBN 978-89-6540-360-9

이 책은 저작권법에 따라 보호받는 저작물이므로 무단 전재와 무단 복제를
금지하며, 이 책 내용의 전부 또는 일부를 이용하려면 반드시 저작권자와
㈜프리렉의 서면 동의를 받아야 합니다.
책값은 표지 뒷면에 있습니다.
잘못된 책은 구입하신 곳에서 바꾸어 드립니다.
이 책에 대한 의견이나 오탈자, 잘못된 내용의 수정 정보 등은
프리렉 홈페이지(www.freelec.co.kr) 또는 이메일(help@freelec.co.kr)로 연락 바랍니다.

김 현 지음

프리렉

저자 소개

김현

현재 한국공학대학교 게임공학과 교수로, 게임 그래픽을 가르치고 있다. 홍익대학교 대학원에서 애니메이션을 전공한 뒤, 게임그래픽스튜디오 [ZIONPICTURES]와 [GIZMO]의 대표를 역임하면서 다수의 상용 게임 제작에 참여했다. 또한, 국제기능올림픽 게임아트 직종 지도위원 및 기능경기대회 애니메이션 직종 기술위원으로도 활동한 바 있다. 저술한 책으로는 《3ds Max 게임 캐릭터 디자인 2024》, 《ZBrush 게임 캐릭터 디자인》, 《3D 캐릭터 제작 프로젝트》 등이 있다.

서문

블렌더(Blender)는 무료로 이용할 수 있는 프로그램이면서 강력한 3D 그래픽 소프트웨어입니다. 어떤 면에서는 블렌더가 3ds Max나 MAYA(마야) 프로그램보다 나은 부분도 있습니다. 블렌더에서는 3D 모델링, 텍스처 및 재질(Material) 생성, 빛과 그림자 설정, 카메라 배치 및 렌더링, 애니메이션과 모션 그래픽 등 대부분의 그래픽 영역의 작업을 수행할 수 있습니다.

이 책은 블렌더(Blender)를 처음 사용하는 사람들을 위한 입문서입니다. 따라서 블렌더에서 할 수 있는 수많은 작업 중에 기본적이면서도 필수적인 작업을 소개합니다. 초보자를 위한 블렌더의 기본적인 사용 방법부터 시작하여 3D 모델링, 텍스처 및 재질 생성, 빛과 그림자 설정, 카메라 및 렌더링, 리깅까지 설명합니다. 애니메이션 및 모션 그래픽 내용은 이후에 출간될 다음 도서에서 소개하도록 하겠습니다.

독자 여러분은 이 책을 통해 블렌더 사용법을 익히고 자신만의 3D 그래픽 작업을 할 수 있습니다. 3D 그래픽 작업에 대한 지식이 없는 초보자를 대상으로 작성된 도서인 만큼, 블렌더를 잘 모르는 독자도 쉽게 따라 할 수 있도록 작성했습니다. 물론 블렌더 초보자가 아니라, 이미 블렌더를 경험해 본 유경험자도 이 책을 통해 블렌더의 새로운 기능과 작업 방법을 배울 수 있습니다.

각 Chapter는 실습 예제를 기반으로 블렌더의 메뉴 및 기능, 작업 방법을 설명하고 있습니다. 이론적인 내용뿐만 아니라 실제 블렌더 작업 과정에서 발생할 수 있는 문제점을 해결하는 방법에 대해서도 다루고 있습니다. 책 내용을 따라 하면서 블렌더의 다양한 기능을 경험하고 자신만의 3D 그래픽 작업물을 만들어 보실 수 있을 것입니다.

독자 여러분이 이 책과 함께, 새로운 시각적 경험을 만들어 내는 재미와 성취감을 느끼길 바랍니다.

PART 1
3D 그래픽과 블렌더에 대해 알아보자

Chapter 01 블렌더의 기본을 배우자 — 9
- Section 01 블렌더 시작하기 — 10
- Section 02 인터페이스 및 화면 구성 — 23
- Section 03 오브젝트 조작하기 — 41
- Section 04 기타 블렌더 기초 조작법 — 46

Chapter 02 직접 모델링을 해보자 — 51
- Section 01 오브젝트 모드(Object Mode) — 52
- Section 02 에디트 모드(Edit Mode) — 61
- Section 03 Modify Properties — 79
- Section 04 AddOn — 110

Chapter 03 매핑에 대해 알아보자 — 137
- Section 01 쉐이딩(Shading) — 138
- Section 02 UV Editing(UV 작업) — 144
- Section 03 Texture Paint(텍스처 페인트) — 160

PART 2
블렌더로 3D 그래픽을 완성해 보자

Chapter 04 2D 원화에서 3D 고양이 캐릭터 만들기 — 167
- Section 01 모델링 — 168
- Section 02 UV — 199
- Section 03 Textures — 209
- Section 04 자세 잡기 — 216
- Section 05 렌더링 — 231

PART 3
더 다양한 블렌더 스킬을 익히자

Chapter 05 라디오 만들기: 하드 서피스 모델링 　247
- Section 01　라디오 모델링　248
- Section 02　라디오 매핑　270
- Section 03　렌더링　281

Chapter 06 나이프 만들기: 실사 이미지로부터 　287
- Section 01　나이프 모델링　288
- Section 02　나이프 매핑　314
- Section 03　렌더링　331

PART 4
더 복잡한 3D 그래픽에 도전하자

Chapter 07 여자 캐주얼 캐릭터: 스컬핑부터 리깅까지 　335
- Section 01　얼굴 모델링: 스컬핑(Sculpting)　336
- Section 02　몸통 모델링　375
- Section 03　디테일 모델링 및 마무리　411
- Section 04　매핑(Mapping)　427
- Section 05　자세 잡기　439

[부록] PART 5
블렌더를 활용해 보자

Chapter 08 제페토 아이템 만들기 　459
- Section 01　상의(반팔 티셔츠) 제작하기　460
- Section 02　액세서리(가방) 제작하기　489

Section 01
블렌더 시작하기

Section 02
인터페이스 및 화면 구성

Section 03
오브젝트 조작하기

Section 04
기타 블렌더 기초 조작법

Chapter 01
블렌더의 기본을 배우자

블렌더를 처음 접하는 분들을 위해 블렌더 설치부터 설정, 그리고 간단한 작동 방법까지 기본적인 사용 방법에 대해 안내하겠습니다. 본격적으로 블렌더로 작업하기 전에 준비해야 할 것들과 기억해 두었으면 하는 것들을 최소한으로 정리했습니다.

SECTION 01 | 블렌더 시작하기

1 블렌더란?

블렌더는 네덜란드의 Blender Foundation이 오픈 소스로 개발한 통합 3DCG(3D Computer Graphics) 소프트웨어입니다. 라이센스 무료로 누구나 자유롭게 사용할 수 있어 아마추어 사용자와 프로 전문가를 불문하고 전세계에 널리 보급되어 왔습니다.

블렌더는 3차원상에서의 형태를 제작하는 모델링(Modeling)부터 그 모델에 색이나 질감을 주는 매트리얼(Materials), 모델에 움직임을 더해 한층 더 생동감을 부여하는 애니메이션(Animation)과 시뮬레이션(Simulation), 작업한 3D 결과물을 정지화면이나 동영상에 출력하는 렌더링(Rendering), 영상 편집의 컴퍼지트(Composite)까지, 3D 그래픽과 관련된 거의 모든 제작 환경을 커버해, 최첨단의 프로 콘텐츠 제작까지 가능한 강력한 툴이 되고 있습니다.

최근에는 3D 프린터를 활용하여 직접 제작한 모델을 현실의 물체로 출력할 수도 있고, 가상 공간에서 사용하는 아바타 혹은 아이템 등을 취미로 제작하기도 합니다. 이때, 블렌더는 무료 프로그램이므로 누구나 부담 없이 시작할 수 있는 소프트웨어입니다. 블렌더는 본격적인 상업 현장에서 표준이 되는 다른 3DCG 소프트웨어에 버금가는 기능을 가지고 있음에도 무료일뿐더러, 클라우드 사용이나 원격 작업 환경에서의 활용도가 높아서 매력적인 옵션으로 블렌더가 주목받고 있습니다.

블렌더의 초기 버전에서는 기능과 조작이 불편했던 적도 있었습니다. 그러나 버전을 거듭해 3.0이 된 지금(2023년 3월 기준), 조작이 보다 편리해졌고 사용자도 늘어나 블렌더 관련 정보가 많아졌고 누구나 쉽게 접근할 수 있는 소프트웨어로 성장했습니다. 블렌더는 그 성장을 멈추지 않고 최첨단의 기술을 계속 받아들이면서, 사용자들의 의견을 적극 받아들여 앞으로도 활발하게 계속 개발될 것으로 보입니다.

2 블렌더 설치하기

블렌더를 직접 사용하기 위해 먼저 블렌더를 설치해 보겠습니다.

01 블렌더 공식 사이트(https://www.blender.org/)에 접속합니다. 화면 가운데에 있는 [Download Blender] 버튼을 클릭하거나, 화면 상단의 [Download] 메뉴를 클릭합니다. 이후 이동한 페이지에서 [Download Blender 3.X] 버튼을 클릭하고(X의 숫자는 그림과 다를 수 있습니다. 가장 최신의 버전을 보여주기 때문입니다.) 기다리면 다운로드가 시작됩니다.

 블렌더 공식 사이트 https://www.blender.org/

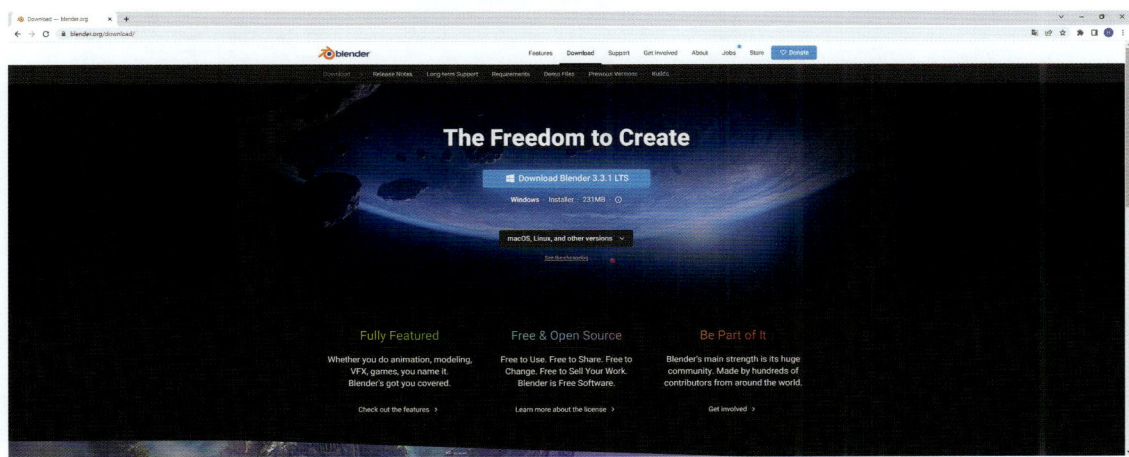

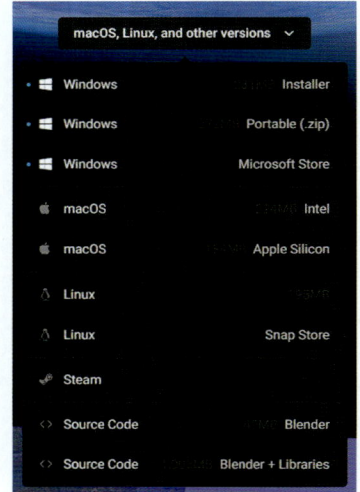

01-1 [Download Blender 3.X] 버튼 아래에 있는 [macOS, Linux, and other versions] 메뉴를 클릭하면 휴대용 버전, Microsoft Store 버전, Steam 버전 및 Windows 이외의 OS용 버전 등, 다양한 버전으로 블렌더를 다운로드할 수도 있으므로 사용 환경에 맞는 것을 다운로드하길 바랍니다.

02 다운로드가 완료되면 블렌더 설치 프로그램을 클릭하여 실행합니다. 나타난 설치 화면에서 [Next]를 클릭합니다.

03 다음 화면에서 라이센스가 표시됩니다. 조항에 동의하는 확인란을 선택하고 [Next(다음)]를 클릭합니다.

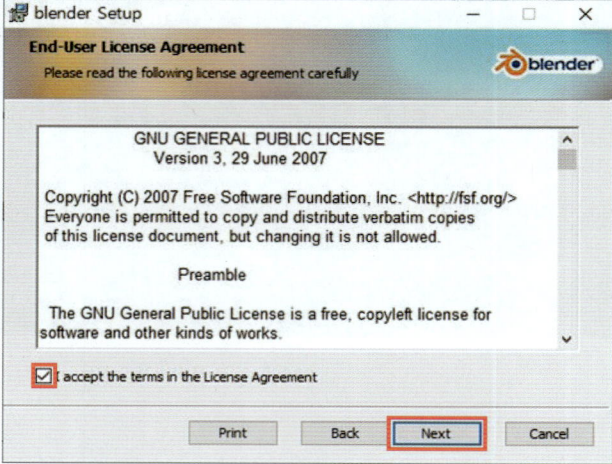

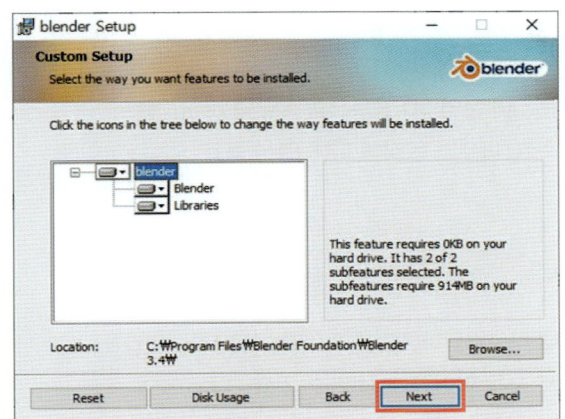

04 사용자 정의 설정을 설정합니다. 특이사항이 없는 경우에는 그대로 [Next(다음)]를 클릭하여 진행합니다.

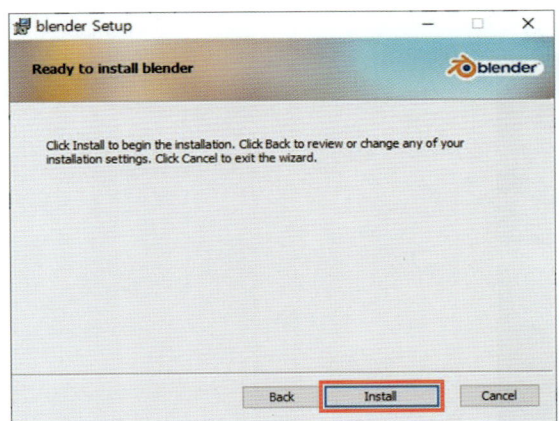
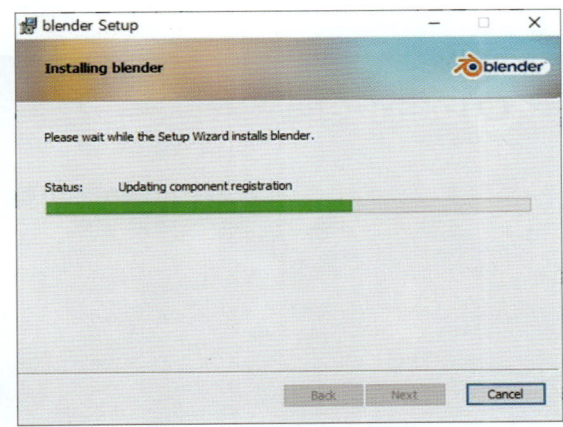

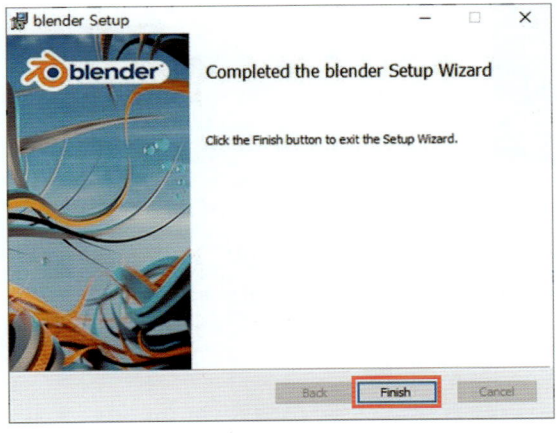

05 [Install]을 클릭하면 설치가 시작됩니다. 사용자 계정 컨트롤 경고창이 뜨면 [예]를 선택하고 계속 진행하면 됩니다.

06 'Completed the Blender Setup Wizard' 문구가 적힌 화면이 나타나고 [Finish(마침)] 버튼을 클릭하면 설치가 완료됩니다. 바탕화면과 시작 메뉴에 블렌더가 설치된 것을 확인할 수 있습니다.

3 환경 설정

이제 블렌더를 실행하고 설정을 시작해 보겠습니다. 블렌더는 대부분의 3D 프로그램과 같이 사용자의 편의에 따라 설정할 수 있습니다. 언어 설정부터 단축키, 마우스 동작에 따른 액션 등을 설정할 수 있습니다.

3.1 언어 설정

처음 시작할 때만 빠른 설정 창(Quick Setup)이 화면 정가운데 나타납니다(여기에 표시되는 이미지는 블렌더 버전에 따라 다릅니다). 이 창의 [Language] 메뉴에서 사용 언어를 설정할 수 있습니다. 한글도 지원하지만 일반적으로 실무에선 영어 버전으로 작업합니다. 영어로 설정하고 쓰는 것을 추천하며, 우리 책의 내용도 영어 버전을 기본으로 설명하겠습니다.

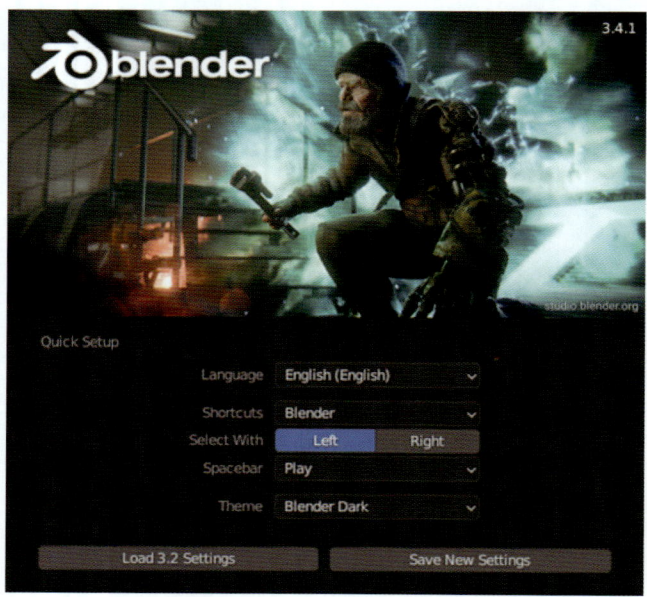

> **참고**
> 이전에 다른 버전의 블렌더를 사용한 적이 있다면 빠른 설정 창의 가장 하단에 [Load 0.00 Settings] 버튼이 표시됩니다. 해당 버튼을 클릭하면 그 버전의 설정을 현재 실행한 블렌더로 그대로 불러올 수 있습니다.

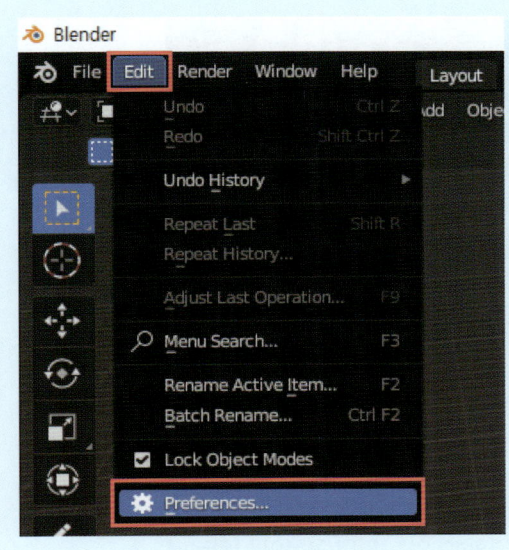

빠른 설정 창에서 언어 설정을 놓쳤거나 잘못 설정했어도 걱정하지 않아도 됩니다. 블렌더 프로그램에 접속한 후에도 얼마든지 언어 설정을 변경할 수 있습니다.

01 상단 메뉴 중 [Edit]을 클릭한 후, [Preferences]를 선택하여 설정 창을 켭니다.

02 왼쪽에서 [Interface] 탭을 선택한 후, 오른쪽 영역에서 [Translation]을 선택합니다.

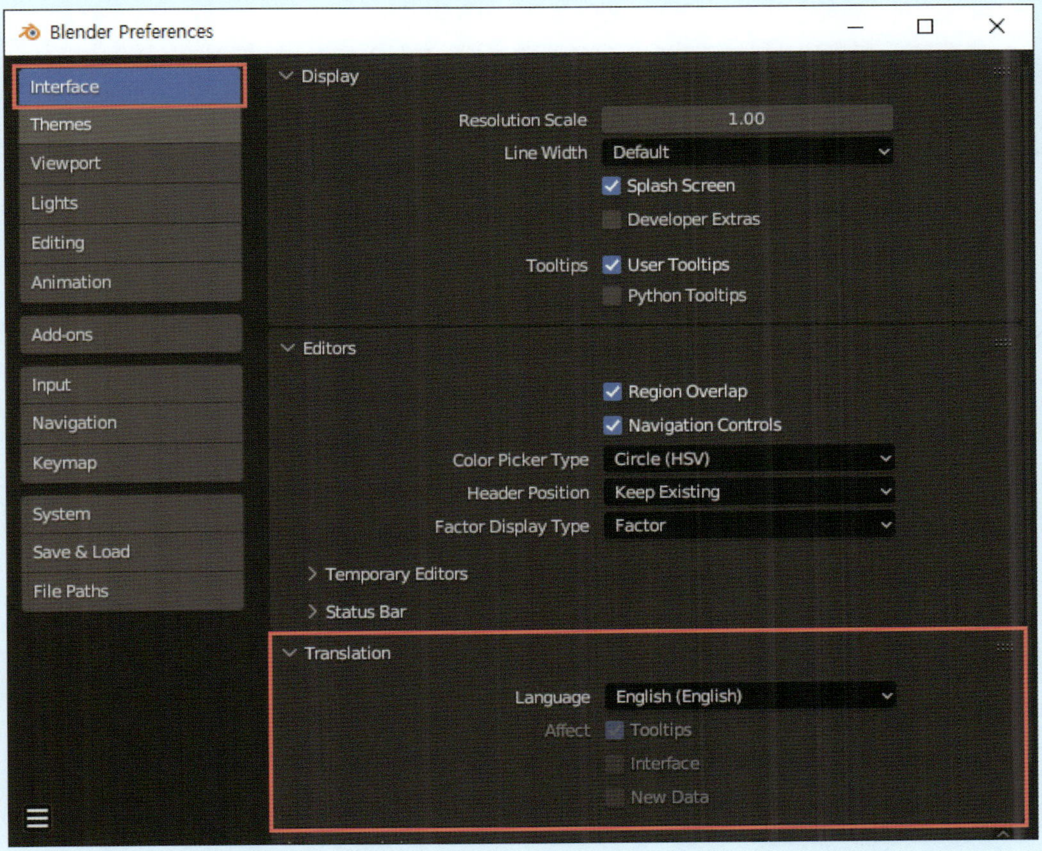

03 [Languages] 메뉴를 보면 언어가 현재 설정된 [English(English)]로 되어 있는 것을 확인할 수 있습니다. 해당 부분을 클릭하면 변경할 수 있는 언어 목록이 나타납니다. 설정하고자 하는 언어를 선택하여 언어 설정을 완료합니다.

3.2 스플래시 화면

빠른 설정 창에서 [Next] 버튼을 클릭하면 스플래시 화면이 나옵니다. 이 화면은 매번 실행할 때마다 나타납니다 (여기에 표시되는 이미지는 블렌더 버전에 따라 다릅니다). 이 화면에서는 작업 방식을 선택하거나 최근 작업한 파일을 바로 불러올 수 있습니다. 창 바깥의 영역을 클릭하면 창을 끌 수 있습니다.

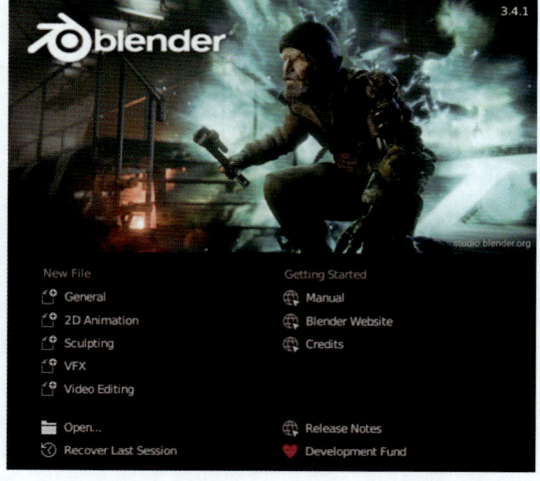

3.3 숫자 키패드/마우스 설정

블렌더 설정은 기본값으로 사용하는 것이 간편하고 좋으나, 숫자 키패드와 마우스의 설정을 변경하여 사용하면 단축키가 많이 사용되는 블렌더의 특징을 살려 더욱 블렌더를 쉽게 활용할 수 있습니다.

블렌더는 시점을 변경하거나 조작할 때 숫자 키패드(보통 키보드의 오른쪽에 위치합니다)를 많이 활용합니다. 만약 여러분이 숫자 키패드가 없는 키보드를 사용하고 있어도 걱정하지 마세요. 블렌더에서 별도의 설정 과정을 거치면, 키보드 상단에 위치한 숫자 키를 시점 변경 단축키로 사용할 수 있습니다. 숫자 키패드와 마우스 설정을 해보겠습니다.

01 상단 메뉴의 [Edit]을 클릭한 후 [Preference]를 선택합니다.

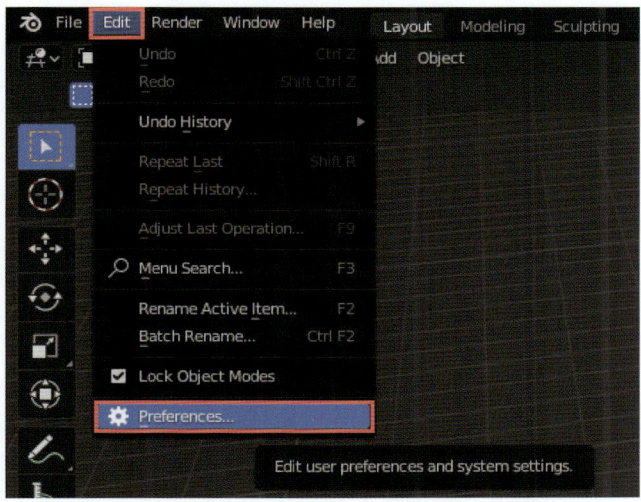

02 왼쪽 탭 중 [Input]을 클릭합니다. 오른쪽 영역에서 가장 상단의 [Keyboard] 부분을 보면 [Emulate Numpad]가 있습니다. 이 부분을 체크하여 활성화합니다. 이제 키보드 상단의 숫자 키를 숫자 키패드 대신 사용할 수 있습니다.

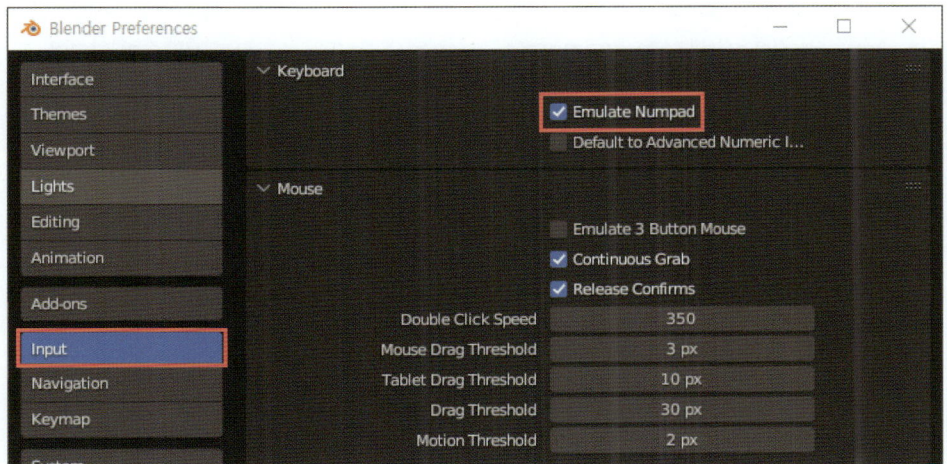

03 블렌더는 마우스 가운데에 위치한 휠을 스크롤하거나 클릭하는 것에도 기능이 실행됩니다. 따라서 가능하다면 마우스 가운데에 휠이 있는 휠마우스를 사용하는 것이 좋습니다. 만약 현재 사용하는 마우스가 휠마우스가 아니라면 오른쪽 영역의 [Mouse] 부분에서 [Emulate 3 Button Mouse]를 활성화합니다. 이 기능을 활성화하면, 마우스 휠 클릭이 마우스 우클릭과 좌클릭을 동시에 하는 것으로 대체됩니다.

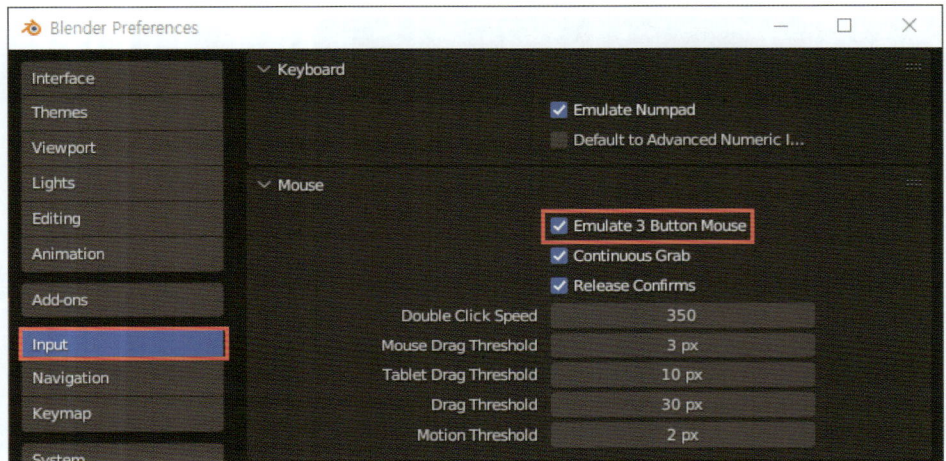

3.4 환경 설정 저장하기

설정을 완료한 뒤 반드시 설정 내용을 저장해야 합니다. 기본적으로, 설정 화면 왼쪽 하단의 3줄 버튼을 누르면 [Auto-Save Preferences(설정 자동 저장)]이 체크되어 있습니다. 따라서 설정이 변경되면 따로 저장하지 않아도, 자동으로 변경된 설정이 저장되며 그대로 설정 화면을 닫아도 문제없습니다. 초기 상태의 설정으로 되돌리려면 [Load Factory Preferences]를 선택하면 됩니다.

4 블렌더로 할 수 있는 3D 작업

블렌더는 3D 작업에 기본적인 모델링(Modeling)이나 렌더링(Rendering) 기능 외에도 모델에 색이나 질감을 부여하는 매트리얼(Material), 점토를 빚어나가듯 물체를 만드는 스컬프트(Sculpt), 움직임을 더하는 애니메이션(Animation)과 시뮬레이션(Simulation) 등 다양한 기능을 제공합니다. 3D 프로그램을 처음 접하거나 3D 작업을 처음 해본다면 3D 관련 용어가 어렵고 낯설게 느껴질 수 있습니다. 이번에는 블렌더를 통해 구현할 수 있는 3D 작업과 용어를 간단하게 설명하겠습니다. 이후 실습 과정에서도 자주 나오는 용어들이니 익숙해지길 바랍니다.

4.1 모델링(Modeling)

모델링이란 가상의 3D 공간에서 캐릭터 또는 배경을 형상화하는 것을 말합니다. 점(Vertex)들이 모여서 선(Edge)이 되고, 선들이 모여서 면(Face, Polygon)이 되고 면들이 모여서 삼차원 오브젝트(Element)가 만들어집니다.

모델링은 폴리곤 모델링과 넙스 모델링으로 구분할 수 있습니다. 폴리곤(Polygon) 모델링은 앞서 말한 폴리곤, 즉 삼각형이나 사각형 '면'을 조합하여 형상화하는 것입니다. 넙스(Nurbs)는 'Non-Uniform Rational B-Splines'의 약자로 넙스 모델링은 표면을 설계하고 모델링하는 산업 표준입니다. 복잡한 표면을 모델링하는 데 적합합니다. 블렌더는 이 두 가지 방식을 모두 지원합니다. 일반적으로 폴리곤 모델링이 많이 사용되므로 우리 책은 폴리곤 모델링을 중심으로 설명하겠습니다.

> **참고**
>
> **3D 오브젝트**
>
> 점(Vertex)과 점이 모여서 선(Edge)이 되고, 선과 선이 모여서 면(Polygon)이 되고 면들이 모여서 3D 오브젝트(Element)가 됩니다. 이때 Face는 삼각면을, Polygon은 사각면을 뜻합니다.
>
>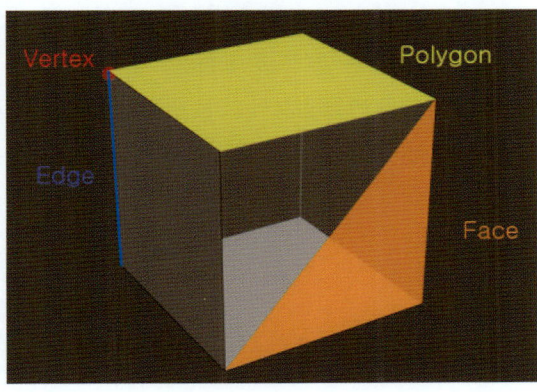

4.2 매트리얼(Material)

매트리얼은 3D 오브젝트의 표면 재질을 설정하는 기능입니다. 매트리얼의 색이나 질감, 투명도와 빛의 반사율, 광택 등을 조정하여 오브젝트가 실제 현실의 물체와 동일하게 보이게 할 수 있습니다. 반짝반짝 빛나는 금속이나 광물부터 투명한 유리, 단단한 나무, 심지어는 인간의 피부까지 표현할 수 있습니다. 매트리얼을 잘 다루면 보다 사실적인 3D 작업물을 만들어 낼 수 있습니다.

4.3 매핑(Mapping)

매핑은 모델링된 오브젝트에 색과 재질을 입히는 단계입니다. 앞서 소개한 매트리얼 역시 오브젝트에 색과 재질을 입히는 것이지만, 매트리얼만으로는 표현할 수 없는 무늬나 문양들이 있습니다. 이런 경우엔 이미지를 텍스처로 오브젝트에 붙이는 방식으로 표현합니다.

매핑을 하려면 마치 전개도처럼, 3D 오브젝트의 모든 면을 펼쳐서 2D로 만들어야 합니다. 이 작업은 UV 또는 Unwrap이라고 합니다. UV는 이어지는 실습 과정에도 자주 나오는 용어이니 꼭 기억하길 바랍니다.

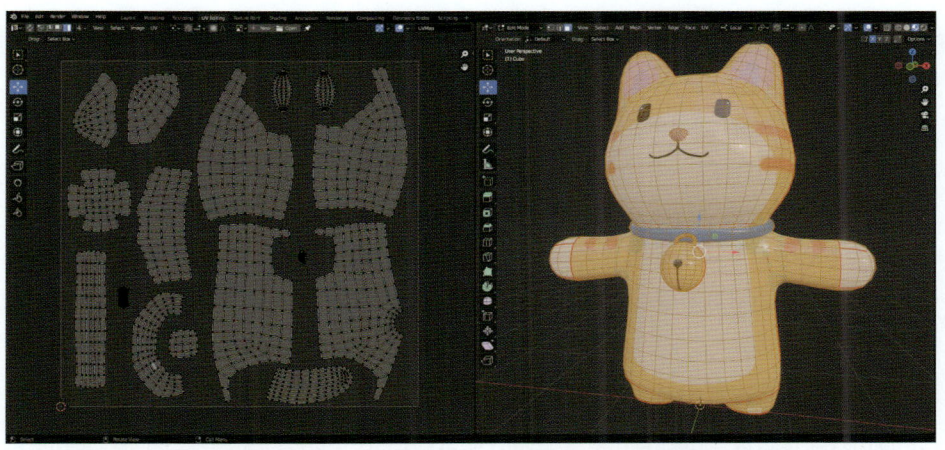

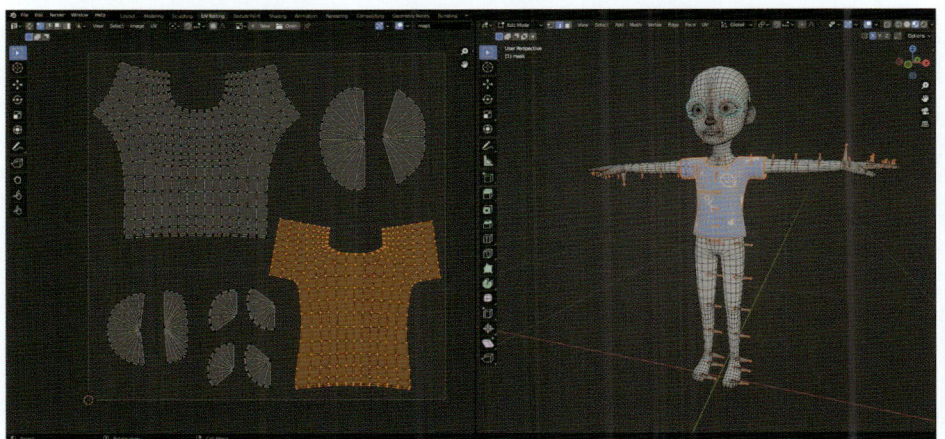

4.4 스컬프트(Sculpt)

스컬프트는 마치 점토를 빚고 조각하는 것처럼 물체나 캐릭터의 모양을 다듬어 모델링하는 방법입니다. 보통 사람의 얼굴이나 인체를 만들 때 유용하게 쓰입니다. 조형에 대한 이해가 있어야만 원하는 대로 모델링할 수 있으므로 일정 기간, 이 방법에 적응하고 훈련하는 과정이 필요합니다. 점토 덩어리처럼 구체와 같은 하나의 오브젝트를 다양한 브러시를 통해, 깎고 잡아당겨 돌출시키는 등의 방법으로 작업합니다. [Chapter 07. 여자 캐주얼 캐릭터: 스컬핑부터 리깅까지]에서 스컬프트 작업, 즉 '스컬핑'을 직접 경험하며 학습할 수 있습니다.

4.5 렌더링(Rendering)

렌더링은 3차원인 3D 공간에서 만든 오브젝트를 2차원의 사진이나 영상으로 바꾸어 표현하는 것을 말합니다. 렌더링 과정은 크게 변환(Transformation)과 색칠(Color, Lightning) 과정으로 나눌 수 있습니다. 변환 과정은 3차원에 있는 오브젝트의 좌표계를 2차원 오브젝트 좌표계로 바꾸는 것이고, 색칠 과정은 화면에 보일 오브젝트의 색과 조명 등을 조정하여 가능한 실제 물체와 동일하게 보이도록 표현하는 과정입니다. 보통 렌더링은 3D 작업 과정에서 최종 단계에 해당하며 작업물의 퀄리티를 결정하는 매우 중요한 작업입니다.

4.6 애니메이션(Animation)

애니메이션은 매핑까지 마친 데이터를 움직이게 하는 단계입니다. 오브젝트를 회전하고 이동하게 만들 수 있을 뿐 아니라, 시간의 경과에 따라 오브젝트의 색이 변하게 만들 수도 있습니다. 애니메이션 작업을 위해선 뼈대를 오브젝트와 연결하는 리깅(Rigging)이라는 작업을 먼저 거쳐야 합니다. 리깅은 손이 많이 가는 작업이지만, 시간을 들여 얼마나 세분화해서 꼼꼼히 하는지에 따라 애니메이션의 퀄리티가 좌우됩니다.

4.7 시뮬레이션(Simulation)

시뮬레이션은 어떠한 현상이나 사건을 가상으로 수행시켜 실제 상황의 결과를 예측하는 것입니다. 블렌더와 마야(Maya) 등의 3D 프로그램을 통해, 가상의 3D 공간에서 실제 기상현상과 동일하게 비를 내리게 할 수도, 강풍을 불게 할 수도 있습니다. 이때 오브젝트의 크기나 무게, 밀도에 따라 다르게 표현됩니다. 3D 프로그램을 통한 시뮬레이션은 단순히 기상현상뿐 아니라, 중력과 마찰, 유체의 흐름까지도 실행할 수 있습니다. 현실에서 직접 실행하기엔 어려운 현상이나 상황을 시뮬레이션을 통해 대신 수행하고 결괏값을 예측할 수 있는 좋은 기능입니다.

SECTION 02 | 인터페이스 및 화면 구성

블렌더는 무료 프로그램이지만 유료 프로그램 못지 않게 정말 많은 기능을 제공합니다. 그래서 인터페이스를 구성하고 있는 패널과 메뉴도 많은 편입니다. 다음은 여러분이 블렌더를 실행했을 때 처음 만나는 블렌더의 인터페이스 및 화면입니다.

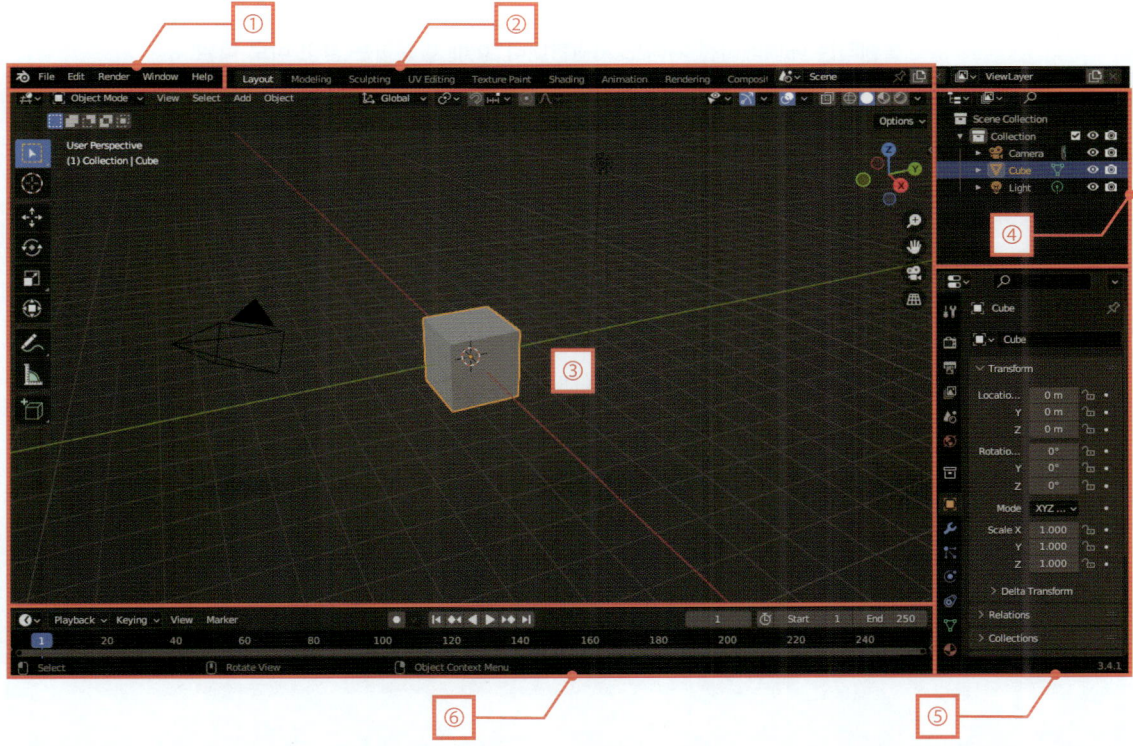

① **상단 메뉴**: 파일 저장하기와 불러오기([File])부터, 렌더링 실행하기([Render]), 도움말([Help]) 등 블렌더 작업에 필요한 기본적인 메뉴로 구성되어 있습니다.

② **작업공간(Workspace) 변경 메뉴**: 작업공간 변경 메뉴로, 작업공간은 워크스페이스(Workspace)라고도 합니다. 블렌더를 실행했을 때 기본으로 [Layout] 공간으로 설정되어 있습니다. 각 메뉴를 선택하여 모델링부터 스컬프팅, UV 에디팅, 렌더링과 애니메이션까지 다양한 작업에 최적화된 화면 레이아웃으로 변경할 수 있습니다.

③ **3D 뷰포트(Viewport):** 3D 뷰포트는 블렌더 작업을 실제로 수행하는 작업 공간입니다. 오브젝트와 카메라, 조명 등의 다양한 오브젝트를 확인할 수 있습니다.

④ **아웃라이너(Outliner):** 블렌더의 씬에 배치된 오브젝트 목록을 나타나는 에디터입니다. 3D 뷰포트 공간, 즉 씬에 배치된 오브젝트, 조명, 카메라 등의 모든 오브젝트가 트리 형태의 목록으로 보여집니다. 아웃라이너를 활용하면 오브젝트를 화면에서 숨길 수도 있고, 렌더링 결과에 보이지 않게 할 수도 있습니다.

⑤ **프로퍼티스(Properties):** 블렌더에서 자주 사용하는 에디터 중 하나입니다. 이름 그대로 다양한 프로퍼티(Property, 속성)이 표시됩니다. 왼쪽에 수직으로 배치된 아이콘을 클릭하면 표시되는 속성 항목이 변경됩니다.

⑥ **타임라인(Timeline):** 블렌더는 애니메이션 기능도 지원합니다. 이때 활용하는 창이 바로 타임라인 창입니다. 타임라인은 프레임이나 시간에 따라 키프레임을 표시하고 재생구간 지정, 재생 및 프레임 이동과 같은 재생과 관련된 기본적인 것들을 관리합니다.

1 3D Viewport(뷰포트)

3D Viewport(뷰포트)는 3D 모델링을 본격적으로 수행하는 작업 공간입니다. 블렌더의 거의 모든 작업은 이 영역에서 수행합니다. 3D Viewport 영역 내에서는 주로 마우스와 키보드의 단축키(바로가기 키)로 시점 조작을 수행합니다.

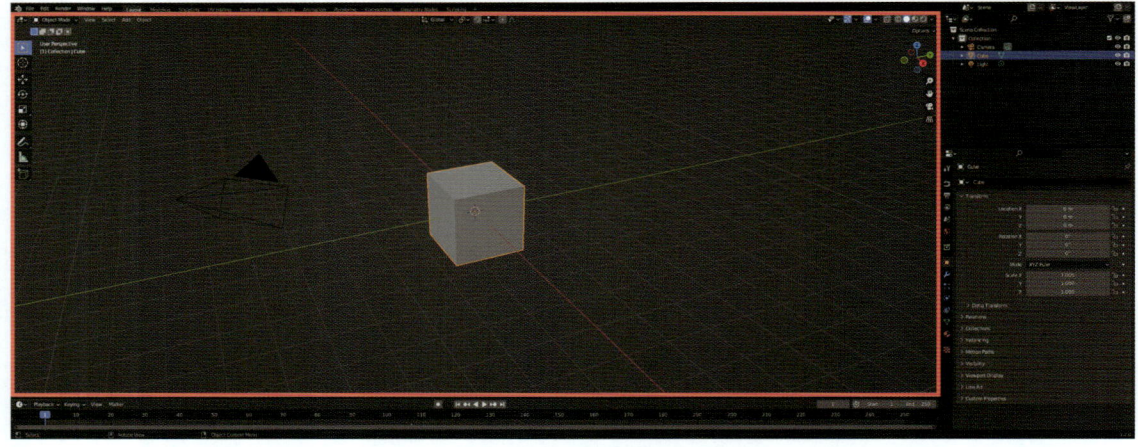

1.1 시점 변경

시점을 변경할 때 마우스 커서는 3D Viewport 영역에 있어야 합니다.

| 시점 회전 |

마우스 가운데 휠을 누른 상태로 드래그하면 시점을 회전할 수 있습니다. 설정에서 [Emulate 3 Button Mouse] 기능을 활성화했다면, [Alt]+마우스 좌클릭 후 드래그로도 동일하게 시점을 회전할 수 있습니다.

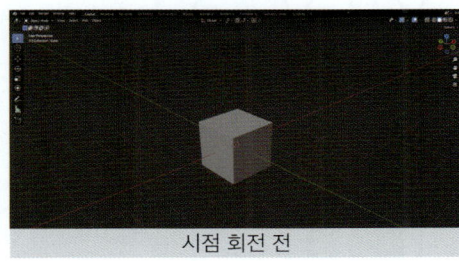
시점 회전 전

시점 회전 후

| 시점 확대/축소 |

마우스 가운데 휠을 위아래로 굴리면 시점을 확대하거나 축소할 수 있습니다. [Ctrl] 키를 누른 상태에서 마우스 휠을 클릭하여 드래그해도 동일한 동작을 수행합니다.

시점 확대 전

시점 확대 후

| 시점 평행이동(슬라이드) |

[Shift] 키를 누른 상태에서 마우스 가운데 버튼을 드래그하면 시점을 위아래, 좌우로 평행이동할 수 있습니다. 설정에서 [Emulate 3 Button Mouse] 기능을 활성화했다면, [Shift]+[Alt]+마우스 우클릭하여 드래그해도 동일한 동작을 재현합니다.

시점 평행이동 전

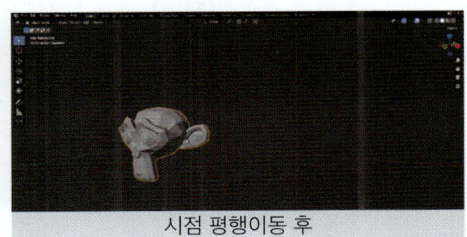
시점 평행이동 후

숫자 키패드로 시점 조작

숫자 키패드를 사용하여 직관적으로 신속하게 시점을 변경할 수 있습니다.

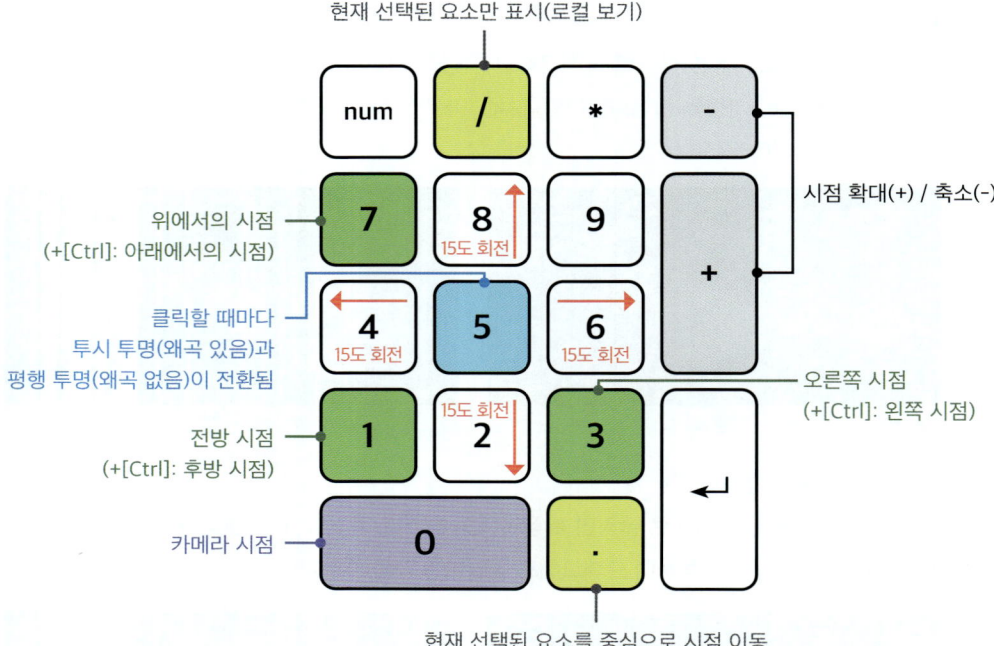

숫자 키패드	동작
2	시점을 아래쪽으로 15도 회전
4	시점을 왼쪽으로 15도 회전
6	시점을 오른쪽으로 15도 회전
8	시점을 위쪽으로 15도 회전
5	클릭할 때마다 투시 투영(왜곡 있음)과 평행 투영(왜곡 없음)이 전환됨
+	시점 확대
-	시점 축소
0	카메라 시점으로 변경
.	현재 선택된 요소를 중심으로 시점 이동
/	현재 선택된 요소만 표시(로컬 보기)
1	앞에서 본 시점으로 변경([Ctrl]과 함께 사용하면 뒤에서 본 시점으로 변경)
3	오른쪽에서 본 시점으로 변경([Ctrl]과 함께 사용하면 왼쪽에서 본 시점으로 변경)
7	위에서 본 시점으로 변경([Ctrl]과 함께 사용하면 아래에서 본 시점으로 변경)

다음은 숫자 키패드를 활용하여, 동일한 오브젝트를 다양한 시점에서 본 예시입니다.

[1]: 오브젝트를 앞에서 본 시점

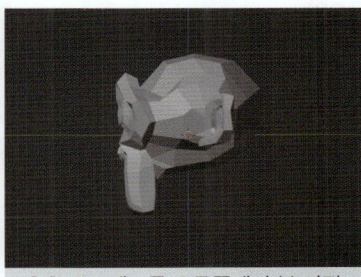
[3]: 오브젝트를 오른쪽에서 본 시점

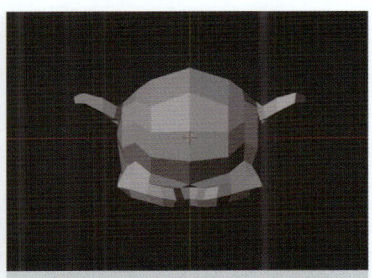
[7]: 오브젝트를 위에서 본 시점

| 시점 확인 |

3D Viewport 왼쪽 상단에서 현재 시점이 어떤 상태인지 확인할 수 있습니다. 작업을 진행하다 보면, 로컬 뷰가 어떻게 되어 있는지 헷갈릴 수 있기 때문에 이쪽을 틈틈이 참고하도록 합시다.

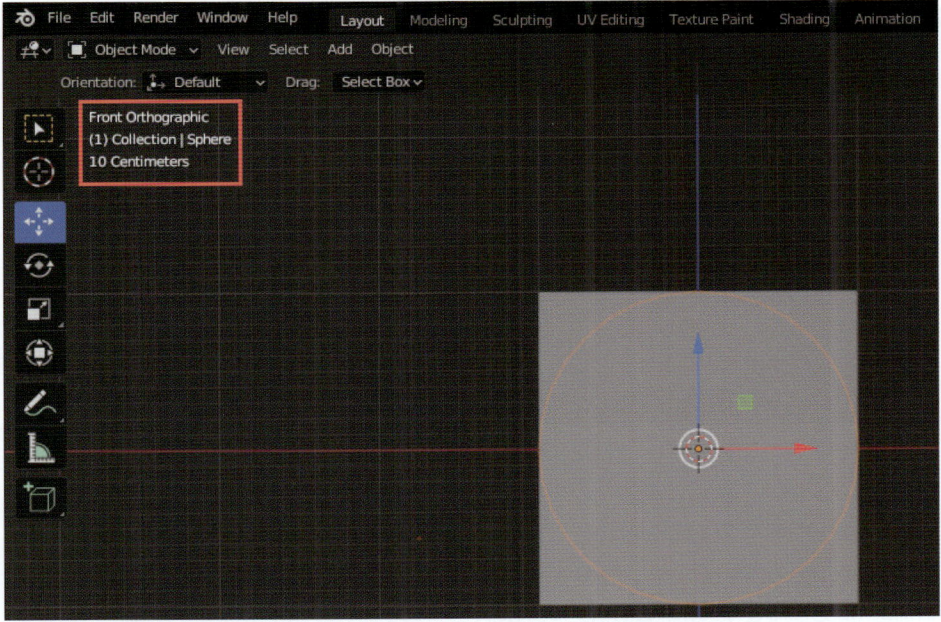

1.2 뷰포트 헤더 메뉴

| 오브젝트별로 표시 상태 변경하기 |

3D 뷰포트 우측 상단 [Object Types Visibility(오브젝트 유형 가시성)] 메뉴를 클릭하여 오브젝트별로 표시 상태를 변경할 수 있습니다. 을 클릭하면 화면에 표시할지, 숨길지 설정할 수 있고 를 클릭하면 해당 오브젝트의 선택 가능 여부를 [선택 가능/불가능(잠금)]으로 설정할 수 있습니다. 이 책에서는 기본 설정으로 사용하겠습니다.

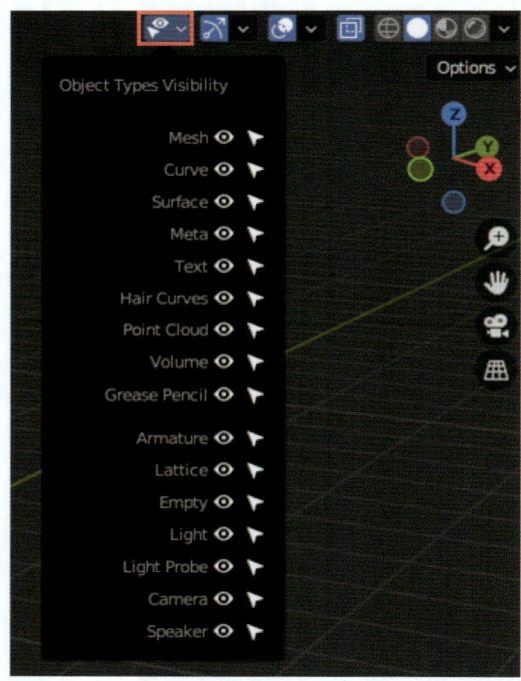

| 기즈모 |

일반적으로 3D에서 기즈모(Gizmo)는 XYZ 좌표축을 뜻합니다. 블렌더에서는 액티브툴 기즈모와 내비게이트 기즈모를 모두 기즈모로 총칭합니다. 오브젝트 트랜스폼([Transform]) 도구를 선택했을 때 오브젝트 중앙에 표시되는 빨간색(X축), 초록색(Y축), 파란색(Z축) 선들이 바로 액티브툴(Active Tool) 기즈모입니다. 그리고 3D 뷰포트 오른쪽 상단에 보이는 좌표축이 내비게이트(Navigate) 기즈모입니다. 내비게이트 기즈모에서는 화면을 회전시켰을 때 오브젝트의 좌표축을 확인할 수 있으며, 좌표축 위에 마우스를 클릭하여 직접 화면을 회전시킬 수도 있습니다.

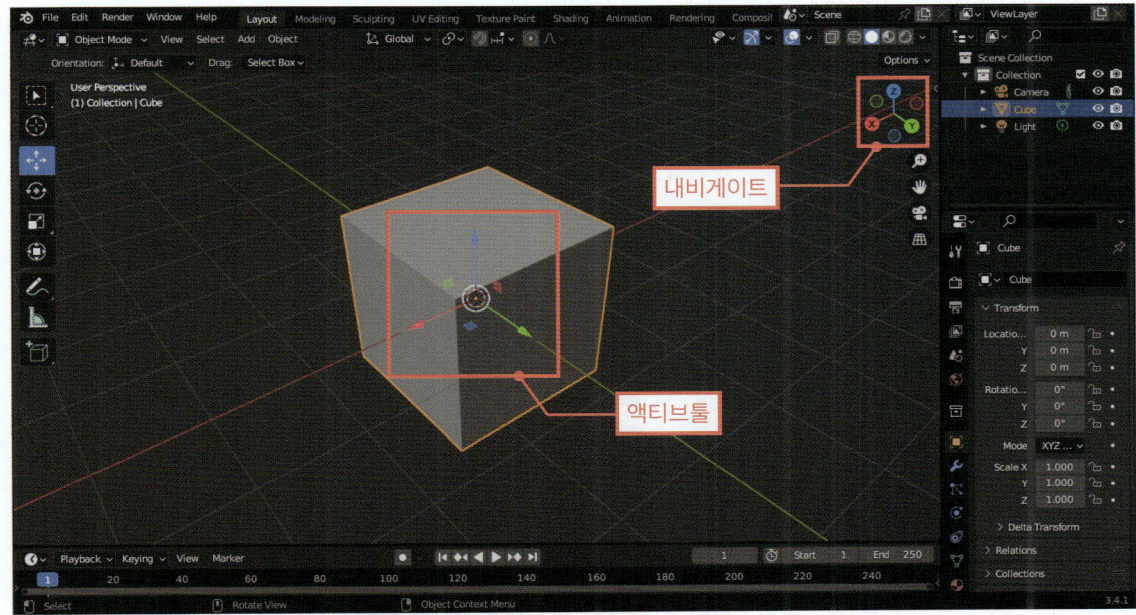

3D 뷰포트 우측 상단 [Object Types Visibility] 메뉴 옆에 있는 📐 메뉴를 클릭하면 3D 뷰포트에 표시되는 기즈모를 숨기거나 표시할 수 있습니다. 만약 3D 뷰포트에 기즈모가 보이지 않는다면 📐 메뉴를 클릭하여 표시하길 바랍니다.

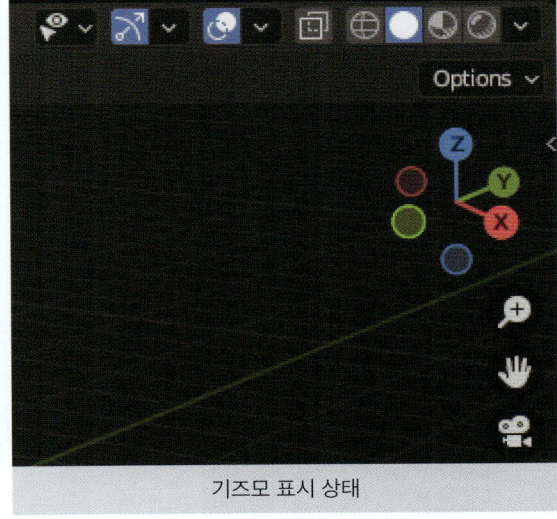

기즈모 표시 상태

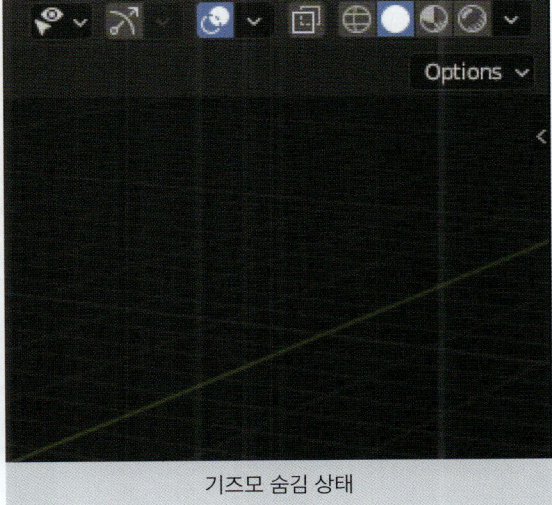

기즈모 숨김 상태

기즈모 표시/숨김을 설정하는 아이콘 바로 옆 드롭다운 메뉴를 클릭하면 기즈모와 관련된 여러 설정을 할 수 있습니다. 이 책에서는 기본 설정으로 사용하겠습니다.

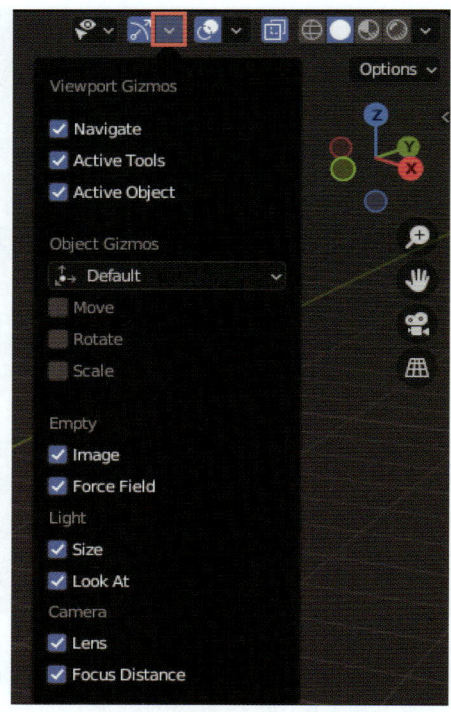

오버레이 및 음영

오버레이는 렌더링할 수 있는 객체 위에 표시되는 추가 정보입니다. 뷰포트 우측 상단에 있는 오버레이 표시 메뉴 를 클릭하면 오버레이를 표시하거나 비활성화할 수 있습니다. 오버레이를 비활성화하면 3D 뷰포트에 표시된 그리드와 3D 커서 등이 숨겨집니다.

바로 옆 드롭다운 메뉴를 클릭하면 탐색 및 조작에 도움되는 그리드, 3D축 및 기타 옵션 표시 여부를 설정할 수 있습니다. 처음에는 기본 설정 그대로 사용하면 됩니다.

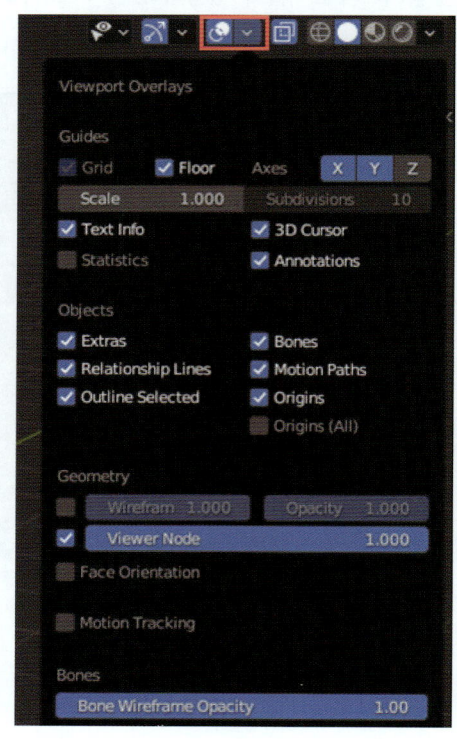

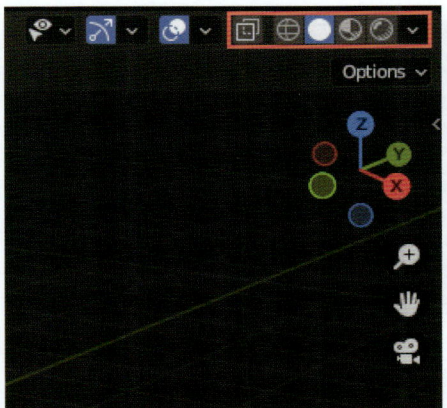

쉐이딩

뷰포트 우측 상단 쉐이딩 메뉴로 3D 오브젝트가 화면에 표시되는 방식을 변경할 수 있습니다. 오브젝트는 기본적으로 다음과 같은 솔리드 모드로 보입니다.

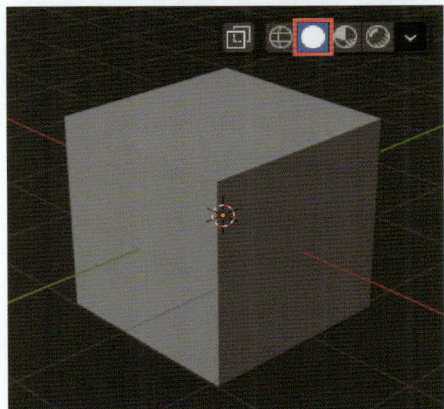

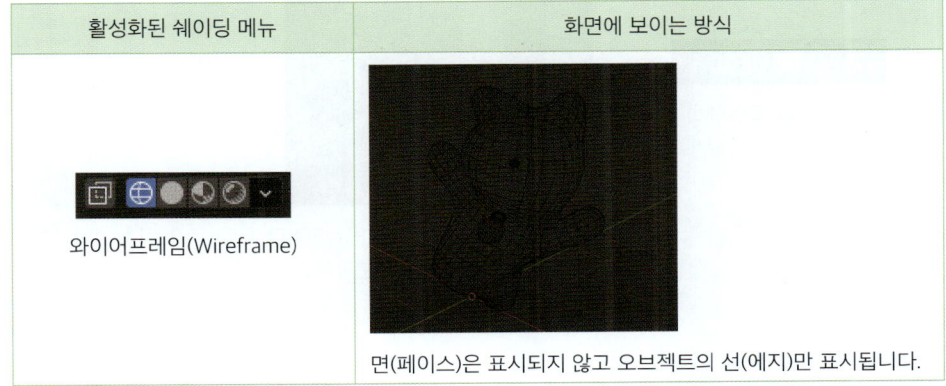

활성화된 쉐이딩 메뉴	화면에 보이는 방식
와이어프레임(Wireframe)	면(페이스)은 표시되지 않고 오브젝트의 선(에지)만 표시됩니다.

 X-Ray + 와이어프레임(Wireframe)	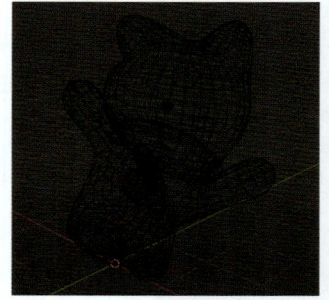	
	와이어프레임과 동일하게 표시되지만 X-Ray 기능이 활성화되어 있어, 반투명하게 뒤쪽 부분까지 보입니다.	
 솔리드(Solid)		
	오브젝트의 표면이 단색으로 보이며 그림자도 함께 표시됩니다. 별도로 설정하지 않았다면 솔리드 모드가 디폴트로 보여집니다.	
 X-Ray+솔리드(Solid)	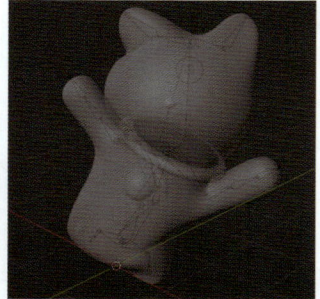	
	와이어프레임과 동일하게 표시되지만 X-Ray 기능이 활성화되어 있어, 반투명하게 뒤쪽 부분까지 보입니다.	

매트리얼(재질)이 적용된 상태로 보입니다.

매트리얼 미리보기
(Material Preview)

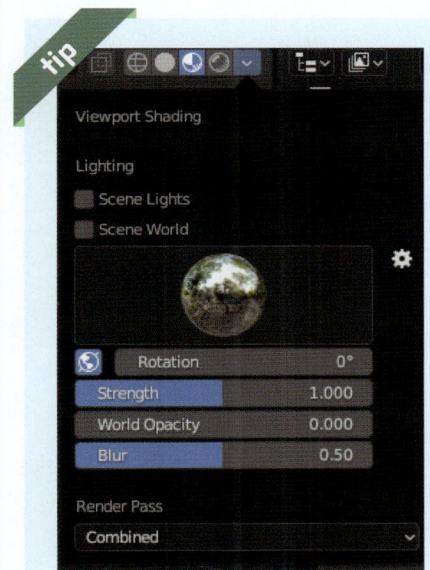

> **tip**
> 매트리얼 미리보기를 활성화한 후 오른쪽 드롭다운 메뉴를 클릭하면 다양한 라이팅 환경을 적용할 수 있습니다.

렌더(Rendered)

조명이 적용된 상태로 보입니다. 이 모드를 통해 실시간으로 렌더링 결과를 확인할 수 있습니다.

2 모델링을 위한 다양한 모드

블렌더에는 다양한 모드(Mode)가 있습니다. 3D 모델링을 할 때 많이 사용하는 모드는 오브젝트 모드와 에디트 모드입니다. 모드가 자주 전환되므로 모드의 차이와 수행할 수 있는 기능 등을 숙지하는 것이 좋습니다.

3D 뷰포트의 맨 왼쪽 상단에 있는 [Object Mode]로 표시된 풀다운 메뉴를 클릭하면 다양한 모드 이름이 있는 메뉴가 열립니다. 6개 모드가 보이며, 클릭하면 해당 모드로 전환됩니다.

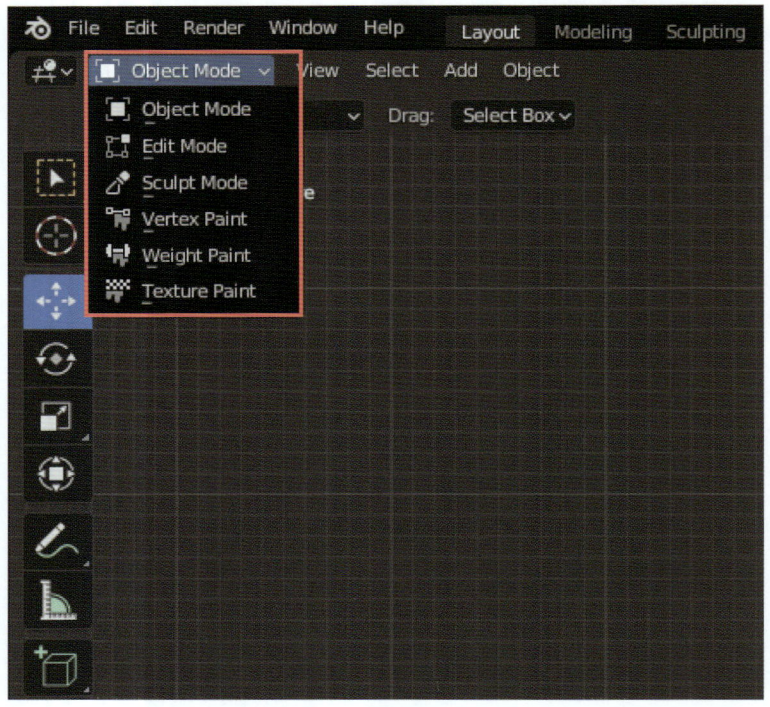

> **tip**
> 오브젝트 모드와 에디트 모드의 전환은 빈번하게 일어납니다. 이때, 풀다운 메뉴를 클릭하여 변경하기에는 번거로우므로 단축키를 활용하는 것이 좋습니다. [Tab] 키를 활용하면 오브젝트-에디트 모드를 빠르게 전환할 수 있는데, 편집한 오브젝트를 마우스 좌클릭으로 선택한 후에 [Tab] 키를 누르면 모드를 전환할 수 있습니다. 자주 사용하는 단축키이므로 꼭 기억하세요!

2.1 오브젝트 모드(Object Mode)

오브젝트 모드는 블렌더의 기본 모드입니다. 오브젝트뿐 아니라 카메라와 라이트의 위치, 회전, 크기 같은 오브젝트의 데이터를 조정할 수 있습니다. 모든 오브젝트에 사용할 수 있으며 주로 장면을 구성하고 오브젝트를 추가 배치하는 데 사용됩니다. 단, 오브젝트 모드에서는 오브젝트를 하나의 덩어리로만 다룰 수 있습니다. 따라서 하나의 면(페이스)을 이동하거나 회전, 확대 및 축소는 할 수 없습니다.

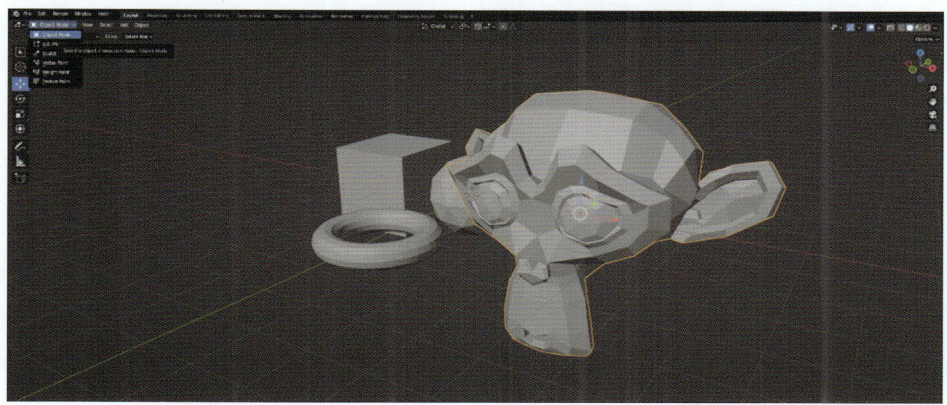

2.2 에디트 모드(Edit Mode)

오브젝트 모드에서 에디트 모드로 전환하면 오브젝트의 각 정점에 도트가 표시됩니다. 이 도트를 Vertex라고 부릅니다. 에디트 모드에서는 오브젝트의 점(Vertex), 선(Edge), 면(Face)을 개별적으로 선택하고 조작해서 다룰 수 있습니다.

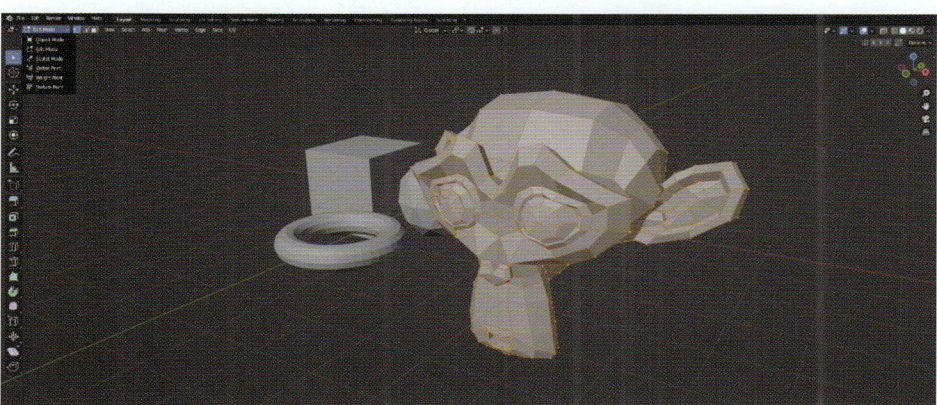

2.3 스컬프트 모드(Sculpt Mode)

스컬프트 모드는 3D 오브젝트를 모델링하는 또 다른 방법입니다. 하이폴리곤 모델링을 하는 방법으로 주로 태블릿을 이용해서 점토를 조각하듯이 모델링하는 방식입니다. 다른 3D 프로그램인 지브러시(ZBrush)와 유사합니다. 추후 리토폴로지 작업으로 로우폴리곤으로 변환할 수 있습니다. 자세한 내용은 [Chapter 07]에서 다룹니다.

2.4 그 외 주요 모드

| Vertex Paint Mode |

Vertex Paint Mode는 정점별로 색상을 설정하여 색을 칠할 수 있습니다. 자세한 내용은 [Chapter 08]에서 다룹니다.

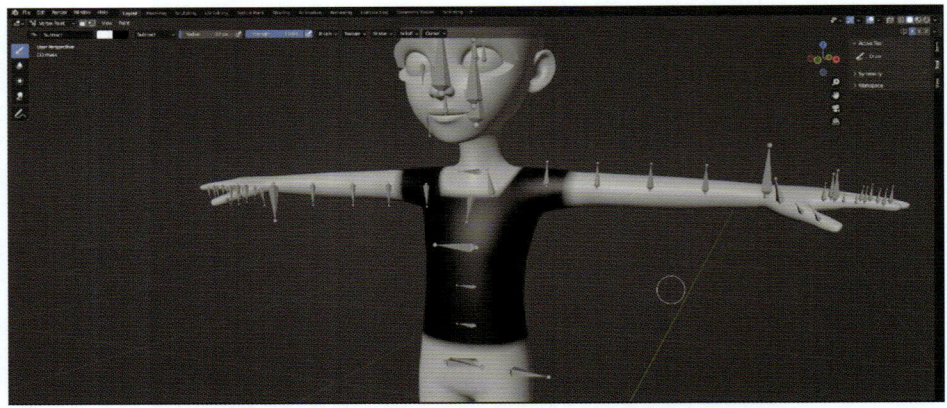

| Weight Paint Mode |

Weight Paint Mode는 리깅 시 사용되며, 색을 칠해서 웨이트(무게)를 더하고 줄이는 방법입니다. 자세한 내용은 [Chapter04, 07, 08]에서 다룹니다.

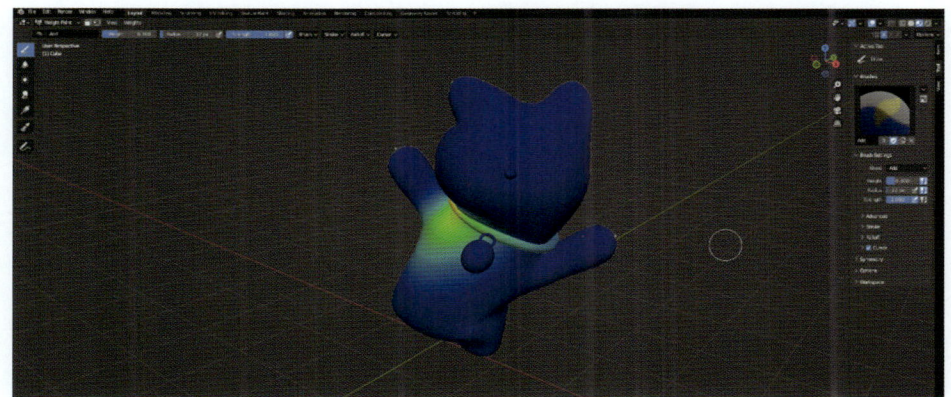

| Texture Paint Mode |

Texture Paint Mode는 포토샵과 같이 채색하는 모드입니다. 하지만 2D가 아닌 3D 오브젝트에 직접 색을 칠할 수 있는 매우 직관적인 채색 모드입니다.

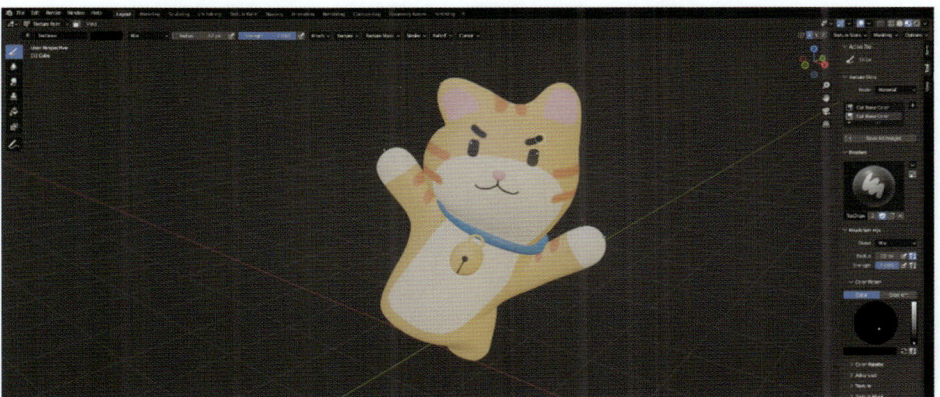

2.3 선택 · 조작하기

처음 블렌더를 실행하면 3D 뷰포트에는 큐브 모양의 메시 오브젝트(객체), 카메라 객체와 라이트 객체 세 가지가 있습니다.

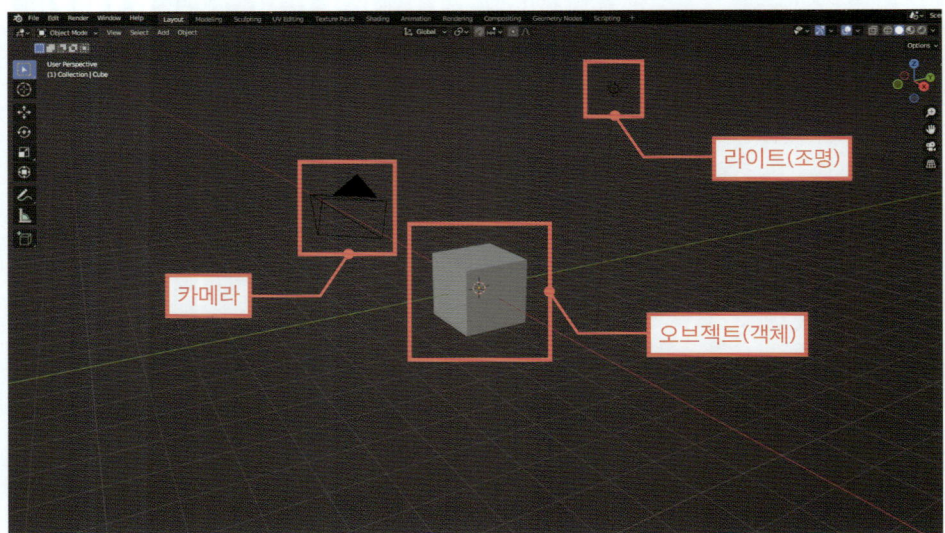

블렌더를 시작하면 중심에 있는 큐브 객체의 윤곽이 주황색으로 표시됩니다. 이는 오브젝트가 현재 선택된 상태임을 나타냅니다.

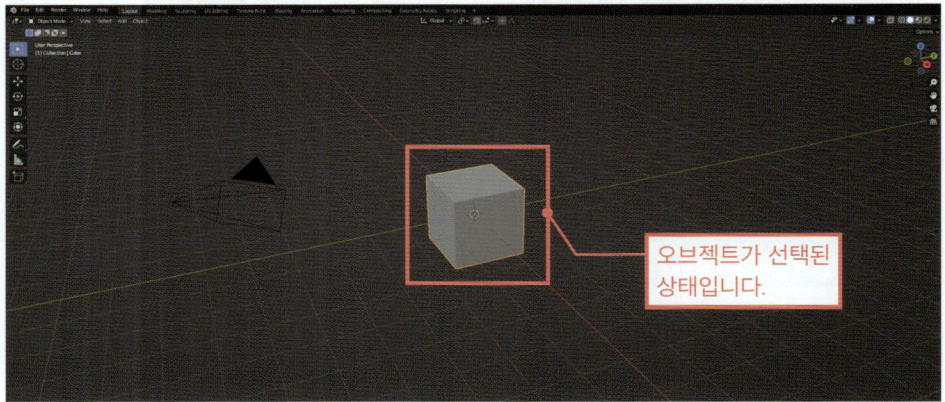

카메라를 선택하고 싶으면 카메라 오브젝트를 마우스 좌클릭으로 선택합니다. 그러면 카메라 오브젝트의 외곽선이 주황색으로 변하며 선택된 것을 확인할 수 있습니다(이 조작은 오브젝트 모드에서 실시해 주세요).

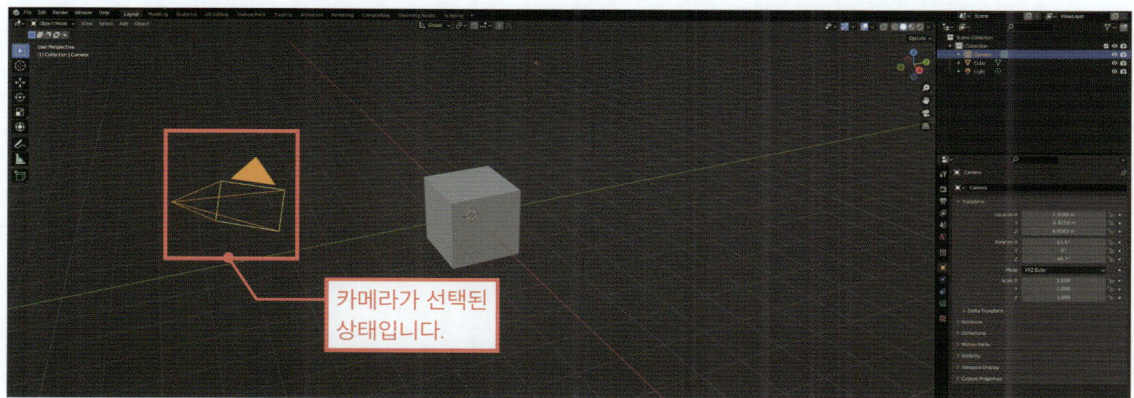

카메라가 선택된 상태입니다.

┃ 여러 객체 동시 선택 ┃

여러 객체를 동시에 선택하려면 [Shift]를 누른 상태에서 마우스 좌클릭으로 선택합니다. Windows의 표준 추가 선택 동작인 [Ctrl]을 누른 상태가 아니라 [Shift]라는 점에 유의하길 바랍니다.

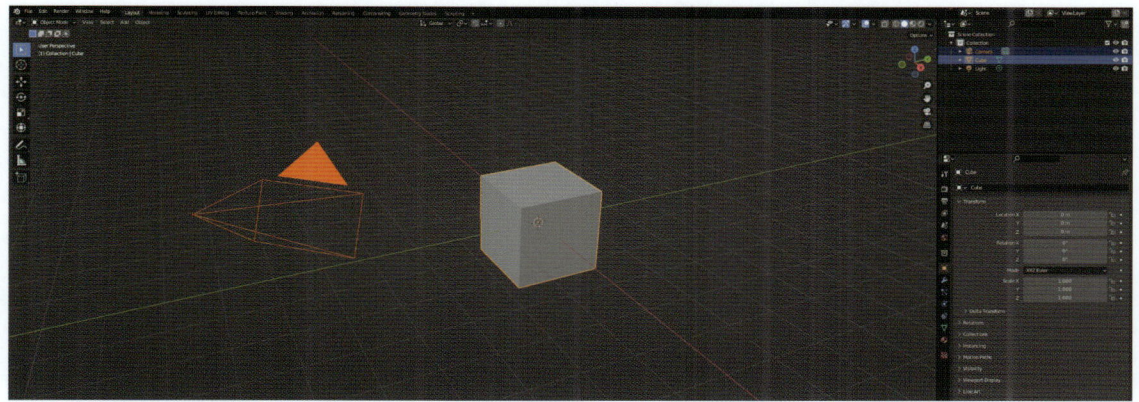

모든 객체 선택

화면에 보이는 모든 객체를 선택하려면 [A] 키를 누릅니다.

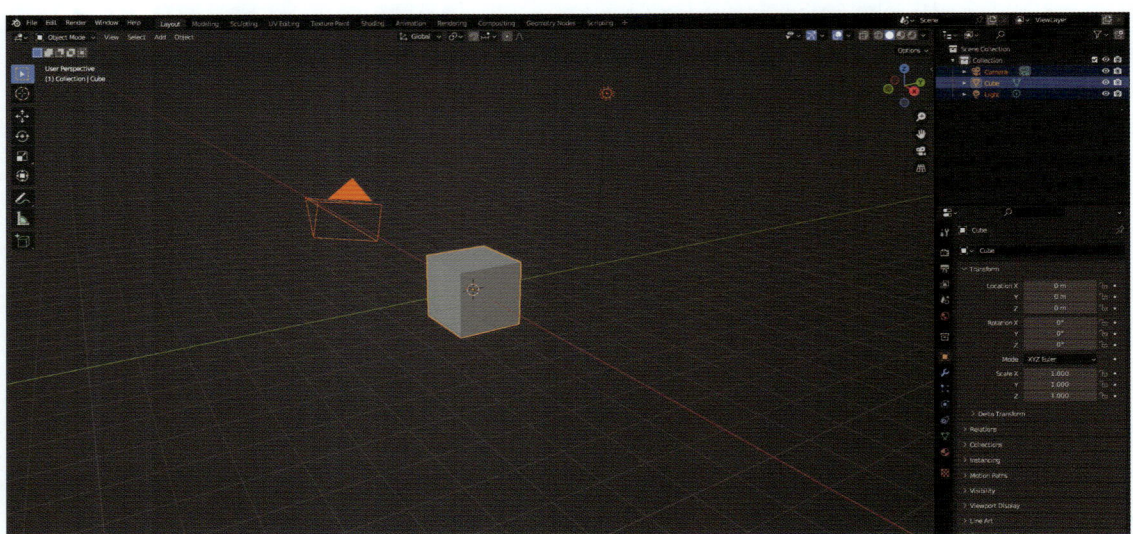

객체 선택 취소

객체 선택을 취소하려면 3D 뷰포트 빈 공간에서 마우스를 좌클릭합니다.

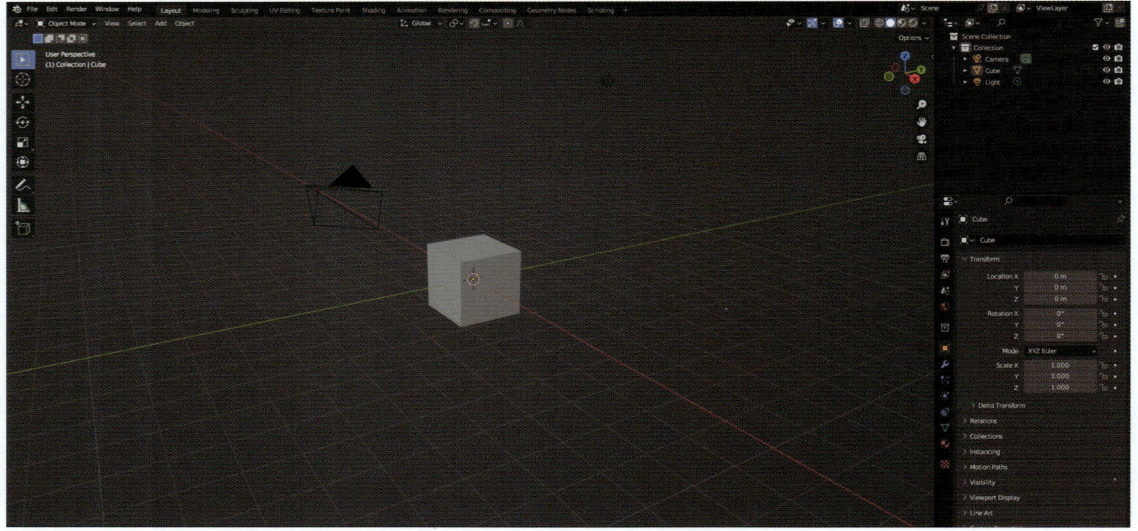

SECTION 03 오브젝트 조작하기

오브젝트를 기본 조작하는 방법으로는 [이동], [회전], [크기 조정(확대 및 축소)]과 [오브젝트 추가]가 있습니다.

1 오브젝트 이동

오브젝트를 선택한 상태에서 왼쪽 툴바 메뉴 중 [Move(이동)]를 선택하여 오브젝트 속 기즈모 근처에서 드래그 앤 드롭하면 해당 기즈모(X, Y, Z축) 방향으로 평행이동할 수 있습니다.

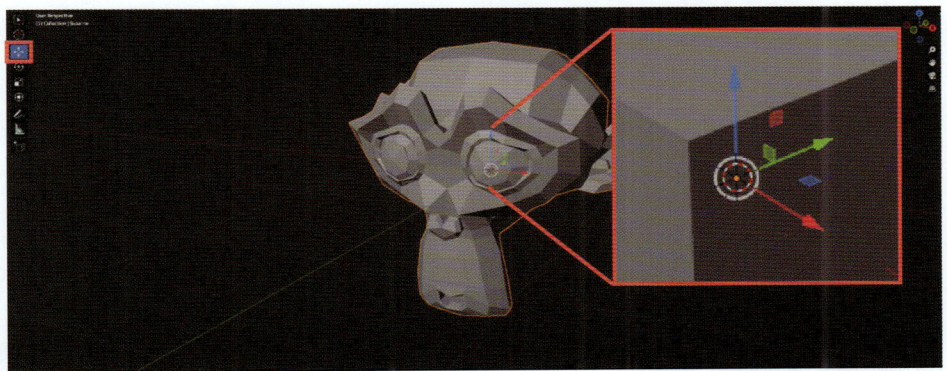

또한 오브젝트를 선택한 상태에서 단축키 [G]를 누르고 마우스를 이동시키면 오브젝트를 자유롭게 이동시킬 수 있습니다.

2 오브젝트 회전

오브젝트를 선택한 상태에서 왼쪽 툴바 메뉴 중 [Rotate(회전)]를 선택하고 오브젝트 속 기즈모를 드래그 앤 드롭하여 오브젝트를 회전시킬 수 있습니다.

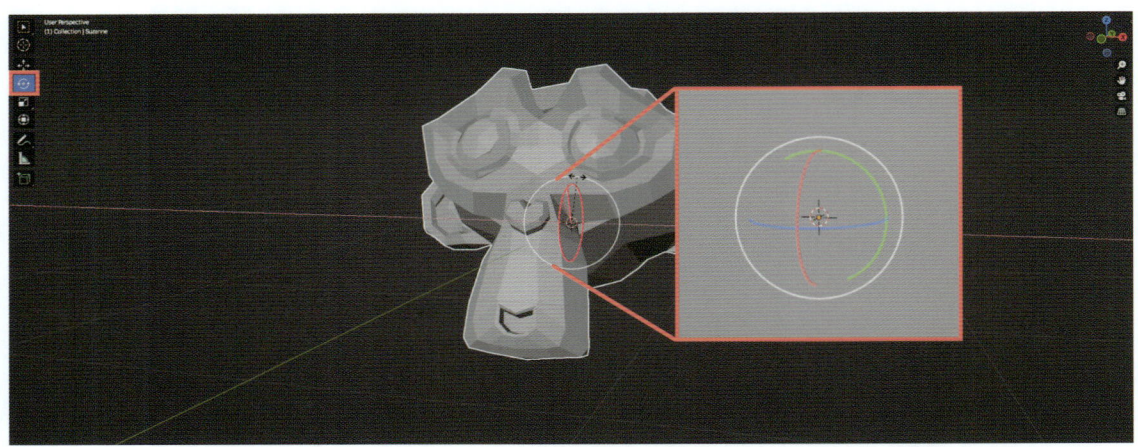

오브젝트를 선택하고 단축키 [R]을 눌러 마우스를 이동해도 오브젝트를 자유롭게 회전시킬 수 있습니다. 단축키 [R]을 누르고 원하는 좌표축을 누르면 해당 방향으로 회전시킬 수 있습니다. 예를 들어 [R], [X]를 누르면 X축으로 회전됩니다.

3 오브젝트 크기 조정(확대 및 축소)

오브젝트를 선택한 상태에서 왼쪽 툴바 메뉴 중 [Scale(크기 조정)]을 누르고 오브젝트 중심 기즈모에서 마우스를 드래그 앤 드롭하면 원하는 축의 방향으로 오브젝트의 크기를 줄이거나 키울 수 있습니다.

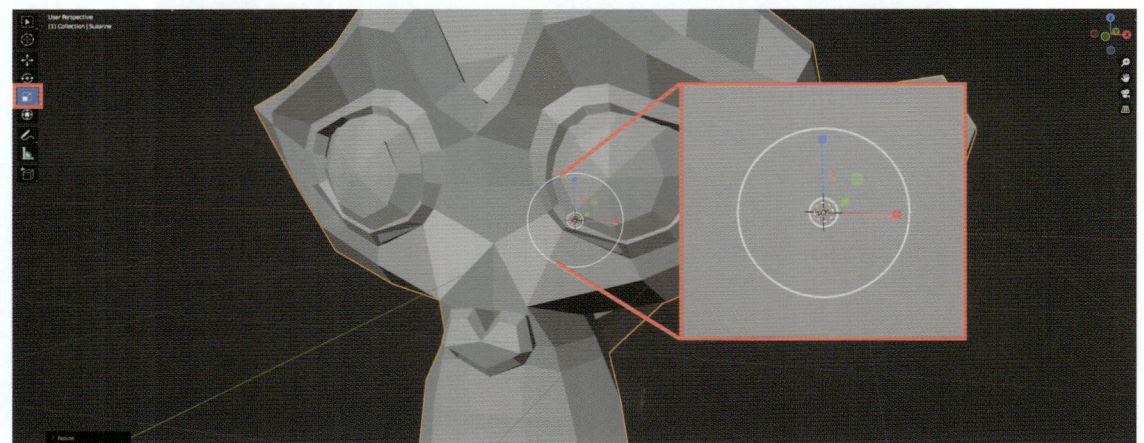

오브젝트를 선택한 후, 단축키 [S]를 눌러 마우스를 이동시키면 오브젝트의 크기를 변경할 수 있습니다.

4 오브젝트 트랜스폼

오브젝트의 이동, 회전, 크기 조정 등의 조작을 총칭하여 '트랜스폼(Transform)'이라고 부릅니다. 왼쪽 툴바 메뉴에서 [Transform(트랜스폼)]을 선택하면 이동, 회전, 크기 조정을 모두 조작할 수 있습니다.

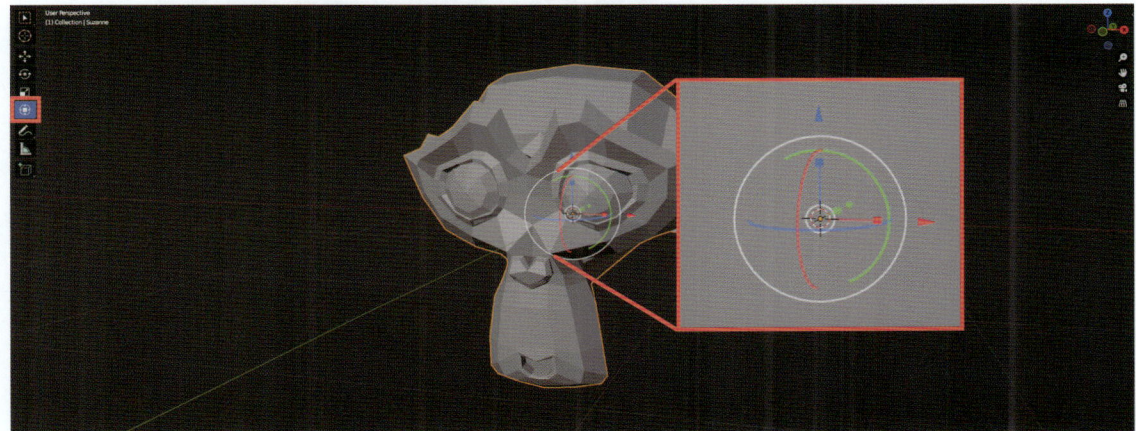

> **참고**
> 이동, 회전, 크기 조정에 쓰이는 단축키 [G], [R], [S]는 블렌더에서 [Shift], [Tab] 또는 [Enter]만큼이나 자주 사용하는 키이므로 꼭 숙지하길 바랍니다.

5 오브젝트 추가

새 오브젝트를 추가하려면 3D 뷰포트 헤더 메뉴의 [Add]에서 수행합니다(단축키: [Shift] + [A]).

블렌더를 실행했을 때 기본으로 중앙에 놓여 있는 큐브는 '메시(Mesh)' 유형의 오브젝트입니다. 만약 이러한 메시 유형의 큐브를 더 추가하고 싶다면 [Add] → [Mesh] → [Cube]를 클릭합니다.

또, 메시 유형에는 큐브 이외에도 다양한 종류가 있으므로 다른 형태의 메시 오브젝트도 추가해보길 바랍니다.

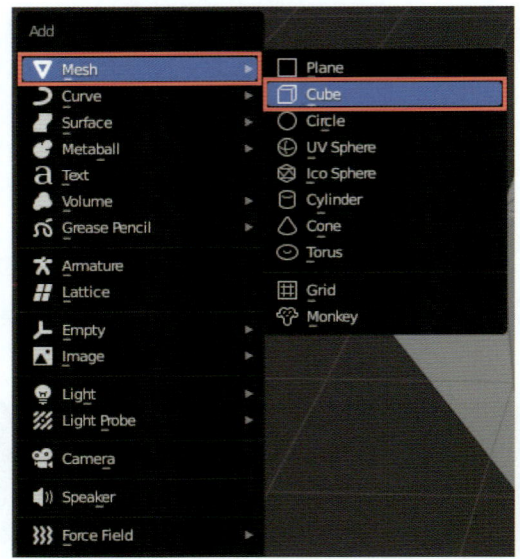

기본적으로 3D 뷰포트에 있는 다른 유형의 객체(예: 카메라 및 조명)도 이 추가 메뉴에서 추가할 수 있습니다.

일부 객체를 추가하면 왼쪽 하단에 옵션창이 나타납니다. 이 옵션창에서 오브젝트의 사이즈나 폴리곤 수 등, 형태의 세세한 조정을 할 수 있습니다. 이 창은 단축키 [F9]로 표시할 수 있습니다만, 오브젝트를 추가한 직후에만 가능합니다. 오브젝트를 이동시키거나 회전, 크기 조정 등의 조작을 한 이후에는 이 메뉴를 표시할 수 없습니다.

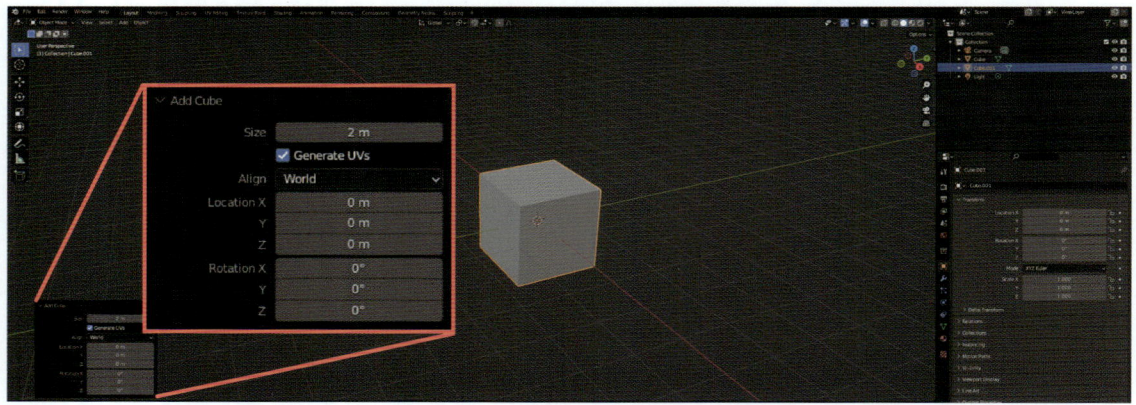

6 오브젝트 복제 및 삭제

오브젝트를 복제하거나 삭제하려면, 원하는 오브젝트를 선택한 후에 마우스 우클릭하여 나타나는 메뉴에서 수행합니다.

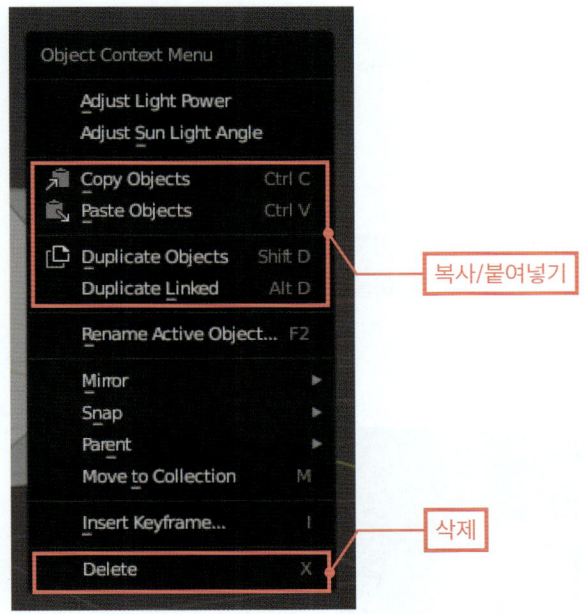

오브젝트를 복제하거나 삭제하는 명령은 매우 자주 사용되므로 단축키를 기억해두는 것이 좋습니다. 오브젝트를 선택한 후, 복제는 [Shift] + [D], 삭제는 [Delete] 또는 [X]를 눌러 조작합니다.

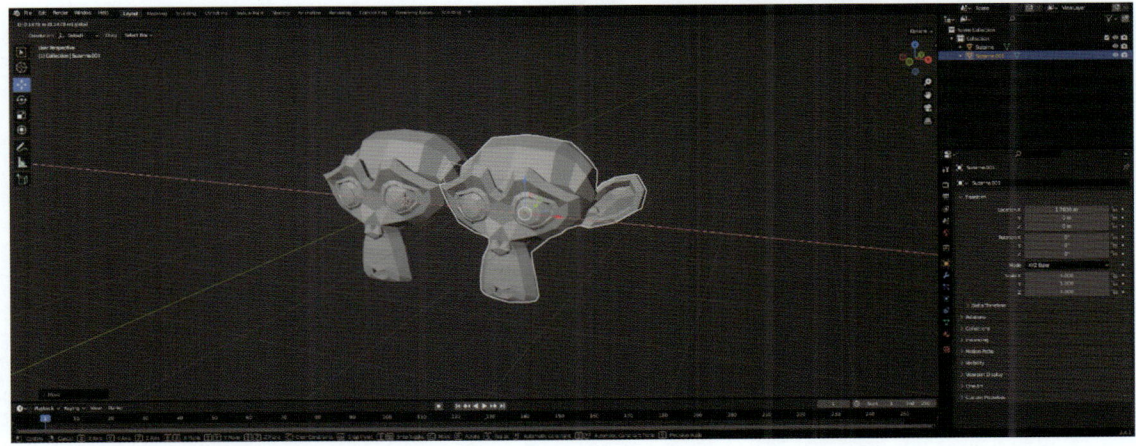

SECTION 04 기타 블렌더 기초 조작법

블렌더 기초 조작 설명의 마지막으로 파일을 저장하고 불러오는 방법에 대해 설명하겠습니다.

1 파일 저장 및 열기

파일을 저장하려면 상단 메뉴 [File(파일)]에서 [Save(저장)]를 선택합니다. 단축키로 [Ctrl] + [S]를 사용할 수도 있습니다. 현재 파일명이 아닌, 새로운 이름으로 저장하려면 [Save As(다른 이름으로 저장)]를 선택합니다(단축키: [Ctrl] + [Shift] + [S]). 저장되어 있는 블렌더 파일을 열려면 [File(파일)] → [Open(열기)]을 선택합니다.

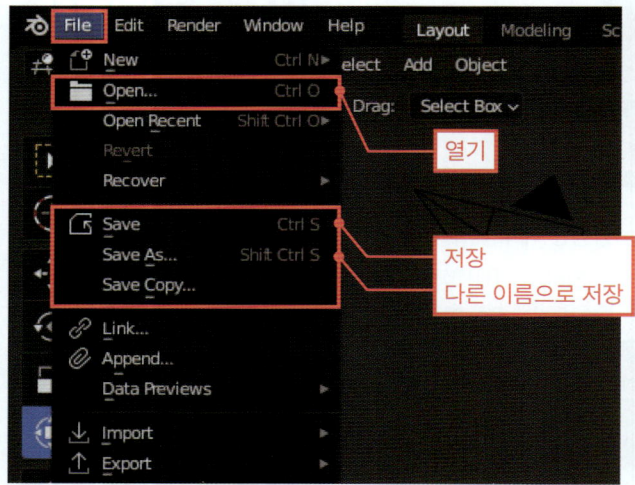

파일을 저장하거나 여는 경우, 블렌더는 전용 파일 브라우저 창을 엽니다. 이 창의 왼쪽 목록에서 디렉터리를 선택하고 중앙 하단에 파일명을 입력하고 오른쪽 버튼(저장하는 경우엔 [Save Blender File], 파일을 여는 경우엔 [Open])을 사용하여 파일을 저장하거나 불러옵니다.

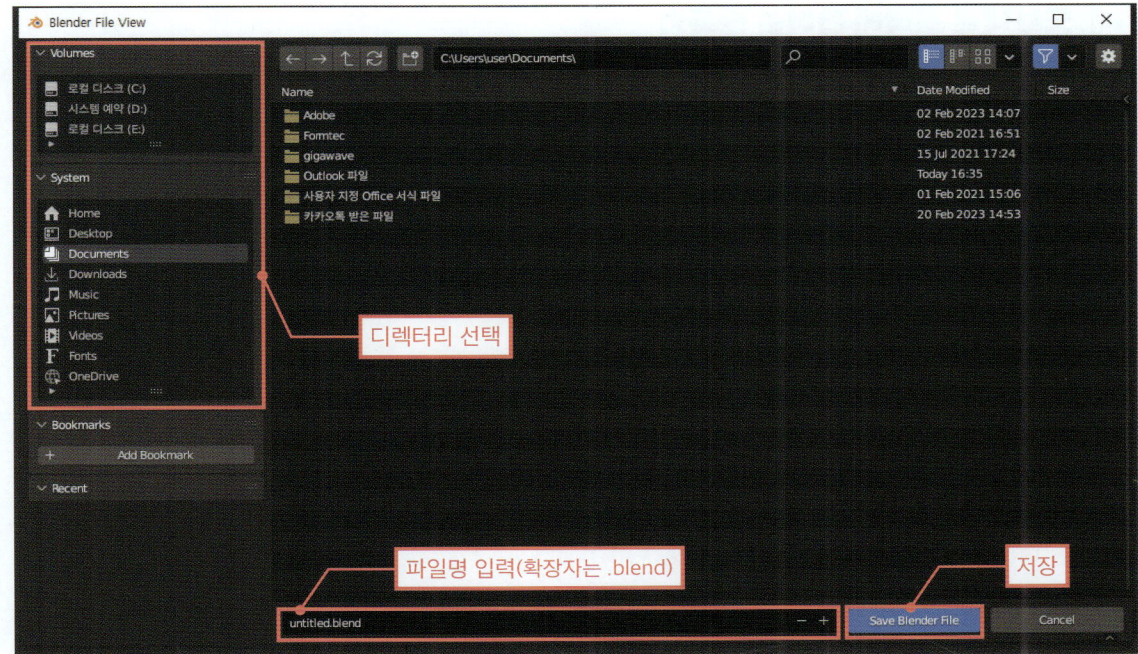

2 단축키

블렌더의 특징이자 장점은 대부분의 기능에 단축키가 배정되어 있다는 점입니다. 단축키를 활용하면 좀 더 빠르고 편하게 블렌더 작업이 가능하니, 자주 쓰이는 기능은 꼭 숙지하길 바랍니다. 블렌더의 단축키를 모두 소개하기엔 그 양이 방대하여, 우리 책에서 자주 언급하고 실제 블렌더 작업에서도 많이 쓰이는 단축키를 선정하여 소개합니다.

주의 Windows(윈도우) 운영체제를 기반으로 작성한 단축키입니다. MacOS에서는 [Ctrl] 키를 [control] 키(일부 기능은 [command] 키)로, [Alt] 키는 [option] 키를 사용합니다. 그리고 키보드 입력 상태가 [한글]로 되어 있다면 알파벳 단축키를 인식하지 못하므로, 단축키가 작동하지 않는다면 [한/영] 키를 눌러보길 바랍니다.

2.1 오브젝트 조작에 쓰이는 단축키

단축키	조작 내용
[G]	오브젝트를 움직입니다. (Move)
[R]	오브젝트를 회전시킵니다. (Rotate)
[S]	오브젝트의 크기를 조정합니다. (Scale)

주의 오브젝트를 선택한 후에 단축키를 눌러야 조작할 수 있습니다.

2.2 화면 제어에 쓰이는 단축키

단축키	조작 내용
[`] (키보드 왼쪽 상단 [ESC] 아래에 위치한 키)	시점 변경 아이콘 팝업
숫자 키패드 [1]	시점을 앞에서 본 시점(Front View)으로 변경합니다.
숫자 키패드 [3]	시점을 오른쪽에서 본 시점(Right View)으로 변경합니다.
숫자 키패드 [7]	시점을 위에서 본 시점(Top View)으로 변경합니다.
숫자 키패드 [.]	현재 선택된 요소를 중심으로 시점을 이동합니다. (Zoom Extend)

2.3 오브젝트 편집에 쓰이는 단축키

단축키	조작 내용
[Shift] + [A]	오브젝트 추가
[X]	오브젝트 삭제
[H]	오브젝트 숨김
[Shift] + [D]	오브젝트 복제
[Ctrl] + [J]	오브젝트 결합(Attach)
[P]	선택한 오브젝트 분리(Deattach)
[Alt] +[Z]	선택한 오브젝트를 반투명하게 보이도록 설정 (Toggle X-Ray)
[Ctrl] + [A] 혹은 [A]	모든 좌표축을 리셋(Apply All Transform)
[/]	선택한 오브젝트만 화면에 보이게 합니다.

2.4 에디트 모드에서 쓰이는 단축키

단축키	조작 내용
[E]	선택한 점, 선, 면 추출(Extrude)
[I]	선택한 면의 안쪽으로 면 추가(Inset Face)
[Ctrl] + [B]	선택한 선, 면 분할(Bevel)
[Ctrl] + [R]	직선 추가(Loop Cut)
[K]	자유롭게 선 추가(Knife)
[M]	선택한 점들을 하나의 점으로 합칩니다(Merge).
[Shift] + [R]	반복 명령(직전 작업을 동일하게 수행)
[F]	면 채우기
[Ctrl] + [X]	선택한 선 지우기(Remove Edge)

Section 01
오브젝트 모드(Object Mode)

Section 02
에디트 모드(Edit Mode)

Section 03
Modify Properties

Section 04
AddOn

PART 1

Chapter 02
직접 모델링을 해보자

3D 그래픽 작업의 시작은 모델링입니다. 모델링(Modeling)이란 3차원 오브젝트(물체)를 만드는 작업을 말합니다. 예를 들어 어떤 캐릭터를 만들 때, 캐릭터 형태를 만드는 것을 모델링이라 하고 모델링한 오브젝트에 색과 질감을 표현하는 것을 매핑(Mapping)이라고 합니다.
앞서 블렌더의 기본 기능과 도구에 대해 간략히 살펴보았습니다만, 백견이 불여일행!
이 챕터에서는 책상, 의자, 컵 등 간단한 오브젝트를 모델링하면서, 본격적으로 블렌더 프로그램의 3D 기능을 알아보도록 하겠습니다.

SECTION 01 | 오브젝트 모드(Object Mode)

블렌더를 처음 실행하고 좌측 상단을 확인해 보면 오브젝트 모드(Object Mode)라고 표시되어 있습니다. 오브젝트 모드는 블렌더의 기본 모드로, 오브젝트를 추가하고 그 오브젝트를 이동하고, 회전시키고, 크기를 조절할 수 있는 모드입니다. 새롭게 오브젝트를 만들기 위해선 반드시 오브젝트 모드로 설정하여 작업해야 합니다.

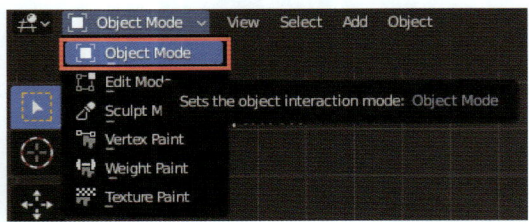

1 책상 만들기: Add, Move, Scale

그러면 사각 책상을 만들면서 기본 오브젝트를 생성 및 복사하고, 크기와 위치를 변경하는 방법에 대해 알아보겠습니다. 먼저 책상 상판을 만들어 봅시다.

한눈에 보는 작업 과정,
고수의 뷰

1.1 책상 상판 만들기

01 블렌더를 처음 실행하면 나타나는 빠른 설정 창을 없애면 기본으로 다음과 같은 화면이 보입니다. 뷰포트(Viewport) 안에 오브젝트, 카메라, 조명이 있습니다. 지금은 사용하지 않을 카메라와 조명은 마우스 좌클릭으로 선택하여 키보드 [Del] 키로 지워줍시다.

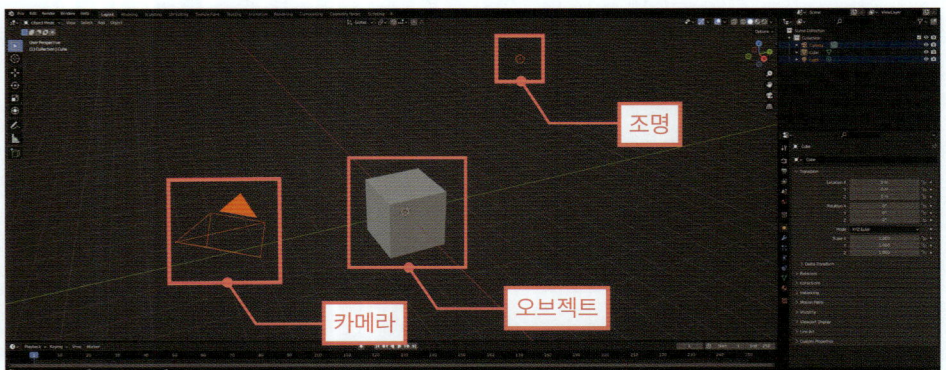

02 기본 큐브 오브젝트의 크기를 변형해 책상 상판을 만들어 주겠습니다. 이때 사용하는 것이 바로 [Scale(크기 조정)] 기능입니다. 왼쪽 툴바에서 마우스로 아이콘을 선택해 활성화한 뒤, 파란색 Z축에 마우스를 올려 놓고 드래그해 오브젝트의 크기를 적당히 조정해 주세요. (또는 기본 상태([Select] 활성화)에서 단축키 [S]와 [Z]를 순서대로 누르고 마우스를 움직여도 됩니다.) 이렇게 책상 상판이 완성됐습니다.

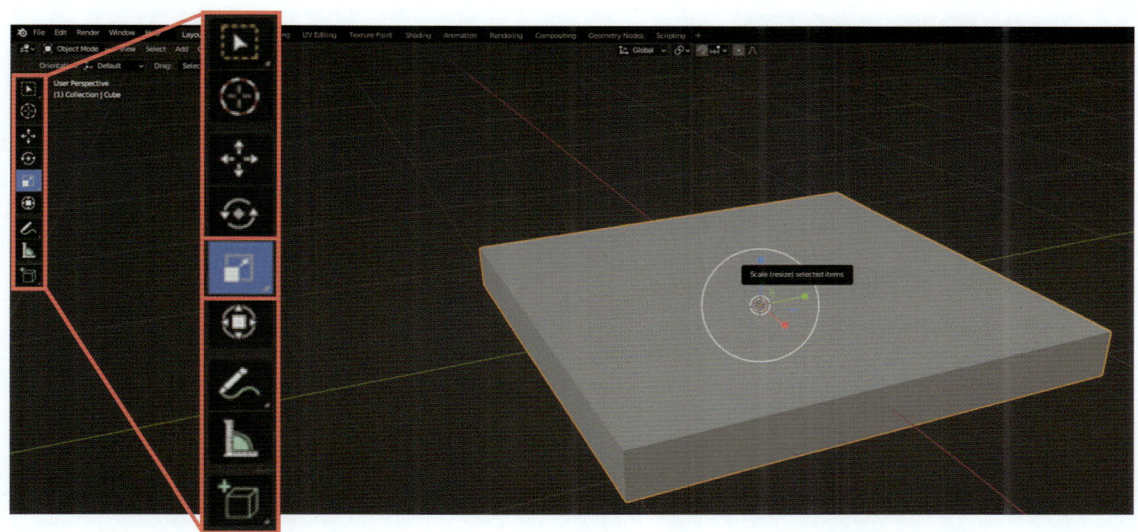

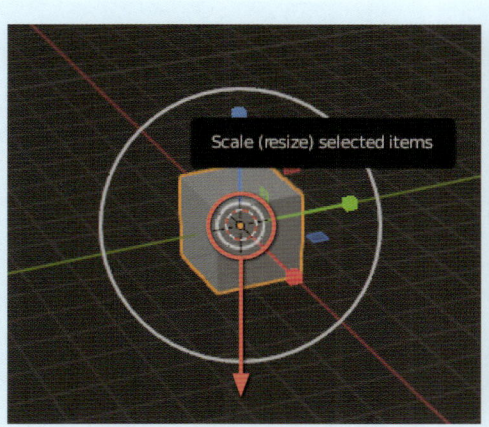 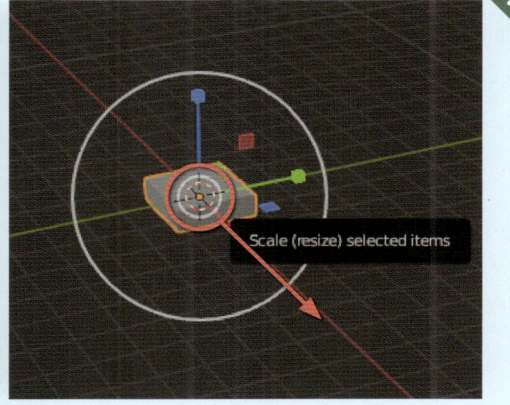

위쪽 파란 점을 클릭하고 아래로 끌어 Cube의 높이를 조정합니다. 그다음 아래쪽 파란 점을 클릭해 대각선 바깥으로 드래그하면 넓이가 넓어집니다. 수직으로 조정하면 오브젝트의 높이가, 수평으로 조정하면 오브젝트의 너비가 변경되는 걸 알 수 있습니다.

1.2 책상 다리 만들기

01 이어서 책상 다리를 만들겠습니다. 우선 큐브 오브젝트를 하나 더 생성하겠습니다. 상단 메뉴바에서 [Add] → [Mesh] → [Cube]를 차례로 선택하면 화면에 큐브가 하나 생성됩니다.

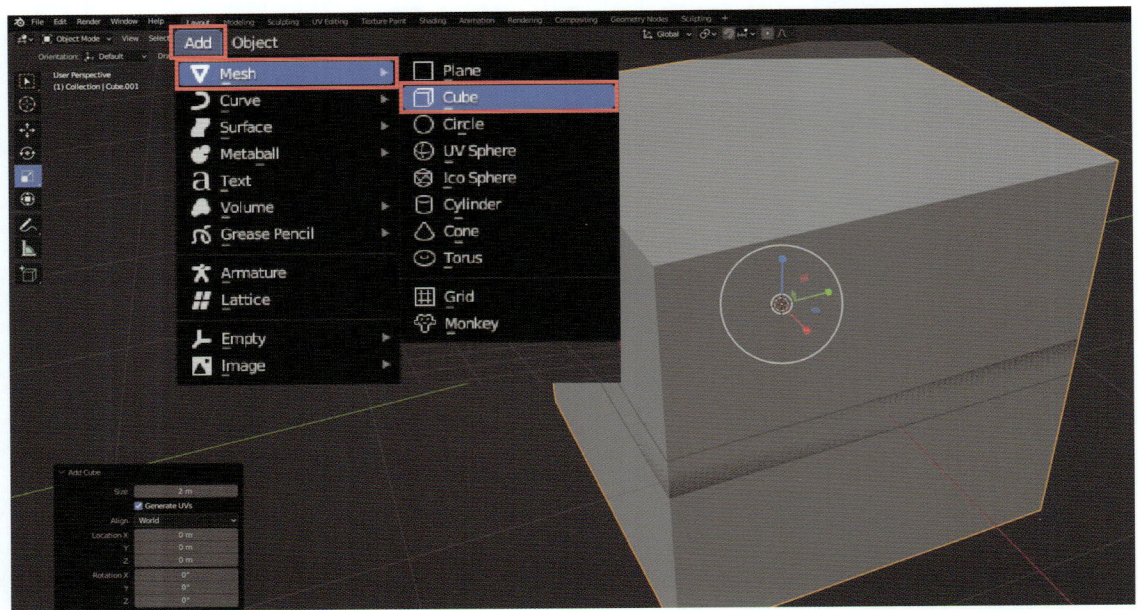

또는 단축키 [Shift]+[A]를 눌러 나타난 [Add] 팝업 메뉴에서 [Mesh] → [Cube]를 클릭해도 됩니다.

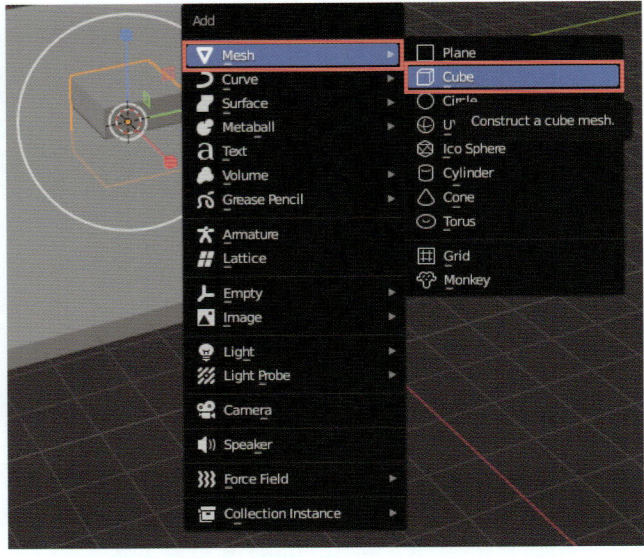

02 왼쪽 툴바에서 [Scale] 툴을 클릭한 뒤, 새 큐브의 좌표축 점을 끌어 크기를 조절합니다. 또는 상태에서 단축키 [S]를 누르고 마우스를 움직여도 됩니다. 이번에는 책상 상판을 만들 때와는 반대로, 수직으로 긴 사각기둥 형태로 만들어줍니다.

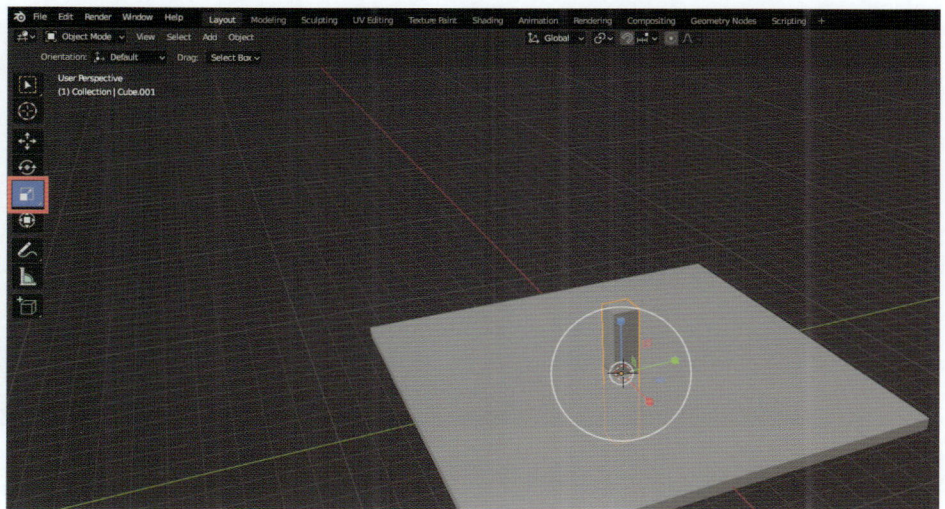

03 숫자 키패드에서 [7]을 누르면 위에서 내려다보는 시점(Top View)으로 화면을 볼 수 있습니다. [Move(이동)] 툴을 이용해 그림처럼 오브젝트 위치를 조정해 줍니다. 왼쪽 툴바에서 [Move] 아이콘을 클릭하고 Cube를 선택해 드래그하여 옮기면 됩니다. [Move]의 단축키는 [G]입니다.

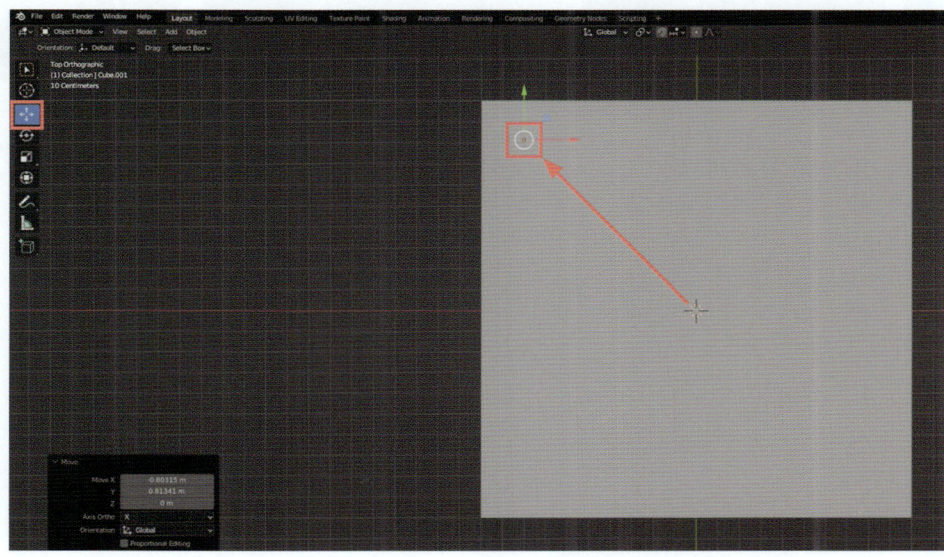

04 다시 숫자 키패드의 [1]을 누르면 앞에서 보는 시점(Front View)으로 화면이 바뀝니다. 책상 상판과 방금 만든 다리 모습이 보입니다.

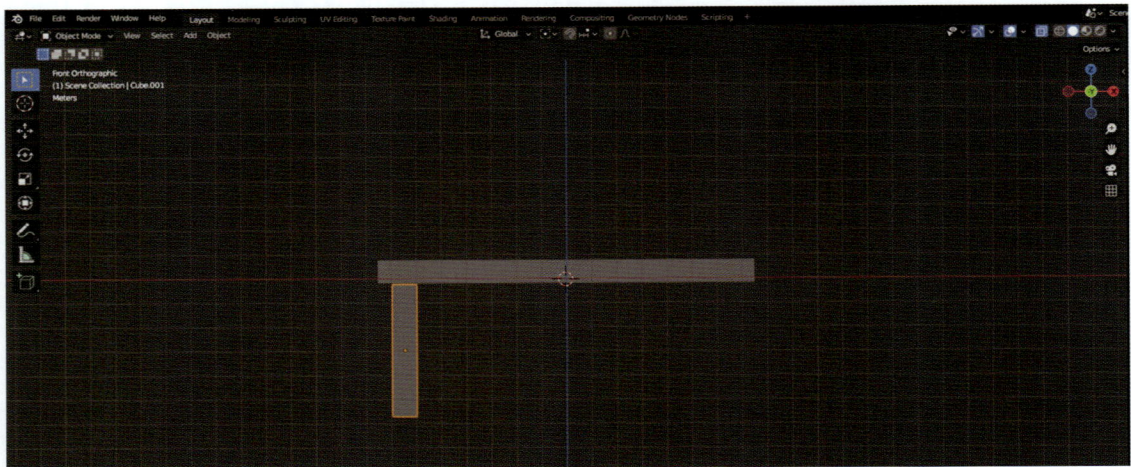

이 상태에서 단축키 [S], [Z]를 누르면 Z축 [Scale]이 활성화됩니다. 마우스를 움직여 원하는 높이로 책상 다리를 만듭시다. 마우스 좌클릭하면 크기 조정이 확정됩니다. 단축키 [G], [Z]를 누르면 Z축 [Move] 기능이 켜집니다. 마우스를 움직여 책상 상판과 틈이 없게 다리를 붙여줍니다.

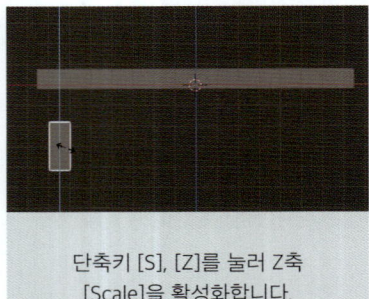

단축키 [S], [Z]를 눌러 Z축 [Scale]을 활성화합니다.

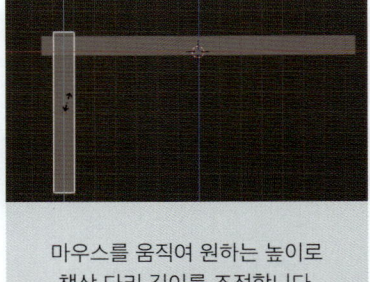

마우스를 움직여 원하는 높이로 책상 다리 길이를 조정합니다.

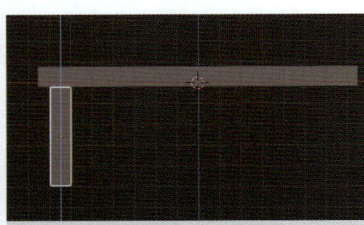

책상 다리 크기 조정을 마치고 단축키 [G], [Z]를 눌러 [Move] 기능을 활성화하여 상판과 다리를 붙여줍니다.

이 작업은 왼쪽 툴바에서 ([Scale]) 툴(오브젝트의 크기(길이)를 조절)과 ([Move]) 툴(오브젝트 이동)을 이용해도 똑같이 할 수 있습니다만, 단축키를 활용하는 편이 여러 모로 편리합니다. 다음 그림처럼 책상의 첫 번째 다리를 완성했습니다.

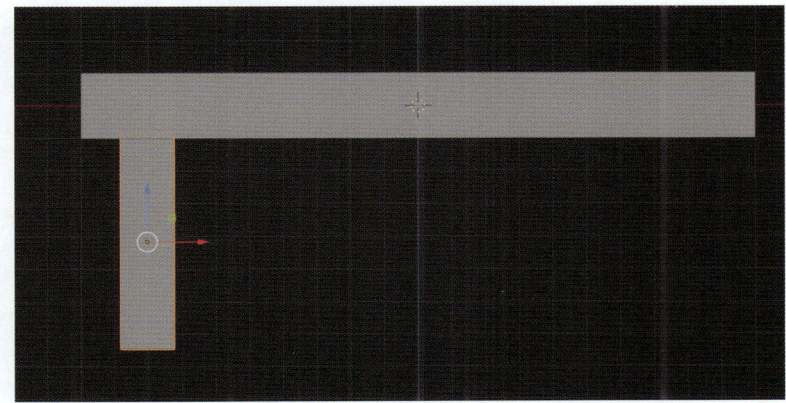

05 만든 책상 다리를 복제해 나머지 책상 다리를 마저 달아보겠습니다. ([Move]) 툴을 선택한 상태에서 단축키 [Shift]+[D]를 누르면 오브젝트가 복사됩니다. 그리고 [X] 키를 누르면 그림처럼 분홍색 가로 지시선이 나타나고 X축 이동이 활성화됩니다. Y, Z값 변화 없이 X축으로만 쉽게 이동시킬 수 있습니다. 다음 그림처럼 짝이 되는 다리를 붙여줍시다.

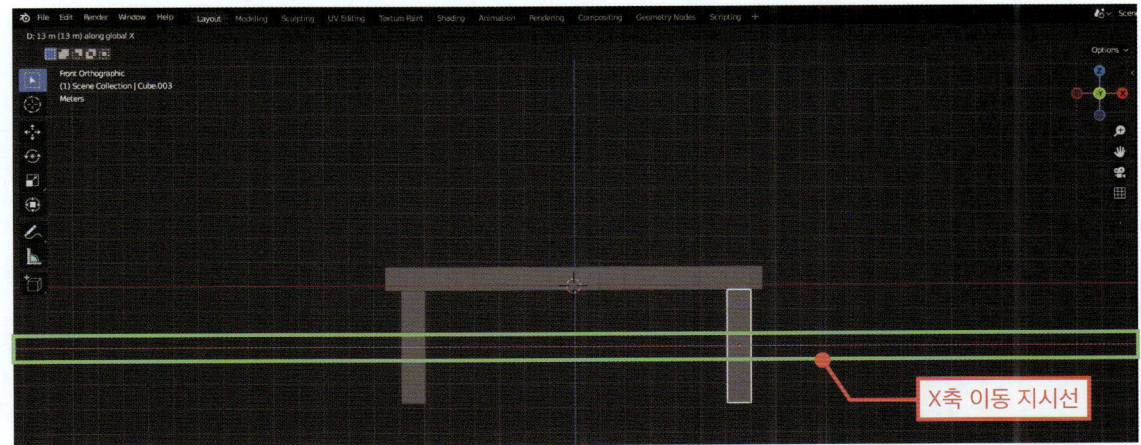

X축 이동 지시선

tip

오브젝트 복사는 오브젝트를 선택하고 마우스 우클릭하여 [Object Context Menu]를 호출한 뒤, [Duplicate Objects]를 선택해도 됩니다.

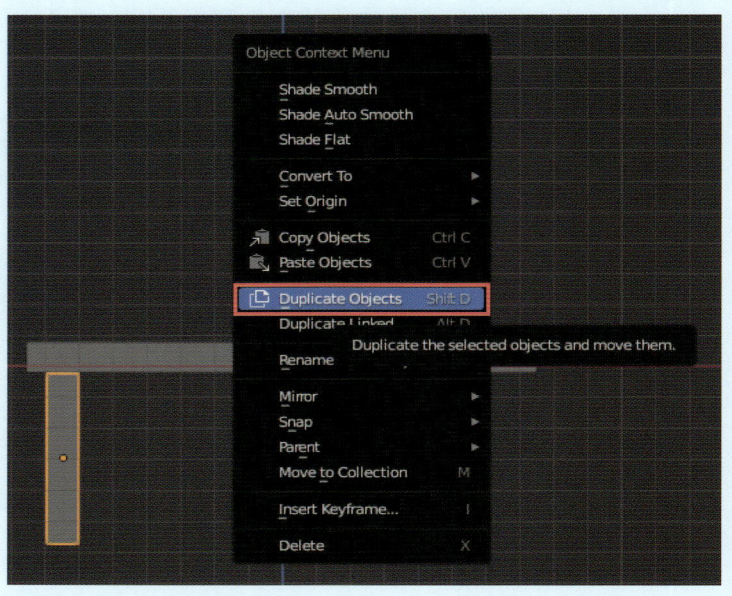

06 마우스 휠을 누르고 마우스를 움직이면 다음처럼 뷰포트 시점을 바꿀 수 있습니다. 한 쌍의 다리가 잘 만들어졌다면, [Shift] 키를 누르고 마우스로 책상 다리 오브젝트를 클릭해 다리들을 다중 선택합니다.

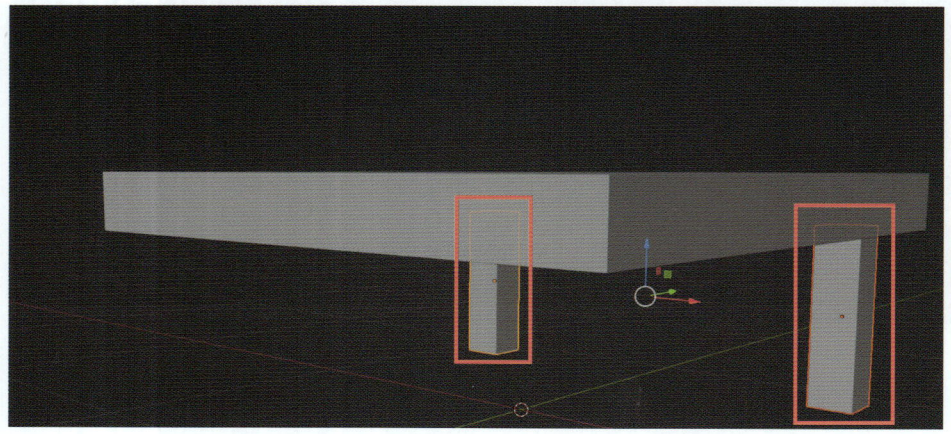

07 그 상태에서 숫자 키패드 [7]을 눌러 다시 Top View로 전환합니다. 앞서와 마찬가지로 단축키 [Shift]+[D]를 누르면 2개의 다리가 복사됩니다. 이어서 단축키 [Y](Y축으로 이동)를 누르면 다음 그림처럼 연두색 Y축 지시선이 나타납니다.

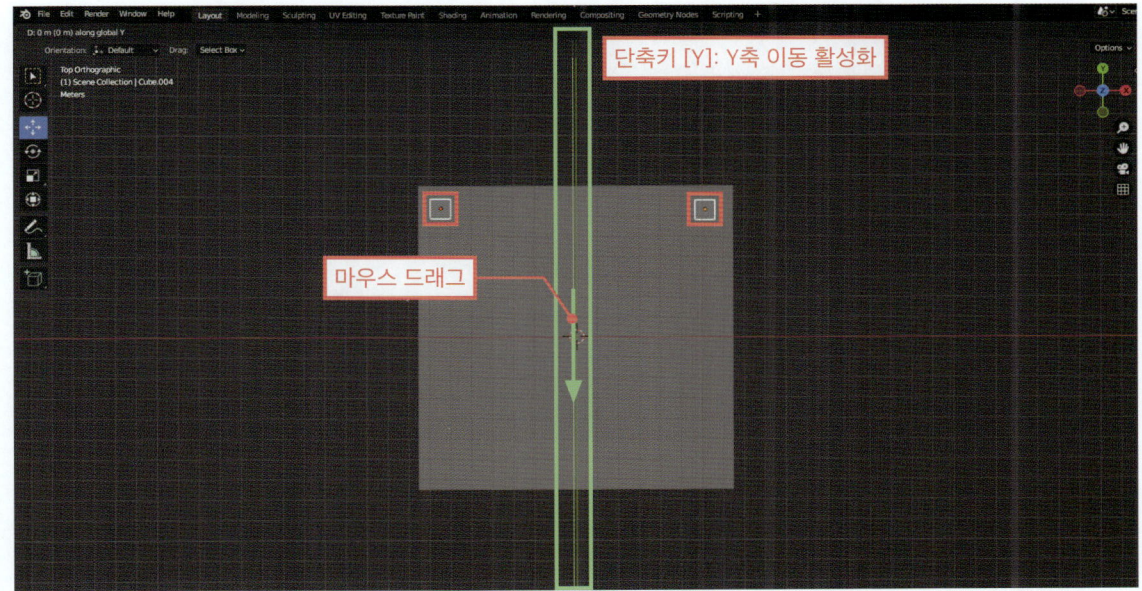

그대로 끌어 그림처럼 대칭되는 위치를 잡은 뒤, 마우스 좌클릭하면 복사한 2개의 다리 붙이기가 완료됩니다. 이때 뷰포트 우측 상단 헤더에 있는 [Toggle X-Ray]를 켜면 오브젝트들이 반투명하게 보여(단축키 [Alt]+[Z]), 잘되었는지 확인하기 쉽습니다.

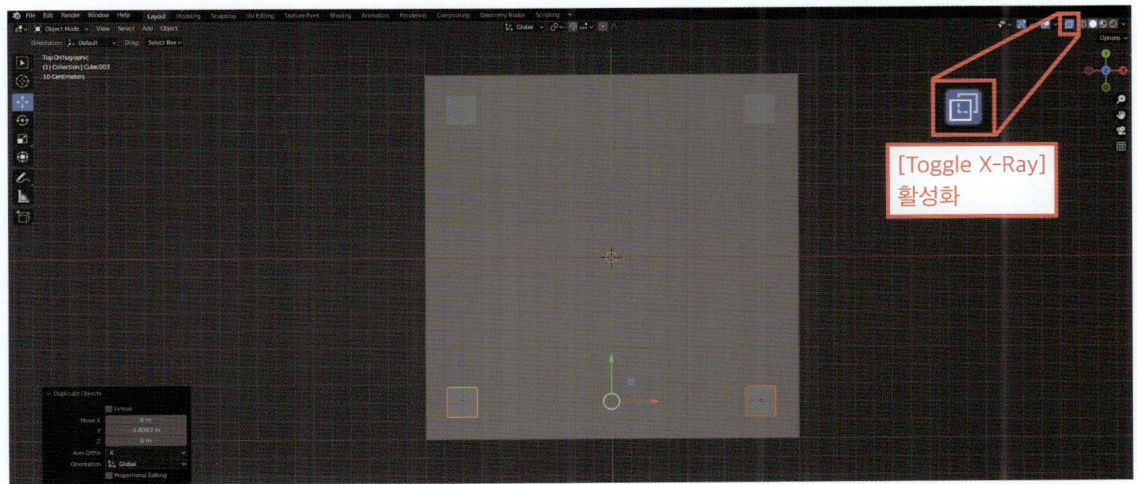

08 책상 상판 오브젝트 1개와 책상 다리 오브젝트 4개를 만들어, 하나의 책상을 완성했습니다. 필요에 따라 책상 상판의 모양을 원형으로, 삼각형으로도 만들 수 있습니다. 책상 다리가 세 개 혹은 다섯 개가 될 수도 있겠죠.

정리

📂 왼쪽 툴바 메뉴

기능	단축키
이동(Move)	[G]
크기 조정(Scale)	[S]
회전(Rotate)	[R]
오브젝트 복제	[Shift] + [D]

영상으로 보는 블렌더 Tip

📂 시점 전환

기능	단축키
앞에서 보는 시점(Front View)	숫자 키패드 [1]
오른쪽에서 보는 시점(Side View)	숫자 키패드 [3]
위에서 보는 시점(Top View)	숫자 키패드 [7]

📂 헤더 메뉴

기능	단축키
오브젝트 반투명하게 만들기 (Toggle X-Ray)	[Alt] + [Z]

SECTION 02 | 에디트 모드(Edit Mode)

오브젝트 모드가 오브젝트 자체를 수정하는 모드였다면, 에디트 모드(Edit Mode)는 오브젝트의 점, 선, 면을 편집할 수 있는 모드입니다. 편집한 오브젝트를 마우스 좌클릭으로 선택한 후에 [Tab] 키를 누르면 모드를 전환할 수 있습니다.

1 의자 만들기: Extrude, Loop Cut, Bridge

그럼 책상과 함께 놓을 의자를 만들어 보면서 에디트 모드의 기능을 익혀보겠습니다. 먼저 해볼 것은 Extrude(추출), Loop Cut(루프에 따라 자르기), Bridge(브리지)입니다.
Section 01에서 완성한, 책상이 있는 화면에서 곧바로 진행하겠습니다. 의자의 기본이 되어줄 오브젝트를 놓고 시작합시다. 이번에는 앞서 실습한 책상 만들기와는 달리, 하나의 오브젝트로 의자의 좌판과 다리, 등받이까지 모두 만들어 보겠습니다.

1.1 의자 좌판 만들기

01 단축키 [Shift]+[A]로 [Add] 메뉴를 호출한 후, [Mesh] → [Cube]를 선택해 큐브 오브젝트를 하나 생성합니다.

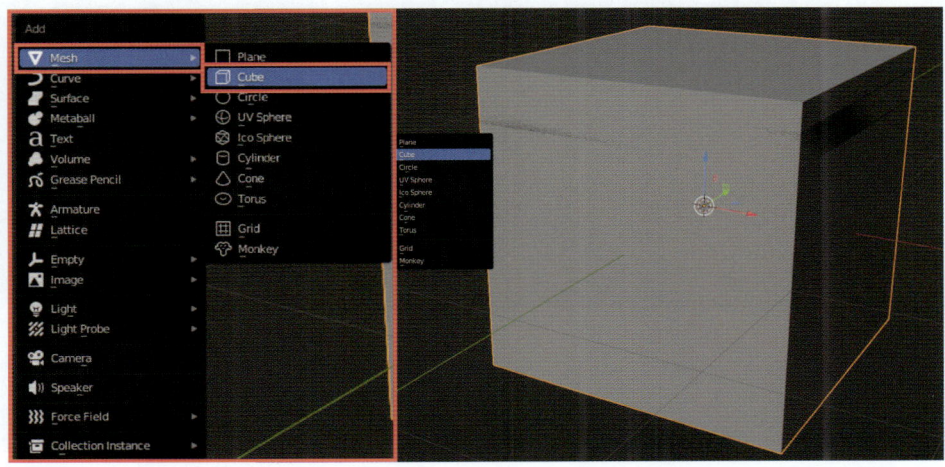

02 ([Move])와 ([Scale]) 툴로 의자 좌판이 될 새 큐브의 위치와 크기를 원하는 크기로 조절합니다.

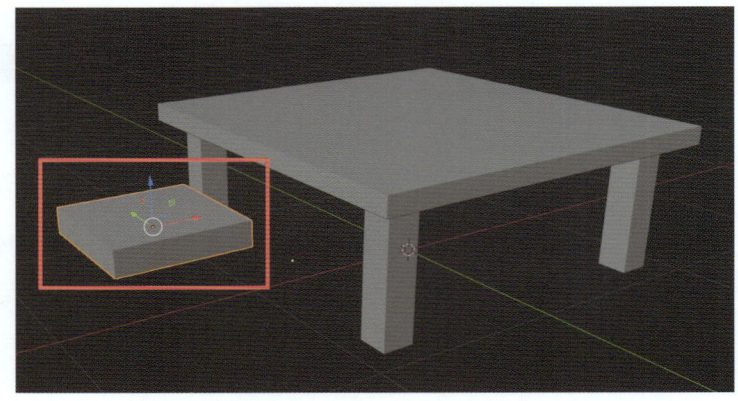

03 의자 만들기에 집중하기 위해 이미 만들어져 있는 책상은 숨기고 작업하겠습니다. 뷰포트 우측의 아웃라이너(Outliner) 창을 보면, 눈 모양의 아이콘들이 있습니다. 'Collection' 옆의 아이콘을 누르면 뷰포트에 있는 모든 오브젝트가 숨겨집니다. 가장 하단에 있는 'Cube.005'가 이번에 새롭게 추가한 큐브입니다. 이 항목만 보일 수 있도록 해당 항목의 눈 모양 아이콘을 클릭합니다. 이렇게 의자 좌판이 완성되었습니다.

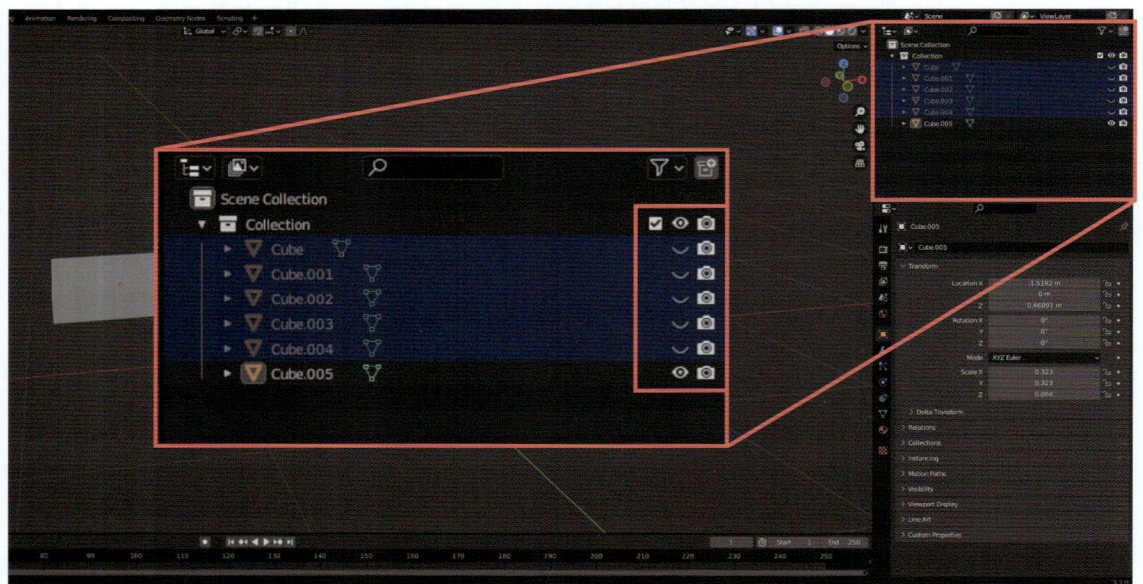

1.2 의자 다리 만들기

01 뷰포트 좌측 상단에서 오브젝트 모드를 에디트 모드로 바꾸어 줍니다. [Tab] 단축키를 활용해도 됩니다.

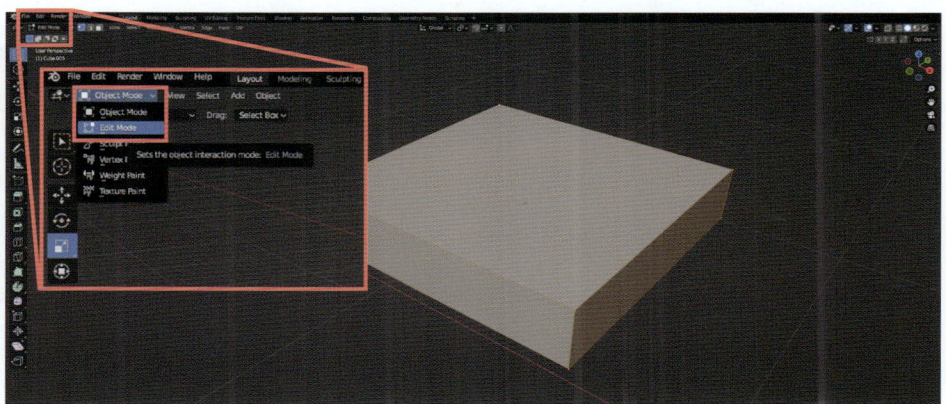

02 왼쪽 툴바에서 ([Loop Cut])을 선택합니다. 오브젝트 위에 마우스를 가져다 놓고 마우스 좌클릭하면 Cut이 적용됩니다. 좌측 최하단의 [Loop Cut and Slide] 텍스트를 클릭하면 옵션 창이 열립니다. 'Number of Cuts'는 오브젝트를 몇 개의 선으로 자를 건지, 숫자를 입력하는 항목입니다. 'Number of Cuts'를 3으로 바꾸어 줍니다. 즉, 지금의 큐브 오브젝트를 3개의 선을 이용해서 자른다는 것입니다.

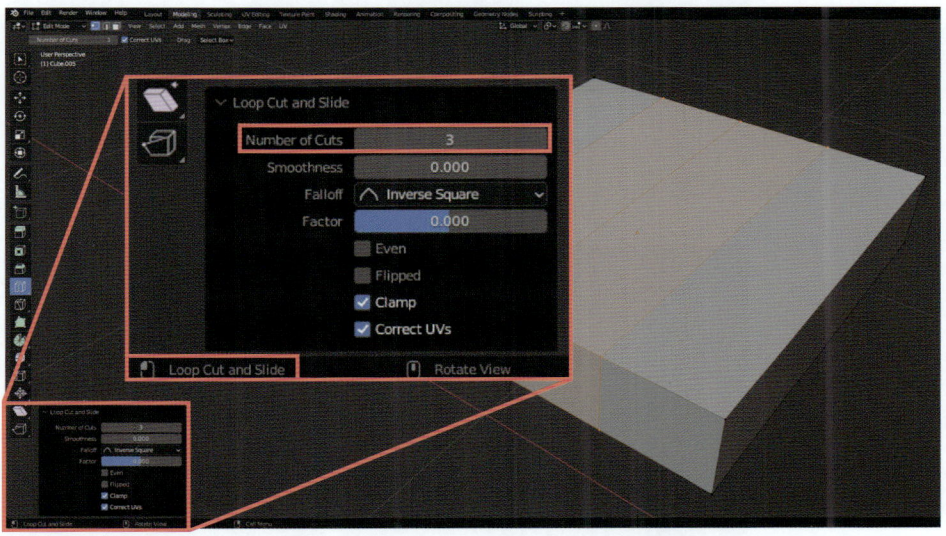

03 단축키를 사용하면 좀 더 편하게 작업할 수 있습니다. ▶([Select])나 ✥([Move]) 툴을 선택한 상태에서 [Ctrl]+[R]을 누르고 오브젝트 위에 마우스를 가져다 놓으면 다음 표 속 그림처럼 Cut을 미리 볼 수 있습니다. 이 상태에서 마우스 휠을 움직이면 Cut 수를 하나씩 늘리거나 줄이며 조절할 수 있습니다. 적절한 Cut 수를 찾았다면 마우스 좌클릭하여 적용합니다.

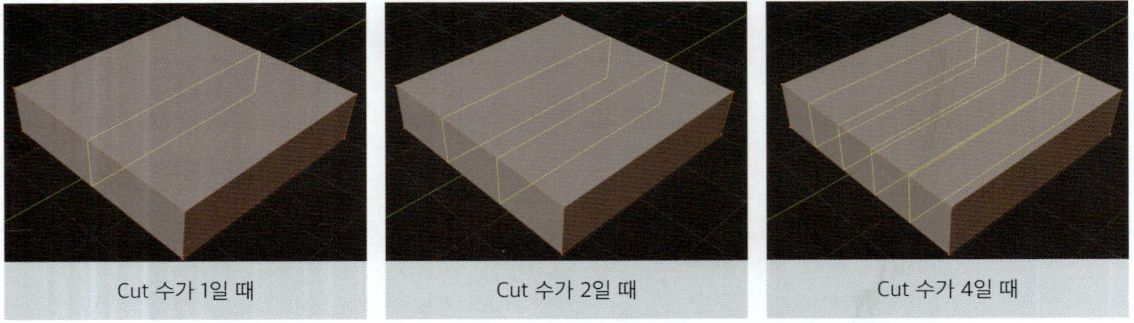

Cut 수가 1일 때 　　　　Cut 수가 2일 때 　　　　Cut 수가 4일 때

이 상태에서 바로 Cut이 되진 않고, 마우스를 좌우로 움직여 생성된 Edge(Cut할 선) 위치를 조정할 수 있습니다. 적절한 위치를 잡고 마우스 좌클릭하여 Cut 작업을 완료합니다.

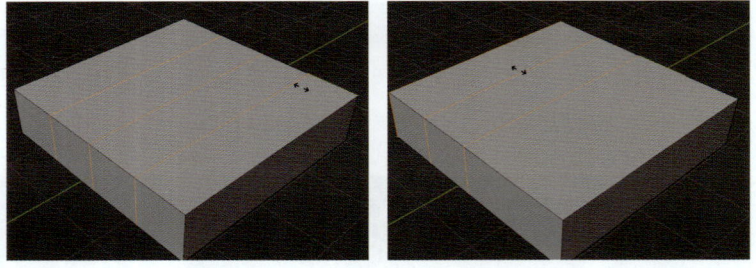

04 같은 방식으로 이번엔 수직방향으로 3줄 Cut합니다. 그럼 다음 그림처럼 됩니다. 이렇게 의자 좌판이 완성되었습니다.

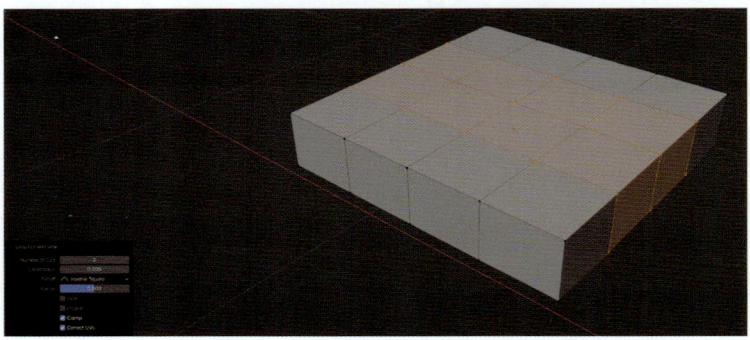

05 마우스 휠을 누른 상태에서 움직여 좌판 아래가 보이도록 시점을 전환합니다. 뷰포트 좌측 상단에서 (Face Select 모드)로 전환(단축키는 키보드 상단 숫자 [3])하여, [Shift]+[Select] 툴을 이용하여 그림처럼 네 귀퉁이의 Face를 다중 선택합니다.

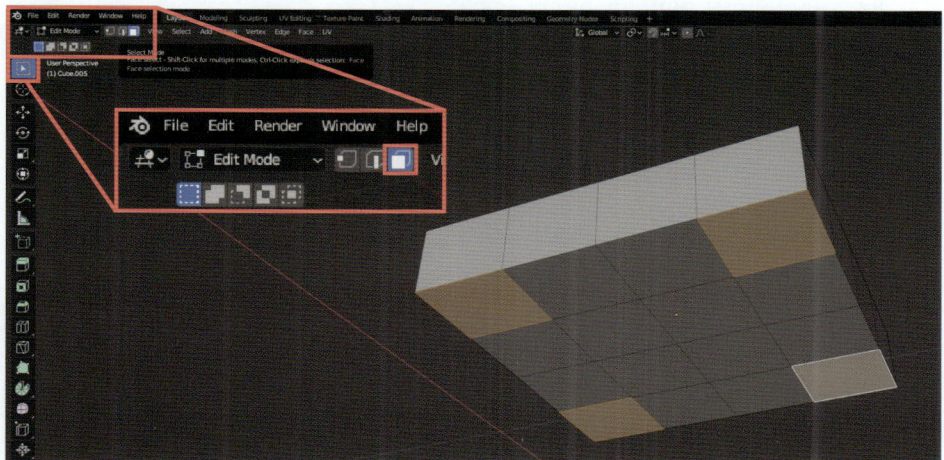

06 왼쪽 툴바 메뉴에서 ([Extrude], 추출)을 선택하면 오브젝트 위에 아이콘이 나타납니다. 이것을 마우스로 클릭해서 드래그하면 주황색으로 선택된 영역의 면이 추출되어 길어집니다. 이렇게 의자 다리를 완성할 수 있습니다. 원하는 길이로 의자 다리를 추출해 보세요. 이 역시 다른 작업과 마찬가지로 단축키를 사용하면 보다 편하게 진행할 수 있습니다. 추출 작업의 단축키는 [E]입니다.

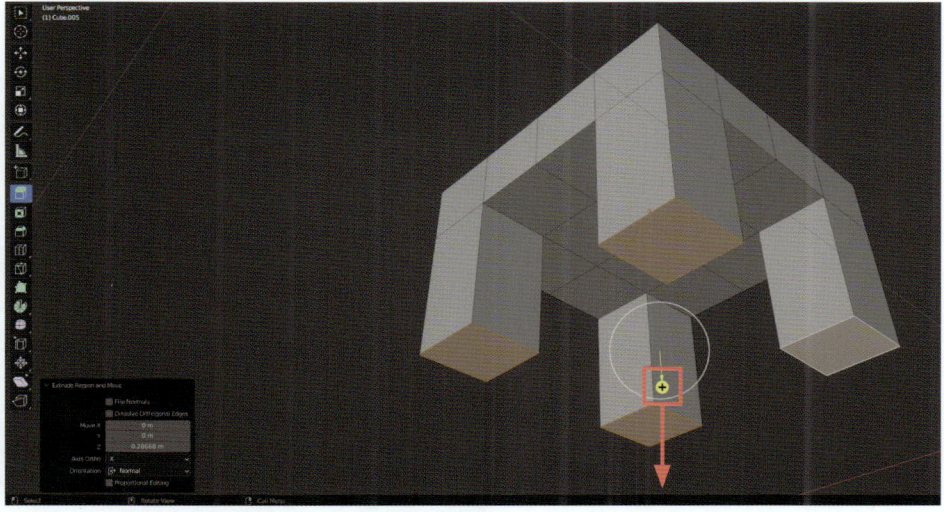

1.3 의자 등받이 만들기

01 마우스 휠을 누른 상태에서 움직여 이번에는 좌판 윗면이 보이도록 시점을 전환합니다. 등받이를 만들 것입니다. 아까와 똑같이 [Shift] 키를 눌러 그림과 동일한 영역을 다중 선택합니다.

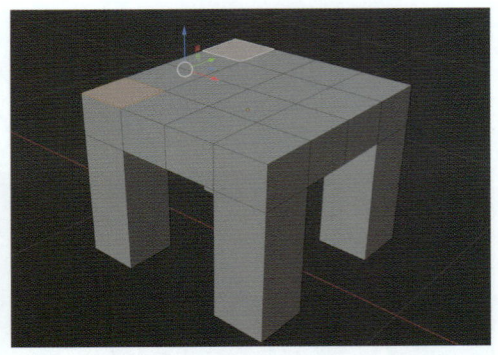

02 단축키 [E]를 누르고 마우스를 당겨 원하는 높이로 Extrude(추출)해 줍니다. 왼쪽 툴바 메뉴에서 ▣를 선택해도 됩니다. [Select]나 [Move] 툴이 활성화된 경우에만 단축키가 작동하는 점에 유의하세요. 다음 그림처럼 총 네 개의 블록이 쌓인 것처럼 늘려주세요. 이렇게 등받이 기둥을 만들었습니다.

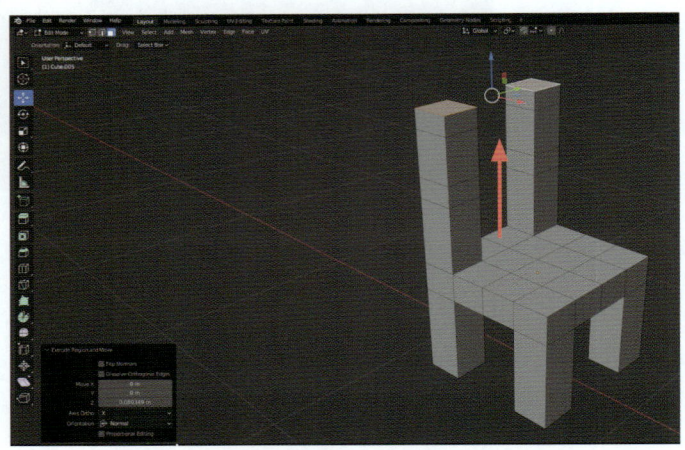

03 등받이 기둥을 만들었으니, 사이를 잇는 가로 막대를 만들어줍시다. 형태가 잘 보이도록 뷰포트 우측 상단의 [Toggle X-Ray]를 켜서 투시 이미지로 바꾸고 작업합니다. 그림처럼 두 번째 블록의 안쪽의 면 2개(주황색으로 표시된 부분)를 [Shift] 키를 누른 채로 마우스 좌클릭하여 다중 선택합니다.

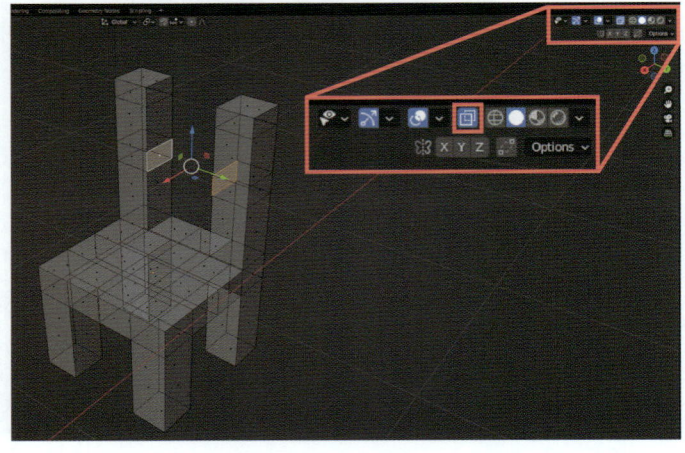

04 이 상태에서 마우스 우클릭하면 [Face Context Menu]가 팝업됩니다. [Bridge Faces]를 선택해 두 면을 연결해 줍시다.

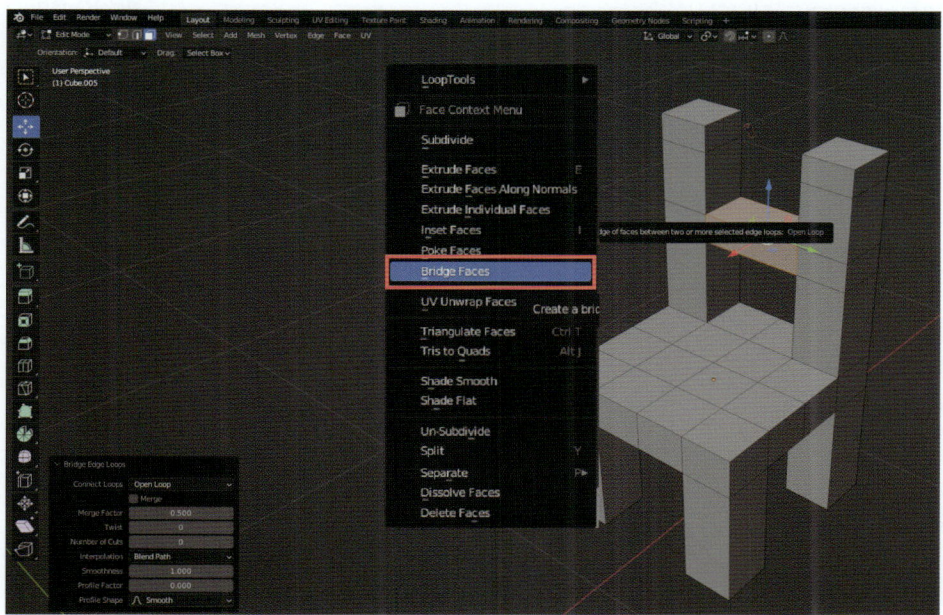

위쪽도 같은 방법으로 마저 연결해 줍니다. 의자가 완성됐습니다!

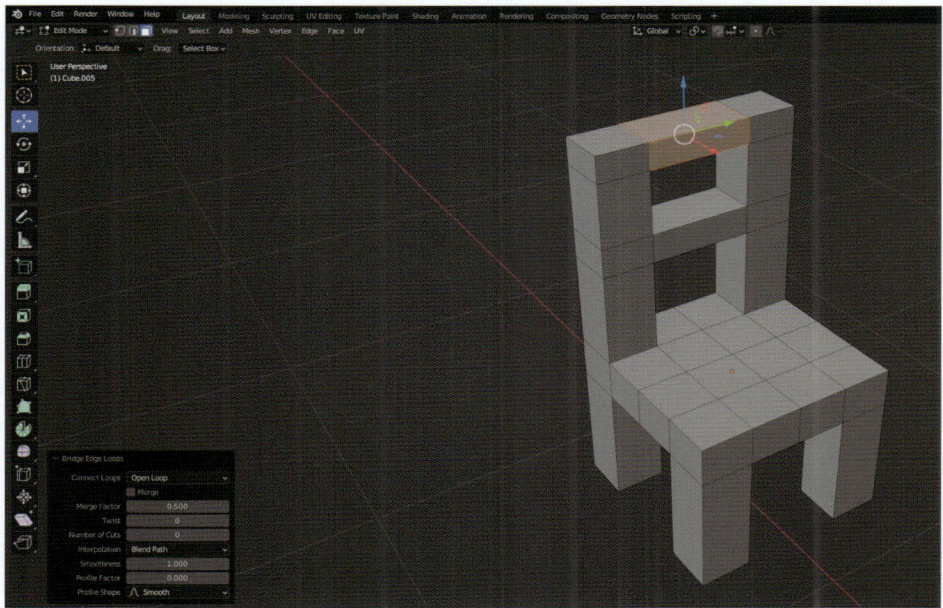

1.4 커플 의자 만들기

짝이 되는 의자를 하나 더 생성하겠습니다. 이때, 어렵게 앞서 제작한 과정을 반복하지 않아도 됩니다.

한눈에 보는 작업 과정, 고수의 뷰!

01 [Tab] 키를 눌러 에디트 모드를 오브젝트 모드로 바꾸고, 단축키 [Shift]+[D]를 누르면 똑같은 모양의 의자가 복사되어 나타납니다. 겹쳐 있으므로 하나로 보일 수 있으나, 단축키 [G]를 누른 채 마우스를 드래그 앤 드롭 하면 겹쳐진 의자가 분리되어 보입니다.

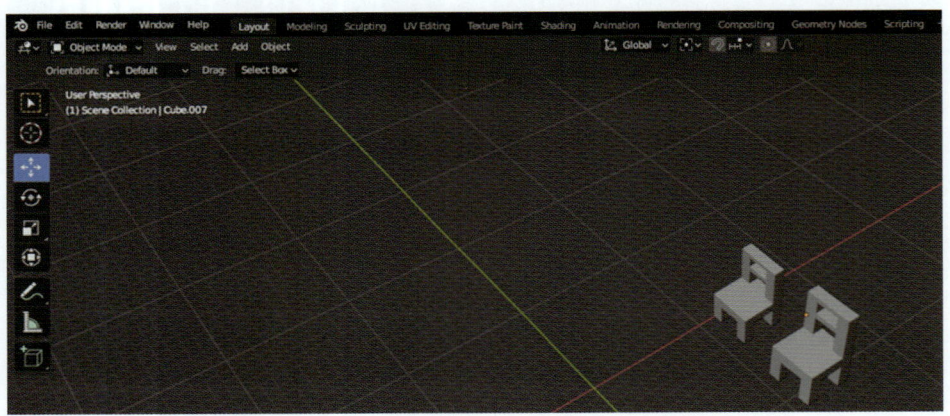

02 테이블을 사이에 두고 마주보는 형태를 만들고 싶습니다. 새 의자를 선택해 마우스로 끌어 원하는 위치에 가져다 놓고, 회전시켜 마주보는 모양새를 만들겠습니다. 왼쪽 툴바 메뉴에서 ([Rotate], 회전) 아이콘을 활성화하면 X축(빨강), Y축(초록), Z축(파랑) 안내선이 표시됩니다. 원하는 축을 마우스로 클릭하여 드래그하면 오브젝트를 회전시킬 수 있습니다. Z축(파랑) 선을 클릭해서 다음 그림처럼 의자를 돌려줍시다. 단축키 [R](회전), [Z](Z축으로)로도 같은 작업이 가능합니다.

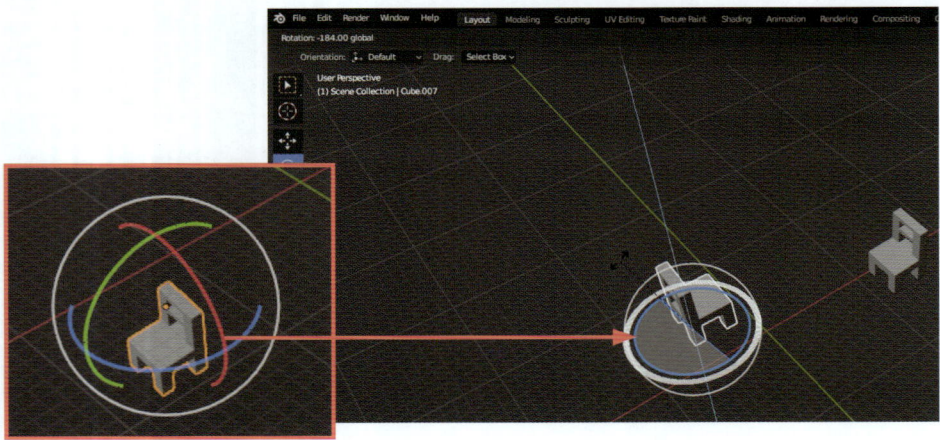

03 아웃라이너의 'Collection' 옆 👁 아이콘을 모두 클릭하여 재활성화합니다. 책상을 다시 보이게 하고, 위치를 조정해 다음 그림처럼 위치시키고 마무리합니다. 책상과 의자 세트가 완성됐습니다.

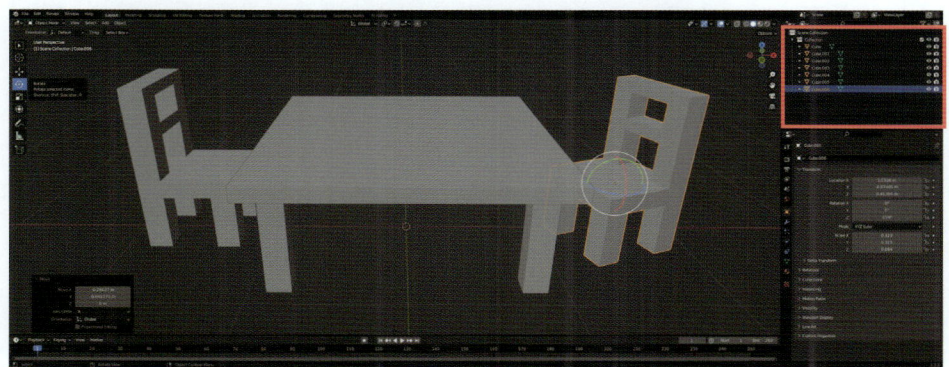

정리

📂 **오브젝트 모드(Object Mode)에서 에디트 모드(Edit Mode)로 바꾸는 세 가지 방법**

1. 왼쪽 상단에서 [Object Mode]를 [Edit Mode]로 바꾸어 준다.

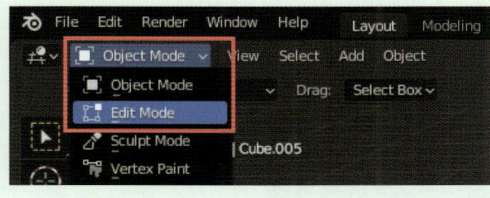

영상으로 보는 블렌더 Tip

2. 단축키 [Tab]을 누른다.
3. 상단 메뉴바에서 [Modeling]을 클릭한다.

📂 **점, 선, 면 제어**

도구	단축키	설명
Vertex Select	키보드 상단 숫자 [1]	![Vertex Select 설명 이미지] 점(Vertex)을 제어

정리

도구		단축키		설명
Edge Select		키보드 상단 숫자 [2]		선(Edge)을 제어
Face Select		키보드 상단 숫자 [3]		면(Face)을 제어

📂 툴바 메뉴

도구	단축키		설명
Loop Cut	[Ctrl] + [R]		선으로 오브젝트를 커팅
Extrude	[E]		점, 선, 면을 추출

📂 그 외 사용한 기능 및 메뉴

도구	선택 방법	설명
Bridge Faces	마우스 우클릭하면 팝업되는 메뉴에서 선택	선택한 두 개의 면을 서로 연결
Dissolve Edges	단축키 [Del]을 눌러 팝업되는 메뉴에서 선택	Loop Cut한 Edge를 삭제

2 머그컵 만들기: Inset, Bevel

제작한 책상 위가 허전해 보입니다. 책상 위에 놓아둘 머그컵을 만들어 봅시다. 컵을 만들면서 면을 분할하는 방법에 대해 알아보겠습니다.

2.1 머그컵 몸통 만들기

01 책상과 의자까지 완성한 상태에서 시작합니다. 오브젝트 모드로 설정하고 상단 서브메뉴바 [Add]에서 [Mesh] → [Cylinder]를 선택해 컵의 뼈대가 될 원기둥을 하나 생성합니다.

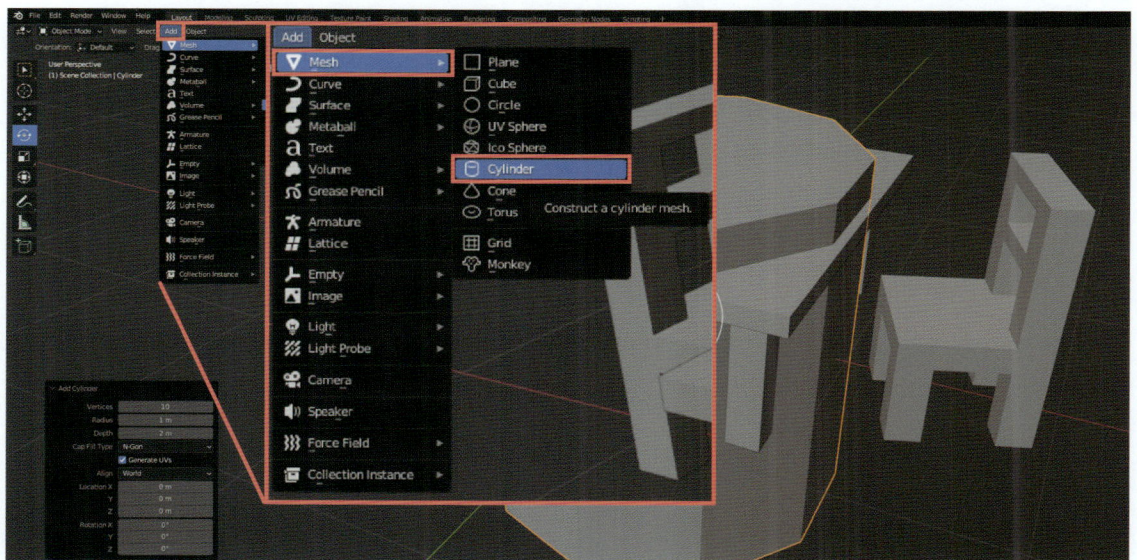

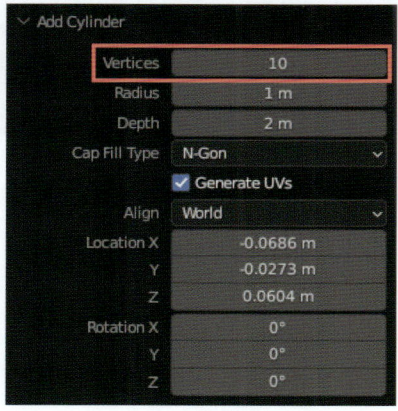

02 약간 각진 컵을 원하므로, 원기둥의 면 수를 줄여 각 기둥을 바꿔 주겠습니다. 뷰포트 좌측 하단의 [Add Cylinder] 텍스트를 클릭해 주세요. 나타난 옵션창에서 [Vertices]에 숫자 10을 입력하면 다음처럼 10각기둥으로 바뀝니다. [Vertices]에 원하는 면수(예: 사각기둥을 원하면 4, 삼각기둥을 원하면 3)를 입력하면 됩니다.

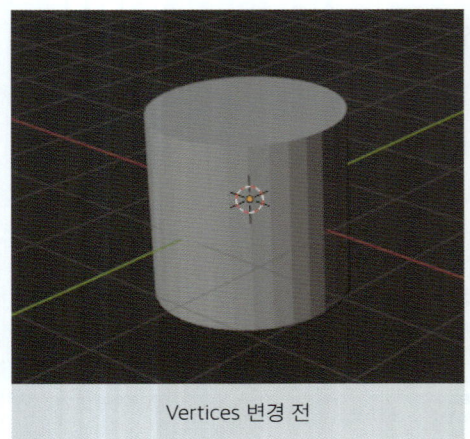
Vertices 변경 전

Vertices에 10을 입력한 변경 후

03 머그컵 만들기에 집중하기 위해, 책상과 의자는 아웃라이너의 👁 아이콘을 꺼서 잠시 숨겨 두고, 시점을 확대해 작업하기 편한 환경으로 만들어줍니다. 그리고 [Tab] 키를 눌러 에디트 모드로 변경합니다. 키보드 상단 숫자 [3]을 눌러 Face Select 모드로 바꾸어 위쪽 면을 선택하고, 왼쪽 툴바 메뉴에서 🔲 ([Inset]) 아이콘을 클릭합니다. Face 위에서 마우스를 움직여 그림처럼 면 분할을 해줍니다.

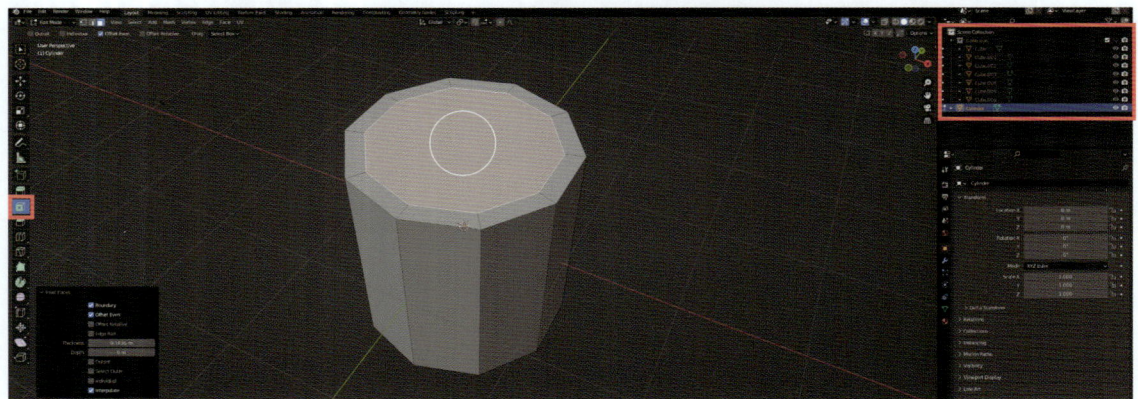

04 원기둥의 안쪽을 파내, 컵의 형태를 조금씩 만들어 보겠습니다. 단축키 [E](Extrude)를 눌러 안쪽으로 면을 추출해 줍니다. 이 면이 컵의 안쪽 밑바닥이 되겠지요.

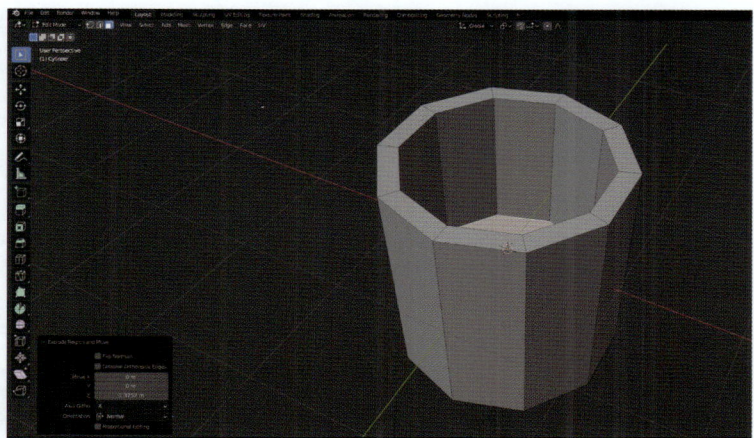

05 뷰포트 우측 상단의 [Toggle X-Ray]를 켜 오브젝트를 반투명하게 만듭니다. 숫자 키패드 [1]을 눌러 시점을 정면 뷰로 전환하고, 바닥 위치를 정해줍니다. 머그컵 몸통이 완성되었습니다.

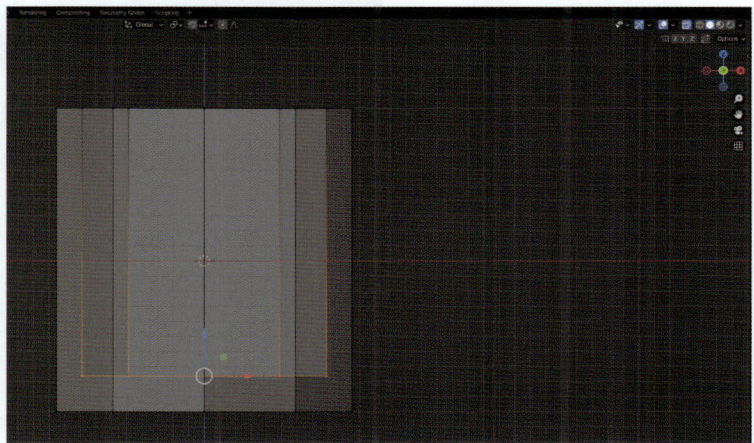

2.2 머그컵 손잡이 만들기

머그컵 몸통을 만들었으니 이젠 손잡이를 만들어 봅시다. 똑같이 오브젝트 모드에서 작업합니다. 이때, 새롭게 다른 오브젝트를 추가하지 않고 현재 있는 오브젝트에서 손잡이를 만들어 보겠습니다.

01 손잡이를 만들기 위해 현재 통으로 되어 있는 머그컵 몸통을 분할하겠습니다. [Ctrl]+[R](Loop Cut)을 누르고 오브젝트 위에 마우스 커서를 가져가면 Loop Cut을 미리 볼 수 있습니다. 마우스 휠을 움직여 5줄로 만들고 마우스 좌클릭합니다. 이때 위치는 조정할 필요 없으므로 바로 마우스 우클릭하여 Loop Cut의 위치 지정도 완료합니다. 다음 그림은 이어지는 작업을 위해 [Toggle X-Ray]를 끈 모습입니다.

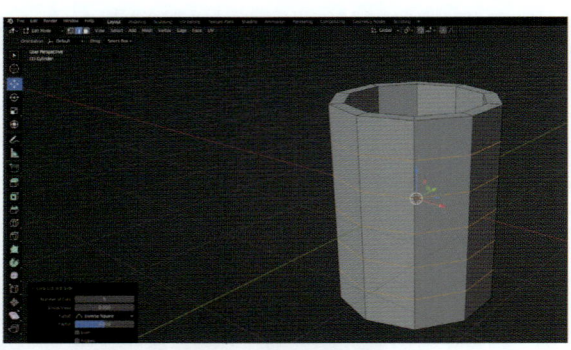

02 이제 마우스 휠을 클릭한 상태로 드래그하여 뷰포트를 적절히 회전시켜 실린더의 측면이 보이게 해주세요. Face Select 모드(단축키 키보드 상단 숫자 [3])로, 다음 그림처럼 한 줄에 있는 위에서 두 번째, 네 번째 면 2개를 다중 선택([Shift] 키를 누른 상태에서 선택)합니다.

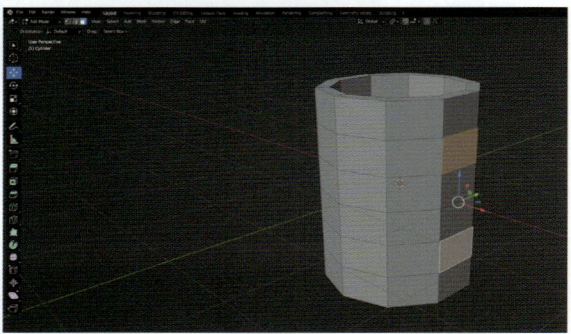

03 손잡이가 추출될 면을 정해줍니다. 단축키 [I](Inset)를 눌러 다음 그림처럼 각 면을 약간 작게 면 분할해 줍니다. 이 굵기로 손잡이가 만들어질 것입니다.

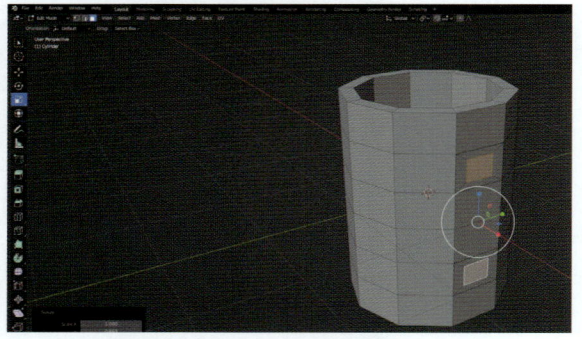

04 단축키 [E](Extrude)를 눌러 다음 그림처럼 손잡이를 추출합니다. 첫 번째는 길게 두 번째는 살짝 짧게 두 번 추출해 줍니다.

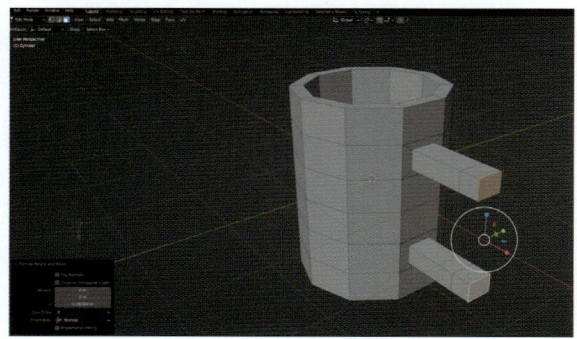

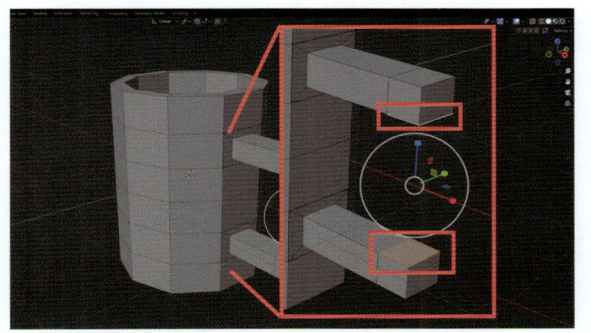

05 두 개의 레이어를 이어서 손잡이로 만들 것입니다. 뷰포트를 움직여 손잡이가 잘 보이게 한 뒤, 윗 손잡이의 아랫면과 아래 손잡이의 윗면 2개의 Face를 그림처럼 다중 선택합니다.

> **tip** 여러 개를 다중 선택할 때는 [Shift] 키를 누른 채 선택해야 하는 걸 잊지 마세요!

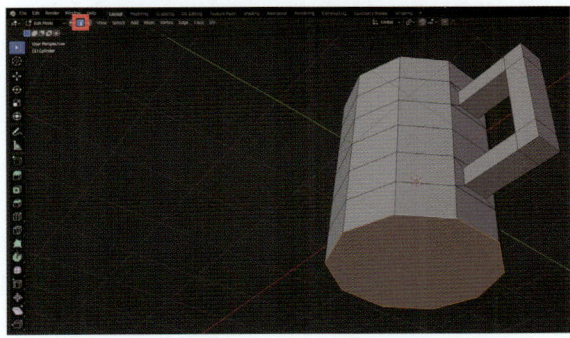

06 마우스 우클릭하여 [Face Context Menu]를 호출합니다. [Bridge Faces]를 클릭해 선택한 면을 연결해 줍니다. 이렇게 머그컵 손잡이를 완성했습니다.

2.3 머그컵 밑바닥 만들기

01 숫자 키패드 [2]를 눌러 컵의 밑부분이 비스듬히 보이도록 시점을 전환합니다. 뷰포트 좌측 상단에서 (Edge Select 모드)로 전환한 뒤, 그림처럼 컵의 밑부분을 선택합니다. [Alt] 키를 누른 채 마우스 좌클릭하면 연결된 Edge들이 모두 선택됩니다.

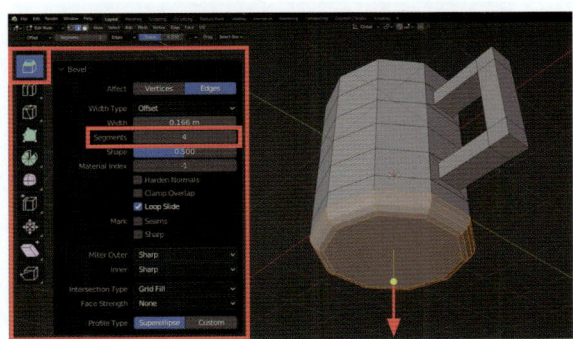

02 왼쪽 툴바 메뉴에서 (Bevel)을 선택하면 노란색 지시선이 나타납니다. 노란색 원을 마우스로 클릭해 잡아끌면 선을 분할할 수 있습니다. 이때 [Bevel] 옵션창에서 [Segments] 수치를 4로 바꾸면, 그림처럼 선을 4개 추가해서 비교적 부드러운 느낌으로 만들어 줍니다.

03 머그컵 밑바닥의 겉을 다듬었으니 이번에는 밑바닥이 안쪽으로 들어가도록 다듬어 봅시다. 살짝 오목하게 들어간 컵 밑면을 구현해 보겠습니다. 뷰포트 좌측 상단에서 (Face Select 모드)로 설정한 후에 컵 밑면을 선택하고 왼쪽 툴바 메뉴에서 (Inset) 툴을 눌러 컵 밑면에 그림처럼 작은 면을 하나 추가해 줍니다.

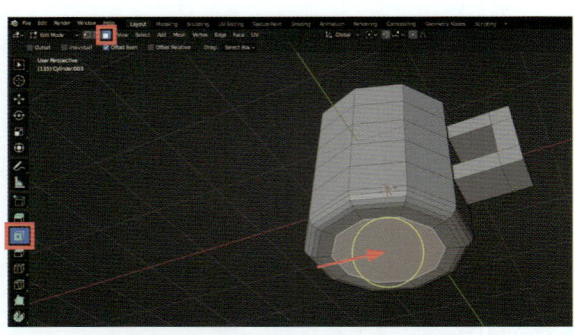

04 새로 생긴 컵 밑면을 선택합니다. 왼쪽 툴바 메뉴의 (Move) 툴을 활성화하고 Z좌표축(위쪽 파란 점)을 마우스로 클릭, 위로 잡아 끌어 밑면이 안쪽으로 오목하게 들어가도록 만들어 줍니다.

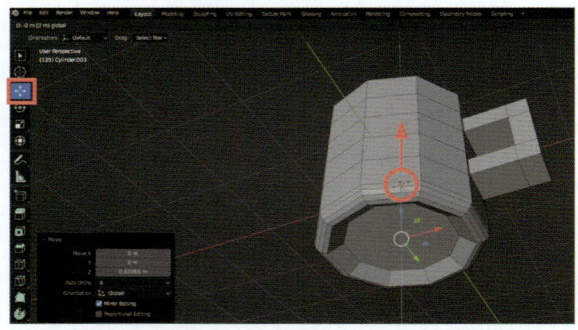

05 연결부를 매끄럽게 다듬겠습니다. 왼쪽 툴바 메뉴에서 (Select) 툴을 선택하고, 키보드 상단 숫자 [2]를 눌러 (Edge Select 모드)로 전환합니다. 아까와 마찬가지로 새 밑면의 Edge들을 [Alt] 키를 이용해 모두 선택합니다.

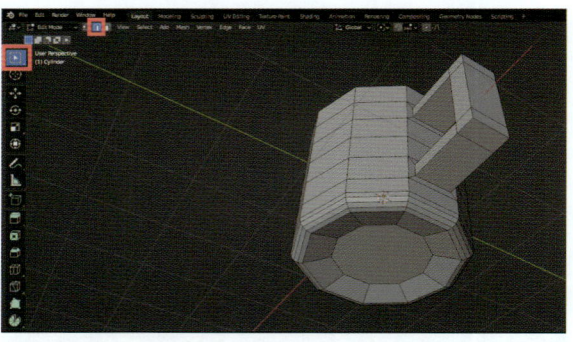

06 연결을 더 매끄럽게 만들어 줍시다. 이번에는 단축키를 사용해 보겠습니다. (Select)나 (Move) 툴이 선택된 상태에서 단축키 [Ctrl]+[B](Bevel)를 누르고 마우스를 움직이면 여러 개로 선이 분할됩니다. 그리고 마우스 휠을 돌리면 Segment가 늘어나면서 부드러운 면이 만들어집니다. 다음 그림처럼 적용합시다.

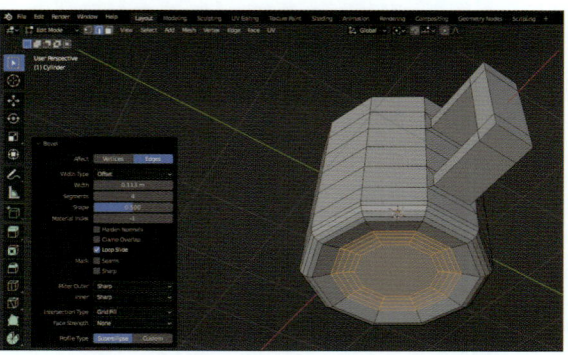

2.4 머그컵 디테일 정리하기

01 머그잔 윗부분도 마찬가지로 왼쪽 툴바 메뉴에서 (Bevel) 툴을 사용해 곡선으로 만들어 줍니다. 위 그림은 바깥쪽 Edge들을 선택해 작업한 것이고, 아래 그림은 안쪽 Edge들을 선택해 작업한 것입니다. Segments는 4로 동일합니다.

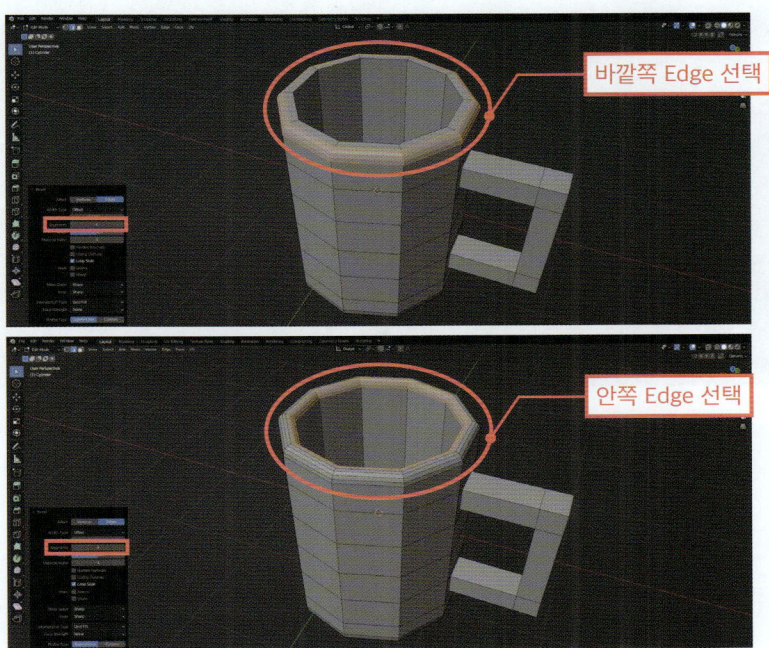

02 손잡이 부분도 원하는 모양으로 다듬어 주면 됩니다. 다음 그림은 손잡이 아래쪽 연결부분의 정육면체의 노출된 Face(면)를 모두 선택해서, Move 툴로 움직여 준 모습입니다.

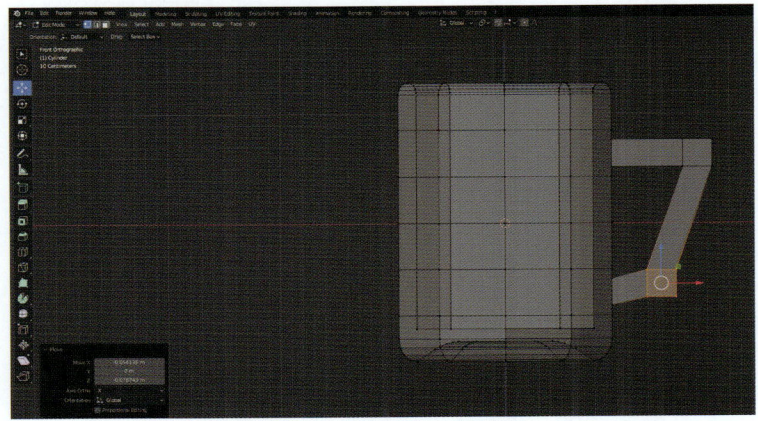

03   이렇게 머그컵까지 만들었습니다. [Tab] 키를 눌러 오브젝트 모드로 돌아온 뒤, 머그컵을 하나 더 복제하고([Shift]+[D]) 회전시켜([R], [Z]) 적당한 위치에 둡니다. 마지막으로 책상과 의자 오브젝트가 보이도록 아웃라이너에서 👁 을 다시 켜, 정리해 완성합니다.

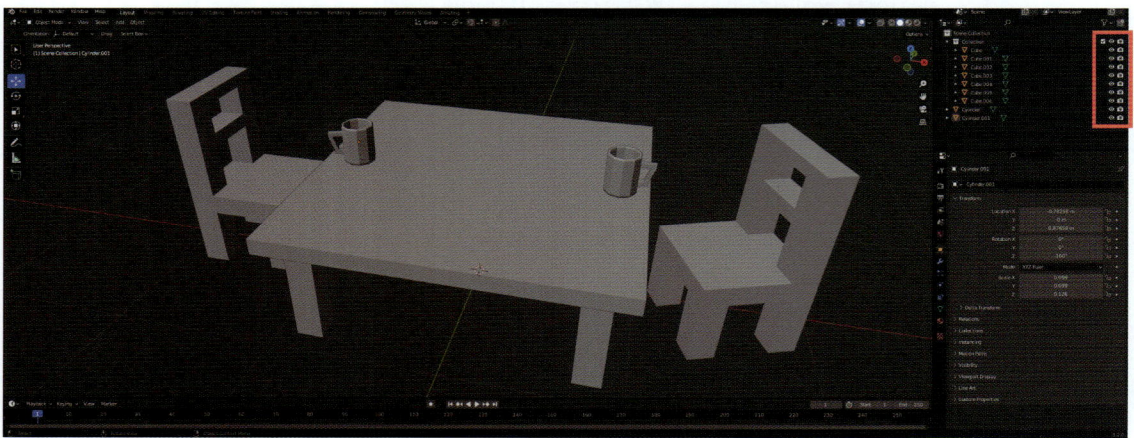

정리

📁 왼쪽 툴바 메뉴에서 사용한 도구

도구	단축키	설명
Inset	[I]	안쪽으로 면 분할 (Face Select 모드일 때 사용)
Bevel	[Ctrl] + [B]	곡선처럼 부드럽게 면 분할 (Edge Select, Face Select 모드일 때 사용)
연결된 점(Vertex), 선(Edge), 면(Face) 선택	[Alt] + 마우스 좌클릭 ※ 단축키가 아니라 　작동법입니다.	

영상으로 보는 블렌더 Tip

SECTION 03 Modify Properties

Modify는 말 그대로 오브젝트를 수정하는 명령들입니다. 블렌더에는 여러 가지 명령이 있습니다. 여기서는 기본이 되고 가장 많이 사용되는 Modify 명령들을 위주로 설명하겠습니다.

1 비행기 만들기: Mirror(좌우 대칭)

이번에는 앞서 해 본 것과는 전혀 다른, 새로운 모델링에 도전합니다. 비행기를 만들어 보면서, 좌우 대칭 작업에 대해 알아보겠습니다.

한눈에 보는 작업 과정, 고수의 뷰!

1.1 비행기 동체 만들기

01 새 블렌더 모델링 창을 엽니다. 상단 메뉴바에서 [File] → [New] → [General]을 차례로 클릭해 주면 됩니다. 큐브 오브젝트만 두고 카메라와 라이트는 지워 줍니다.

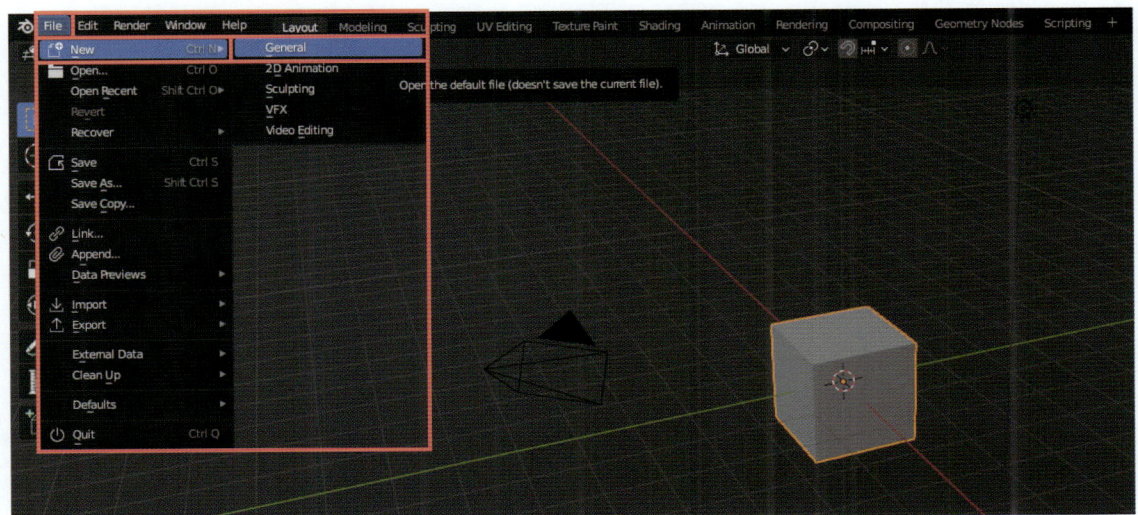

02 작업에 익숙해졌을 테니 지금부터는 단축키를 주로 사용하여 설명하겠습니다. 단축키 [S](Scale, 크기 조정), [Y](Y축)를 눌러 Cube의 크기를 Y축으로 키워 줍니다.

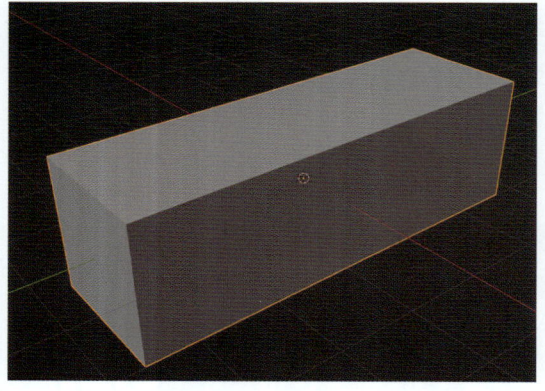

03 [Tab] 키를 눌러 에디트 모드로 전환합니다. 그리고 [Ctrl]+[R](Loop Cut)을 이용해 그림처럼 Cube를 세로로 분할해 줍니다.

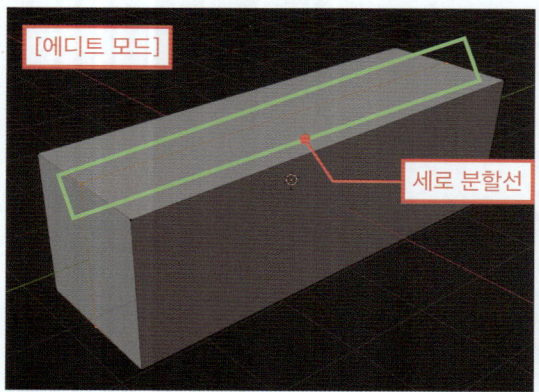

04 숫자 키패드의 [1]을 눌러 시점을 정면 뷰로 전환합니다.

05 비행기는 좌우 대칭이므로, 양쪽을 따로 작업할 필요가 없습니다. 반만 남겨서 모델링하고 나머지 절반도 똑같이 적용되게 만들겠습니다. 키보드 상단에서 숫자 [3] 키를 눌러 Face Select 모드로 바꾸고 오른쪽 Face를 선택한 뒤, 키보드 [Del] 키를 누릅니다. [Delete] 메뉴가 팝업됩니다. 옵션을 Faces로 선택해 면을 지웁니다. 왼쪽 절반만 남도록 오른쪽 Face를 전부 지워주세요.

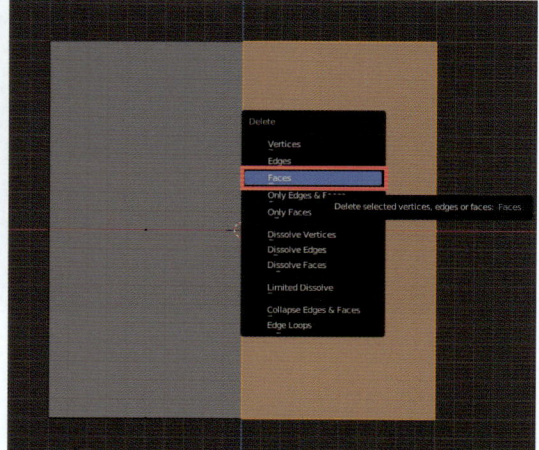

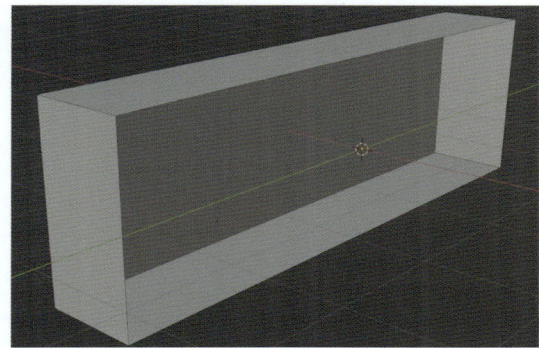

06 마우스 휠을 누르고 드래그해 뷰포트를 회전시키면 측면은 옆 그림과 같은 모양인 것을 확인할 수 있습니다.

07 이 상태에서 뷰포트 우측, Properties Editor 왼쪽의 아이콘 모음을 보세요. 그중 랜치 모양의 🔧 아이콘을 클릭합니다. 이것은 [Modify Properties] 탭으로, 각종 명령이 있는 곳입니다. [Add Modifier]를 클릭해서 드롭다운 메뉴 중 [Mirror]를 선택합니다. 대칭복사를 해주는 기능입니다.

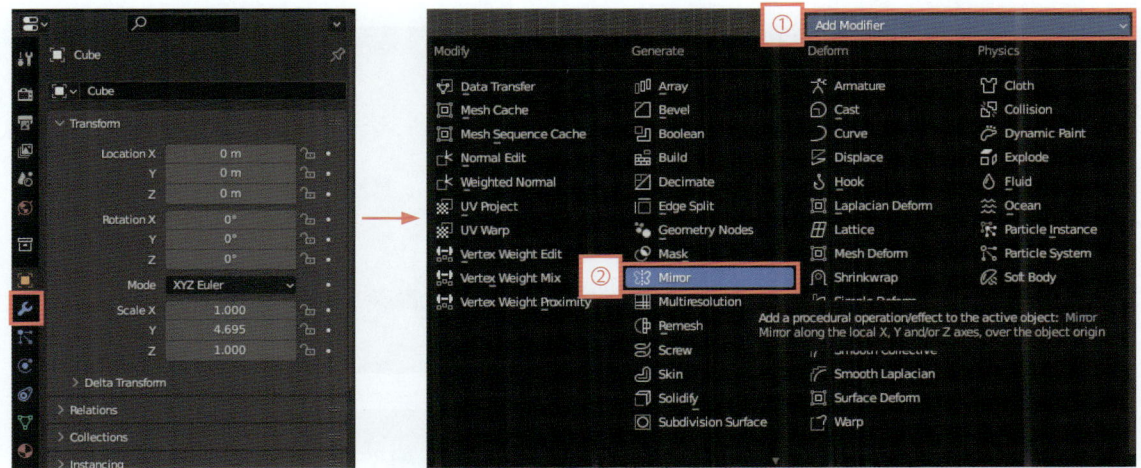

08 Axis X가 기본으로 설정되어 있기 때문에, 곧바로 X축으로 반전 복사됩니다. 왼쪽의 절반이 복사되어 오른쪽에 생겨납니다. [Clipping] 체크박스를 클릭해 중간 연결 부분을 붙이도록 하겠습니다.

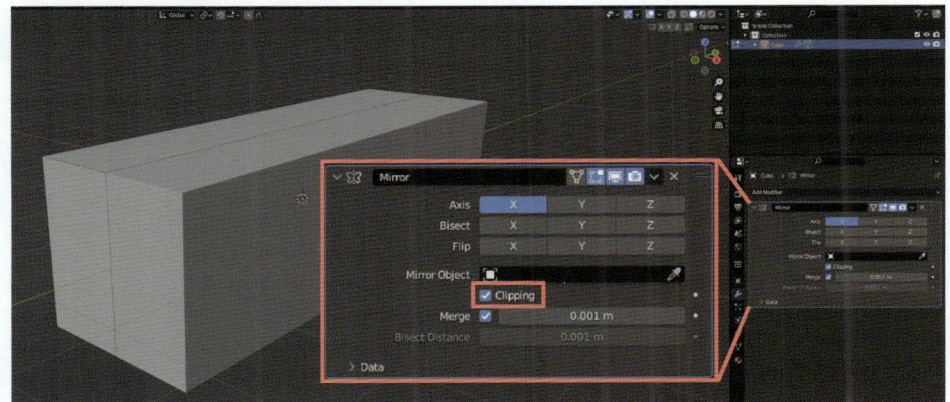

1.2 비행기 날개 만들기

01 비행기 날개를 만들겠습니다. 먼저 뷰포트를 회전시켜 본체를 반대 방향으로 돌려줍니다. 그리고 그림처럼 [Ctrl]+[R](Loop Cut)로 두 줄을 추가해 직육면체를 3분할해 줍니다.

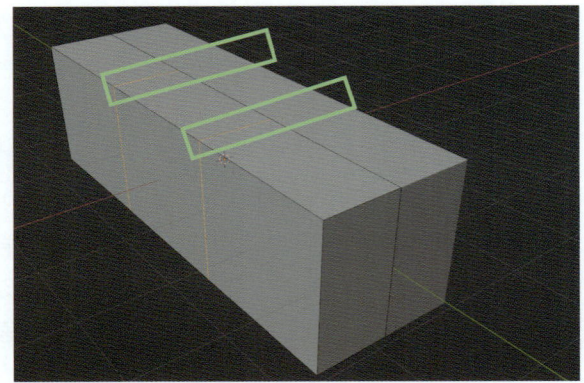

02 키보드 상단 숫자 [3]을 눌러 Face Select 모드로 전환하고, 중앙(그림에서 주황색인 부분)의 Face를 선택, [E]로 면을 추출합니다. 좌우 대칭되는 반대쪽도 같이 면이 추출되는 것을 확인할 수 있습니다.

> **주의** 면을 추출(Extrude)할 때는 보통 Face Select 모드로 진행합니다. 특히나 이번 비행기 만들기 과제에서는 면을 추출하는 과정이 많으므로 실행되지 않는다면 Face Select 모드인지 확인하길 바랍니다. Face Select 모드의 단축키는 키보드 상단의 숫자 [3] 키입니다.

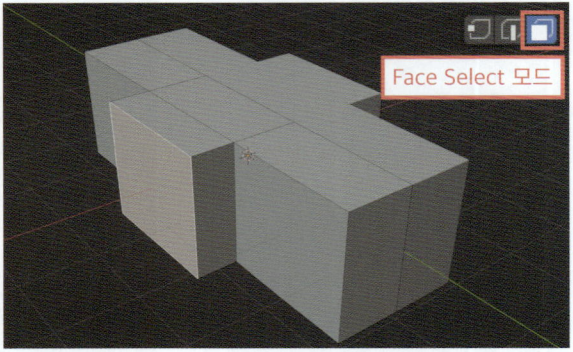

03 이 상태에서 한 번 더 길게 면을 추출합니다. 이렇게 날개가 완성되었습니다.

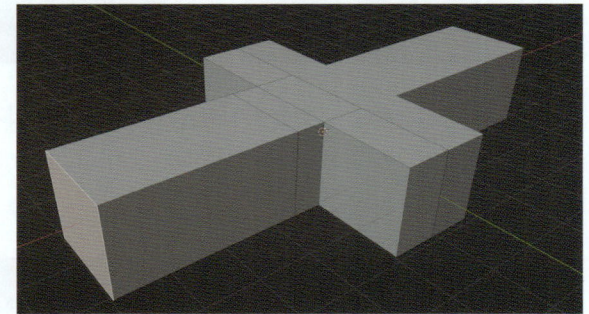

04 이제 뒷날개를 만들어 봅시다. 비행기 뒷부분이 잘 보이게 뷰포트의 시점을 전환합니다. 이번에는 몸통 뒷부분의 면을 선택해 단축키 [E]를 눌러 그림처럼 면을 추출해 줍니다. 뒷날개가 뻗어 나갈 연결 부분입니다.

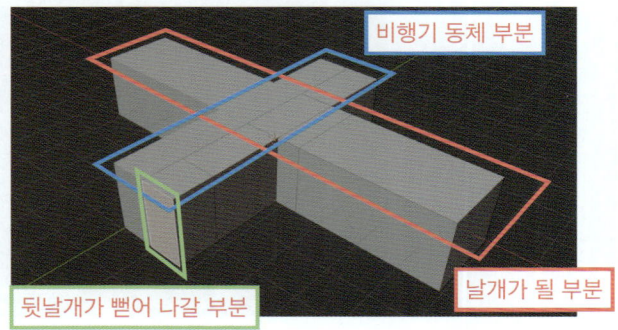

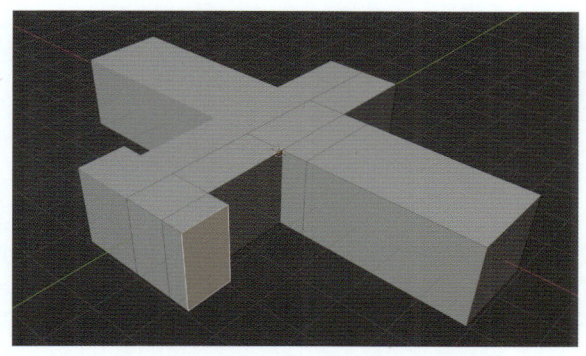

05 뒷날개를 만듭니다. 아까 추출한 부분의 측면을 선택하고, 단축키 [E]를 눌러 그림처럼 면을 추출해 줍니다.

06 날개 때와 마찬가지로 한 번 더 살짝 더 길게 추출해 줍니다.

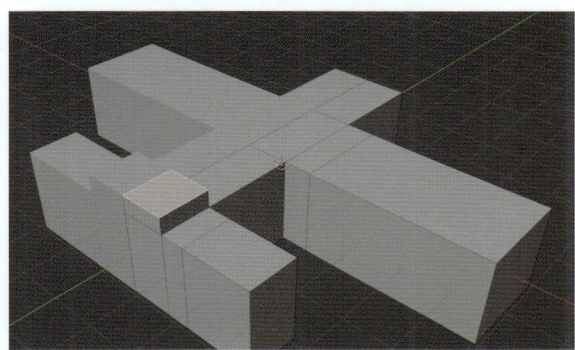

07 다음으로 뒷날개 위쪽에 작은 날개를 달아주겠습니다. 그림처럼 동체 끝의 위쪽 Face를 선택하고 면을 추출해 줍니다.

08 역시 한 번 더 길게 면을 추출해 줍니다.

09 날개의 틀을 잡고 보니, 비행기 동체가 조금 짧아 보입니다. 비행기 동체의 앞부분이 보이게 뷰포트를 회전시킨 후에 동체 앞부분도 면을 추출해 줍니다.

이렇게 기본 전체 틀은 완성했습니다.

1.3 비행기 디테일 다듬기

01 이제 날개 모양을 조금 더 다듬어 보겠습니다. 먼저 주 날개부터 진행합니다. 키보드 상단의 숫자 [1] 키를 눌러 Vertex Select 모드로 바꿉니다. 그리고 그림처럼 [Shift] 키를 이용해 오브젝트를 돌려가며 8개의 Vertex(점)를 다중 선택해 줍니다.

> **주의** 점을 선택해 작업할 때는 보통 Vertex Select 모드로 진행합니다. 특히나 이번 비행기 디테일 다듬기 부분에서는 점을 선택하여 작업하는 과정이 많으므로 실행되지 않는다면 Vertex Select 모드인지 확인하길 바랍니다. Vertex Select의 단축키는 키보드 상단의 숫자 [1] 키입니다.

02 [S](Scale), [Z](Z축)를 누르고 마우스를 움직여 그림처럼 날렵한 날개를 만들어 줍니다. 한 번에 잘되지 않더라도 여러 번 반복하면 충분히 얇게 만들 수 있습니다.

03 그런 뒤 다시 그림처럼 날개 앞쪽 Vertex 2개를 선택하고, 키보드의 [G](Move), [Y](Y축)를 눌러서 날개 끝부분을 다듬어 줍니다.

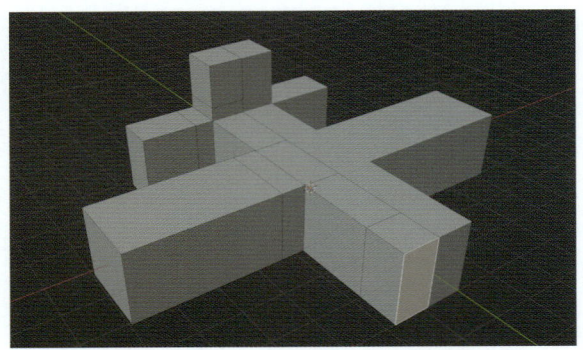
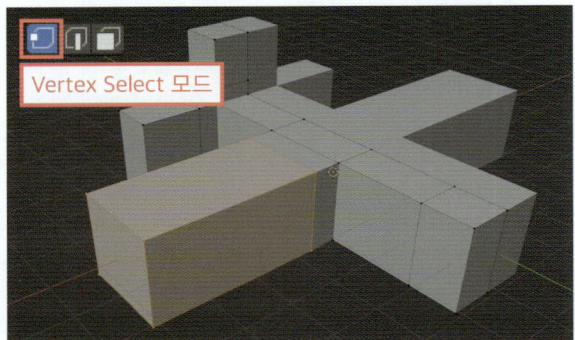
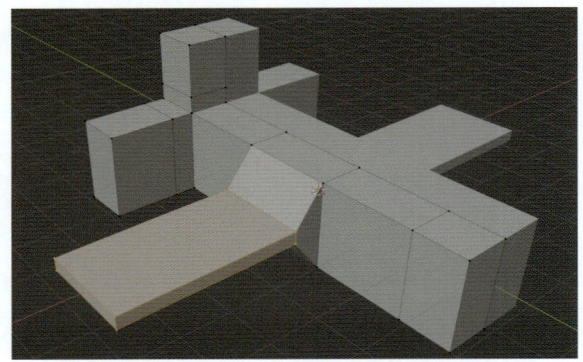
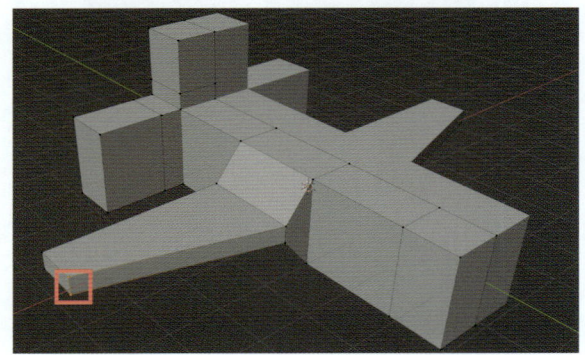

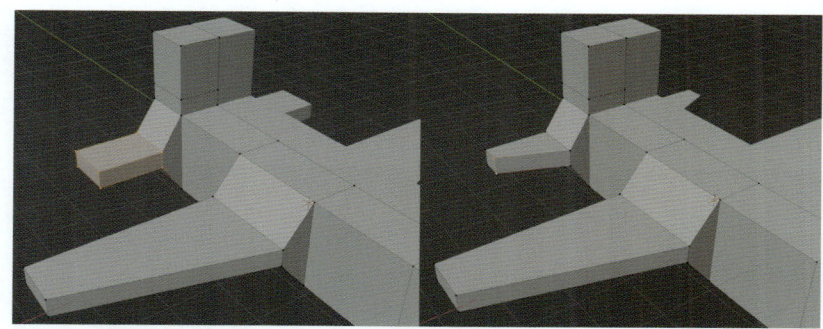

04 뒷날개도 주 날개를 다듬은 방법과 동일하게 만들어 줍니다.

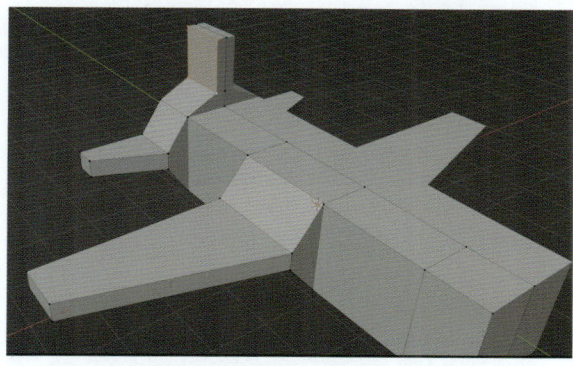

05 위쪽 세로 날개를 다듬을 차례입니다. 그림처럼 Vertex 4개를 선택해서, 단축키 [G](Move), [X](X축)를 눌러 날렵하게 만들어 줍니다.

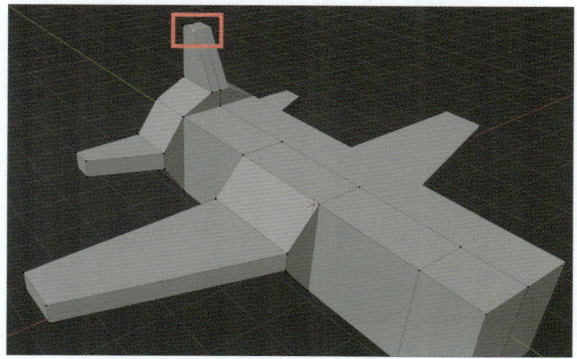

06 그리고 위 앞쪽에 있는 2개의 Vertex를 선택하고 [G](Move), [Y](Y축)를 눌러 그림처럼 위치를 조절해 줍니다. 이로써 날개가 모두 완성되었습니다.

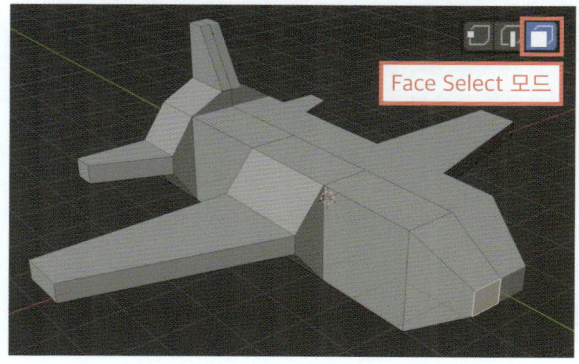

07 이제 비행기 동체의 머리 부분을 다듬어 보겠습니다. 키보드 상단의 숫자 [3] 키를 눌러 Face Select 모드로 전환하고 앞부분 Face를 선택합니다. 그런 뒤 키보드 [S] 키(Scale)를 누르고 마우스를 움직여 그림처럼 크기를 조절해 줍니다.

08 그런데 각진 상태로는 잘 날 수 없습니다. 익히 아는 유선형 몸체의 비행기로 다듬어 주겠습니다. 왼쪽 툴바 메뉴에서 ✥(Move) 툴을 선택한 상태에서 그림처럼 동체 부분의 Edge를 선택하고 X축과 Z축을 조금씩 움직여 각지지 않게 조정합니다.

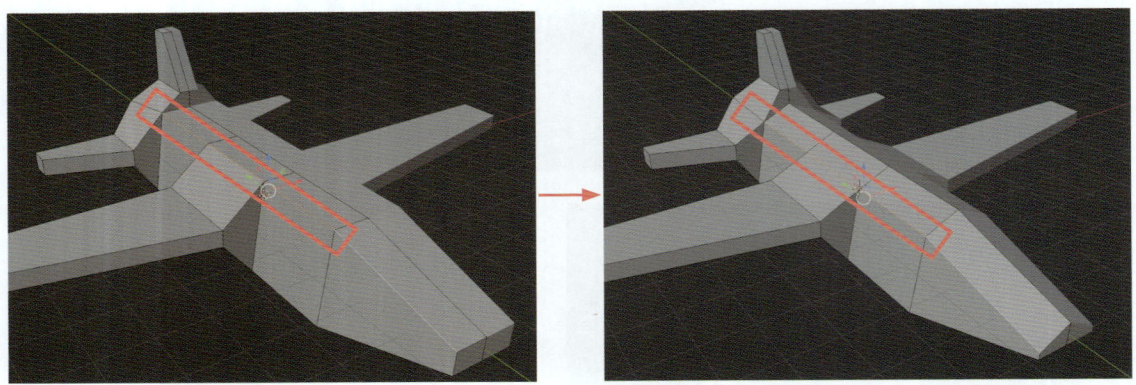

09 Edge Select 모드와 Vertex Select 모드를 적절히 전환해 가면서, 비행기 동체의 머리 부분도 그림처럼 뾰족한 형태로 수정해 줍니다.

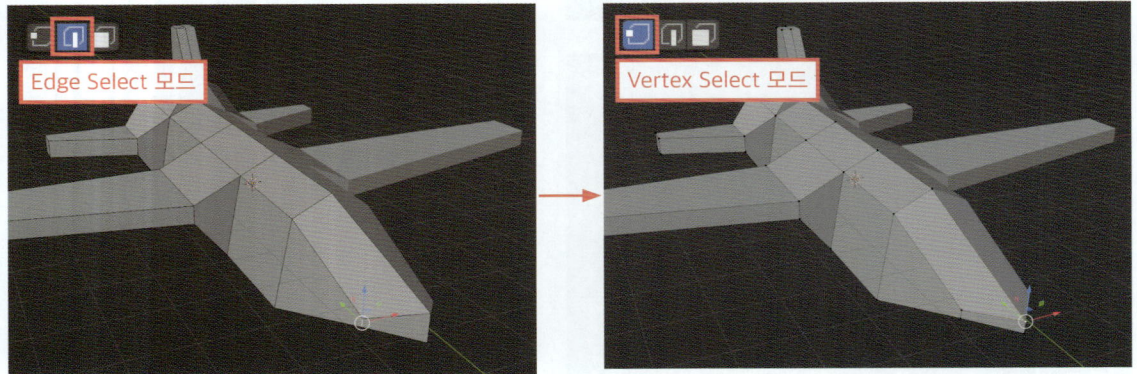

10 뷰포트를 돌려가며 비행기 동체 밑부분도 각지지 않게 수정해 줍니다. 여기까지 끝났다면 비행기 동체는 완성입니다.

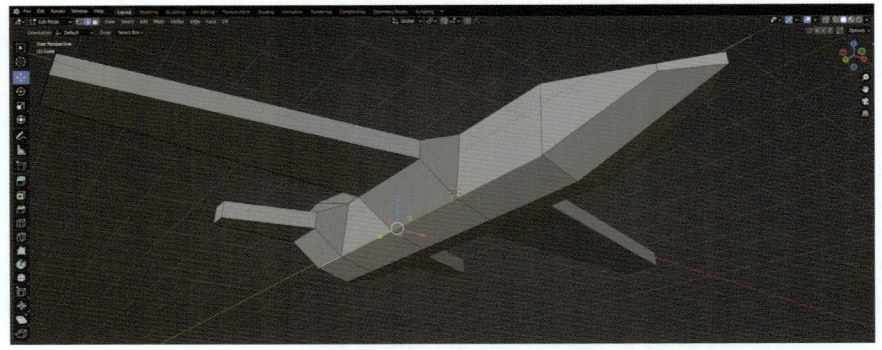

1.4 비행기 엔진 만들기

비행기 동체와 날개가 어느정도 만들어졌으니 언제든 날 수 있도록 엔진을 달아주겠습니다.

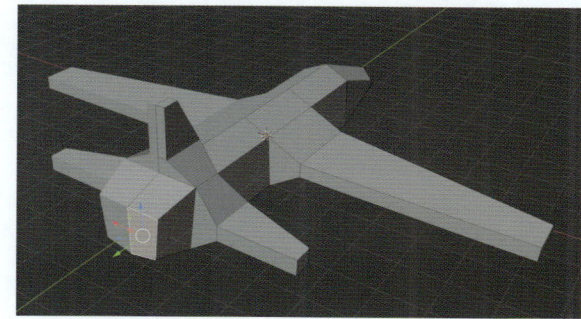

01 비행기 뒷부분이 보이도록 뷰포트 시점을 전환합니다. 그리고 뒷부분 Face를 선택하고 단축키 [E]를 이용해 면을 추출해 줍니다. 다음 그림은 추가로 [S](Scale) 키를 눌러서 연결이 부드럽도록 조정한 모습입니다.

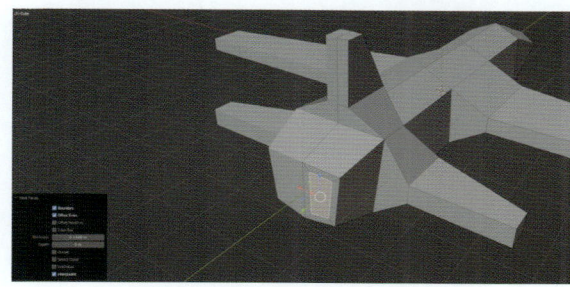

02 단축키 [I](Inset)를 누르고 마우스를 움직여 면 분할해 줍니다.

03 Inset Faces 옵션창에서 [Boundary] 옵션을 체크 해제하면 중앙 부분이 붙어서 적용됩니다.

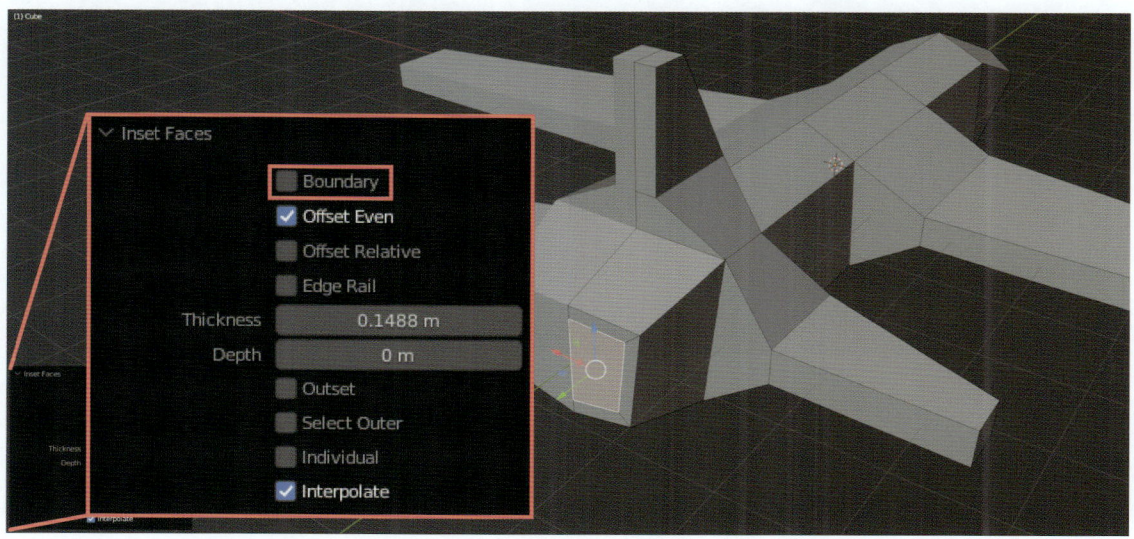

04 이 면을 [E](Extrude)를 이용해 안쪽으로 넣어 줍니다.

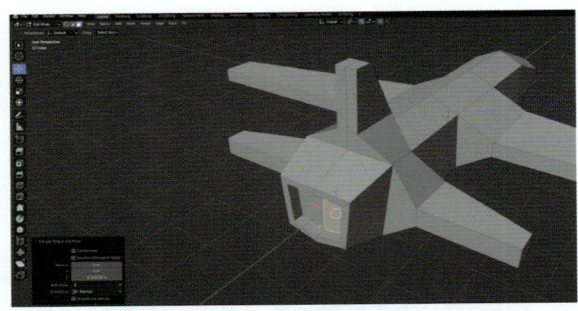

05 키보드 상단 숫자 [2] 키를 눌러 Edge Select 모드로 전환한 후에 (Move) 툴을 사용해서 X축, Y축을 조절해 가며 적당히 엔진 모양을 다듬어 줍니다.

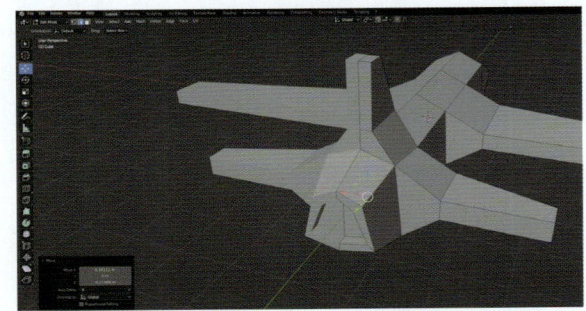

이렇게 Mirror 기능을 이용하여 아주 간단하게 비행기를 만들어 봤습니다. 여기서 계속 다듬으며 퀄리티를 올려 가면 됩니다.

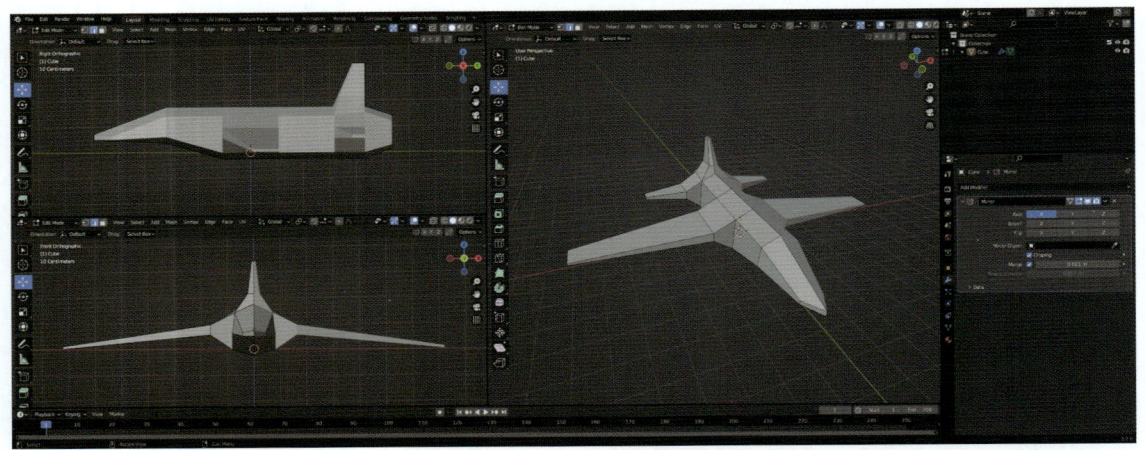

정리

📁 🔧 **Modify Properties**: 여러 가지 명령이 있는 곳입니다.

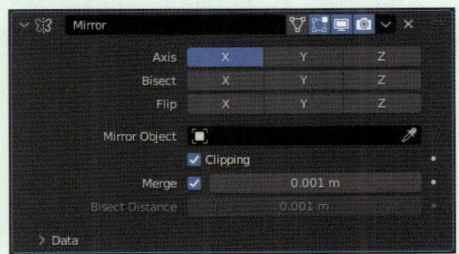

영상으로 보는 블렌더 Tip

📁 **Mirror**: 반전 복사 명령입니다.

- [Axis]: 반전 복사할 축을 정합니다.
- [Mirror Object]: 지정한 오브젝트를 기준으로 반전 복사합니다.
- [Clipping]: 중앙 부분을 붙입니다.

Clipping 해제 시	Clipping 체크 시
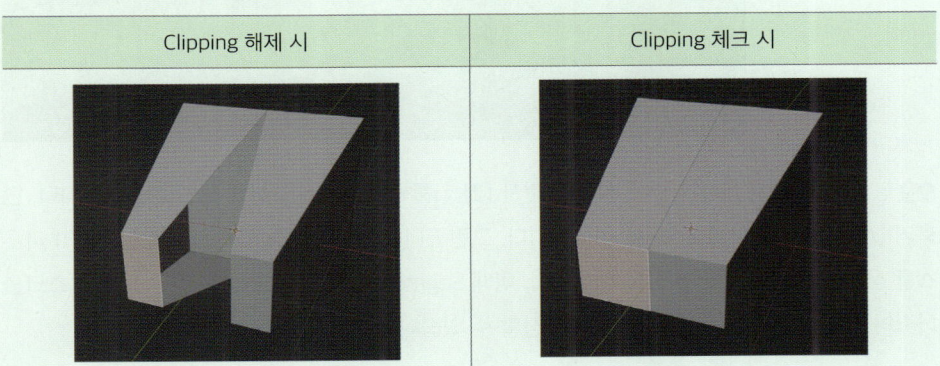	

📁 **Inset**: 면 분할

- [Inset] 옵션에서 [Boundary] 체크를 해제하면 연결 부분은 Inset하지 않습니다.

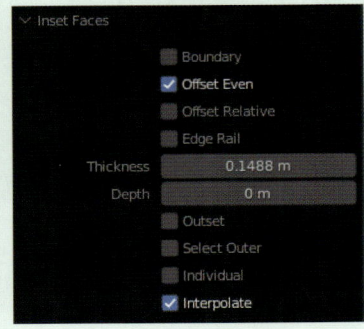

2 돌기둥 만들기: Array, Bend

한눈에 보는 작업 과정,
고수의 뷰

이번에는 배경으로 많이 사용될 만한 원형 돌기둥을 만들겠습니다. 하나의 원기둥 오브젝트로 만드는 것이 아닌, 여러 개의 돌을 쌓아 원형의 기둥을 만드는 것으로 해봅시다. 같은 돌 오브젝트를 쌓아 만드는 것이므로, 오브젝트 정렬과 변형에 대해 알아보기 용이합니다. 함께 해봅시다.

01 블렌더 초기 화면에서, 큐브 오브젝트만 두고 카메라와 라이트는 지워줍니다.

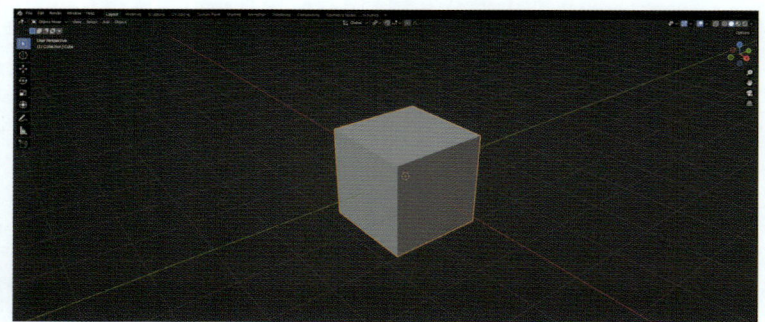

02 에디트 모드에서 키보드 상단의 숫자 [2] 키를 눌러 Edge Select 모드로 진입합니다. 단축키 [A]를 이용해 모든 Edge를 선택합니다. 그런 뒤 [Ctrl]+[B]를 눌러 Bevel을 실행하여 마우스를 움직여 그림처럼 면 분할을 해줍니다. 이때 Segments 수치는 1입니다. 마우스 휠을 스크롤 하거나 좌측 하단 [Bevel] 옵션창에서 조정할 수 있습니다.

[Bevel] 옵션창

03 이것만 사용해도 되지만, 완전히 동일한 모양의 돌로만 된 돌기둥은 어색하겠지요? 다양한 형태의 돌을 여러 개 만들겠습니다. 단축키 [Shift]+[D]로 이 오브젝트를 복사하고 [X]를 눌러 X축으로 이동시킵니다. 한 번 더 반복해서 다음 그림처럼 나란히 붙은 3개의 오브젝트를 만들어 줍니다. Vertex를 선택하고, 조금씩 움직여(단축키 [G]) 무작위 형태를 만들어줍니다.

Chapter02 직접 모델링을 해보자

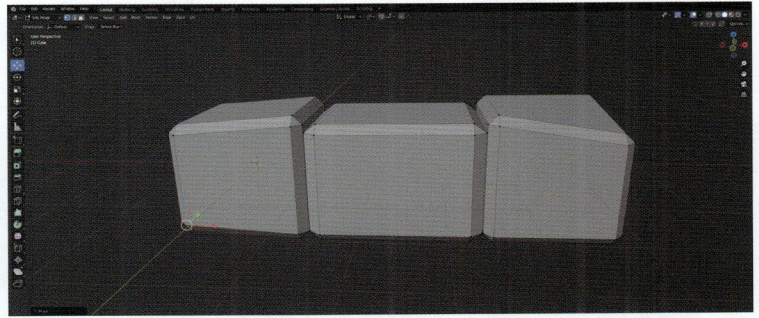

⚠️ **주의** 키보드 상단 숫자 [1] 키를 눌러 Vertex Select 모드로 진입해야, Vertex를 선택할 수 있습니다. 만약 Vertex가 선택되지 않는다면 Vertex Select 모드로 진입한 후에 시도해보세요.

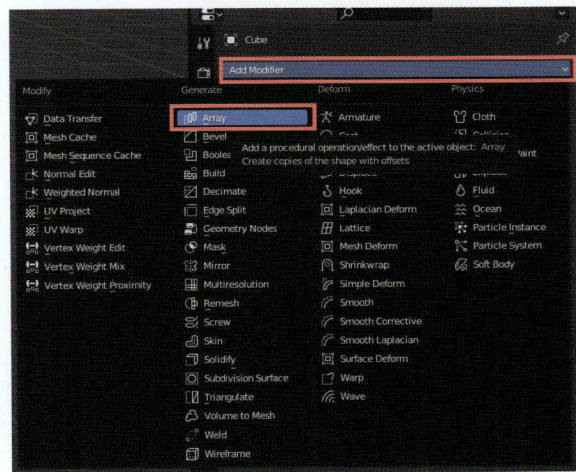

04 이렇게 돌기둥의 기초가 완성되었습니다. 이걸 여러 개 쌓아 돌기둥 기반을 만들 것입니다. 다시 오브젝트 모드로 바꾸고, 뷰포트 우측 Properties Editor 창의 🔧 [Modify Properties] 탭에서 [Add Modifier] → [Array] 명령을 적용합니다. 이 명령은 뷰포트에 보이는 오브젝트 집합체를 추가하는 명령입니다.

05 그러면 자동으로 X축으로 2개(3개 한 세트)의 오브젝트가 생성됩니다.

현재 [Count] '2'로 입력되어 있습니다

06 Array 명령 패널에 있는 [Count]를 4로 바꾸면 뷰포트에 오브젝트 집합체가 4개 등장합니다. 적절하게 정렬해 줍니다.

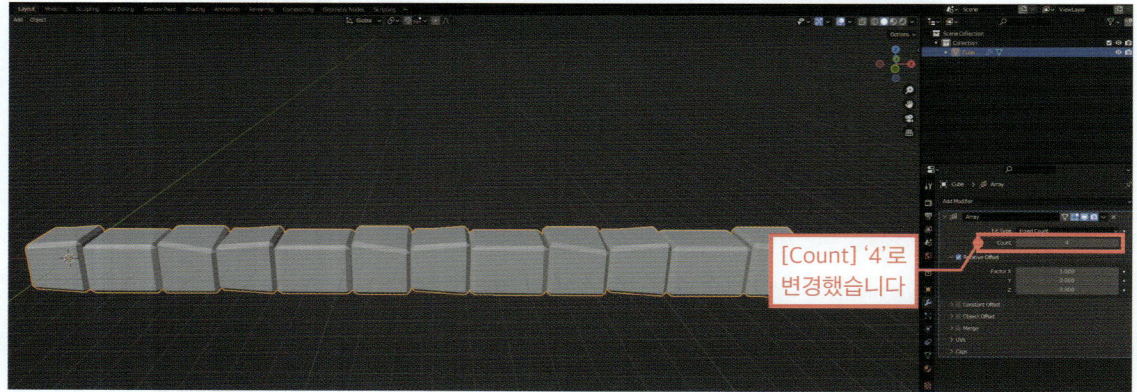

07 다시 [Add Modifier]를 클릭해, 이번에는 [Simple Deform] 명령을 줍니다. Properties Editor 창 아래를 보면, Simple Deform에는 [Twist], [Bend], [Taper], [Stretch] 4가지 명령이 있단 것을 알 수 있습니다.

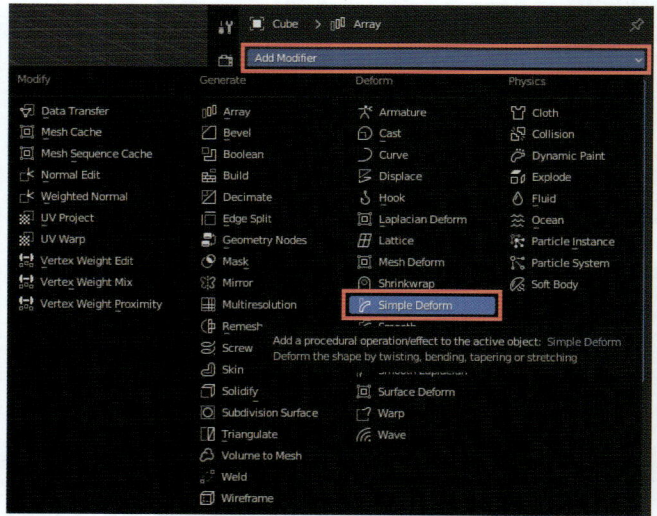
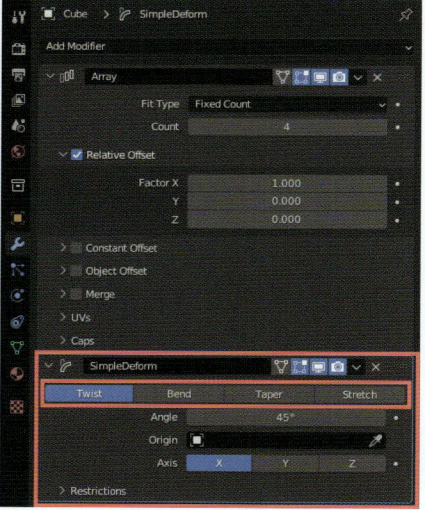

08 이 중 Bend를 클릭하고 Angle는 360도, Axis는 Z로 지정해 줍니다. Z축 방향으로 360도로 휘어집니다.

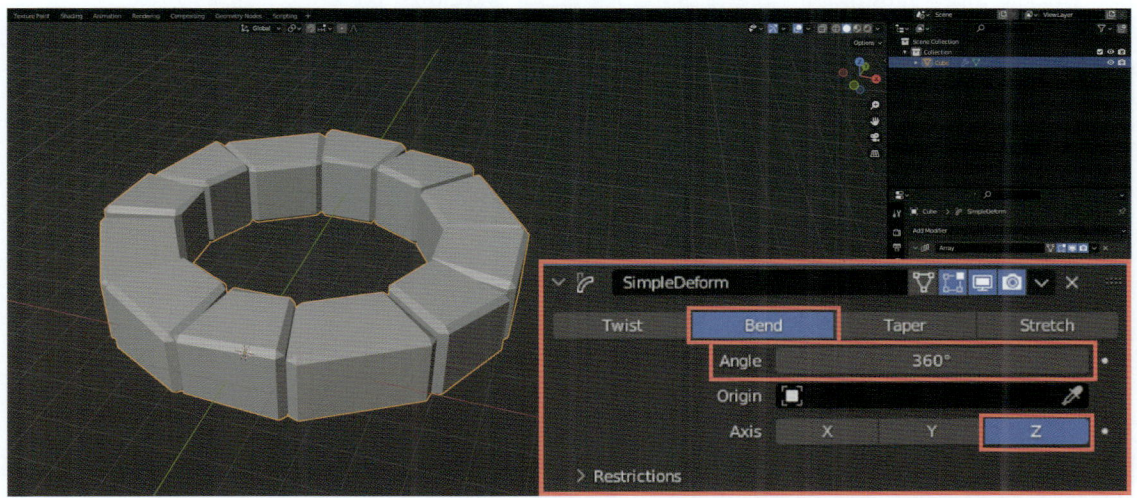

09 다시 Array 명령 패널에서 [Count]를 6으로 바꾸면 이 형태는 유지된 채로 바로 큐브 숫자만 늘어나는 것을 확인할 수 있습니다.

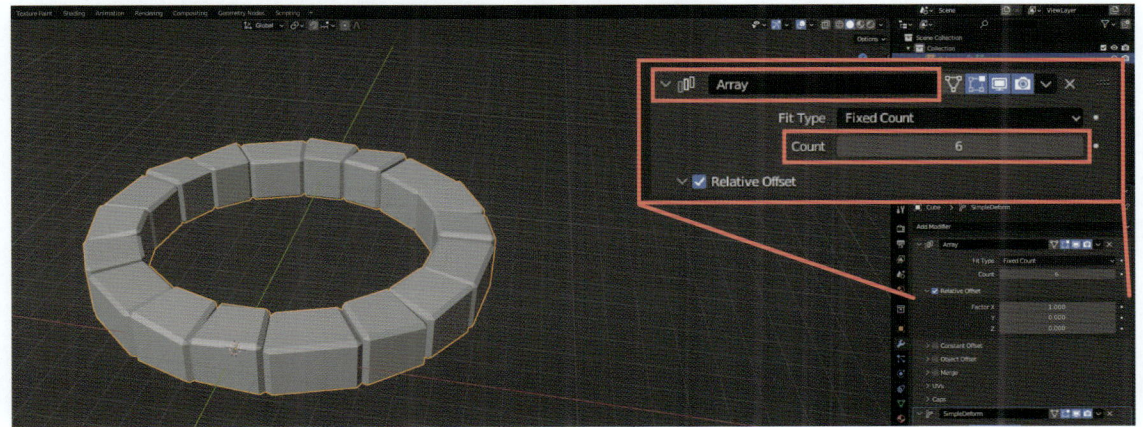

10 더 이상 수정할 게 없다면 마우스 우클릭해 [Object Context Menu]를 호출합니다. 그리고 [Convert To] → [Mesh]로 Array와 Bend 명령이 적용된 오브젝트를 만듭니다. [Modify Properties]에 리스트가 없어집니다. 이렇게 원기둥의 최하단이 완성되었습니다.

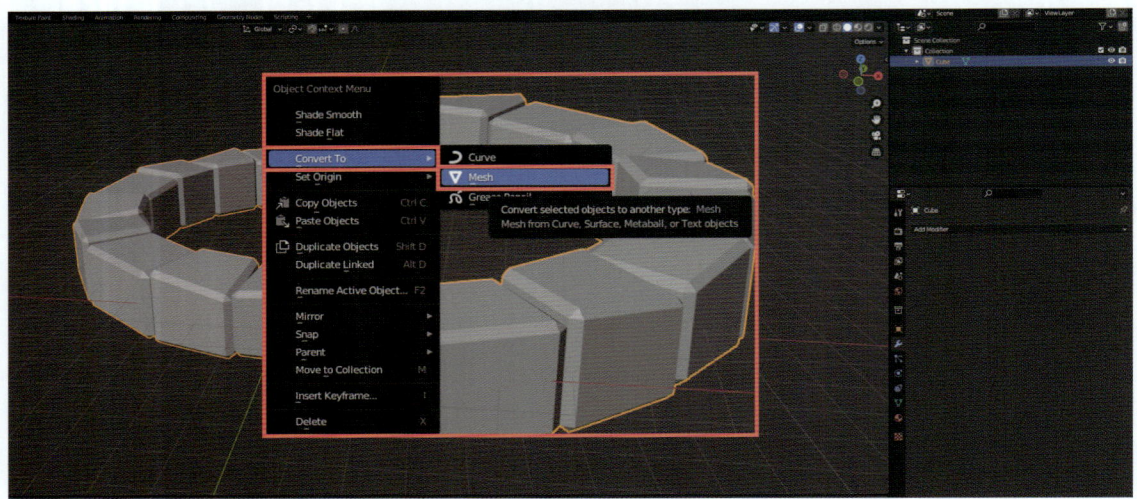

11 [Shift]+[D], [Z]를 눌러 Z축으로 복사해 줍니다. 동일한 오브젝트들이 Z축 방향으로 쌓이고 있습니다.

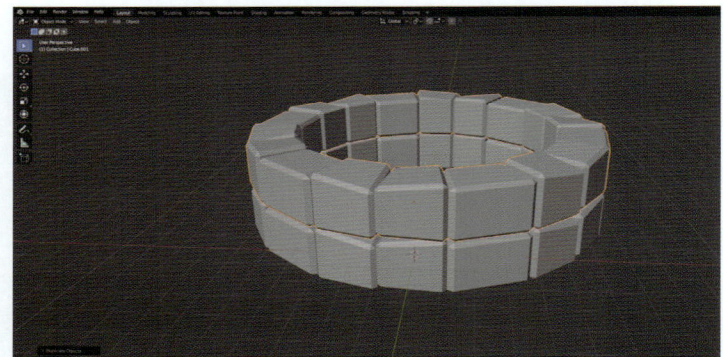

12 회전시키기 위해 [R], [Z]를 누르고 움직여 보면 그림처럼 회전이 됩니다. 중심축이 오브젝트 중앙에 있지 않기 때문에 다음과 같은 현상이 일어납니다. 중심축이 오브젝트 중앙에 정렬되어야 그것을 기준으로, 돌기둥을 수직으로 반듯하게 쌓을 수 있습니다.

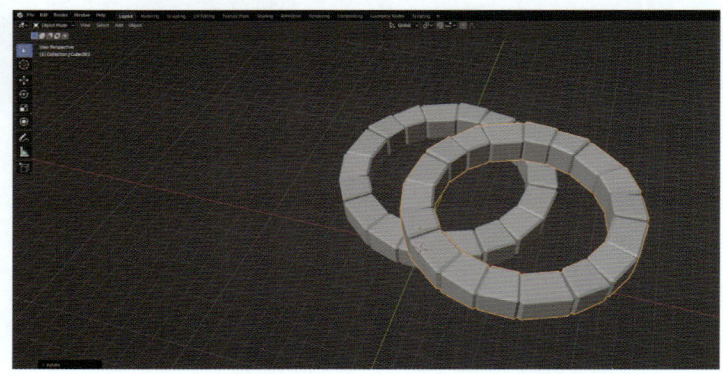

13   [Ctrl]+[Z] 단축키를 두 번 눌러 오브젝트를 복사하기 전으로 되돌립니다. 단축키 [N]으로 우측 정보창을 열어 [Item] 탭을 봅시다. [Location]에서 중심점이 뷰포트 중심인 (0,0,0)에 위치한 것을 확인할 수 있습니다. 좌표축을 오브젝트 중앙으로 이동시키겠습니다.

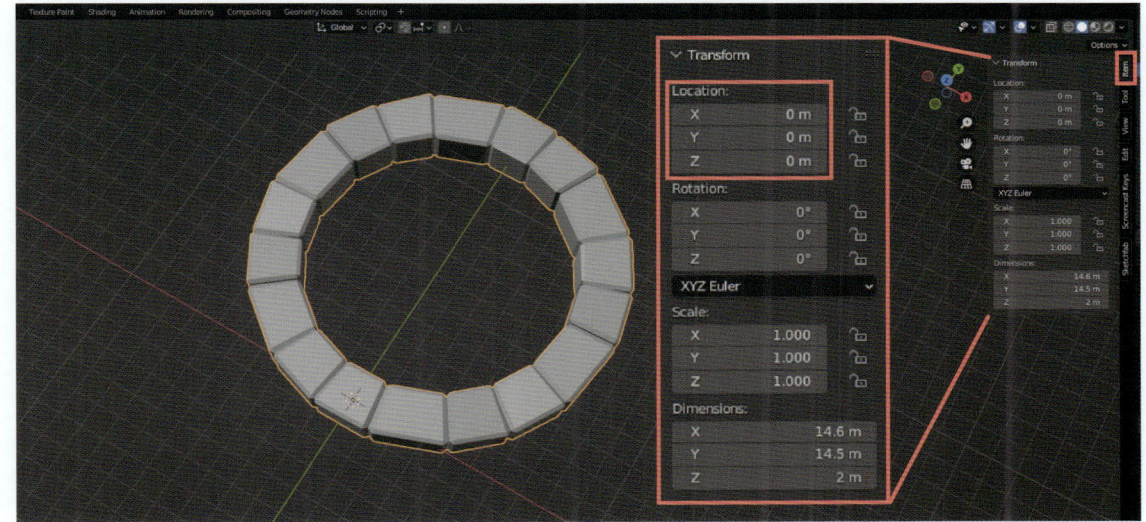

14   서브 메뉴바에서 [Object] → [Set Origin] → [Origin to Geometry] 명령을 선택합니다.

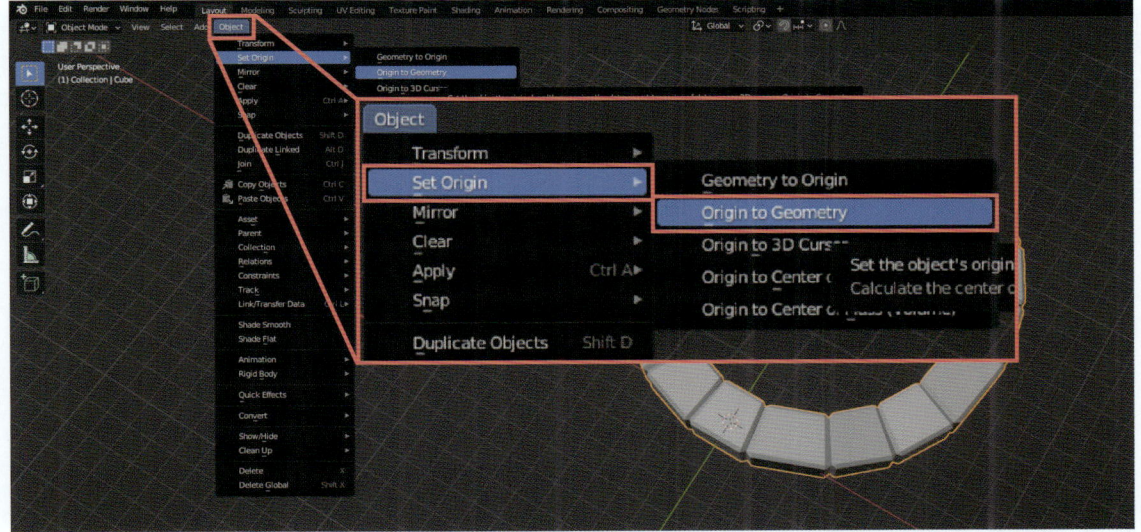

15 (Move) 툴을 클릭해 보면 중심점이 오브젝트 중앙으로 이동한 것을 확인할 수 있습니다.

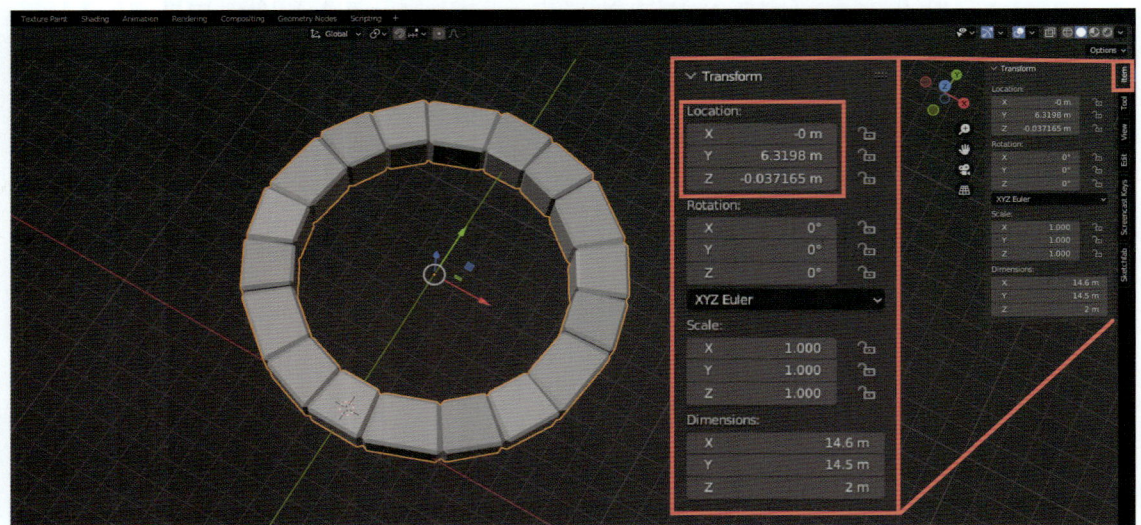

16 오브젝트를 이동시키겠습니다. 우측 정보창 [Item] 탭에서 [Location] X, Y, Z에 모두 숫자 0을 입력합니다. 오브젝트가 좌표축 (0,0,0)으로 이동했습니다. 모델링 시 오브젝트는 좌표축 0에 위치하는 게 작업하기에 좋습니다.

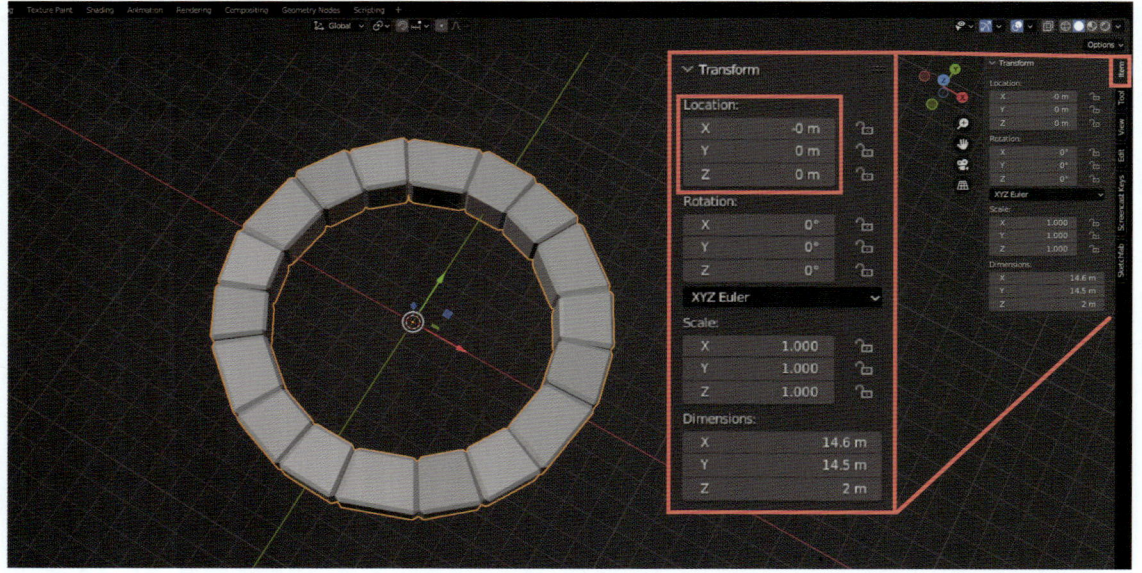

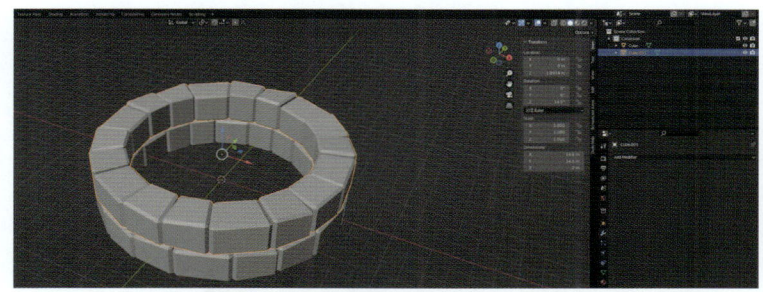

17 이제 다시 [Shift]+[D], [Z]를 눌러 다음 층을 쌓아 줍니다. [R], [Z]를 눌러 자연스럽게 회전시켜줍니다.

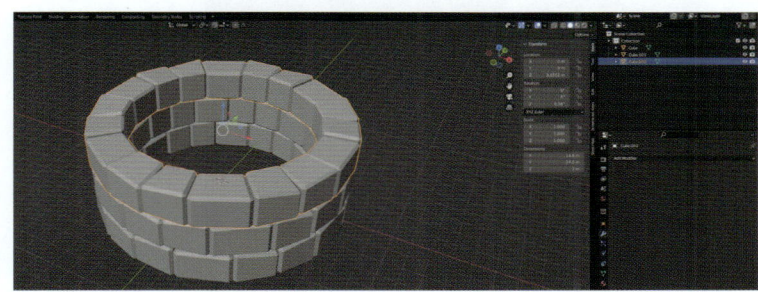

18 같은 방법으로 하나 더 복사해서 회전시켜 줍니다.

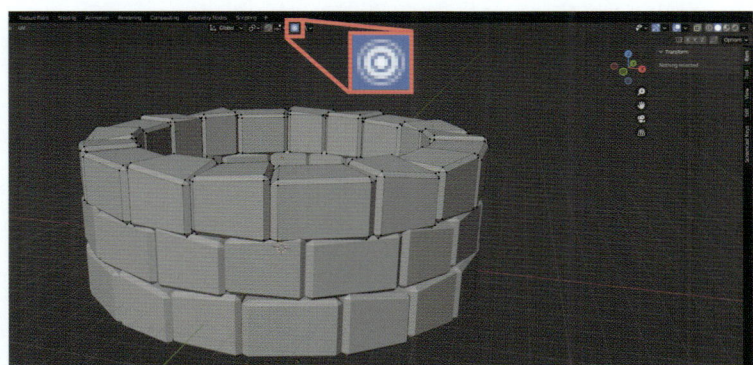

19 인위적인 느낌을 덜고 자연스러워 보이기 위해 조금 더 다듬어 보겠습니다. [Tab] 키로 에디트 모드로 전환한 뒤, 키보드 상단 숫자 [1] 키를 눌러 Vertex Select 모드로 진입합니다.

그리고 상단 중앙 ⊙ (Proportional Editing Objects) 아이콘을 클릭하면 Vertex 하나만 제어하는 게 아니라 영역이 생겨 영역 안쪽에 있는 모든 Vertex를 제어할 수 있습니다. 영역은 마우스 휠로 키우거나 줄일 수 있습니다.

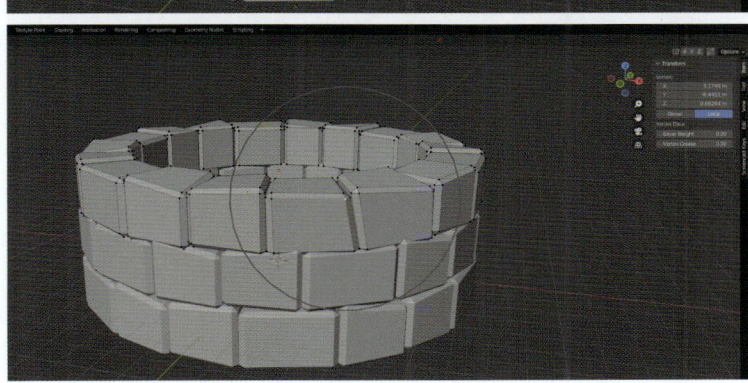

20 다시 오브젝트 모드로 돌아와 모든 오브젝트를 선택하고 [Ctrl]+[J]를 눌러 하나의 오브젝트로 그룹화합니다.

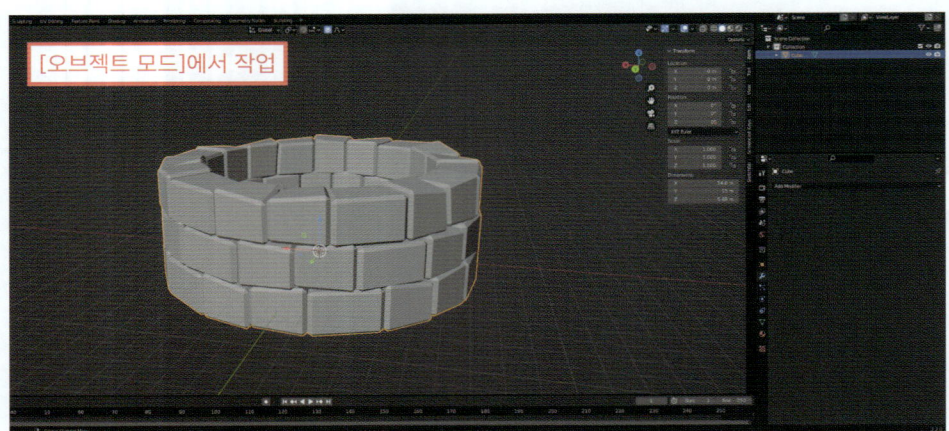

21 다시 우측 🔧[Modify Properties] 탭에서 [Array] 명령을 선택합니다. [Count]는 5, [Factor]에서 X와 Y는 0으로, Z는 0.95로 주었습니다. (Z 수치는 작업자마다 조금 다를 수 있습니다.) 이렇게 돌기둥이 완성되었습니다.

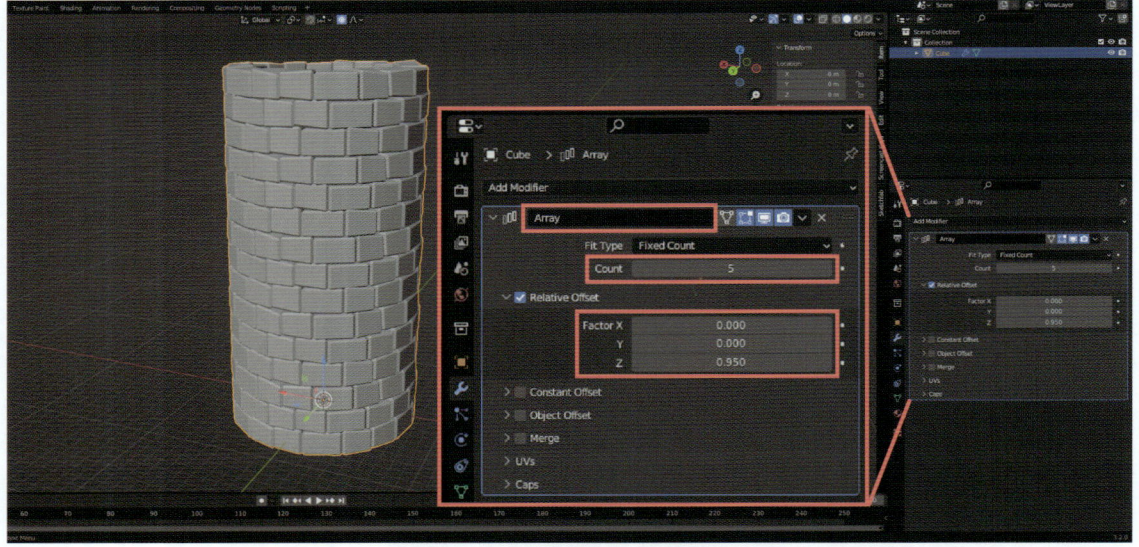

3 찻잔 만들기: Subdivision, Solidify

한눈에 보는 작업 과정, 고수의 뷰!

이번에는 Modify Properties 기능을 사용해 오브젝트의 두께를 조정하고 면을 늘려 부드럽게 만드는 방법에 대해 알아보겠습니다. 널찍한 전통 찻잔을 만들면서 익혀봅시다.

01 이제 익숙해진 대로, 서브 메뉴바에서 [Add] → [Mesh] → [Cylinder]를 클릭해 원기둥을 하나 만들어주세요.

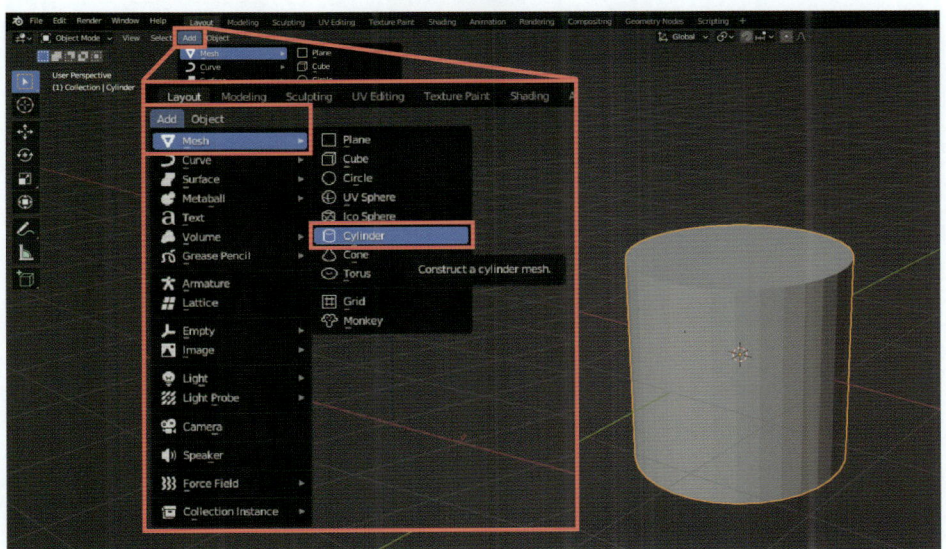

02 단축키 [S](Scale), [Z]를 눌러 Z축 방향으로 크기를 줄여줍니다. 납작한 원기둥이 되었습니다.

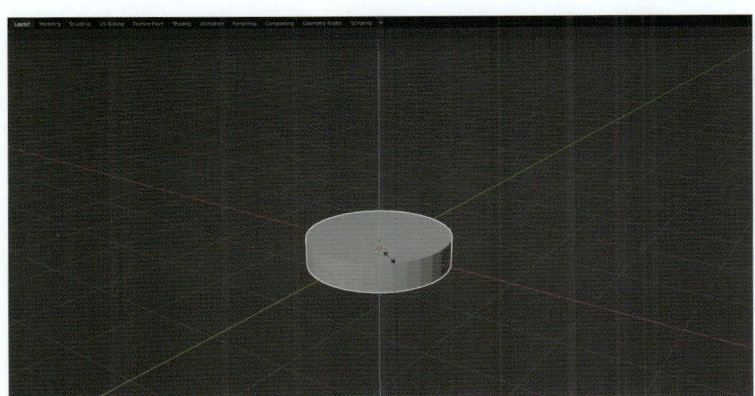

03 단축키 [Ctrl]+[A]로 [Apply] 메뉴를 호출합니다. 여기에서 [All Transforms] 명령으로 좌표축을 리셋해줍니다. 바로 이것이 찻잔 받침이 될 것입니다.

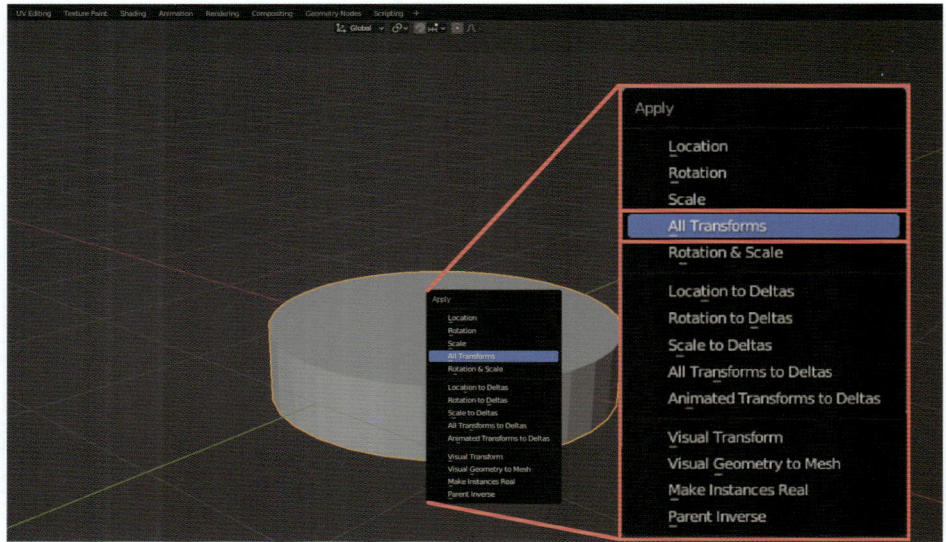

04 이제 차가 담길 잔 본체를 만들겠습니다. 먼저 [Tab] 키를 눌러 에디트 모드로 변경합니다. 키보드 상단 숫자 [3] 키를 눌러 Face Select 모드로 진입한 후에 기둥 윗면을 선택해 주세요. 그리고 [E](Extrude), [Z] 키로 Z축 방향으로 면을 추출하고, [S](Scale)를 눌러 크기를 키워줍니다. 다음 그림을 참고해 찻잔에 알맞은 크기로 맞춰주세요.

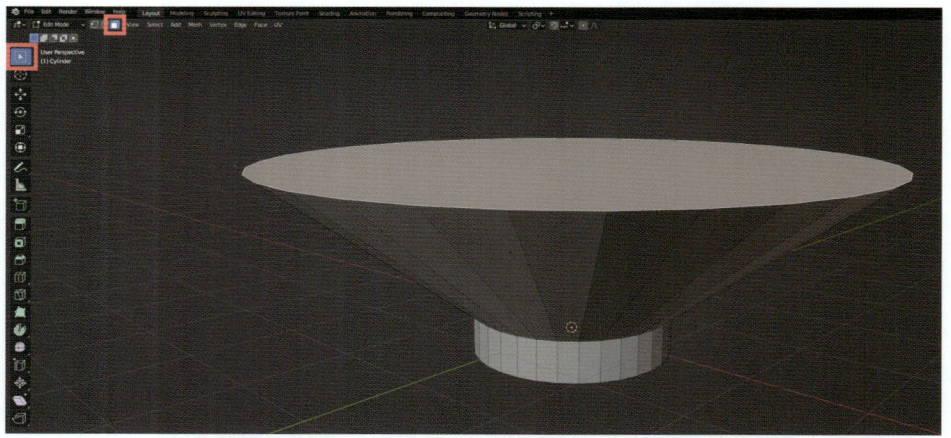

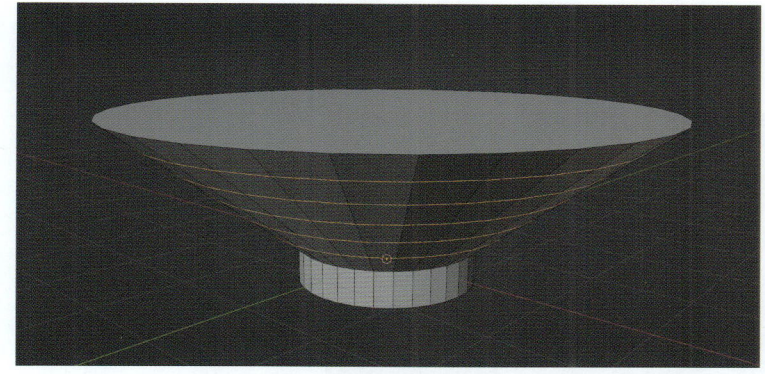

05 더 진짜 찻잔 같아 보이도록 찻잔을 곡선형으로 부드럽게 다듬겠습니다. [Ctrl]+[R]을 눌러 Loop Cut을 켭니다. 이 상태에서 마우스 휠을 움직여 5줄을 만들고, 차례로 마우스 좌클릭 → 우클릭합니다. 찻잔 몸통의 옆면이 6개 면으로 분할되었습니다.

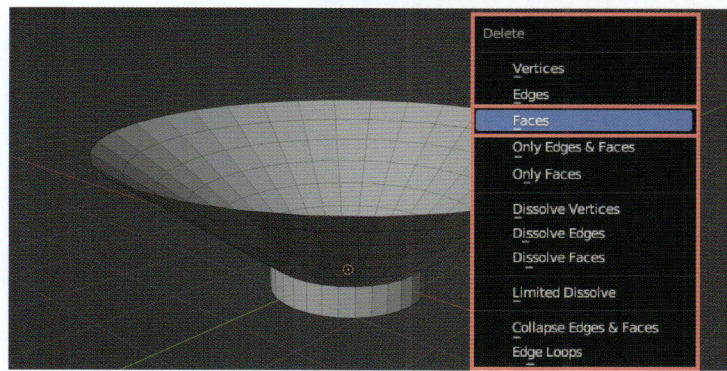

06 뷰포트를 돌려(마우스 휠을 누른 채 드래그) 위에서 내려다보이게끔 만든 뒤, 다시 키보드 상단 숫자 [3] 키를 눌러 Face Select 모드로 전환합니다. 윗부분의 면(Face)을 선택해 지워줍시다. 키보드 [Del] 키로 [Delete] 메뉴를 불러와 [Faces]를 선택하면 됩니다.

07 아까 분할한 Edge들을 조정해 부드럽게 곡선으로 만들겠습니다. 오른쪽의 🔧 아이콘을 클릭해 [Modify Properties] 탭으로 들어가세요. [Add Modifier] → [Simple Deform]을 선택합니다. 옵션에서 [Stretch] 명령을 클릭합니다. 축([Axis])은 [Z]로 하고, [Factor] 수치에는 −0.235를 입력하여 곡선을 만들어 줍니다(이때 수치는 사용자에 따라 다를 수 있습니다).

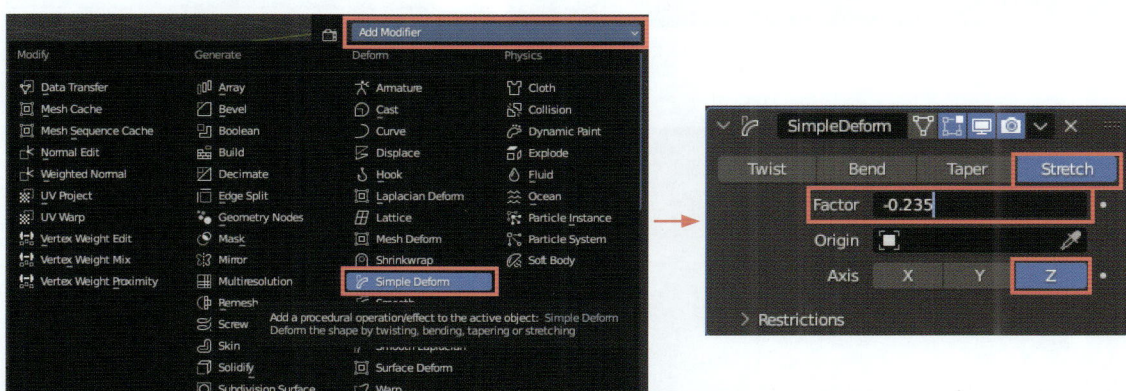

다음 그림처럼 자연스러운 형태가 될 때까지 수치를 조금씩 바꿔 주세요. 단, 음수여야만 안쪽 방향의 곡선이 만들어집니다.

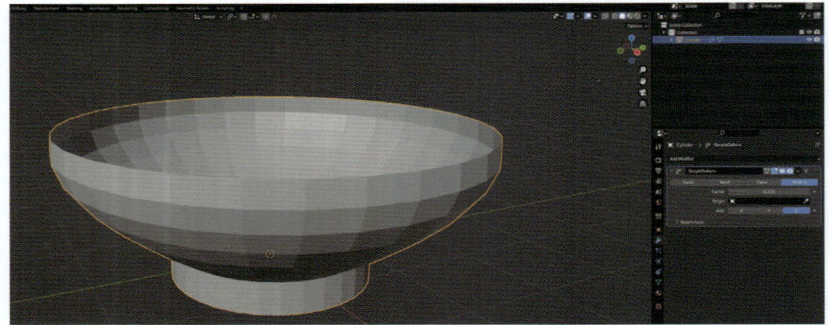

08 지금 상태의 찻잔이라면 너무 얇아서 뜨거운 차를 담았다간 손이 데일 것입니다. 현실에 있는 진짜 찻잔처럼 두께감 있는 찻잔으로 만들어 보겠습니다. 다시 🔧([Modify Properties])에서 [Add Modifier] → [Solidify] 명령을 주고 두께([Thickness])를 0.1로 늘려 줍니다.

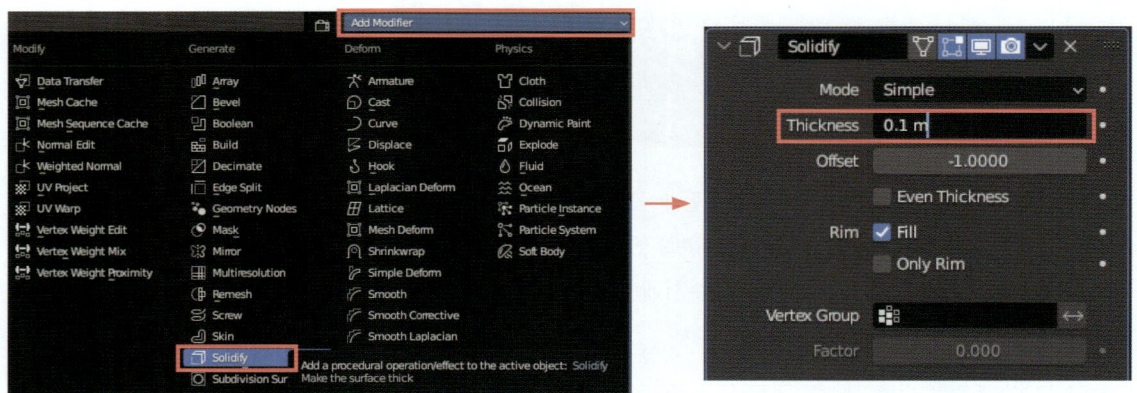

찻잔이 두꺼워졌습니다.

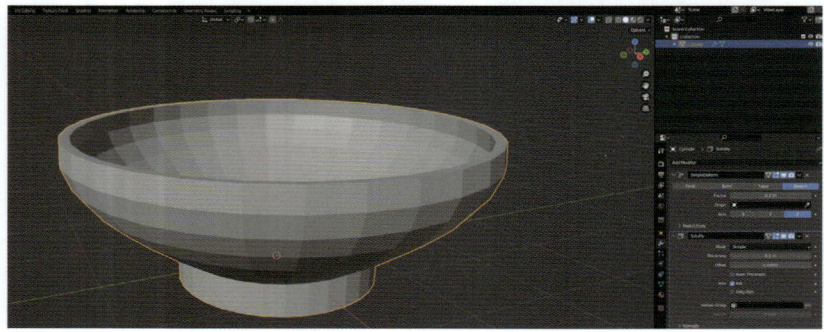

09 마우스 우클릭하여 [Object Context Menu]를 불러, [Covert to] → [Mesh]를 차례로 선택해 Stretch와 Solidify 명령을 적용 완료하겠습니다.

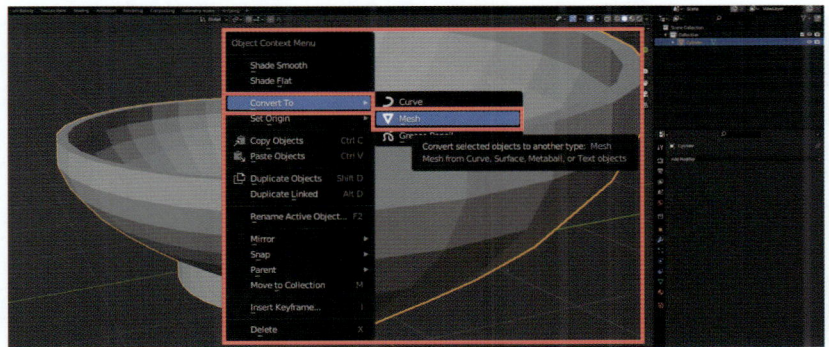

10 마지막으로 면을 늘려 부드럽게 보이게 하겠습니다. 다시 [Modify Properties]에서 [Add Modifier] → [Subdivision Surface] 명령을 줍니다. [Levels Viewport]와 [Render] 수치는 각 3으로 줍니다.

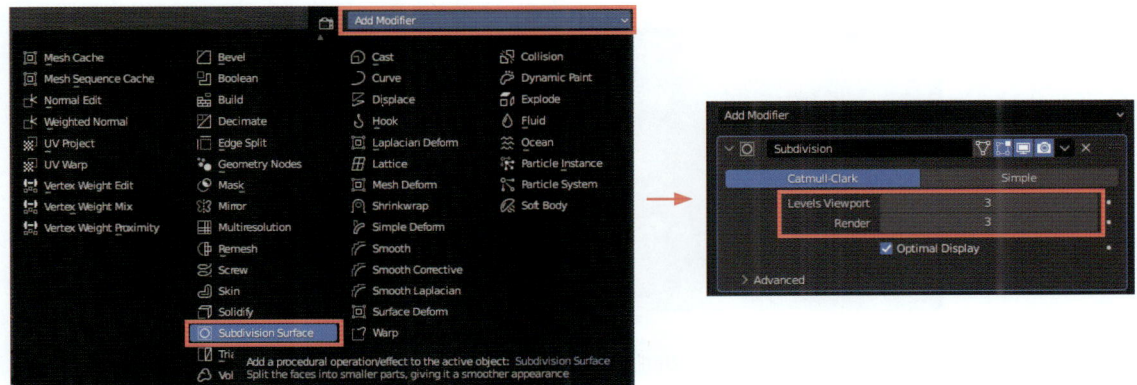

확인해 보니 전체적으로 부드럽게 되었으나 경계선이 전혀 보이지 않고 밑바닥 부분은 깨어져 보입니다.

11	이 부분을 수정하겠습니다. Subdivision 명령 오른쪽 아이콘들 중 ▢(RealTime)을 비활성화하면 Subdivision 명령이 적용되지 않은 것처럼 보입니다.

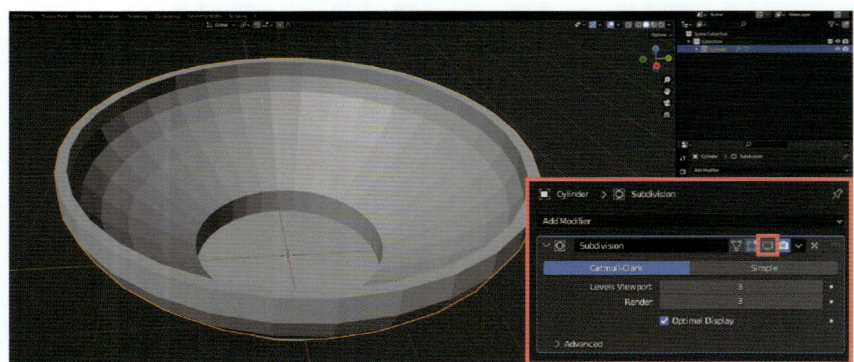

12	[Tab] 키를 눌러 에디트 모드로 전환하여, 키보드 상단 숫자 [2] 키를 눌러 Edge Select 모드로 바꿔줍니다. 찻잔 본체와 받침이 연결되는 Edge를 선택하겠습니다. 키보드 [Alt] 키를 누르고 마우스를 클릭하면 연결된 모든 Edge가 선택됩니다.

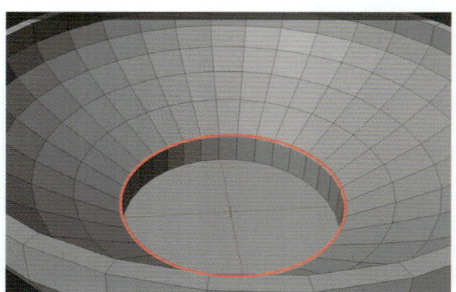

13	[Ctrl]+[B]를 눌러 Bevel 명령을 줍니다. 이때 마우스 휠을 움직여 Segments를 2로 해줍니다.

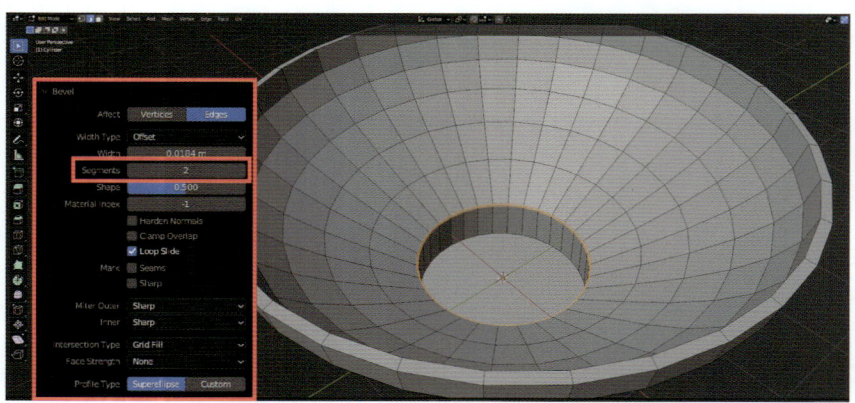

14 12~13단계와 같은 방법으로 다음 그림과 같이 받침을 구성하는 다른 가로 방향 Edge들 (안쪽, 바깥쪽)에도 일일이 Bevel을 적용합니다.

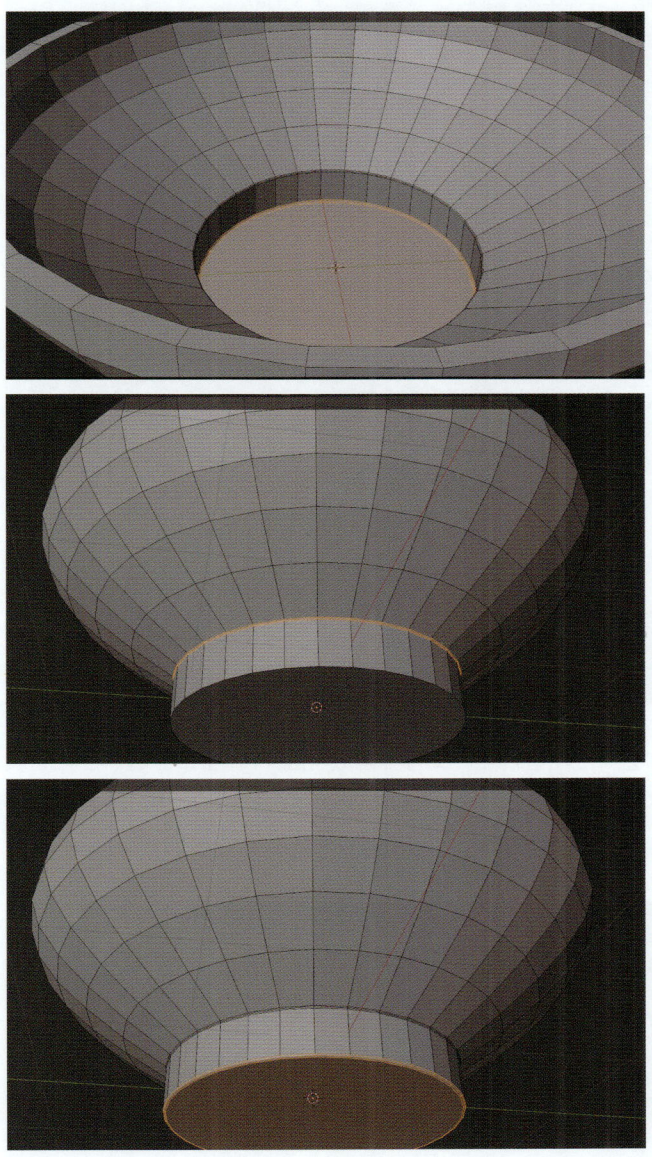

15   (RealTime)을 다시 활성화해서 결과물을 확인합니다.

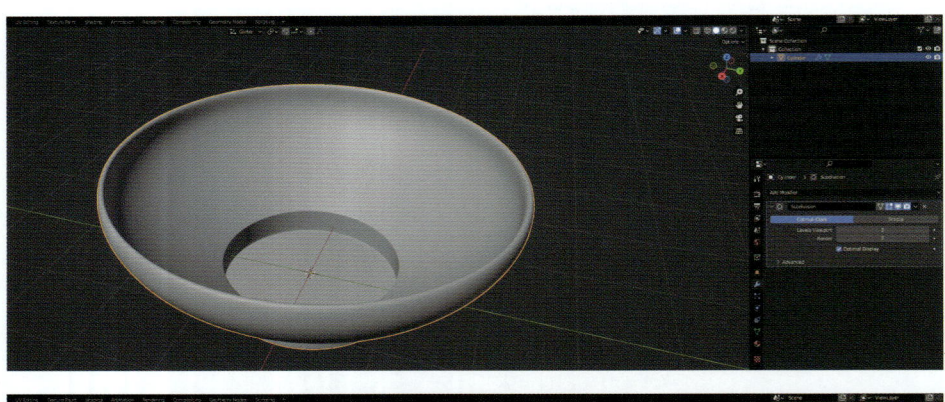

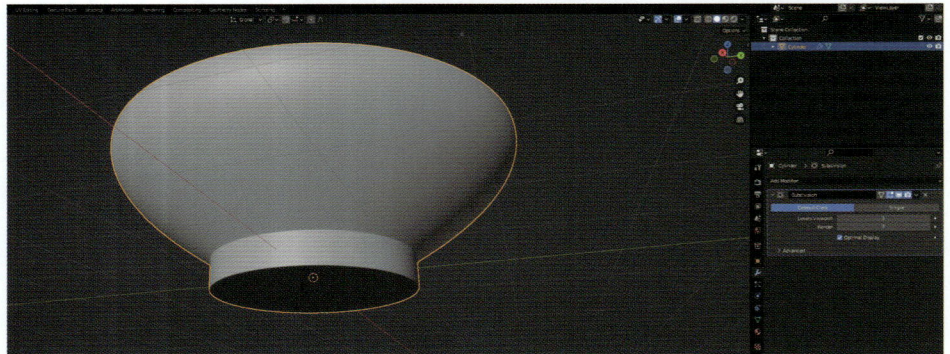

16   Subdivision 명령으로 폴리곤이 늘어나 부드럽게 되었지만, 자세히 보면 폴리곤과 폴리곤 사이가 각져 보입니다. 마지막으로 마우스 우클릭하여 [Object Context Menu]를 불러와서, [Shade Smooth] 명령을 적용하여 표면이 부드럽게 보이도록 하고 마무리합니다.

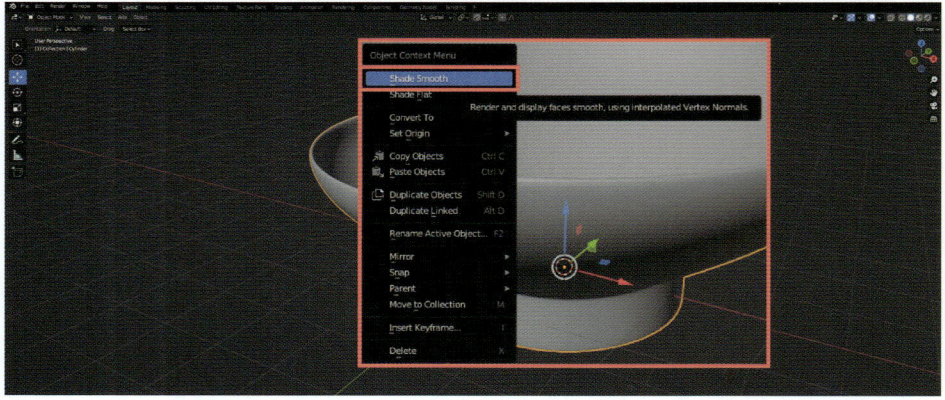

정리

📁 [Subdivision Surface]: 폴리곤을 증가시켜 Edge와 Edge 사이를 곡선으로 만듭니다.

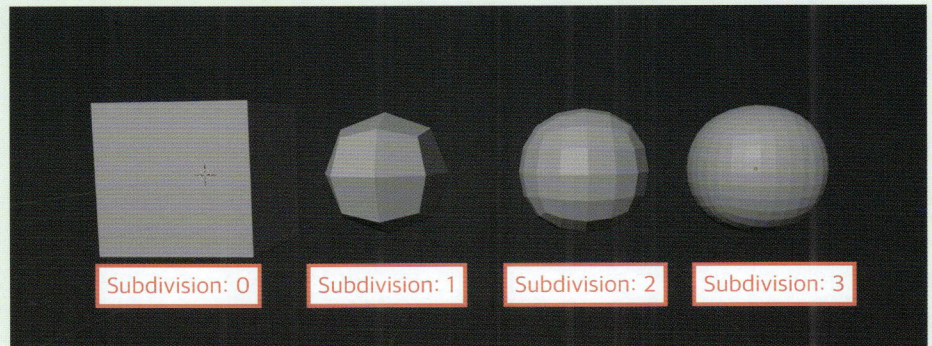

📁 [Solidify]: 두께를 만듭니다.

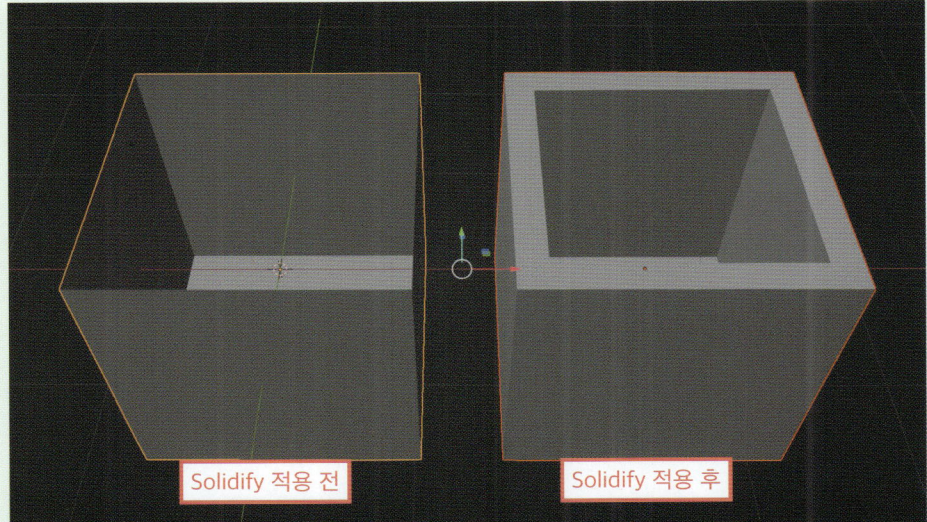

SECTION 04 AddOn

지금까지 블렌더 모델링의 기초 기능들을 대략적으로 살펴보았습니다. 실제 작업에서는 좀 더 작업에 용이하게 AddOn을 많이 사용합니다.

AddOn은 무료도 있고 유료도 있습니다만, 다른 프로그램의 플러그인과 비슷하게 필요에 따라 별도로 설치해야 합니다. 그리고 블렌더 설치시 기본으로 같이 설치되는 AddOn도 있습니다. 기본으로 설치되어 있는 AddOn도 기본적으로 비활성화되어 있기 때문에, 사용하려면 먼저 활성화해야 합니다. 여기서는 블렌더 내장 AddOn 중 많이 사용되는 'AutoMirror'에 대해 알아보겠습니다.

1 칼과 방패 만들기: AutoMirror

AutoMirror는 앞서 비행기를 만들면서 사용했던 'Mirror' 작업을 더 편리하게 해주는 AddOn입니다. 이 기능을 사용해 캐주얼 게임에 나올 법한 로우폴리곤 칼과 방패를 만들면서 전반적인 AddOn 사용법을 익혀보도록 하겠습니다.

한눈에 보는 작업 과정, 고수의 뷰

1.1 칼 만들기

| AddOn 켜기 |

01 블렌더를 실행하고, 큐브 오브젝트만 남기고 카메라와 조명은 지워줍니다.

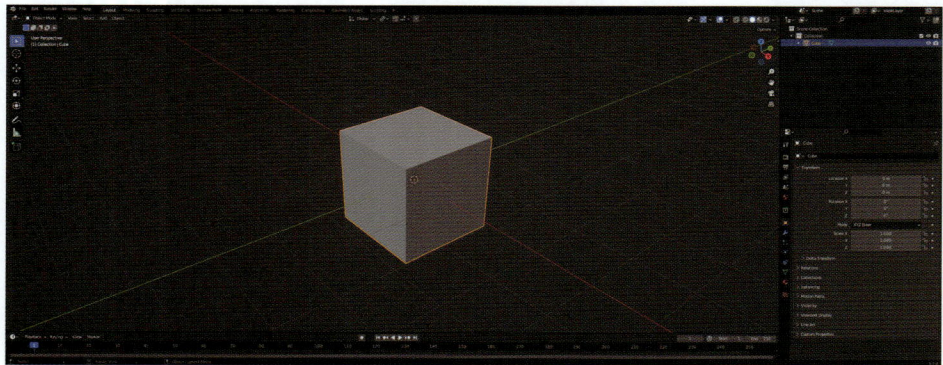

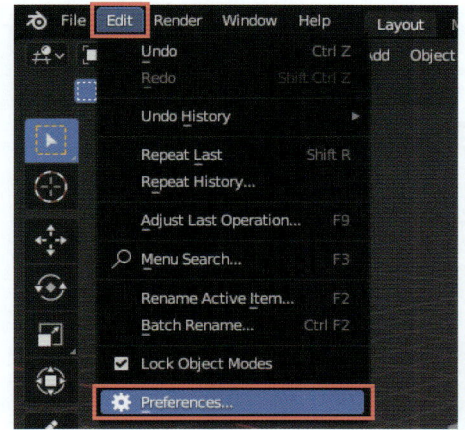

02 먼저 AutoMirror를 활성화하고 시작하겠습니다. 상단 메뉴바에서 [Edit] → [Preferences…] 를 순서대로 선택합니다.

03 블렌더의 설정 창 [Blender Preferences]가 열립니다. 좌측 메뉴에서 [Add-ons]를 선택하고, 🔍 아이콘 옆 검색창에서 'Mirror'를 검색합니다. [Mesh: Auto Mirror]를 체크하고 창을 닫으면 활성화가 끝납니다. 다른 내장 Addon들도 이와 같은 과정으로 활성화할 수 있습니다.

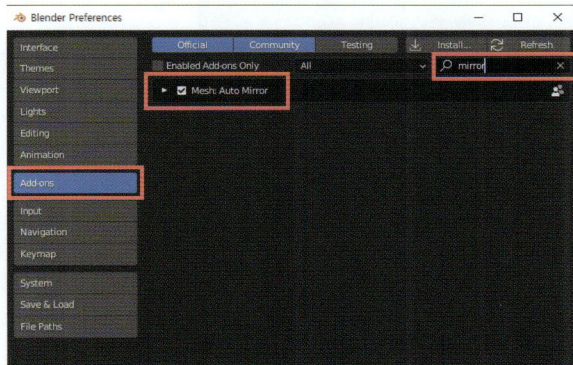

04 [Tab] 키를 눌러 에디트 모드로 전환합니다. 단축키 [N]을 누르면 화면 오른쪽 상단에 정보창이 나타납니다. 창 오른쪽에 여러 탭이 있는데, 그중 [Edit]를 클릭하면 다음 그림처럼 Auto Mirror의 설정을 조작할 수 있습니다. [AutoMirror] 버튼을 클릭하면, Cube가 X축으로 나뉜 좌우 대칭 오브젝트가 됩니다.

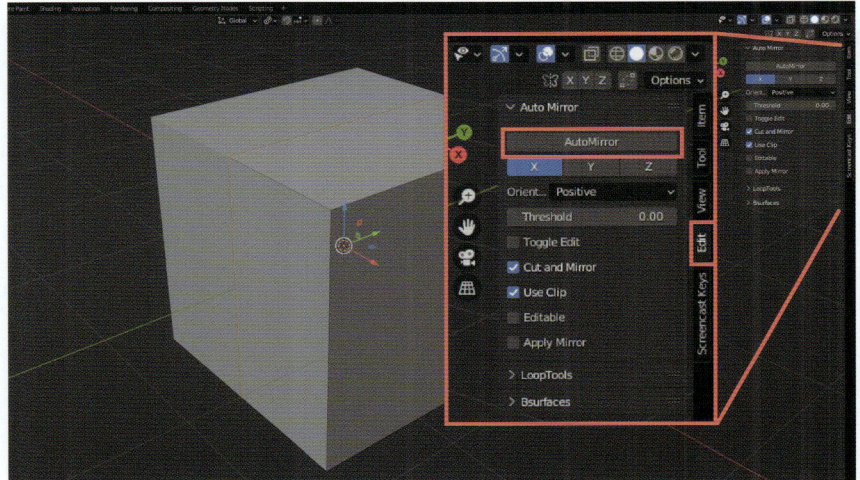

05 이번에는 ▮X▮Y▮Z▮ 와 같이 축을 Y로 바꾸고 다시 [AutoMirror]를 클릭합니다. 오브젝트가 Y축으로도 상하 대칭 오브젝트가 됩니다.

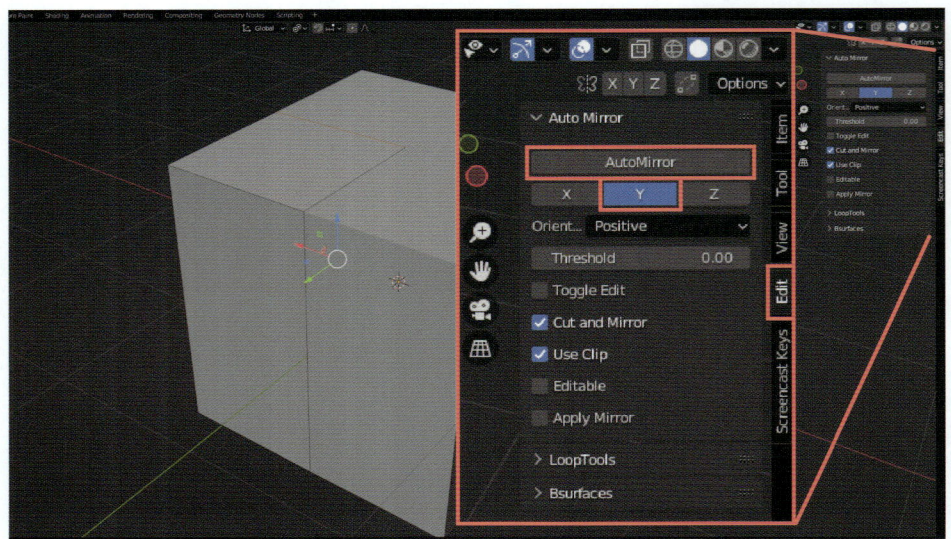

06 ([Modify Properties])을 클릭해서 확인해 보면 Mirror 명령이 2개 적용되어 있는 것을 확인할 수 있습니다. 즉 [Modify Properties]에서 Mirror 명령을 이용해도 이와 동일한 상태를 만들 수 있는 겁니다. 하지만 애드온을 사용하면 Loop Cut 명령 단계를 생략할 수 있어 좀 더 빠르게 Mirror 명령을 적용할 수 있습니다.

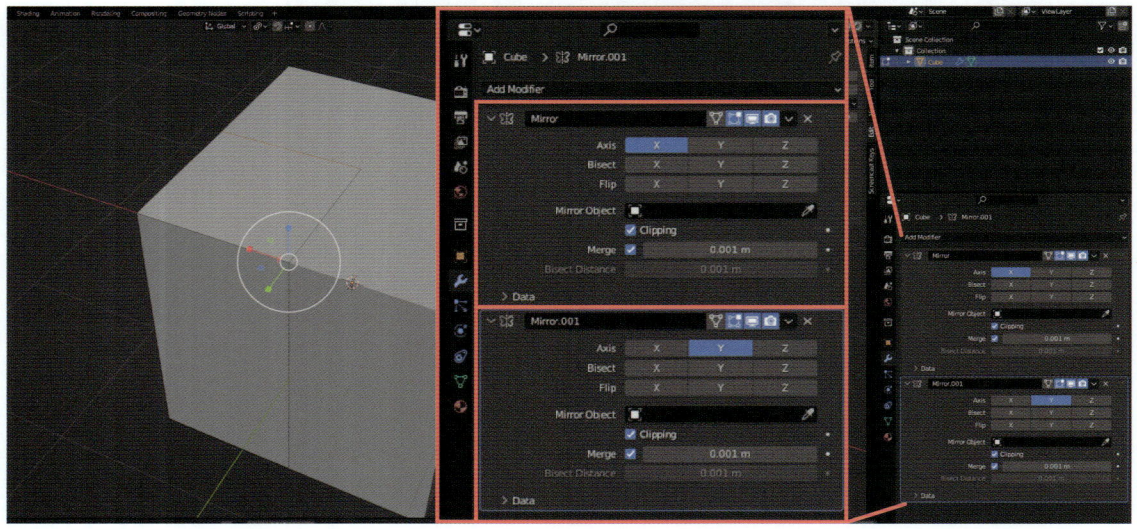

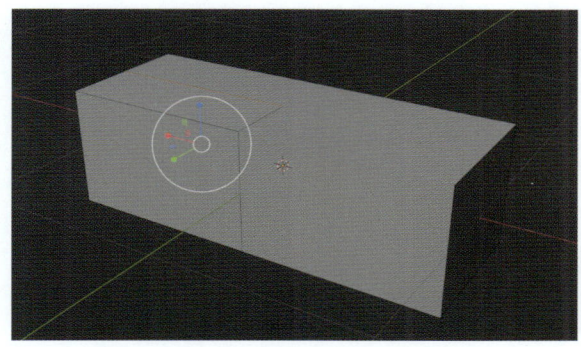

| 날밑 만들기 |

이렇게 완성된 좌우 대칭 Cube를 사용해 날밑부터 만들어주겠습니다. 날밑은 칼날과 칼자루 사이에 위치해 손을 보호해주는 부분입니다.

01 먼저 왼쪽 툴바 메뉴에서 ([Scale]) 툴을 선택하고 그림처럼 X축으로 늘려 길게 만들어 줍니다.

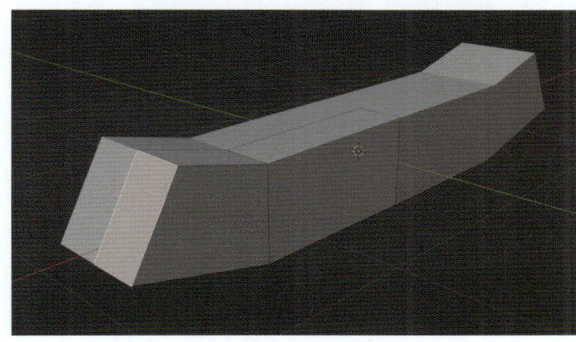

02 모양을 다듬겠습니다. 옆면이 잘 보이게끔 마우스 휠을 눌러 드래그하여 뷰포트를 그림과 같이 회전시킨 뒤, 키보드 상단 숫자 [3] 키를 눌러 Face Select 모드로 바꿉니다. 끝부분 Face를 선택하고 단축키 [E](Extrude, 추출)로 한 번 추출합니다. 그 상태에서 바로 [G](Move, 이동), [Z](Z축)로 위쪽으로 올라가게 잡아끈 뒤, [R](Rotate, 회전), [Y](Y축)로 그림처럼 만들어줍니다.

> **참고**
>
> 2단계의 그림처럼 만들기 위해서는 그림처럼 총 3단계를 거쳐야 합니다. 각 단계마다 마우스 좌클릭하여 적용 완료하는 것, 잊지 마세요!
>
>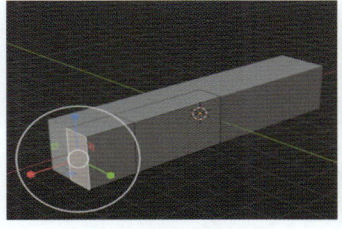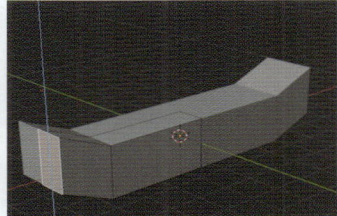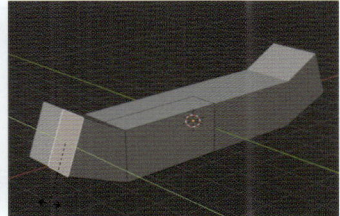

| 칼날 만들기 |

날밑이 완성되었습니다. 다음으로 칼날을 만들 겠습니다.

01 먼저 칼날이 추출될 윗부분의 Face를 선택하고 단축키 [I](Inset)를 눌러 안쪽으로 면 분할합니다.

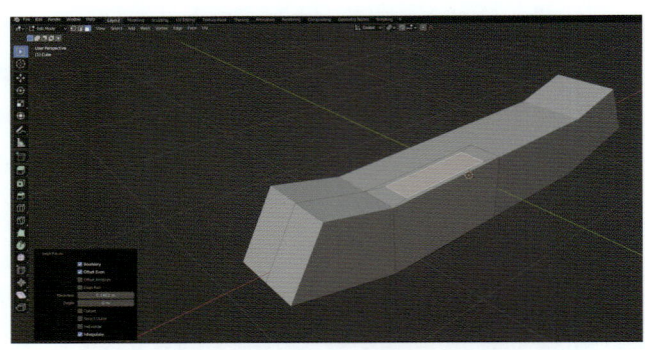

02 왼쪽 하단 Inset Faces 옵션창을 열어 [Boundary]를 체크 해제해 주세요. 연결 부분들은 면 분할하지 않습니다.

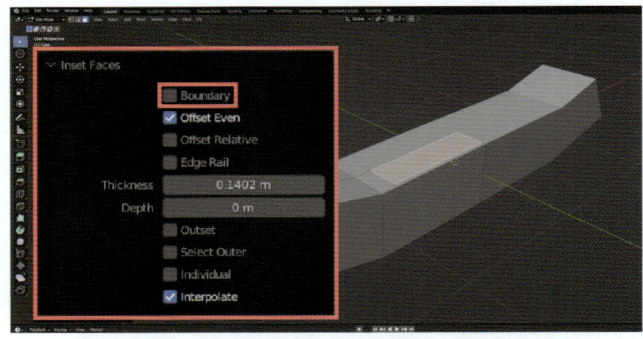

03 그런데 이대로는 칼날이 너무 뭉툭합니다. 키보드 상단 숫자 [2] 키를 눌러 Edge Select 모드로 진입한 뒤, Edge를 Y축으로(아래쪽 초록 점) 밀어넣어 칼날을 좀 더 얇게 조절해 줍니다.

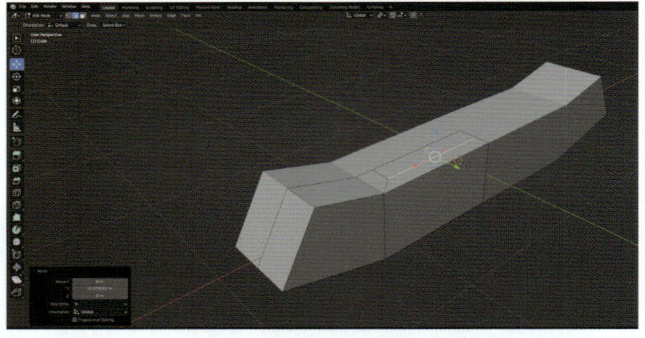

04 키보드 상단 숫자 [3] 키를 눌러 Face Select 모드로 진입합니다. 본격적으로 칼날을 뽑아보겠습니다. 처음부터 완전한 칼날은 없습니다. 칼날의 뿌리를 먼저 만듭니다. 면 분할된 안쪽 Face를 선택하고 단축키 [E]로 추출해 줍니다.

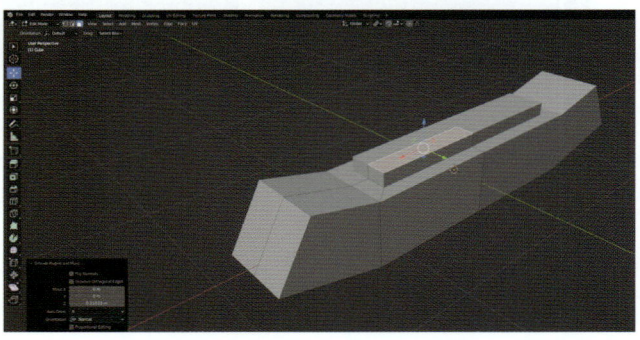

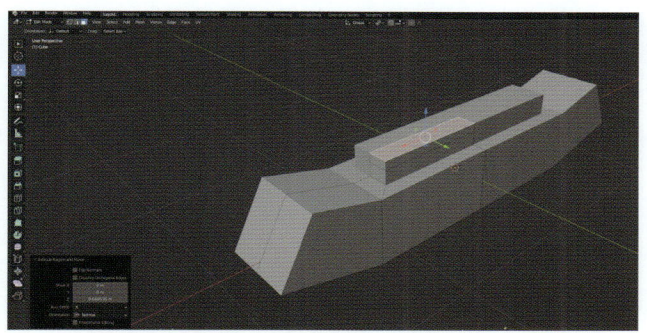

한 번 더 추출해서, 칼날의 폭을 구현해 줄 부분을 만듭니다.

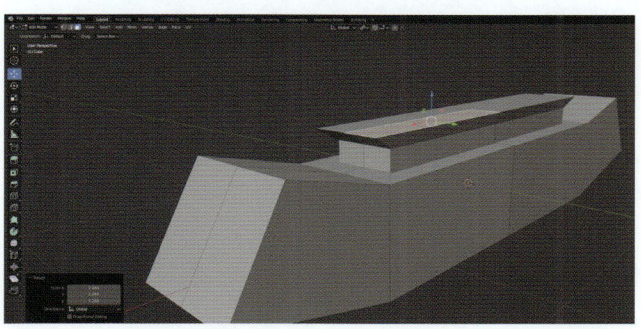

05 단축키 [S](Scale)를 눌러 널찍하게 크기를 키워 줍니다.

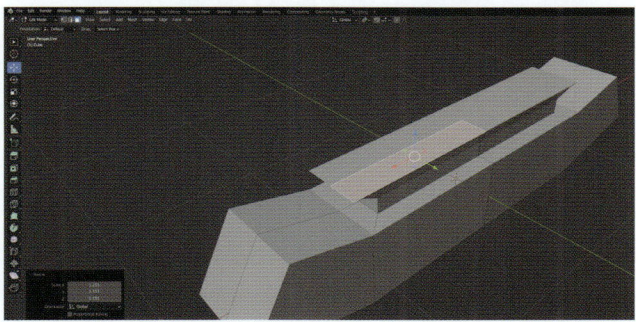

06 마찬가지로 단축키 [E]를 눌러 한 번 더 추출하고 크기를 조정(단축키 [S])해 줍니다.

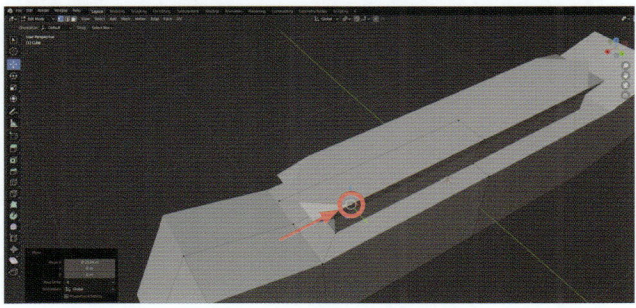

07 칼날의 형태를 잡겠습니다. 위에서 봤을 때 마름모꼴이면 됩니다. 키보드 상단 숫자 [1] 키를 눌러 Vertex Select 모드로 바꾸고, 그림처럼 다듬어 줍니다.

08 먼저 윗면 바깥 모서리 꼭짓점 Vertex를 단축키 [G](Move, 이동), [X](X축)를 사용해 잡아당겨 양 끝 모양을 잡습니다. 다음으로 중앙 꼭짓점 Vertex를 단축키 [G](Move, 이동), [Y](Y축)로 움직여 칼날 가운데 부분을 도톰하게 만들어줍니다.

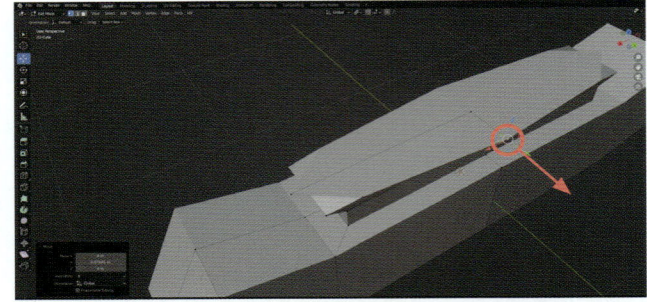

09 칼날을 길게 위로 뽑아낼 준비가 끝났습니다. 다시 키보드 상단 숫자 [3] 키를 눌러 Face Select 모드로 설정하고, 윗면을 선택한 뒤 [E]를 눌러 추출합니다.

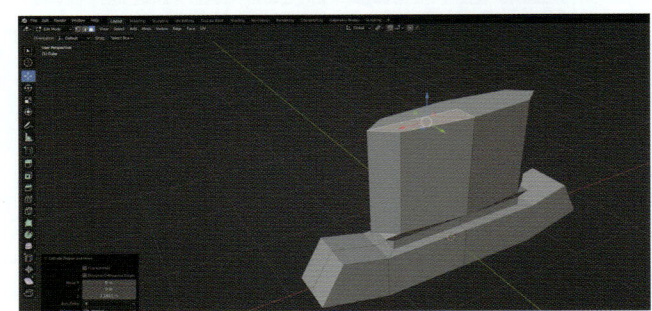

10 그림처럼 두 번 더 추출해서 3단으로 만듭니다. 맨 아래에 추출한 것과 맨 위에 추출한 것은 비교적 짧고, 중앙 단이 가장 긴 모양이면 됩니다.

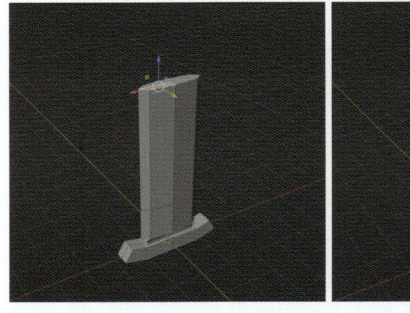 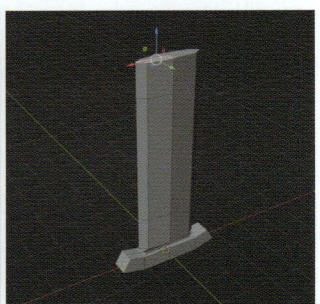

11 키보드 상단 숫자 [1] 키를 눌러 Vertex Select 모드로 설정한 후, 중앙의 Vertex를 선택하여 위쪽 파란 점을 위로 끌어당겨(Z축 이동, 단축키 [G], [Z]) 뾰족하게 만들어 줍니다.

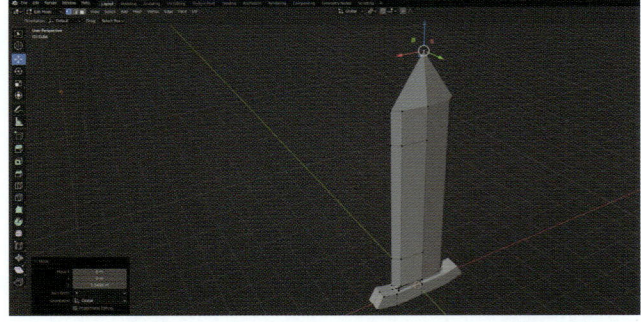

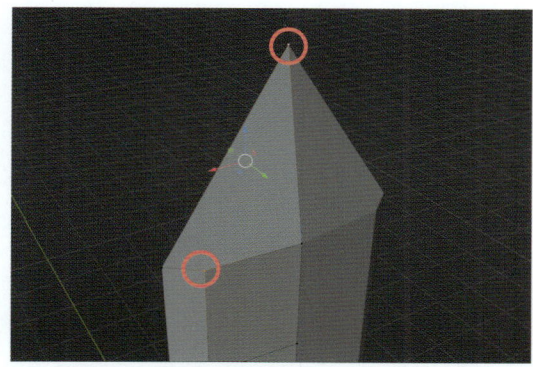

12 그림처럼 Vertex 2개를 다중 선택합니다. 이미 꼭대기 Vertex는 선택된 상태이므로, 그대로 [Shift] 키를 누른 채 아래쪽 Vertex를 선택해 주면 됩니다.

13 마우스 우클릭하여 [Vertex Context Menu]를 호출합니다. [Connect Vertex Path]를 클릭해 적용하면 그림처럼 두 개의 Vertex 사이에 Edge가 생성됩니다.

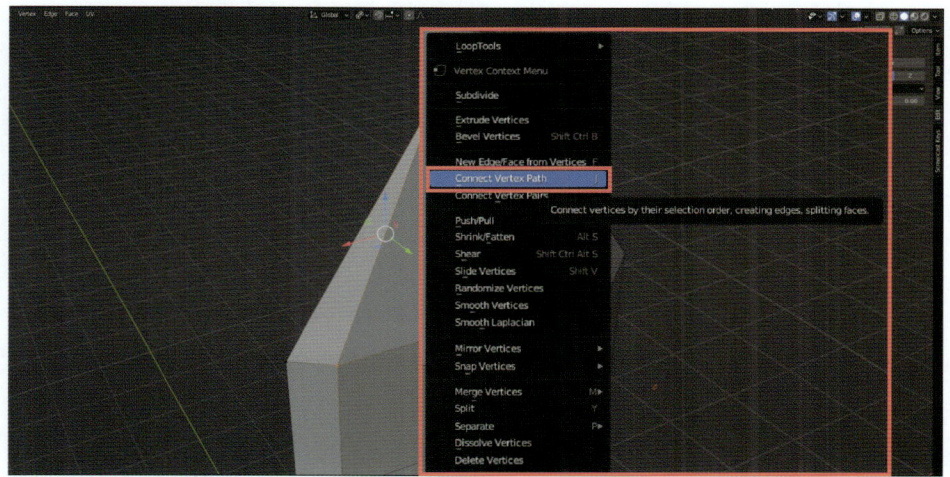

14 지금은 칼날이 너무 곧아서 어색합니다. [Move] 등의 툴을 사용, Vertex를 조정해 칼 모양을 자연스럽게 다듬어 줍니다.

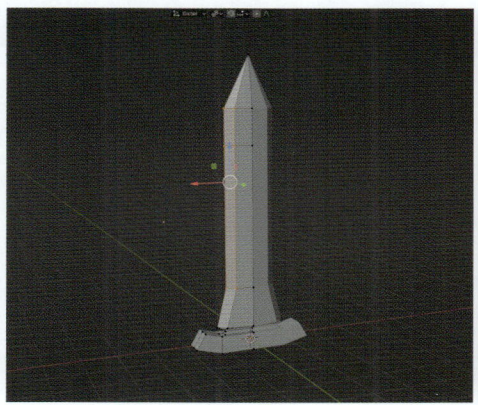
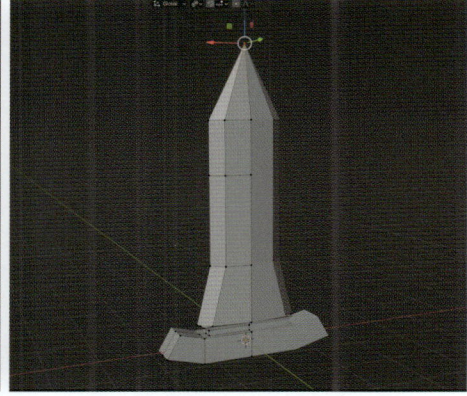

칼자루(손잡이) 만들기

어느 정도 다듬어졌다면 칼자루를 만들 차례입니다.

01 마우스 휠을 누른 채 드래그하여 뷰포트를 돌려 날밑 밑면이 보이도록 시점을 전환하고, 키보드 상단 숫자 [3] 키를 눌러 Face Select 모드로 전환하여 Face를 선택합니다. 이 면이 칼자루 뿌리가 될 것입니다.

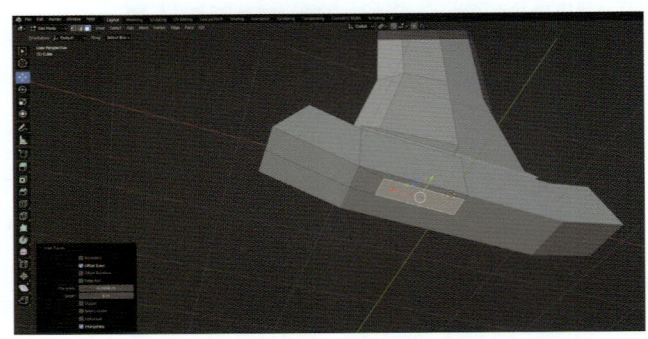

02 다시 키보드 상단 숫자 [1] 키를 눌러 Vertex Select 모드로 전환합니다. 사각형의 왼쪽 위 꼭짓점 Vertex를 선택하고, 단축키 [G]와 [X], [Y]를 적절히 사용해 그림처럼 이동시켜 다듬어줍니다. 이 부분이 칼자루가 될 것이므로, 원하는 크기와 모양으로 조정해주면 됩니다.

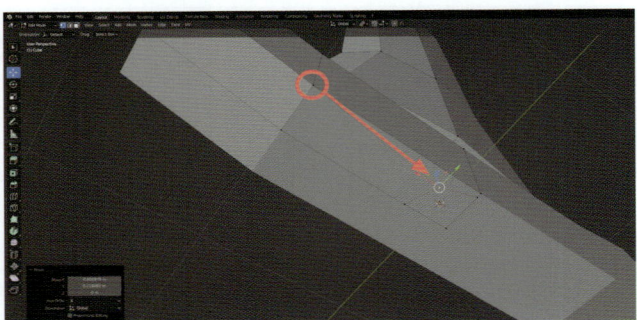

03 다시 Face Select 모드(단축키 [3])로 전환해 방금 분할한 면을 선택합니다. 그대로 단축키 [E]를 눌러 추출하여 칼자루를 만들어 줍니다. 원하는 길이만큼 추출하면 됩니다.

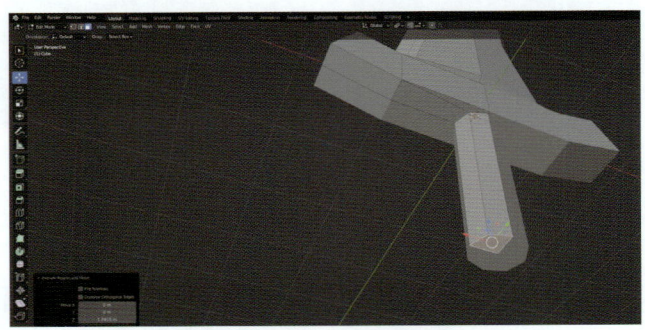

04 칼자루 끝에는 칼이 손에 빠지지 않게 하는 '폼멜'이 달려 있습니다. 폼멜도 만들어 줍시다. 한 번 더 짧게 추출합니다.

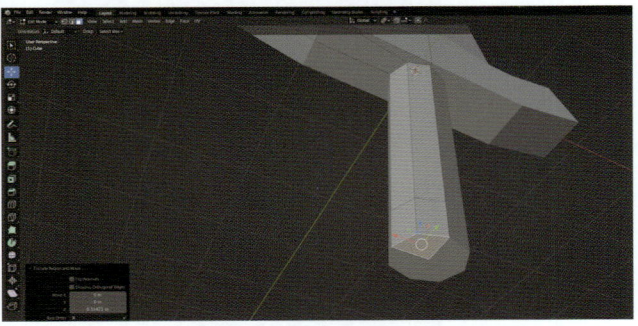

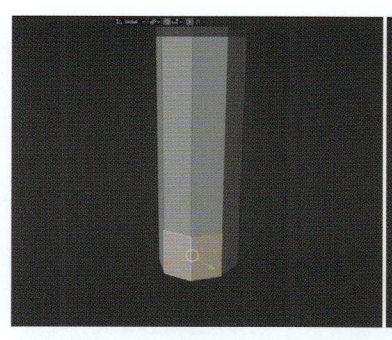
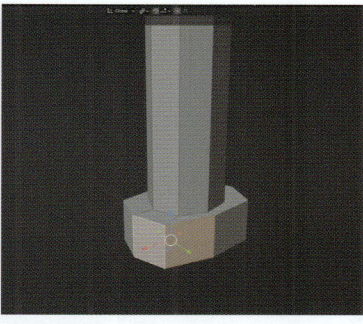

05 그림처럼 [Shift] 키로 측면 Face를 다중 선택하고 다시 추출하여 폼멜 모양을 만듭니다.

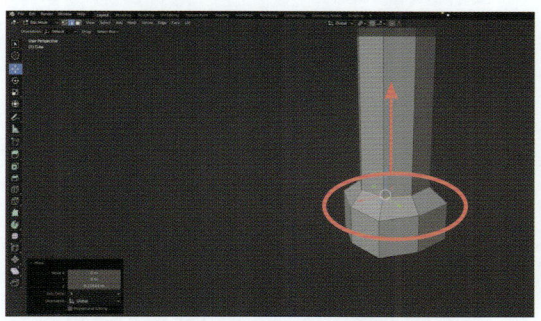

06 이대로도 좋지만, 둥근 폼멜을 만들고 싶습니다. 키보드 상단 숫자 [2] 키를 눌러 Edge Select 모드로 전환합니다. 칼자루와 폼멜을 연결하는 Edge들을 선택하고 Z축 위쪽으로 조금 이동시켜 연결을 자연스럽게 해줍니다.

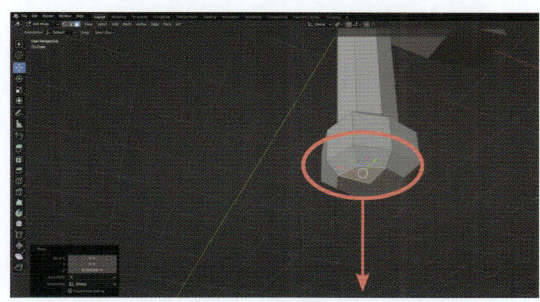

07 폼멜의 아래 부분도 똑같이 둥글게 하겠습니다. 키보드 상단 숫자 [3] 키로 Face Select 모드로 바꾸고, 맨 밑부분 Face를 선택합니다. 단축키 [G], [Z]로 당겨 아래쪽으로 이동시켜 줍니다.

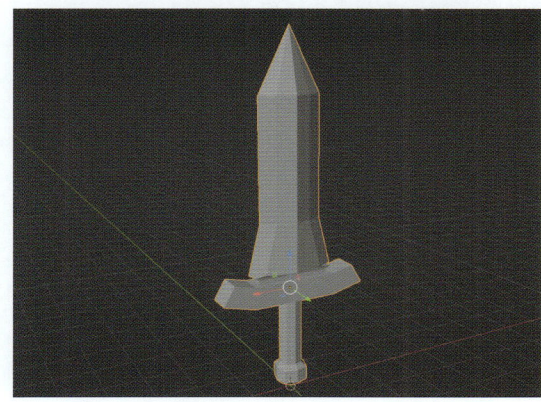

08 이렇게 대략적인 칼 모양이 완성되었습니다.

디테일 다듬기

현재는 오브젝트가 각져 보입니다. 부드럽게 보이도록 다듬어 보겠습니다.

01 [Tab] 키를 눌러 오브젝트 모드로 전환한 뒤, 마우스 우클릭으로 [Object Context Menu]를 호출하여 [Shade Smooth]를 선택합니다. 오브젝트가 각지지 않고 부드럽게 보입니다.

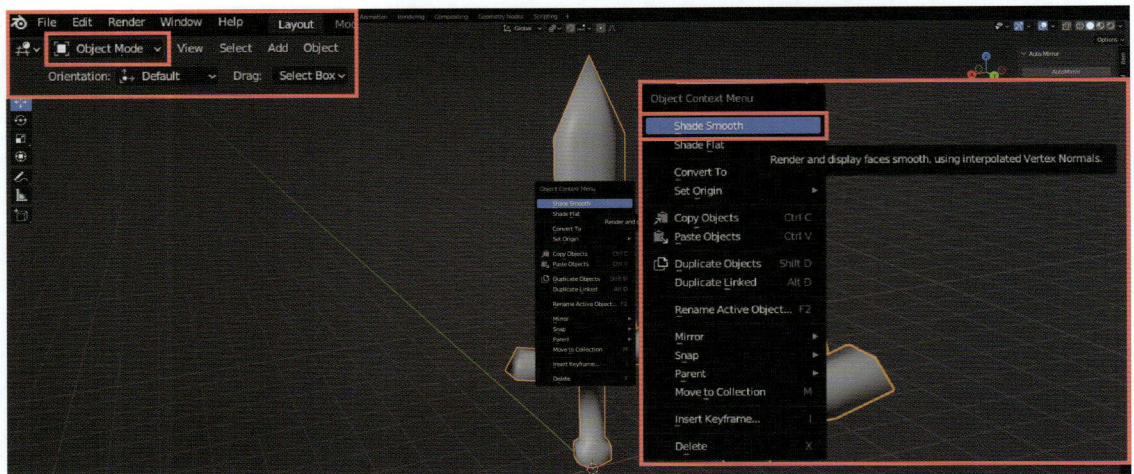

02 아무래도 칼이기 때문에 칼날 등은 각져 보이는게 좋을 것 같습니다. 화면 오른쪽 Properties Editor 창에서 [Object Data Properties] 탭을 클릭합니다. 메뉴 중 [Normals]를 펼쳐서 [Auto Smooth]에 체크하고, 옆의 수치를 45도로 바꾸어 줍니다. 수치를 조정하면서 원하는 결과를 찾으면 됩니다.

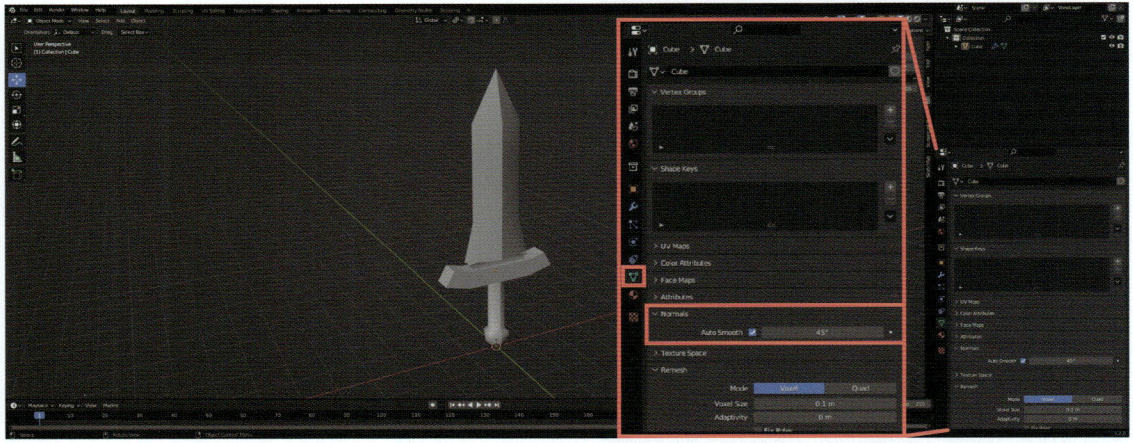

03 어색해 보이는 부분 등을 수정해서 완성합니다.

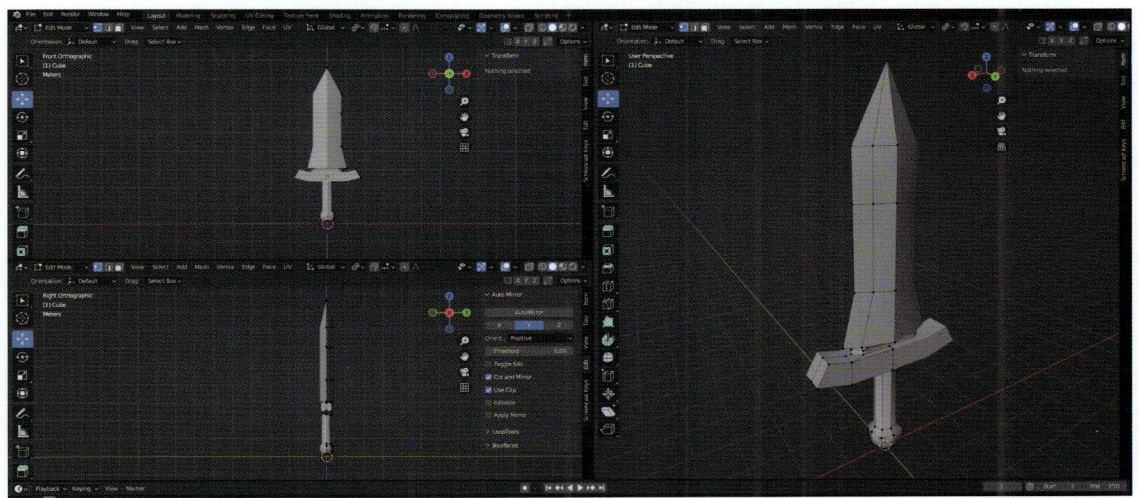

1.2 방패 만들기

칼을 만들었으니, 칼의 짝이 되는 방패도 만들어 보겠습니다.

l 반구 만들기 l

01 [Tab] 키를 눌러 오브젝트 모드로 전환하여 상단 메뉴바 → [Add] → [Mesh] → [UV Sphere]를 차례로 클릭해 구 형태의 오브젝트를 하나 만듭니다.

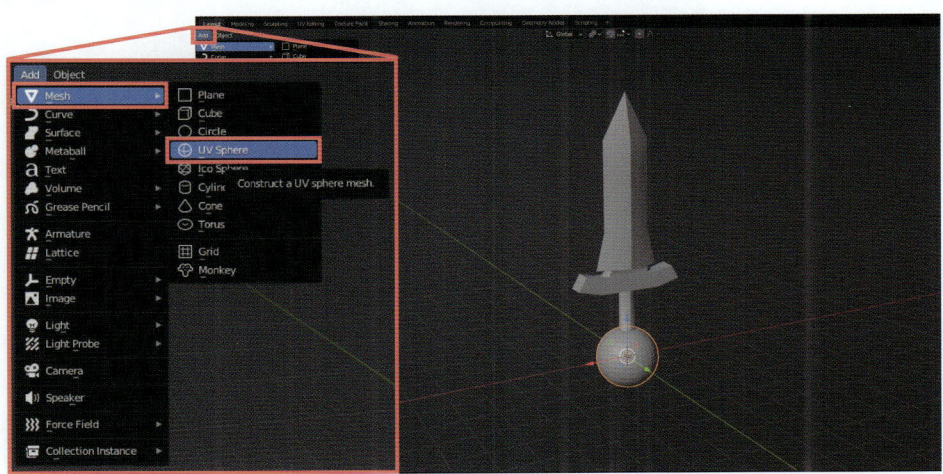

02 방패 모양을 다듬는 작업을 하려면 구의 Edge가 모이는 중심이 Y축 방향으로 놓여야 합니다. 단축키 [R]을 눌러 Rotate 툴을 활성화한 뒤, Rotate 옵션창에서 [Angle] 수치에 마찬가지로 90도를 입력합니다. 작업하기 편하도록 칼은 아웃라이너의 눈 아이콘을 비활성화시켜 잠시 숨겨 두었습니다.

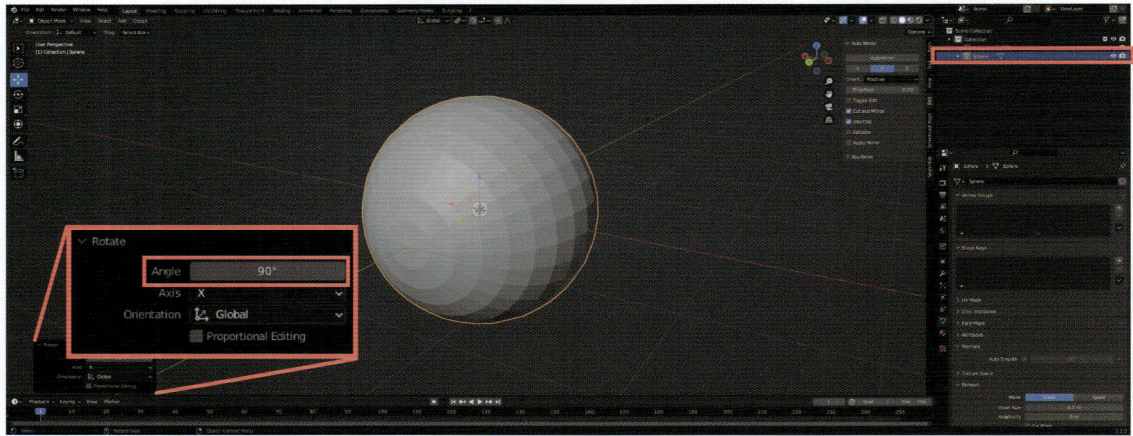

03 본격적으로 방패를 만들 준비를 해보겠습니다. [Tab] 키를 눌러 에디트 모드로 변경합니다. 숫자 키패드 [3]을 눌러 시점을 오른쪽에서 바라본 사이드 뷰로 바꾸고, 뒤쪽 Vertex들을 선택하여 단축키 [Del] 키를 누른 후 뜨는 메뉴에서 [Vertices]를 선택해 전부 지워줍니다. 이때 화면 오른쪽 상단의 [Toggle X-Ray]가 켜져 있어야 드래그 시 뒷부분까지 선택됩니다.

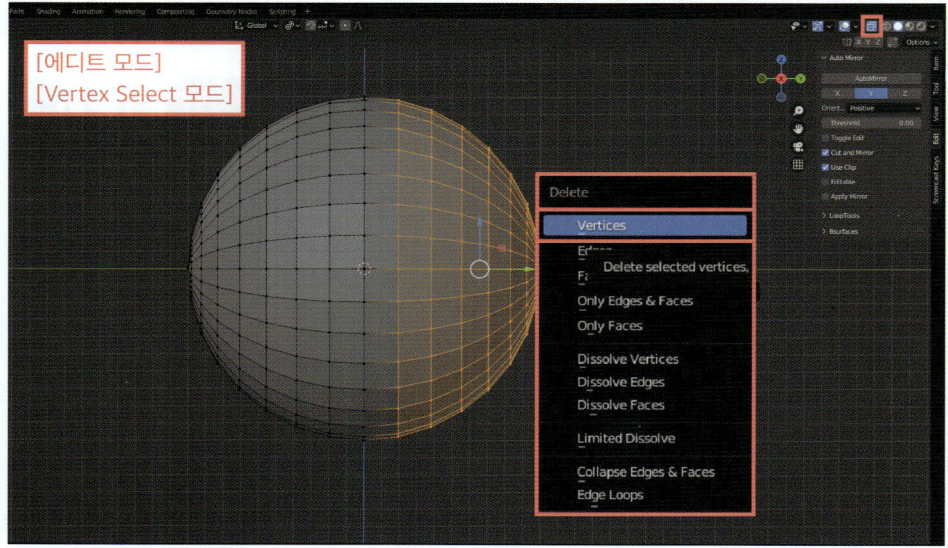

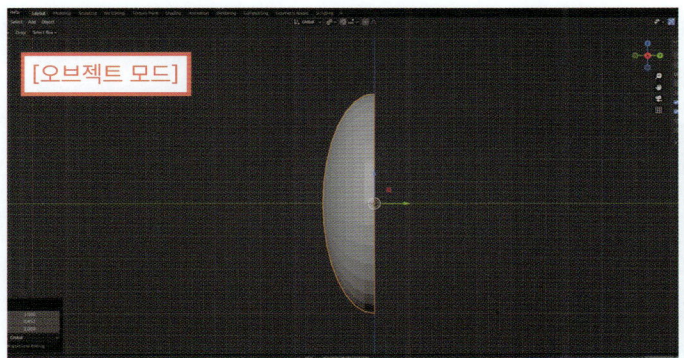

04 앞에서 지웠으므로 구가 절반만 남았습니다. 이 반구를 다듬어 방패를 만들게 됩니다. 다시 [Tab] 키를 눌러 오브젝트 모드로 전환하여, 단축키 [S](Scale), [Y]를 눌러 Y축으로 크기를 줄여줍니다. 방패가 얇아졌습니다.

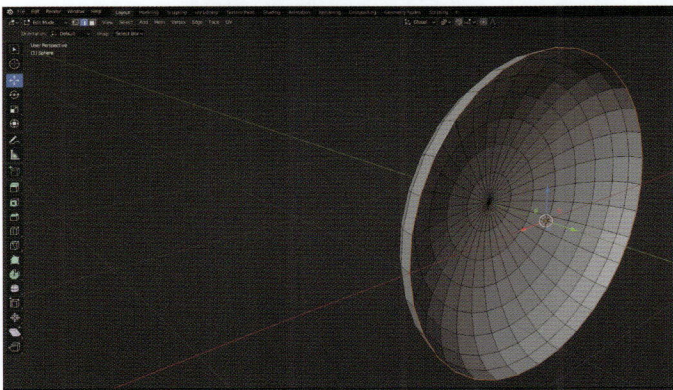

| 방패 뒷면 만들기 |

01 [Tab] 키를 눌러 에디트 모드로 전환하고 마우스 휠을 누른 상태에서 드래그하여 시점을 방패 뒷면이 보이도록 설정합니다. 키보드 상단 숫자 [2] 키를 눌러 Edge Select 모드로 전환하여, [Alt] 키를 누르고 클릭하면 연결된 모든 Edge가 선택됩니다. 잘린 단면 Edge(가장자리)를 선택합니다.

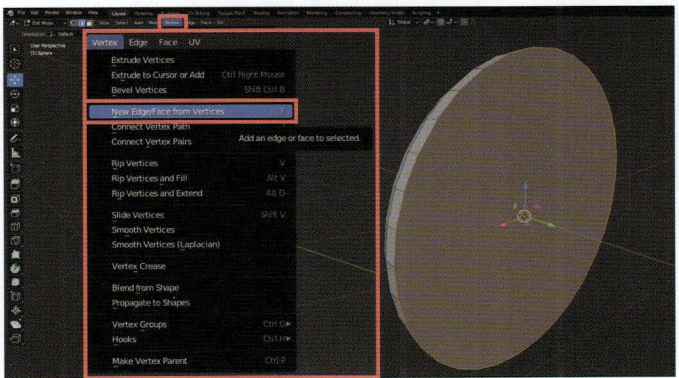

02 순서대로 서브 메뉴바 → [Vertex] → [New Edge/Face from Vertices]를 선택하면 그림처럼 면이 생성됩니다. 단축키는 [F]입니다.

03   방패 안쪽 테두리를 만들기 위해, 왼쪽 툴바 메뉴에서 ▣(Inset, 단축키 [I]) 툴을 선택하여 면을 분할해 줍니다.

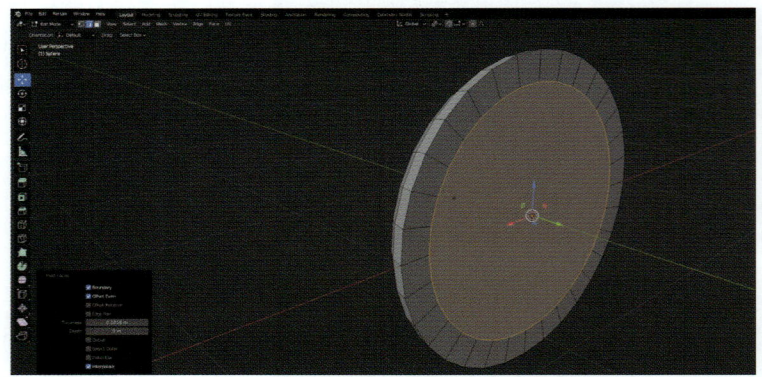

04   왼쪽 툴바 메뉴에서 ▣(Extrude, 단축키 [E]) 툴을 선택하여 분할된 면을 안쪽으로 추출해 주면, 방패 안쪽이 완성되었습니다.

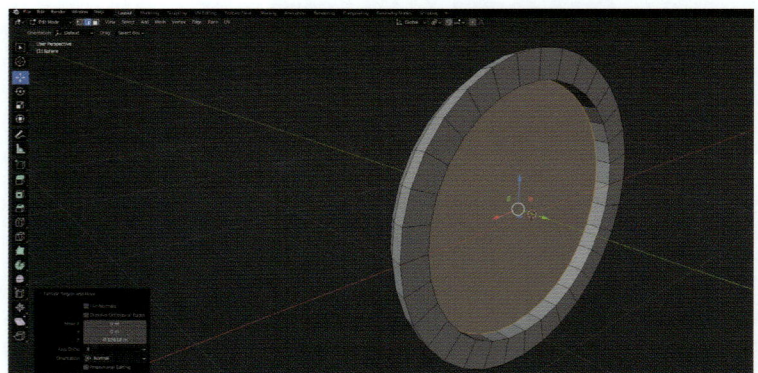

| 방패 앞면 만들기 |

01   이제 방패의 앞면을 만들 시간입니다. 뷰포트를 회전해 방패의 앞쪽이 보이게 합니다. 더 튼튼해 보이도록 바깥 테두리를 만들어 주고자 합니다. 먼저 테두리가 될 면을 선택하겠습니다. 키보드 상단 숫자 [3] 키를 선택하여 Face Select 모드에서 [Alt] 키를 누르고, 연결하고자 하는 Face의 세로 방향 Edge 근처를 클릭하면 연결된 Face가 모두 선택됩니다.

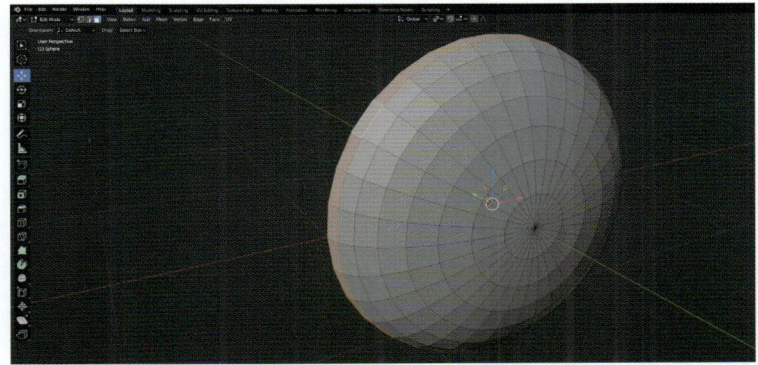

02   [Shift]+ [Alt] 키를 누른 채 마찬가지로 Face의 세로 Edge 부근을 클릭해서 그림처럼 3줄을 다중 선택합니다.

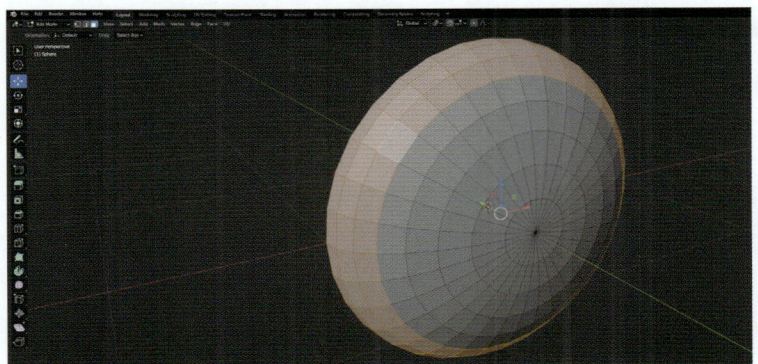

03   선택한 면들을 추출해 테두리를 만들 것입니다. 그런데 단축키 [E]를 누르고 마우스를 움직이면 선택한 면들이 그림처럼 앞쪽으로 추출됩니다. 원치 않는 결과물입니다. [Ctrl]+[Z]를 눌러 취소합니다.

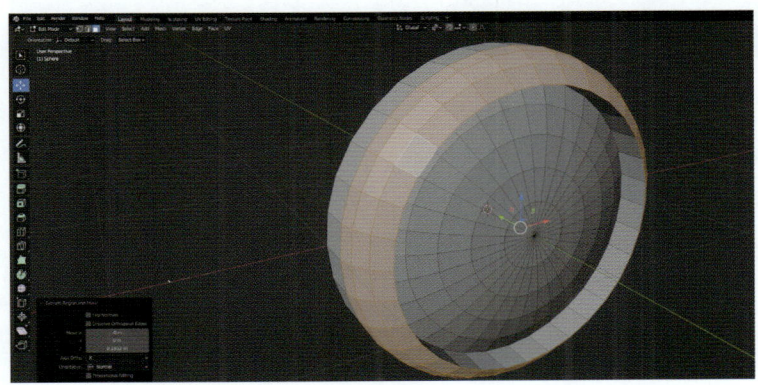

04 단축키 [Alt]+[E]를 누르면 Extrude 옵션을 볼 수 있습니다. 두 번째 [Extrude Faces Along Normals]를 선택하여 그림처럼 면을 추출해 줍니다.

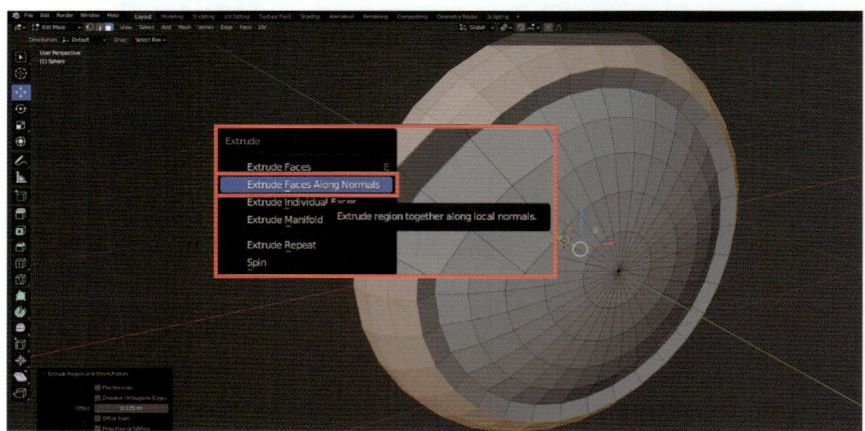

05 방패면과 테두리의 경계를 이루는 Edge를 전체 선택(단축키 [Alt] 키)해서 안쪽으로 조금 더 넣어 줍니다.

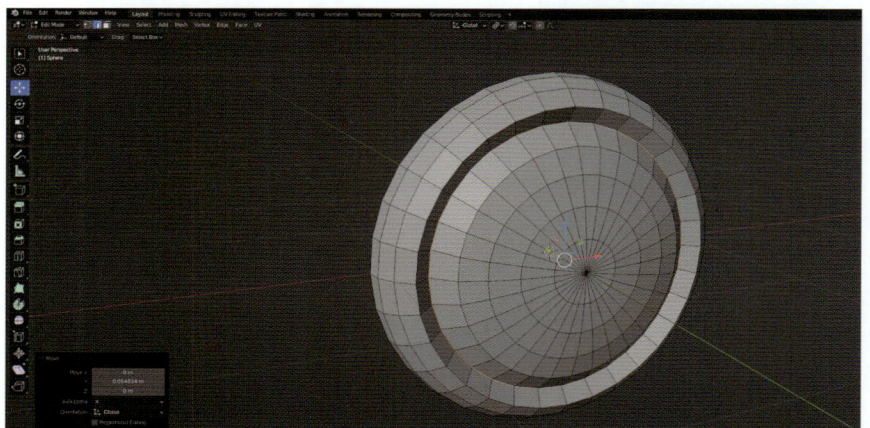

방패 손잡이 만들기

마지막으로 방패 손잡이를 만들겠습니다. 이때 에디트 모드에서 추가하면 하나의 오브젝트가 되고 오브젝트 모드에서 추가하면 독립된 오브젝트가 됩니다. 이번에는 오브젝트 모드에서 추가하여 독립된 오브젝트로 만들어 보겠습니다.

01　[Tab] 키를 눌러 오브젝트 모드로 전환한 뒤, 서브 메뉴바에서 [Add] → [Mesh] → [Cube]를 선택하여 큐브 오브젝트를 하나 추가합니다.

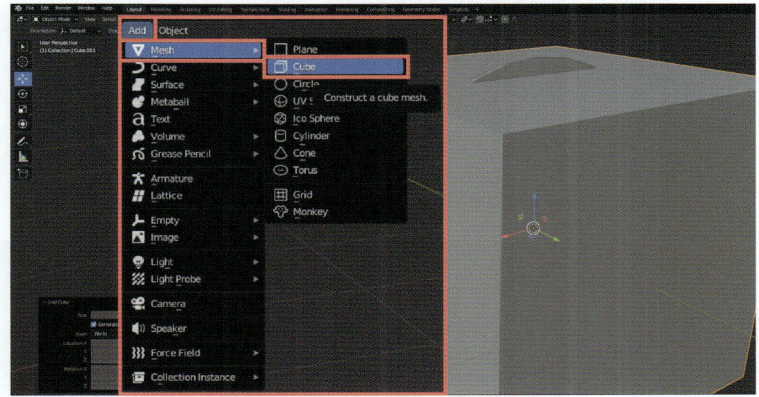

02　단축키 [S]를 눌러 큐브 오브젝트의 크기를 조정해 방패 손잡이 기점이 될 직육면체를 만듭니다. 그리고 방패 안쪽의 정중앙에 그림처럼 위치시켜 줍니다.

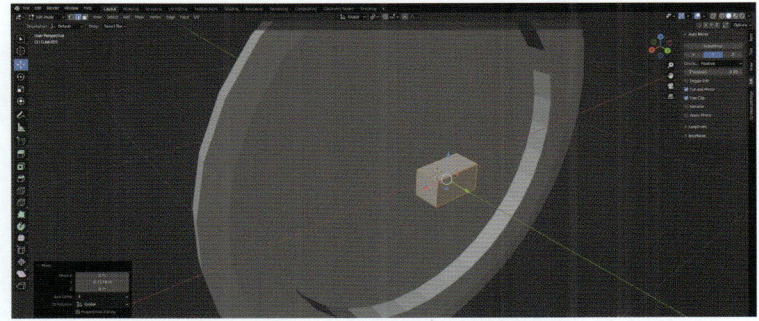

03　화면 오른쪽 정보창(단축키 [N])의 [Edit] 탭에서 축을 [X]로 하고 [AutoMirror] 버튼을 클릭해 Mirror 상태로 만들어 줍니다.

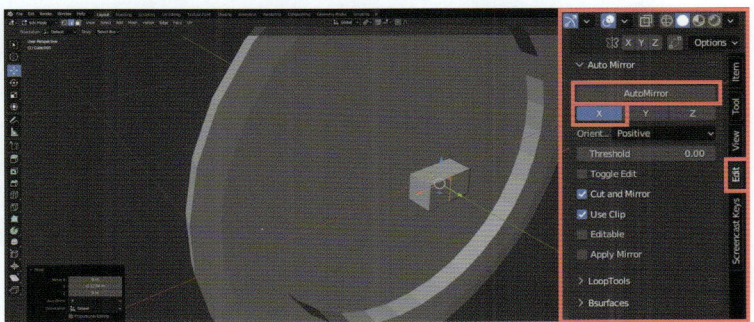

04 단축키 [E]를 눌러 손으로 잡을 수 있을 정도로 면을 추출합니다.

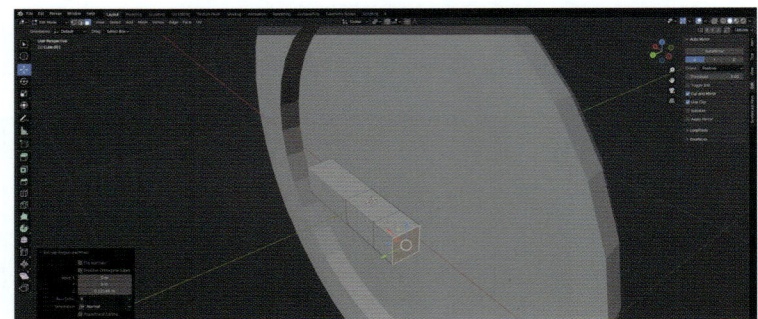

05 손잡이를 방패에 연결하겠습니다. 그림처럼 안쪽 면을 선택해 줍니다. [Toggle X-Ray]를 활성화하면 선택하기 쉽습니다.

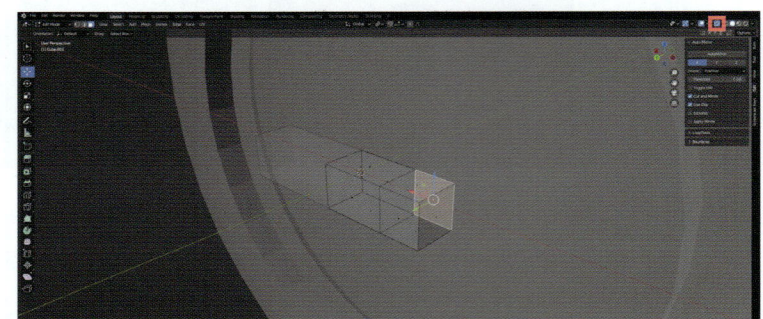

06 단축키 [E]를 눌러 면을 안쪽으로 추출해 연결을 완료합니다.

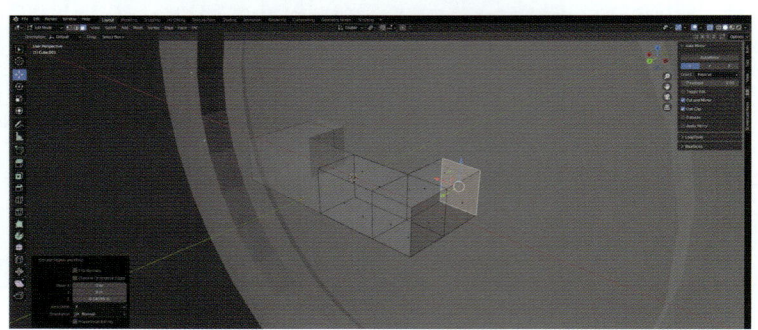

07 키보드 상단 숫자 [2] 키를 눌러 Edge Select 모드로 바꾼 뒤, 손잡이 모양을 적당히 다듬어 줍니다.

| 디테일 다듬기 |

방패와 손잡이를 하나의 오브젝트로 만들겠습니다. 그런데 방패는 Mirror가 적용되지 않은 상태고, 손잡이는 Mirror 상태입니다. 둘 다 같은 상태여야 하나의 오브젝트로 만들었을 때 문제가 없습니다.

01 [Tab] 키를 눌러 오브젝트 모드로 전환합니다. 손잡이 오브젝트를 선택하고, 🔧 [Modify Properties] 탭에서 Mirror 옆 ⌄를 눌러 메뉴를 엽니다. 그중 [Apply]를 선택해주면 리스트에서 Mirror가 없어지고 Mirror가 적용된 큐브 오브젝트가 됩니다.

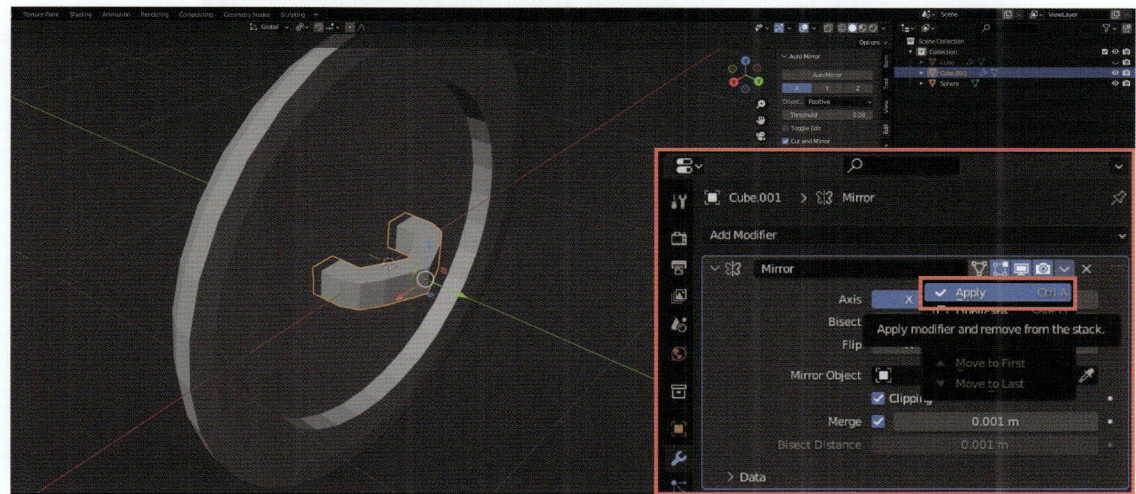

02 [Shift] 키를 눌러 방패와 손잡이를 다중 선택합니다. 그리고 단축키 [Ctrl]+[J]를 누르면 하나의 오브젝트가 됩니다. (또는 서브 메뉴바 → [Object] → [Join]을 선택해도 됩니다.) 이로써 방패 형태는 다 완성되었습니다.

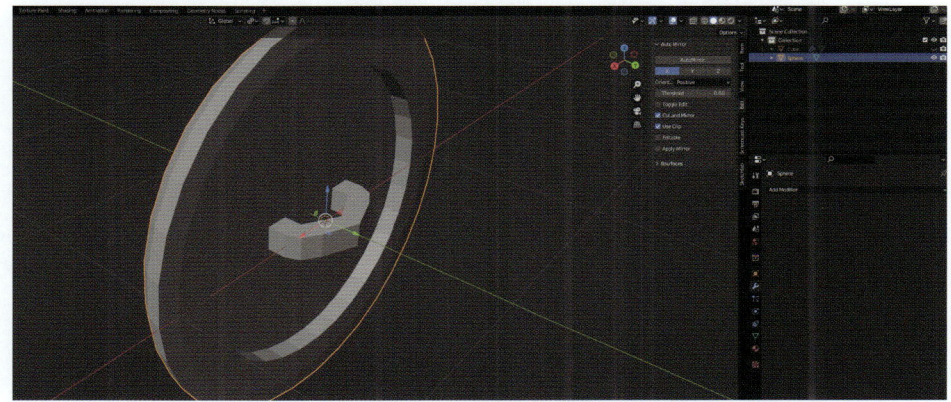

03   마감 처리를 하겠습니다. 이전과 마찬가지로 마우스 우클릭하여 [Object Context Menu]에서 [Shade Smooth]를 선택하여 부드럽게 보이게 하겠습니다.

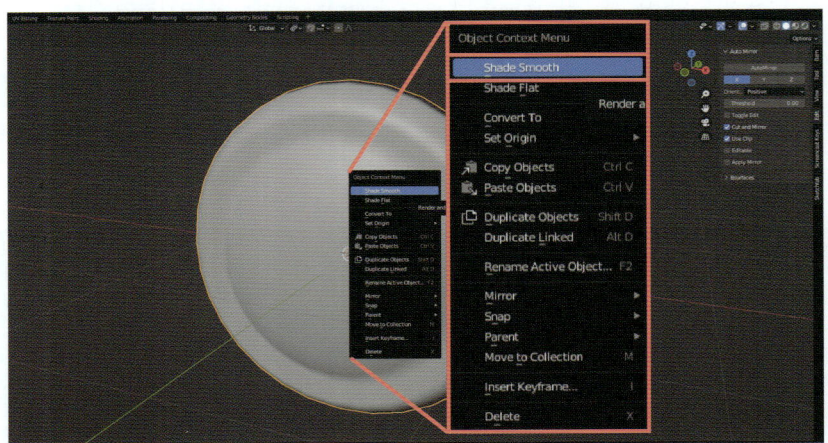

04   우측 하단 ![icon] 아이콘을 클릭한 후에 [Normals] 탭에서 [Auto Smooth]를 체크하고, 수치를 90도로 바꾸어 줍니다. 꼭 90일 필요는 없고, 수치를 조정해 본인이 원하는 각진 정도를 설정하면 됩니다.

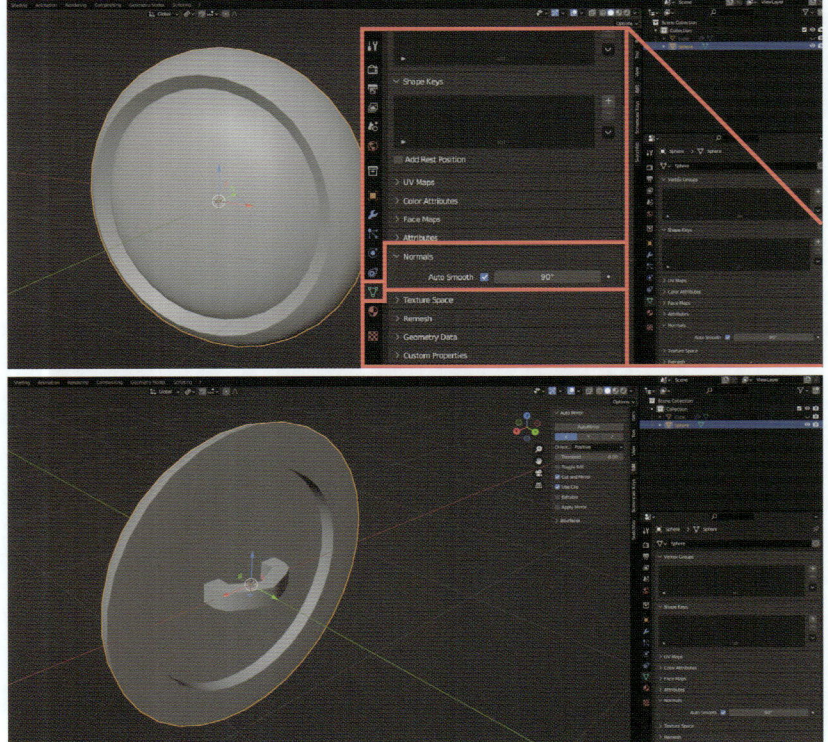

05 이렇게 방패가 완성되었습니다. 화면 오른쪽 상단 아웃라이너에서 👁을 활성화해 칼을 다시 나타나게 한 뒤, 크기와 위치를 조정해 마무리합니다.

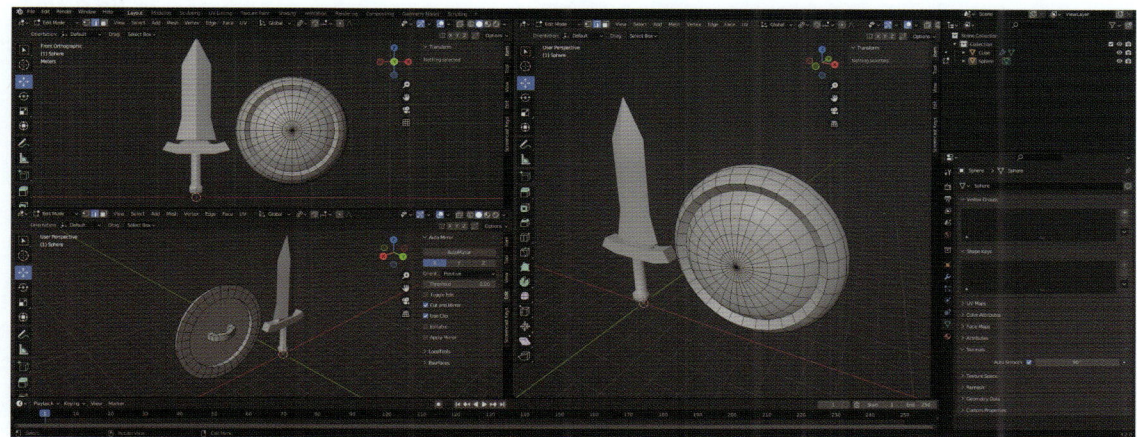

정리

📁 AddOn

블렌더는 수많은 유·무료 AddOn을 지원하므로, 이를 활용하면 작업의 효율성을 높일 수 있습니다.

🔍 대표적인 블렌더 AddOn 사이트 Blender Market(https://blendermarket.com)

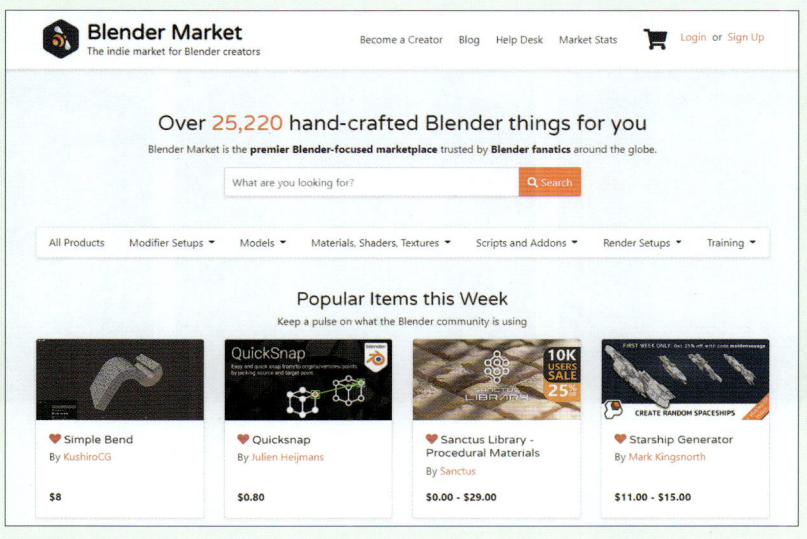

Shade Smooth

오브젝트가 각지지 않고 부드럽게 보이도록 하는 기능입니다. 오브젝트를 선택한 후에 마우스 우클릭 → [Shade Smooth]를 선택하면 됩니다. 이와는 반대로 오브젝트를 각져 보이게 하고 싶다면, [Shade Flat]을 선택하면 됩니다.

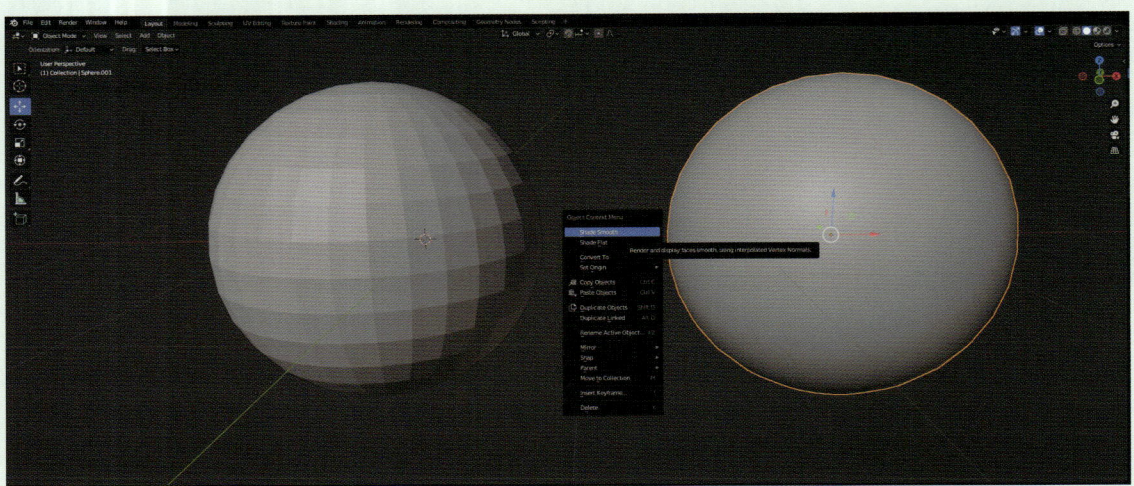

면 채우기

Edge Select 모드에서 [Alt] 키를 누른 상태로 마우스 좌클릭하여 단면을 선택한 후에 단축키 [F] 키를 누릅니다.

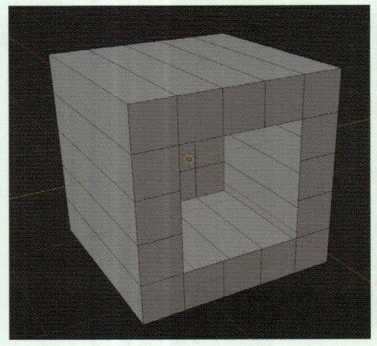 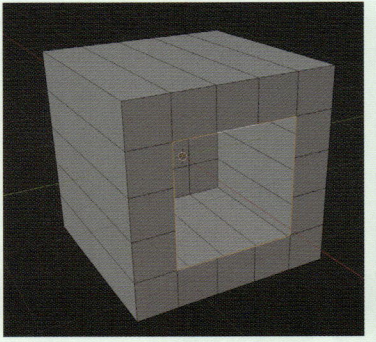 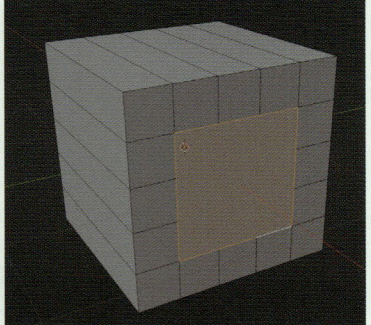

정리

📂 이어진 면을 다중 선택할 때: [Alt] + 마우스 좌클릭

세로 방향 선택(Ring Select): 원하는 부분의 가로 Edge 클릭	가로 방향 선택(Loop Select): 원하는 부분의 세로 Edge 클릭

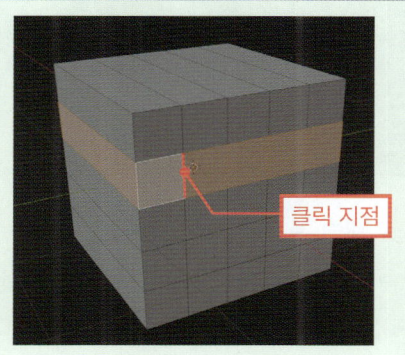

📂 Extrude 옵션: [Alt]+[E]

Extrude 기능을 사용할 때, 하나의 면을 추출할 때는 아무 문제가 없지만 다음 그림처럼 연결된 면을 추출할 때는 문제가 발생합니다. 보통 대각선 방향으로 2개 면을 동시에 추출하고 싶어서 이렇게 선택하는 경우가 많을 것입니다.

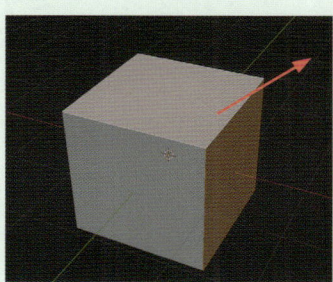 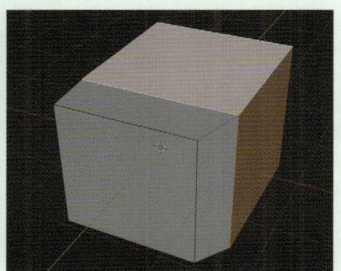

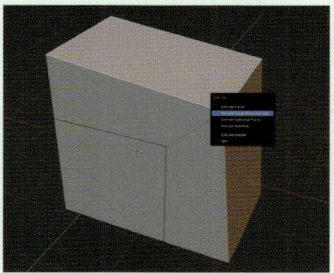

그러나 단축키 [E]만 이용하면 엉뚱하게 앞쪽 면이 변형됩니다. 원하는 결과가 아닙니다.

이때 단축키 [Alt]+[E]를 눌러 [Extrude Face Along Normals]를 설정하면 우리가 일반적으로 사용하는 Extrude 기능을 수행할 수 있습니다.

또한 각각의 면을 추출하고 싶으면 [Extrude Individual Faces]을 선택하면 됩니다.

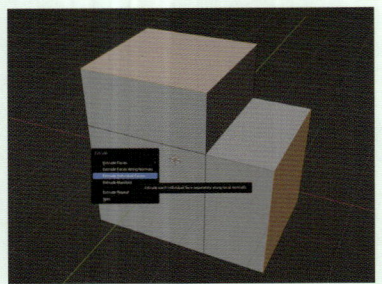

📂 두 개의 오브젝트를 하나의 오브젝트로 만들 때: [Ctrl]+[J]

단축키 [Shift]를 눌러 오브젝트를 다중 선택합니다. 처음 선택한 오브젝트가 빨간색 테두리, 두 번째 선택한 오브젝트가 주황색 테두리입니다.

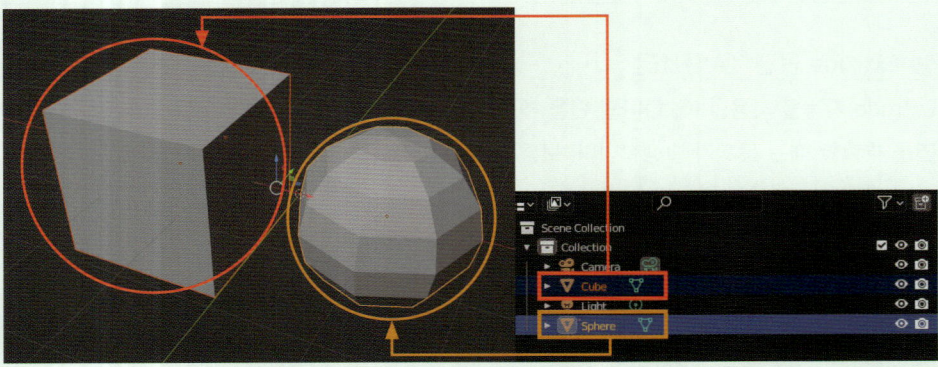

단축키 [Ctrl]+[J]를 누르면 하나의 오브젝트로 만들 수 있습니다.

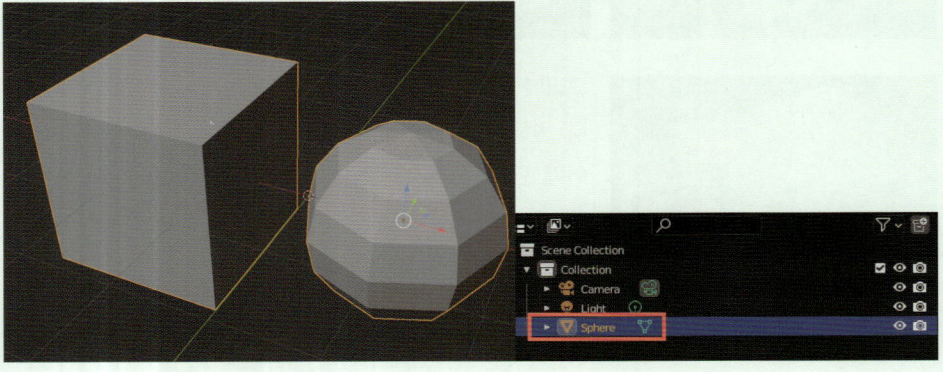

> 정리

📂 하나의 오브젝트를 두 개의 오브젝트로 만들 때: [P]

에디트 모드에서 분리하고자 하는 오브젝트를 선택합니다. 드래그해서 선택해도 되고 면을 하나 선택하고 [L]을 클릭하면 모든 덩어리가 선택됩니다.

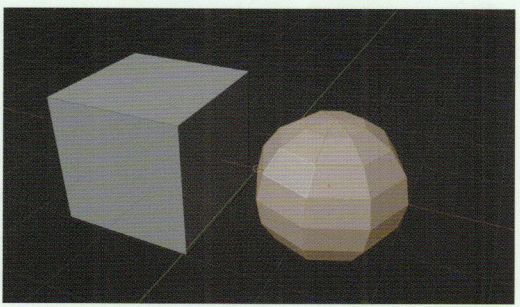

단축키 [P]를 누르면 옵션창이 뜹니다. 여기서 [Selection]을 선택하면 오브젝트가 분리됩니다.

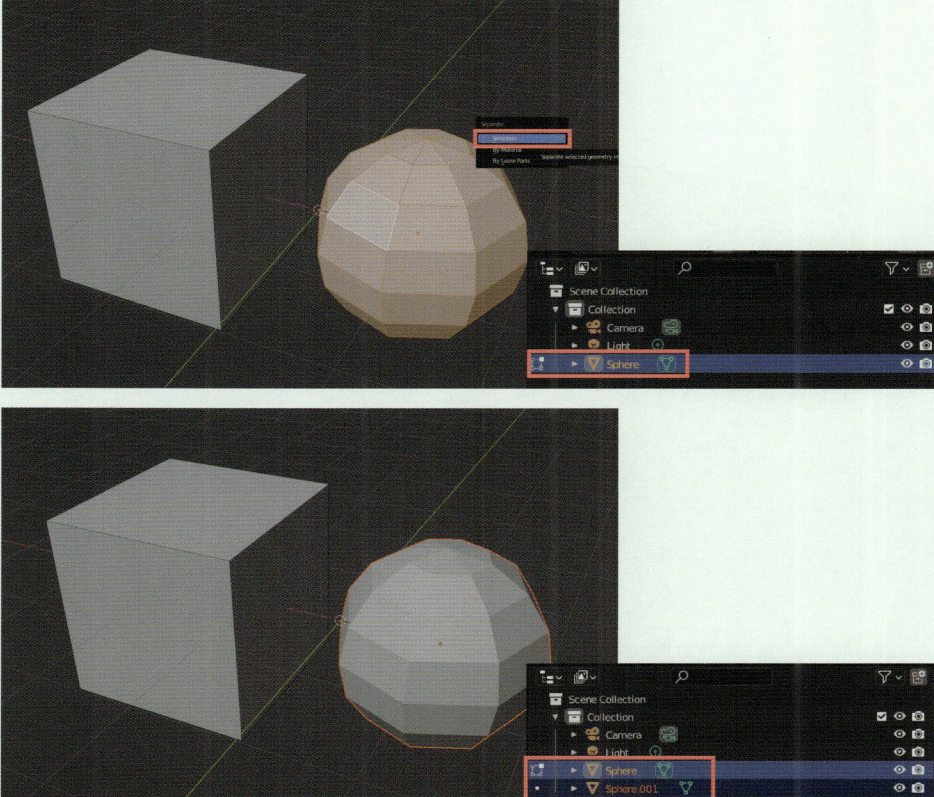

Section 01
쉐이딩(Shading)

Section 02
UV Editing(UV 작업)

Section 03
Texture Paint(텍스처 페인트)

Chapter 03

매핑에 대해 알아보자

열심히 형태를 생각해 가며 모델링을 완성했습니다. 그렇지만 이대로는 아직 실제 사물보다는 '단순 조각'에 가깝습니다. 현실감을 주기 위해서 오브젝트에 적절한 재질과 색을 부여하는 일이 필요합니다. 그러기 위해 필수로 해야 하는 작업이 바로 매핑입니다.

이 챕터에서는 매핑에 대해 알아보겠습니다. 먼저 기본적인 재질(Material)에 대해 살펴봅니다. 그리고 이 재질을 적용하기 위해 3D인 오브젝트를 평면(2D)에 전개도로 펼치는 UV 작업도 차근차근 설명하겠습니다. 마지막으로는 블렌더 자체 채색 툴인 텍스처 페인트(Texture Paint)를 소개합니다.

SECTION 01 | 쉐이딩(Shading)

쉐이딩(Shading)이란 빛과 재질(Material, 매트리얼)의 상호작용을 말합니다. 이때 재질(Material)은 물체 표면의 부드러운 정도, 빛의 정반사나 난반사 정도를 표현하는 것입니다. 간단히 생각하면 재질에는 쇠, 나무, 플라스틱, 돌 등이 있으며, 이러한 것들은 대부분 금속/비금속 또는 표면의 부드러운 정도로 구분할 수 있습니다. 블렌더에는 [Shading] 메뉴가 있고, 여기서 재질과 라이트(조명), 환경 등을 설정 및 적용할 수 있습니다.

1 Material(매트리얼)

본격적으로 재질을 적용하고 어떤 느낌인지 살펴보도록 하겠습니다. 블렌더에서 제공하는 기본 오브젝트 중 곡선과 굴곡이 많은 Monkey(원숭이)를 사용하면 다양한 재질의 효과를 잘 볼 수 있습니다.

먼저 블렌더를 실행하고 빈 뷰포트로 만듭니다. 상단 메뉴에서 [Add] → [Mesh] → [Monkey]를 클릭해 원숭이 오브젝트를 하나 생성하고, 단축키 [Shift]+[D]로 3개 더 복사해 그림처럼 나란히 배치해 둡니다.

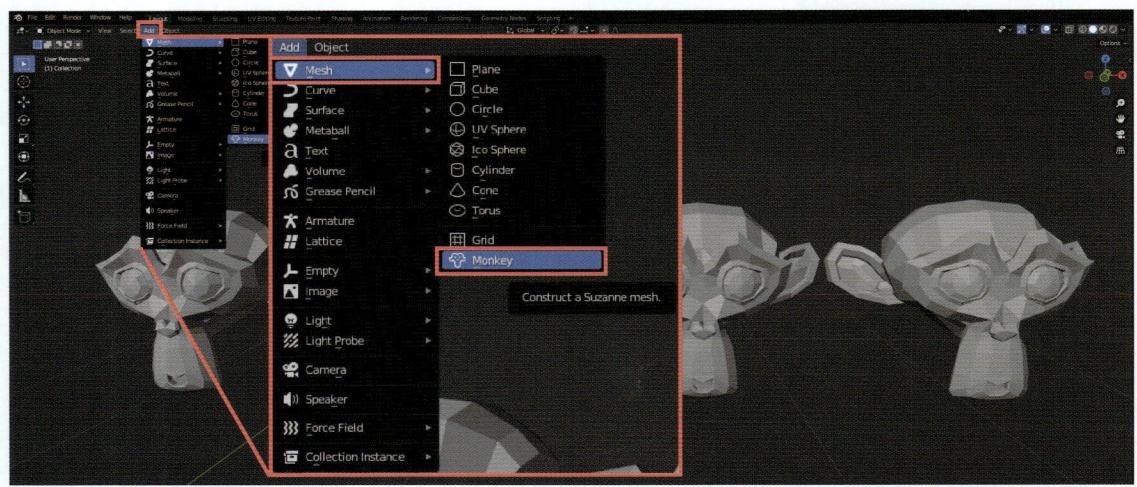

지금부터 이 4마리 원숭이를 통해 재질들을 비교해 볼 것입니다. 상단 메뉴에서 [Shading] 메뉴를 클릭합니다. 다음과 같이 Material을 다룰 수 있는 기본적인 환경 세팅이 나타납니다. (중앙 상단의 영역은 모델링 시 사용했던 Viewport와 마찬가지로 마우스 휠과 [Shift] 키로 화면 조정이 가능합니다. 4마리 원숭이가 모두 잘 보이게 조정해 주세요.)

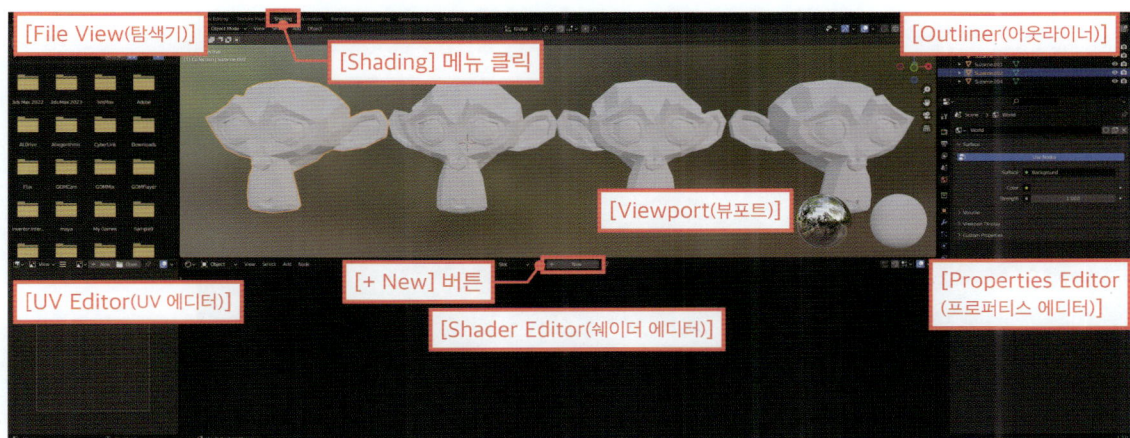

화면 하단에 Shading을 편집할 수 있는 Shader Editor 창이 보입니다. 왼쪽 첫 번째 원숭이를 클릭하고, Shader Editor 창 상단의 [+ New] 버튼을 누르면 Material이 생성됩니다. 그때 Shader Editor 창에는 다음 그림과 같이 Shader가 하나 나타나는데, 창의 정보를 살펴보면 'Principled BSDF(프린시플드 BSDF)'라 적혀 있습니다. 이것이 블렌더의 가장 기본적인 Material입니다.

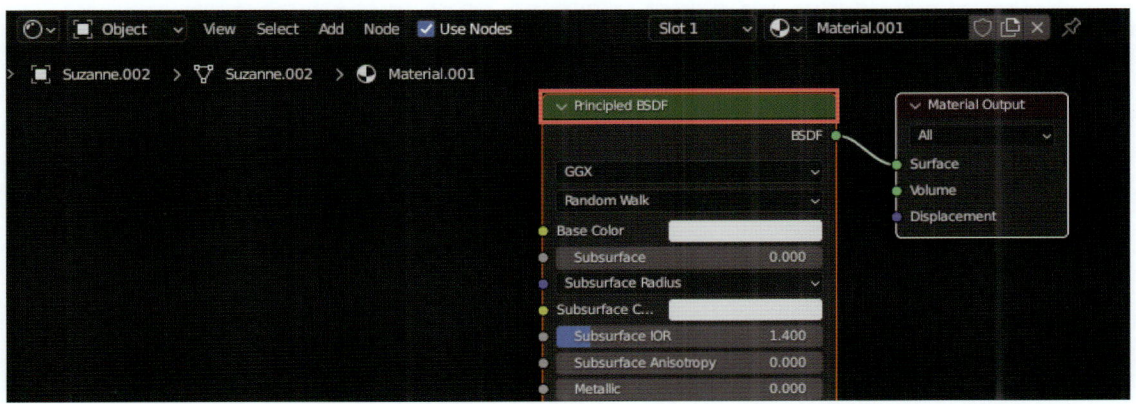

Material의 세계는 무궁무진하기 때문에 여러 번 반복하고 시도해 보면서 감각을 익혀 나가는 것이 중요합니다. 여기서는 꼭 필요한 몇 가지 요소(Base Color, Metallic, Roughness)만 짚고 넘어가겠습니다.

1.1 Base Color

Material에서 첫 번째로 알아야 할 요소는 'Base Color'입니다. 말 그대로 오브젝트의 기본색이라 생각하면 됩니다. Principled BSDF 창을 살펴보면 흰색 박스들이 있습니다. 'Base Color' 옆의 박스를 클릭하면 다음처럼 색 팔레트가 나타납니다. 원하는 색을 선택하면 원숭이 색이 바로바로 바뀌는 것을 확인할 수 있습니다.

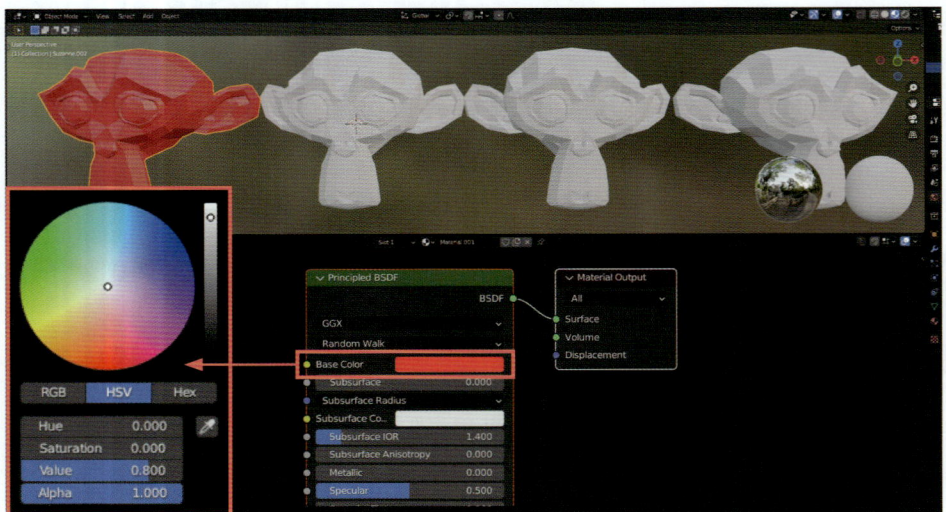

1.2 Metallic

두 번째로 알아야 할 요소는 'Metallic'입니다. 오브젝트가 금속인지, 금속이 아닌지(비금속)를 정하는 것입니다. Metallic 수치가 0에 가까울수록 비금속과 유사하게 보이며, 1에 가까워질수록 금속과 유사해집니다. 두 번째 원숭이를 연두색으로 만들어 시험해 보겠습니다. 다음 그림 중, 위 그림이 Metalic 수치가 0일 때이고, 아래 그림이 Metalic 수치가 1일 때입니다. 확실히 질감이 다른 것을 알 수 있습니다.

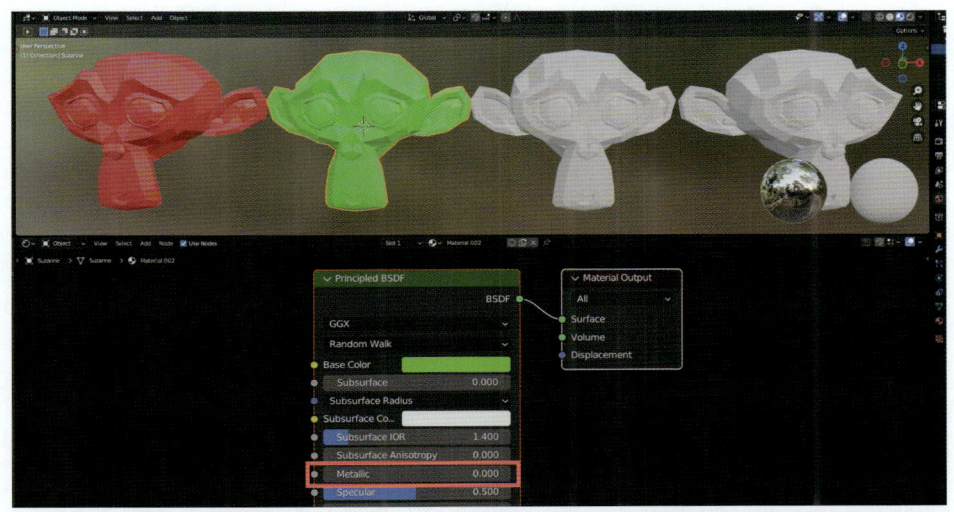

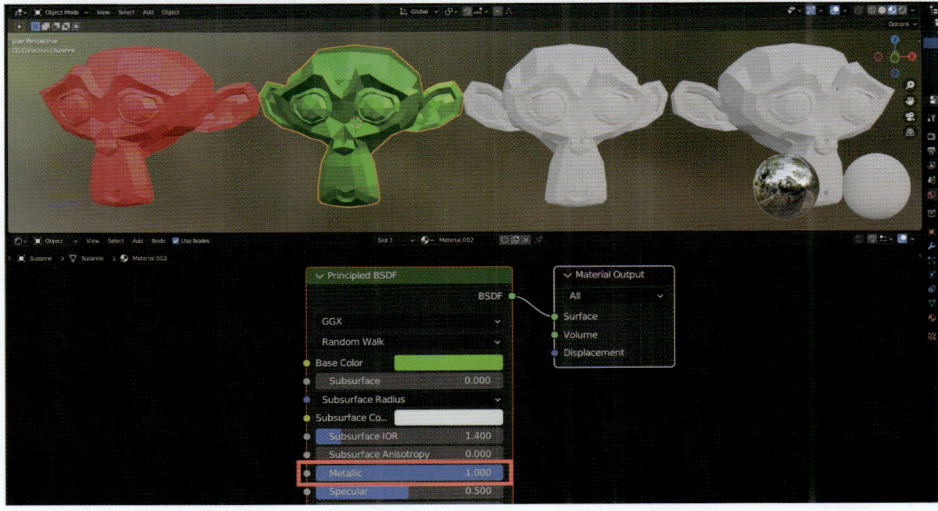

1.3 Roughness

세 번째로 알아야 할 부분은 'Roughness'입니다. 표면의 거칠기를 정하는 옵션으로, 빛 반사와 연관이 깊습니다. 오브젝트 표면이 매끄러울수록 빛 반사 정도가 커지는 반면, 표면이 거칠수록 빛 반사 정도가 줄어듭니다. 수치로 이야기하자면 0에 가까울수록 표면이 매끄러워져 빛이 많이 반사되며, 1에 가까울수록 표면이 거칠어져 빛이 잘 반사되지 않습니다.

다음은 세 번째 원숭이의 Base Color를 노랑으로 한 뒤 각각 다른 Roughness 수치를 적용한 모습입니다. 다음 그림 중, 위 그림은 기본값인 0.500을 그대로 두었을 때이고, 아래 그림은 Roughness 수치를 0으로 주었을 때입니다. 노란 원숭이의 빛이 위 그림 대비 아래 그림에서 더 많이 반사됨을 확인할 수 있습니다.

이렇게 Material의 주요 항목 3가지에 대해 간략히 알아보았습니다.

마지막으로 유리 재질을 만드는 방법을 알아보겠습니다. 유리잔, 창문 등과 같이 유리 재질 역시 많이 사용하는 Material입니다. 간단하게 각각 Roughness 수치는 0, Transmission 수치는 1로 설정하면 됩니다. 다음 그림은 마지막 자주색 원숭이에 이러한 수치를 적용해 본 모습입니다.

영상으로 보는 블렌더 Tip

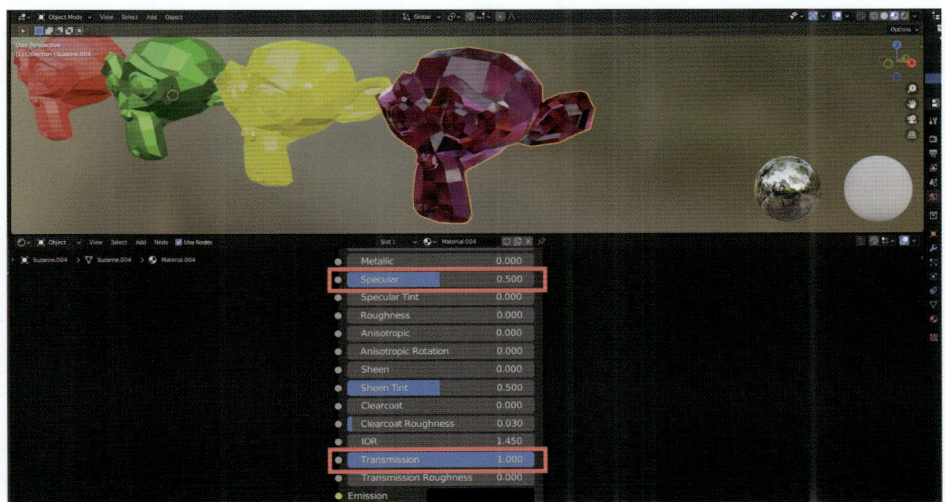

이제 각 원숭이 위에서 마우스 우클릭하여, [Object Context Menu] → [Shade Smooth] 명령을 적용해 표면을 부드럽게 해서 최종 결과를 확인해 봅니다.

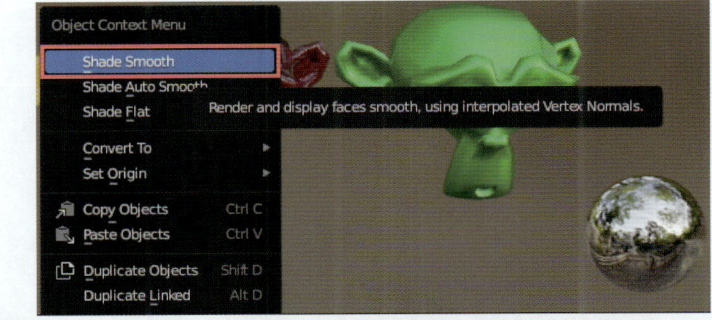

SECTION 02 UV Editing(UV 작업)

오브젝트에 아무런 이미지가 들어가지 않는다면 굳이 UV 작업을 할 필요는 없습니다. 그러나 대부분의 작업물에는 이미지나 패턴 등이 들어가므로 UV 작업을 해야 합니다. 일반적으로 3D인 오브젝트를 2D로 펼쳐서 X, Y, Z 좌표 정보를 만들어야만 텍스처 적용을 진행할 수 있습니다. 이렇게 3D를 2D로 만드는 과정 전반을 UV Editing이라고 합니다. 이 책에서는 단순히 'UV 작업'이라고 지칭하겠습니다.

1 Cube UV Editing

가장 기본적인 오브젝트인 Cube를 예시로 들어 UV 작업 과정을 실습해보도록 하겠습니다.

한눈에 보는 작업 과정, 고수의 뷰!

01 블렌더 초기 화면에서 Cube를 선택하고, 상단 메뉴바에서 [UV Editing]을 클릭합니다.

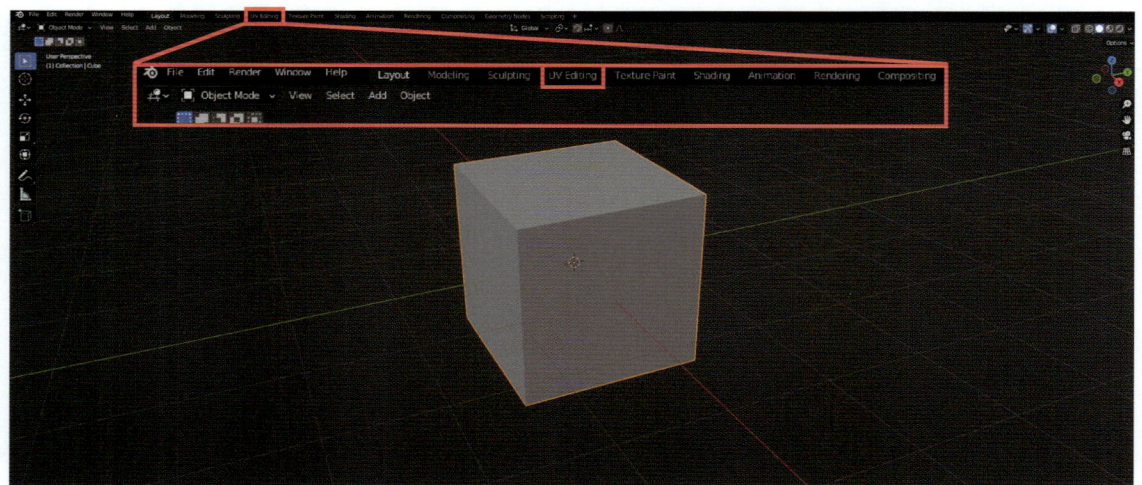

자동으로 화면이 분할되어 왼쪽은 2D 뷰, 오른쪽은 3D 뷰로 나타납니다. 2D 뷰는 수학 시간에 배웠던 전개도를 생각하면 쉽습니다. 오른쪽 큐브 오브젝트의 전개도를 펼친 모습이, 왼쪽처럼 되는 것입니다.

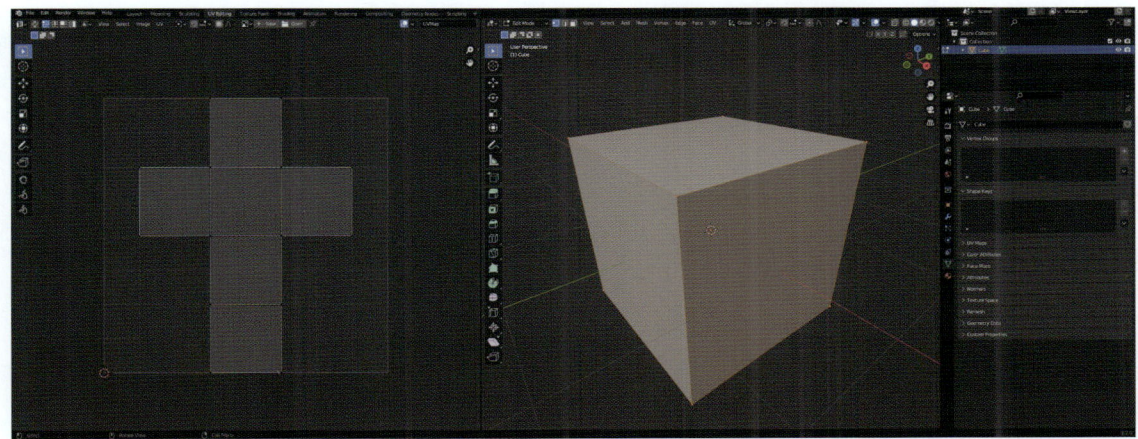

이렇게 기본 오브젝트들은 대부분 UV 작업이 되어 있어 추가 작업은 사실 필요치 않습니다. 하지만 원래는 이 자동 작업된 UV가 제대로 펼쳐진 것인지 확인해보아야 합니다. 한번 해보겠습니다.

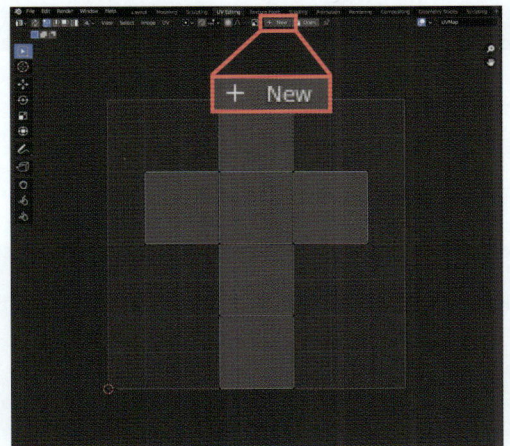

02 먼저 왼쪽 2D 뷰 상단 메뉴에서 New 버튼을 누릅니다.

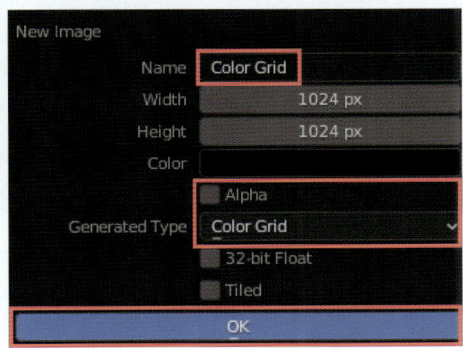

03 다음처럼 New Image 옵션창이 팝업됩니다. 설정을 해주겠습니다. [Name]은 'Color Grid'로, [Alpha] 체크박스는 해제, [Generated Type]은 [Color Grid]로 바꿔준 뒤 [OK] 버튼을 클릭합니다.

2D 뷰에 Color Grid가 적용되었습니다. 이 Color Grid는 보다시피 각 Grid마다 알파벳과 숫자로 기호가 매겨져 있어서, 텍스처 작업에 용이합니다.

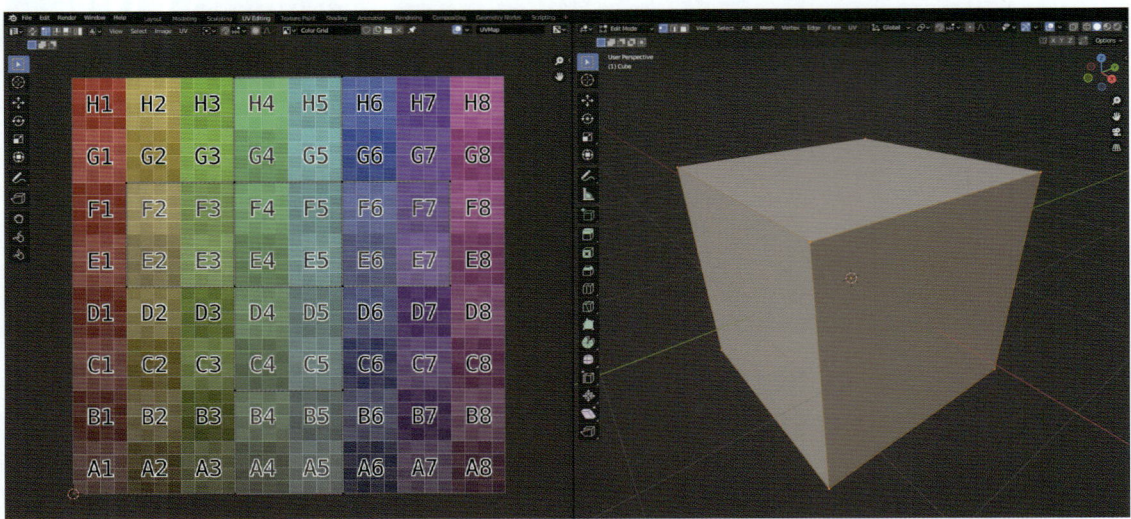

04 2D 뷰에 적용된 Color Grid를 3D 뷰에도 적용시키겠습니다. 3D 뷰 우측에 있는 Properties Editor 메뉴 맨 아래에 위치한 ◉ 아이콘을 클릭해 [Material Preperties] 탭을 엽니다. Base Color 항목 옆 노란색 ◉ 아이콘을 클릭해서 [Image Texture]로 지정해 줍니다.

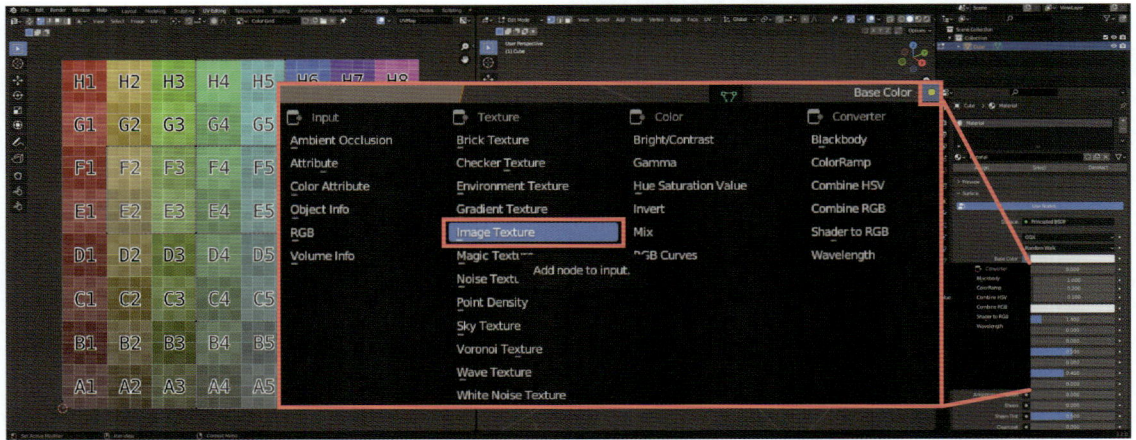

05 그러면 Base Color 아래쪽에 메뉴 항목이 새로 한 줄 생성됩니다. ▣∨([Browser image to be linked]) 아이콘을 클릭하면 앞서 만든 Color Grid가 보입니다. 클릭해 지정해줍니다. 이러면 적용은 된 것이지만, 현재 모드에서는 Color Grid가 보이지 않습니다.

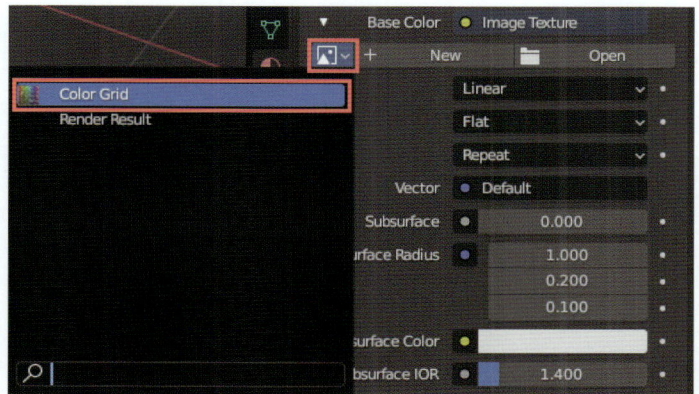

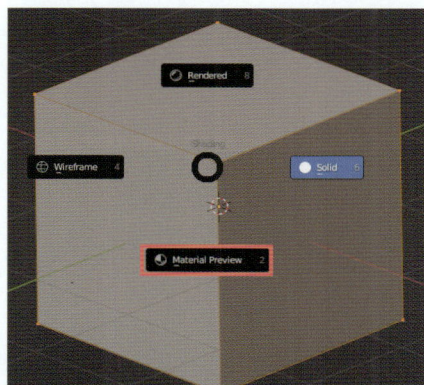

06 단축키 [Z]를 눌러 Shading Toggle을 불러옵니다. 여기서 [Material Preview]를 선택합니다. 다음 그림처럼 Color Grid가 3D 뷰에도 표시됩니다. 뷰포트를 돌려보며 Color Grid가 어떻게 보이는지 확인합니다. 찌그러짐 없이 정상적으로 보이면 UV 작업이 제대로 된 것입니다.

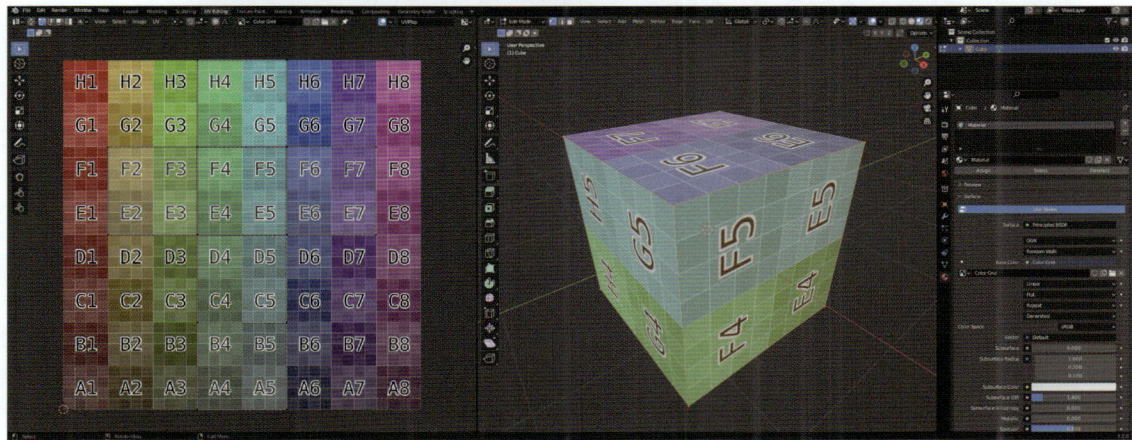

07 2D 뷰의 상단에서 Face Select 모드로 바꾼 뒤, Face를 하나 선택해서 움직이거나 회전시키거나 크기를 변경해 보면 3D 뷰에서도 동일하게 Color Grid가 영향을 받는 것을 확인할 수 있습니다.

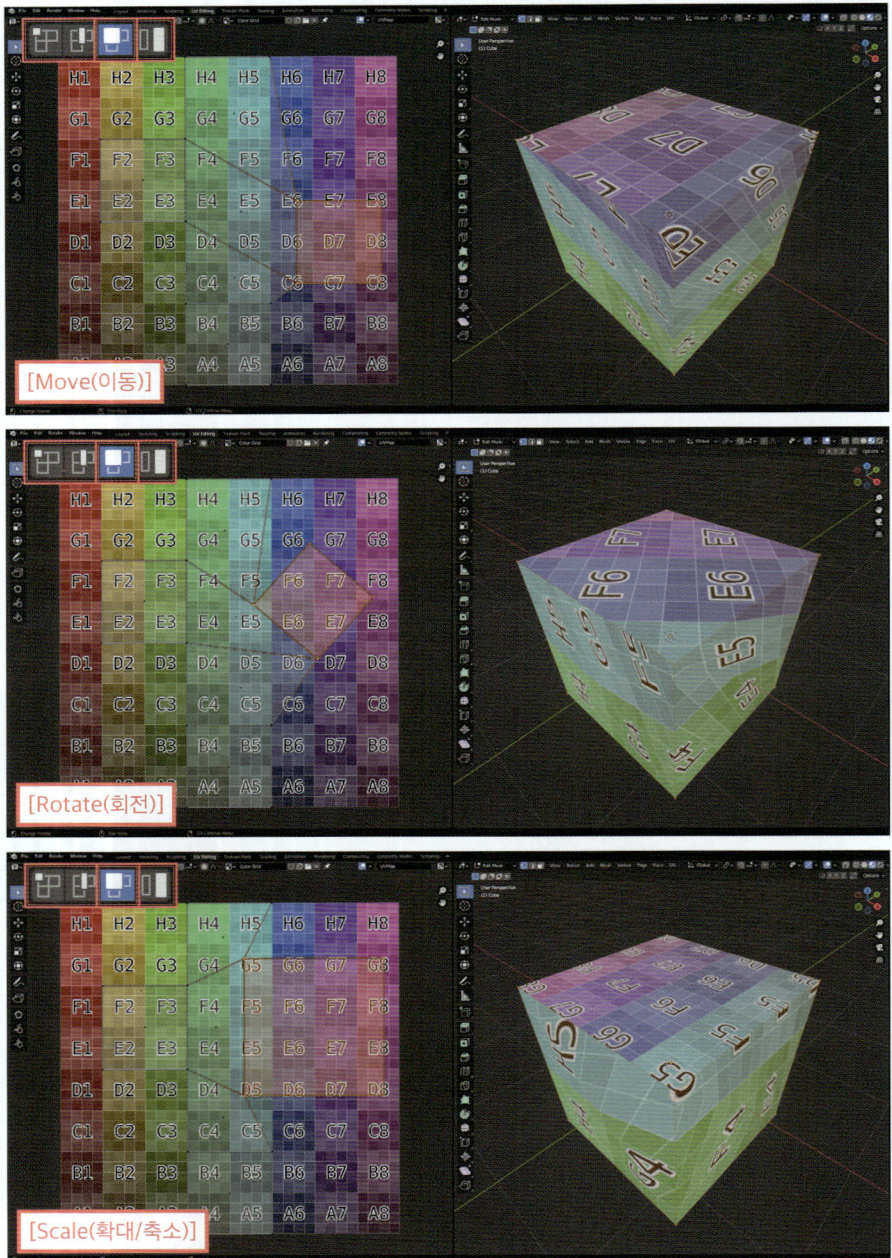

08 그럼 오브젝트 형태를 변경하고 싶으면 어떻게 해야 할까요? 시험 삼아 3D 뷰에서 단축키 [S](Scale), [Z]를 눌러 그림처럼 큐브를 Z축 방향으로 줄여보았습니다. 당연히 옆 부분 Color Grid가 찌그러집니다. 이 부분을 제대로 수정하겠습니다.

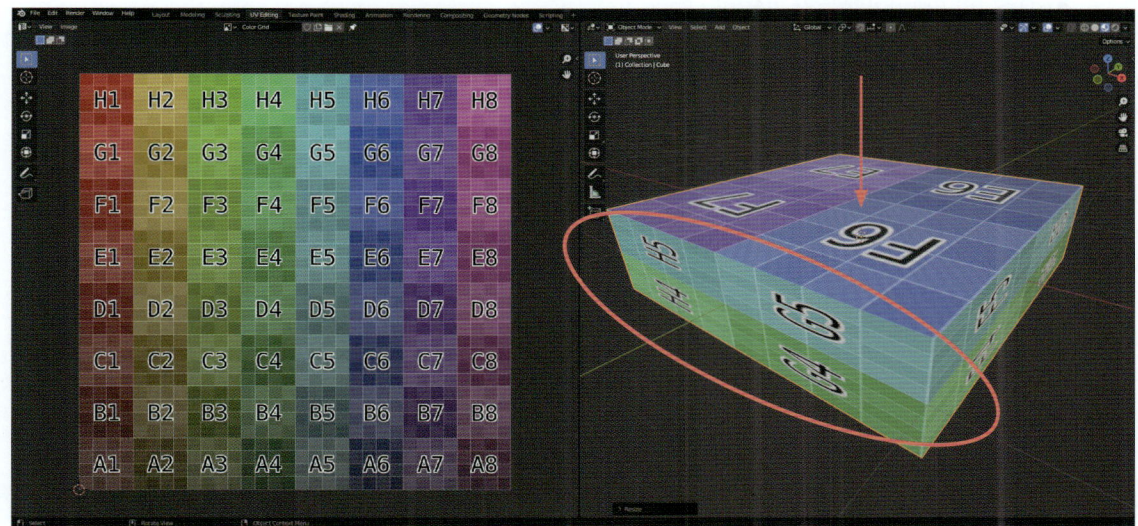

09 먼저 [Tab] 키를 눌러 오브젝트 모드로 전환합니다. 단축키 [Ctrl]+[A]로 [Apply] 메뉴를 불러와, [All Transforms] 명령을 적용해 좌표축을 리셋해 줍니다.

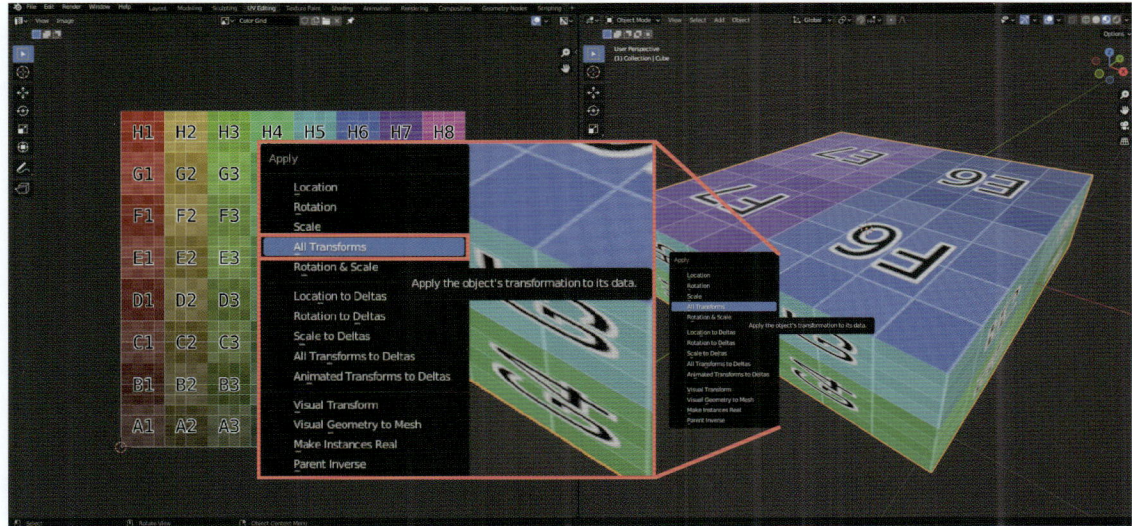

10 이 문제를 해결할 수 있는 방법 중에, 가장 간단한 방법은 자동 UV 명령인 Smart UV Project입니다. [Tab] 키를 눌러 다시 에디트 모드로 돌아가 단축키 [A]를 눌러 모든 Vertex를 선택합니다. 서브 메뉴바에서 [UV] → [Unwrap] → [Smart UV Project]를 차례로 선택합니다. 2D 뷰와 3D 뷰 어디에나 이 메뉴가 있습니다.

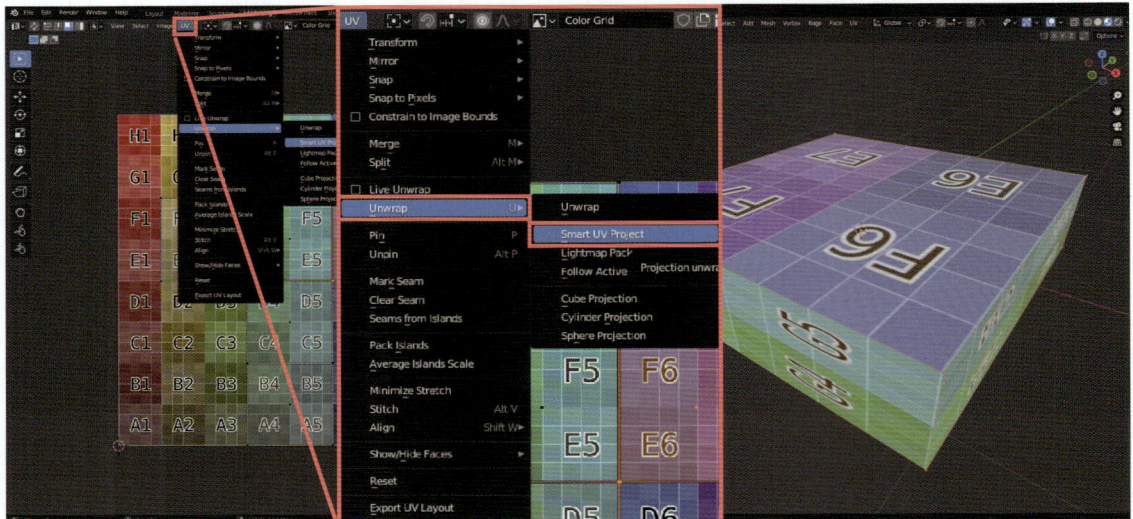

11 옵션창에서 아무것도 바꾸지 않고 [OK]를 클릭합니다.

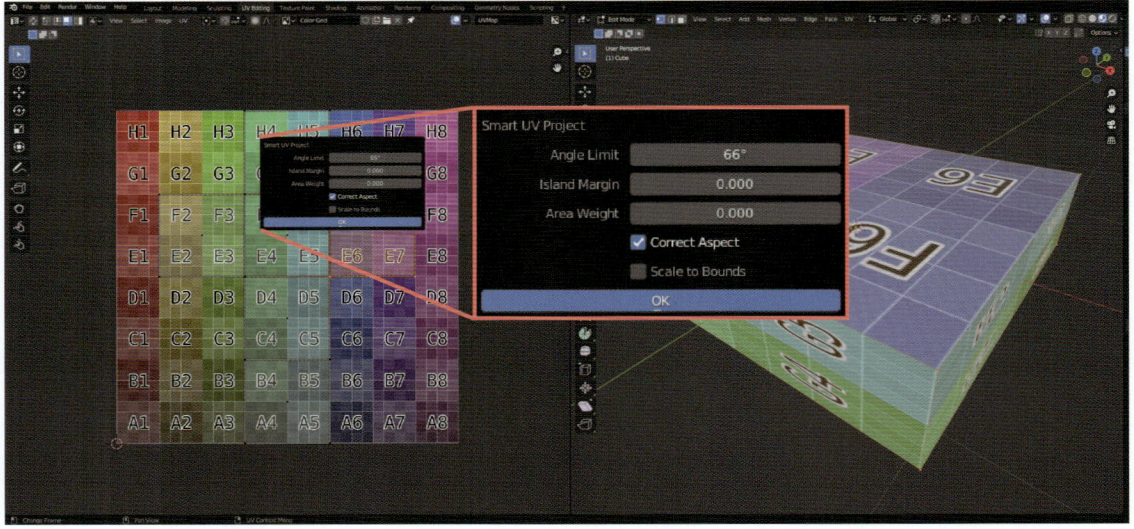

12 이제 Color Grid가 찌그러지지 않고 제대로 보입니다. 간단하게 UV 작업이 되었습니다. 그렇지만 2D 뷰에 있는 Face를 움직여 보면 직육면체의 각 면이 하나씩 다 조각 나 있는 것을 알 수 있습니다. 가능하면 조각을 많이 내지 않는 것이 추후 텍스처를 제작할 때 유용합니다.

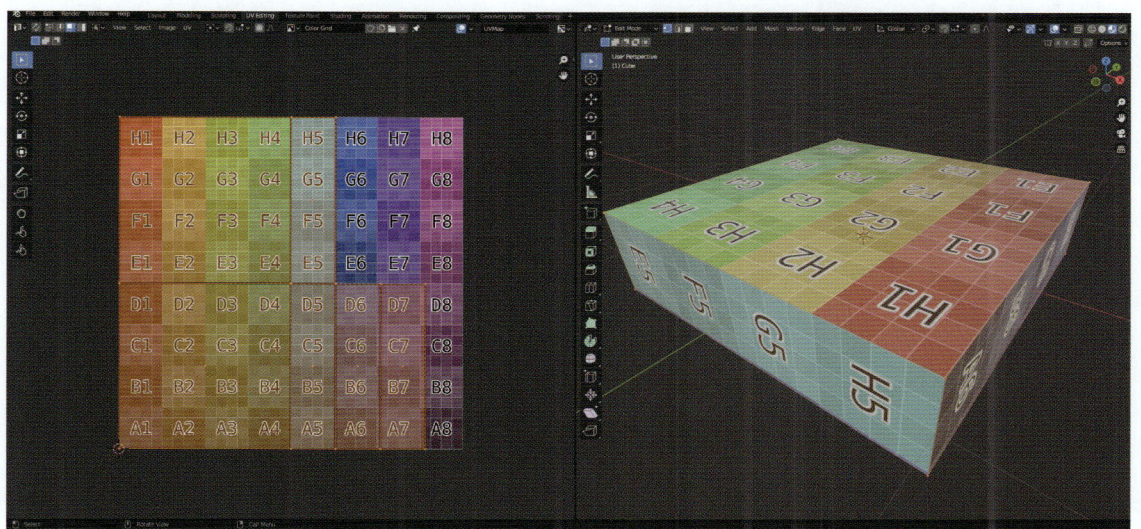

13 지금부터는 여러 면을 동시에 선택하거나 움직여야 하므로, 잘 보이게 2D 뷰의 Color Grid를 삭제하고 진행하겠습니다. 우측 ⬤ (Material Properties) 탭의 Surface 패널에서, [Color Grid] 끝에 ❌ 아이콘을 눌러 링크를 해제해주면 됩니다. 그럼 다음 그림처럼 펼쳐진 면들만 남습니다. (3D 뷰의 Color Grid는 그대로 보이는 상태입니다.)

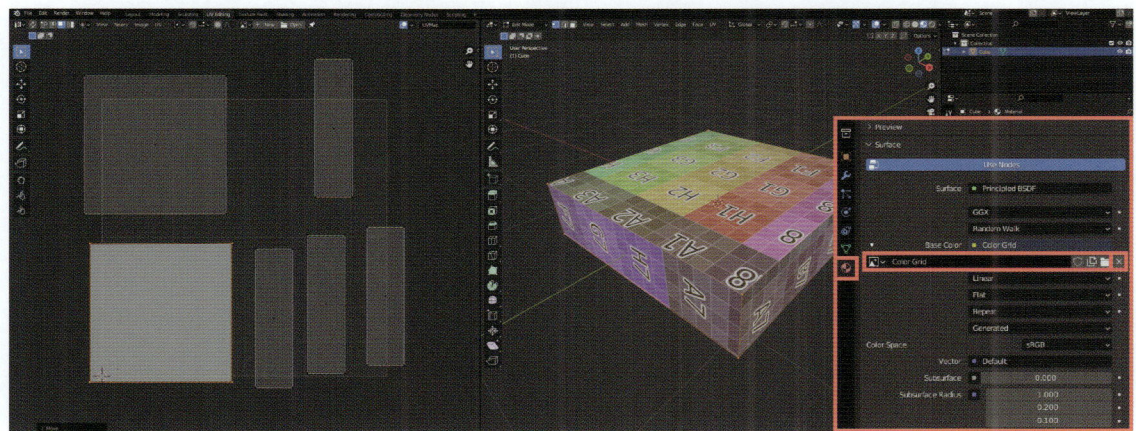

14 큐브 오브젝트는 6면체이므로, 3면씩 두 덩이로 만들어 보겠습니다. 3D 뷰에서 Face Select 모드(단축키: 키보드 상단 숫자 [3])로 바꾼 뒤, [Shift] 키를 눌러 그림처럼 다중 선택합니다.

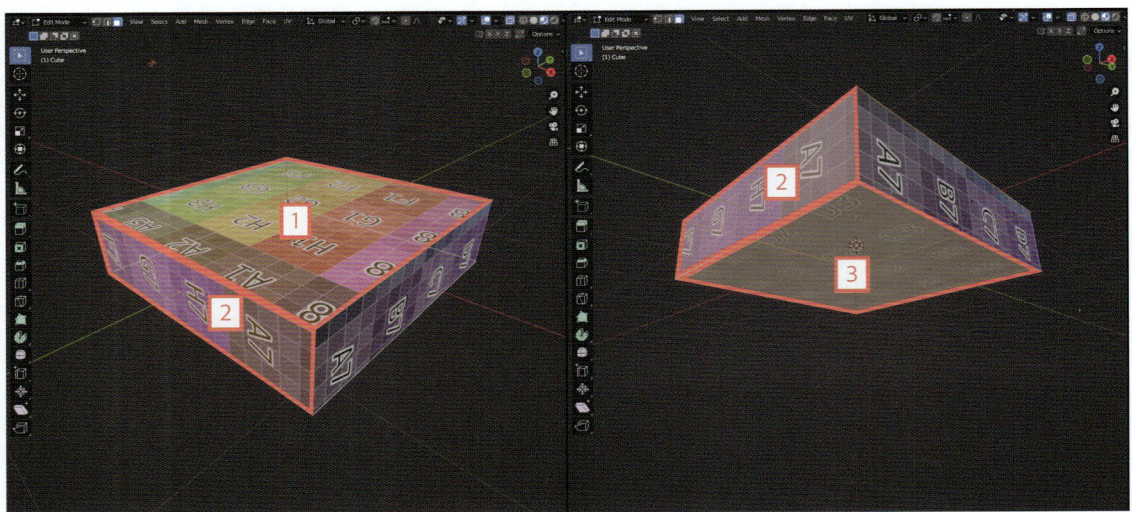

15 이 상태에서 서브 메뉴바에서 [UV] → [Unwrap] → [Unwrap] 명령을 적용합니다. 자동으로 3면이 붙어서 UV 작업됩니다.

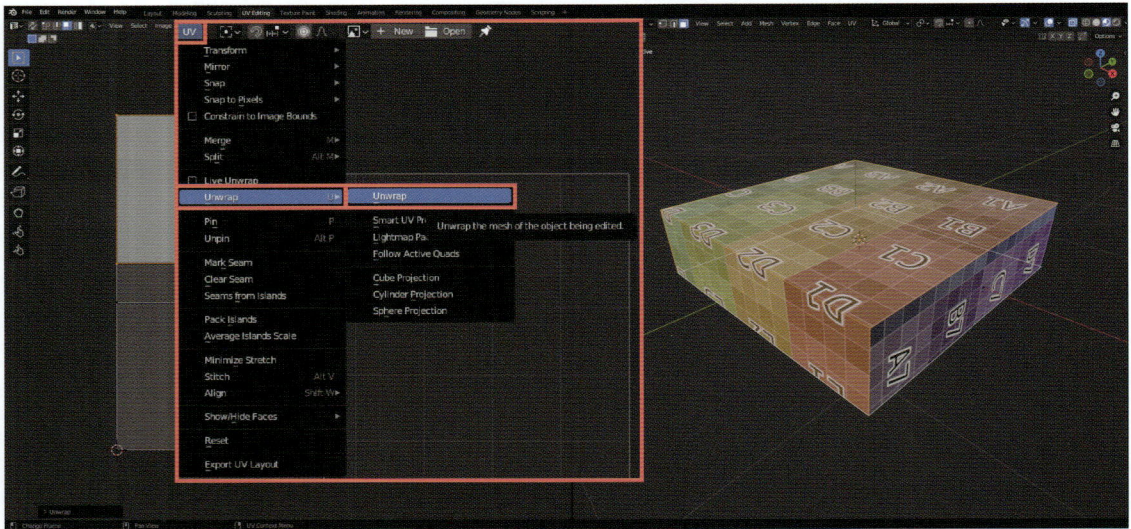

16 나머지 면들도 선택해서 14~15와 같은 방법으로 UV 작업해 줍니다.

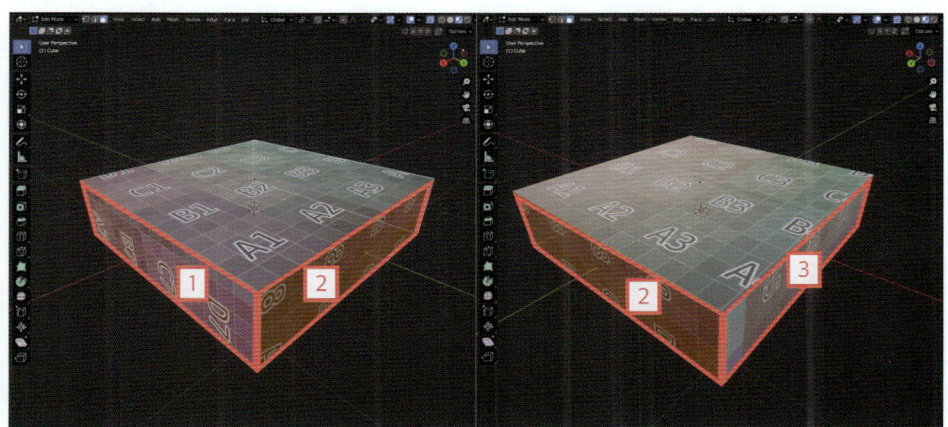

17 마찬가지로 3면이 붙어서 UV 작업이 완료되었습니다. 이 면 덩어리와 이전에 15에서 UV 작업한 면 덩어리 2개를 그림처럼 2D 뷰 그리드 박스 안에 가득 채워 정리해주면 끝입니다.

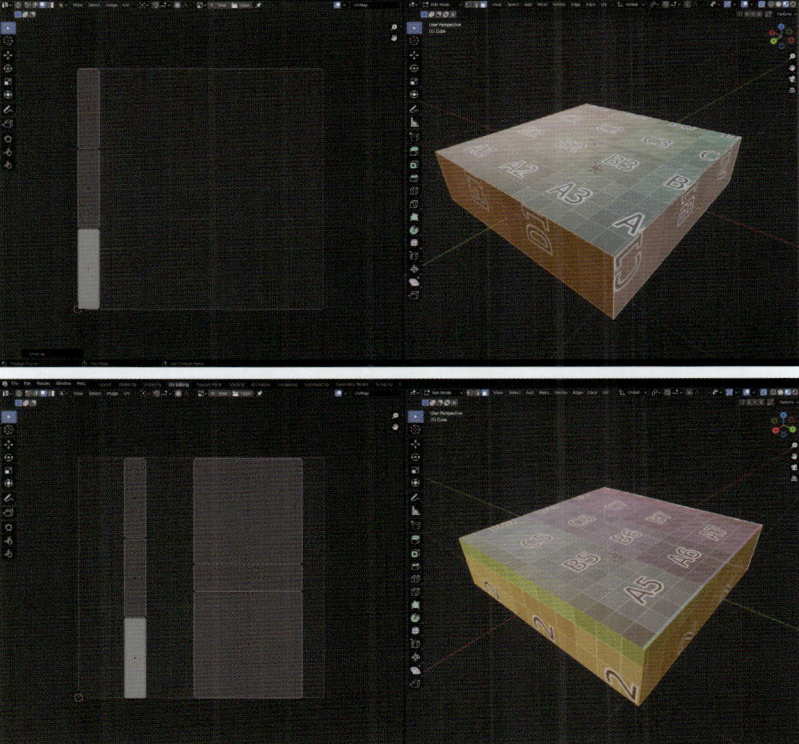

2 Torus UV Editing

이번엔 곡선 오브젝트인 Torus(도넛 모양의 원환체)를 UV 작업해 보겠습니다.

01 서브 메뉴바에서 [Add] → [Mesh] → [Torus]를 순서대로 클릭하여 Torus 오브젝트를 하나 추가합니다. 그리고 Torus를 선택한 채 상단 메뉴바에서 [UV Editing]을 클릭합니다. 다음과 같은 화면이 나타납니다.

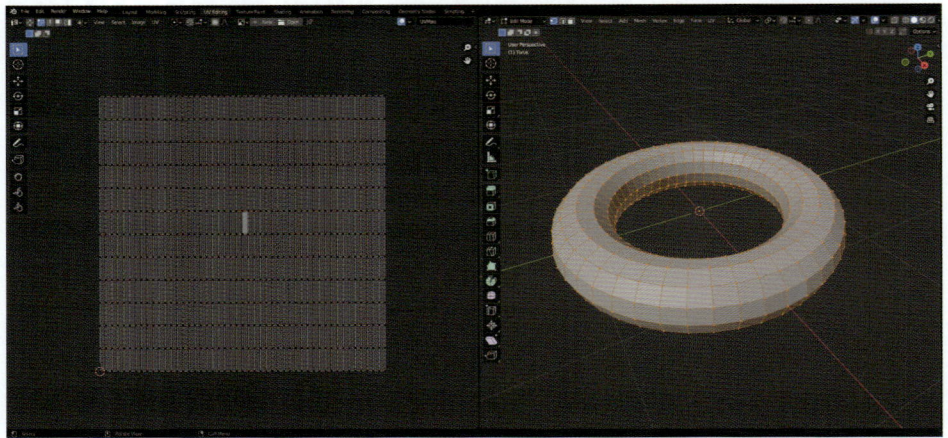

02 앞서 큐브 오브젝트 작업과 동일하게, 2D 뷰와 3D 뷰에 모두 Color Grid를 적용합니다 (Section 02 [1. Cube UV Editing]의 04~06 단계를 참고하세요). 그런데 이 Torus는 Cube와 달리, 전혀 자동 UV 작업이 되어 있지 않습니다.

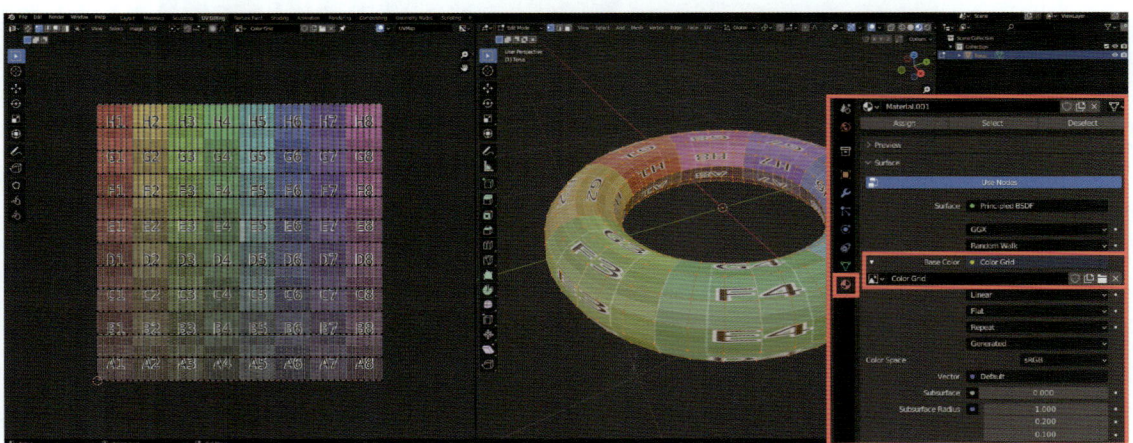

03 이번에는 'Seam'을 이용해서 UV 작업을 진행하겠습니다. Seam이란 재단선이란 뜻이며, 이 작업은 오브젝트에 가위질을 해서 각 면을 분리, 단면을 평면에 펼치기 좋게끔 자르는 것이라고 생각하면 됩니다.

지금부터 Seam 작업 방법에 대해 알아보겠습니다. 먼저 3D 뷰에서 Edge Select 모드(단축키: 키보드 상단 숫자 [2])로 전환한 뒤, [Alt] 키를 누르고 그림처럼 안쪽 중앙 Edge Loop를 다중 선택합니다. (현재 Seam이 잘 보이도록 하기 위해 ●(Material Preperties) 탭에서 [Color Grid]를 잠시 삭제한 상태입니다.)

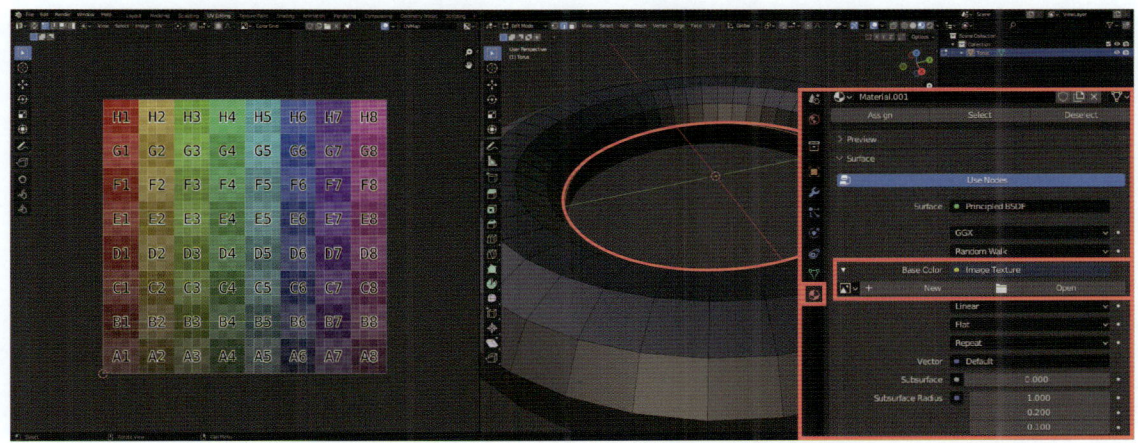

04 이 상태에서 마우스 우클릭하면 [Edge Context Menu]가 호출됩니다. [Mark Seam]을 선택합니다. Edge 색이 주황색에서 빨간색으로 바뀌는데, Seam이 적용되었음을 나타냅니다.

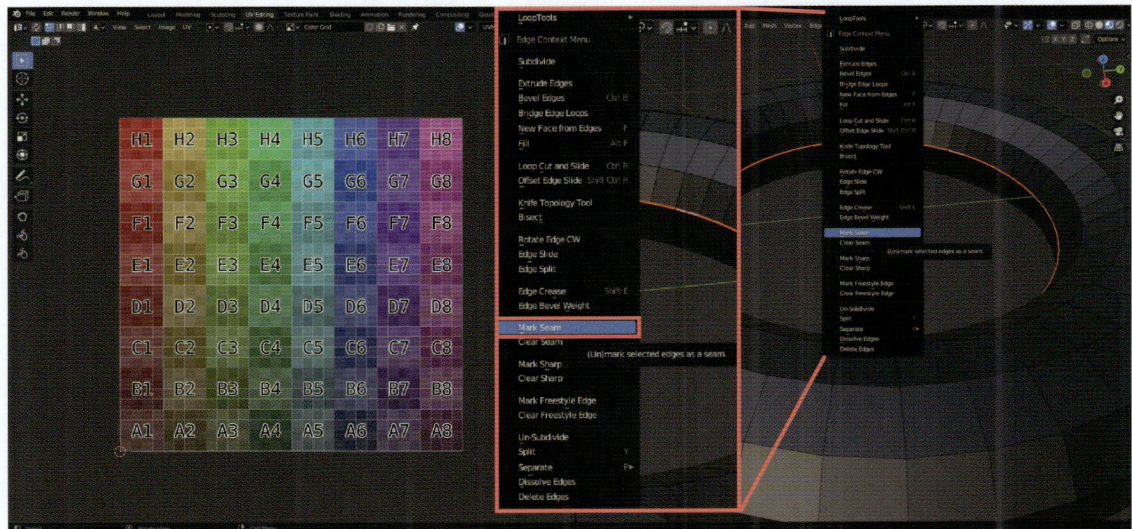

05 같은 방법으로 바깥쪽 중앙 Edge도 그림처럼 Loop 선택해서 Seam으로 만들어 줍니다. Torus가 위 아래 두 개의 덩어리로 재단되었습니다.

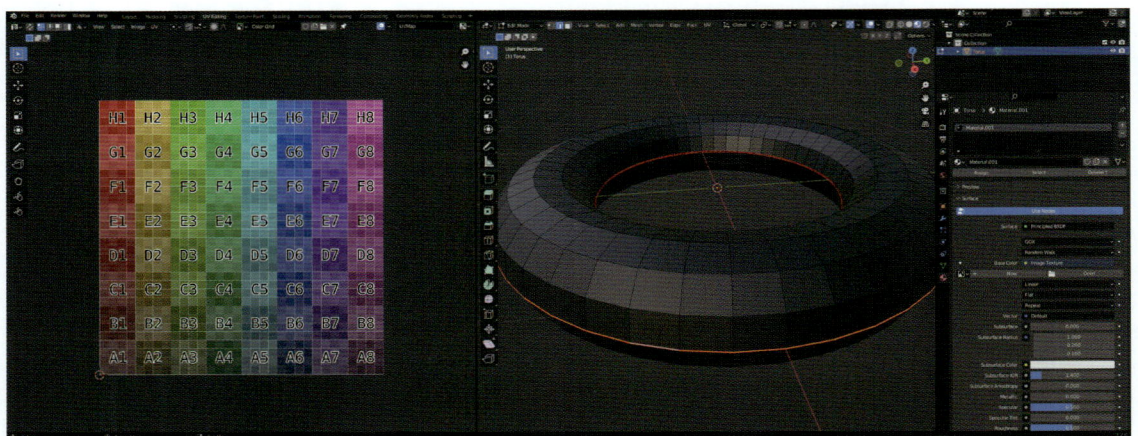

06 Face Select 모드로 전환한 뒤, 3D 뷰에서 윗부분 Face 중 하나를 선택하고 단축키 [L]을 누릅니다. 연결된 모든 Face가 선택되고, 2D 뷰에도 표시됩니다.
다음으로 2D 뷰에서 마우스를 드래그하여 전체를 다시 선택해 준 뒤, 서브 메뉴바에서 [UV] → [Unwrap] → [Unwrap]을 차례로 클릭하면 선택한 부분이 펼쳐집니다. (3D 뷰에서 [Unwrap]해도 됩니다.)

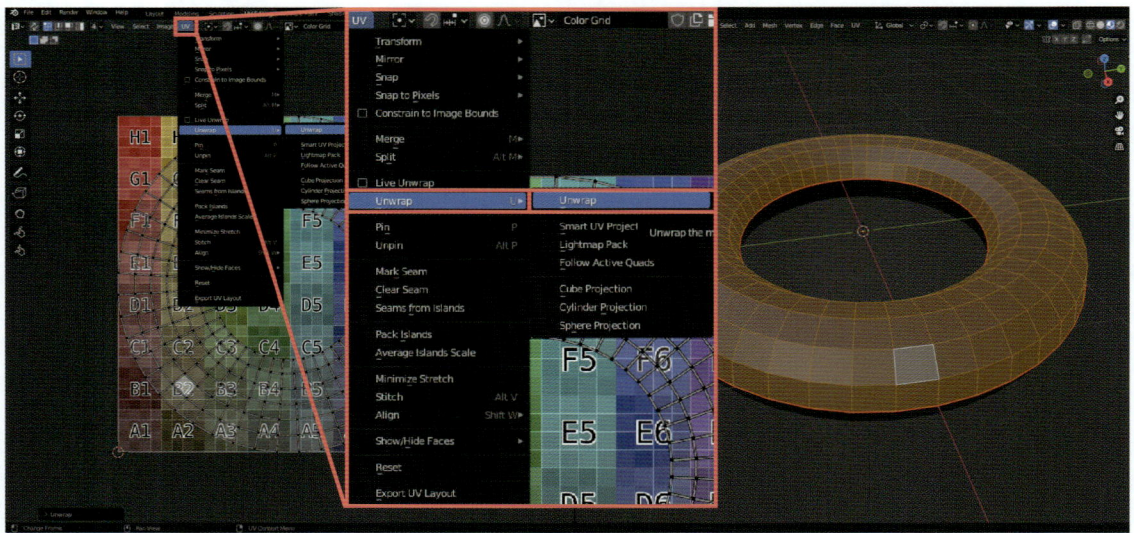

07 Color Grid를 보면 이미지 찌그러짐 없이 제대로 UV 작업이 된 것을 확인할 수 있습니다.

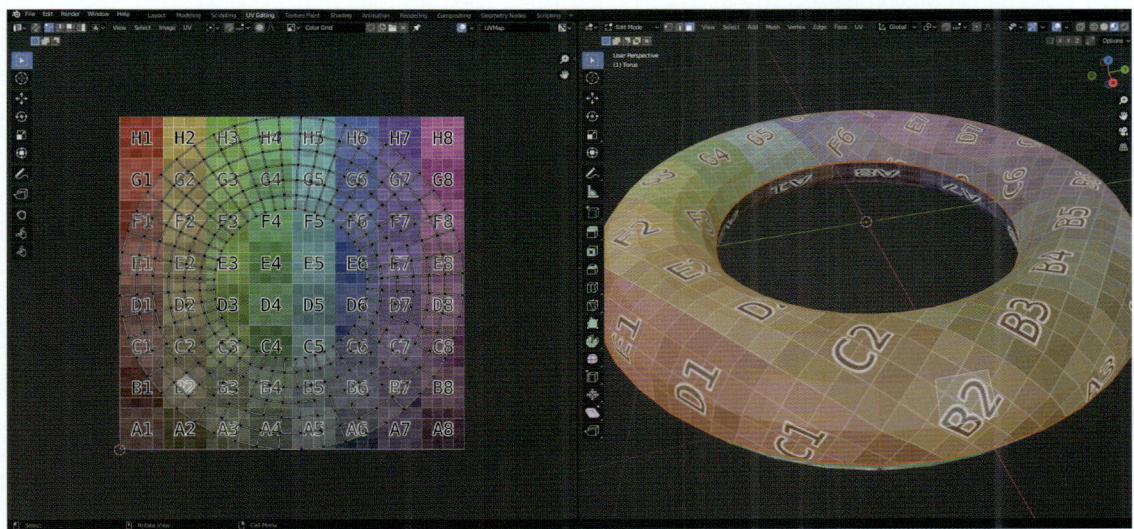

08 3D 뷰포트를 돌려 Torus의 아래쪽이 보이게 만든 뒤에, 06과 똑같이 아래쪽 전체 면을 선택하고 [UV] → [Unwrap] → [Unwrap]으로 UV 작업을 해줍니다.

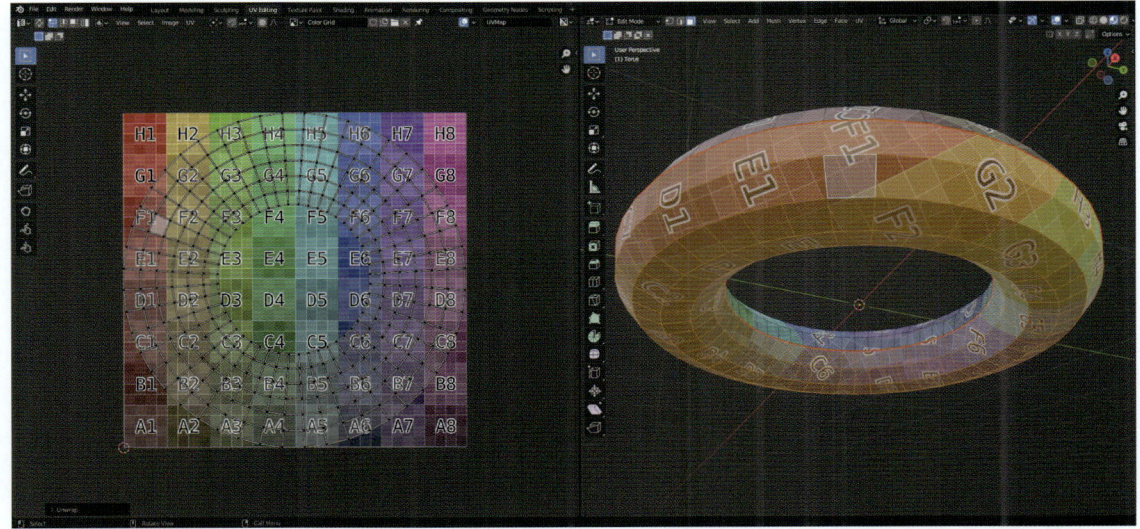

09 작업한 두 덩어리를 정렬하겠습니다. 펼친 전개도는 2D 뷰의 Color Grid 박스 안에 겹치지 않고 정렬되어 있어야 합니다. 단축키 [Ctrl]+[A]를 눌러 Torus의 위아래 조각을 모두 선택하고, 2D 뷰 서브 메뉴바에서 [UV] → [Pack Islands]를 순서대로 선택하면 전개도가 자동으로 정렬됩니다. 그런데 Color Grid 박스를 보니, 반만 사용하고 반은 버려진 공간이 되었습니다. 가능하면 이 공간을 가득 채우는 것이 좋습니다.

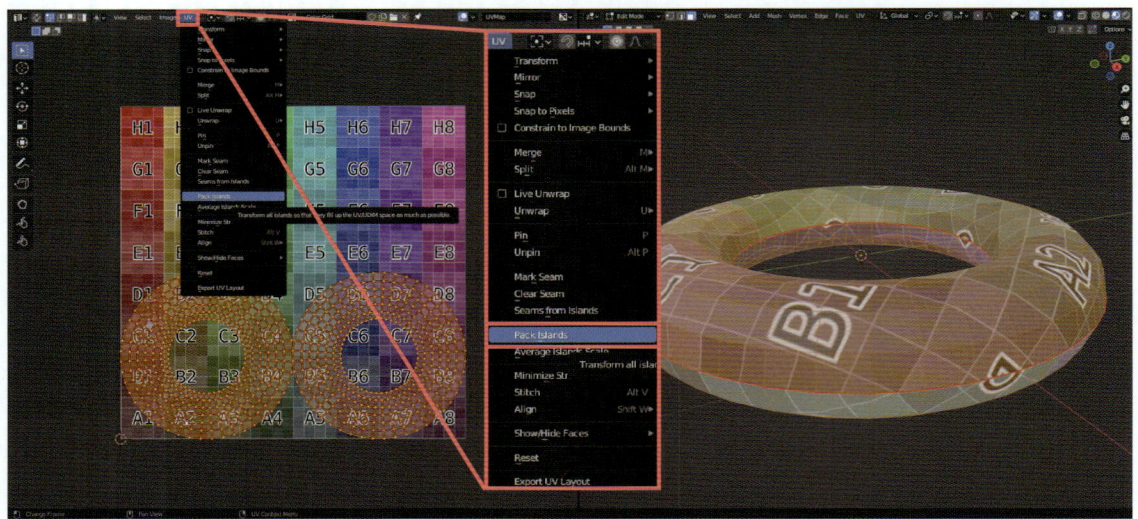

10 오브젝트를 좀 더 조각내서 공간을 채우도록 하겠습니다. 다시 3D 뷰에서 Edge Select 모드로 전환한 뒤, Edge Loop를 다중 선택하고 [Mark Seam] 명령을 적용하는 과정을 반복하며 Seam 작업을 합시다. 이를 통해, Torus를 그림처럼 8조각으로 만듭니다. 위아래가 나눠진 도넛을 가로 세로로 한 번씩 더 자른다고 생각하면 됩니다. 숫자 키패드 [7]을 누르고 Top View로 전환해 진행하면 수월합니다.

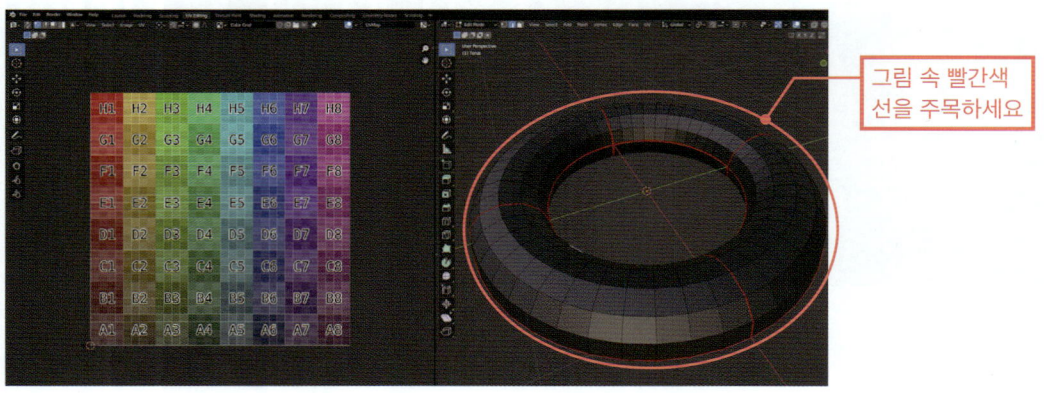

그림 속 빨간색 선을 주목하세요

11 다시 각 조각을 일일이 [UV] → [Unwrap] → [Unwrap] 해준 다음, 전체 조각을 한꺼번에 선택합니다([Toggle X-Ray]를 켜면 수월합니다). 그런 다음 2D 뷰 메뉴에서 [UV] → [Pack Islands] 명령을 적용하면 다음과 같이 펼쳐진 면이 고르게 배치된 결과를 얻을 수 있습니다.

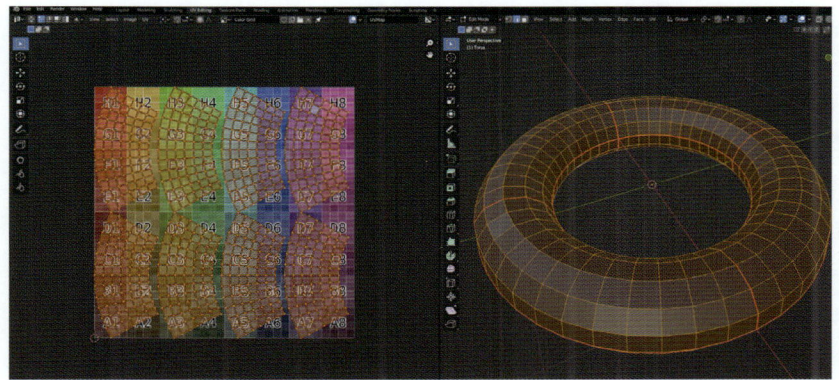

12 다음은 3D 뷰에도 Color Grid를 재적용해 준 모습입니다. Color Grid가 찌그러지지 않고, 낭비되는 공간도 없이 제대로 UV 작업이 완료되었습니다.

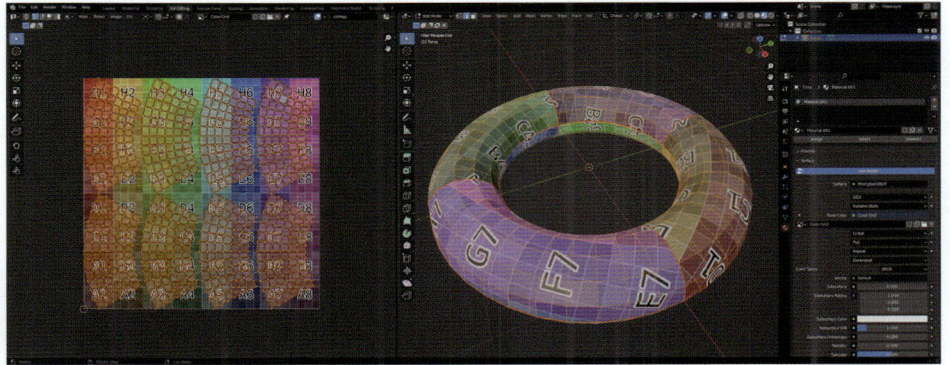

정리

📂 **제대로 된 UV 작업이란?**

1. Color Grid 적용시 이미지가 왜곡되지 않고 제대로 보여야 한다.
2. 가능하면 조각을 많이 내지 않는다.
3. 2D 뷰 Color Grid 박스 안에 빈 공간 없이 가득 채운다.
4. 서로 겹치는 부분 없이 균일하게 정리한다.

SECTION 03 Texture Paint(텍스처 페인트)

텍스처(Texture)란 색상과 질감이란 뜻으로, 3D 오브젝트 위에 칠해지는 색, 이미지, 질감 등을 뜻합니다. 한편 앞서 살펴본 Material은 '재질'입니다. 재질은 3D 오브젝트를 구성한 물질입니다. 쉽게 예를 들면 "이 방패 오브젝트는 금속 Material이고, 동물 문양 Texture가 있다."란 식으로 말할 수 있습니다.

블렌더는 무료 프로그램이지만, 다른 전문가용 3D 프로그램 못지않게 다양한 기능이 있습니다. 블렌더 자체에서 '텍스처' 작업을 할 때 사용하는 기능이 바로 Texture Paint(텍스처 페인트)입니다.

1 Cube Texture Paint

지금까지와 마찬가지로, 가장 간단한 큐브 오브젝트를 이용해 텍스처 시험 작업을 해보면서 Texture Paint의 전반적인 사용법을 알아보겠습니다.

한눈에 보는 작업 과정, 고수의 뷰!

01 블렌더를 실행하고 화면의 큐브 오브젝트를 선택한 뒤, 상단 메뉴바에서 [Texture Paint] 메뉴를 클릭합니다. [UV Editing]과 마찬가지로 화면 왼쪽은 2D 뷰로, 오른쪽은 3D 뷰로 바뀝니다. 2D 뷰에는 Cube가 자동 UV된 상태입니다.

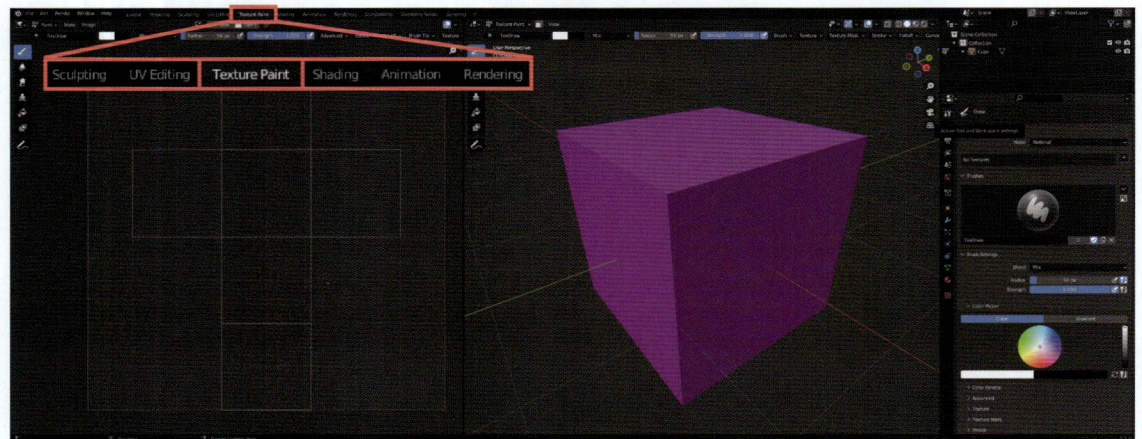

02 오른쪽 Properties Editor 창의 세로 메뉴를 보면, 아이콘이 있습니다(자동 선택된 상태입니다). 이 [Active Tool and Workspace Setting] 탭에서 를 눌러 [Base Color]를 클릭합니다. 옵션창이 팝업됩니다. 여기서 이름이나 크기를 설정할 수 있습니다. 지금은 [Alpha] 체크 해제만 하고 기본 세팅을 유지한 채, [OK]를 클릭합니다.

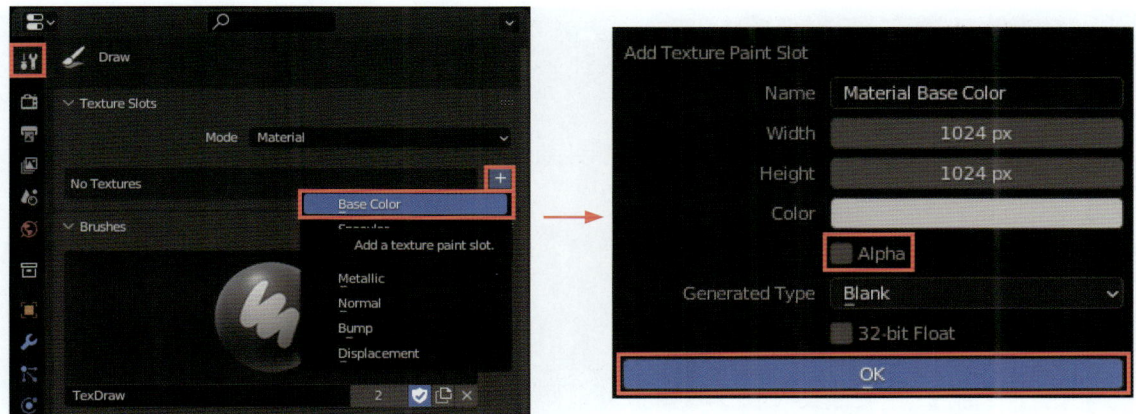

Color를 변경하지 않았기 때문에 3D 오브젝트에 기본값인 회색이 적용되어 보입니다.

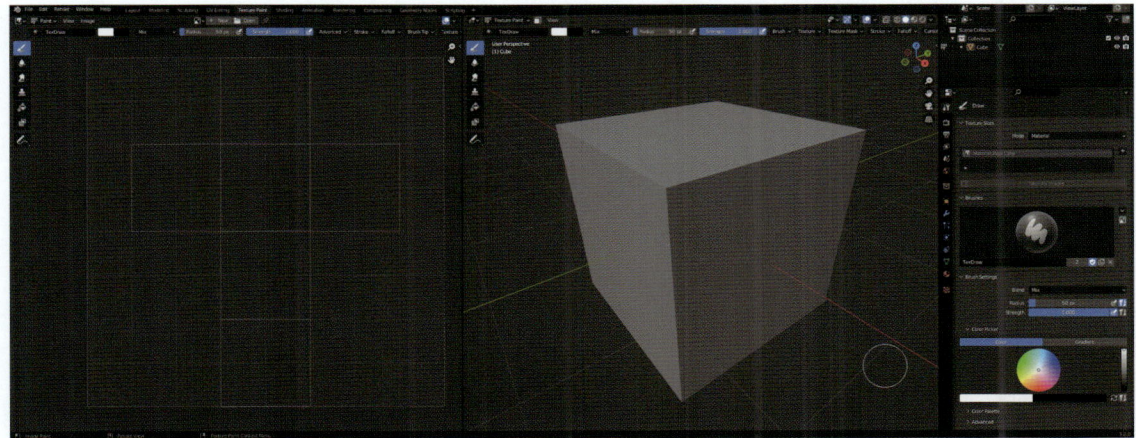

03 2D 뷰에서도 3D 뷰와 동일한 색이 적용되어 보이게 하려면 3D 뷰에서 [Tab] 키를 눌러 에디트 모드로 바꾸고 단축키 [A]를 눌러 큐브 전체를 선택한 다음, 다시 [Tab] 키를 눌러 오브젝트 모드로 바꾸면 됩니다. 이 과정을 완료하면 2D 뷰에서도 3D 뷰와 동일한 색이 적용되어 보입니다.

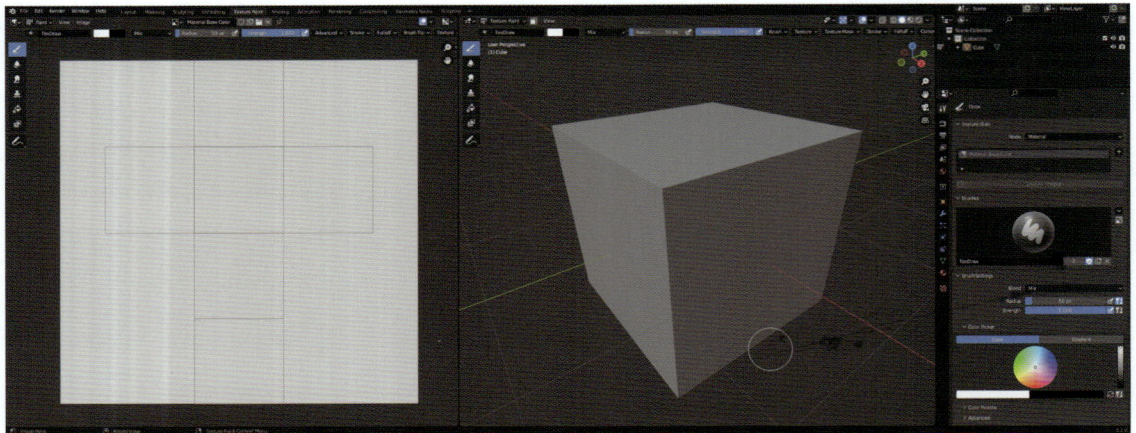

04 3D 뷰 우측 (Active Tool and Workspace Setting) 탭으로 가서, 아래쪽 [Color Picker] 패널의 색 팔레트에서 파란색을 선택합니다. 그리고 2D 뷰에서 다음 그림처럼 각 면에 숫자를 그려주면, 3D 뷰에 연동되어 바로 적용됩니다. 숫자의 색은 [Color Picker] 패널에서 선택한 색상입니다.

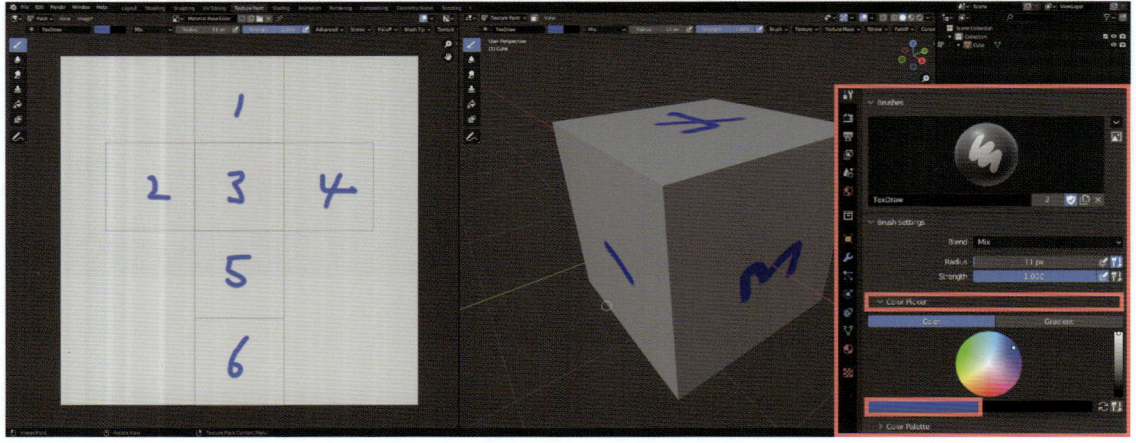

이때 브러시의 두께와 진하기는 2D 뷰 상단 스테이터스의 값을 수정해 조절할 수 있습니다.

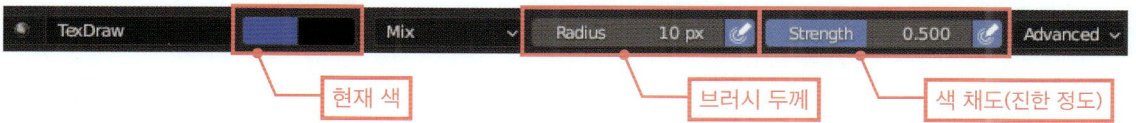

현재 색 　　　브러시 두께 　　　색 채도(진한 정도)

05　[Ctrl]+[Z]로 앞서 그린 것을 취소하고 이번엔 3D 뷰에서 그림을 그려보겠습니다. 마찬가지로 2D 뷰에 연동되어 바로 적용되는 것을 확인할 수 있습니다.

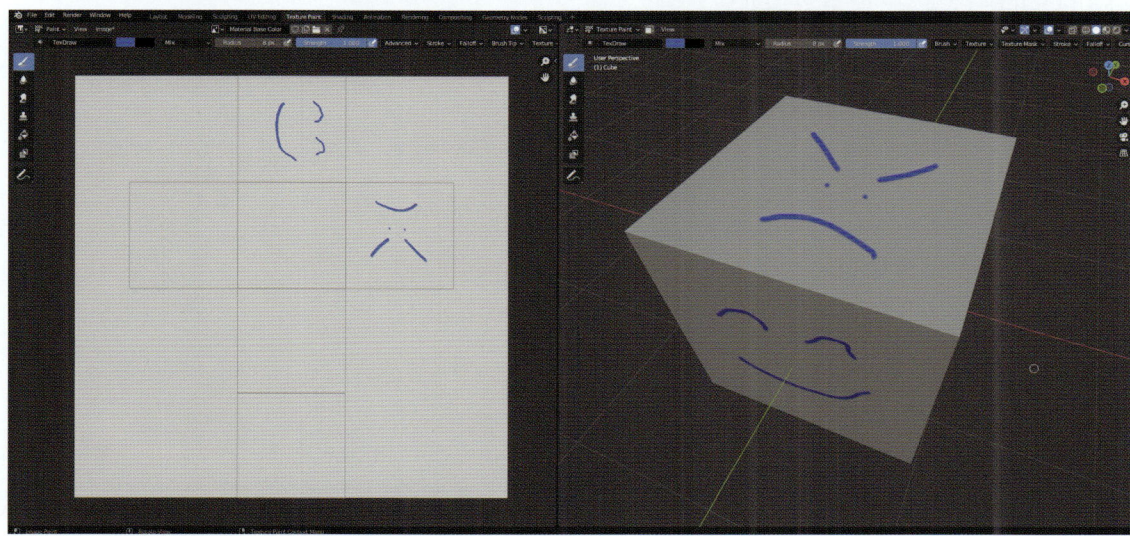

2 Torus Texture Paint

이번에는 Torus 오브젝트로 곡면에서의 Texture Paint 작업을 알아보도록 하겠습니다.

01 블렌더를 다시 실행합니다. 서브 메뉴바에서 [Add] → [Mesh] → [Torus]를 차례대로 눌러 Torus 오브젝트를 생성하고, Texture Paint 메뉴로 들어갑니다. Section 03의 [1. Cube Texture Paint]에서와 동일한 방법으로 3D 뷰와 2D 뷰에 모두 그림처럼 Base Color를 만들어 줍니다.

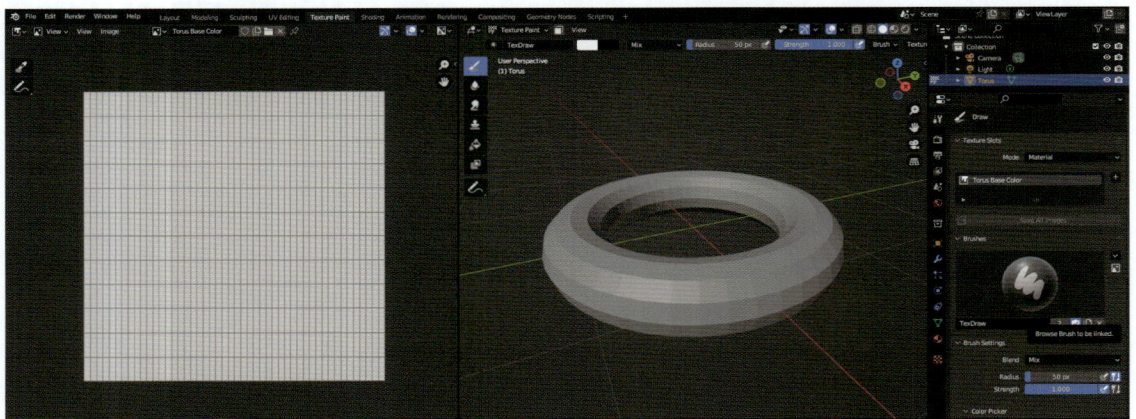

02 현재 UV 작업을 하지 않은 상태입니다. 3D 뷰에서 그림을 그리면 2D 뷰에서 그림이 왜곡되어 나타나는 것을 확인할 수 있습니다.

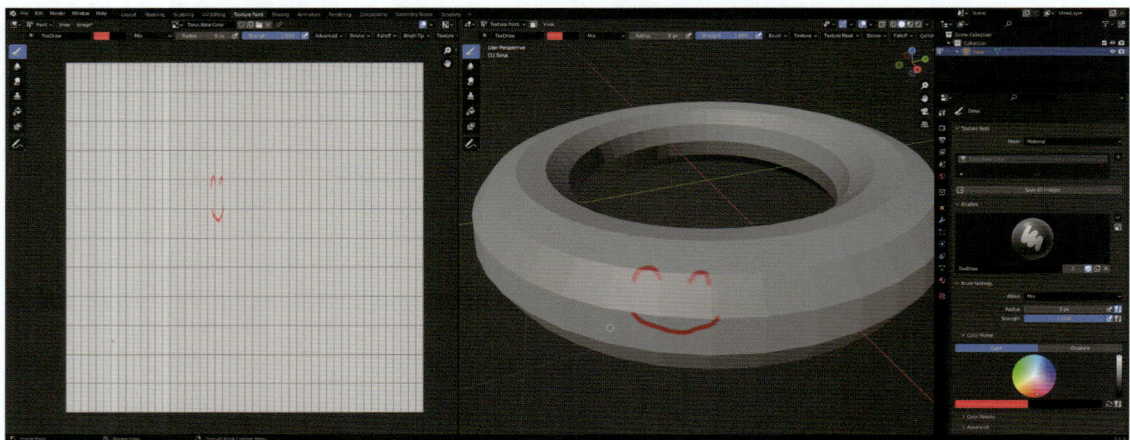

마찬가지로 2D 뷰에서 그림을 그려도 3D 뷰에서 이미지가 왜곡되어 나타납니다.

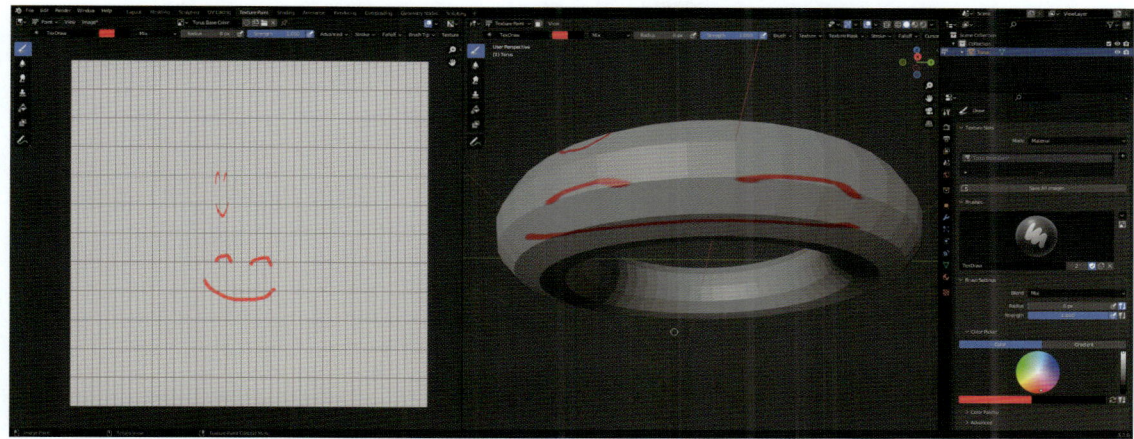

03 이번에는 UV 작업을 완료한 Torus의 경우입니다. 2D 뷰와 3D 뷰 어느 쪽에서 그림을 그리든, 이미지가 왜곡되지 않고 잘 적용됩니다(UV 작업 방법에 관해서는 이 챕터 Section 02의 [2. Torus UV Editing]을 참고하세요). 이로써 올바른 텍스처 작업을 위해서는 되도록 UV 작업이 선행되어야 함을 알 수 있습니다.

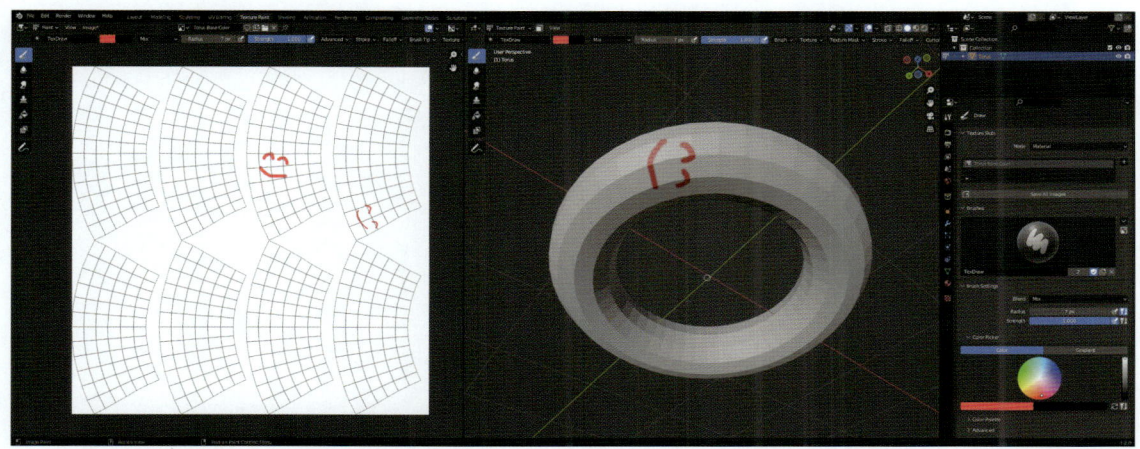

정리

포토샵 프로그램만큼의 정밀한 텍스처 제작은 아니지만, 어느 정도의 텍스처는 블렌더에서도 제작할 수 있습니다. 블렌더나 서브스텐스페인터 등 요즘은 3D 뷰에서 바로 채색이 가능한 프로그램이 많아져 UV를 완벽하게 할 필요성은 없습니다. 하지만 팀 작업이나 추후 수정의 용이성을 위해서는 UV 작업이 제대로 되어 있는 편이 좋습니다.

Section 01
모델링

Section 02
UV

Section 03
Textures

Section 04
자세 잡기

Section 05
렌더링

Chapter 04

2D 원화에서
3D 고양이 캐릭터 만들기

지금까지 다양한 형태를 만들며 블렌더를 통한 3D 모델링의 기능을 익혔고, 기초적인 매핑도 사용해 보았습니다. 그런데 이것들은 모두 사물, 즉 아이템이었습니다. 본격적인 3D 그래픽의 세계로 입문하려면 모름지기 인물(캐릭터)을 만들어 보아야 합니다. 영화나 게임을 생각해 보아도, 캐릭터가 중요함은 잘 알 수 있습니다. 그리고 인물은 동물(⊠⊠)인 만큼, 당연히 동작할 수 있어야 합니다. 블렌더는 인물 및 캐릭터를 움직이기 위한 '리깅(Rigging)' 툴을 지원합니다.

각 단계의 기술을 충실히 연마하는 것도 관건이지만, 일단 3D 캐릭터를 제작하는 과정 전반을 원테이크로 체험하면서 흐름을 익히는 것도 중요하다고 생각합니다. 그래서 이 챕터에서는 캐릭터 만들기에 도전합니다. 먼저 몸체를 만들고(모델링), UV 작업을 한 뒤에 텍스처를 적용(매핑)하는 순서는 이전 챕터들과 동일합니다. 그렇지만 여기에서 끝나는 것이 아니라, 움직임을 구현하기 위한 리깅(뼈대 잡기)과 빛과 카메라를 조정해 오브젝트를 내보내는 렌더링까지 해야 3D 모델링이 완성되었다고 할 수 있습니다. 일단은 사람에 비해 단순한 고양이 캐릭터로 이 모든 과정을 함께 밟아 나가 보도록 하겠습니다.

SECTION 01 모델링

고양이 캐릭터의 형태를 먼저 만들겠습니다. 처음부터 캐릭터 모습을 상상하기는 어려우므로, 기존 2D 고양이 캐릭터 그림을 불러와서, 이것을 밑그림 삼아 제작해볼 것입니다. 캐주얼 게임에 이 캐릭터가 등장한다고 생각하고 해보겠습니다.

1 얼굴

캐릭터에서 가장 중요한 것은 얼굴이지요. 얼굴 모델링부터 시작하겠습니다. 블렌더를 처음 실행하면 있는 큐브 오브젝트를 이용해서 만들도록 하겠습니다.

1.1 모델링 준비

01 큐브를 제외한 조명(라이트)과 카메라를 선택해서 지웁니다.

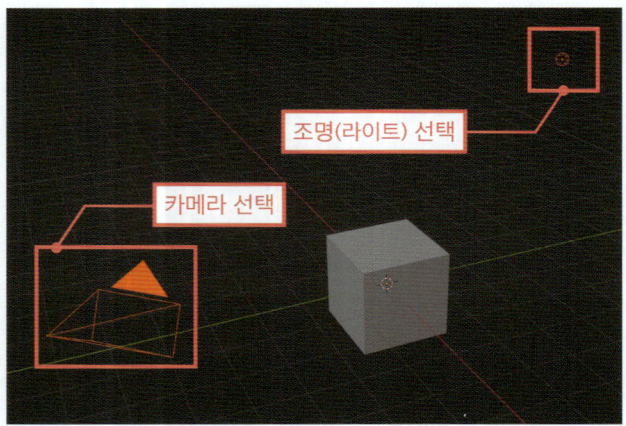

02 작업을 위해 키보드 우측 숫자 키패드 [1]을 눌러 정면 뷰로 변경합니다. 참고로 사용할 밑그림을 불러오겠습니다. 이미지 파일을 블렌더에 불러오려면, 화면 상단 서브 메뉴바에서 [Add] → [Image] → [Reference]를 차례로 클릭해 Blender File View 창을 띄웁니다.

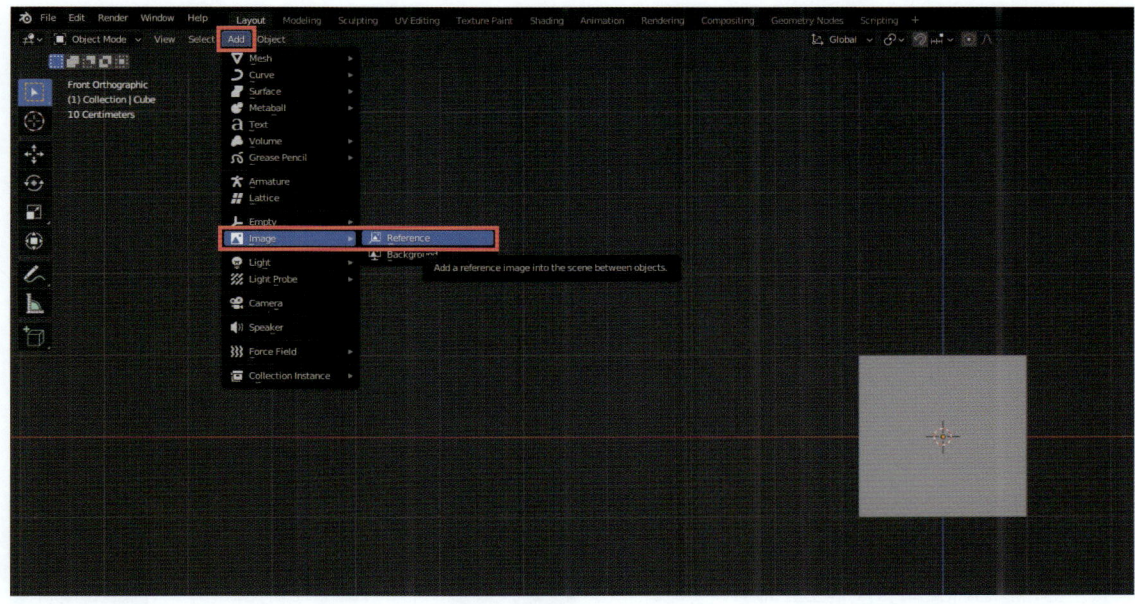

예제 폴더를 찾아 [C4S1] → cat_front.jpg 파일을 선택하고, [Load Reference Image]를 클릭합니다.

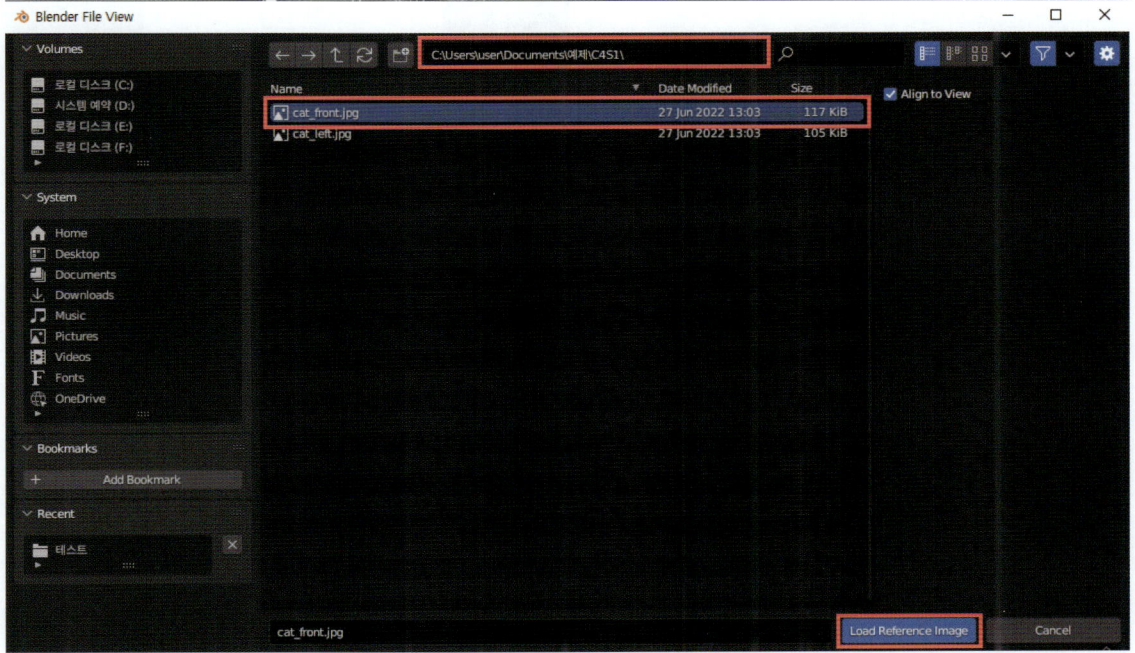

03 다음처럼 고양이 이미지가 뷰포트에 나타납니다.

04 그런데 우리가 만드는 것은 3D 캐릭터입니다. 입체를 구현하려면 옆모습도 필요합니다. 키보드 우측 숫자 키패드 [3]을 눌러 사이드 뷰로 바꾸고 같은 방법으로 cat_left.jpg 파일을 뷰포트에 불러옵니다.

한눈에 보는 작업 과정,
고수의 뷰(02~05단계)

05 뷰포트를 위로 돌려보면 큐브에 이미지 2개가 교차해 매핑된 상태입니다. 단축키 [G], [X], [Y]로 각 이미지를 움직여 오른쪽처럼 ㄱ자 모양으로 배치해줍니다. 이 이미지들 위에, 따라 그리는 것처럼 고양이 캐릭터를 모델링할 것입니다.

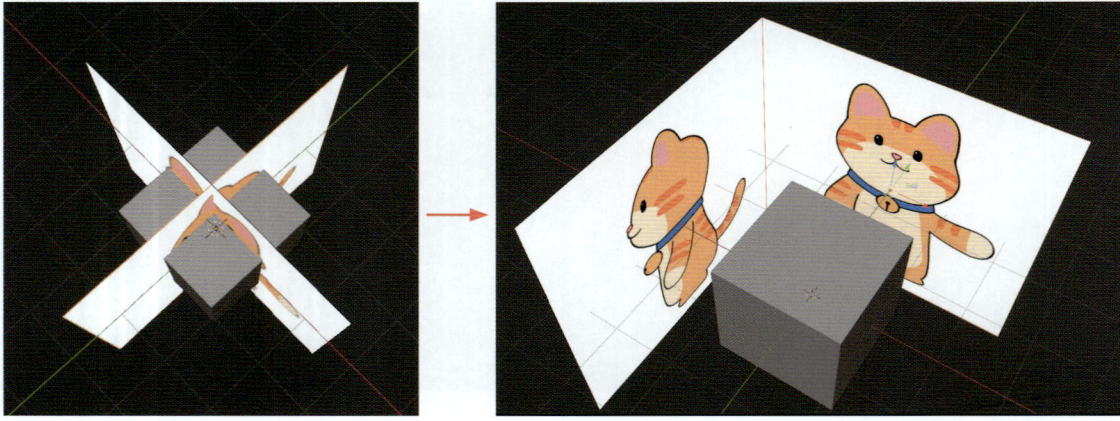

1.2 얼굴형

01 이제 큐브 오브젝트를 얼굴로 만들어주겠습니다. 큐브를 선택하고 뷰포트 오른쪽 🔧 아이콘을 클릭해 [Modify Properties] 탭을 엽니다. [Add Modifier] → [Subdivision Surface] 명령을 적용합니다. 그리고 Subdivision 옵션창의 [Levels Viewport] 수치를 2로 바꾸어 폴리곤을 조금 더 늘려줍니다.

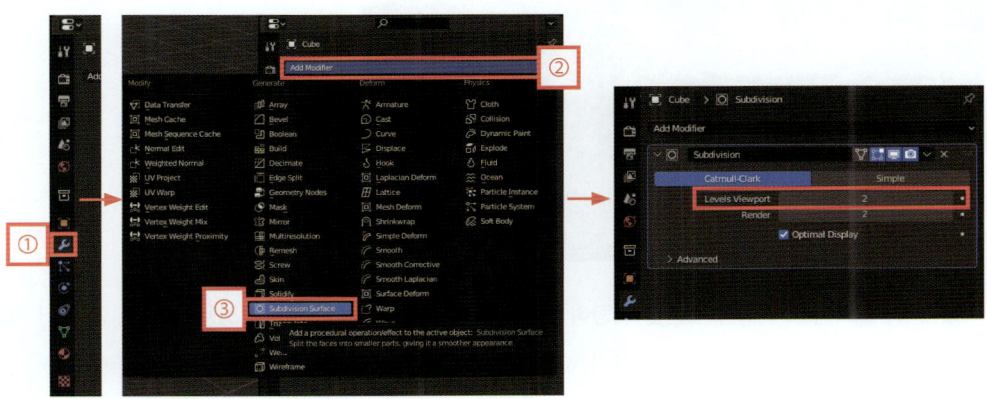

> **참고**
>
>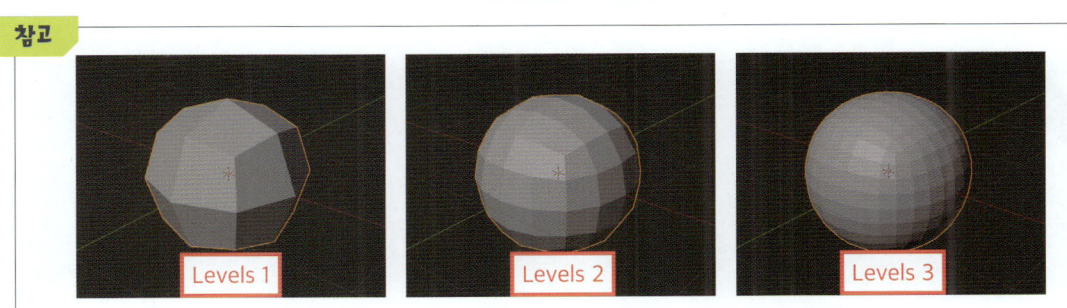
>
> Levels 수치가 증가할수록, 폴리곤 수가 늘어나 Sphere(구) 형태에 가까워지는 것을 확인할 수 있습니다.

02 Subdivision 옆의 ⌄ 아이콘을 클릭하고, 메뉴에서 [Apply]를 눌러 Subdivision 명령 적용을 완료합니다. 리스트가 사라지고 하나의 오브젝트가 되었습니다.

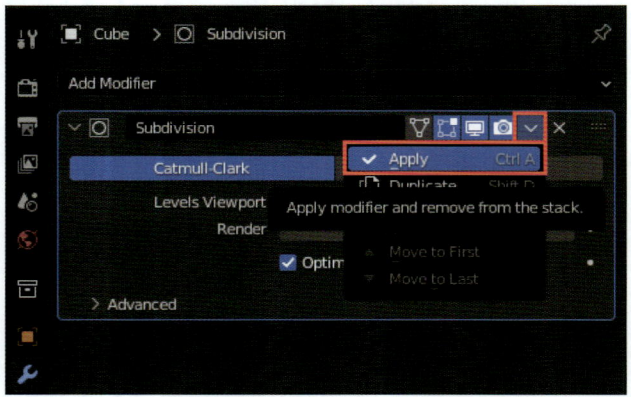

03 이 오브젝트가 고양이 얼굴 바탕이 될 겁니다. 숫자 키패드의 [1]과 [3]을 이용, 정면 뷰와 사이드 뷰를 오가며 참고 이미지에 맞춰 얼굴 위치와 크기를 조절해 줍니다.

 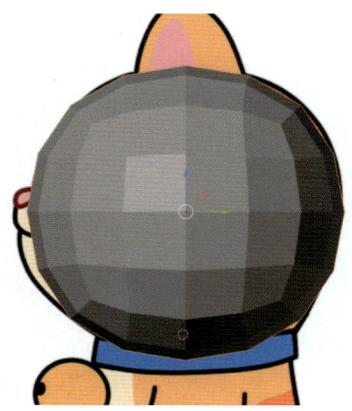

> **tip**
>
> 단축키
>   • Move: [G]   • Scale: [S]   • Rotate: [R]
>
> [X], [Y], [Z]와 조합하면 한 축 방향만으로 이동, 크기 변경, 회전이 가능해 작업이 수월합니다.

04 예시 캐릭터는 좌우 대칭 형태기 때문에, 굳이 전체 작업을 다 할 필요가 없습니다. 한쪽에서 작업을 하면, 반대쪽은 자동으로 적용되게 하겠습니다. 정면 뷰에서 키보드 [Tab] 키를 눌러 에디트 모드로 변경합니다.

그다음 키보드 상단 숫자 [3]을 눌러 Face Select 모드로 전환하고, 얼굴 한쪽을 그림처럼 드래그해서 선택해줍니다. 키보드 [Del] 키를 누르면 [Delete] 팝업 메뉴가 나타나는데, [Faces]를 선택합니다. 선택한 면들이 지워집니다. 남아 있는 뒷부분 면들도 같은 방법으로 지워줍니다.

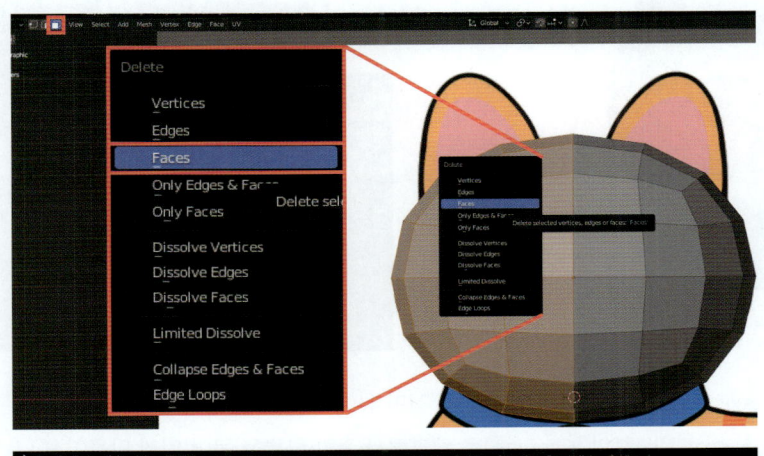

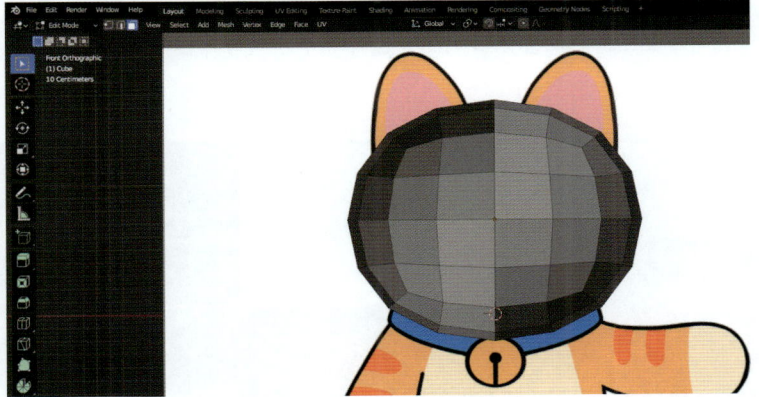

단축키

- 키보드 상단 숫자 [1]: Vertex Select
- 키보드 상단 숫자 [2]: Edge Select
- 키보드 상단 숫자 [3]: Face Select

05 이제 남은 반구의 반대쪽을 생성하겠습니다. 오브젝트 모드로 돌아가 반구를 선택한 뒤 오른쪽에서 🔧 아이콘을 클릭하고, [Add Modifier] → [Mirror] 명령을 적용합니다.

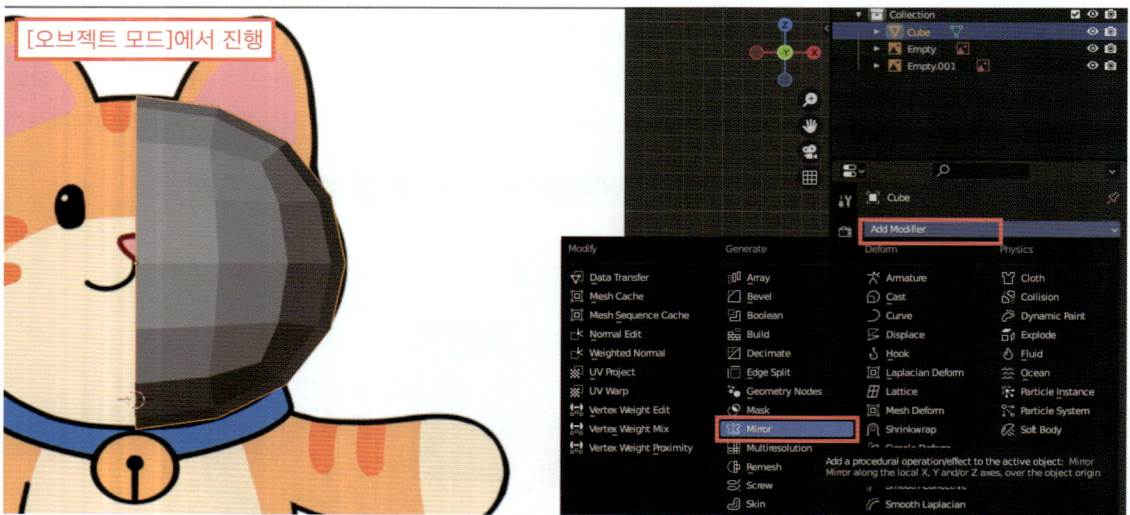

06 기본적으로 Axis가 [X]로 설정되어 있으므로, 정면 뷰에서 볼 때 반대쪽에 반전된 반구의 Face가 나타납니다. Mirror 옵션창의 [Clipping]을 체크해서 중앙 부분을 붙어 있게 만들어 줍니다. 다음 작업을 위해 에디트 모드로 돌려줍시다. 이제 오른쪽에서 한 작업이 왼쪽에 그대로 적용될 것입니다.

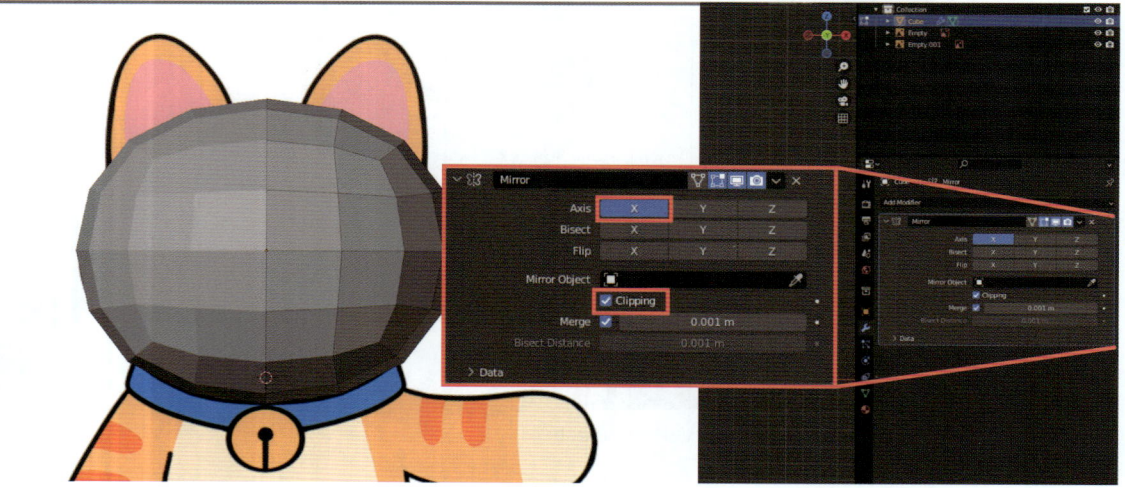

> **참고**

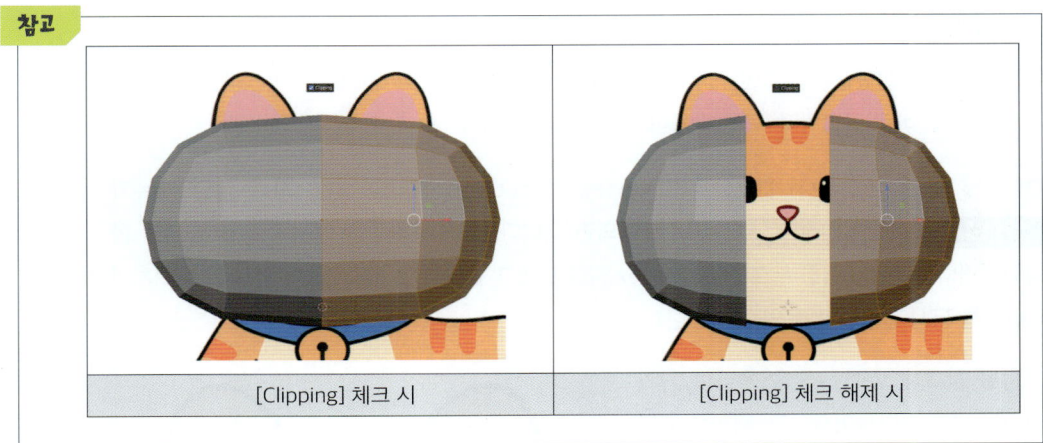

| [Clipping] 체크 시 | [Clipping] 체크 해제 시 |

07 뷰포트 우측 상단에 있는 ([Toggle X-Ray])를 켜면(단축키 [Alt]+[Z]) 오브젝트가 반투명해지고, 한 번의 드래그로 뒷부분까지 한꺼번에 선택할 수 있습니다. 안 보이는 뒷부분까지 선택할 필요가 있을 때는 이 토글을 잘 이용해서 작업합시다.

1.3 귀

얼굴형이 대략 잡혔습니다. 그런데 지금 고양이 얼굴에서 유일하게 면으로 덮여 있지 않은 부위가 있습니다. 바로 귀입니다. 귀를 만들어 주도록 하겠습니다.

01 키보드 상단 숫자 [1]을 눌러 Vertex Select 모드로 바꿉니다. 좌측 상단 메뉴가 Edit Mode 와 같이 표시되면 됩니다. 좌측 툴바 메뉴에서 ([Move])를 활성화하거나 단축키 [G]를 누르고, 각 Vertex 점을 드래그해 선택합니다. 그래야 앞뒤 동일 위치의 Vertex를 동시에 움직일 수 있습니다.

그림을 참고해 Vertex들을 움직여 귀가 연결될 부분을 만들어줍니다. 핵심은 귀의 뿌리 면이 평평해야 한다는 점과 가운데에 Vertex가 위치해야 한다는 것입니다. 이는 추후 귀 모양을 다듬기 위함입니다. 이때 와이어(선)가 급격하게 꺾이지 않도록 주의하세요.

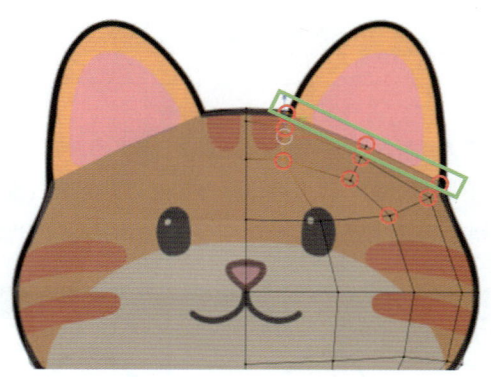

02 귀를 만들겠습니다. 먼저 ([Toggle X-Ray])를 비활성화하고 Face Select(키보드 상단 숫자 [3]) 모드로 전환합니다. 그리고 뷰포트를 회전시켜 머리 윗부분이 보이게 해주세요. 귀가 될 부분의 Face 4개를 다중 선택한 채([Shift] 키), 단축키 [E](Extrude)를 누르고 마우스를 움직이면 선택한 Face가 추출됩니다.

03 숫자 키패드 [1]을 눌러 정면 뷰로 다시 바꾸고, 키보드 상단 숫자 [1]을 눌러 Vertex Select 모드로 돌아갑니다. ([Toggle X-Ray])를 다시 켜고, 그림처럼 참고 이미지에 맞추어서 단축키 [G(Move)]를 눌러 Vertex를 다듬어줍니다.

그리고 숫자 키패드 [3]을 눌러 사이드 뷰로 이동해, Scale과 Move를 이용해 Vertex를 움직여서 마찬가지로 그림에 맞추어 귀 모양을 다듬어줍니다. 머리가 참고 이미지와 안 맞는 경우에도 똑같이 Vertex를 움직여 맞춰주면 됩니다.

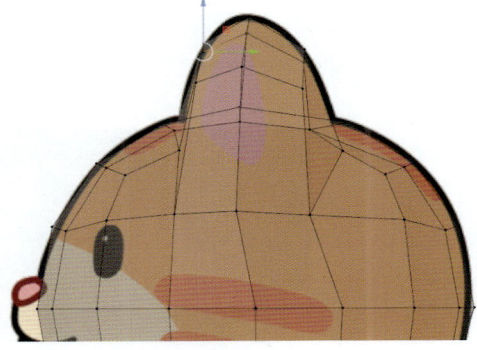

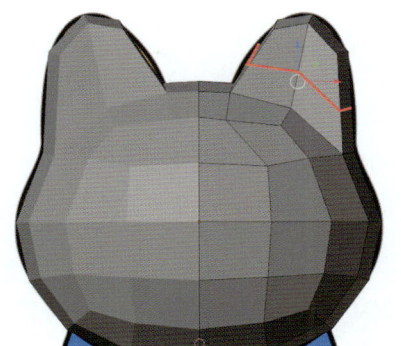

04 정면 뷰(숫자 키패드 [1])로 돌아와 ([Toggle X-Ray])를 끄고, 귀 중앙 부분에 마우스를 가져다 놓은 다음, 단축키 [Ctrl]+[R]을 눌러 가로 Edge를 추가합니다.

05 뷰포트를 돌려 가면서 귀 모양을 다듬어 줍니다 (([Toggle X-Ray])도 같이 활용하면 좋습니다). 처음에는 헷갈리거나 어렵게 느낄 수 있는 작업이지만, 계속 반복하면서 3D 작업의 감을 잡아야 하는 부분입니다.

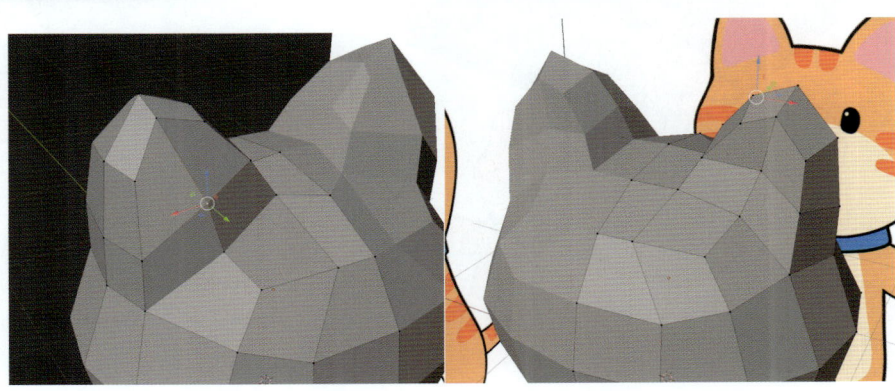

2 몸통

다음으로 몸통을 만듭니다. 몸통은 얼굴에서 면을 추출해서 만들 수도 있고, 새로운 오브젝트를 추가해서 만들 수도 있습니다. 여기서는 얼굴에서 면을 추출해서 만드는 방법으로 설명하겠습니다.

2.1 몸

01 얼굴 아랫 부분이 보이게 뷰포트 시점을 바꾸고, 키보드 상단 숫자 [3]을 눌러 Face Select 모드로 전환합니다. 몸통이 나올 부분의 Face들을 키보드 [Shift] 키를 누른 상태에서 다중 선택합니다. Mirror된 반구는 선택 불가능하니 제외하고, 총 8개의 Face를 그림처럼 선택했습니다.

02 단축키 [E](Extrude)를 누르고 마우스를 움직이면 면이 추출됩니다. 어느 정도 추출되었다면 다시 숫자 키패드 [1]을 눌러 정면 뷰로 돌아오세요. [Move] 툴을 이용해(혹은 단축키 [G]를 누른 채) 다리가 보이는 정도로 몸통 크기를 정해줍니다.

03 퍼진 아래도 이미지에 맞춰 줄여줍시다. ([Toggle X-Ray])를 켜주고, 키보드 상단 숫자 [1]을 눌러 Vertex Select 모드로 변경한 뒤 마우스를 드래그해 몸통 아래의 Vertex를 그림처럼 한꺼번에 선택합니다. [Move] 툴로 움직이면, 고양이 몸통이 만들어집니다.

2.2 팔

몸통의 중심을 만들었으니 이제 팔부터 만들어 주겠습니다.

01 팔을 만드려면 와이어(Edge, 선)가 필요합니다. Edge는 단축키 [Ctrl]+[R]로 추가할 수 있습니다. 마우스 커서를 고양이 몸통 위에 놓은 뒤, 단축키를 눌러 생겨난 Edge를 그림에서 팔이 나오는 부근에 가져다 놓고 마우스 좌클릭하면 새 와이어가 생깁니다. 추가로 두 번 반복해 그림처럼 3개의 Edge가 위치하게 만듭니다.

02 앞서 얼굴과 마찬가지로 윤곽을 다듬어야 합니다. 키보드 상단 숫자 [1]을 눌러 Vertex Select 모드로 바꾸고, 목 부분과 팔 부분 Vertex들을 조금씩 움직여(단축키 [G]) 참고 이미지와 맞는 모양으로 위치시켜 줍니다.

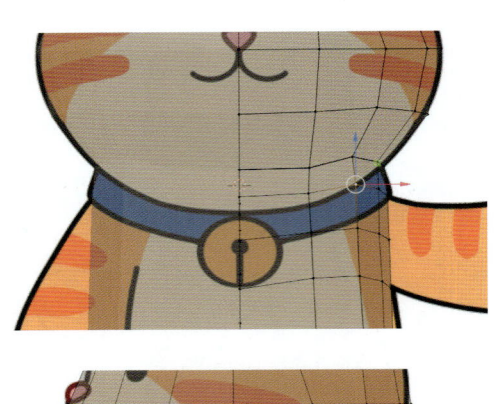

03 얼굴을 모델링할 때와 마찬가지로, 숫자 키패드 [3]을 눌러 사이드 뷰로 돌려서 참고 이미지에 맞춰 몸통을 줄여 줍니다. 마우스를 드래그하여 평행한 Vertex를 모두 선택한 뒤, 단축키 [S](Scale), [Y](Y축)를 이용해 한꺼번에 줄여주면 편리합니다. 몸통 아랫부분도 같은 방법으로 줄여줍니다. 그리고 단축키 [G](Move), [Y]를 사용해 이미지에 맞추어 몸통을 뒤쪽으로 살짝 밀어줍시다.

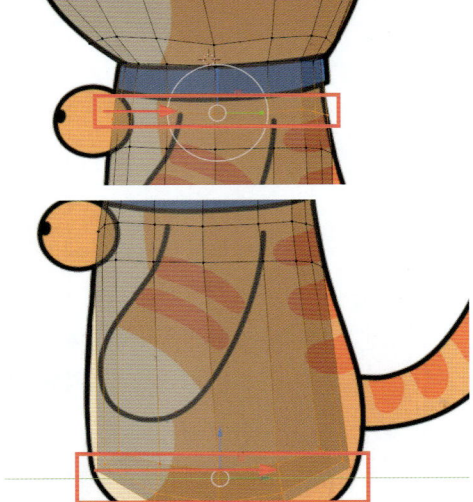

04 이 상태에서 팔 부분의 와이어를 둥글게 다듬어서 팔이 붙을 단면을 만들어 주겠습니다. Vertex를 움직여서, 그림처럼 4개의 Face를 약간 둥글게, 팔각형 모양으로 만듭니다.

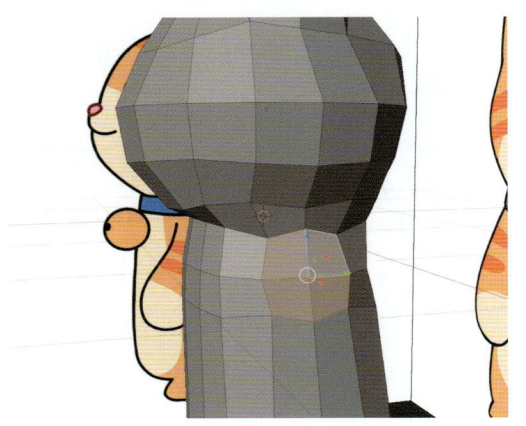

05 키보드 상단 숫자 [3]을 눌러 Face Select 모드로 진입한 뒤, 4개 Face들을 다중 선택([Shift])해 단축키 [E]를 이용, 적당한 길이의 면을 추출합니다. 팔의 덩어리가 생겼습니다.

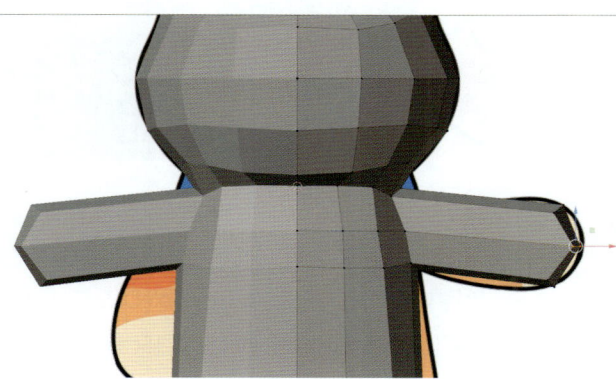

06 다시 추출한 면을 캐릭터의 손에 맞게 둥근 형태로 다듬어 줍니다. Vertex Select 모드에서 진행합니다.

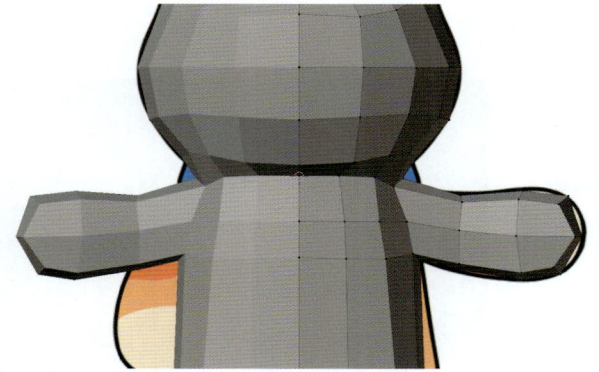

07 팔의 접히는 모양(팔꿈치)을 표현하기 위해 와이어를 추가해 주겠습니다. [Ctrl]+[R]로 팔 중간에 와이어를 두 번 추가하고, [Scale]과 [Move] 기능으로 참고 이미지에 맞추어 모양을 다듬어 줍니다. 팔이 얼추 완성되었습니다.

2.3 다리와 꼬리

고양이의 몸통 뒤쪽, 엉덩이 부근에는 꼬리가 있습니다. 지금부터는 꼬리와 다리를 만들어 보겠습니다.

01 꼬리를 만들기 위해 단축키 [Ctrl]+[R]로 몸통 아랫부분에 와이어 두 줄을 추가합니다. 그리고 숫자 키패드 [3]을 눌러 사이드 뷰로 전환해, [Scale]과 [Move] 툴로 옆모습 윤곽을 다듬어 줍니다.

추가한 와이어 두 줄

02 꼬리가 연결될 부분은 마련했습니다. 잠시 보류해 두고, 먼저 다리부터 붙여주겠습니다. 뷰포트를 돌려서 몸통 아랫면이 보이게 합니다. Face Select 모드(키보드 상단 숫자 [3])로 진입한 뒤, 다리를 추출할 Face 4개를 다중 선택합니다. 그리고 단축키 [I](Insert Face)를 누르고 마우스를 움직여서 면을 추가해 주세요.

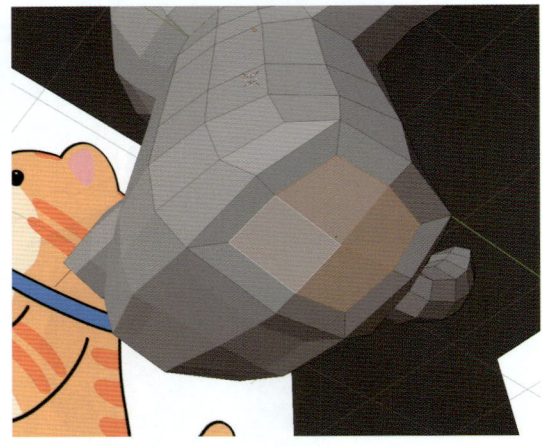

03 이대로는 다리가 직육면체로 추출될 겁니다. 이 면을 다듬어 다리 연결 부분을 만들겠습니다. 팔을 만들 때와 마찬가지로, Vertex Select 모드(키보드 상단 숫자 [1])에서 Vertex를 선택하고, [Scale]과 [Move] 툴로 그림처럼 자연스러운 팔각형 모양이 되도록 준비해 둡니다.

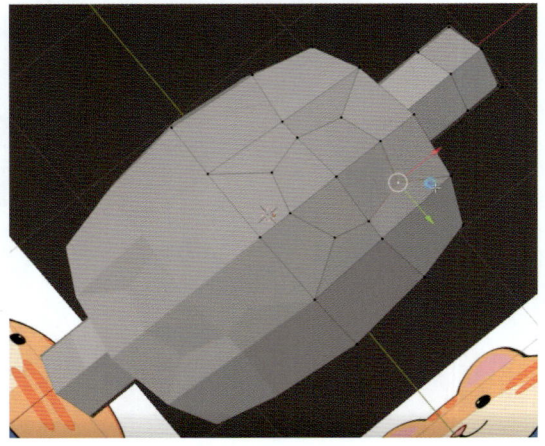

04 다시 Face Select 모드로 돌아와 Face를 다중 선택한 뒤 단축키 [E](Extrude)를 눌러 다리를 추출합니다.

05 숫자 키패드 [1]을 눌러서 정면 뷰로 돌아옵니다. 다리 모양을 다듬겠습니다. Vertex Select 모드로 전환해 아랫 부분 Vertex들을 한꺼번에 선택하고 Rotate 툴로 움직여 평평한 발바닥을 잡아줍니다. 그리고 참고 이미지에 맞게 다리와 연결 부분 모양을 다듬어줍니다.

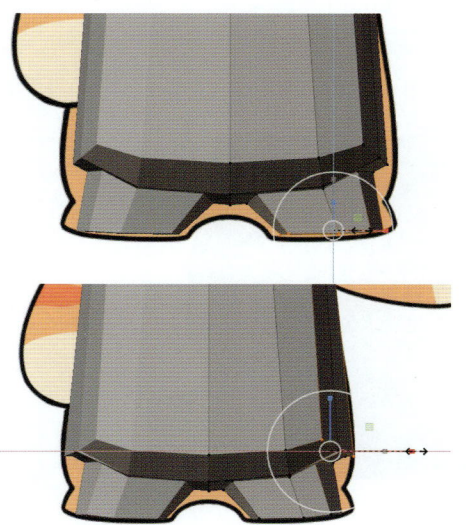

06 다음으로 숫자 키패드 [3]을 눌러 사이드 뷰로 시점을 변경하여, 마찬가지로 Vertex를 움직여서 참고 이미지에 맞춰줍니다.

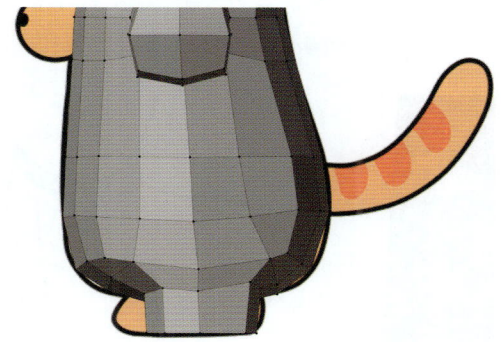

07 애니메이션을 고려해서, 관절을 만들어 주겠습니다. [Ctrl]+[R]로 다리 중간 부분에 와이어를 하나 추가하고 다듬어 줍니다. 이미지와 너무 똑같으면 추후 움직임에 문제가 생길 수 있어서, 참고 이미지와 조금 다르게 마무리하겠습니다.

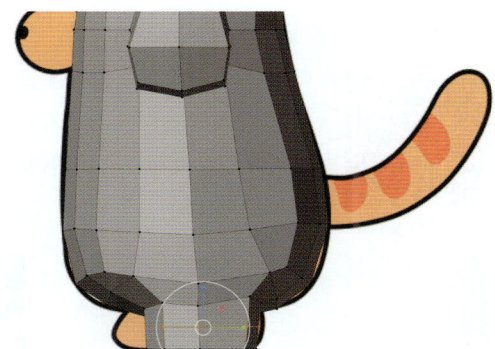

08 　다리 작업까지 다 끝났습니다. 마지막으로 꼬리를 만들어줄 차례입니다. 그런데 꼬리를 만들려고 뷰포트를 뒷모습이 보이는 방향으로 회전시켰더니, 참고 이미지에 가려서 안 보입니다. 뷰포트 오른쪽 아웃라이너 창에서 'Empty' 옆 👁 아이콘을 클릭해 다음처럼 꺼주면, 이미지가 화면에서 사라져 작업 가능한 상태가 됩니다. (앞서 이미지를 불러오기만 하고, 별도로 이름을 지정하지 않았으므로, 이렇게 기본 이름인 Empty로 표시되어 있는 것입니다.)

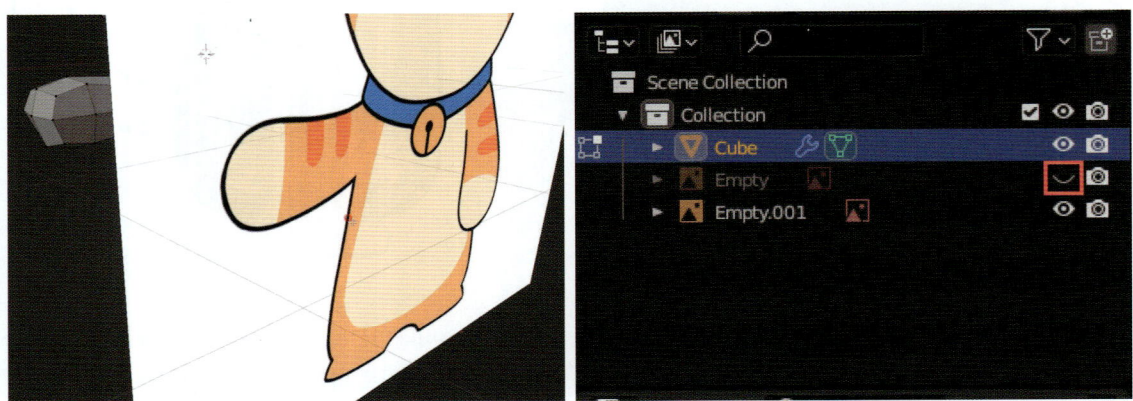

09 　다리를 만들 때처럼 면을 [Inset]해도 되지만, 이번에는 다른 기능을 사용해 보겠습니다. 바로 [Knife]입니다. 왼쪽 툴바에서 🔪 아이콘을 클릭해 활성화합니다. 단축키는 [K]입니다. Knife는 폴리곤에 와이어를 그려서 직접 자르는 기능입니다. (Vertex Select, Edge Select 모드에서 모두 사용 가능합니다.)

영상으로 보는 블렌더 Tip

다음 왼쪽 그림처럼 팔각형 모양이 되도록 적당한 크기로 와이어를 잘라줍니다. 마우스 좌클릭은 자르기, 우클릭은 고정입니다. [Enter] 키를 누르면 오른쪽처럼 주황색 선으로 바뀌면서 적용 완료됩니다.

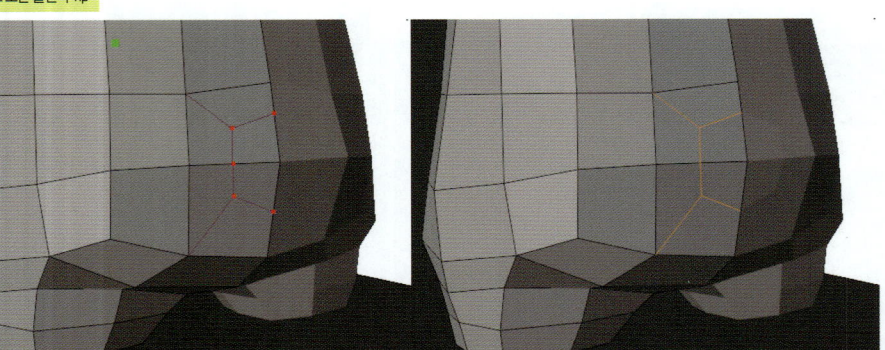

10 다 되었다면 Face Select 모드로 바꾸고 꼬리 면을 선택해 단축키 [E](Extrude)로 꼬리를 추출합니다.

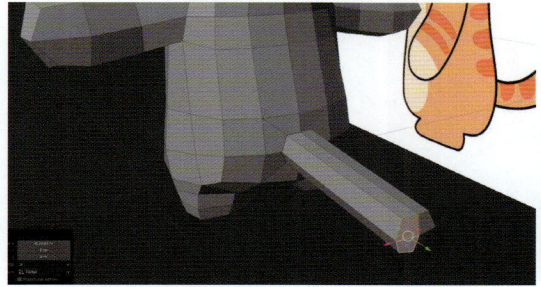

11 꼬리는 옆모습 이미지를 참고해 다듬으면 됩니다. 숫자 키패드 [3]을 눌러 사이드 뷰로 전환합니다. [Scale], [Move], [Rotate] 등의 기능을 사용해 그림의 꼬리와 각도와 길이를 맞춰주세요.
곡선을 표현하려면 Edge가 더 많이 필요합니다. 꼬리 중간 부분에 와이어를 5개 정도 추가하겠습니다. 단축키 [Ctrl]+[R]을 누르고 마우스 휠을 돌려 보면 와이어 수가 늘었다 줄었다 하는 것을 확인할 수 있습니다. 이것을 이용해 5줄을 만들고 마우스 우클릭하면 다음처럼 적용됩니다.

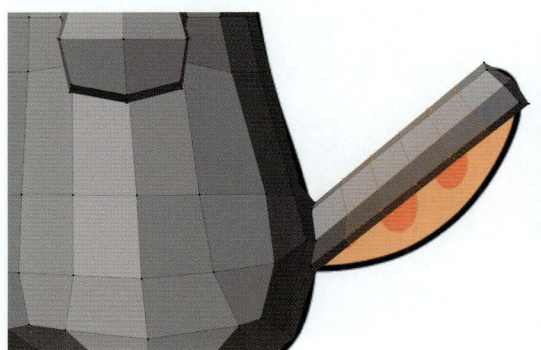

12 이제 ([Toggle X-Ray])를 켜고 꼬리 모양을 다듬겠습니다. 키보드 상단 숫자 [2]를 눌러 Edge Select 모드로 바꾼 뒤에, [Alt] 키를 누르고 Edge를 클릭하면 한 줄의 Edge를 다중 선택할 수 있습니다. 이 상태에서 [S](Scale), [Z](Z축)을 이용해 꼬리의 굵기를 조정하고, [G]로 위치를 변경하면 됩니다. 이 작업을 각 와이어마다 일일이 해줍니다.

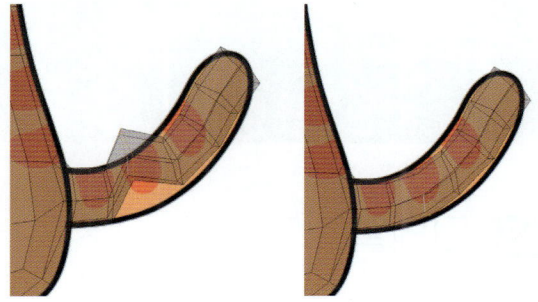

13 마지막으로 꼬리 끝을 다듬습니다. Vertex Select 모드로 바꾸고, Vertex들을 선택해서 그림과 맞춰 뾰족한 모양을 만들어주세요.

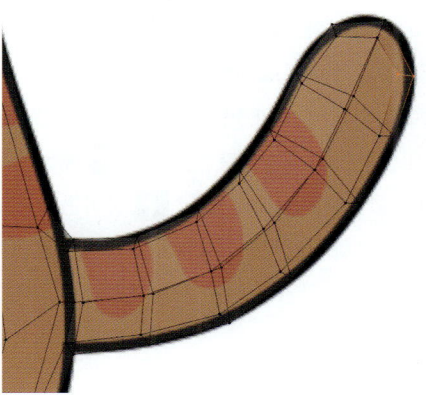

14 ([Toggle X-Ray])를 끄고, 뷰포트를 돌려 가면서 Vertex를 조정해 각지지 않고 둥그스름한 꼬리를 만들어주면 됩니다. 이로써 고양이 몸통까지 다 완성했습니다.

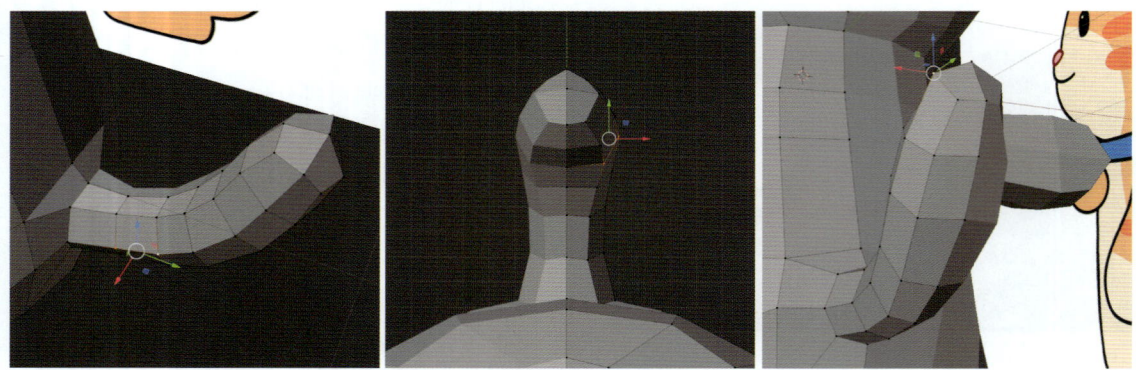

3 디테일

참고 이미지를 보면, 고양이의 눈, 코와 같은 작은 신체 부위나 목걸이 등의 액세서리가 있습니다. 이런 디테일을 모델링으로 만들 것인지, 매핑으로 처리할 것인지 정해야 합니다. 눈은 매핑으로 처리하고, 코와 목걸이는 모델링하겠습니다.

3.1 코

01 현재 얼굴과 몸통은 Mirror, 즉 좌우 대칭으로 작업되고 있습니다. 코나 목걸이는 좌우 대칭으로 작업하지 않을 것이므로, Mirror는 마무리하고 그냥 오브젝트 상태에서 코와 목걸이를 모델링하겠습니다. 고양이를 선택하고, 우측 탭에서 ([Modify Properties])를 클릭하고 Mirror 옆에 아이콘을 눌러 메뉴를 열고 [Apply]를 클릭합니다. 그럼 리스트가 사라지고, 좌우 대칭 작업 중이던 오브젝트가 하나의 오브젝트로 바뀝니다.

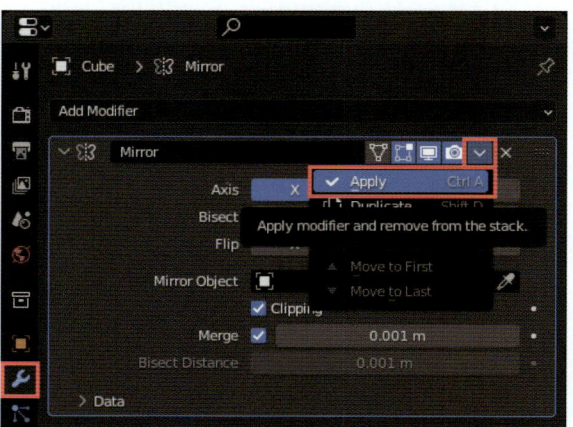

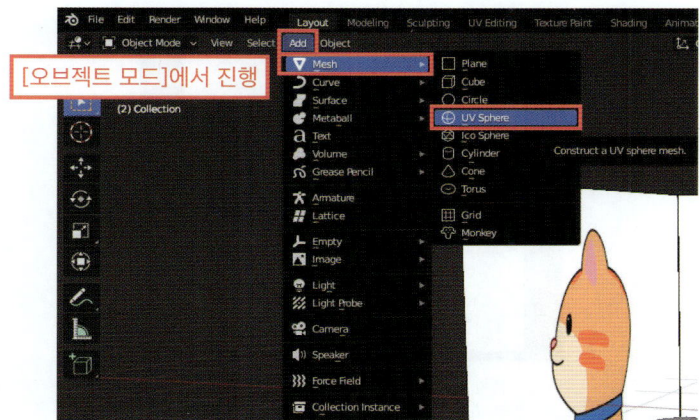

02 [Tab] 키로 오브젝트 모드로 전환합니다. 코를 먼저 만들어 볼까요? 서브 메뉴바에서 [Add] → [Mesh] → [UV Sphere]를 클릭합니다.

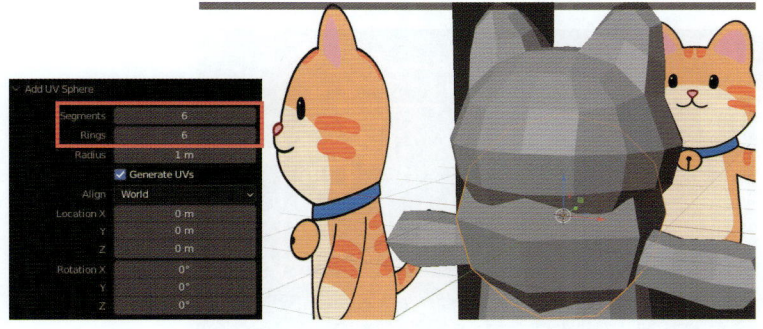

03 화면 좌측 하단에 Sphere에 대한 옵션창이 나타납니다. 여기서 [Segments]는 6, [Rings]는 6으로 설정하여 폴리곤 수를 줄여 코의 기본 형태를 잡습니다.

04 지금은 고양이 본체와 겹쳐 있으므로, 일단 분리해줍시다. 단축키 [G](Move), [Y](Y축)을 사용해 앞쪽으로 이동시킵니다. 또 모양을 생각할 때, 코의 앞쪽에서 와이어가 모이는 편이 좋겠습니다. 오브젝트를 회전시킵니다. 그 상태에서 단축키 [R](Rotate), [X](X축)를 누르고 바로 숫자 키패드에서 '90'을 입력하면 자동으로 X축 방향 90도 회전이 이루어집니다. 마우스를 클릭해 적용 완료하면 다음 그림과 같습니다.

05 코가 될 Sphere인데, 지금은 너무 큽니다. 숫자 키패드 [1]을 눌러 정면 뷰로 전환합니다. 일단 ([Scale])로 크기를 작게 조절한 뒤, 고양이 얼굴 가운데 부근에 위치시켜 주세요. 대략 다음 그림처럼 됩니다.

06 본격적으로 코 모양을 다듬어주겠습니다. 본체 때문에 참고 이미지가 안 보이므로, 우측 상단 아웃라이너의 Cube 옆의 👁 아이콘을 클릭해 잠시 숨겨줍니다.

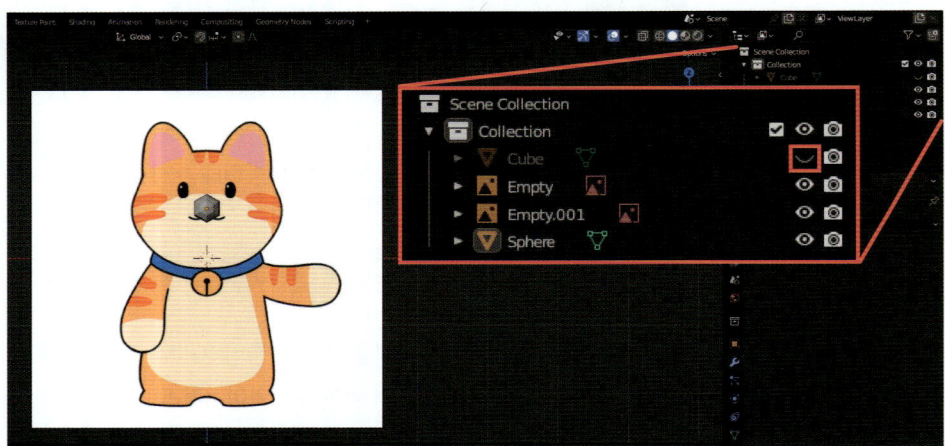

07 [Tab] 키를 눌러 에디트 모드로 전환하고, ([Toggle X-Ray])도 켜줍시다. Vertex Select 모드(키보드 상단 숫자 [1])에서 참고 이미지에 맞춰 Vertex들을 움직여 코의 크기와 모양을 더 세밀하게 다듬어줍니다.

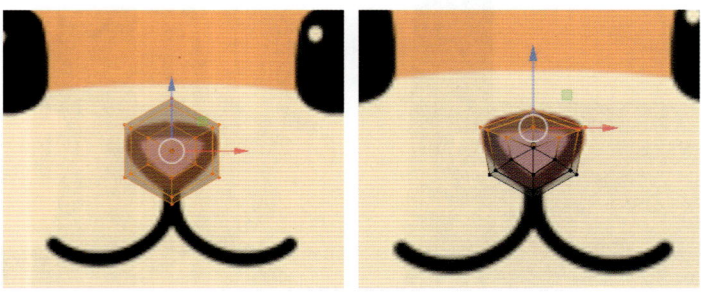

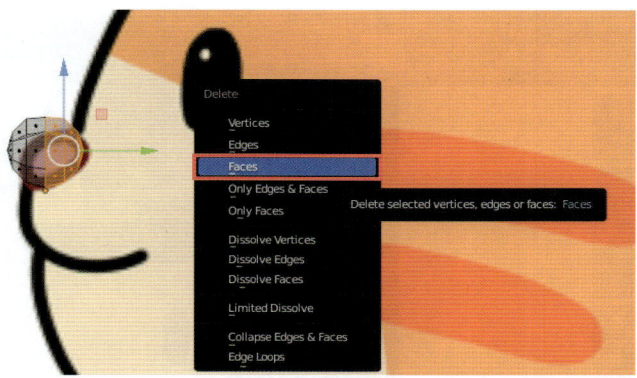

08 숫자 키패드 [3]을 눌러 사이드 뷰로 전환합니다. 마찬가지로 참고 이미지를 보고 위치와 모양을 조정합니다. 필요 없는 뒷부분은 Face Select 모드에서 드래그로 선택하여 [Del] 키를 눌러 없애 줍니다.

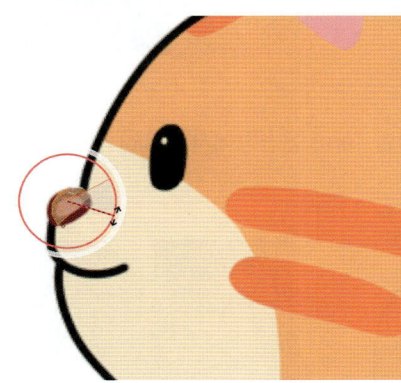

09 코가 살짝 들린 모양이기 때문에, ([Rotate]) 기능으로 살짝 돌려주었습니다.

10 Cube 옆 아이콘을 다시 켜서 고양이 본체를 나타나게 한 뒤에, 뷰포트를 돌려 가며 세부 조정을 거쳐 마무리합니다.

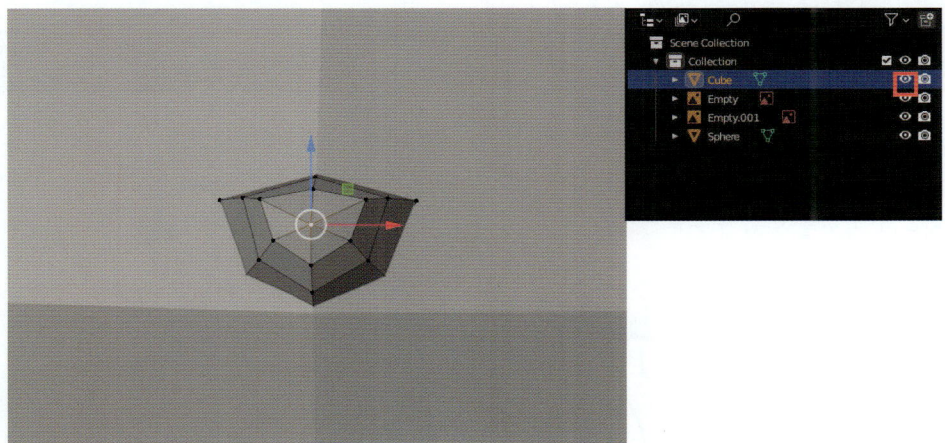

3.2 목걸이

01 이제 목걸이를 만들겠습니다. 오브젝트 모드로 진입하여 서브 메뉴바에서 [Add] → [Mesh] → [Torus]를 차례로 클릭합니다.

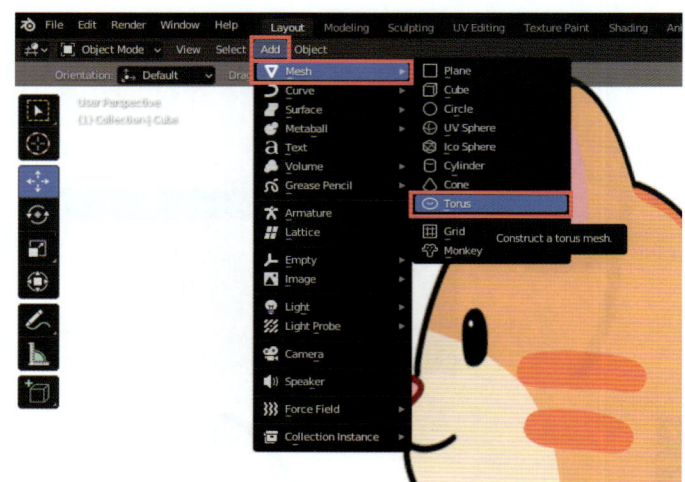

02 목걸이의 기본 모양을 만듭니다. 좌측 하단 Torus 옵션창에서 [Major Segments]는 12, [Minor Segments]는 6으로 설정해줍니다.

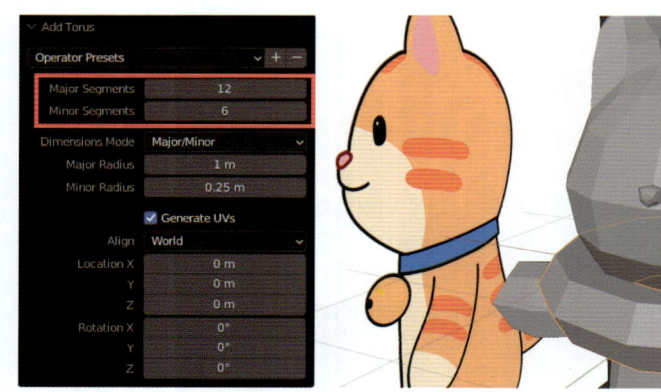

03 고양이의 목에 딱 맞게, 목걸이 오브젝트의 위치와 크기를 조절해 줍니다.

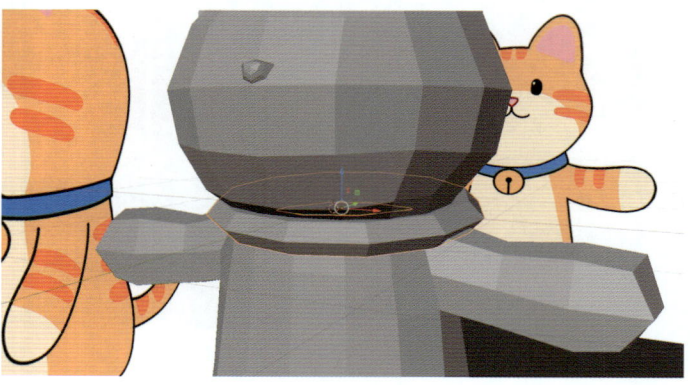

04 그런데, 가운데 Edge는 필요 없습니다. 지워주겠습니다. 에디트 모드에서 키보드 상단 숫자 [2]를 눌러 Edge Select 모드로 전환합니다. 키보드 [Alt] 키를 누른 상태에서 Torus 중간 부분 Edge를 클릭하면 연결된 모든 Edge가 선택됩니다. 이어 [Del] 키를 누르면 [Delete] 옵션 창이 팝업되는데, 여기서 [Dissolve Edges]를 선택하면 선택한 Edge가 지워집니다.

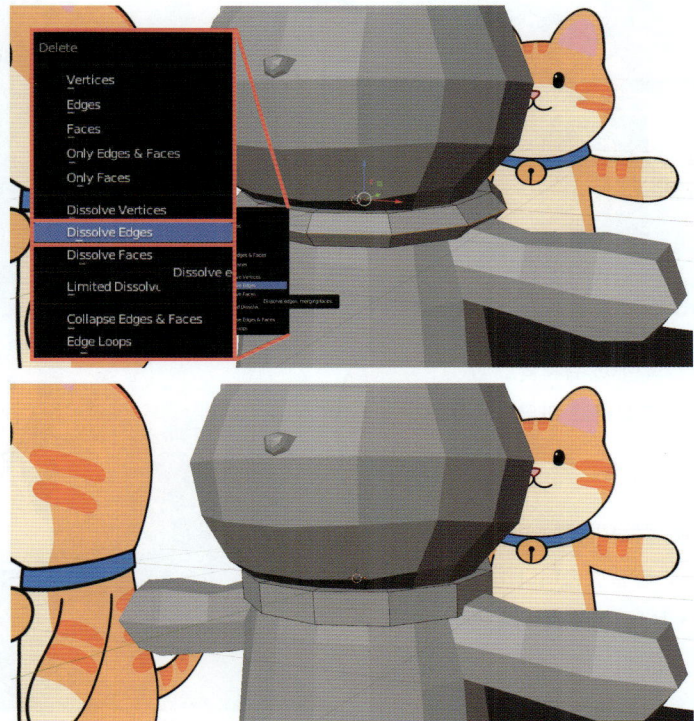

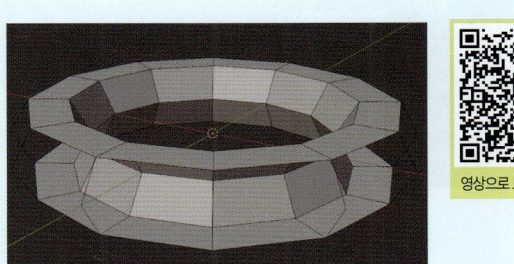

영상으로 보는 블렌더 Tip

만일 [Dissolve Edges] 말고 위쪽의 [Edges]를 선택하면, 옆면까지 전부 지워지므로 주의합시다.

05 코와 마찬가지로 안 보일 부분의 Face는 지워줍시다. 같은 방법으로 안쪽 Edge를 선택하고 키보드 [Del] 키를 눌러 [Delete] 팝업 메뉴를 엽니다. [Vertices]를 선택하면 목걸이 안쪽 면이 전부 지워집니다.

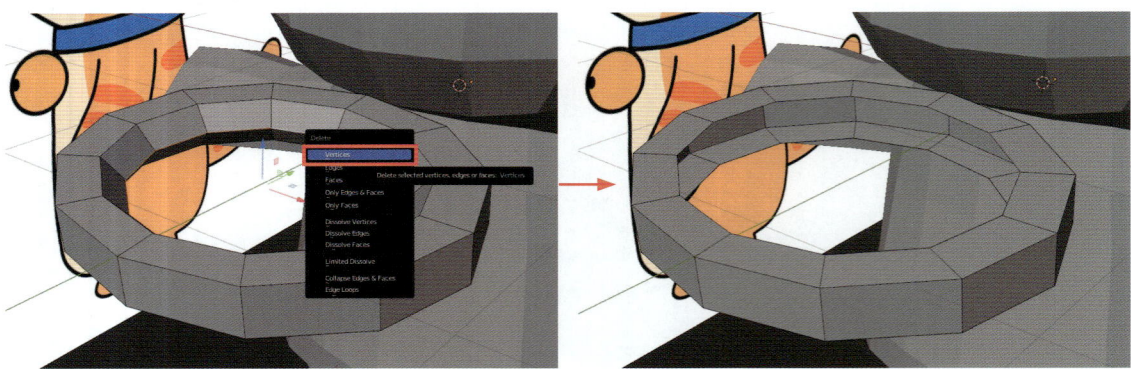

06 뷰포트를 돌려가며 목걸이 위치와 크기를 고양이 목에 잘 맞게 조정하고 마무리합니다.

07 참고 이미지를 보면, 목걸이에는 방울이 달려 있습니다. 방울을 만들겠습니다. 서브 메뉴바에서 [Add] → [Mesh] → [UV Sphere]를 차례로 클릭해 구를 하나 더 추가합니다.

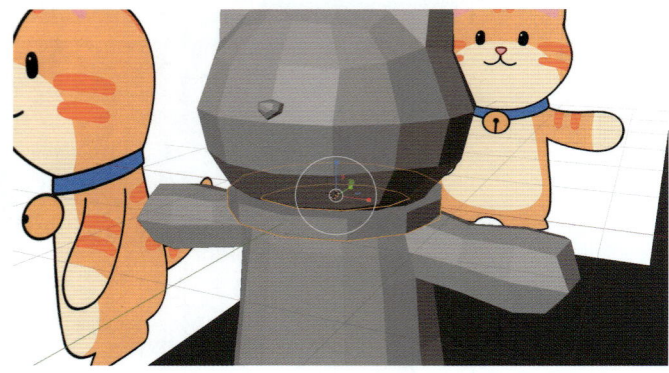

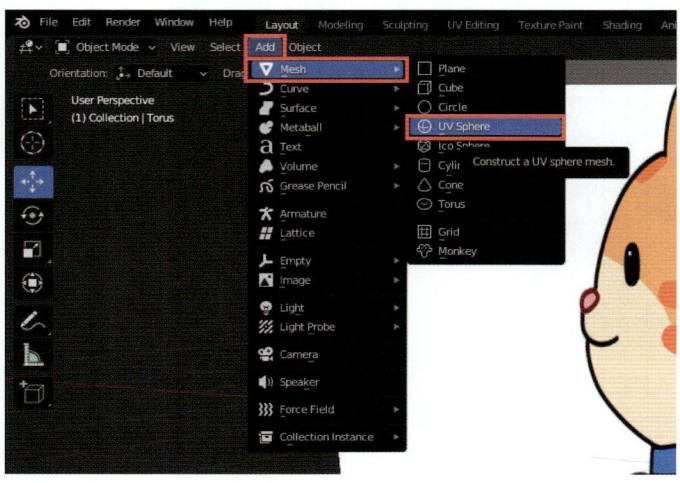

08 UV Sphere 옵션창에서 [Segments]는 8, [Rings]는 8로 설정합니다.

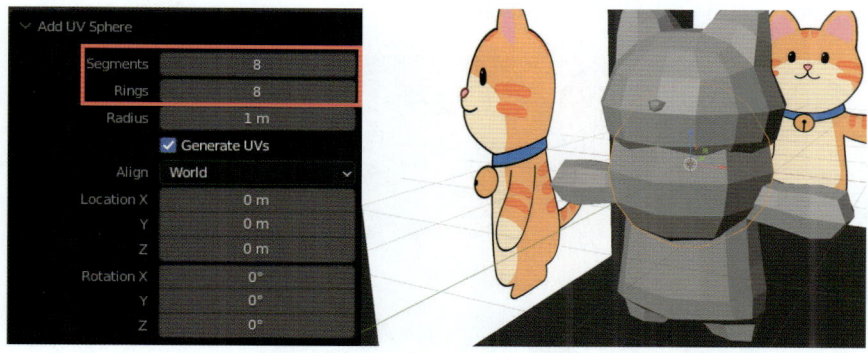

09 정면 뷰로 전환해(숫자 키패드 [1]), ([Scale]) 기능으로 방울 크기를 적당히 줄여줍니다.

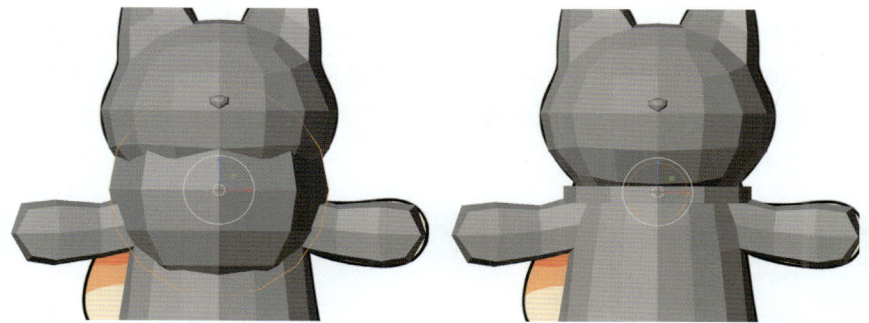

10 다음으로 사이드 뷰(숫자 키패드 [3])로 전환해 참고 이미지에 맞춰 방울을 위치시켜줍니다. 3D인 만큼 이때, 방울이 고양이 안쪽으로 파고들지 않도록 유의합니다.

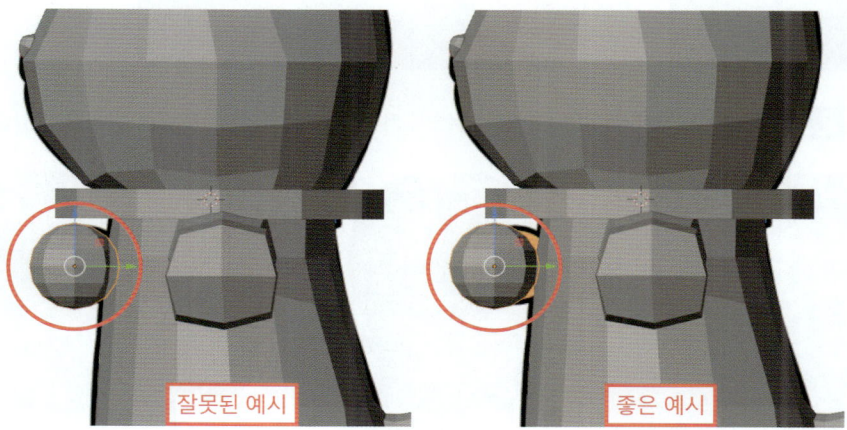

11 참고 이미지를 보면, 목걸이 방울이 살짝 기울어져 있습니다. 이를 따라 자연스럽게 고양이 쪽으로 방울을 기울여 주면, 다음 그림처럼 됩니다.

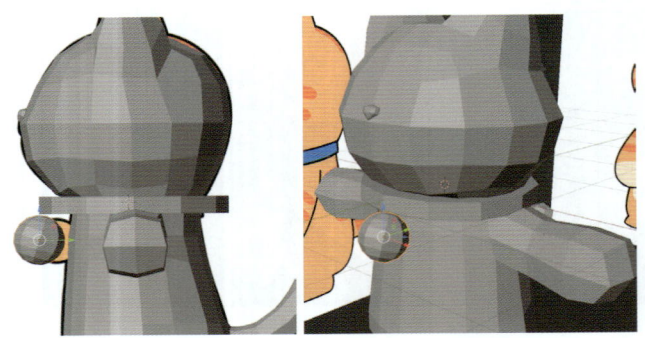

12 그런데 지금은 방울이 허공에 떠 있는 모양새입니다. 참고 이미지에는 없지만 목걸이와 방울의 연결 부위를 추가해 주겠습니다. 목걸이를 만든 것과 같은 방법으로 Torus를 하나 추가합니다. 같은 블렌더 파일에서는 오브젝트의 기존 설정이 유지됩니다. 목걸이에서 변경했던 [Major Segments]는 12, [Minor Segments]는 6으로 수치가 그대로 있음을 확인할 수 있습니다. 이대로 진행하겠습니다.

13 ([Scale])로 크기를 줄이고, 사이드 뷰(숫자 키패드 [3])로 전환해 적절한 위치를 잡아줍니다.

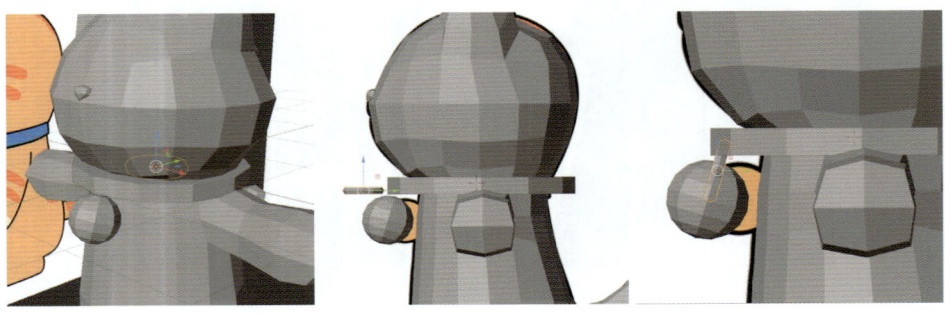

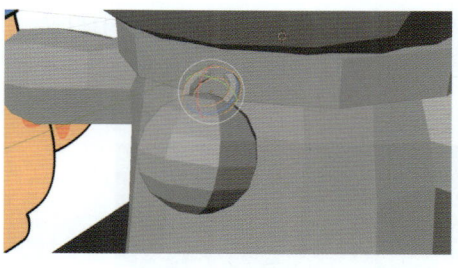

14 ([Rotate])로 연결고리를 회전시켜 목걸이와 방울을 적절히 연결해 줍니다. 필요하면 크기와 위치를 다시 조정해 목걸이에 방울 달기를 마칩니다.

이로써 디테일 작업까지 전부 끝났습니다.

4 모델링 정리

앞서 모델링 작업을 시작할 때, 이 고양이는 캐주얼 게임의 등장 캐릭터라고 했습니다. 게임 모델링의 경우 제작한 모델은 엔진 등에 올려지는 데이터이므로 마지막 정리가 필요합니다. 오브젝트를 하나의 오브젝트로 만들고, 좌표축 정렬 등을 진행하겠습니다.

01 이제 모든 부위를 하나의 오브젝트로 만들겠습니다. 우측 상단 아웃라이너의 Scene Collection을 보면, 현재는 고양이 캐릭터가 5개 부분으로 나눠져 있습니다(참고 이미지 2개 제외). 단축키 [A]를 눌러 모든 오브젝트를 선택합니다. 서브 메뉴바에서 [Object] → [Join]을 선택합니다. Scene Collection을 보면 하나의 오브젝트(Cube)로 합쳐진 걸 확인할 수 있습니다.

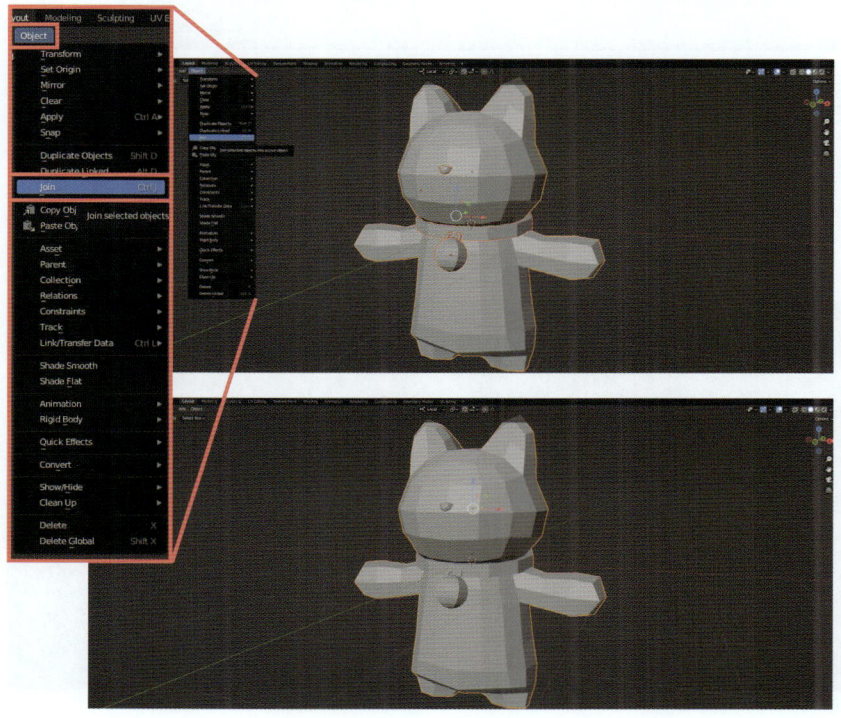

02 지금은 오브젝트가 각져 보입니다. 부드럽게 보이게 하겠습니다. 마찬가지로 서브 메뉴바에서 [Object] → [Shade Smooth]를 선택하면, 각이 사라지고 오브젝트가 부드럽게 보입니다.

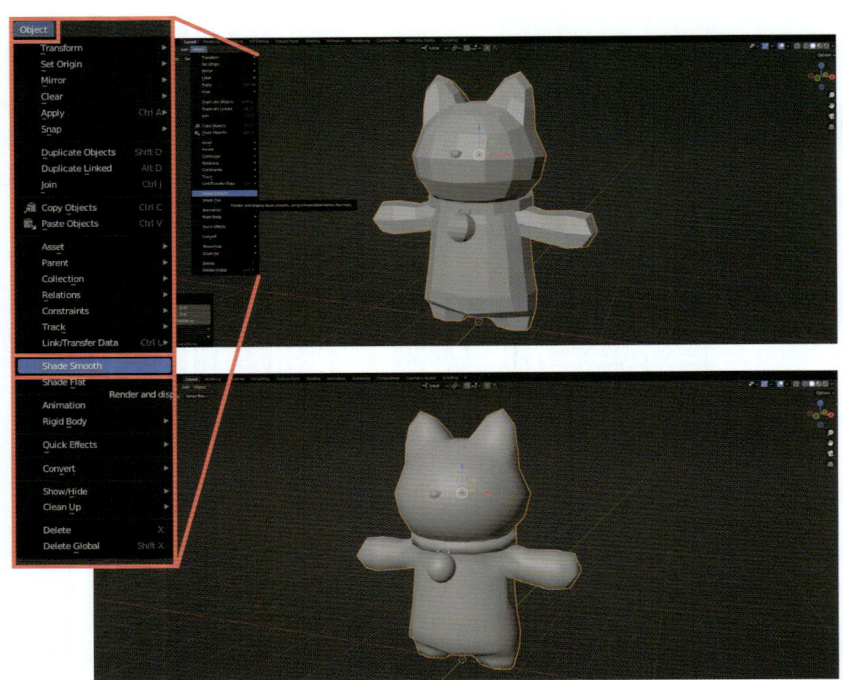

03 폴리곤 수를 확인하겠습니다. 우측 상단의  아이콘 옆의 ∨를 누르면 [Viewport Overlays] 메뉴가 나타납니다. 그중 [Statistics] 박스를 체크하면, 뷰포트 좌측 상단에 폴리곤 수가 표시됩니다. 현재 566 Face입니다. (숫자는 작업 환경에 따라 조금 다를 수 있습니다.)

영상으로 보는 블렌더 Tip
폴리곤 수 확인하기

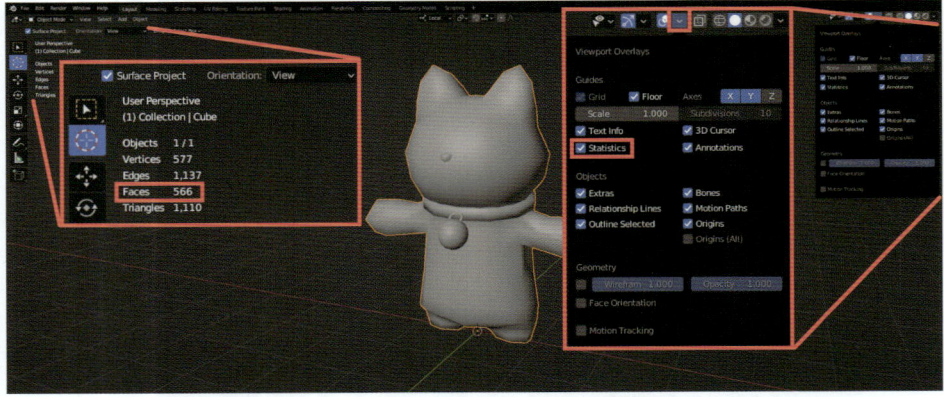

04 윤곽이 더 부드러워지도록, 폴리곤 수를 더 늘려 보겠습니다. 우측 🔧 ([Modify Properties])에서 [Subdivision Surface] 명령을 선택합니다(옵션 변경은 필요 없습니다). 다시 뷰포트 좌측 상단을 보니 폴리곤 수가 2,242로 올랐습니다.

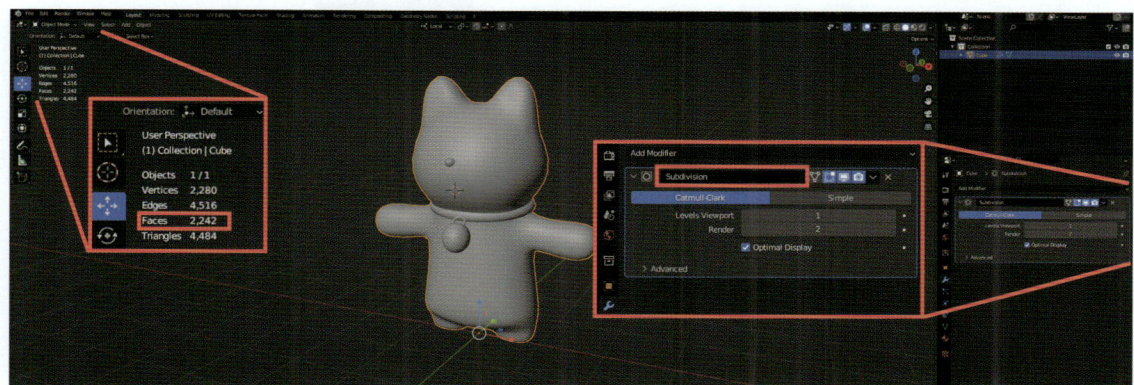

> **tip**
> 폴리곤 수가 많아지면, 더 자연스러운 형태를 표현할 수 있는 반면에 데이터가 무거워집니다(데이터의 용량이 커진다는 뜻입니다). 또한 게임 데이터인 경우에는 폴리곤 수를 되도록 적게 만드는 것(로우폴리곤)이 중요합니다. 게임 작업은 용량과의 싸움입니다. 용량이 작아야 소위 말하는 '렉'이 걸리지 않습니다. 무조건 예쁘게 만드는 애니메이션과 달리 게임은 제한된 용량 안에서 예쁘게 만들어야 하므로 힘든 것입니다.

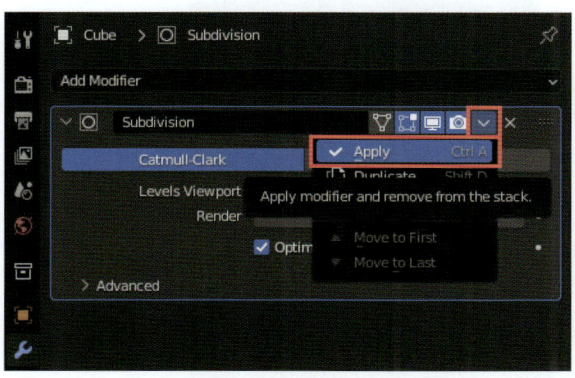

05 여기서는 이 상태로 모델링을 마무리하겠습니다. Subdivision 옵션창의 ⌄ 버튼을 누르고 [Apply]를 클릭해서 [Subdivision] 적용을 완료합니다. 더 부드럽게 보이게 하고 싶으면 완성 후 다시 폴리곤 수를 늘리면 됩니다.

06 고양이 캐릭터를 배경에 위치시키거나 움직임을 구현할 때 문제가 생기지 않도록, 중심점을 재정렬 하겠습니다. 왼쪽 툴바에서 ([Cursor])를 활성화한 뒤, 단축키 [N]을 눌러 오른쪽 View 탭을 열어줍니다. [3D Cursor] 아래 [Location X, Y, Z]에 모두 0을 입력합니다. Cursor가 0,0,0에 위치합니다.

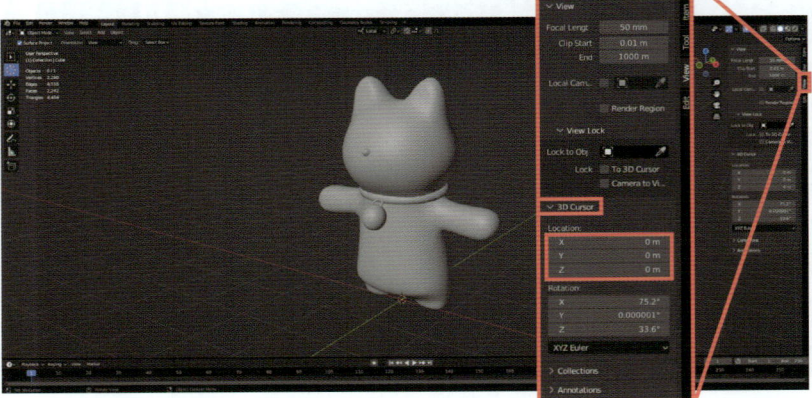

07 이제 이 기준에 맞추어 오브젝트도 정렬합니다. 서브 메뉴바에서 [Object] → [Set Origin] → [Origin to 3D Cursor]를 차례로 클릭해줍니다. 이제 오브젝트를 선택하고 ([Move])를 활성화하면 오브젝트의 좌표축이 0,0,0으로 바뀌어 있습니다.

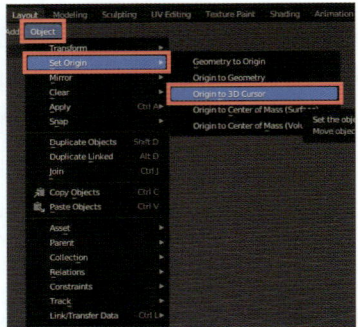

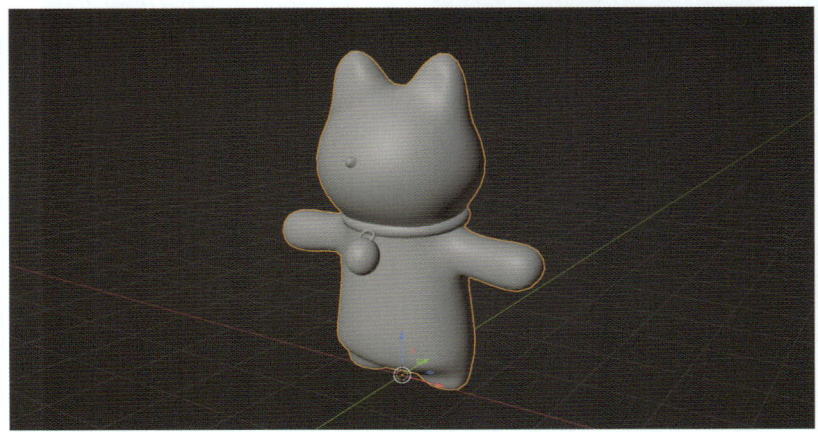

SECTION 02 | UV

모델링 과정을 통해 만든 고양이 캐릭터는 참고 이미지와 달리 아직 색이 없습니다. 텍스처 작업을 위해 고양이 캐릭터의 UV를 진행하겠습니다.

1 Mask Seam

전개도를 펼치기 앞서, 먼저 Seam 작업을 하겠습니다. 이 캐릭터는 좌우 대칭 캐릭터이므로, 전체를 UV 작업할 필요가 없습니다. 반쪽을 지우고, 반쪽만 UV작업을 진행하겠습니다. 이것이 가능한 이유는, 작업의 대칭 복사(Mirror)가 지원되기 때문입니다.

01   완성된 고양이 모델링을 정면 뷰로 위치시키고 시작합니다. [Tab] 키를 눌러 에디트 모드로 바꿉니다. Face Select 모드(키보드 상단 숫자 [3])에서 드래그해서 고양이 반쪽을 선택해줍니다. 이때 우측 상단 ([Toggle X-Ray], 단축키 [Alt]+[Z])를 켜서 드래그할 때, 뒷부분 Face도 한번에 선택되도록 합니다.

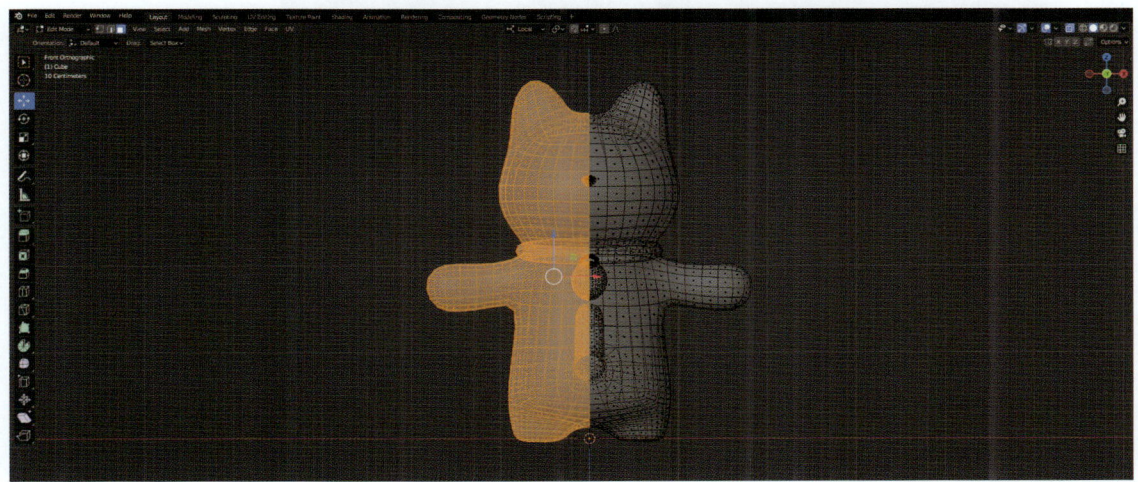

02 키보드 [Del] 키를 누르고, [Delete] 팝업 메뉴에서 [Faces]를 선택해 절반을 지워줍니다. 코나 목걸이 등은 미처 덜 지워질 수 있으므로, 오브젝트를 확대해 돌려 가면서 확인해 똑같이 절반씩 깔끔하게 지웁니다.

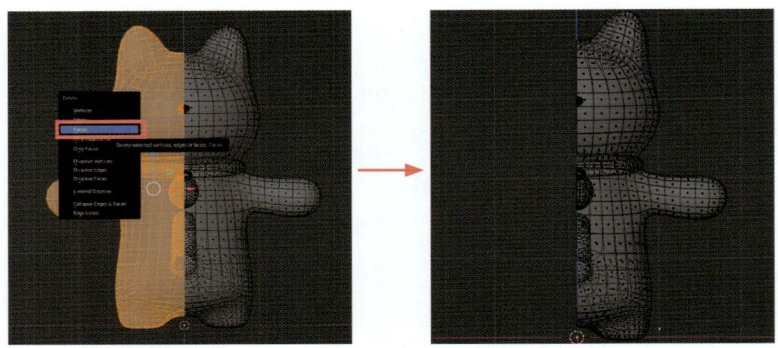

03 이제 UV 작업을 시작하겠습니다. 남은 절반을 드래그해 선택하고, 상단 메뉴바에서 [UV Editing]을 누릅니다. 화면이 좌우로 분할되면서 왼쪽은 2D 뷰, 오른쪽은 3D뷰가 됩니다. 2D 뷰를 보면 현재는 UV가 제대로 펼쳐지지 않은 상태입니다(서로 겹쳐 있습니다).

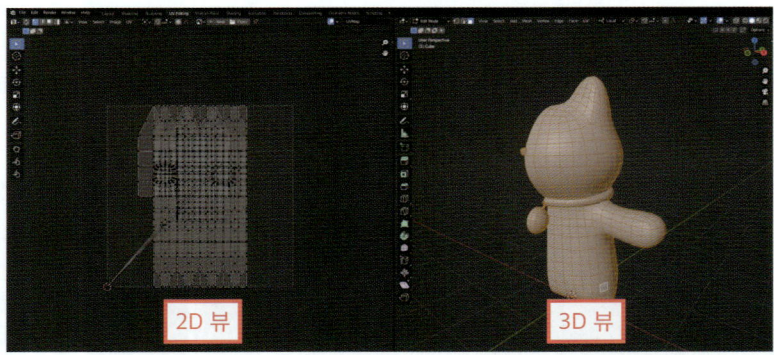

04 우측 3D 뷰에서 Mask Seam 작업을 하겠습니다. 3D뷰는 에디트 모드입니다. Edge Select 모드(키보드 상단 숫자 [2])에서 그림처럼 목 둘레의 Edge를 선택합니다. 키보드 [Alt] 키를 누른 상태에서 클릭하면 연결된 Edge가 모두 선택됩니다.

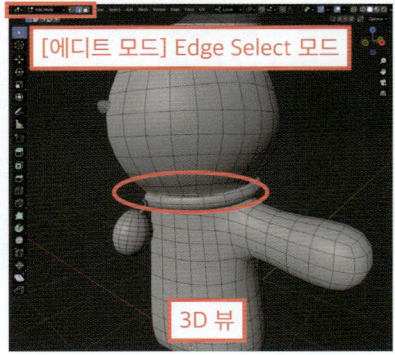

05 서브 메뉴바에서 [UV] → [Mask Seam] 명령을 차례로 클릭하면 선택한 Edge가 Seam 으로 바뀝니다. (Edge는 주황색, Seam은 빨간색으로 표시됩니다.)

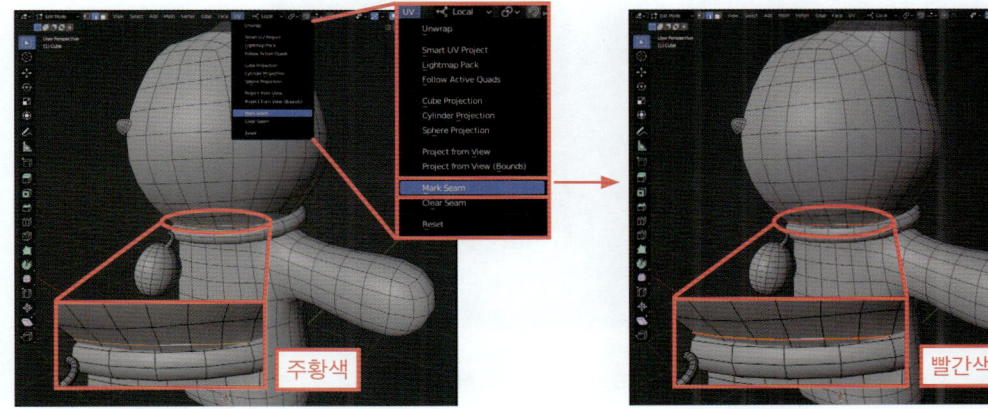

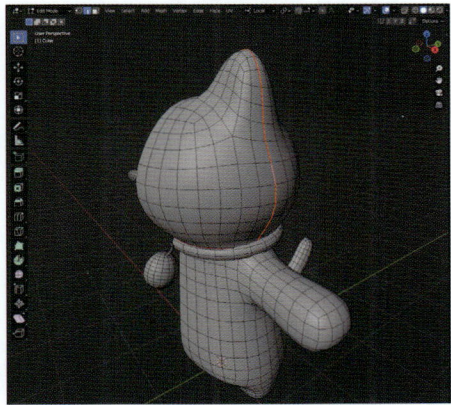

06 04~05와 같은 방법으로 얼굴 옆의 세로 Edge를 Seam 작업해 앞뒤를 나눠줍니다.

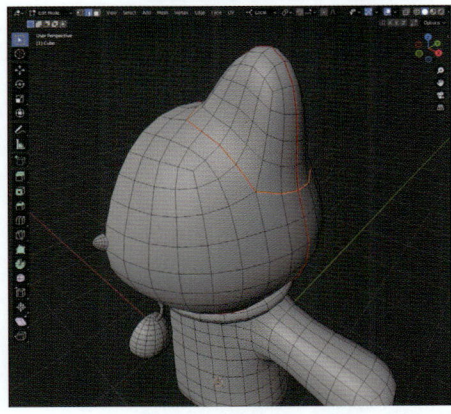

07 귀도 얼굴과 분리되어야 합니다. 귀 뿌리 둘레를 Seam 작업해줍니다. [Shift] 키를 누른 상태로 Edge를 다중 선택하면 편하게 작업할 수 있습니다.

08 마찬가지로 팔과 몸통 연결 부분도 나누고, 손도 추가로 나눠줍니다.

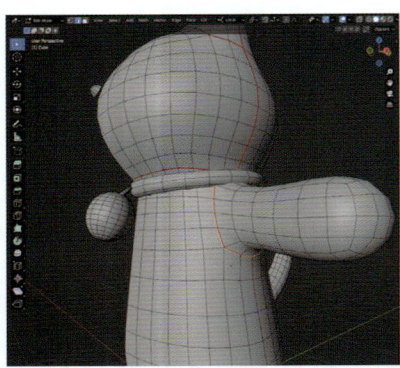 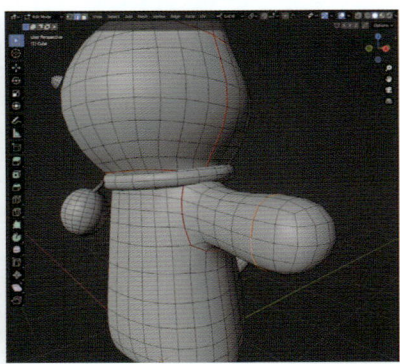

09 텍스처 작업을 위해 팔도 펼쳐야겠지요. 팔의 Seam 작업을 합니다. 가능하면 바깥에서 안 보이는 부분으로 Seam 작업을 하는 게 좋습니다. 손도 잘 펼쳐지도록 그림처럼 모서리 부분을 나눠줍니다.

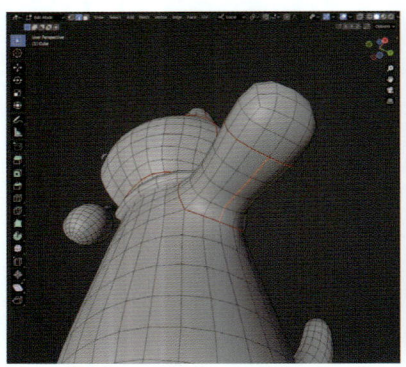 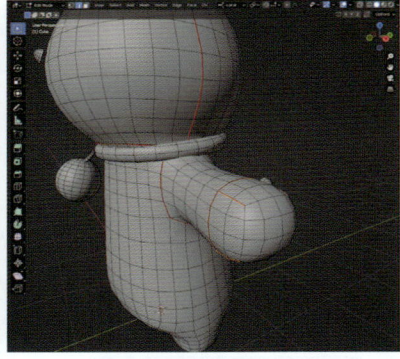

10 팔에 이어, 다리 쪽을 진행하겠습니다. 먼저 몸통과 다리를 나눠줍니다. 발바닥도 나눠줍니다.

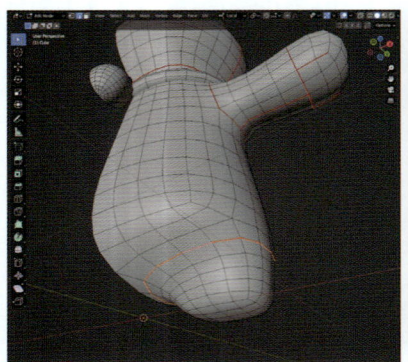 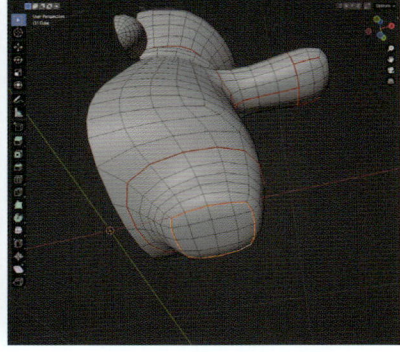

11 팔과 마찬가지로, 안 보이는 쪽으로 다리의 Seam 작업을 해 줍니다. 그림처럼 몸통 아래까지 이어서 나눠 줍니다.

14 디테일도 똑같이 Seam 작업이 필요합니다. 먼저 목걸이 방울 연결고리의 안쪽 Edge를 Seam 작업합니다. 방울도 마찬가지로 Seam 작업을 합니다.

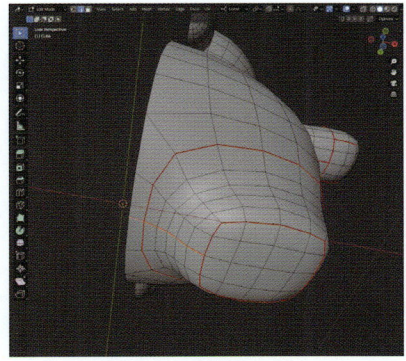

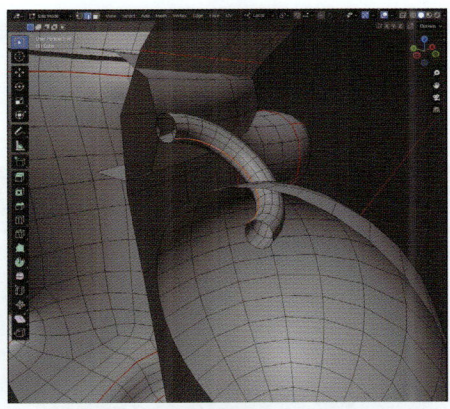

12 몸통 옆 부분도 앞뒤로 나눠 줍니다.

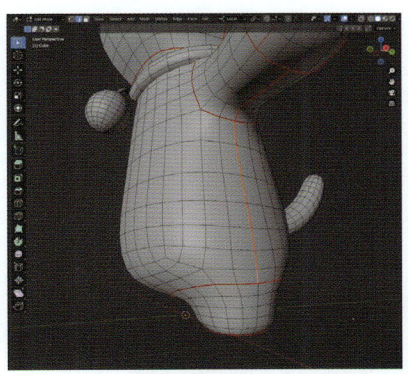

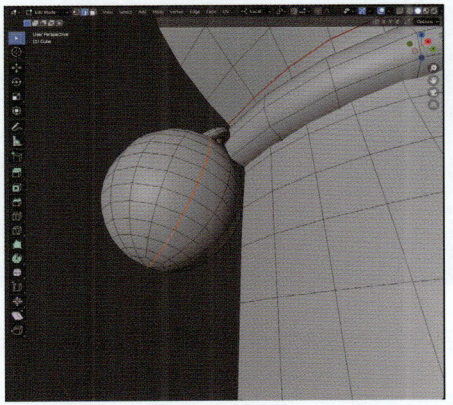

13 귀여운 꼬리를 빼놓을 순 없겠죠? 이어서 꼬리도 Seam 작업을 합니다.

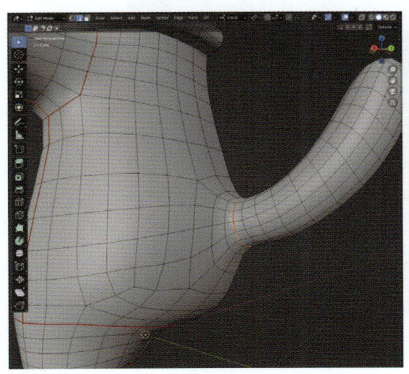

한눈에 보는 작업 과정, 고수의 뷰! (04~13단계)

2 Unwrap

모든 Seam 작업이 끝났습니다. 이제 재단한(Seam) 부분을 펼쳐 보겠습니다.

01 마우스 드래그로 고양이 오브젝트를 전체 선택한 뒤, 서브 메뉴 바에서 [UV] → [Unwrap] 명령을 선택합니다. 이때 ([Toggle X-Ray])를 켜야 뒤쪽까지 전부 선택할 수 있습니다. 유의하세요.

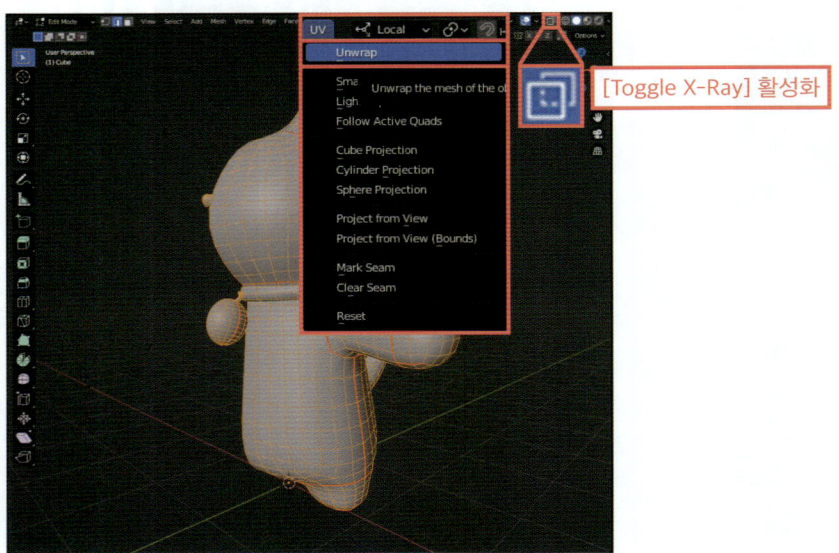

02 왼쪽 2D 뷰를 보면 앞서 Seam 작업한 대로 Face들이 자동으로 펼쳐지는 것을 볼 수 있습니다.

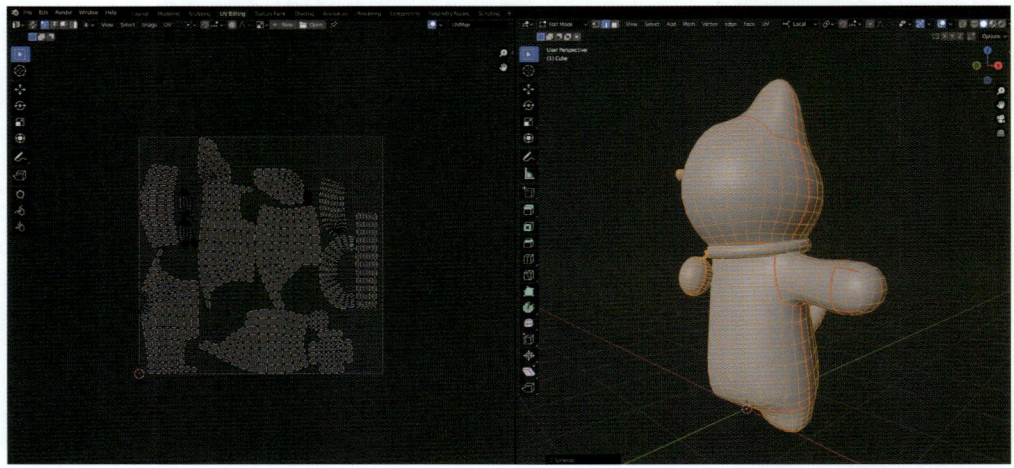

03 2D 뷰에서 펼쳐진 조각을 모두 선택한 뒤, 서브 메뉴바에서 [UV] → [Pack Islands] 명령을 차례대로 선택하면 크기와 위치가 최적화되어 재조정됩니다.

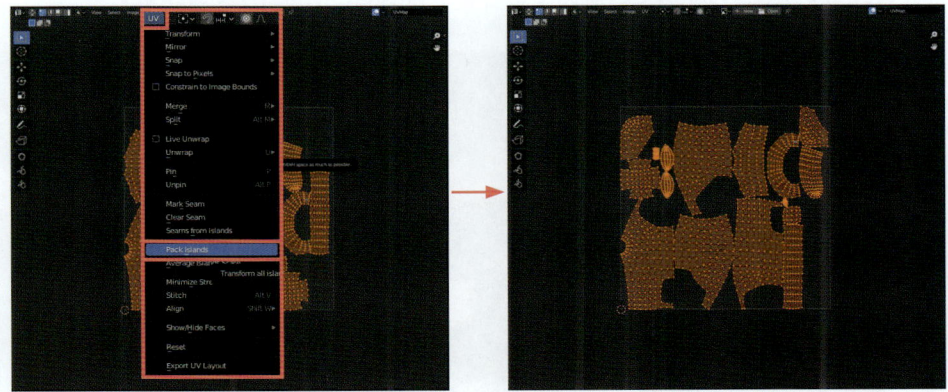

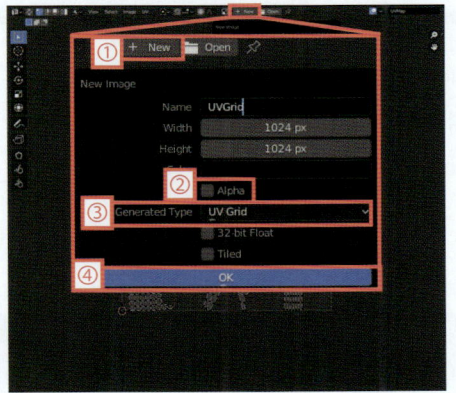

04 제대로 펼쳐졌는지(UV 작업이 제대로 되었는지) 체크맵을 적용해보겠습니다. 2D 뷰 우측 상단 ➕ New 버튼을 클릭합니다. Name에는 'UVGrid'로 적고(아무렇게나 적어주세요), [Alpha]는 체크 해제합니다. [Generated Type]을 [UVGrid]로 하고 [OK]를 눌러 마무리합니다.

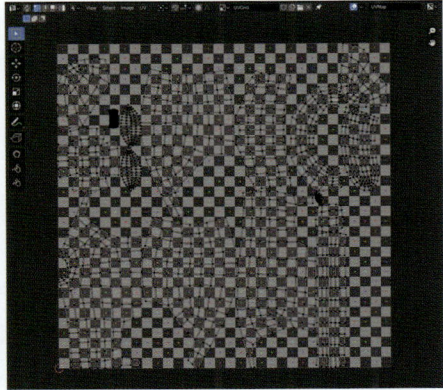

05 바탕이 체크맵으로 바뀌었습니다.

06 3D 뷰에서도 체크맵이 보이도록 하겠습니다. 전체 화면 우측 메뉴에서 ![icon]([Material Properties]) 아이콘을 클릭한 뒤 [New] 버튼을 누릅니다. 그럼 다음 그림의 오른쪽처럼 Material 창이 열립니다. Base Color 옆 노란색 점을 클릭하고, [Image Texture]를 선택합니다.

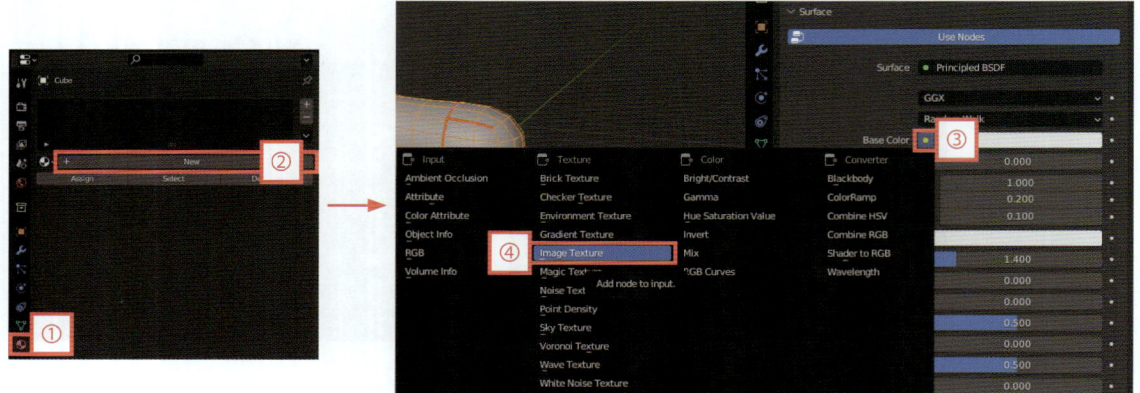

07 아래 생겨난 ![icon]([Browse Image to be linked]) 아이콘을 눌러 앞서 2D 뷰에서 만든 [UVGrid]를 선택합니다. 3D 뷰에도 체크맵이 적용됩니다. 이때 우측 상단의 ![icon]([Viewport Shading]) 토글이 활성화되어 있어야 바로 보입니다.

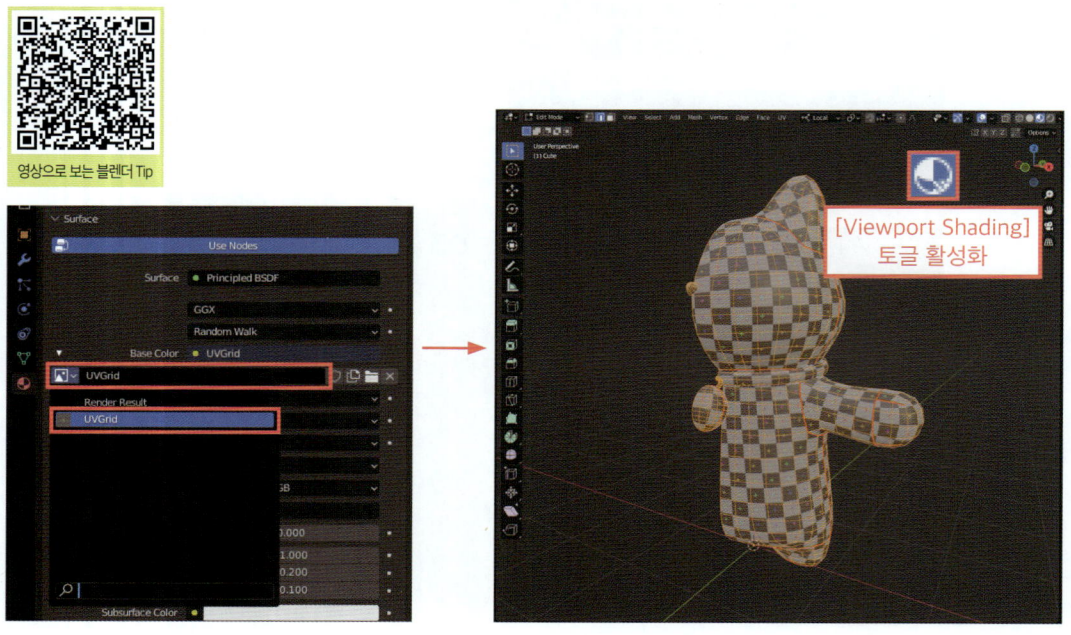

08 시작하면서 지웠던 반대쪽 Face를 만들겠습니다. 🔧([Modify Properties])에서 Mirror 명령을 선택합니다. 반대쪽 절반의 Face가 나타납니다. 이때 중앙 부분이 합쳐지도록 [Clipping]에 체크해줍니다.

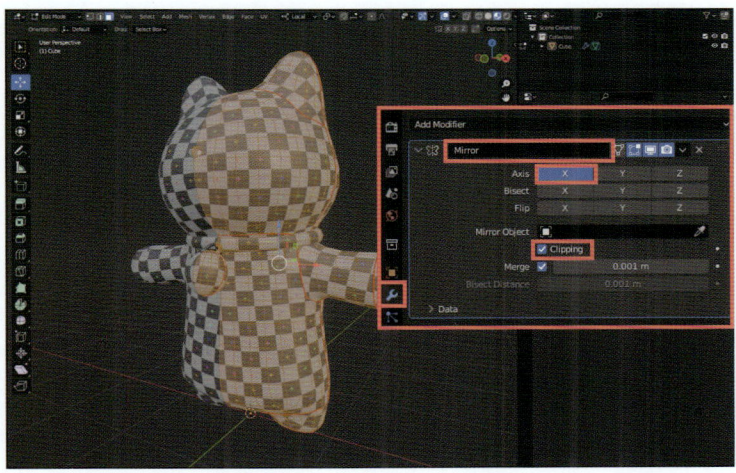

🔴 **주의** 간혹 사이가 벌어지는 경우가 있는데, 이때는 처음 절반을 지울 때 제대로 지우지 못했거나 이후 오브젝트의 위치가 변경된 것이므로, 다시 확인해서 작업하길 바랍니다.

09 ⌄ 아이콘을 눌러 드롭다운 메뉴를 열고, [Apply]를 눌러 하나의 오브젝트로 만듭니다. 오브젝트 모드여야 Apply 명령이 활성화되니 주의하세요.

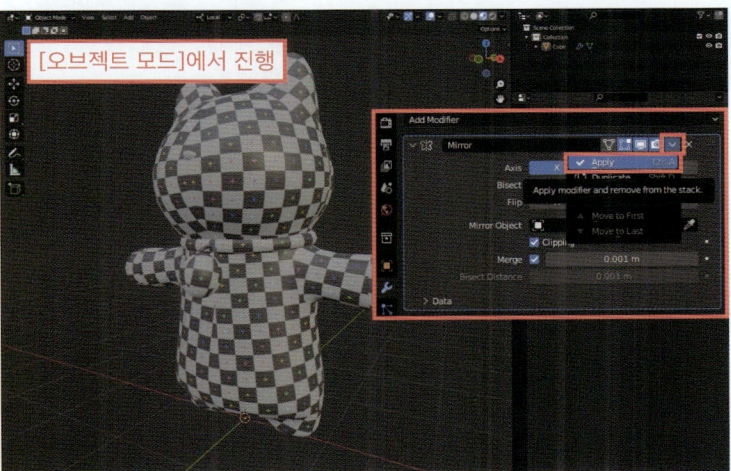

10   UV 작업이 끝났습니다. UV 작업이 끝나면 다음과 같은 부분을 체크하고 잘못된 부분은 다시 수정합니다.

- 첫째, 체크맵이 정사각형으로 보이는가?
- 둘째, 체크맵 크기는 균일한가?
- 셋째, 빈 공간이 없이 잘 정리되어 있는가?

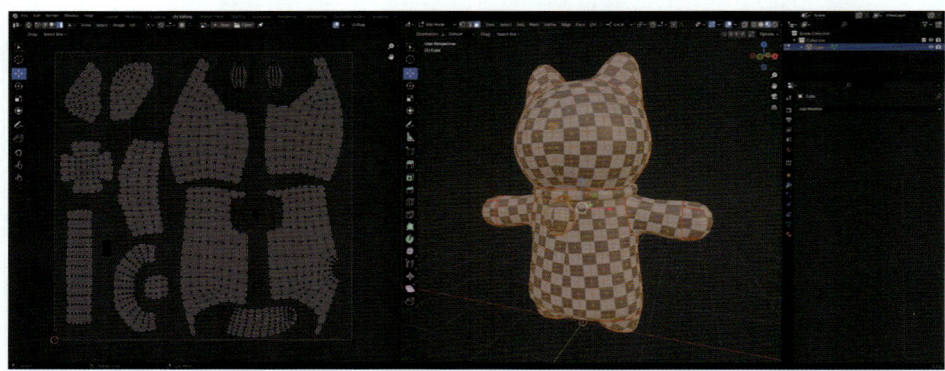

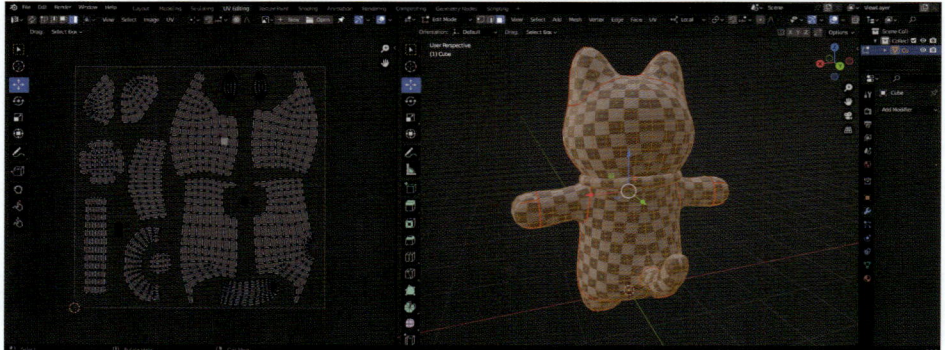

정리

영상으로 보는 블렌더 Tip

2D 뷰 Face가 잘 보이지 않을 때에는 상단 ❌ 를 누르면 체크맵이 없어집니다.

다시 체크맵을 적용시키려면 🖼 ([Browse Image to be linked])를 눌러 [UVGrid]를 선택하면 됩니다. 3D 뷰에서도 마찬가지입니다.

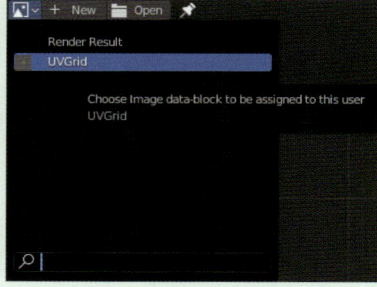

SECTION 03 | Textures

텍스처 작업을 진행하겠습니다. 보통 텍스처 작업을 포토샵과 같은 프로그램에서 진행하지만, 블렌더에서는 자체적으로 채색이 가능합니다. 블렌더 3D의 Texture Paint 기능을 이용해서 채색 작업을 진행하겠습니다.

1 Texture Paint

Texture Paint를 이용해 채색 작업을 진행하겠습니다.

01 UV가 완료된 상태에서, 바로 상단 메뉴바에서 [Texture Paint] 탭을 클릭합니다. UV Editing과 마찬가지로 2D 뷰와 3D 뷰로 분할된 화면이 나타납니다.

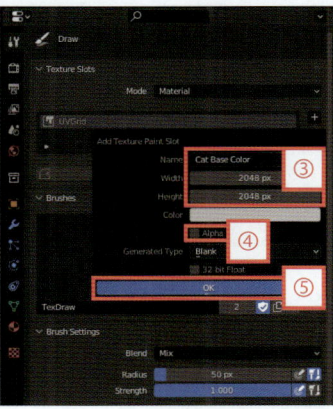

02 먼저 오른쪽 ([Active Tool and Workspace settings]) 탭에서 + 버튼을 눌러 [Base Color]를 추가합니다. [Add Texture Paint Slot]에서, Name을 Cat Base Color로, 사이즈는 가로세로 2048px로 지정합니다. 알파 이미지가 아니므로 [Alpha]는 체크 해제하고, [OK] 버튼을 클릭해 완료합니다.

03 색상을 변경하지 않았으므로 기본색인 회색이 채색됩니다.

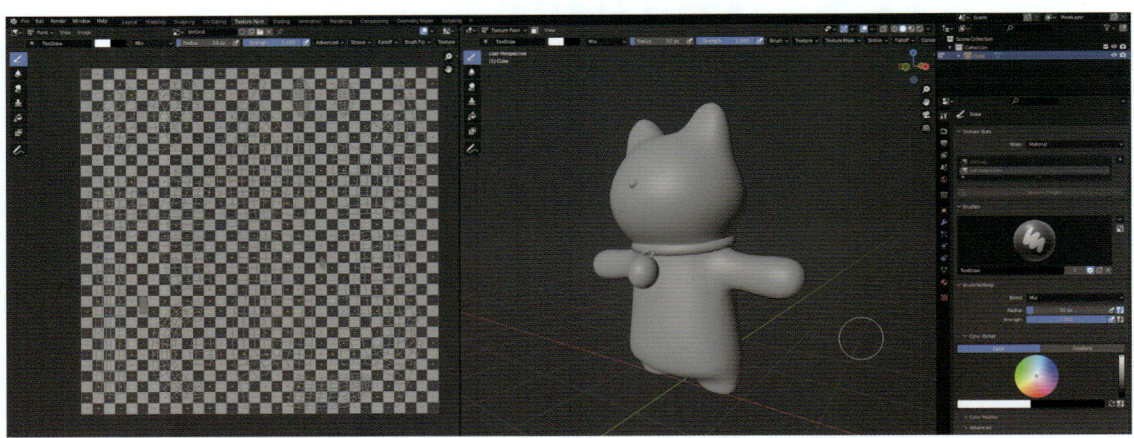

04 그런데 2D 뷰에는 색이 안 보이네요. [Tab] 키를 눌러 에디트 모드로 바꾸고 단축키 [A]로 모든 Face를 선택한 다음, 다시 [Tab] 키를 눌러 Texture Paint 모드로 돌아오면 2D 뷰도 회색으로 채색되어 보이게 됩니다.

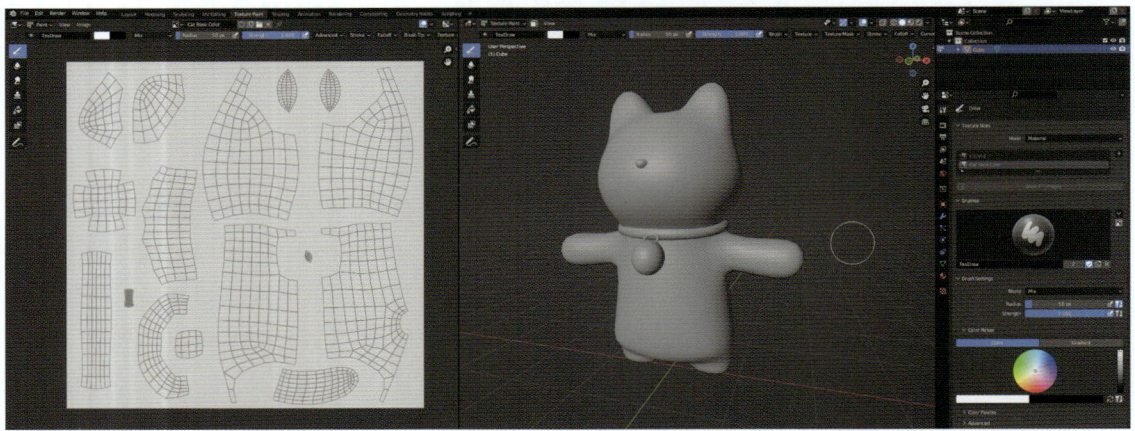

05 Texture Paint 작업하기 앞서 이후 작업 시 데이터가 헷갈리지 않게 아웃라이너 창의 [Scene Collection]에서 Cube를 더블 클릭해서 'Cat'으로 이름을 변경해줍니다.

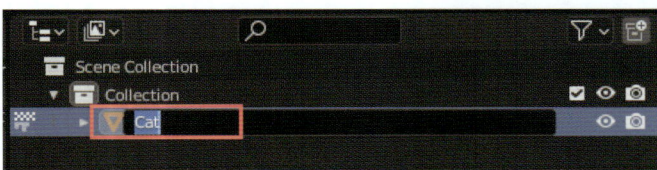

06 색을 참고하기 위해 모델링 시 사용했던 참고 이미지를 불러오겠습니다. 먼저 우측 상단의 ([Editor Type])을 클릭해서 아웃라이너를 [Image Editor]로 바꾸어 줍니다.

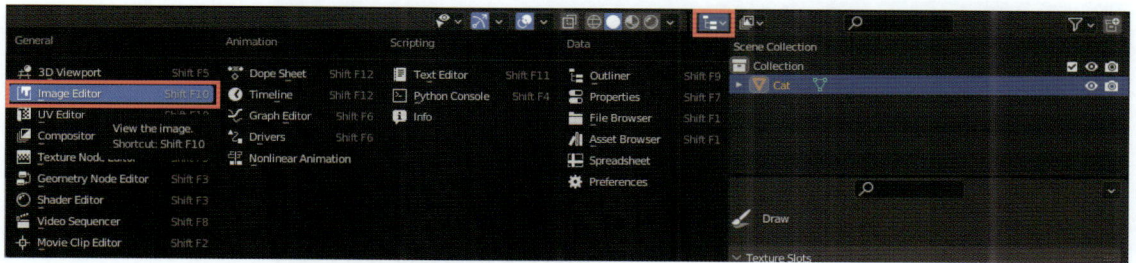

07 2D 뷰 화면 상단의 [Open] 버튼을 눌러 이전 모델링 시 사용했던 cat_front.jpg 파일을 불러옵니다. ([Show Overlay]) 토글은 잠시 꺼줍시다.

08 기본 색상부터 채색하겠습니다. 우측 ([Active Tool and Workspace Settings]) 탭에서, [Brush Settings] → [Color Picker]를 차례로 선택한 후에 메뉴의 흰색 컬러 바를 클릭합니다. 팝업창에서 아이콘을 클릭하고, 위쪽 참고 이미지의 바탕색 부분을 클릭합니다. 그러면 컬러 바에 해당 색상이 추출됩니다.

한눈에 보는 작업 과정,
고수의 뷰! (01~09단계)

09 ([Fill]) 툴을 선택하고 3D 뷰에서 오브젝트를 클릭하면 선택한 색이 오브젝트에 적용됩니다.

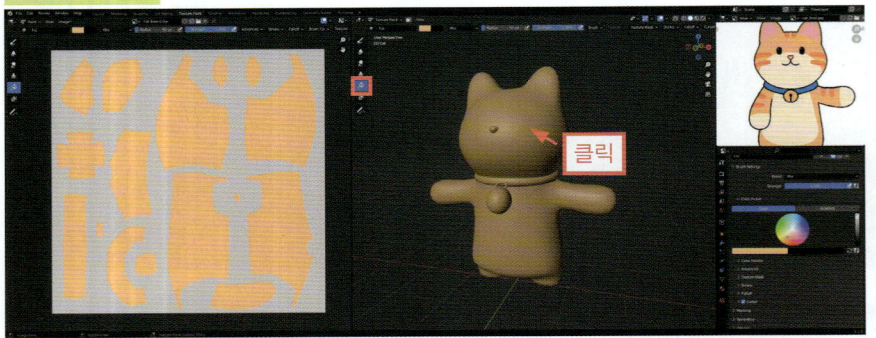

10 이번에는 목줄을 파란색으로 설정해 보겠습니다. 같은 방법으로 컬러 바를 파란색으로 바꾸고 2D 뷰에서 ([Fill])로 목줄 부분을 클릭하면, 목줄 부분에만 파란색이 적용됩니다. UV가 분리되어 있기 때문입니다.

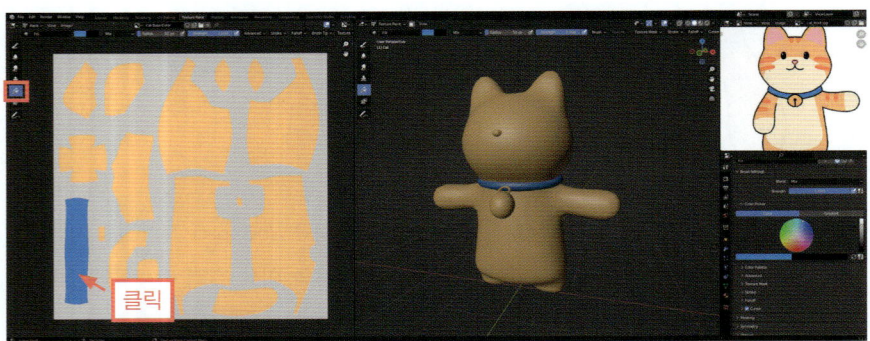

11 같은 방법으로 참고 이미지에서 방울, 손, 코 등의 색을 따와서, ([Fill])을 이용해 색을 채워줍니다.

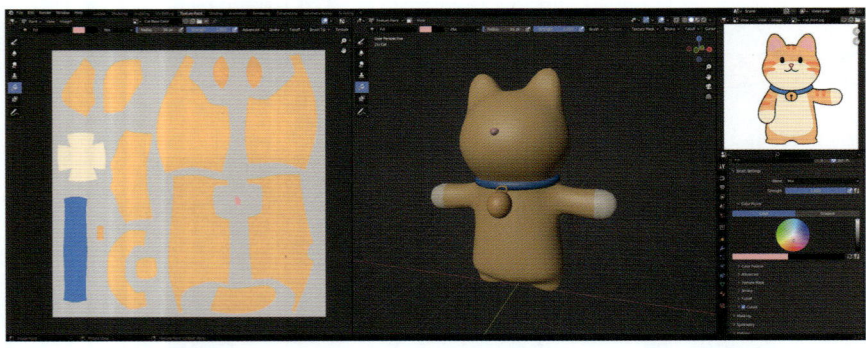

12 이제 나머지 부분은 무늬나 문양을 직접 그려 주겠습니다. 상단이나 우측에 위치한 [Brush Settings]에서 브러시의 [Radius(크기)], [Strength(세기)]를 조정해서 채색해 줍니다. 단축키는 크기 조정은 [F], 세기 조정은 [Shift]+[F]입니다. 또는 키보드 [,(쉼표)] 키를 이용해서 크기를 조정할 수도 있습니다.

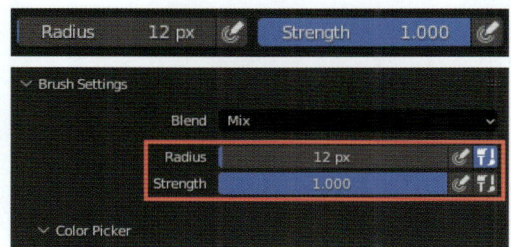

13 3D 뷰에서 ([Draw]) 툴을 선택하여 얼굴과 배 부분 라인을 그려줍니다.

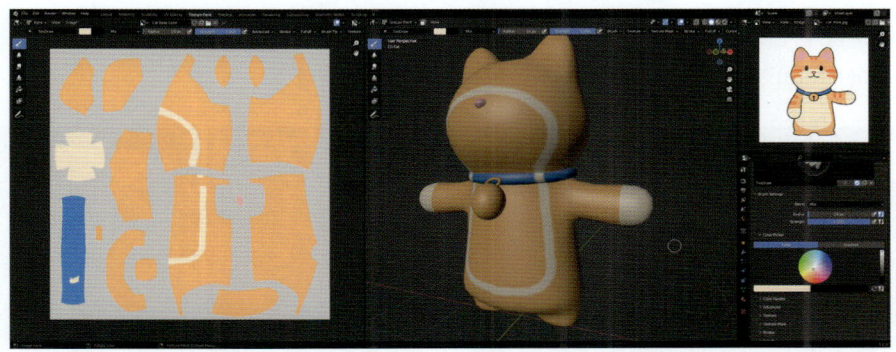

14 안쪽 부분을 채워줍니다.

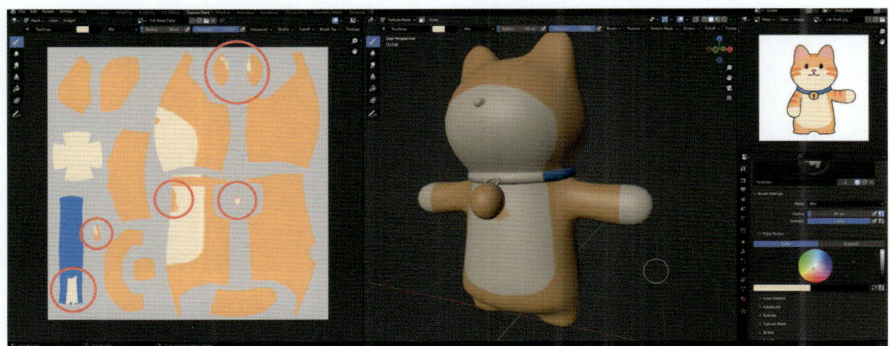

15 목줄에 가려져서 덜 칠해진 부분은 2D 뷰에서 채색해 줍니다. 채색하다가 잘못 채색된 부분은 다시 바탕색을 ([Fill]) 툴로 채워 없애든지, ([Draw]) 툴로 수정해 주면 됩니다.

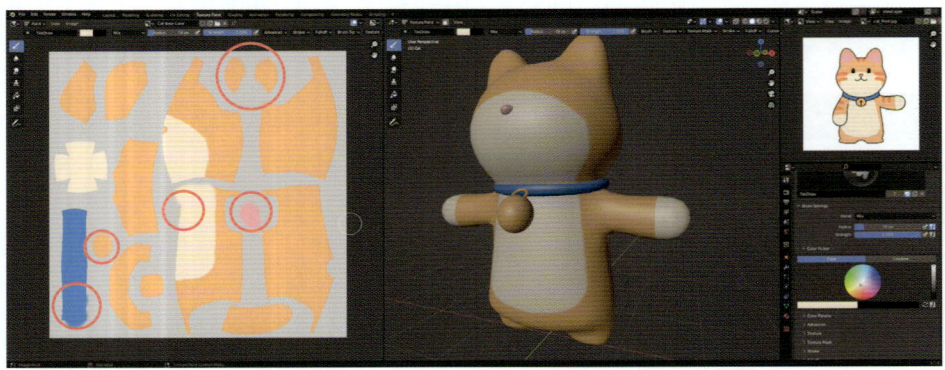

16 라인을 깔끔하게 다듬어 줍니다. 작업에 앞서 우측 ([Active Tool and Workspace settings]) 탭에서 [Stroke] → [Stabilize Stroke]를 순서대로 클릭하여 체크해 줍니다. 드래그하면 라인이 천천히 생기면서 깔끔하게 라인을 따라 그리기 좋습니다.

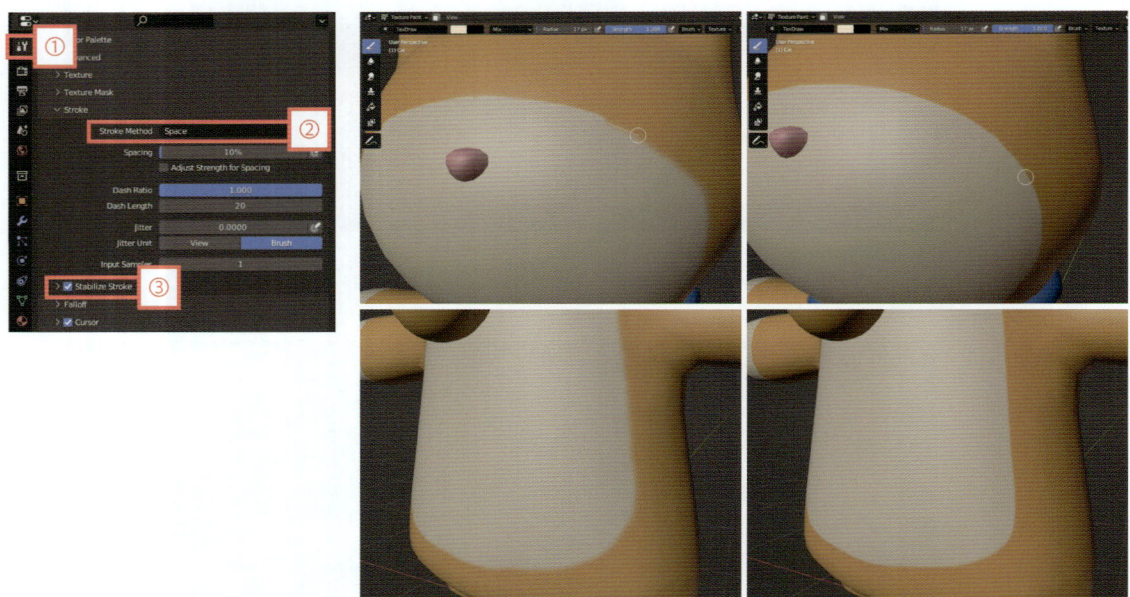

17 눈과 입을 그려 줍니다. 이때 숫자 키패드 [1]을 눌러 뷰포트를 정면 뷰로 바꾸고 그리면 한결 그리기 좋습니다.

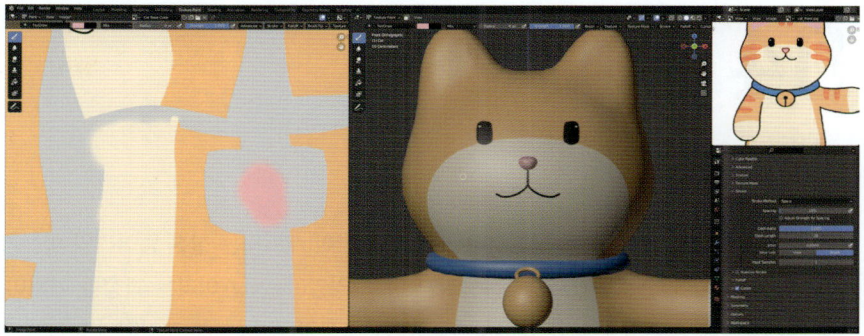

18   나머지 부분들도 참고 이미지를 보면서 그려 줍니다.

19   채색이 마무리되었으면 이미지로 저장합니다. 2D 뷰 서브 메뉴바에서 [Image] → [Save]를 클릭해 이미지 파일로 저장합니다. 여기서는 Cat Base Color.png 파일로 저장했습니다.

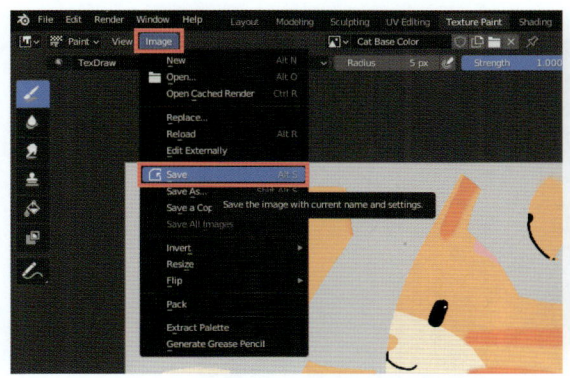 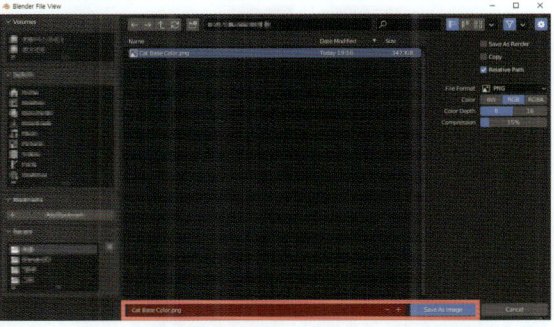

🔴 **주의** Texture Paint 기능으로 채색을 진행했다면, 반드시 2D 뷰에서 별도의 이미지 파일(jpg, png)로 저장해야 합니다. Blender 파일(.blend)에는 Texture Paint 작업이 저장되지 않습니다! Blender 3D 종료 전에, 이미지 파일을 저장했는지 꼭 확인하길 바랍니다.

SECTION 04 | 자세 잡기

이제 캐릭터의 자세, 즉 포즈를 잡겠습니다. 지금 고양이 캐릭터는 찰흙 덩어리와 마찬가지라 손 하나도 움직일 수 없습니다. 포즈를 잡으려면 먼저 '리깅(Rigging)'이라는 과정을 거쳐야 합니다. 리깅은 캐릭터에 일종의 뼈대를 심어서, 캐릭터가 움직일 수 있도록 캐릭터와 뼈대를 연결하는 과정을 말합니다. 따라서 리깅을 먼저 해주고, 포즈를 잡아주도록 하겠습니다. 지금까지 다룬 내용에서 나오지 않은 작업이라 할지라도 걱정하지 마세요. 차근차근 따라하고 여러 번 반복하면 어느새 익숙해질 것입니다.

1 리깅(Rigging)

1.1 뼈대 만들기

01 리깅 작업은 Layout 창에서 진행합니다. 먼저 상단 메뉴에서 [Layout] 탭으로 이동합니다. 텍스처 작업이 다 된 상태지만, 자동으로 ◯ ([Viewport Shading]) 토글이 켜져 텍스처가 잠시 안 보이는 상태입니다. 이 상태에서 서브 메뉴바의 [Add] → [Armature]를 클릭해 Single Bone을 추가합니다.

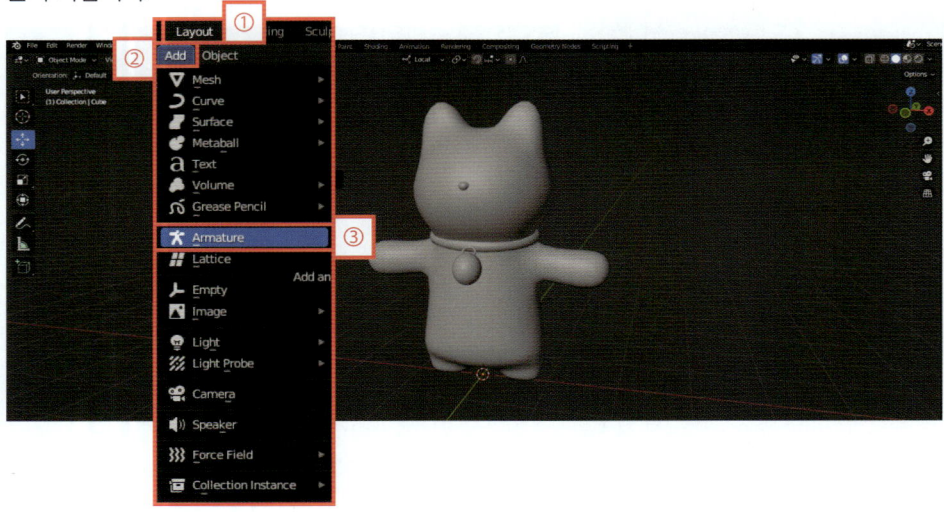

02 다음 그림처럼 좌표축 0,0,0에 뼈대가 하나 생성되었습니다. (좌표축 0,0,0은 Armature를 생성했을 때 뜨는 좌측 하단의 [Add Armature] 옵션창에서 확인할 수 있습니다.)

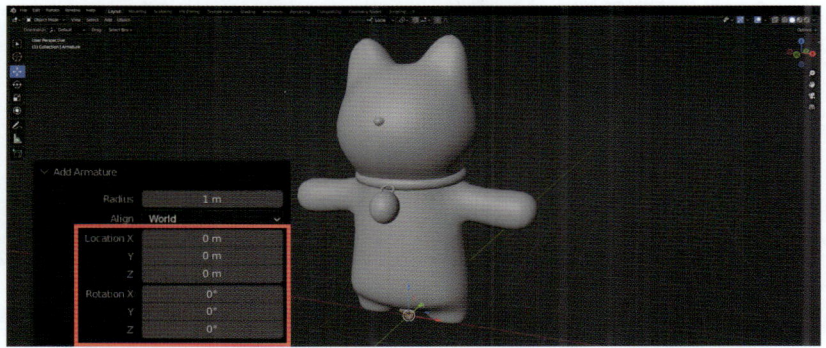

03 그런데 아직 뼈대가 잘 보이지 않습니다. 뷰포트 오른쪽을 보면  ([Armature]) 탭이 나타나 있습니다. [Armature] → [Viewport Display]를 클릭하고 [In Front] 박스를 체크하면 생성된 뼈가 오브젝트보다 앞에 나타나서 보이게 됩니다.

영상으로 보는 블렌더 Tip
In Front에 대해서

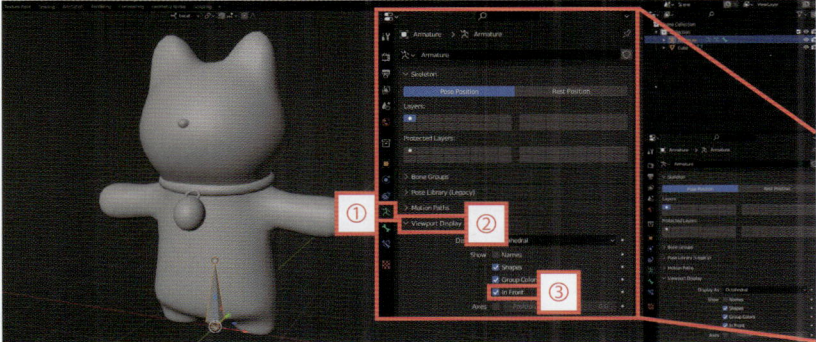

04 숫자 키패드 [1]을 눌러 정면 뷰로 바꾸고, 뼈의 위치를 다음 그림처럼 골반 쪽으로 이동(단축키 [G], [Z])시키고 단축키 [S]로 크기도 조금 줄여 줍니다.

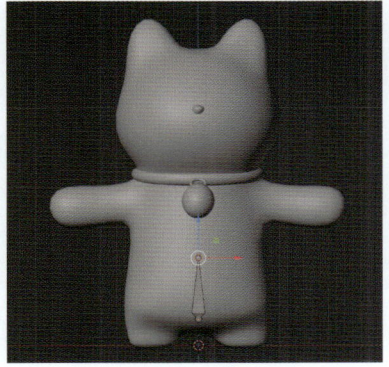

05 [Tab] 키를 눌러 에디트 모드로 전환하고, 단축키 [E], [Z]를 누른 상태에서 마우스 커서를 움직이면 뼈가 추가 생성됩니다. 그림처럼 뼈를 두 번(목까지 한 번, 정수리까지 한 번) 생성하고 위치를 조정합니다.

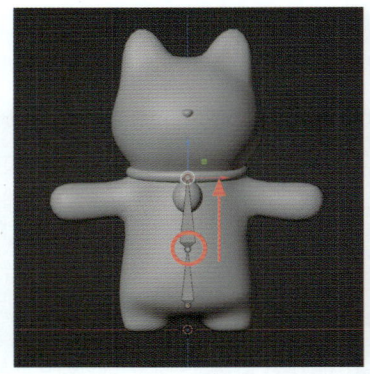
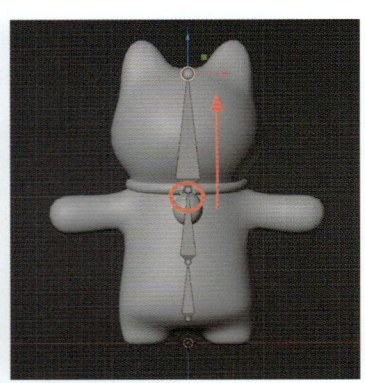

06 다시, 처음 생성한 뼈에서 단축키 [E]를 눌러 골반뼈를 생성합니다. 다리로 이어지는 연결 부분입니다.

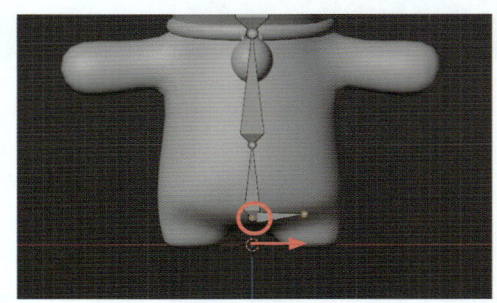

07 다리뼈를 만들겠습니다. 단축키 [E]를 눌러 골반뼈 끝에서 아래쪽으로 다리뼈를 생성해줍니다. 무릎 관절을 생각해 2개로 끊어서 생성합니다.

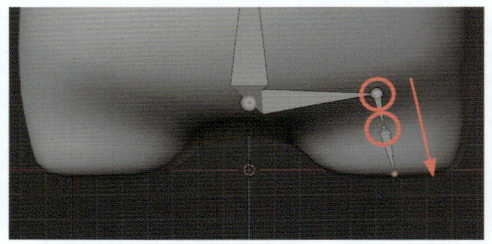

08 같은 방법으로 목 부분에서 시작해 오른쪽으로 4번 반복해서 어깨뼈 및 팔뼈(위아래 하나씩), 손뼈를 생성해 줍니다.

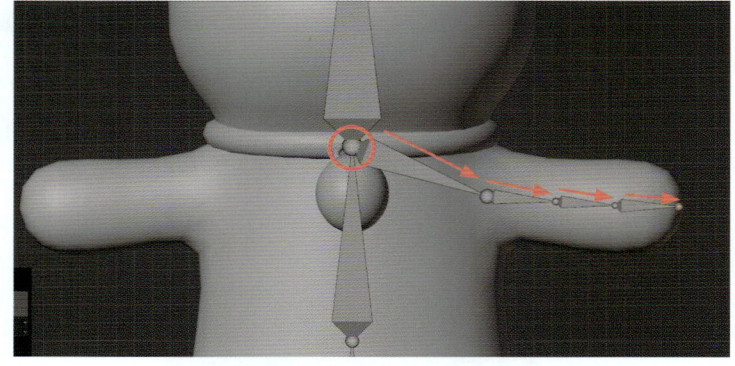

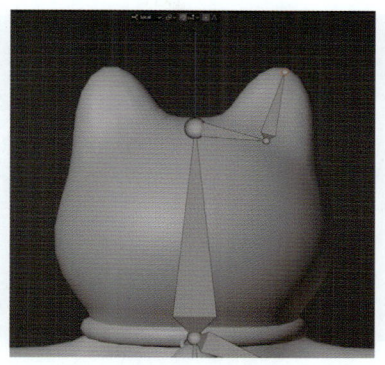

09 고양이는 귀도 움직이지요? 정확하게 말하자면 고양이의 귀는 연골이지만, 우리의 작업에서는 뼈대가 있어야 움직이게 할 수 있으므로 귀에도 뼈대를 만들겠습니다. 머리 윗부분에서 시작해 오른쪽으로 한 번, 위쪽으로 한 번 생성해서 귀뼈도 만들어 줍니다.

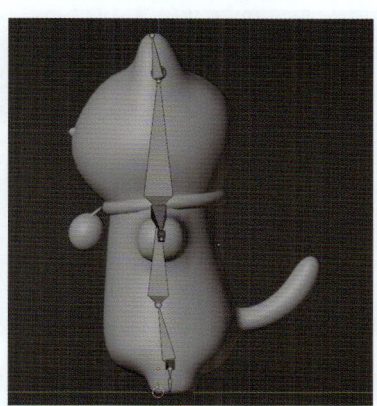

10 숫자 키패드 [3]을 눌러 사이드 뷰로 전환하면, 만든 뼈들이 일직선으로 보일 겁니다. 이 상태에서 고양이 캐릭터의 몸에 맞게, 관절(구)을 앞뒤로 움직여 뼈 위치를 조정해 줍니다. 방향은 귀뼈는 앞쪽, 어깨 뼈는 뒤쪽, 척추 윗부분 뼈는 앞쪽, 다리뼈는 뒤쪽입니다.

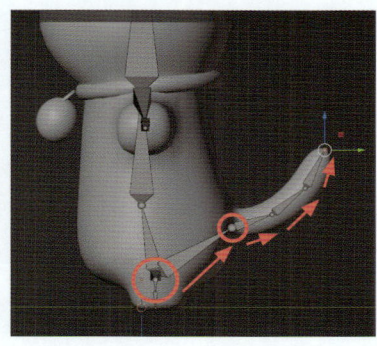

11 제일 처음 생성한 골반뼈에서 출발해 그림처럼 꼬리뼈들도 생성해 줍니다. 꼬리 시작부분까지 한 번, 꼬리는 세 번 생성합니다.

1.2 반대쪽 뼈 생성하기

이제 반대쪽 뼈들을 생성해 주겠습니다. 반대쪽이 될 뼈들만 이름을 바꿔도 괜찮지만, 전반적으로 뼈 이름들을 이해하게 쉽게 바꾸겠습니다. 꼭 여기서 정한 이름으로 안 해도 됩니다만, 3D에서 사용하는 일반적인 명칭이므로 알아 두면 좋습니다.

01 먼저 제일 처음 생성한 뼈를 선택하고, 우측 아웃라이너 창에서 활성화된 것을 찾아 더블클릭해서 이름을 [spine.001]로 바꾸어 줍니다.

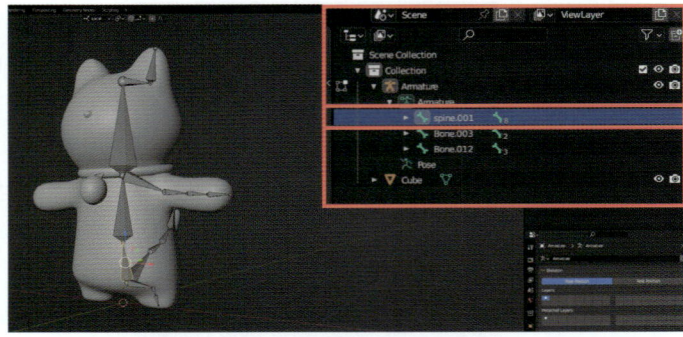

02 바로 위 뼈는 [spine.002]로 바꾸어 줍니다.

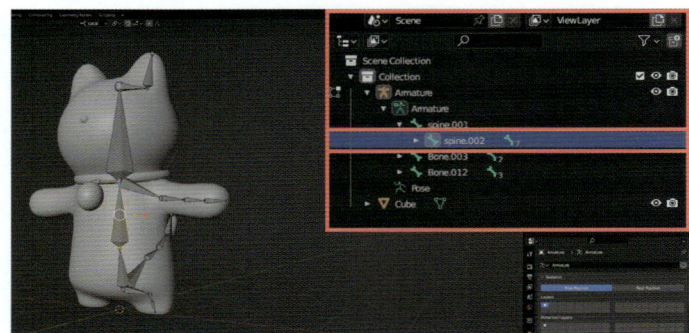

03 머리에 해당하는 뼈는 [head]로 바꾸어 줍니다.

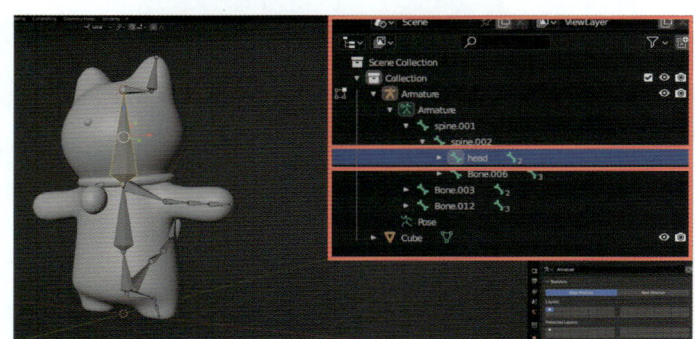

04 귀와 머리가 연결되는 뼈는 [head.l]로 바꾸어 줍니다. [.l]로 표기된 뼈들은 추후 반대쪽 뼈로 생성됩니다.

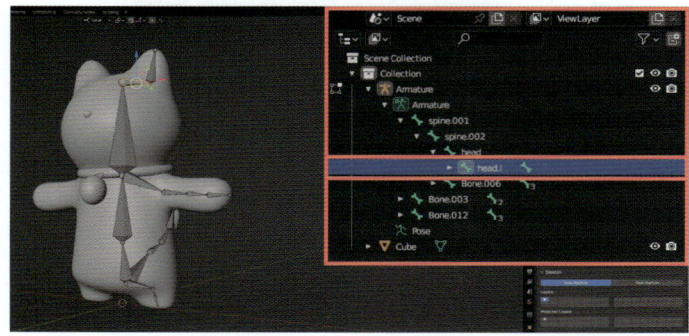

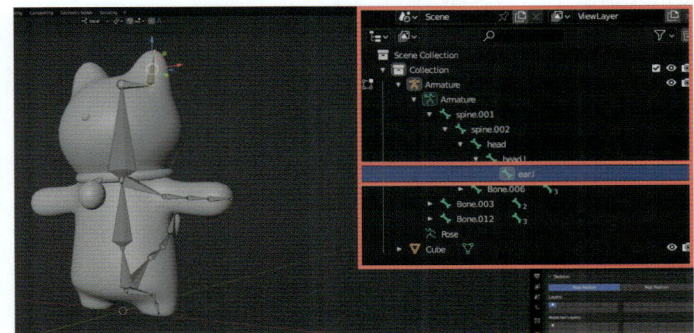

05 귀가 될 뼈는 [ear.l]로 바꾸어 줍니다.

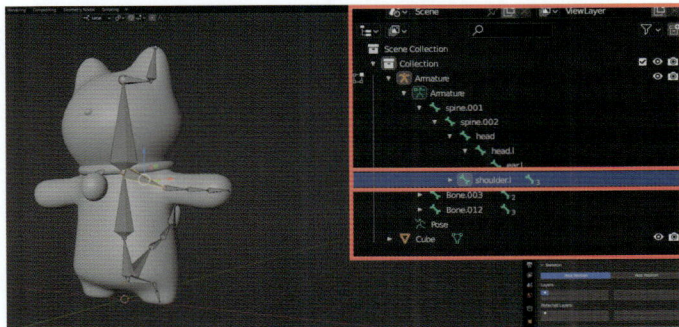

06 어깨뼈는 [shoulder.l]로 바꾸어 줍니다.

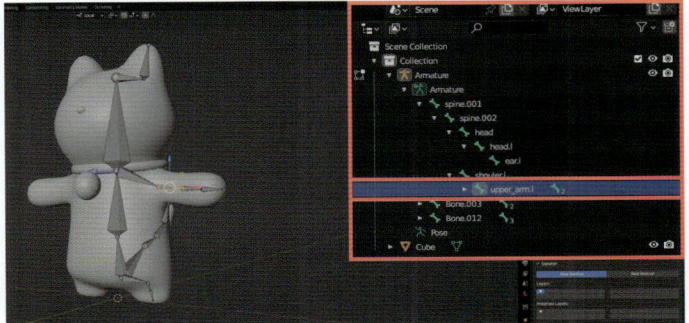

07 어깨뼈 바로 밑 팔 윗부분 뼈 이름은 [upper_arm.l]로 바꾸어 줍니다.

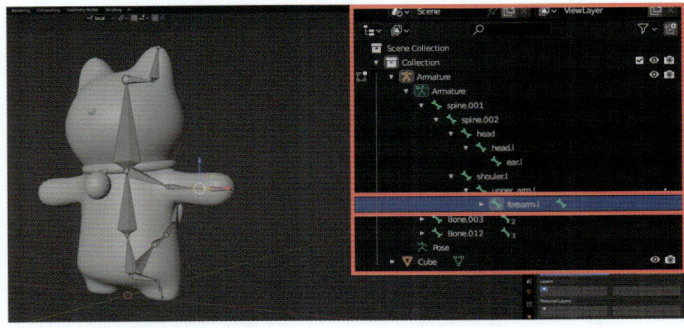

08 [upper_arm.l] 바로 밑 뼈(팔 아랫부분 뼈)는 [forearm.l]로 바꾸어 줍니다.

09 손은 [hand.l]로 바꾸어 줍니다.

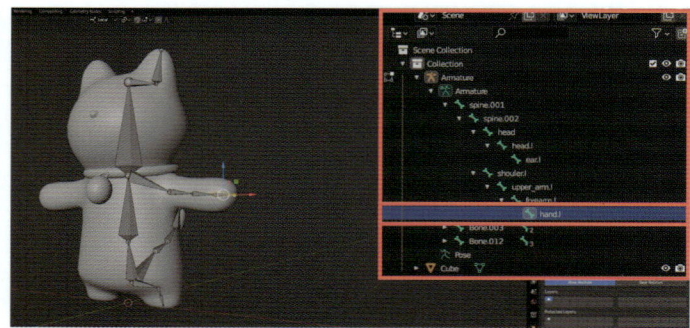

10 골반뼈는 [pelvis.l]로 바꾸어 줍니다.

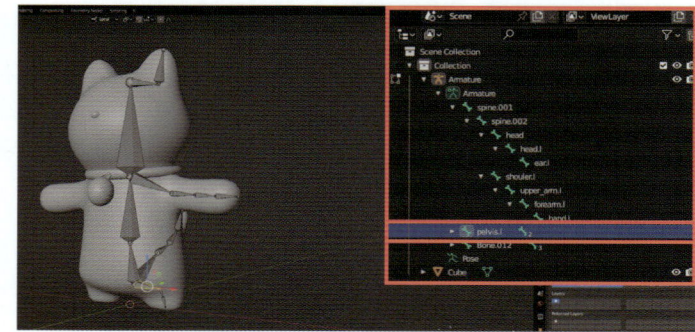

11 [pelvis.l] 바로 밑 뼈(허벅지뼈)는 [thigh.l]로 해줍니다.

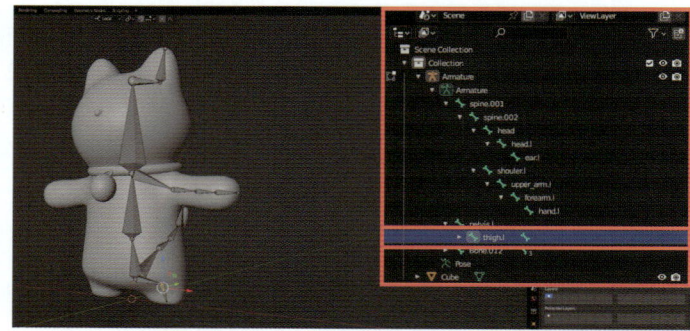

12 [thigh.l] 바로 밑 뼈(정강이뼈)는 [shin.l]로 해줍니다.

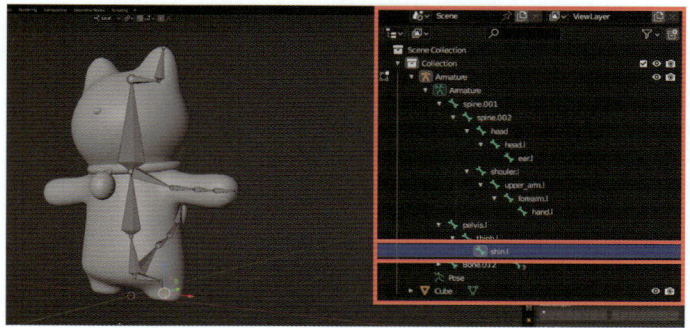

13 꼬리뼈는 몸통에 가까운 것부터 순서대로 [tail.001]~[tail.004]로 바꾸어 줍니다.

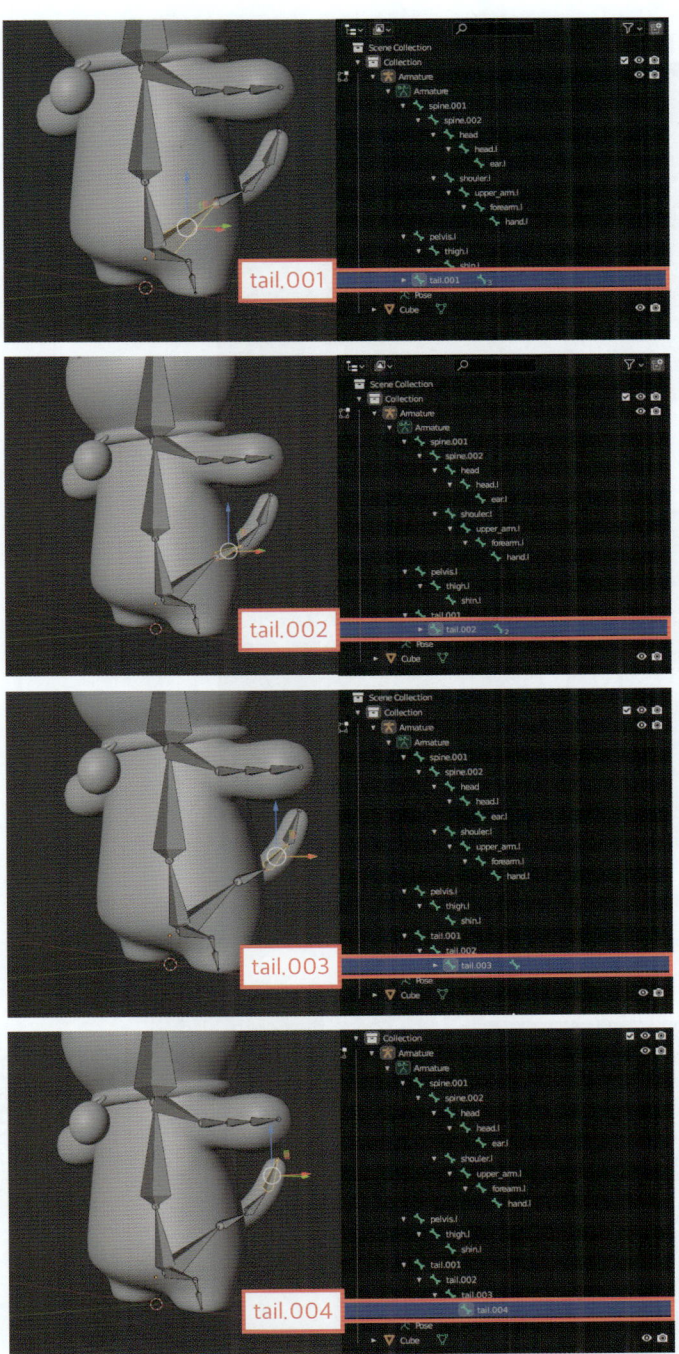

14 정리가 끝났으니 이제 반대쪽 뼈를 생성하겠습니다. 단축키 [A]를 눌러 모든 뼈를 선택해 줍니다.

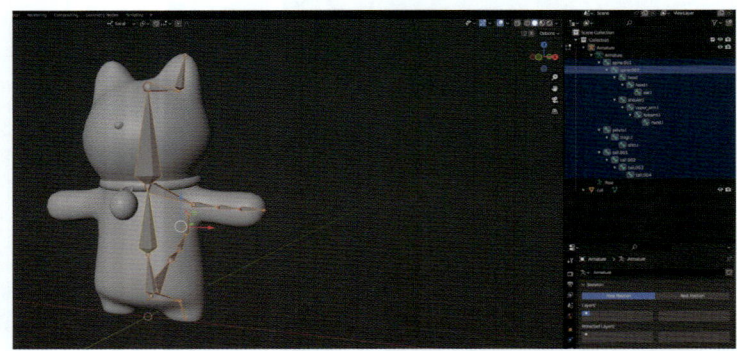

15 마우스 우클릭으로 [Armature Context Menu]를 호출하고, [Symmetrize] 명령을 선택합니다.

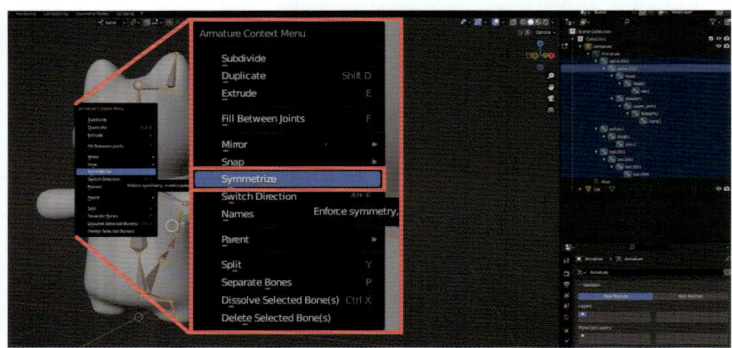

16 이름에 [.l]을 붙인 뼈들이 반대쪽 뼈로 mirror되어서 나타납니다. 우측 아웃라이너 창을 보면 mirror된 반대쪽 뼈들의 이름이 자동으로 [.r]로 지정되어 있는 것을 확인할 수 있습니다.

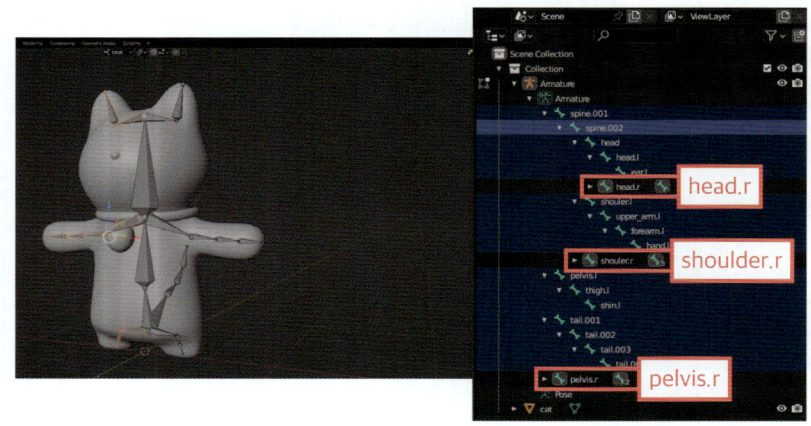

한눈에 보는 작업 과정, 고수의 뷰! (14~16단계)

1.3 뼈대 잇기

모든 뼈를 생성했다면 이제 뼈와 모델링 데이터를 연결할 차례입니다. 지금은 그냥 얹어 둔 모양새기 때문에, 실제로 움직이려면 연결 과정은 필수입니다. 차근차근 해봅시다.

01 먼저 좌측 상단에서 오브젝트 모드인지를 확인합니다(아니라면 [Tab] 키로 바꿔줍시다). 모델링 오브젝트(Cube)를 선택하고, [Shift] 키를 누른 채 뼈(Armature)를 클릭해 다중 선택합니다. 모델링 오브젝트가 빨간색 테두리, 뼈가 주황색 테두리가 됩니다. 중요한 포인트이므로 꼭 기억하세요.

02 이제 단축키 [Ctrl]+[P]로 [Set Parent To] 메뉴를 호출합니다. 팝업 메뉴에서 [Armature Deform] → [With Automatic Weights] 명령을 순서대로 선택합니다.

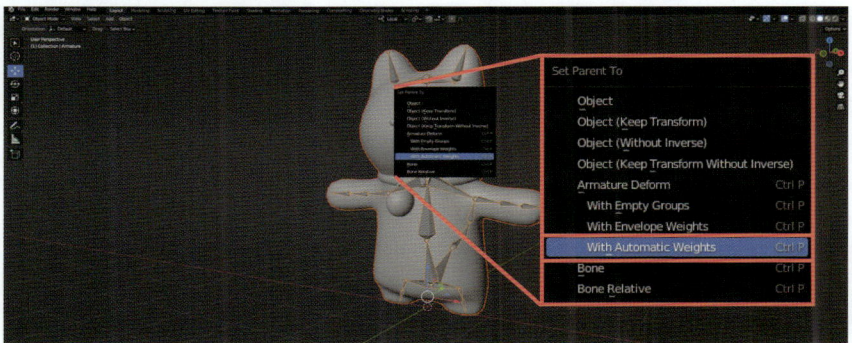

⚠️ **주의** 만약 뼈와 모델링 선택을 반대 순서로 했다면, 이 메뉴(Armature Deform)가 나타나지 않습니다. 선택 순서에 유의하세요.

03 모델링 데이터와 뼈들이 연결되었습니다. 우측 아웃라이너 창을 보면 모델링 데이터인 Cube가 Armature에 속하게 된 것을 확인할 수 있습니다. 그런 뒤 좌측 아래 Make Parent 창에

서 [X Mirror] 박스를 체크해 줍니다. [X Mirror]는 웨이트(무게)를 좌우 대칭으로 균일하게 만들어주는 옵션입니다.

한눈에 보는 작업 과정, 고수의 뷰(01~03단계)

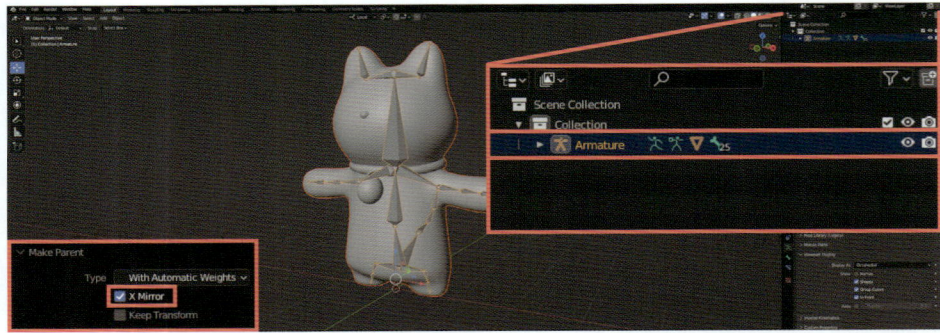

2 포징(Posing)

모델링 오브젝트와 뼈대를 연결했다면 이제 본격적으로 자세를 잡아보겠습니다. 자세, 즉 포즈를 잡는 것을 포징이라고 합니다. 차근차근 도전해 봅시다.

01 좌측 상단의 오브젝트 모드를 [Pose Mode(포즈 모드)]로 바꿉니다.

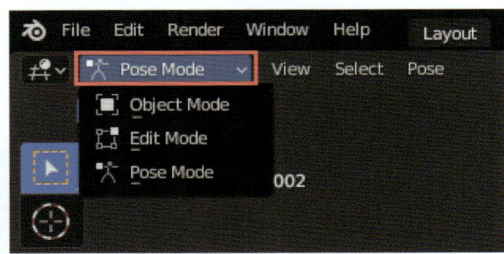

02 우측 상단 Viewport Shading의 세 번째 토글을 켜서 완성된 채색 버전 고양이 캐릭터가 보이게 해주세요. 이제 뼈대를 움직여 원하는 포즈를 만듭니다. 여기서는 고양이 캐릭터가 팔을 펼치고 위로 뛰어오르는 모습을 만들어보았습니다.

03 원하는 포즈를 만들었습니다. 뼈대를 없애고 잘 되었는지 확인해 보겠습니다. 우측 [Armature] → [Viewport Display]에서 [In Front]를 해제하면 뼈들이 모델링 오브젝트 안쪽으로 들어가 보이지 않게 됩니다. 다른 부분들은 몸통이 제대로 뼈들을 따라 움직였으나 목방울과 코가 제위치에 있지 않은 것을 확인할 수 있습니다.

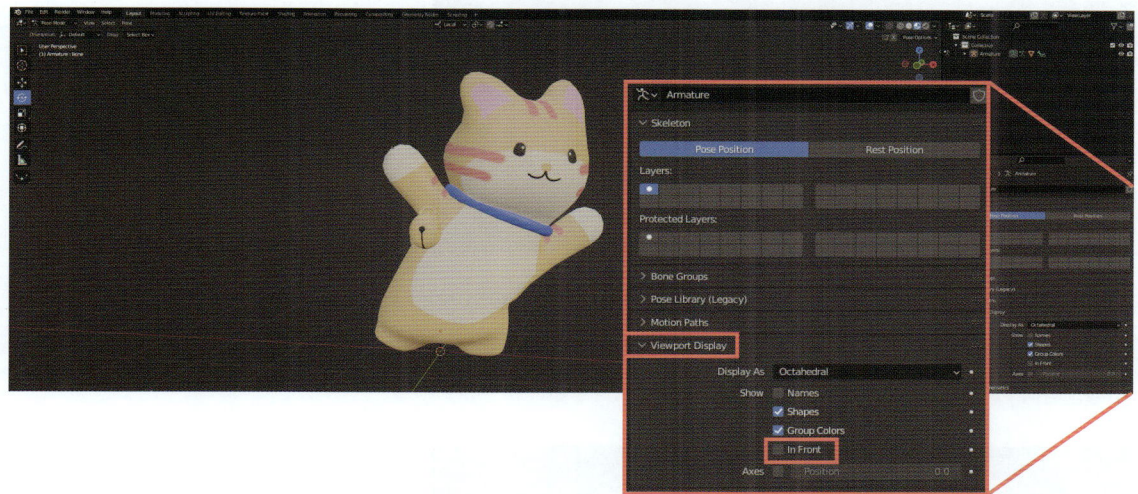

04 이 부분을 수정하겠습니다. 다시 우측 [Armature] → [Viewport Display]에서 [In Front]를 체크해서 뼈들이 나타나게 합니다. 포즈 모드를 오브젝트 모드로 다시 바꿉니다. 여기부터가 가장 중요하니 집중하세요. 뼈를 선택하고 [Shift] 키를 누른 상태에서 모델링 데이터(Cube)를 다중 선택합니다. 다시 좌측 상단 Mode를 클릭하면 [Weight Paint]가 리스트에 나타납니다. [Weight Paint]를 선택합니다.

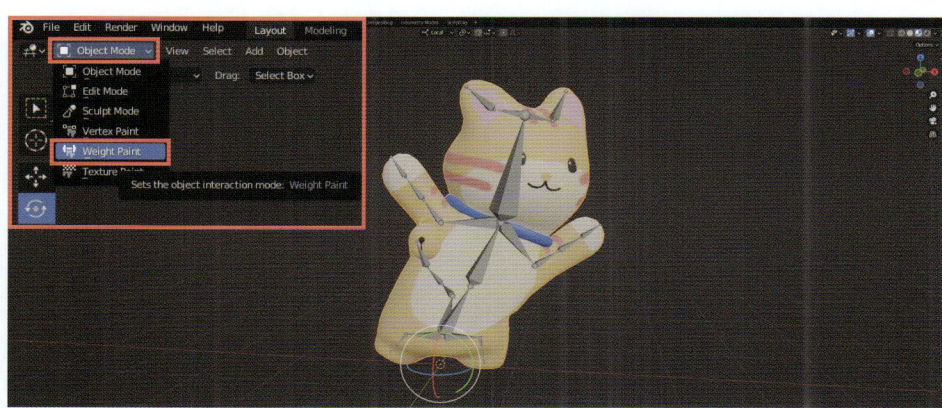

05 [Ctrl] 키를 누른 상태에서 뼈를 클릭하면 각 뼈마다 영향력(Weight)이 나타납니다. 빨간색에 가까울수록 해당 뼈의 영향을 많이 받고, 파란색에 가까울수록 영향을 덜 받는 상태라고 보면 됩니다. 중간 영향 정도는 초록, 노랑으로 나타납니다. 다음은 얼굴뼈를 선택했을 때의 모습입니다.

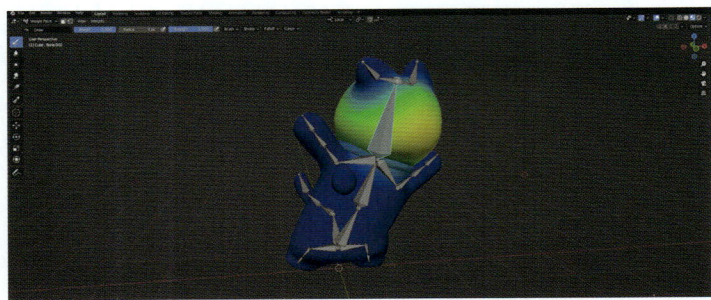

06 목걸이에 달린 방울은 몸통뼈의 영향을 받아야 합니다. 위쪽 몸통뼈를 [Ctrl] 키를 누른 상태에서 클릭해서 선택합니다. 현재 방울 모델링은 파란색으로, 몸통뼈에 전혀 영향을 받고 있지 않습니다.

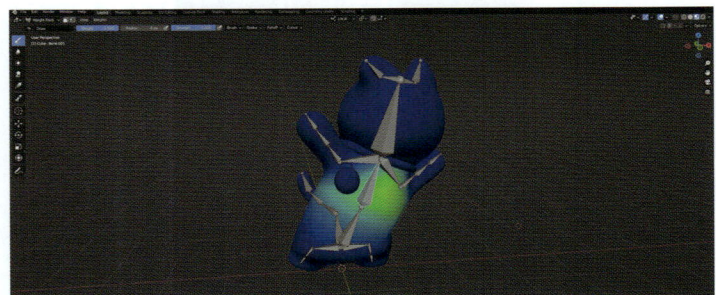

07 단축키 [N]을 누르면 뷰포트 우측에 정보창이 나타납니다. [Tool] 탭으로 이동해 [Brushes]를 클릭합니다. 이미지를 클릭해 [Add] 브러시를 선택하고 방울을 칠해주면 방울이 파란색에서 빨간색으로 바뀌면서 몸통뼈 쪽으로 이동합니다.

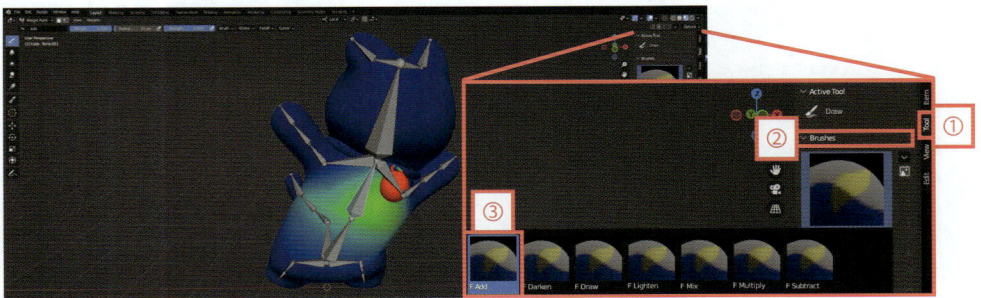

한눈에 보는 작업 과정,
고수의 뷰!(03~07단계)

좌측 상단 서브 메뉴바의 [Radius]에서 브러시 크기를, [Strength]에서 브러시 강도를 조절할 수 있습니다. (가장 왼쪽 아이콘은 Brush입니다. 여기서도 Tool 탭에서처럼 브러시 종류를 변경할 수 있습니다.)

08 마찬가지 방법으로 코도 빨간색으로 칠해서 위치를 조정해 줍니다.

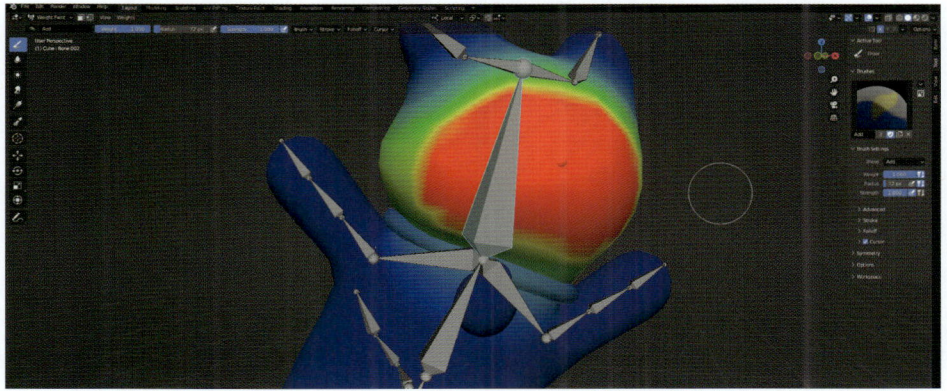

09 잘못 칠해도 괜찮습니다. 브러시 종류를 [Subtract]로 바꿔준 뒤 다시 칠해주면 원래대로 파란색으로 바뀝니다.

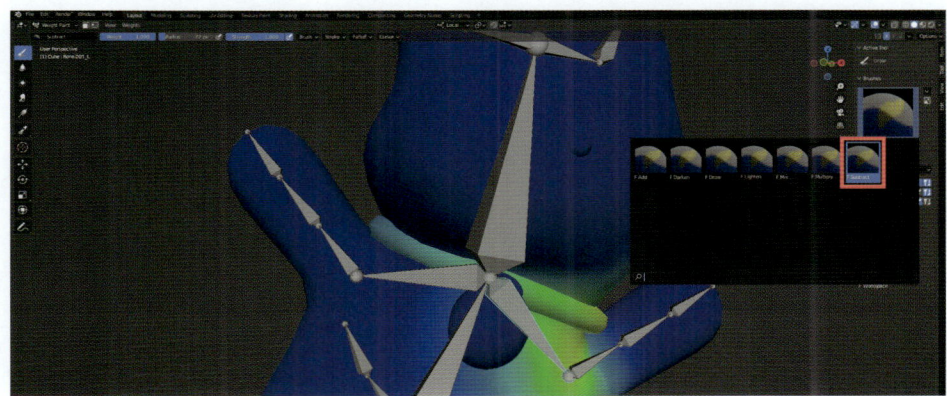

10 귀도 같은 방법으로 Weight 작업을 해줍니다. 적당히 뷰포트를 돌려가면서 귀를 칠해주고(위 그림), 좌측 상단 서브 메뉴에서 [Weight] → [Smooth]를 클릭하면 경계가 자연스럽게 처리됩니다(아래 그림).

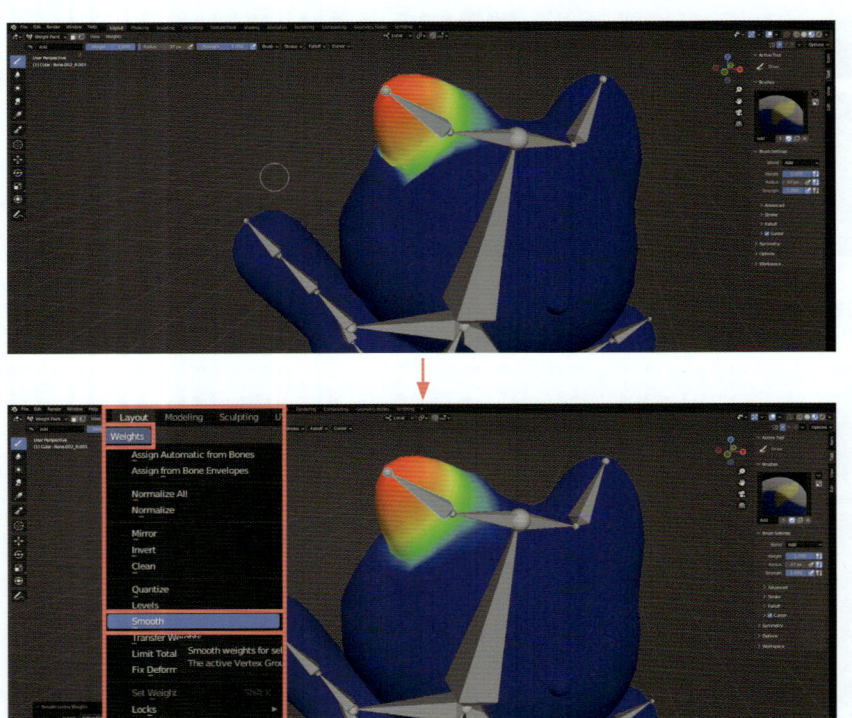

11 나머지 부분도 같은 방법으로 Weight 작업을 마무리합니다. 우측 [Armature] → [Viewport Display] 항목 아래 [In Front] 체크박스를 해제해서 결과를 확인합니다.

뛰어오르는 고양이 캐릭터가 완성되었습니다.

SECTION 05 | 렌더링

앞서 포즈까지 잡은 캐릭터를 렌더링하겠습니다. 렌더링(Rendering)이란 완성한 3D 모델링을 2D 이미지로 출력하는 것을 말합니다. 어떤 재질을 사용할지 정하고 라이트를 설정해서 예쁘게 렌더링하는 방법에 대해 알아보겠습니다.

1 쉐이딩(Shading)

앞서 Chapter 03에서 알아봤던 대로, 블렌더의 [Shading] 메뉴에서 오브젝트의 재질과 라이트 등을 설정할 수 있습니다. 고양이 캐릭터에 바로 적용해 보겠습니다.

1.1 재질(Material) 설정

01 먼저 어떤 재질로 만들 것인지를 정해 주겠습니다. 상단 메뉴바에서 [Shading]을 클릭해서 Shading 모드로 변경합니다. 이어서 고양이를 클릭하면 하단 Shader Editor에 현재 적용된 Material(재질)이 표시됩니다.

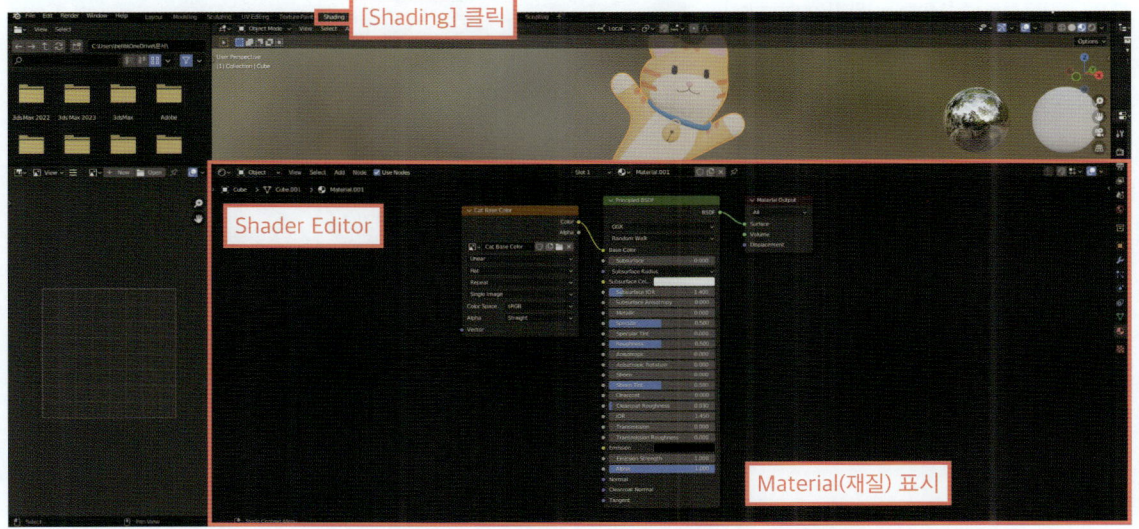

02 Principled BSDF 노드의 [Metallic] 수치를 올리면 금속 재질에 가깝게 되고, 반대로 내리면 비금속 재질에 가깝게 됩니다. [Metalic] 수치를 7.773으로 높인 모습입니다.

[Roughness] 수치를 내리면 표면이 매끄럽게 되어 주변 빛을 많이 반사하게 되고, 수치를 올리면 표면이 거칠어져서 반사를 적게 하거나, 반사가 전혀 없게 됩니다. 옆 그림의 [Roughness] 수치는 0.155입니다.

03 기본적으로 [Metallic]과 [Roughness] 두 항목만 알고 있으면 웬만한 쉐이딩은 가능합니다. 수치를 조절해서 원하는 재질을 만들어 줍니다. 이 고양이 캐릭터는 [Metallic]은 0, [Roughness]는 0.155로 설정해, 비금속 재질로 보이면서 적당한 반사 정도를 갖게 만들었습니다.

1.2 라이팅 설정

01 이제 다시 상단 메뉴바에서 [Layout]을 클릭해서 기본 화면으로 돌아옵니다. 앞서 작업한 재질이 적용되어 있는 상태입니다.

02 라이트(조명, 빛)를 설정하겠습니다. 먼저 왼쪽 서브 메뉴바에서 [Add] → [Mesh] → [Plane]을 차례로 클릭해 고양이가 정가운데에 오도록 적당히 큰 바닥을 하나 설치합니다. 이렇게 바닥이 있어야 그림자도 생성할 수 있고, 빛 반사를 통해 전체적인 퀄리티를 올릴 수 있습니다.

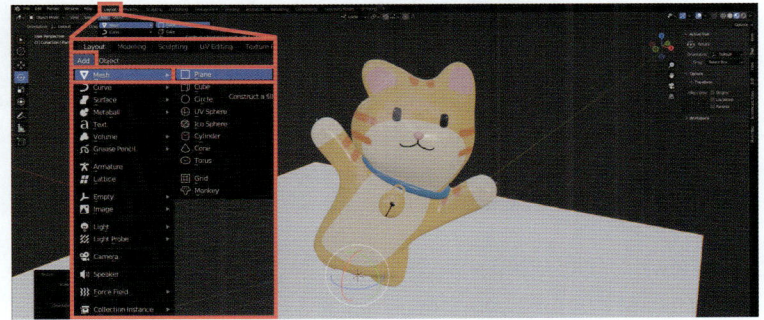

03 렌더링을 하기 위해서는 카메라가 필요합니다. 서브 메뉴바에서 [Add] → [Camera]를 클릭해 카메라를 설치합니다.

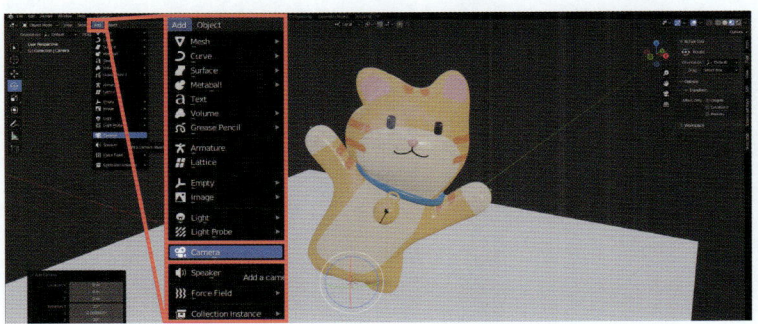

> **tip** 카메라는 3D 커서 위치에 그대로 나타나므로, 필요시 미리 툴바의 ([Cursor])를 이용해 적당한 위치에 옮겨 둡시다.

04 설치한 카메라를 적당한 위치로 옮겨 줍니다.

05 숫자 키패드의 [0]을 누르면 카메라 뷰로 뷰포트가 바뀝니다.

06 우측 정보창의 [View] 탭으로 이동합니다(열려 있지 않다면 단축키 [N]을 눌러주세요). [Camera to View] 박스에 체크한 뒤 화면을 제어하면 카메라 뷰 상태에서 화면을 조정할 수 있습니다.

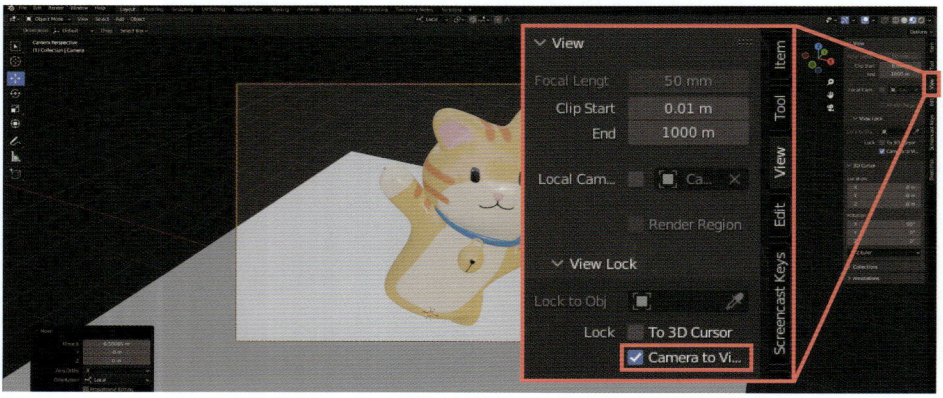

07 다시 [Camera to View] 박스는 체크 해제하고 [To 3D Cursor] 박스를 체크한 상태로, 화면을 조정하면 카메라는 고정시킨 채 화면 크기를 조절할 수 있습니다.

08 화면 우측 상단 Viewport Shading 토글을 오른쪽 끝 ([Rendered])로 바꿔줍니다. 현재는 라이트가 없어 화면이 전반적으로 어둡게 보입니다.

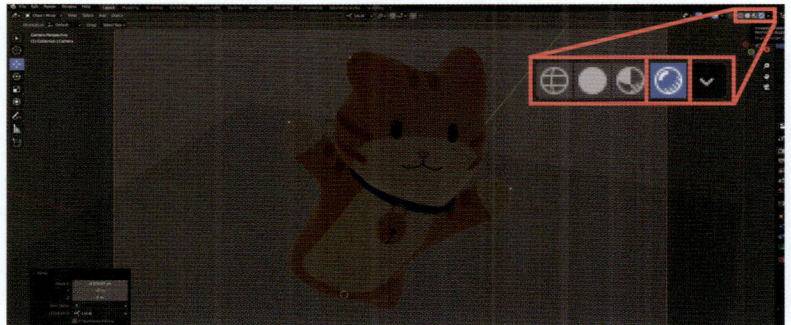

09 라이트를 추가하겠습니다. 먼저 서브 메뉴바에서 [Add] → [Light] → [Sun]을 클릭해 태양(자연광)을 하나 생성해 줍니다.

10 Sun Light(태양)의 위치는 중요하지 않습니다. 적당한 위치에 옮겨 놓습니다. 우측 ([Object Data Properties]) 탭에서 색(Color), 빛의 세기(Strength), 빛의 각도(Angle), 그림자 유무 (Shadow)를 조정할 수 있습니다. 일단 기본 수치 그대로 사용하겠습니다.

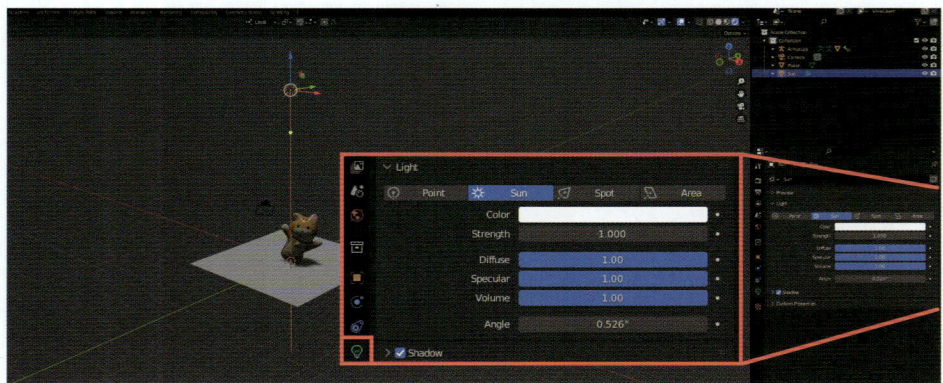

11 서브 메뉴바의 [Add] → [Light]를 순서대로 클릭하여 이번에는 [Point Light]를 추가해 줍니다. 스튜디오 촬영의 조명과 비슷합니다. 그림처럼 카메라 위치에 맞춰서 옮겨줍니다.

12   우측 ([Object Data Properties]) 탭 [Light] 항목에서 [Power] 수치를 200W로 올려 빛의 강도를 높여줍니다.

13   같은 방법으로 [Point Light]를 2개 더 추가해서 그림처럼 위치시켜줍니다.

14   숫자 키패드 [7]을 눌러 상단 뷰로 보면 그림처럼 Point Light가 삼각형을 이루고 있습니다. 이것을 삼점 조명법이라 부르며, 라이트 세팅의 가장 기본적인 방법입니다.

이렇게 기본 라이팅 세팅이 끝났습니다.

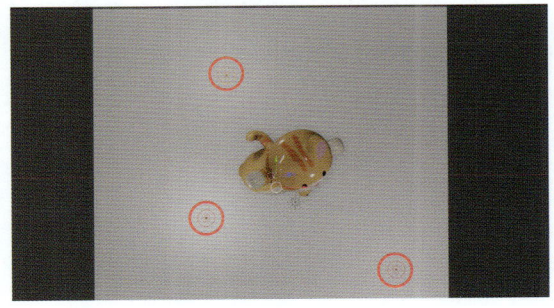

2 렌더링(Rendering)

쉐이딩과 라이팅 세팅을 마쳤다면, 이제 렌더링을 마무리할 단계입니다. 실제 렌더링을 진행해서 2D 이미지로 저장해 봅시다.

01 카메라 뷰(숫자 키패드 [0])에서 시작하겠습니다. 우측 ([Render Properties]) 탭을 보면 기본적으로 Render Engine이 [Eevee]로 되어 있습니다. Eevee는 블렌더 3D의 기본 렌더링 엔진으로, 렌더링 퀄리티는 높지 않습니다.

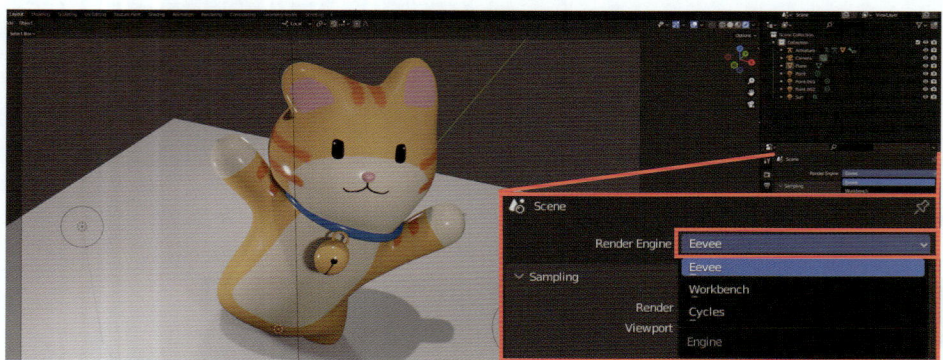

02 드롭다운 메뉴에서 Render Engine을 [Cycles]로 바꿔줍니다. 그리고 화면 왼쪽 상단을 보면 Sample 수치가 바뀌면서 렌더링이 진행되는 것을 확인할 수 있습니다. 완료되면 'Rendering Done'이라고 표시됩니다.

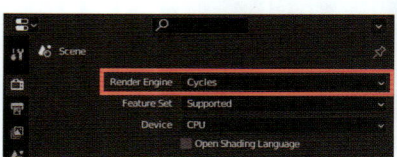 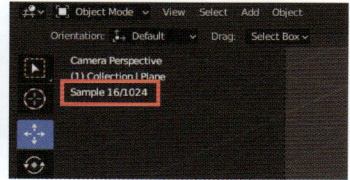

Cycles 렌더링은 Eevee 렌더링보다 훨씬 퀄리티는 좋으나 렌더링에 소요되는 시간이 더욱 깁니다. 테스트할 때는 Eevee를 사용하고, 최종 렌더링은 Cycles로 하면 시간을 절약할 수 있겠죠?

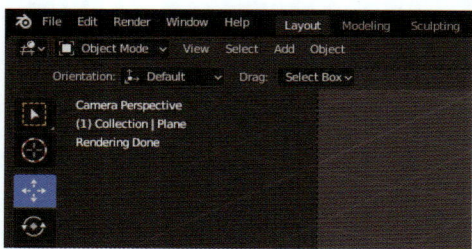

03 이제 세팅한 대로 렌더링을 해서 이미지 파일로 만들겠습니다. 상단 메뉴바에서, [Render] → [Render Image]를 차례로 클릭하여 실행합니다.

04 Blender Render 창이 팝업되면서 렌더링됩니다. 서브 메뉴바에서 [Image] → [Save]를 순서대로 선택하면 현재 작업 파일을 이미지 파일로 저장할 수 있습니다.

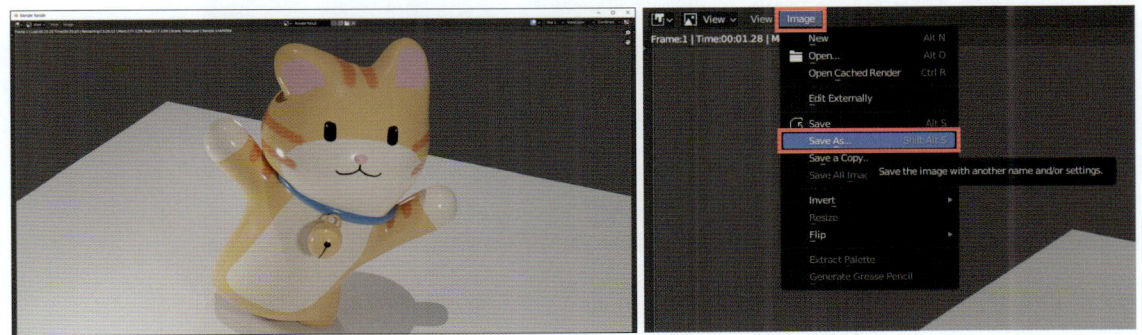

05 이때 바닥으로 설치한 Plane은 렌더링되지 않고 라이트 반사와 그림자만 렌더링되도록 하겠습니다. 일단 팝업창을 닫고 블렌더로 돌아옵니다. Plane을 선택한 뒤, 우측 ([Object Properties]) 탭의 [Visibility] 항목 아래 체크박스 중, [Shadow Catcher]를 체크해 줍니다. 그럼 다음 그림처럼 Plane이 뷰포트와 같은 색으로 바뀝니다. 이제 Plane은 렌더링되지 않습니다.

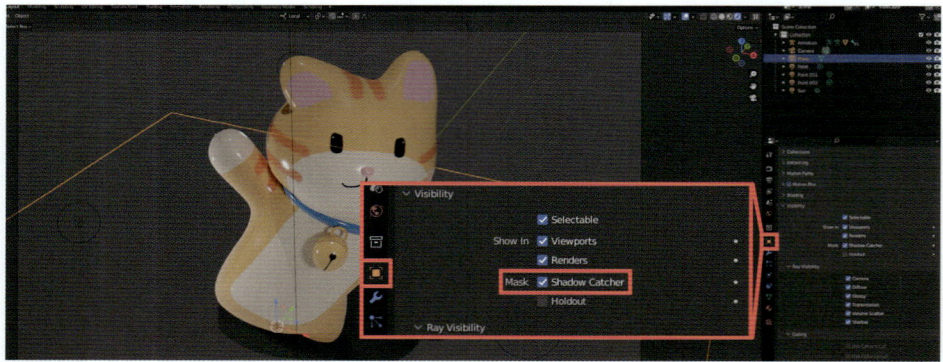

06 한 가지 더 해야 하는 과정이 있습니다. 이번에는 우측 ![icon] ([Render Properties]) 탭으로 이동해, [Film] 항목의 [Transparent] 박스를 체크해 줍니다. 그래야 렌더링되는 고양이 외 배경이 투명 레이어로 처리됩니다.

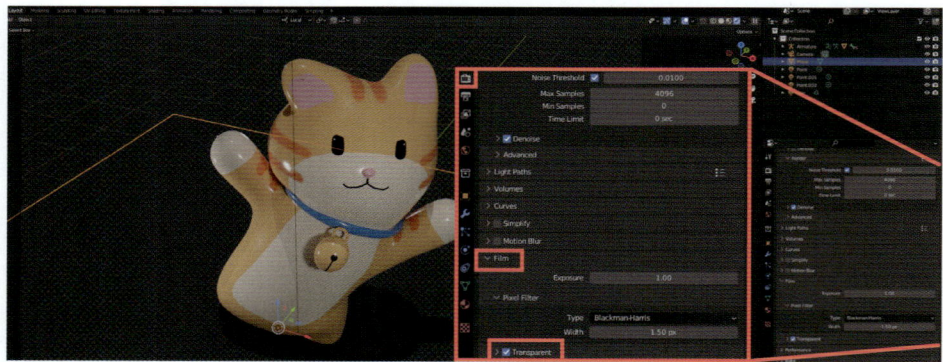

07 다시 상단 메뉴바의 [Render] → [Render Image]를 클릭하거나, 단축키 [F12]를 눌러 결과물을 확인합니다. 배경은 투명하게 처리되고, 바닥은 그림자와 반사만 유지한 채 Plane 자체는 렌더링되지 않은 걸 확인할 수 있습니다.

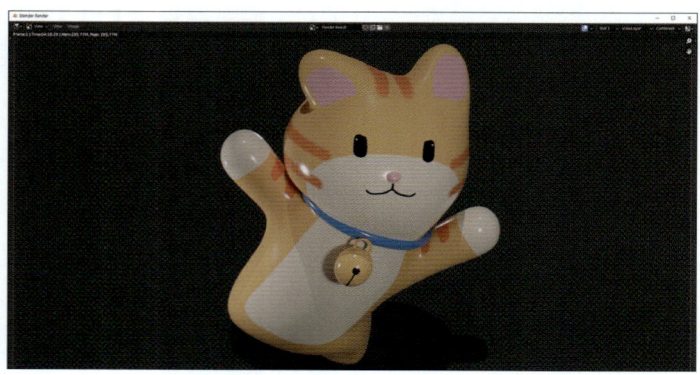

3 World Light 세팅

이번에는 좀 다른 방식의 렌더링을 해보겠습니다. World Light 세팅이란 Shading 모드에서 보이는 것과 같은 HDRI 이미지를 이용한 라이트 세팅을 말합니다. 이 이미지는 오브젝트를 둘러싼 3D 공간을 한 장에 펼친 것 같이 미리 표현해 둔 일종의 가상 공간입니다. 하늘, 땅, 조명 등이 사전에 세팅되어 있으므로, 별도의 조정 없이도 라이트 적용이 가능합니다. 실내, 실외 가리지 않고 다양한 이미지가 있어, 원하는 느낌에 따라 자유롭게 선택해 사용할 수 있습니다. 그럼 고양이 캐릭터에 World Light 세팅을 해보며 어떻게 하는지 알아보겠습니다.

01 먼저 World Light 세팅을 위해 기존에 설치한 라이트들(Sun, Point Light)을 모두 삭제해 줍니다.

02 다음으로 우측 ([World Properties]) 탭에 들어가서, Color 항목 옆 아이콘을 클릭합니다. 팝업창에서 [Environment Texture]를 선택해줍니다.

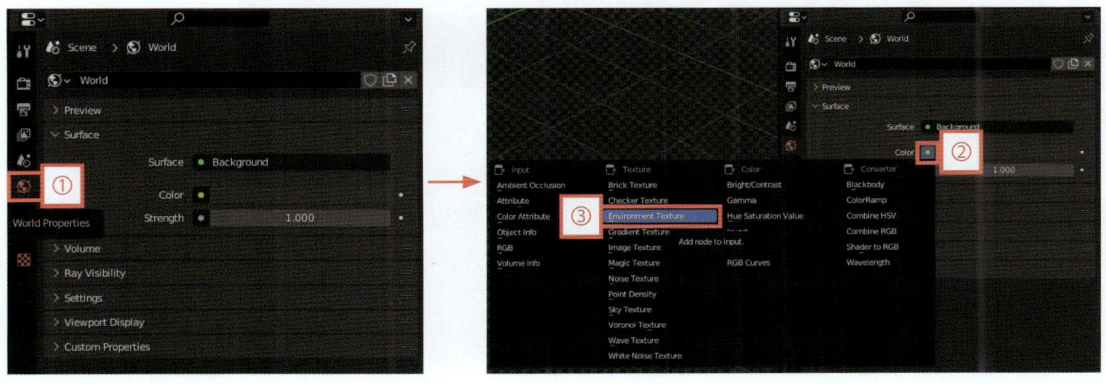

03 고양이가 자주색으로 변합니다. Environment Texture를 적용할 준비가 된 것입니다. 이제 HDRI 이미지를 불러오겠습니다. Color 항목 아래에 새로 나타난 [Open] 버튼을 누릅니다.

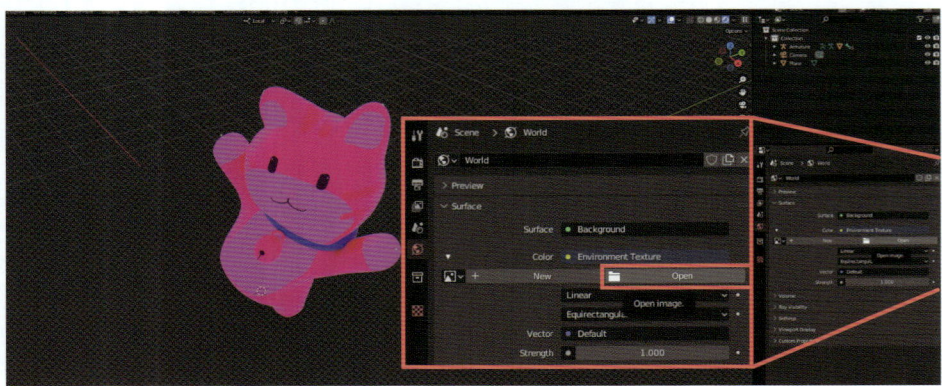

04 Blender File View 창이 뜨면, BlenderFoundation₩Blender3.4₩3.4₩datafiles₩studiolights₩world 폴더에서 city.exr 파일을 선택합니다.

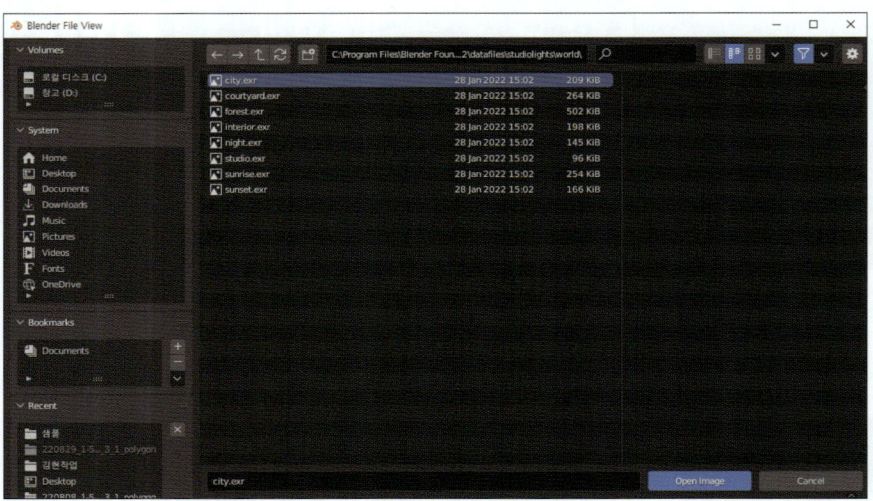

> **tip** OpenEXR은 ILM(Industrial Light & Magic)에 의해서 개발된 HDRI(High Dynamic Range Image) 포맷입니다.

한눈에 보는 작업 과정,
고수의 뷰! (01~05단계)

05 city.exr이 적용되어, 다른 라이트 세팅 없이 라이트 적용이 된 것으로 나타납니다.

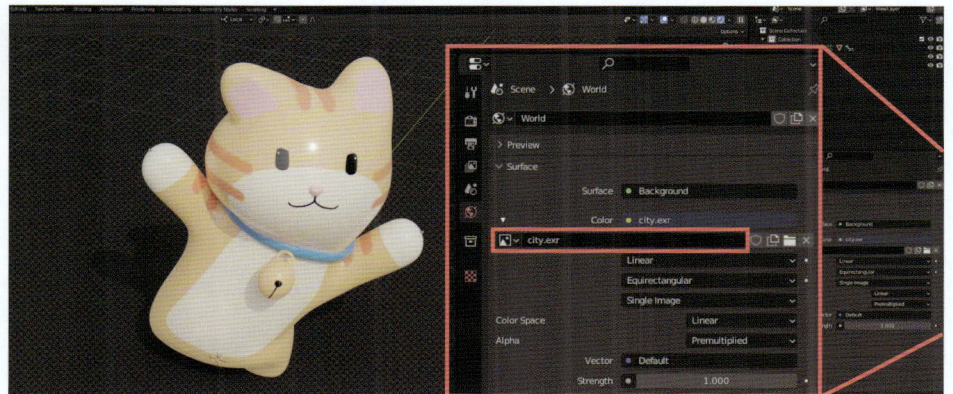

06 앞서 World Light에는 HDRI 이미지를 사용한다고 했습니다. Shading 모드에서는 어떤 HDRI가 적용됐는지 확인해 보겠습니다. 뷰포트 우측 상단의 ∨([Viewport Shading]) 버튼을 클릭합니다.

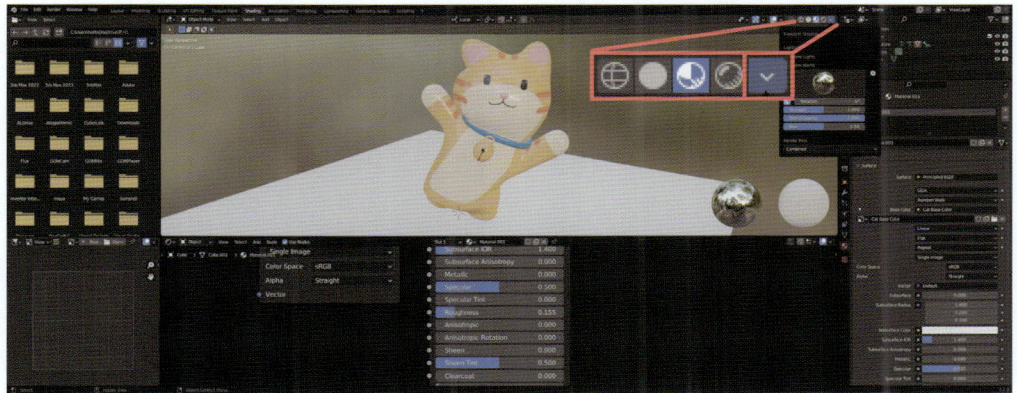

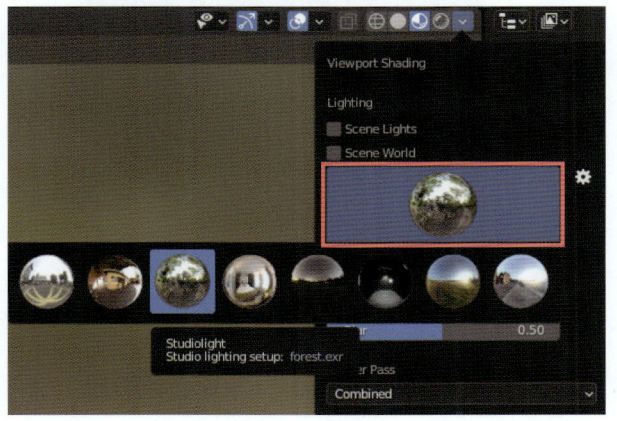

07 [Viewport Shading] 메뉴가 열립니다. 동그라미 이미지를 클릭하면 현재 적용된 HDRI를 확인할 수 있고, 다른 HDRI로 변경할 수도 있습니다. 현재 기본적으로 forest.exr이 적용되어 있습니다.

08 다시 Layout 모드로 돌아옵니다. 그리고 ([World Properties]) 탭에서 ([open])을 눌러 forest.exr을 선택합니다. 그럼 다음처럼 화면이 Shading 모드에서 보이는 것과 동일하게 보입니다.

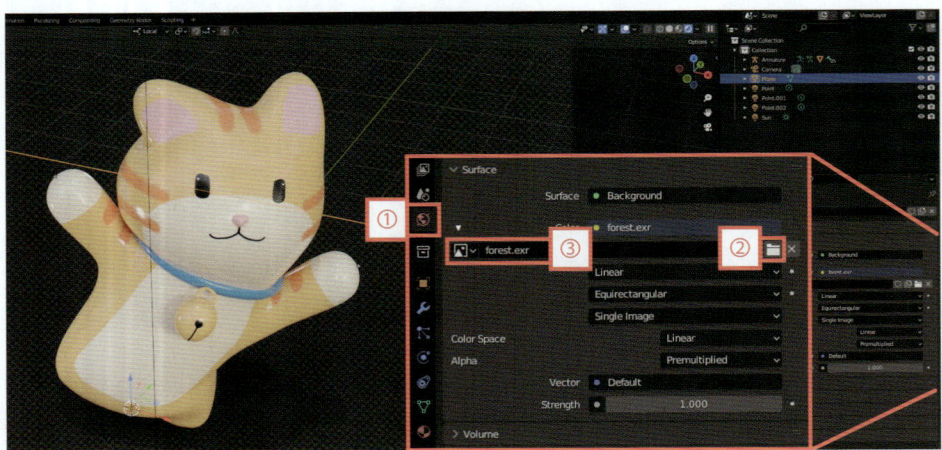

09 최종 렌더링을 위해 파일 옵션을 정해 주겠습니다. ([Output Properties]) 탭을 클릭합니다. [Format] → [Resolution]에서 원하는 이미지 사이즈를 정해줍니다. [Output] 탭에서 저장명과 저장 경로, 파일 포맷(파일 형식)을 정해줍니다.

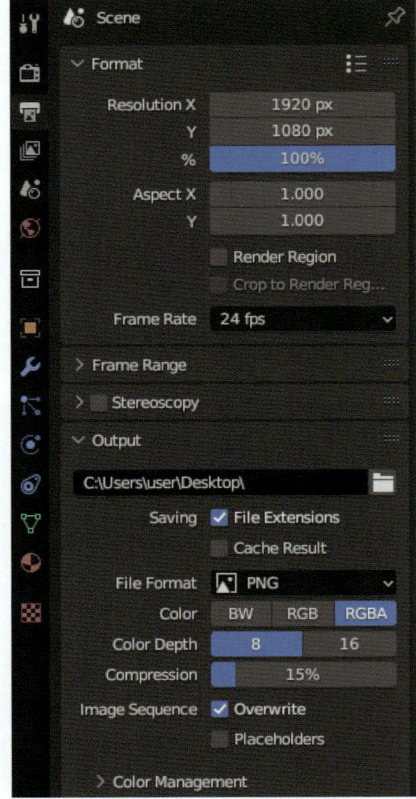

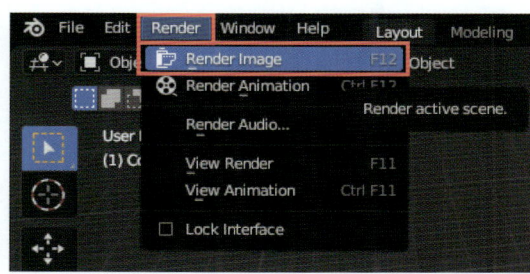

10 이제 최종 렌더링을 하겠습니다. 상단 메뉴바에서 [Render] → [Render Image]를 차례로 클릭합니다.

11 아까와 마찬가지로 Blender Render 팝업창이 뜨면서 렌더링됩니다. 전부 완료되면 이렇게 지정한 경로(여기서는 바탕화면)에 이미지가 저장되어 있습니다.

12 완성된 이미지를 포토샵에서 한번 확인해보겠습니다. 지정한 이미지 사이즈와 포맷이고, 배경도 투명 레이어로 잘 렌더링되어 있네요.

Section 01
라디오 모델링

Section 02
라디오 매핑

Section 03
렌더링

Chapter 05
라디오 만들기: 하드 서피스 모델링

지금까지 여러 기능을 실습해 보고 하나의 3D 캐릭터를 처음부터 끝까지 만들어 보기도 한 만큼, 이제 여러분도 전반적인 블렌더의 3D 컴퓨터 그래픽 제작 과정에 관해 어느 정도 감을 잡았으리라 생각합니다. 지금부터는 여러 가지 오브젝트를 제작하면서, 각 단계를 한층 세부적으로 파고들어 연습해 보려고 합니다.

먼저 도전해 볼 것은 하드 서피스(Hard Surface) 모델링입니다. 이것은 말 그대로 평평한 표면과 '각진' 모서리를 가진 정밀한 물체를 모델링하는 기법입니다. 간단하게 더 정교하게, 세부사항을 살려서 모델링하는 것이라고 생각해도 됩니다. 다양한 분야에서 게임의 무기나 갑옷, 기계, 건물 등 통상 변형되지 않는 오브젝트를 만드는 데 주로 사용합니다. 우리 책은 동물, 즉 유기체 모델링에 집중되어 있어 하드 서피스 모델링이 거의 나오지 않습니다. 그러나 소품이나 건물을 모델링할 때는 이 하드 서피스 모델링을 많이 사용하므로 꼭 학습하길 바랍니다. 참고로 하드 서피스 모델링은 '하드 서페이스' 모델링으로 부르기도 합니다. 우리 책에선 '하드 서피스'라고 언급하겠습니다.

그럼 연습 차원에서, 하드 서피스 모델링으로 라디오를 모델링하고 텍스처 작업까지 진행해 보겠습니다.

SECTION 01 | 라디오 모델링

우리가 만들 라디오는 직육면체 외관의 레트로 라디오입니다. 왼쪽에는 외부 스피커, 오른쪽에는 디스플레이와 조작 버튼이 있는 단순한 형태입니다.
하드 서피스는 딱딱한 물체를 만드는 것이고, 그와 반대적인 개념으로 유기적 모델링이 있습니다. 유기적 모델링은 동물이나 식물 등 살아있는 오브젝트, 즉 유기체를 모델링하는 것을 말합니다. 이 라디오는 하드 서피스에 하이폴리곤 모델링으로 진행됩니다.

1 기본 모델링

01 라디오를 만들기 전에, 먼저 내장 AddOn 하나를 활성화시키고 시작하겠습니다. 상단 메뉴에서 [Edit] → [Preference] → [Add-ons]를 순서대로 클릭한 후에 검색창에 'Loop'를 검색합니다. [Mesh: LoopTools]에 체크하고 창을 닫아줍니다. 이 AddOn은 간편하게 Edge를 정렬해주는 여러 기능을 갖고 있어 쓸모가 많습니다.

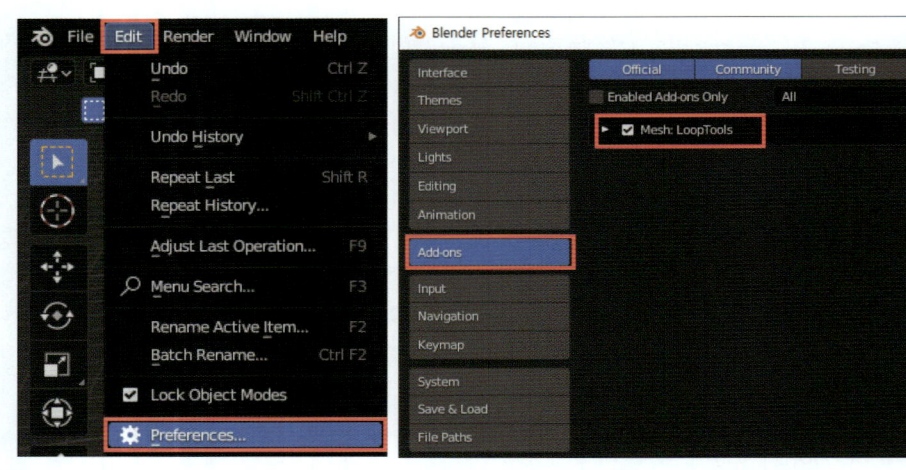

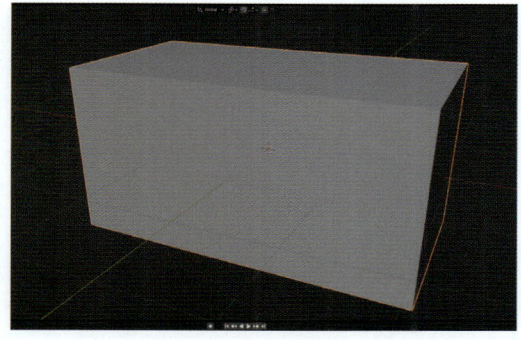

02 라이트와 카메라는 지우고 큐브 오브젝트는 단축키 [S], [X]로 X축으로 키웁시다. 라디오의 아웃박스가 될 것이니, 감안해서 크기를 정해줍니다.

03 [Ctrl]+[A]를 눌러 [Apply] 메뉴를 호출하고, [All Transforms] 명령을 선택해 모든 좌표를 리셋해줍니다.

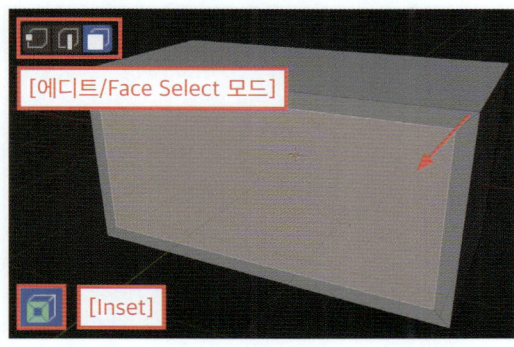

04 라디오의 전면부를 만들겠습니다. 먼저 [Tab] 키를 눌러 에디트 모드로 전환하고, Face Select 모드(숫자 [3])에서 큐브의 앞면을 선택합니다.  ([Inset]) 툴(단축키 [I])을 이용해 그림처럼 안쪽으로 면 분할해줍니다.

영상으로 보는 블렌더 Tip

[Inset] 명령 적용 시 유의사항

오브젝트의 크기를 조절한 후에는 [Ctrl]+[A] → [All Transforms] 명령으로 좌표축 리셋을 해줘야만 균일한 간격으로 Inset됩니다.

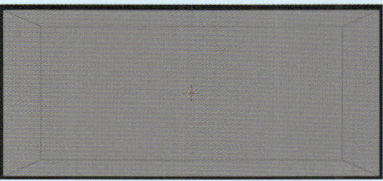

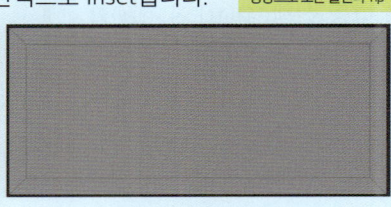

All Transforms 적용 안 함   All Transforms 적용함

05 레트로 라디오는 전면부가 외부 프레임보다 안쪽으로 들어가 있습니다. 이를 반영해 ([Extrude]) 툴(단축키 [E])로 면을 안쪽으로 추출해줍니다.

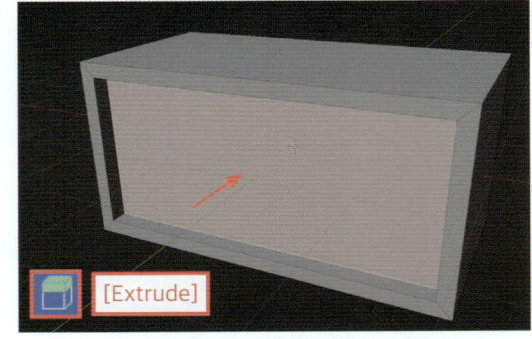

06 이 전면부에 이런저런 부속을 추가하기 위한 밑작업을 진행합시다. 먼저 단축키 [Ctrl]+[R](Loop Cut)과 마우스 휠을 이용해 세로줄 8줄을 추가해 줍니다. 마우스 좌클릭이 Loop Cut 생성, 우클릭이 위치 확정입니다.

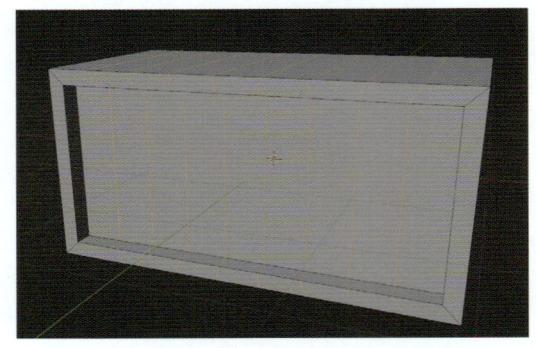

07 다시 같은 방법으로 Loop Cut으로 가로줄도 5줄 추가해 줍니다.

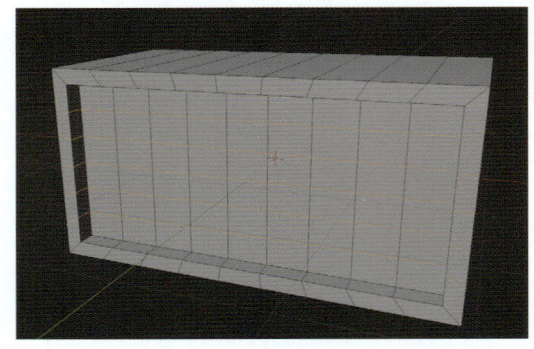

08 부속을 설치할 준비가 끝났습니다. 왼쪽에 스피커부터 만들어볼까요? Face Select 모드(숫자 [3])로 바꾼 뒤, 그림처럼 Face 12개를 다중 선택([Shift] 키 사용)합니다.

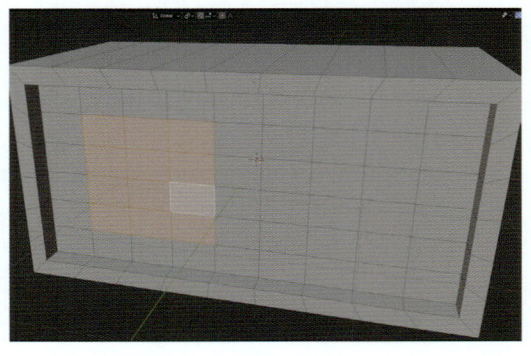

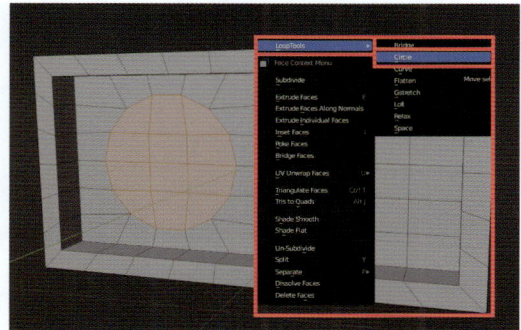

09 마우스를 우클릭하면, 팝업된 메뉴 가장 위쪽에 새로 설치한 AddOn인 [LoopTools]가 보입니다. 하위 메뉴 중 [Circle] 명령을 클릭하세요. 선택된 Face가 자동으로 원형으로 변형됩니다.

영상으로 보는 블렌더 Tip

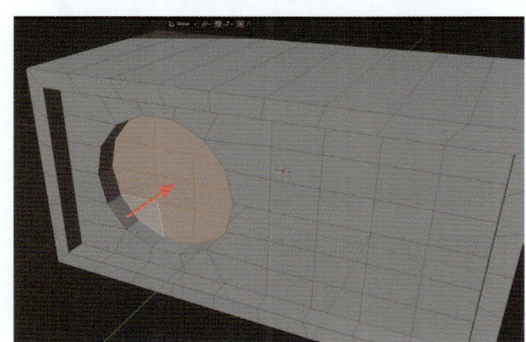

10 이 상태에서 ([Extrude]) 툴(단축키 [E])을 이용해 원형 면을 안쪽으로 추출해 줍니다. 이 자리에 외부 스피커를 만들 것입니다.

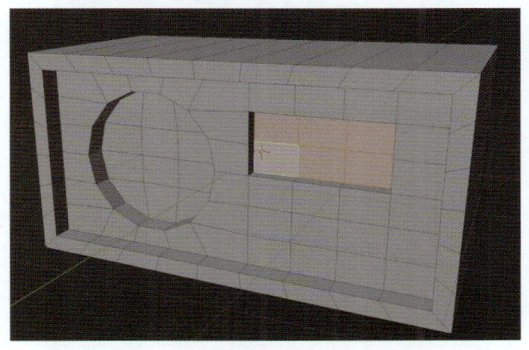

11 이어서 디스플레이가 위치할 자리를 잡겠습니다. 우측 Face 6개를 그림처럼 선택하고, ([Extrude]) 툴(단축키 [E])로 면을 안쪽으로 추출합니다.

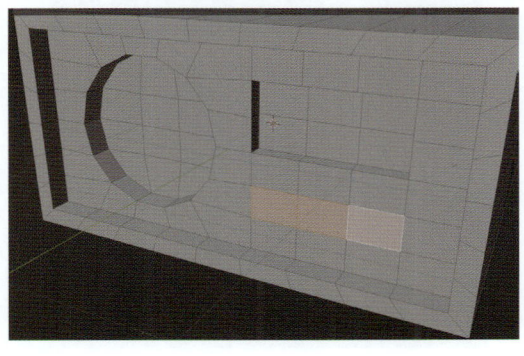

12 이번에는 디스플레이 아래에 조작 버튼을 달아주겠습니다. 그림처럼 3개의 면을 선택합니다.

13 　 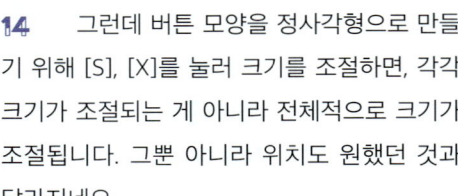 ([Inset]) 툴을 이용해 면을 분할해 줍니다. 이때 [Inset Faces] 옵션창에서 [Individual] 박스에 체크해야만 면이 각각 Inset됩니다.

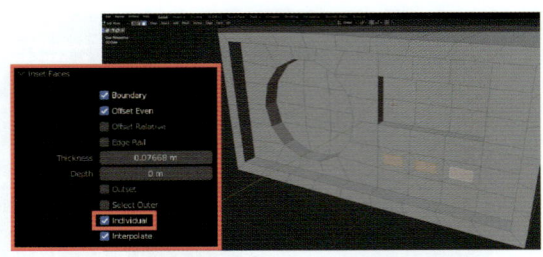

14 　 그런데 버튼 모양을 정사각형으로 만들기 위해 [S], [X]를 눌러 크기를 조절하면, 각각 크기가 조절되는 게 아니라 전체적으로 크기가 조절됩니다. 그뿐 아니라 위치도 원했던 것과 달라지네요.

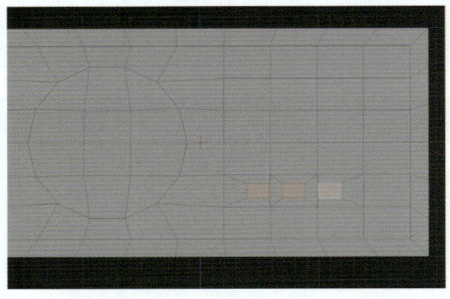

15 　 이 문제를 고치겠습니다. 뷰포트 중앙 상단의 ([Transform Pivot Point])를 클릭해서 설정을 [Individual Origins]로 바꾸어줍시다.

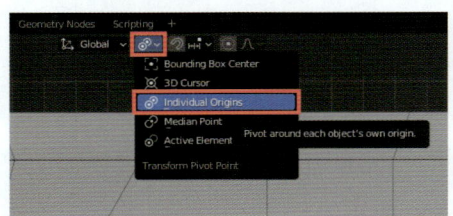

16 　 다시 [S], [X] 키를 눌러 크기를 줄이면 각 면의 크기가 제자리에서 조절됩니다.

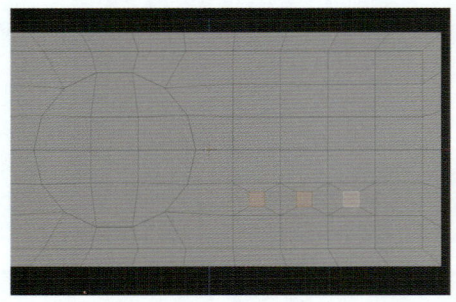

17 　 버튼 크기를 정했으면 위치를 잡아줍니다. 마찬가지로 ([Extrude]) 툴(단축키 [E])로 안쪽으로 면을 추출해 줍니다.

기본 모델링이 다 되었습니다.

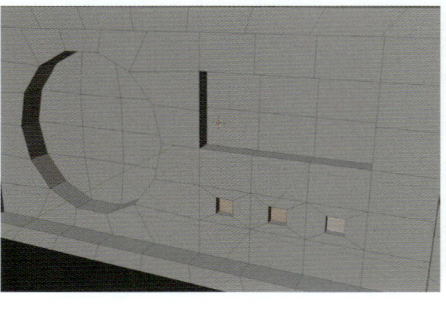

2 하드 서피스 모델링

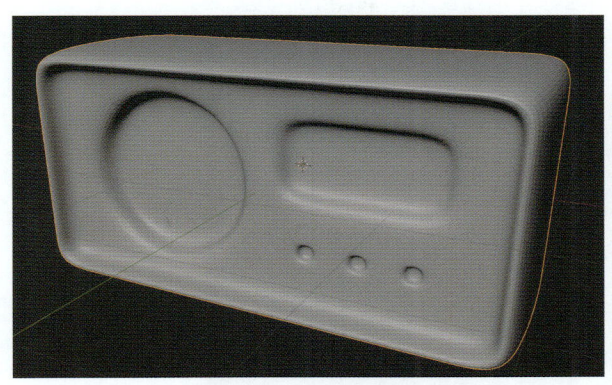

01 이제 우측 🔧([Modify Properties])를 클릭한 후에 [Subdivision Surface] 명령을 선택하여 오브젝트를 부드럽게 만들고 마치려고 합니다. 그런데 막상 보니 전체적으로 너무 뭉개져 보입니다. 원하는 형태가 아닙니다. 각 모서리와 경계를 뚜렷하게 만들어서, 제대로 각져 보이도록 하겠습니다. 하드 서피스 모델링을 하는 것입니다.

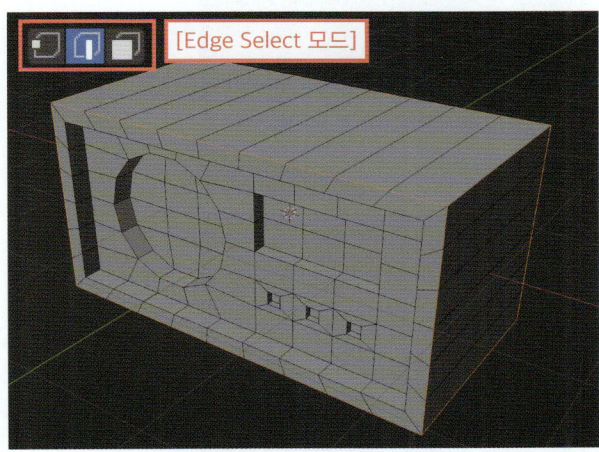

02 일단 [Subdivision] 패널의 🖥 아이콘을 비활성화해서, Subdivision이 적용 안 되어 보이게 합니다. 그리고 Edge Select 모드로 바꾸고(숫자 [2]), [Shift] 키를 이용해 그림처럼 라디오의 바깥 테두리를 전부 다중 선택해줍니다.

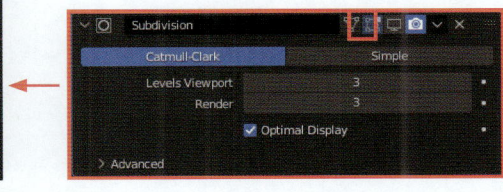

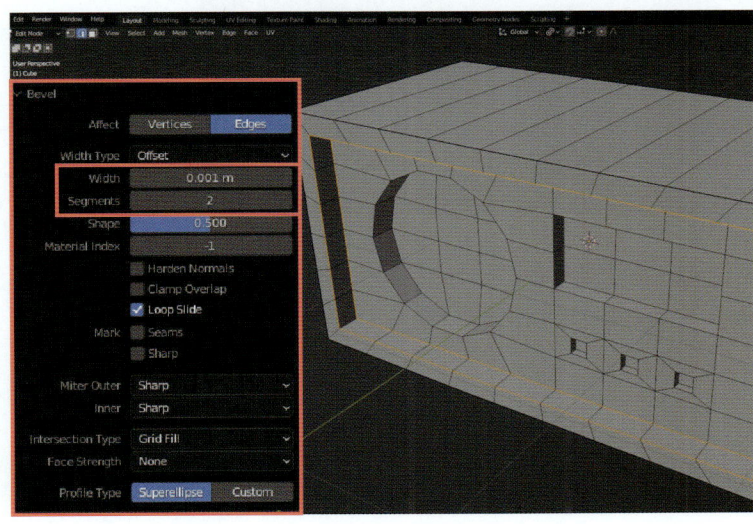

03 단축키 [Ctrl]+[B]로 Bevel을 적용해 테두리를 다듬겠습니다. 왼쪽 하단 Bevel 옵션창에서 설정 수치를 [Width]는 0.001, [Segments]는 2로 각각 조정해줍니다.

04 라디오 전면부 경계의 Edge들도 마찬가지로 선택해서 동일한 옵션(Width: 0.001, Segments: 2)으로 Bevel 명령을 적용합니다. 이때 ([Toggle X-Ray])를 켜고 작업하면 Edge 선택이 더 수월합니다.

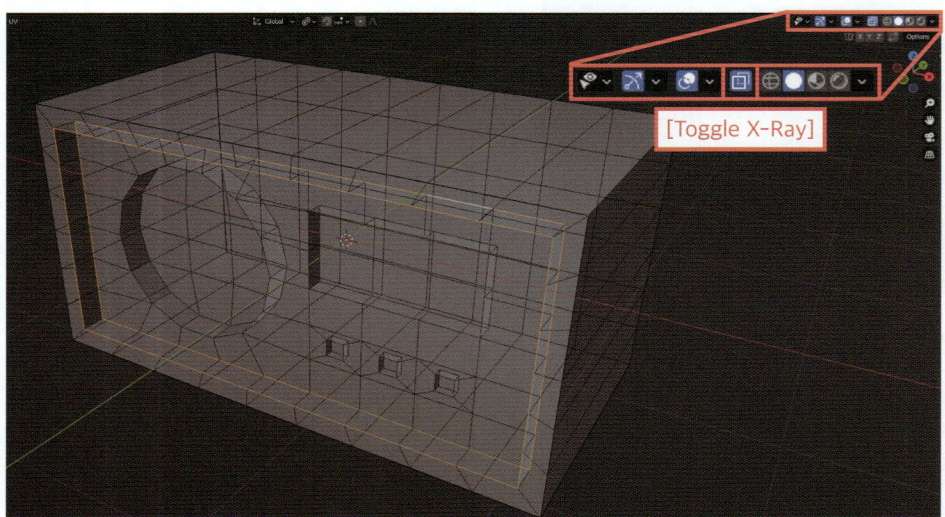

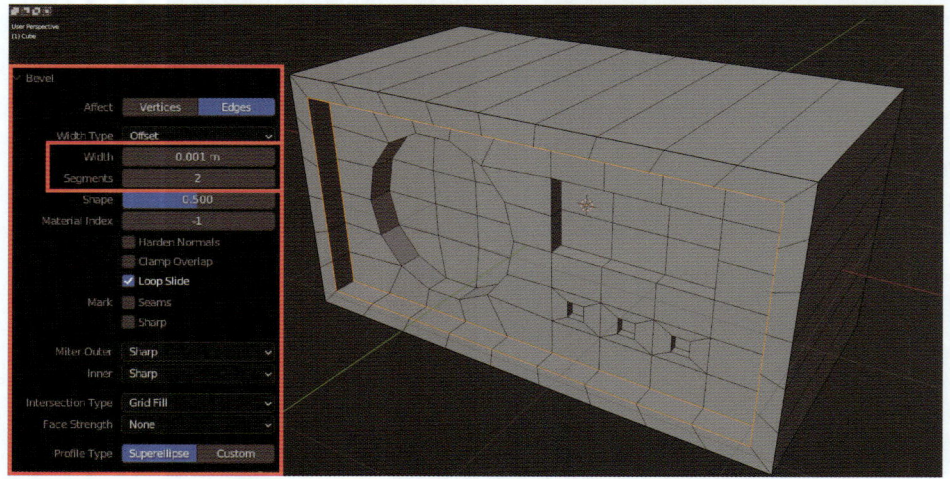

05 오브젝트 모드로 돌아와 아이콘을 재활성화시켜서 결과물을 확인해봅시다. Bevel 명령이 적용된 라디오 테두리 부분이 원하는 만큼 뚜렷하게 각져 보이네요.

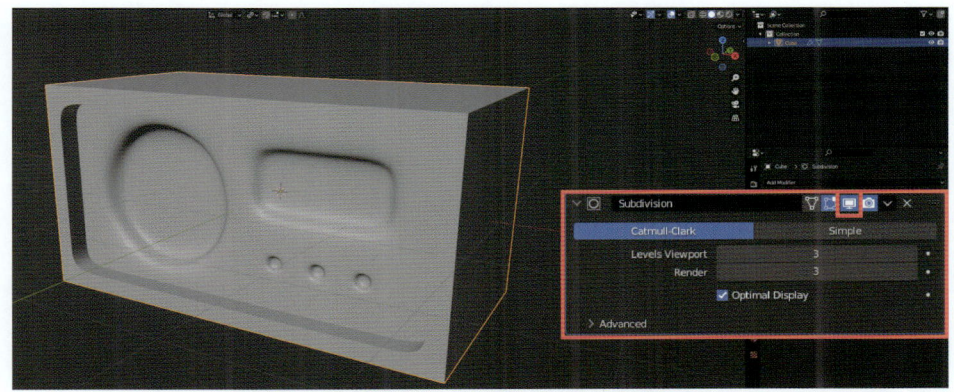

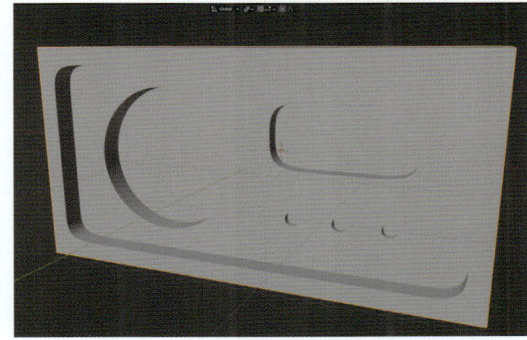

06 [Tab] 키를 눌러 에디트 모드로 전환한 뒤, 라디오의 부속 부분(스피커, 디스플레이, 버튼들)도 같은 방법으로 Bevel 작업을 진행합니다. 그림은 모든 Bevel 적용을 마치고 오브젝트 모드에서 [Subdivision Surface]를 재활성화시킨 최종 상태입니다.

07 마우스 우클릭하여 팝업된 메뉴에서 [Shade Smooth] 명령을 선택하여 마무리합니다. 이렇게 라디오의 본체가 완성되었습니다.

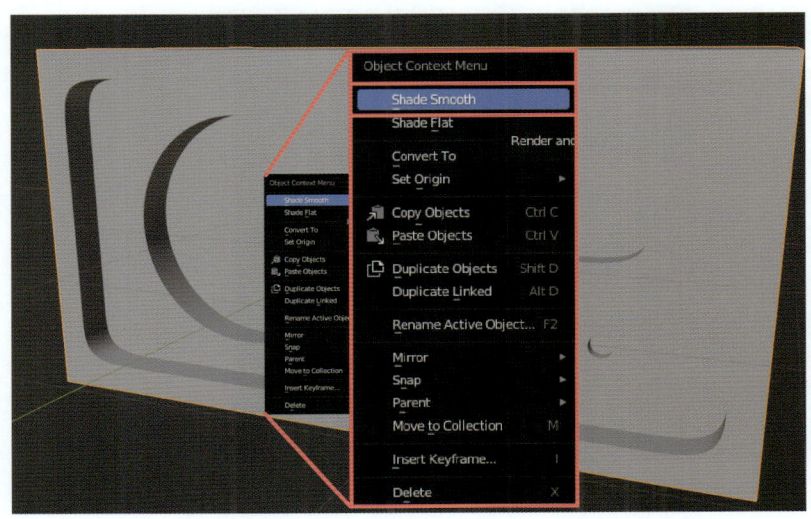

3 라디오 부속 모델링

지금은 라디오의 본체만 완성되어 있고, 스피커, 디스플레이 등은 들어갈 자리만 잡아둔 상태입니다. 라디오의 부속을 만들어 줍시다.

3.1 디스플레이

01 먼저 디스플레이부터 진행합시다. 디스플레이에는 현재 시각이 표시됩니다. 시계 숫자를 만들겠습니다. 서브 메뉴바에서 [Add] → [Text]를 차례로 클릭해 텍스트를 추가합니다.

02 누운 상태의 텍스트가 생성되었습니다. 위치와 모양을 조정해줍시다. 단축키 [G], [Y]를 눌러 앞으로 이동시키고, [R], [X], 90([Angle] 수치)을 눌러 회전시켜줍니다.

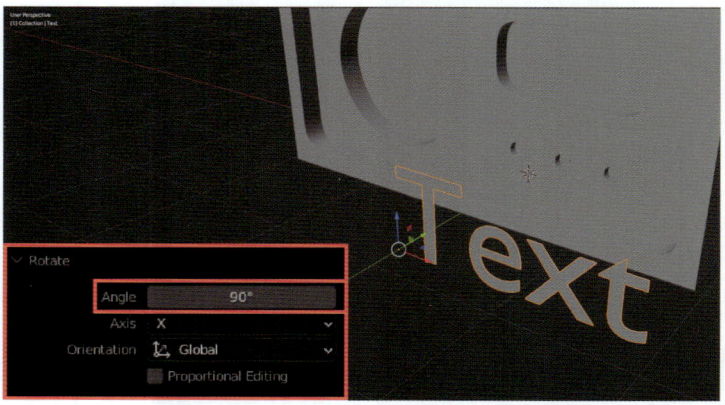

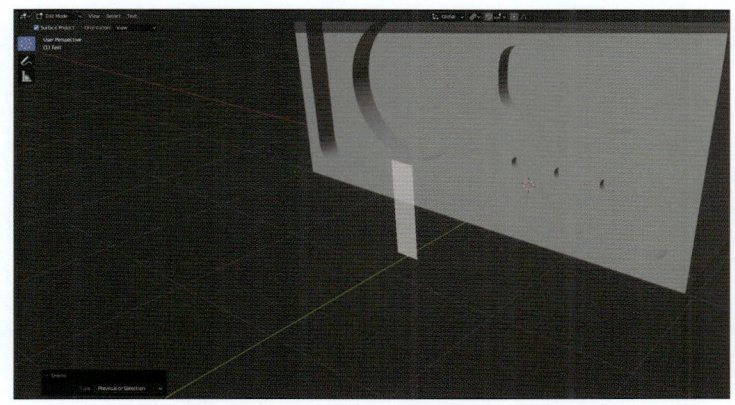

03   에디트 모드로 변경하면, 말 그대로 워드 프로세서처럼 커서가 생기고 편집 가능한 상태로 바뀝니다. 일단 키보드 백스페이스 키를 눌러 기존에 입력되어 있던 글자('Text')를 지웁니다.

04   원하는 시계 숫자(시각)를 입력합니다.

05   글씨체를 바꾸고 싶으면 우측 ([Object Data Properties]) 탭의 [Font] 메뉴에서 ([Open Font]) 아이콘을 이용해 바꿀 수 있습니다. 여기서는 그냥 기본 폰트(Bfont Regular)로 사용하겠습니다.

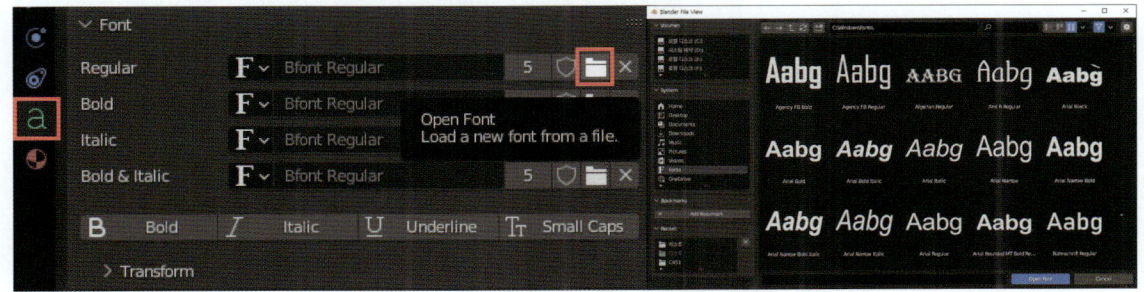

06 ([Object Data Properties]) 탭에서 [Geometry]를 선택한 후에 [Extrude]에 0.1을 입력해 텍스트에 두께를 만들어줍니다.

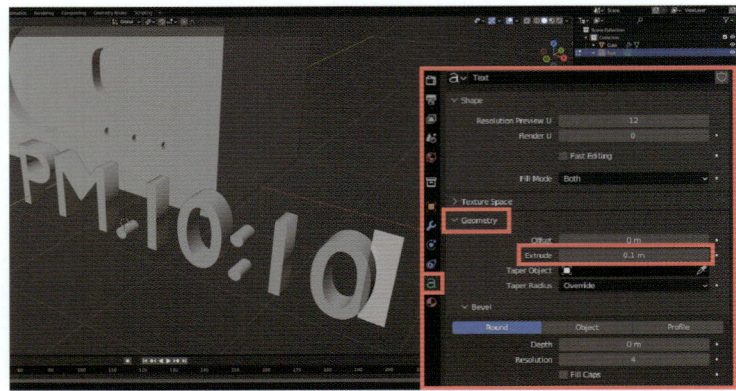

07 오브젝트 모드로 전환해 디스플레이 안에 들어가도록 시계 숫자의 크기와 위치를 조정해 마무리합니다.

한눈에 보는 작업 과정, 고수의 뷰! (01~07단계)

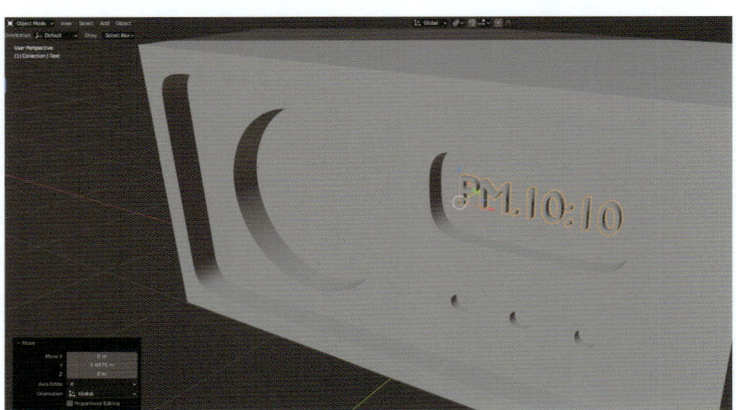

08 다 되었으니 덮개를 씌워줍시다. 서브 메뉴바에서 [Add] → [Mesh] → [Plane]을 차례로 클릭해 면을 하나 추가합니다.

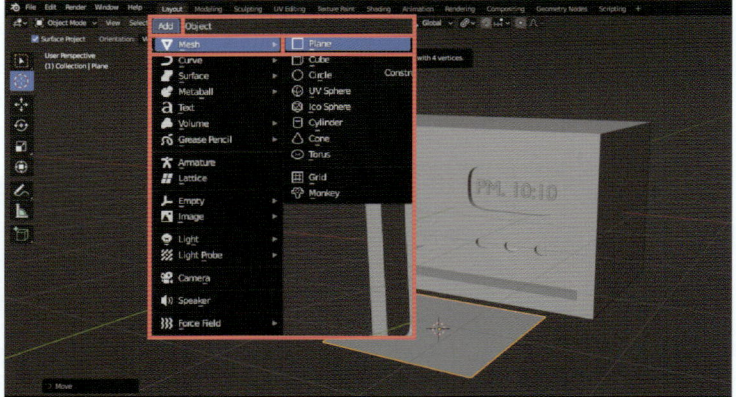

09 키보드 단축키 [R], [X]와 숫자 90([Angle])을 입력해 Plane을 세워준 뒤, 위치와 크기를 조정해 디스플레이에 붙여줍시다. 다음 그림처럼 안쪽으로 파인 디스플레이보다 살짝 큰 크기로, 시계 숫자가 안 보이게 덮어주면 됩니다.

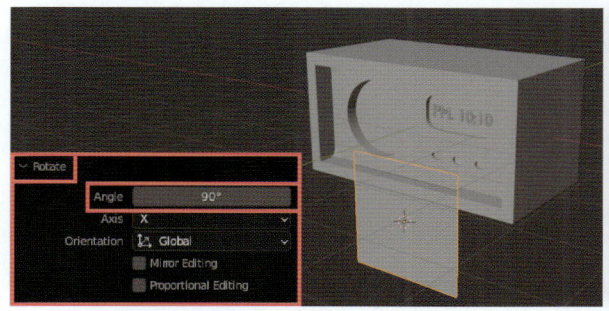
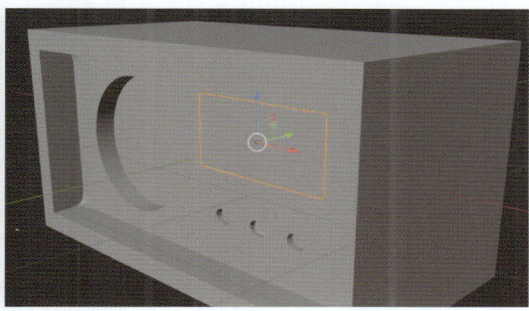

3.2 버튼

01 라디오를 조작할 버튼을 붙여 주겠습니다. 서브 메뉴바에서 [Add] → [Mesh] → [Cylinder]를 차례로 클릭하여 기둥을 추가합니다.

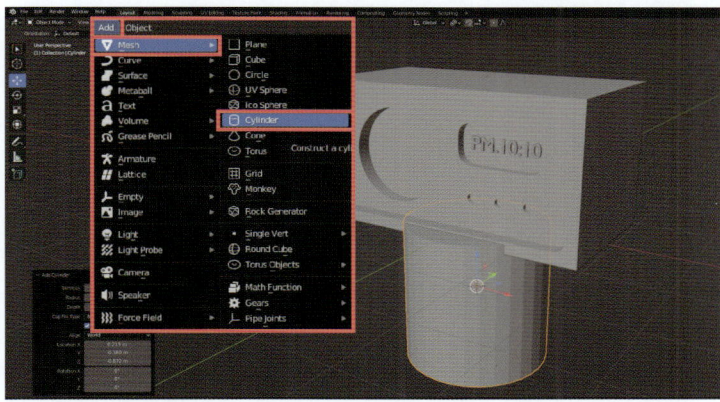

02 단축키 [R], [X]로 실린더를 눕혀준 뒤, 버튼 자리에 맞춰서 크기와 위치를 조절합니다.

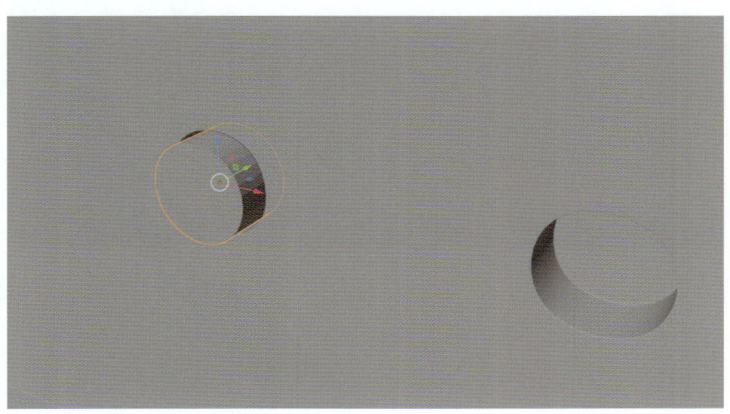

03 에디트 모드에서 버튼 테두리 Edge를 [Alt] 키로 눌러 전체 선택하고, 버튼 단면을 Bevel([Ctrl]+[B]) 처리해줍니다. 이번에는 [Width] 수치를 0.03으로 잡았습니다.

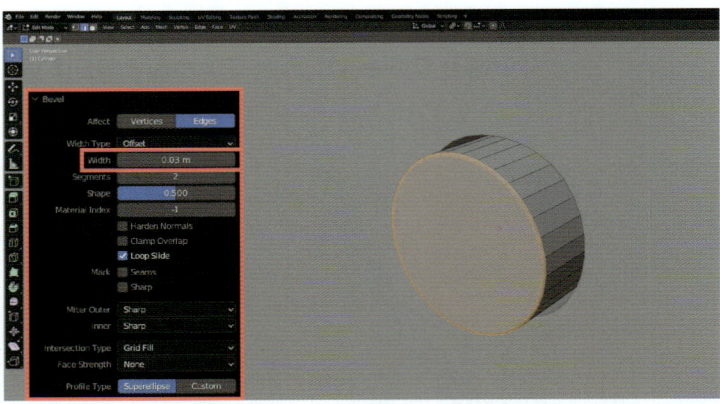

04 ([Toggle X-Ray])를 켜고, 안쪽 단면도 동일하게 [Width]를 0.03으로 Bevel 처리해줍니다.

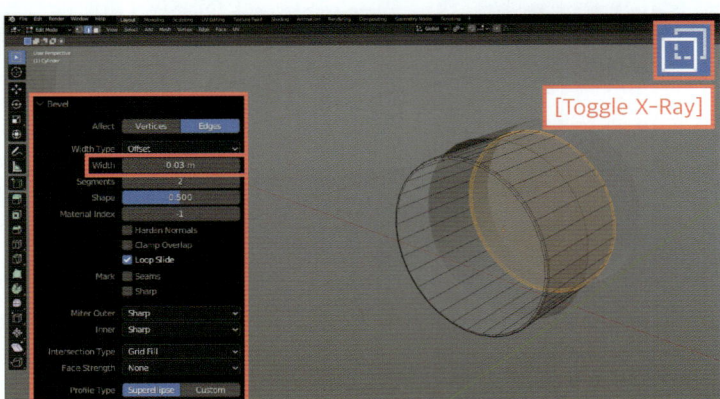

05 오브젝트 모드에서 ([Modify Properties])를 클릭한 후에 [Subdivision Surface] 명령을 적용해 오브젝트를 부드럽게 만들어줍니다.

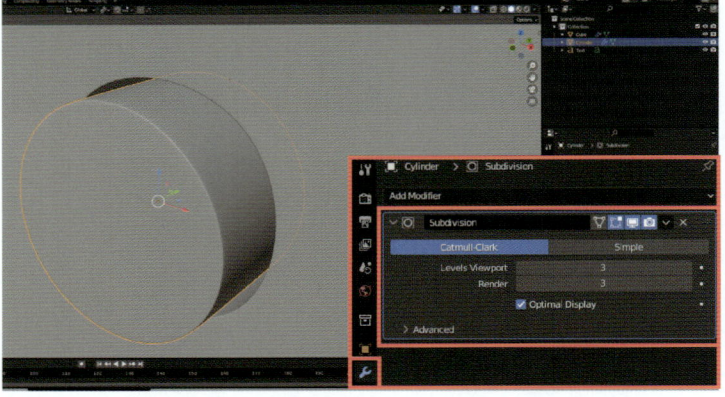

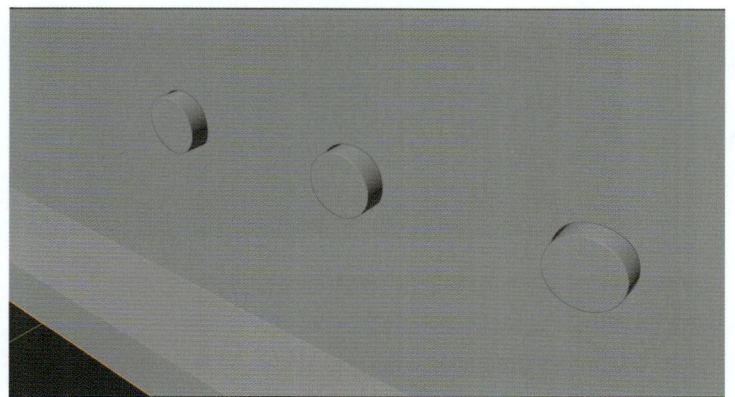

06 이로써 버튼이 완성되었습니다. 버튼 자리가 총 3개이므로, [Shift]+[D](복사)와 [X](X축으로)를 차례로 눌러 복사해줍니다. 버튼까지 추가했습니다.

3.3 스피커

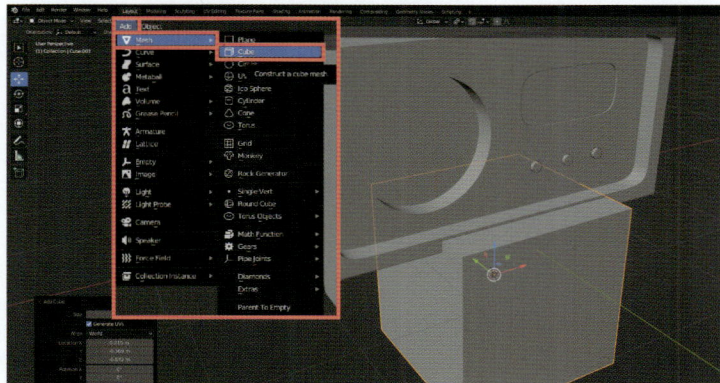

01 마지막으로 스피커를 만들겠습니다. 서브 메뉴바에서 [Add] → [Mesh] → [Cube]를 차례로 선택해 큐브 오브젝트를 추가해줍니다.

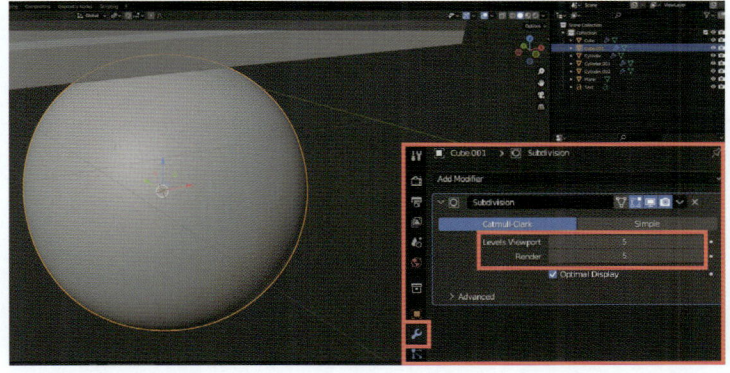

02 우측 🔧 ([Modify Properties])를 클릭한 후에 [Subdivision Surface] 명령을 적용합니다. [Levels Viewport]와 [Render]의 수치를 각각 5로 적용하면 다음 그림처럼 큐브 오브젝트가 부드러워져 원에 가까워집니다.

03 이 상태에서 ⌄ 버튼과 [Apply]를 차례로 클릭해 [Subdivision] 명령을 적용 완료합니다.

04 이 기본 오브젝트를 다듬어 스피커를 만들겠습니다. 먼저 [Tab] 키를 눌러 에디트 모드로 변경합니다. 뒷부분은 필요없으므로, 사이드 뷰(숫자 키패드 [3])로 뷰포트 시점을 돌려 뒷부분 절반의 Face를 선택해 [Delete] 키를 눌러 팝업된 메뉴에서 [Faces]를 선택하여 지워줍니다. ([Toggle X-Ray])를 켜야 한 번에 깔끔하게 지울 수 있습니다.

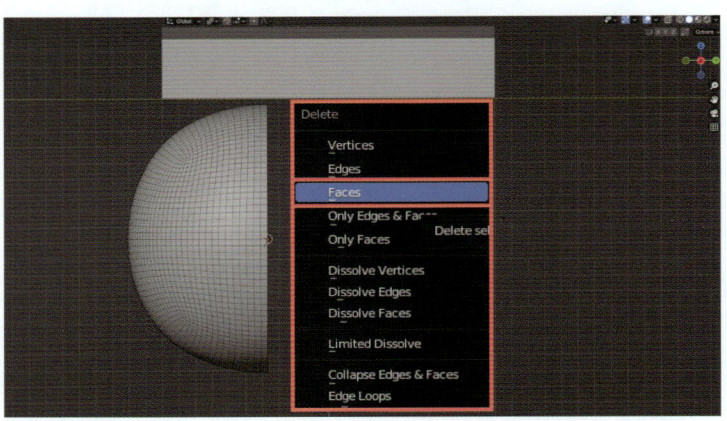

05 지금은 일반적인 반구입니다. 실제 스피커의 표면처럼 자연스러운 망 모양의 표면을 만들어 주겠습니다. 오브젝트 모드로 돌아와, 🔧([Modify Properties])의 명령을 몇 가지 이용합시다. 첫 번째로 적용할 명령은 [Deform] 하위의 [Cast]입니다. 현재는 큐브를 Subdivision(면 분할)해서 만든 오브젝트이므로, 보기와 달리 완벽한 원의 형태가 아닙니다. [Cast] 명령을 주면 완벽한 원 형태로 바뀝니다. 특별히 옵션을 조정할 필요는 없습니다.

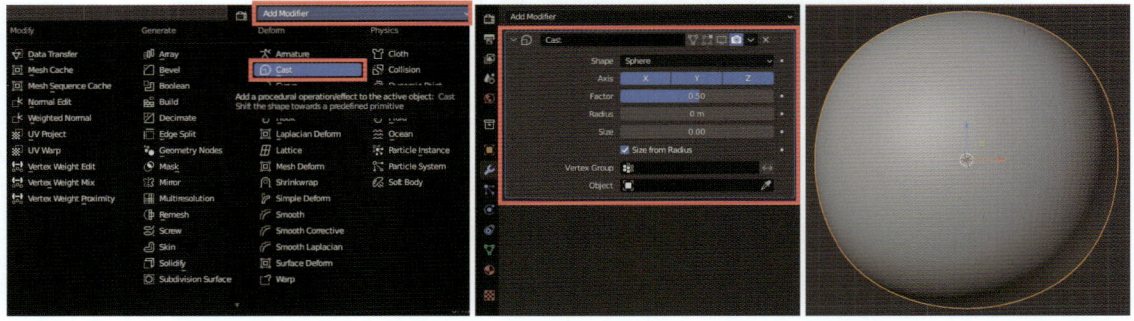

06 이번에는 [Generate] 하위의 [Decimate] 명령을 선택합니다. [Decimate] 패널에 있는 탭을 [Un-Subdivide]로 바꾸고, [Iterations] 수치로 1을 입력합니다. 그럼 그림처럼 와이어 모양이 45도 정도 틀어집니다.

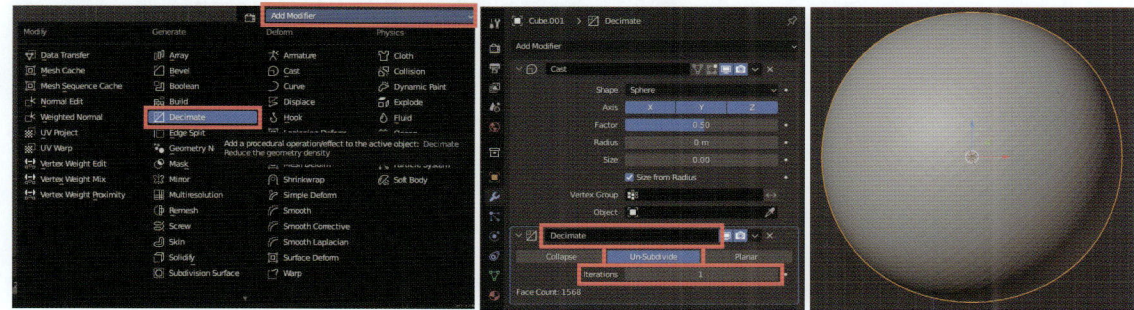

07 이어서 마찬가지로 [Generate] 하위의 [Wireframe] 명령을 선택합니다. 반구가 와이어 프레임 모양으로 모델링됩니다.

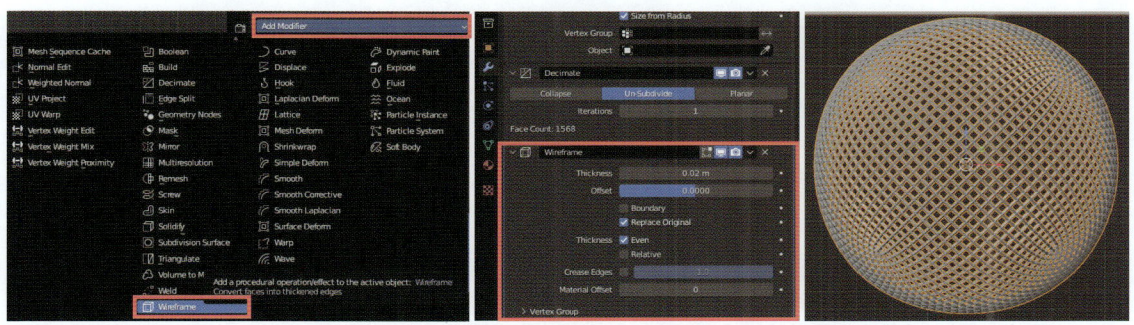

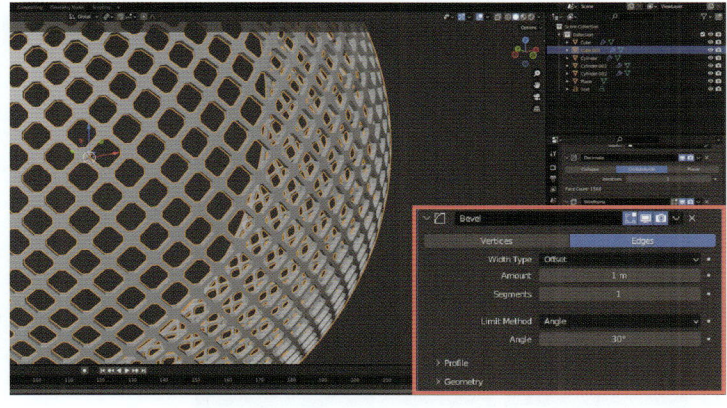

08 스피커 표면을 차지한 와이어가 너무 날카롭습니다. 다시 [Generate] 하위에 있는 [Bevel] 명령을 선택하여 와이어 모양을 조금 두께감 있는 형태로 변경합니다. (07 단계에서의 모양이 마음에 들면 굳이 [Bevel] 명령을 적용하지 않아도 됩니다.)

09 다 되었으면 마우스 우클릭으로 [Object Context Menu]를 호출합니다. [Convert To] → [Mesh]를 차례로 선택해서 모든 명령이 적용된 오브젝트를 만듭니다. 오른쪽 [Properties Editor] 창이 깨끗해진 것을 확인할 수 있습니다.

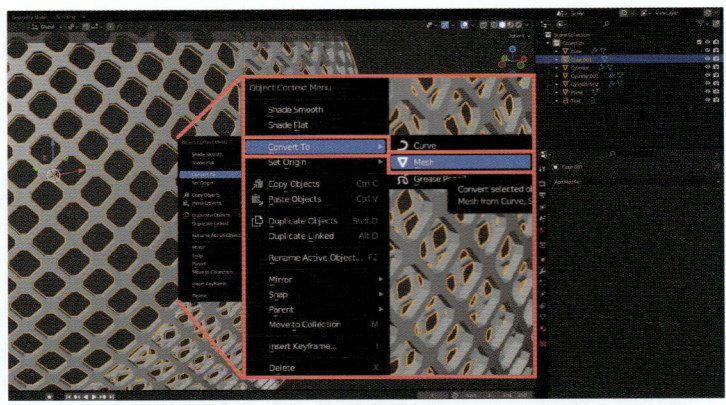

10 스피커가 완성되었습니다. 이제 크기와 위치를 조절해 마련해 둔 스피커 자리에 올려줍시다. 뷰포트를 돌려가며 스피커가 위치할 자리에 스피커를 딱 맞춰주세요.

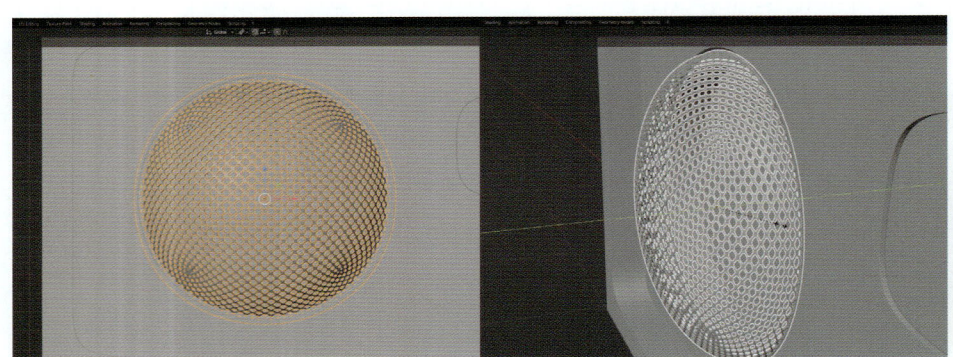

한눈에 보는 작업 과정,
고수의 뷰! (01~10단계)

11 이렇게 모든 부속을 라디오 본체에 추가 완료했습니다. 여기까지 했다면 모델링은 거의 다 되었다고 보아도 됩니다.

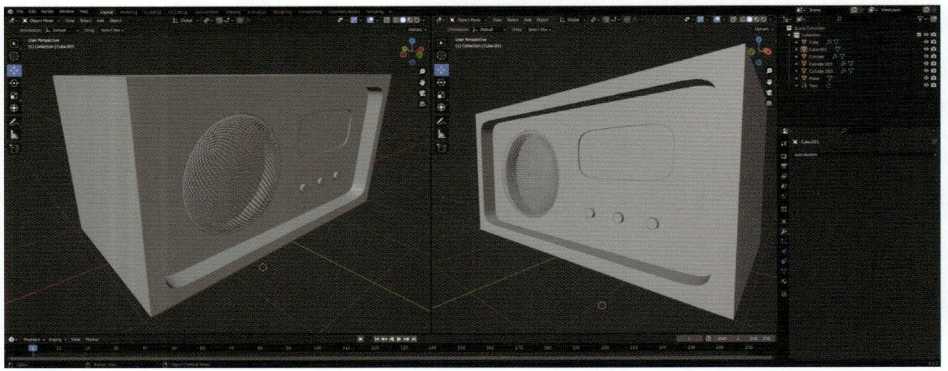

4 마무리

라디오의 부속은 소재가 각기 다릅니다. 매핑은 오브젝트별로 Material을 각각 지정해서 완성하게 됩니다. 매핑을 위해 파츠별로 정리하겠습니다.

01 먼저 시계 속 숫자는 현재 Text 상태이므로 Mesh로 만들어 주어야 합니다. 오브젝트 모드에서 시계 숫자(Text)를 선택하고, 마우스 우클릭하여 팝업된 메뉴에서 [Convert To] → [Mesh]를 선택해줍니다.

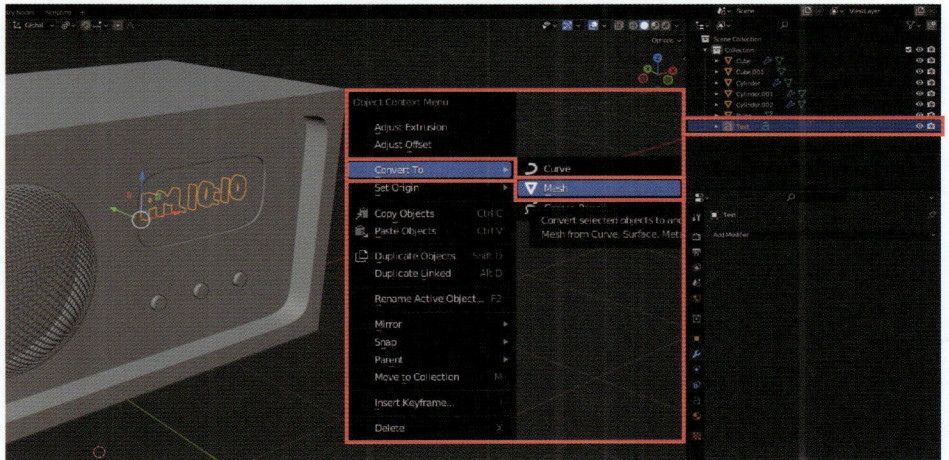

02 버튼 3개는 하나의 오브젝트로 만들겠습니다. [Shift] 키를 이용해 다중 선택해서 단축키 [Ctrl]+[J]로 합쳐줍시다. 그런 뒤 우측 상단 아웃라이너 창을 보면, 3개 있던 Cylinder가 하나만 남아 있는 것을 확인할 수 있습니다.

03 라디오 본체의 케이스와 전면부는 서로 다른 재질을 사용하기 위해 분리하겠습니다. 먼저 아웃라이너 창에서 👁 아이콘을 클릭해 라디오 본체에 해당하는 'Cube'를 제외한 다른 오브젝트를 모두 숨겨줍니다.

라디오를 선택하고 에디트 모드로 들어갑니다. Face Select 모드(숫자 [3])로 바꾼 뒤, 그림과 같이 분리할 전면부 면을 전부 선택합니다. 틈새가 생기지 않도록 뷰포트를 돌려보면서 잘 선택해줍니다.

04 마우스 우클릭으로 [Face Context Menu]를 열고, [Separate] → [Selection]을 차례로 클릭해 분리합니다.

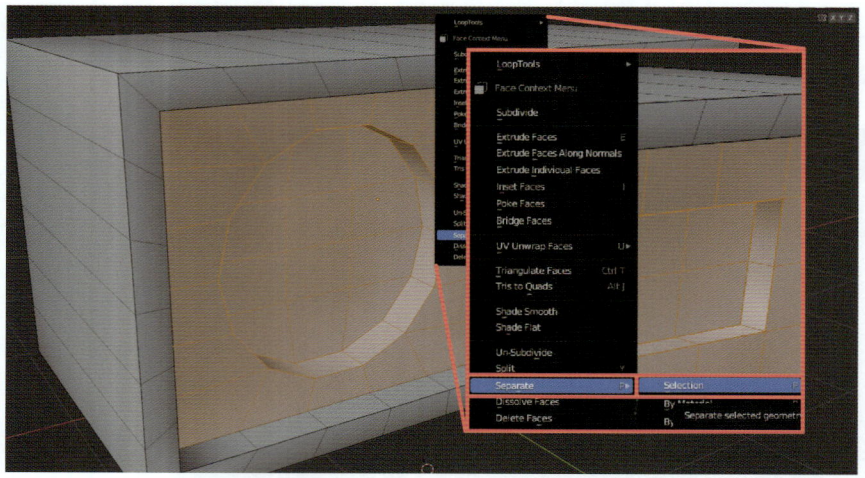

05   그러면 라디오의 전면부가 별도의 오브젝트로 분리됩니다(Cube.002). 스피커와 디스플레이의 안쪽 면 역시 다른 재질을 사용할 것이니, 이어서 분리해주겠습니다. 그림처럼 해당되는 면들을 다중 선택해서 똑같이, 마우스 우클릭하여 팝업된 메뉴에서 [Separate] → [Selection] 명령을 차례로 선택하면 됩니다. 아웃라이너 창을 보면 Cube가 하나 더 늘어난 것을 알 수 있습니다.

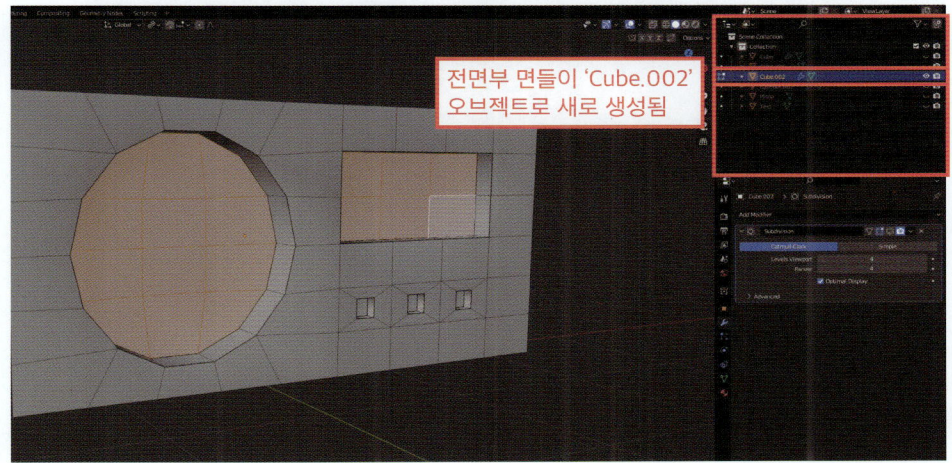

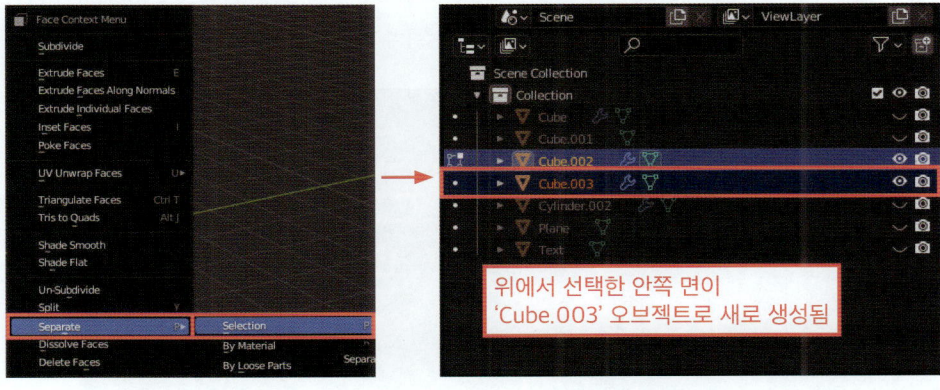

06 이제 분리한 전면부 오브젝트(Cube.002)에 두께를 부여합니다. 우측 🔧 ([Modify Properties])을 클릭한 후에 [Add Modifier] → [Solidify]를 순서대로 선택합니다. 옵션에서 [Thickness] 수치를 0.07로 변경합니다.

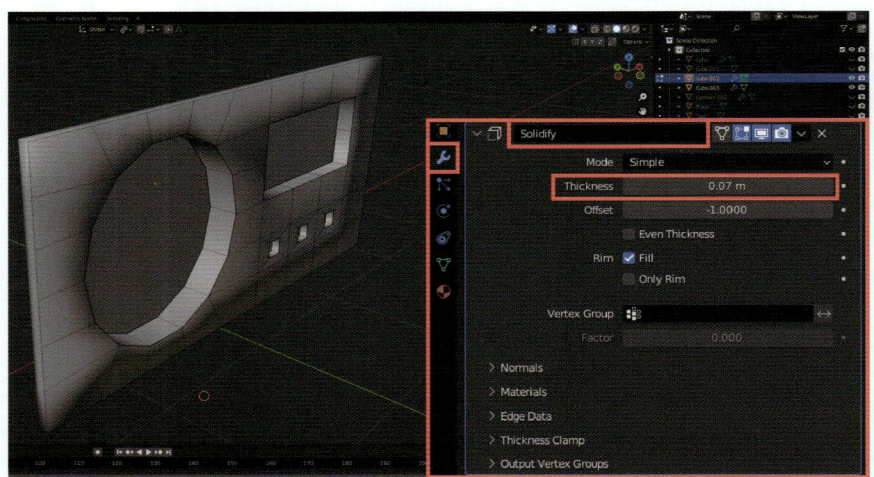

07 스피커와 디스플레이의 안쪽 면 오브젝트(Cube.003) 역시, 같은 방법으로 [Solidify] 명령을 이용해 두께를 만들어줍니다. 이번에는 [Thickness] 수치를 0.11로 설정하겠습니다.

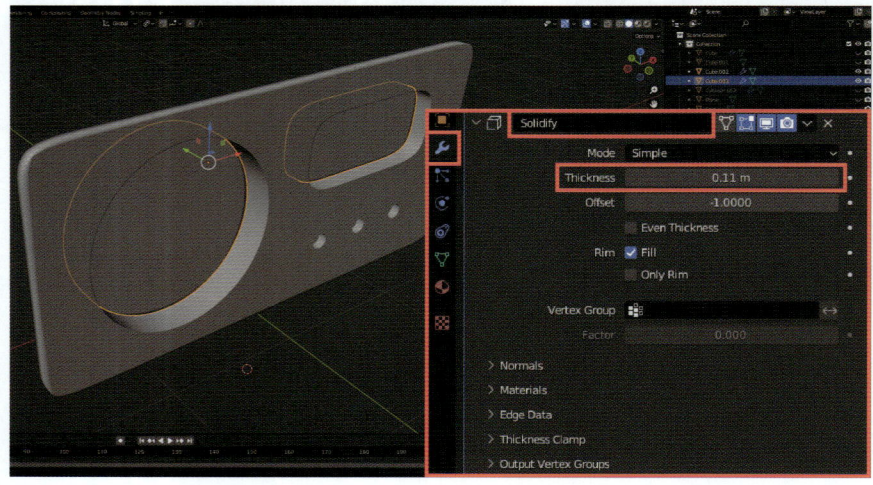

08 재질별로 오브젝트들을 다 분리했습니다. 아웃라이너 창의 👁 아이콘을 클릭해 다시 모든 오브젝트를 보이게 해준 뒤, 드래그로 전체 선택해 마우스 우클릭하여 팝업된 메뉴에서 [Convert To] → [Mesh]를 차례로 선택해 각 오브젝트에 추가한 명령들을 적용 완료해 줍시다.

Chapter05 라디오 만들기: 하드 서피스 모델링

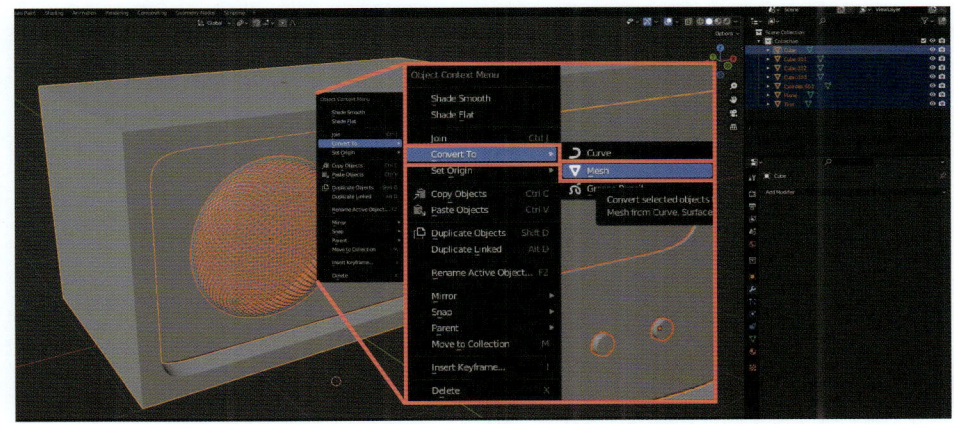

09　[Ctrl]+[A] 단축키로 [Apply] 메뉴를 띄웁니다. [All Transforms] 명령을 선택하여 좌표축을 재정렬해줍니다.

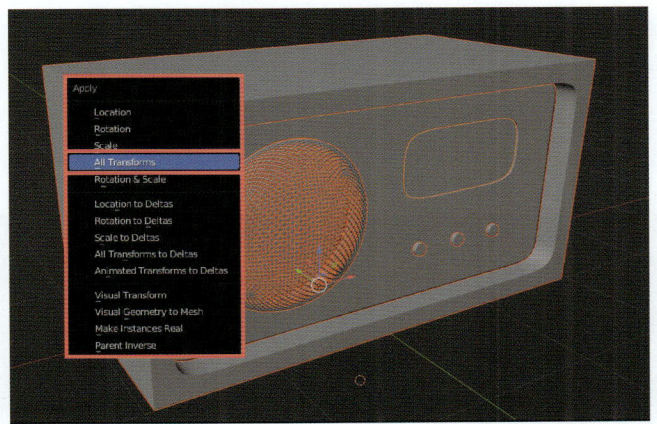

10　이후 작업을 위해, 우측 상단 아웃라이너 창에서 각 오브젝트(파츠) 이름을 더블 클릭해 알아보기 쉽게 다음 그림처럼 바꿔주고 라디오 모델링을 마칩니다.

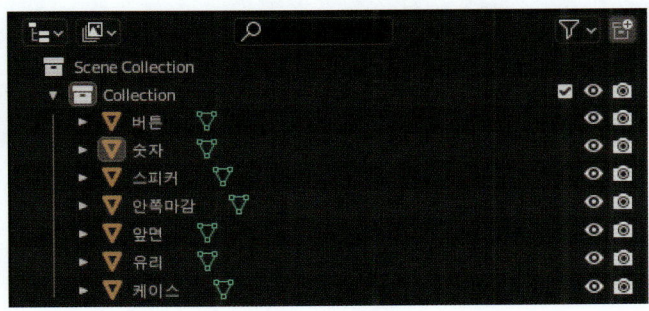

SECTION 02 라디오 매핑

지금부터는 이 라디오 모델링에 Material을 적용해 현실감을 부여해 보겠습니다.

1 UV

매핑을 위해 각 파츠의 UV 작업을 진행하겠습니다. 각 파츠의 UV를 잘 전개해서, Material 적용에 차질이 없도록 합시다.

01 먼저 아웃라이너 창 맨 위에 있는 [버튼]부터 UV 작업을 하겠습니다. 버튼 오브젝트를 선택하고 상단 메뉴에서 [UV Editing]를 클릭합니다. 3D 뷰 왼쪽 상단에서 현재 모드가 에디트 모드인 것을 확인합니다. 키보드 [A]를 눌러 모든 Vertex를 선택합니다. 그리고 서브 메뉴바에서 [UV] → [Smart UV Project]를 차례로 선택합니다.

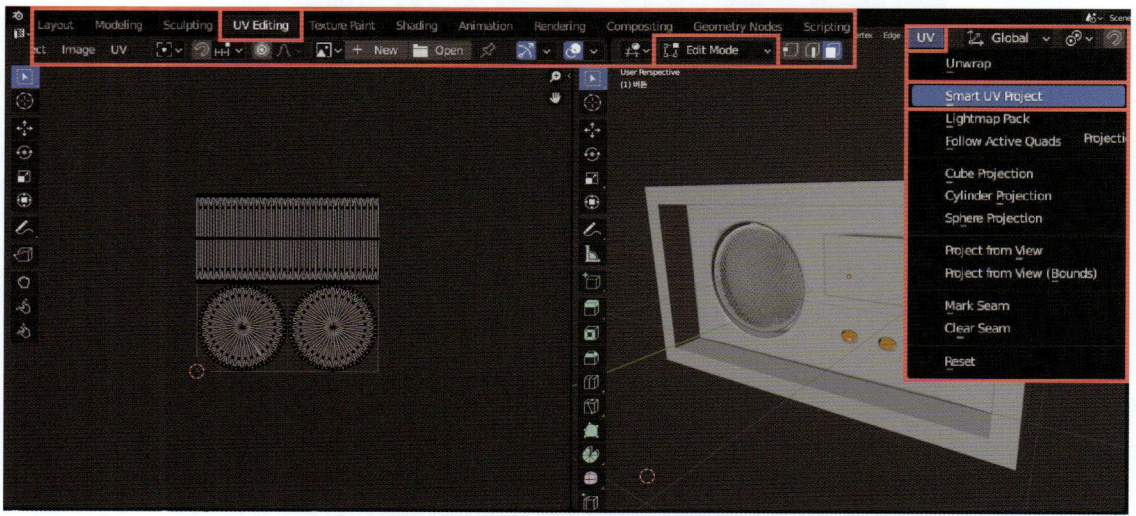

02 옵션창이 팝업됩니다. [Island Margin]에 0.010 값을 입력해서 조금 간격을 줍니다. [OK]를 클릭하여 완료합니다. 왼쪽 2D 뷰에 UV가 정리되어 보입니다.

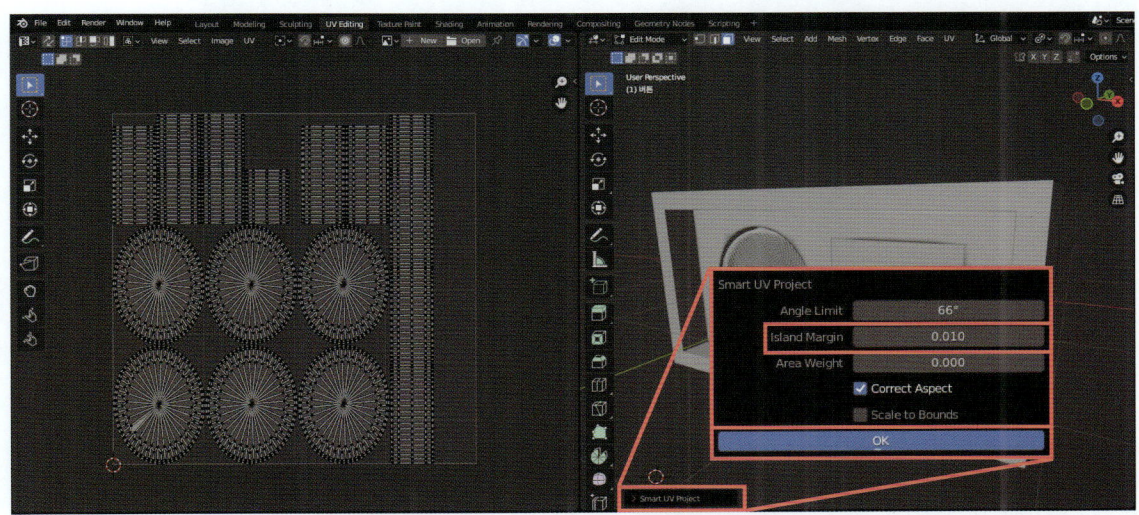

03 3D 뷰에서 [Tab] 키를 눌러 오브젝트 모드로 변경합니다. 아웃라이너 창에서 두 번째 오브젝트 [숫자]를 선택합니다. 다시 [Tab] 키를 눌러 에디트 모드로 돌아옵니다. [버튼]과 같은 방법으로 UV를 완료해줍니다. (01~02번 순서를 참고하세요.)

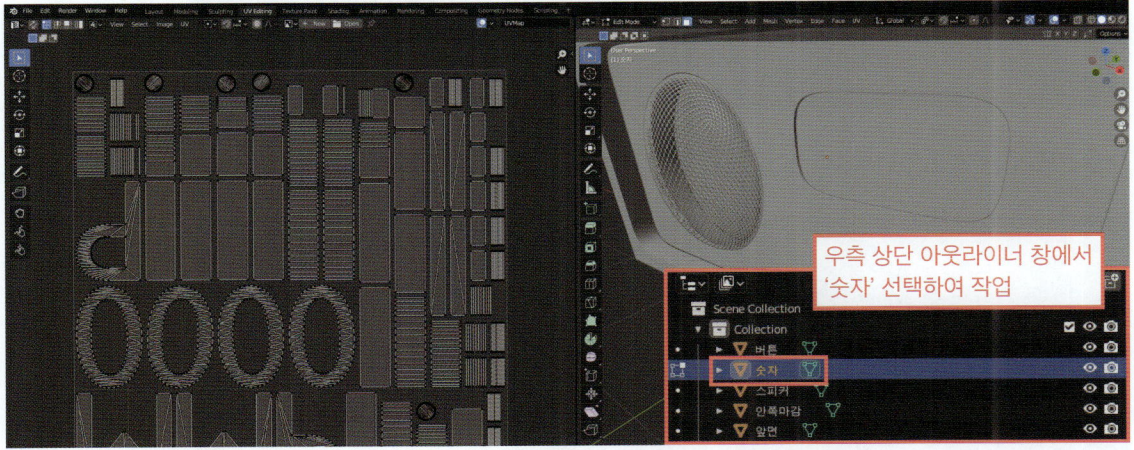

04 모든 오브젝트에 동일한 과정을 거칠 것입니다. 이번에는 [스피커]를 UV 작업해줍니다.

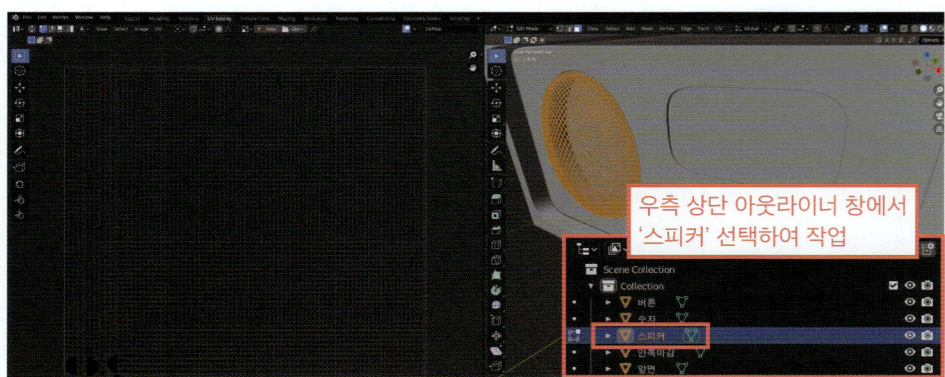

05 [안쪽마감] 부분을 UV 작업합니다.

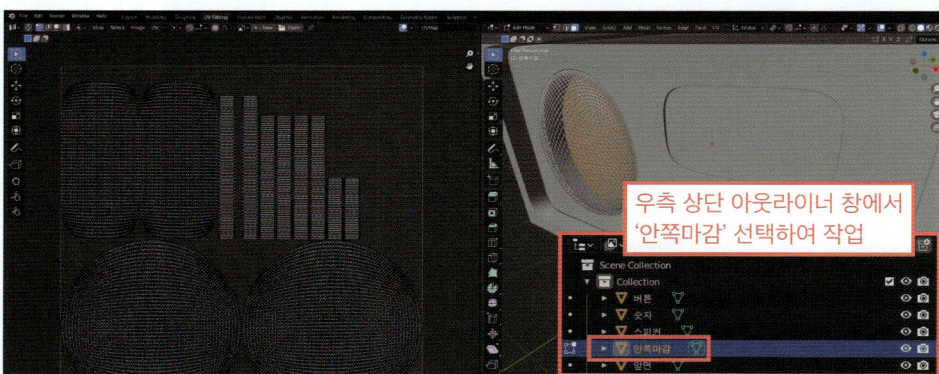

06 [앞면] 부분을 UV 작업합니다.

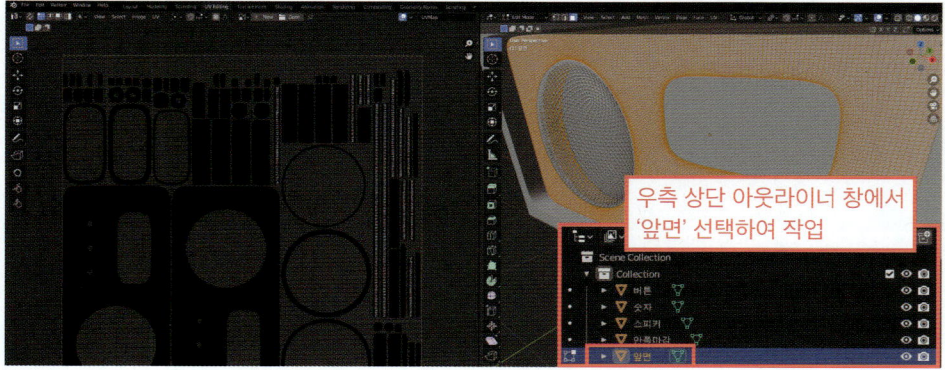

07 [유리] 부분을 UV 작업합니다.

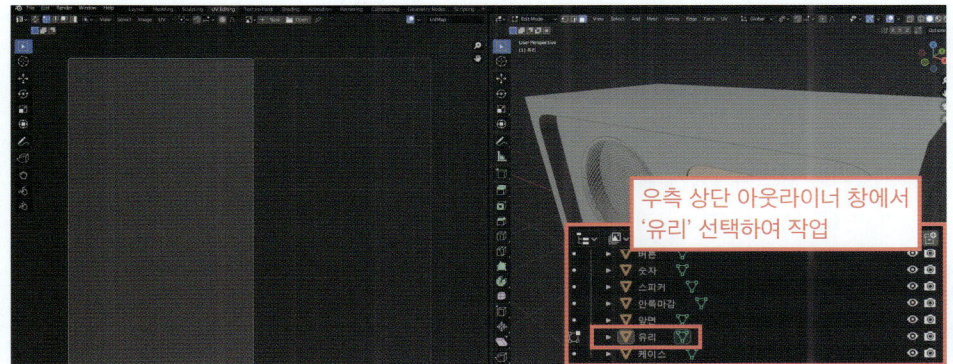

08 [케이스] 부분을 UV 작업합니다.

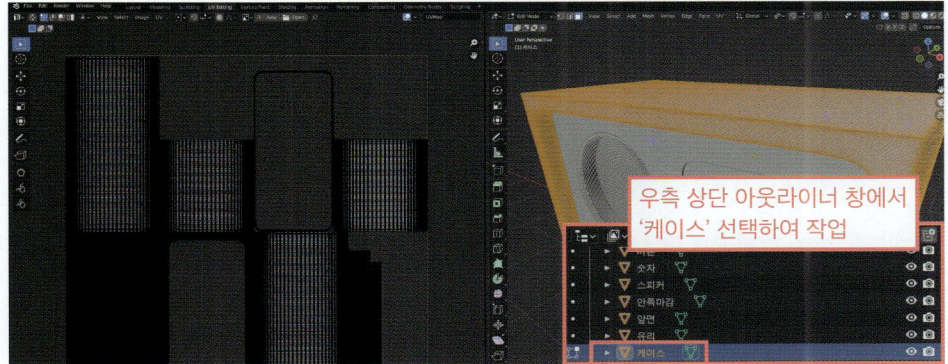

2 매트리얼(Material)

간단하게 UV를 모두 잘 펼쳤습니다. 다음으로 재질(Material) 작업에 들어가겠습니다.

01 재질 작업을 위해 상단 메뉴에서 [Shading]을 클릭합니다. [케이스]부터 재질 지정을 해 주겠습니다. 화면 중앙 하단, Shader Editor를 보면, 'Material Output' 노드가 나타나 있습니다. 케이스는 기본 오브젝트였기 때문에, 이미 재질이 지정되어 있는 것입니다. (만약 재질 지정이 안 되어 있다면 ◎ + New 를 눌러 새로 만들면 됩니다.)

재질 지정이 안 되어 있다면
이 부분이 [New] 버튼으로 나타납니다

Shader Editor(쉐이더 에디터) 영역

02 케이스에는 나무 이미지로 재질을 적용하겠습니다. 이미지 적용을 위해 Shader Editor 의 서브 메뉴바에서 [Add] → [Texture] → [Image Texture]를 차례로 클릭해 [Image Texture] 를 하나 추가합니다.

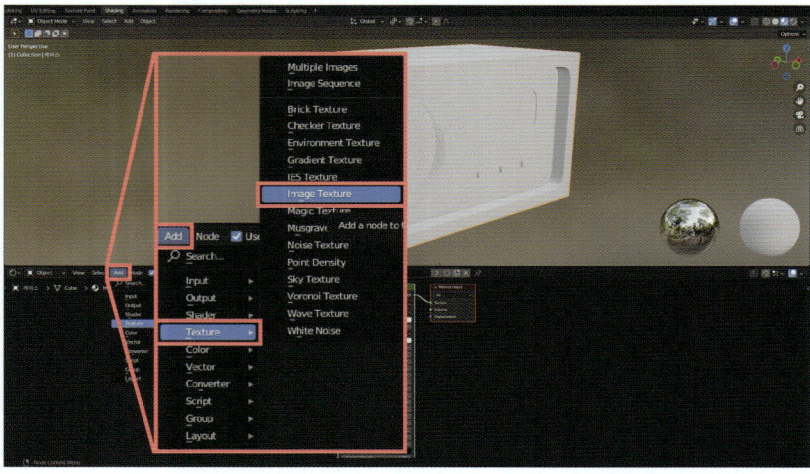

03 추가한 [Image Texture] 노드에서, Color 옆 점을 클릭하고 드래그해 다음 그림처럼 [Principled BSDF]의 [Base Color]에 연결해줍니다. 그러면 Image Texture의 Color가 [케이스]에 반영됩니다. 아직 이미지를 지정하지 않았으므로 검정색으로 보입니다.

04  을 눌러 나무 이미지(예제 파일: [C5S2] → r-wood.png)를 선택합니다. 지정한 나무 이미지가 적용되었습니다. [Principled BSDF]의 [Roughness] 수치를 0.259로 줄여 표면을 부드럽게 해서 반사 질감을 조금 줍니다. 그리고 [Specular]는 0.095로 줄여 빛을 받는 부분을 줄여줍니다.

한눈에 보는 작업 과정, 고수의 뷰! (01~04단계)

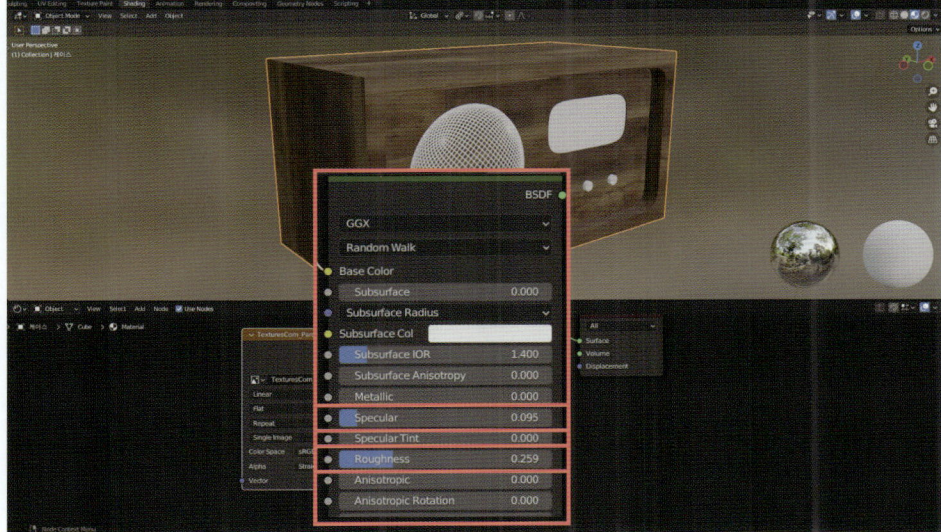

05 두 번째로는 유리 재질을 만들겠습니다. 라디오 디스플레이의 덮개는 안이 비쳐 보이는 유리입니다. 아웃라이너 창에서 [유리] 오브젝트를 선택합니다. 재질이 지정되어 있지 않습니다. Shader Editor에서 ⬛ + New 를 눌러 새로운 Material을 하나 생성합니다

06 수치를 조정합니다. [Roughness]는 0, [Transmission]에는 1로 수치를 입력합니다. 유리 재질처럼 적용되었습니다. 주변 환경이 비쳐 보이는 모습입니다.

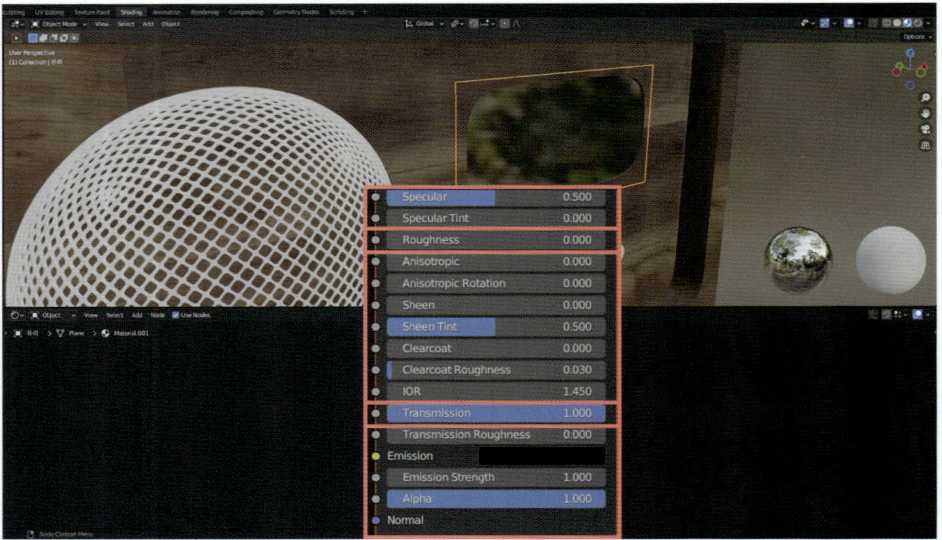

Chapter05 라디오 만들기: 하드 서피스 모델링

07 그런데 우리가 원하는 유리 재질은 어느 정도 반투명한 오브젝트입니다. 우측 ([Material Properties]) 탭에서 [Settings] 항목의 [Blend Mode]를 [Alpha Blend]로 바꾸어 줍니다.

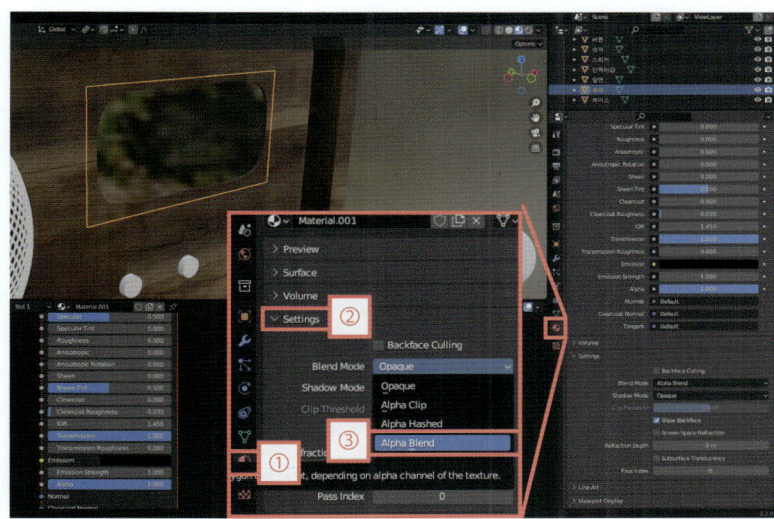

08 다시 Shader Editor의 Material 노드에서 [Alpha] 수치를 0.600으로 줄이면 오브젝트가 반투명해집니다. 안쪽의 시계가 잘 보입니다.

09 [앞면]에 재질을 적용하겠습니다. 앞면은 처음 제작한 [케이스]에서 분리한 오브젝트라 [케이스]에 적용한 나무 재질이 그대로 적용되어 있습니다.

10 우측 ([Material Properties]) 탭 위쪽을 보면 나무 재질의 Material이 지정되어 있습니다. 원하는 재질을 적용하려면 일단 지워야 합니다. 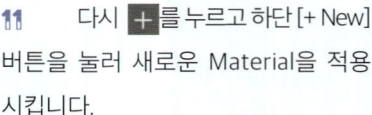 버튼을 눌러 적용되어 있는 Material을 지웁시다.

11 다시 를 누르고 하단 [+ New] 버튼을 눌러 새로운 Material을 적용시킵니다.

12 매트리얼 창이 나타납니다. [Base Color]에서 원하는 색을 지정해 주세요. 플라스틱 재질이므로 [Roughness] 수치는 조금 낮춰줍니다.

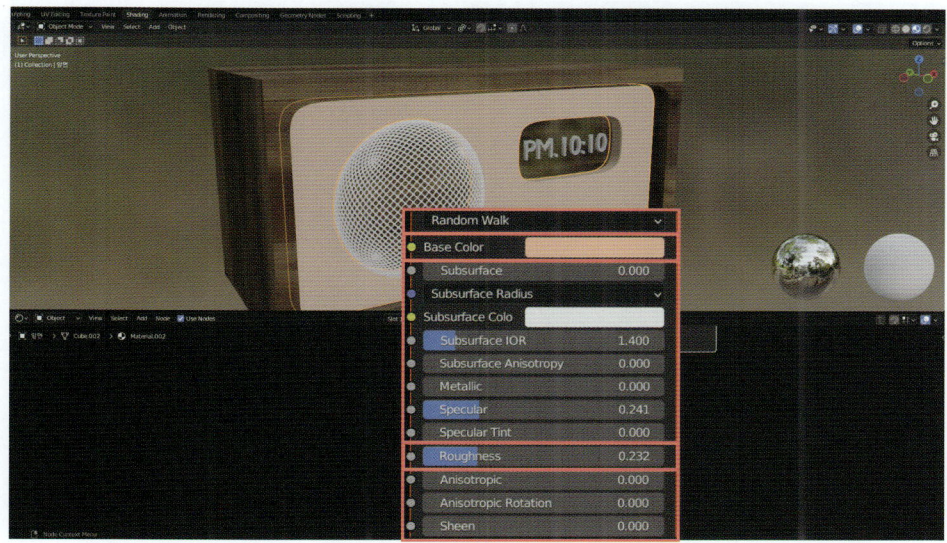

13 [안쪽마감] 부분 역시 우측 ([Material Properties]) 탭 위쪽에서 같은 방법으로 기존 나무 재질 Material을 지우고 새로운 Material을 지정합니다. [Base Color]는 어두운 색으로 해줍니다.

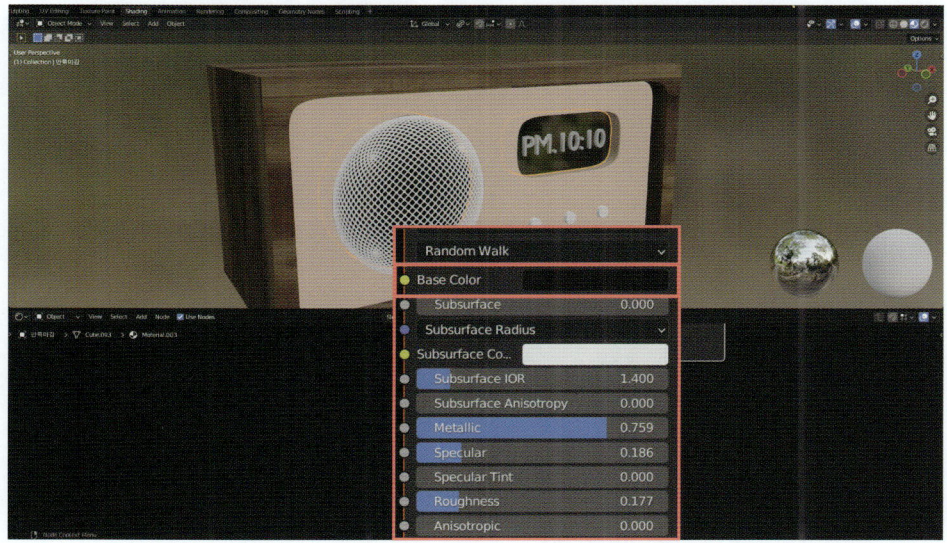

14 [스피커]는 금속 재질이므로 [Matellic] 수치를 1로 해줍니다. [Base Color]에서 원하는 색을 지정해주고 [Roughness]도 조금 낮춰서 광택을 줍니다.

15 [숫자]와 [버튼]도 플라스틱 재질로 원하는 색을 지정하고, 원하는 반사 정도를 [Roughness] 수치를 조절해서 만들어 줍니다.

모든 파츠에 재질 적용이 완료되었습니다.

SECTION 03 | 렌더링

마지막으로 완성한 라디오를 렌더링해 이미지로 저장해 봅시다.

01 상단 메뉴에서 [Layout]을 클릭합니다. Viewport Shading에서 ◎◎◎◎ 세 번째 토글을 활성화해 재질이 보이는 상태로 바꿔주고 작업하겠습니다. 먼저 서브 메뉴바에서 [Add] → [Mesh] → [Plane]을 차례로 클릭해서 렌더링을 하기 위한 바닥을 추가합니다.

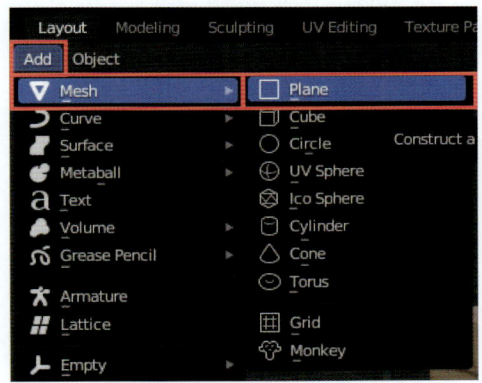

02 바닥의 크기와 위치를 조정해서 다음 그림처럼 배치해 주세요.

03 다음으로 서브 메뉴바에서 [Add] → [Camera]를 차례로 클릭하여 카메라를 추가합니다.

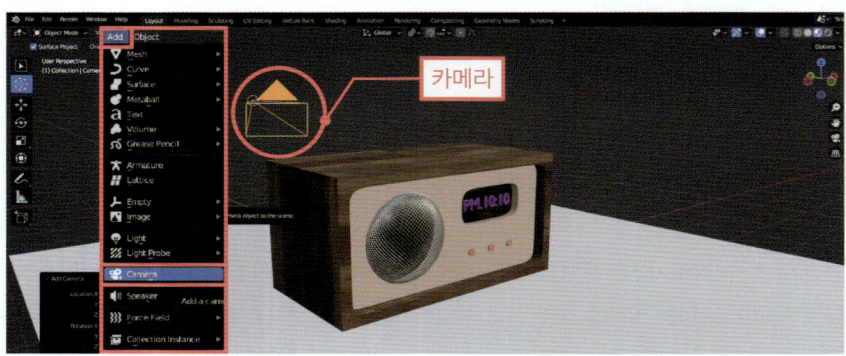

04 단축키 [N]을 눌러 우측에 정보창을 띄웁니다. [View] 탭의 [View Lock] 항목에 있는 [To 3D Cursor]와 [Camera to View] 박스를 모두 체크하고, 숫자 키패드 [0]을 눌러 카메라 뷰로 전환합니다. 마우스 왼쪽 버튼과 [Shift] 키, 휠을 이용해 라디오를 화면 중앙에 위치시킵니다.

05 이제 [Camera to View]는 체크 해제하고([To 3D Cursor]는 유지) 휠을 움직이면, 카메라는 고정된 채로 화면을 제어할 수 있습니다.

06 우측 ([World Properties]) 탭에서 [Surface] → [Color] → → [Environment Texture]를 선택합니다.

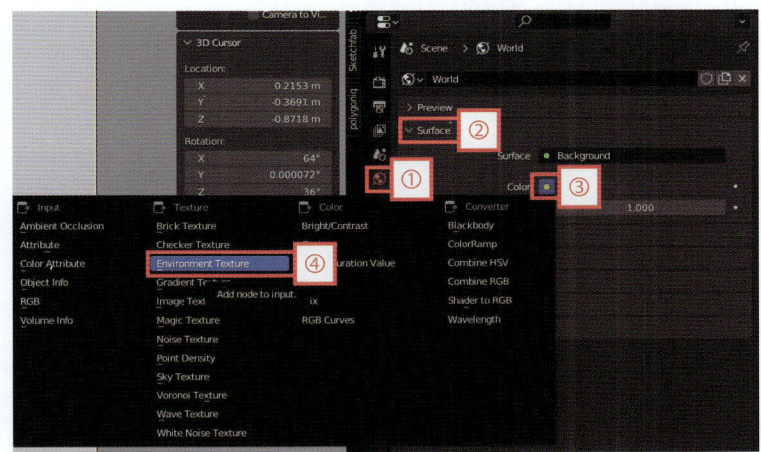

07 Open 버튼을 클릭하고, Blender File View 창을 엽니다. C:₩Program Files₩BlenderFoundation₩Blender3.4₩3.4₩datafiles₩studiolights₩world 폴더에서 interior.exr 파일을 선택합니다.

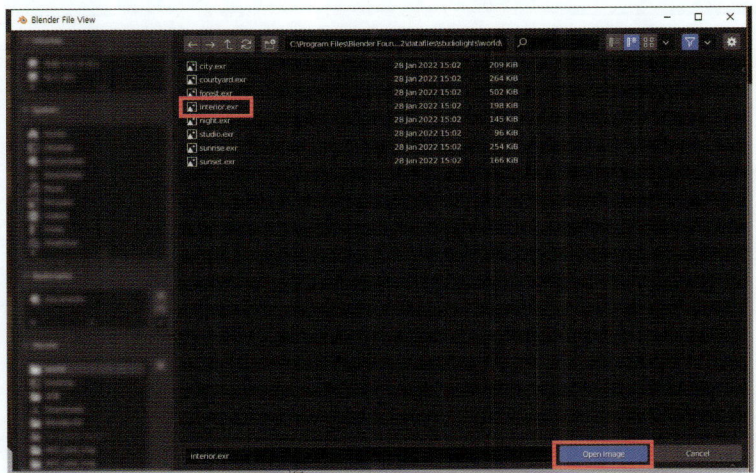

08 우측 상단 ◯◯◯◯▾(Viewport Shading)에서 가장 오른쪽에 위치한 토글을 켜면, 뷰포트에서 interior.exr 파일이 라이트로 적용된 결과를 확인할 수 있습니다. 이 상태에서 바닥으로 쓰인 Plane은 그림자만 적용되고 이미지는 렌더링되지 않게 하겠습니다.

Plane을 선택한 뒤, 우측 ▣([Object Properties]) 탭에서 [Visibility] → [Mask] → [Shadow Catcher]를 차례로 체크해줍니다.

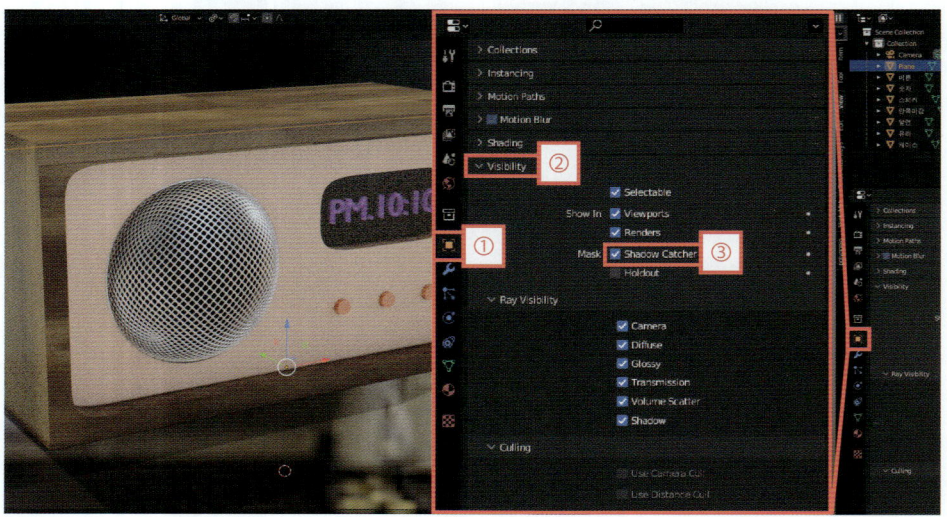

09 그리고 ▣([Render Properties]) 탭에서 [Film]을 누른 후, [Transparent] 박스를 체크해 줍니다. 그러면 Plane은 라이트 적용에 대한 그림자만 받고 이미지는 렌더링되지 않습니다.

10 이제 최종 렌더링을 하겠습니다. ([Render Properties])에서 Render Engine이 [Cycles]인지 확인합니다. 아니면 을 클릭해 선택해 줍니다. 자동으로 준비되면서, 라디오가 일시적으로 사라졌다가 나타날 것입니다.

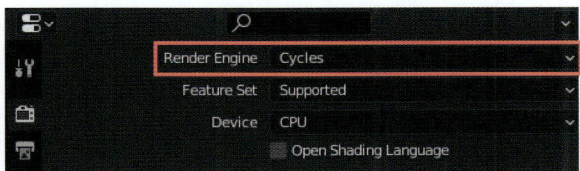

11 ([Output Properties])의 [Output]에서 경로와 파일명을 지정해 줍니다. 키보드의 [F12]를 누르면 새 창이 뜨면서 렌더링됩니다.

12 결과물을 확인합니다. 노말 맵 등 PBR Material을 추가하면 더 좋은 결과를 만들 수 있지만 Base Color만으로도 이 정도 결과물을 만들 수 있습니다.

Section 01
나이프 모델링

Section 02
나이프 매핑

Section 03
렌더링

Chapter 06
나이프 만들기: 실사 이미지로부터

지금까지는 간소화된, 이른바 캐주얼 캐릭터와 소품들을 만들었습니다. 그러나 3D 그래픽의 세계는 훨씬 더 무궁무진합니다. 영화에서도 3D CG 작업은 필수가 되었고, 고사양의 게임은 현실감 넘치는 실사 같은 그래픽을 구현해 서비스하는 경우도 많습니다. 예를 들어 헬기가 폭파되는 영화 장면이 있다면 CG 작업으로 구현하는 것이, 실제 헬기를 폭파하는 것보다 비용은 더 절감되고 감독이 원하는 느낌을 훨씬 빠르게 수정하여 만들 수 있습니다. 이번에는 이러한 실사 3D 그래픽의 맛보기로서, 실제 사진에 기반하여 현실에 존재하는 나이프(Knife)를 만들어 보겠습니다.

SECTION 01 나이프 모델링

1 손잡이 모델링

스타일이 다르긴 하지만, 실사 그래픽도 다른 모델링과 마찬가지로 파츠(부분)별로 나누어서 진행하게 됩니다. 실제 아웃도어용 나이프(Knife) 사진을 참고 이미지로 불러와, 칼의 손잡이부터 모델링을 해보겠습니다. 전체 형태를 잡은 뒤, 손잡이 구멍을 추가할 것입니다.

1.1 손잡이 본체

01 블렌더를 실행하고, 큐브 오브젝트를 제외한 라이트와 카메라를 선택해서 지웁니다.

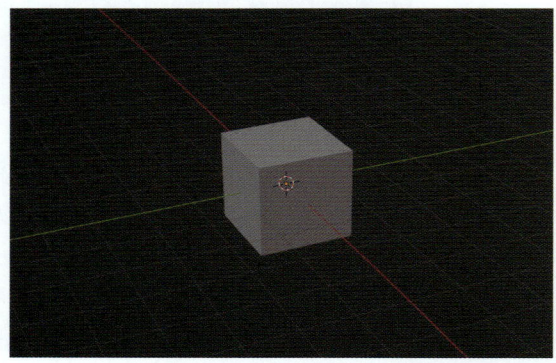

02 참고 이미지를 불러오겠습니다. 사이드 뷰(숫자 키패드 [3])로 뷰포트 시점을 전환한 후, 좌측 상단 서브 메뉴바에서 [Add] → [Image] → [Reference]를 차례로 클릭합니다. 내려받은 예제 폴더에서 [C6S3] → Knife.jpg 파일을 불러옵니다.

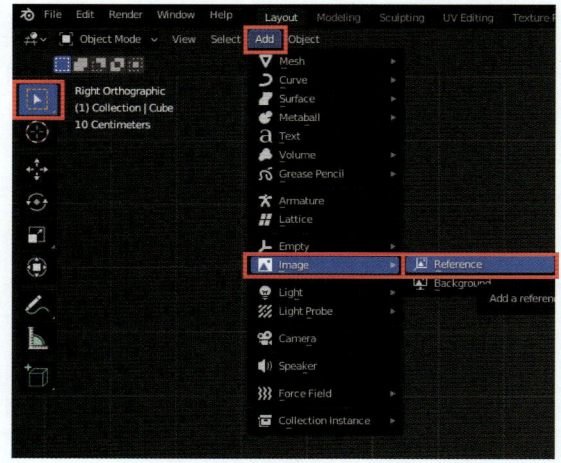

Chapter06 나이프 만들기: 실사 이미지로부터

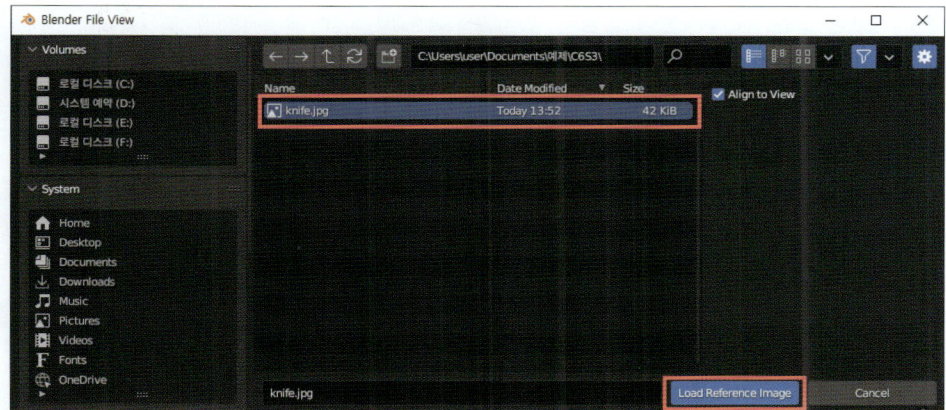

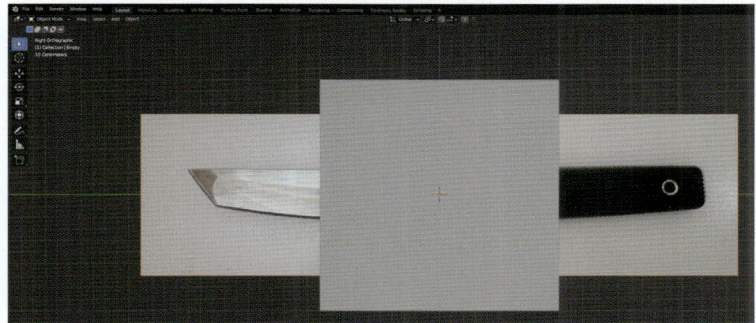

03 그림처럼 Plane에 Knife 이미지가 매핑된 참고 이미지가 나타납니다.

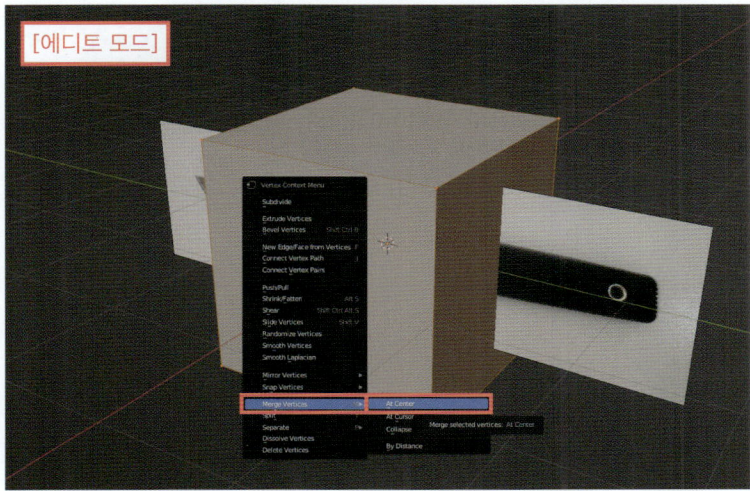

04 큐브 오브젝트를 클릭하고, [Tab] 키를 눌러 에디트 모드로 변경합니다. 단축키 [A]를 눌러 모든 Vertex들을 선택한 뒤, 마우스 우클릭으로 [Vertex Context Menu]를 호출합니다. 그리고 [Merge Vertecis] → [At Center]를 차례로 선택합니다.

05 그럼 모든 Vertex들이 중앙을 중심으로 하나의 Vertex로 합쳐집니다.

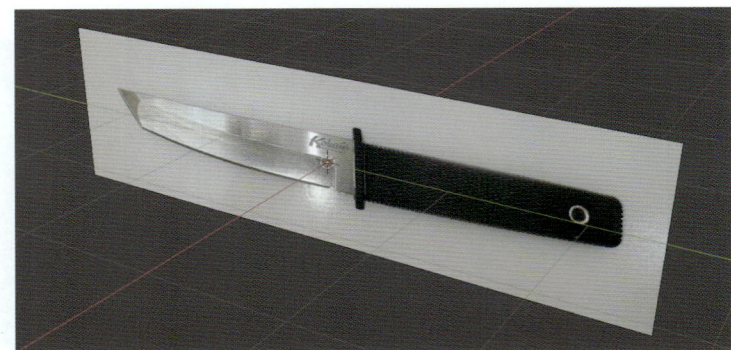

06 이 Vertex를 움직여 그림과 같이 손잡이 위쪽에 위치시켜줍니다. 지금부터 손잡이 형태를 만들겠습니다.

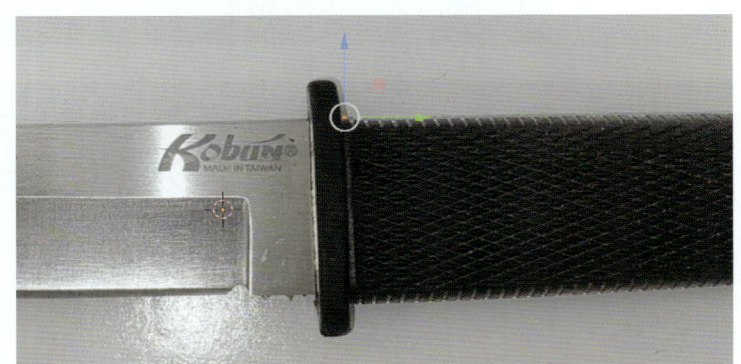

07 단축키 [E](Extrude)를 누른 상태에서 마우스를 움직이면 Vertex가 추출됩니다. 오른쪽으로 평행하게 움직여 손잡이 윗변을 그려줍니다.

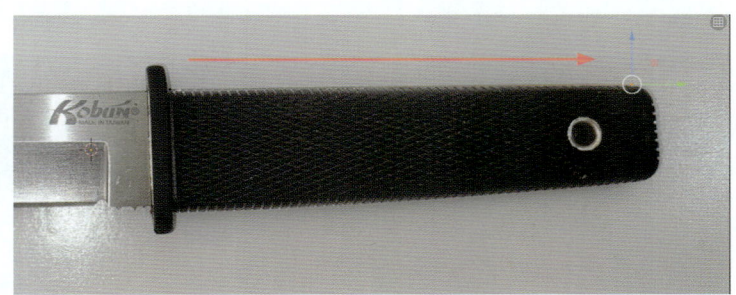

08 같은 방법으로 Vertex를 4번 더 추출해 손잡이 윤곽을 완성시켜줍니다. 손잡이 끝이 둥글기 때문에, 모서리 형태에 유의해 작업합니다.

09 이 선(Edge)으로부터 입체를 만들어갈 것입니다. 먼저 키보드 상단 숫자 [2]를 눌러 (Edge Select 모드)로 바꾸고, 그림처럼 맨 우측 Edge를 선택합니다. 그리고 좌측 서브 메뉴바에서 [Vertex] → [New Edge/Face from Vertices](단축키 [F])를 차례로 선택합니다.

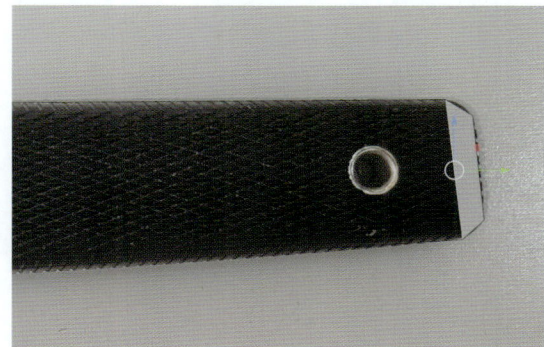

10 Edge에서 안쪽으로 면(Face)이 생성됩니다.

11 한 번 더 단축키 [F]를 눌러 면을 생성하여 손잡이 측면을 덮어줍니다.

한눈에 보는 작업 과정,
고수의 뷰 (01~11단계)

12 지금부터는 뷰포트를 살짝 비스듬히 돌려서 진행하겠습니다. ▢(Face Select 모드, 단축키 숫자 [3])로 바꾸고, [A]를 눌러 모든 Face를 선택해줍니다.

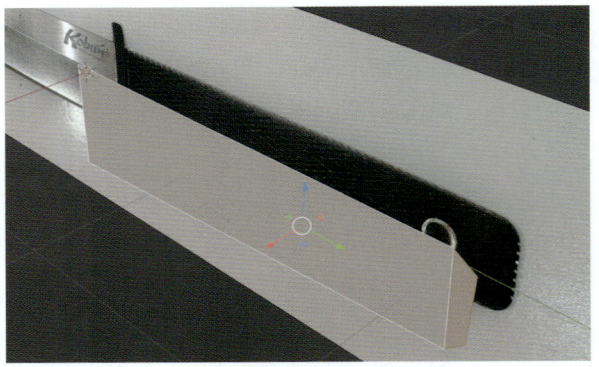

13 X축으로 조금 위치를 옮기고(단축키 [G], [X]), 우측 🔧([Modify Properties])에서 [Add] → [Modifier] → [Mirror]를 차례로 선택하여 반대쪽 Face를 생성합니다.

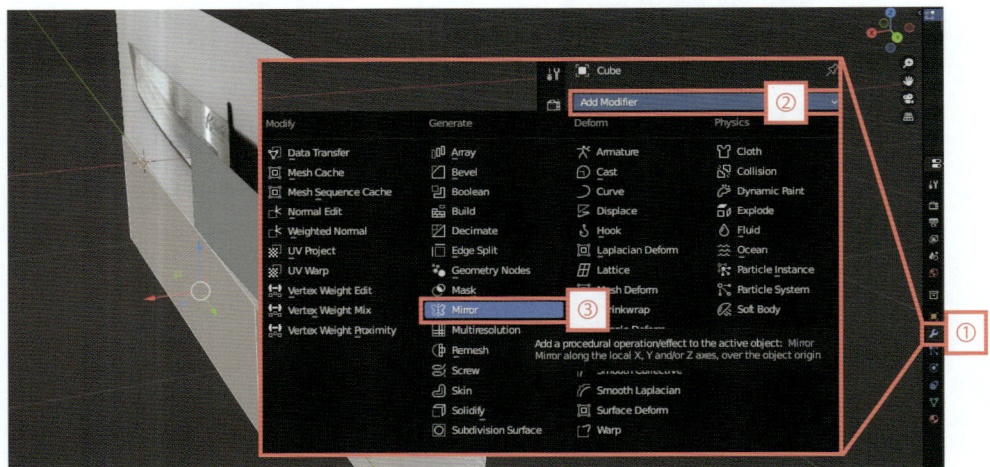

14 단축키 [E](Extrude)를 누른 상태에서 마우스를 움직여 그림처럼 면을 추출해줍니다. Mirror된 두 Face의 중앙 부분이 서로 붙도록 [Clipping]에 체크해줍니다.

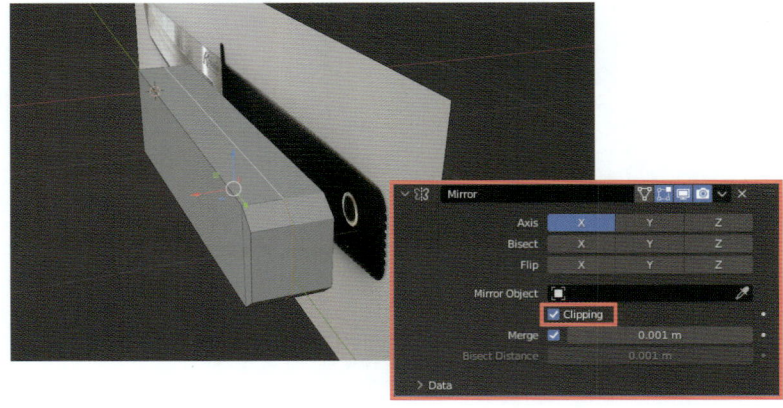

15 붙어 있는 중앙 Face는 안 보이고 필요 없는 면이므로 지워주겠습니다. ([Toggle X-Ray])를 켜고, 그림처럼 Face를 선택해, 키보드 [Del] 키로 지워줍니다. [Delete] 팝업 메뉴에서 [Faces]를 선택하면 됩니다.

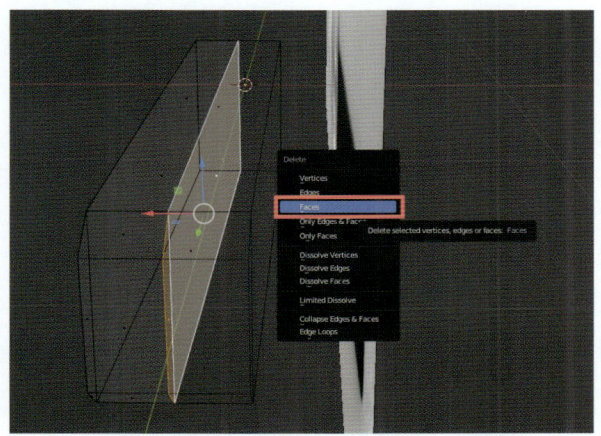

16 손잡이의 기본형이 만들어졌습니다. 지금부터는 실제 나이프와 똑같이 손잡이의 볼륨을 만들어주겠습니다. 그러기 위해서는 Edge 분할이 필요합니다.

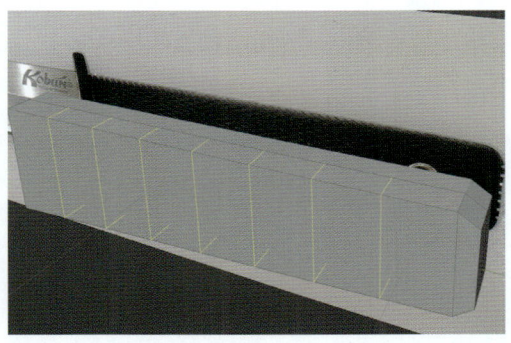

손잡이 위에 마우스 커서를 올리고 [Ctrl]+[R]을 누릅니다. 노란색으로 분리될 선이 나타납니다. 이때 마우스 휠을 움직이면 분할할 Edge가 늘어납니다.

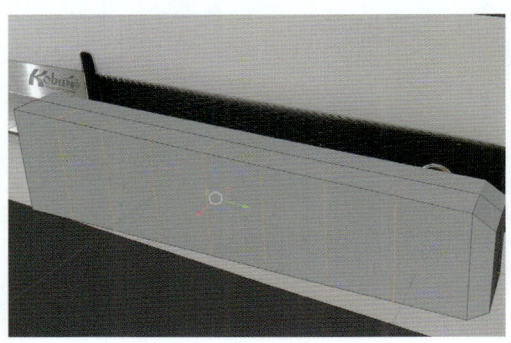

Edge를 7개까지 늘린 후 마우스 좌클릭을 두 번 해서 마무리합니다. 주황색 선으로 결과가 나타납니다.

17 그림처럼 가운데 3개의 Edge를 선택해서 X축으로 움직여(단축키 [G](Move), [X]) 적당히 손잡이 볼륨을 만들어 줍니다.

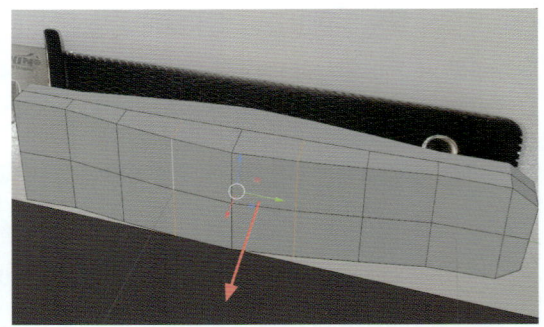

18 [Alt] 키를 이용해 손잡이 위쪽 Edge를 전부 선택하고, 아래쪽(Z축)으로 살짝 움직여 튀어나온 옆면을 만들어 줍니다. 이어서 손잡이 아래쪽 Edge도 모두 선택해 위쪽(Z축)으로 움직여 그림처럼 만듭니다.

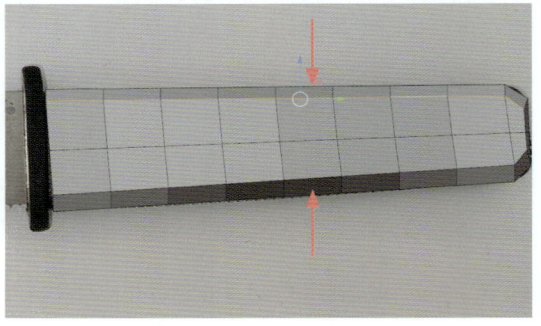

19 형태가 잡혔으니 부드럽게 만들어줍시다. 🔧([Modify Properties])에서 [Subdivision Surface] 명령을 선택하여 Face를 늘려 줍니다. 옵션에서 [Levels Viewport]는 2, [Render]는 2로 수치를 조정합니다.

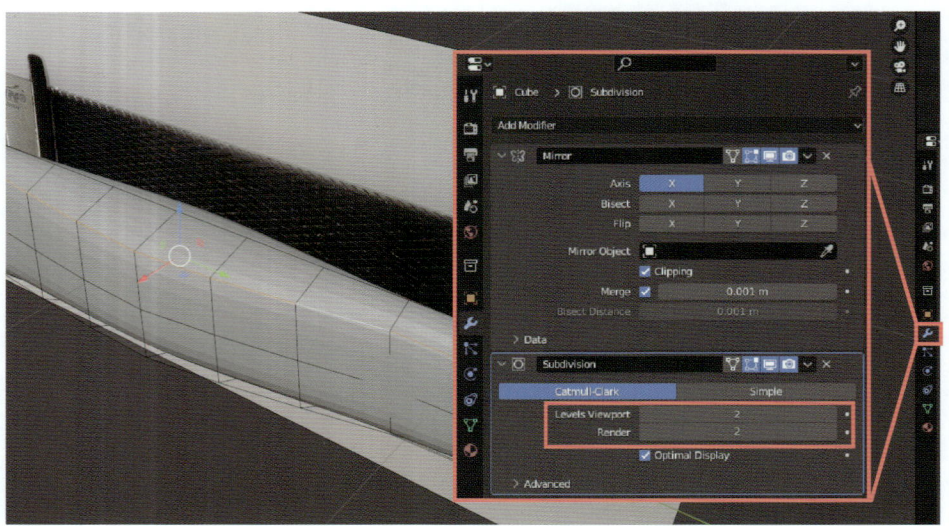

20 [Tab] 키를 눌러 오브젝트 모드로 변경합니다. 마우스 우클릭하여 팝업된 메뉴에서 [Shade Smooth] 명령을 선택하면 각져 보이는 면들이 부드럽게 보입니다.

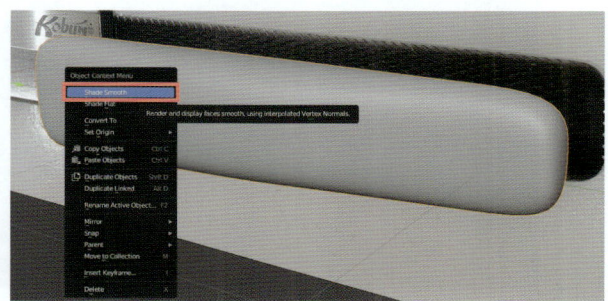

21 [Tab] 키를 눌러 다시 에디트 모드로 돌아와서, Vertex들을 참고 이미지에 맞추어 조금씩 수정해서 마무리합니다.

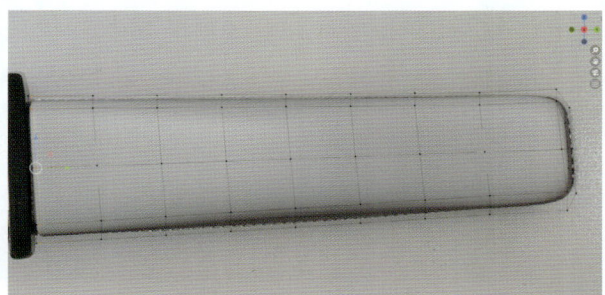

1.2 손잡이 구멍

실제 나이프에 맞춰서 손잡이 끝쪽에 있는 구멍을 만들겠습니다.

01 다시 오브젝트 모드로 변경해서 서브 메뉴바에서 [Add] → [Mesh] → [Cylinder]를 차례로 선택하여 Cylinder를 하나 추가해줍니다.

02 좌측 하단 [Add Cylinder] 옵션창에서 [Vertices]의 수치를 8로 변경해서 8각형의 Cylinder로 만듭니다.

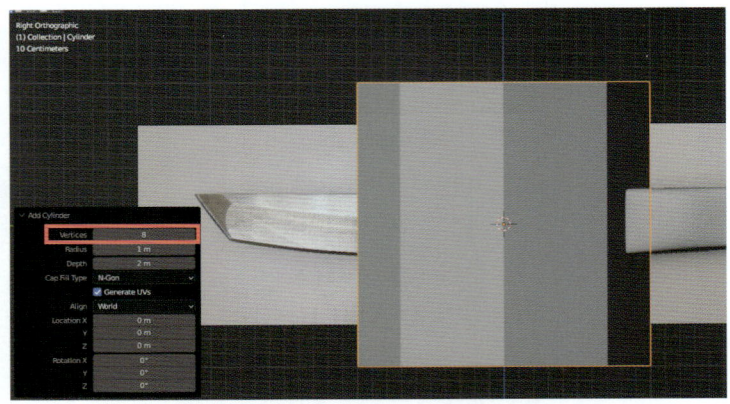

03 이어서 키보드로 [R], [Y], 90을 순서대로 입력합니다. [R]은 회전, [Y]는 회전축, 90은 90도를 의미합니다. 좌측 툴바의 ([Rotate]) 아이콘을 이용해도 상관없습니다. 그림처럼 Cylinder가 누운 상태가 되면 됩니다.

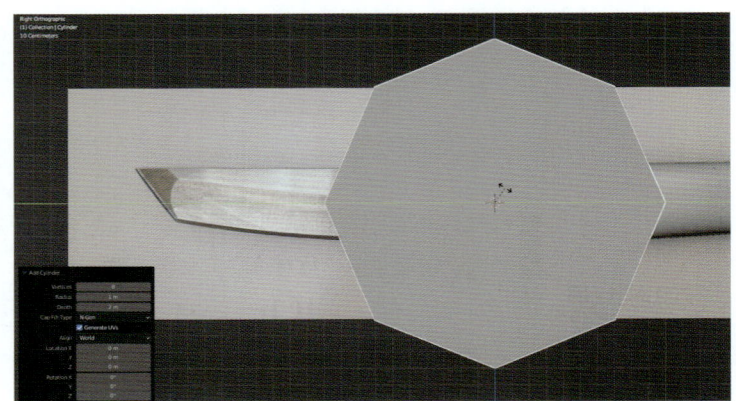

04 Cylinder의 크기와 위치를 조정해 그림처럼 구멍을 뚫을 부분에 맞춰 손잡이 본체를 관통하게 넣어 줍니다. 추후 Edge(와이어) 정리를 고려해, 마지막 4개 Face 중간에 위치시켜 주세요.

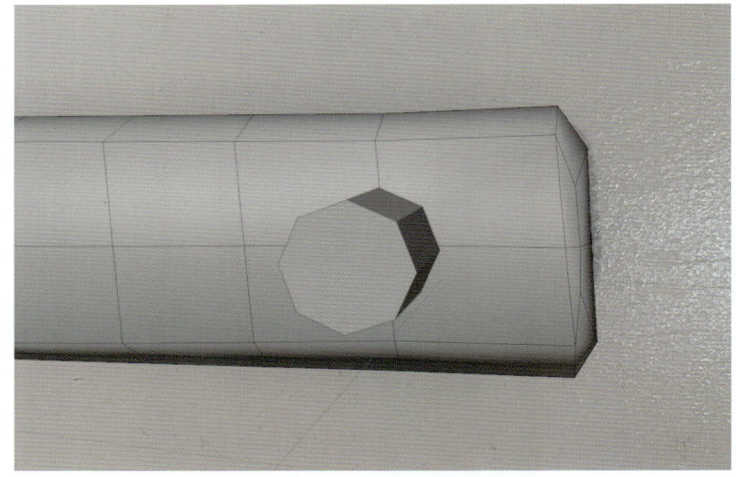

05 손잡이를 선택하고  ([Modify Properties])에서 [Boolean] 명령을 선택합니다.

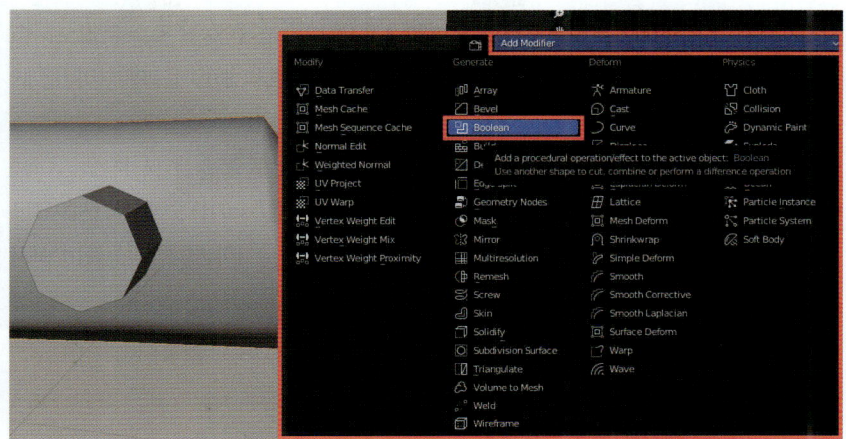

06 [Boolean] 패널의 [Object] 항목에 있는 스포이드 아이콘을 클릭한 뒤 생성한 Cylinder를 선택하면 구멍이 뚫립니다.

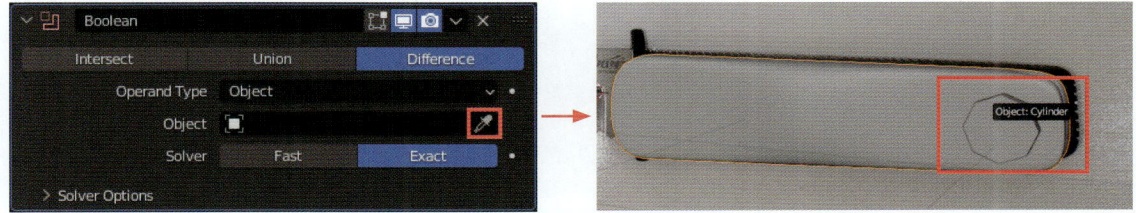

07 그런 뒤 우측 상단 아웃라이너 창에서 'Cylinder'를 숨기면, 구멍이 뚫린 손잡이를 확인할 수 있습니다.

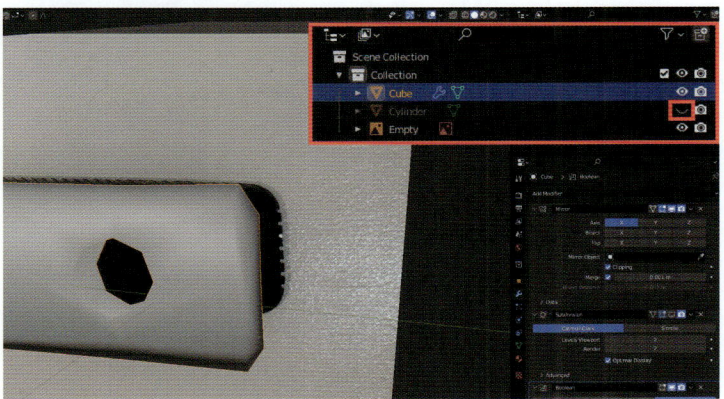

08 [Boolean] 옆의 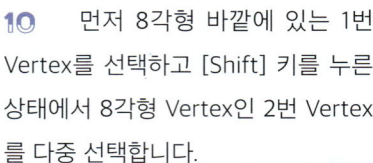 아이콘을 누르고, 메뉴에서 [Apply]를 클릭해 Boolean 적용을 완료합니다.

09 구멍 뚫린 손잡이가 현재 어떤 상태인지 확인해 보겠습니다. 에디트 모드로 전환하여, [Subdivision] 명령 옆의 아이콘을 눌러 [Subdivision] 미리 보기를 해제합니다. 잘 보면 8각형 꼭지점과 손잡이 Edge가 맞지 않습니다. 구멍(8각형)의 Vertex를 손잡이 본체의 Vertex와 맞춰서 정리하겠습니다.

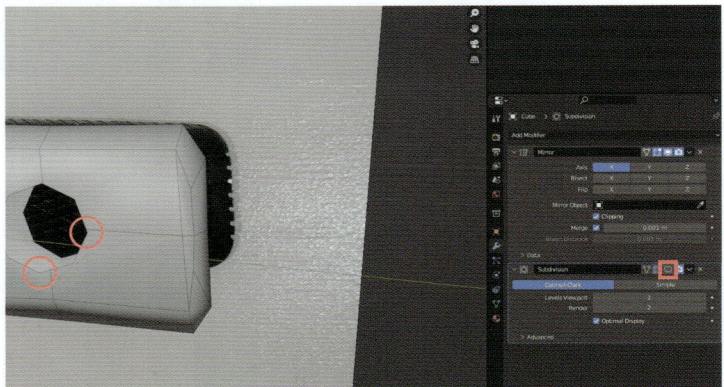

10 먼저 8각형 바깥에 있는 1번 Vertex를 선택하고 [Shift] 키를 누른 상태에서 8각형 Vertex인 2번 Vertex를 다중 선택합니다.

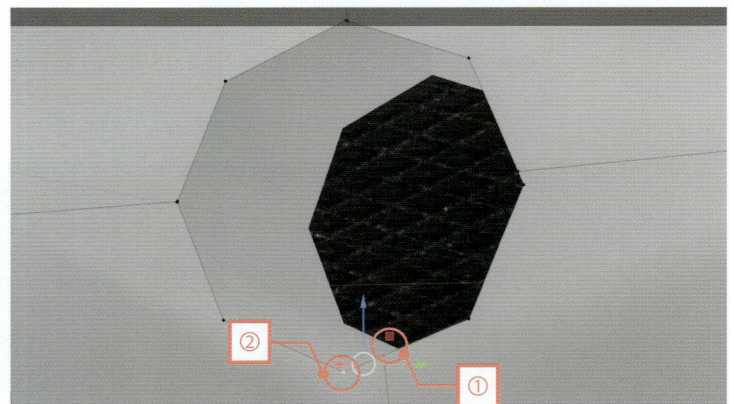

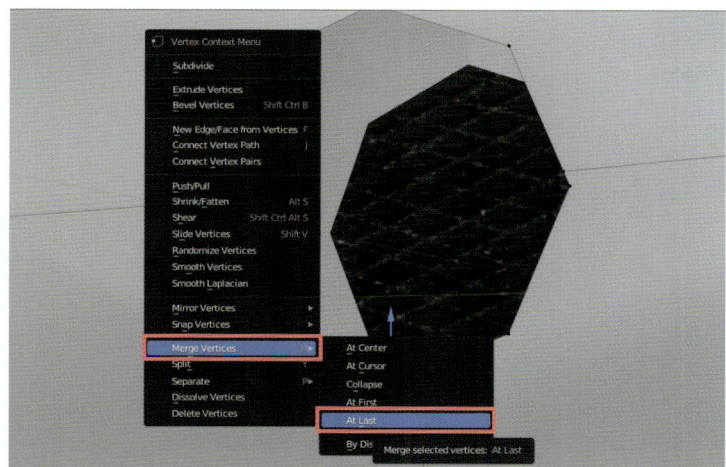

11 마우스 우클릭하여 팝업된 메뉴에서 [Merge Vertices] → [At Last]를 차례로 선택합니다.

12 첫 번째 선택한 Vertex가 두 번째 선택한 Vertex로 합쳐져 단일 Vertex가 됩니다. Edge가 깔끔해졌습니다.

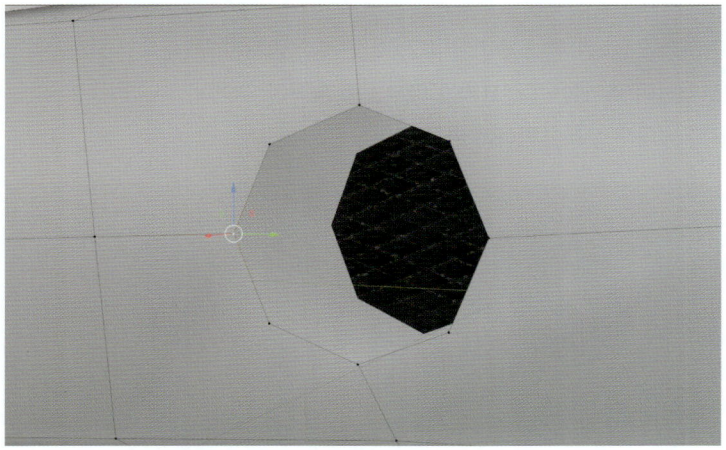

13 같은 방법으로 8각형의 외부 Vertex들을, 8각형의 Vertex에 맞춰 정리해 줍니다.

14 이번에는 8각형 모서리의 Vertex를 정리해주겠습니다. 그림처럼 1번과 2번의 Vertex를 다중 선택하고 마우스 우클릭하여 메뉴를 팝업합니다. [Connect Vertex Path] 명령을 선택하면 Edge가 생성되면서 두 Vertex가 연결됩니다.

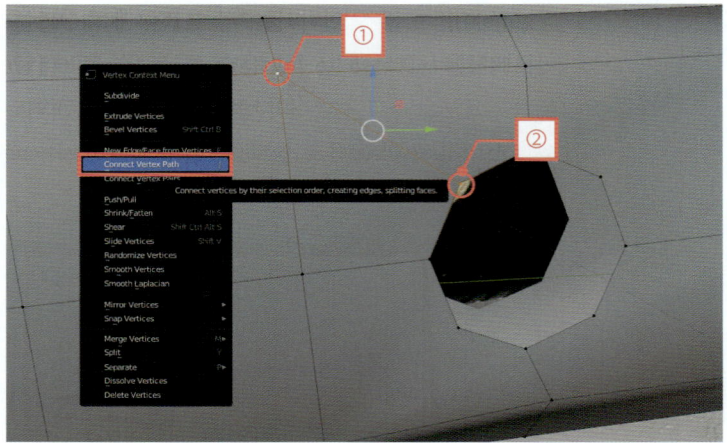

15 같은 방법으로 나머지 모서리들도 Edge를 생성해 줍니다.

한눈에 보는 작업 과정, 고수의 뷰!(01~15단계)

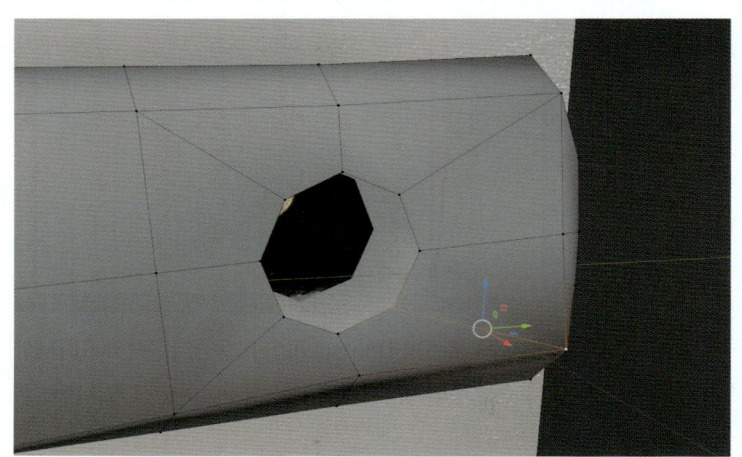

16 [Ctrl]+[R]을 이용해 구멍 테두리 가까이 Edge를 하나 추가합니다. 첫 번째 그림처럼 구멍을 둘러싼 Edge가 나타나면, 마우스 좌클릭하여 추가합니다. 그리고 마우스를 움직여 구멍과 가까이 붙도록 위치를 조정해 주면 됩니다. 다시 마우스 좌클릭하여 완료합니다.

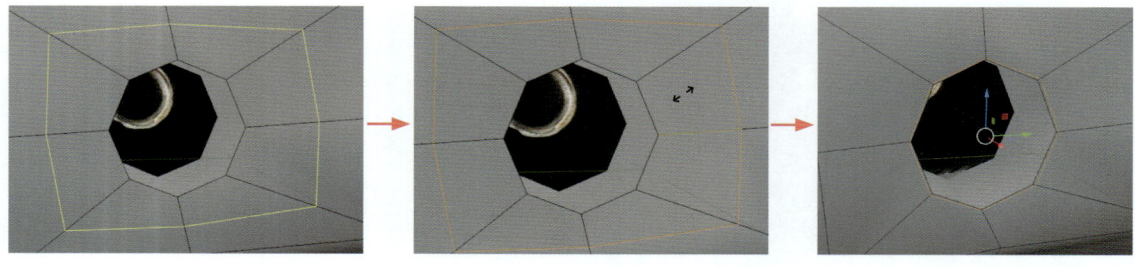

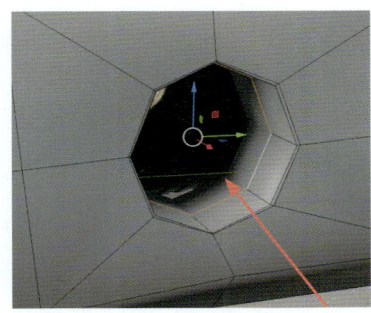

17 그리고 단축키 [E](Extrude), [X](X축으로)를 누르고 마우스를 움직여 중앙 통로를 만들어 줍니다.

18 [Subdivision] 옆 🖥 아이콘을 켜고, [Tab] 키를 눌러 오브젝트 모드로 전환한 뒤 결과물을 확인합니다. 그림처럼 튀어나오거나 일그러진 부분 없이 매끄럽게 구멍이 나 있으면 성공입니다.

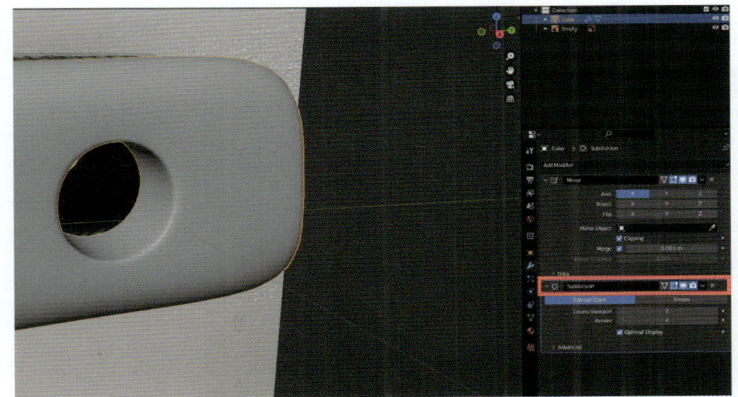

19 잘되었다면 구멍 주위에 마감으로 테두리를 둘러주겠습니다. 서브 메뉴바에서 [Add] → [Mesh] → [Torus]를 차례로 선택하여 링을 하나 추가해줍니다.

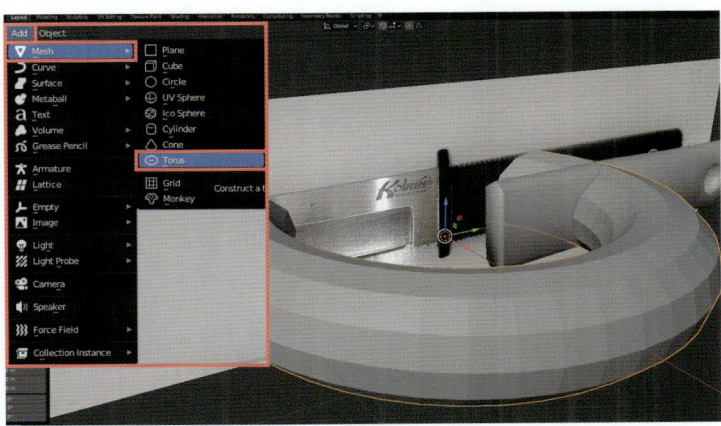

20   키보드에서 [R], [Y], 90을 차례대로 입력하여 세로로 세워준 뒤, 손잡이 구멍에 맞게 위치 및 크기를 조정해 줍니다.

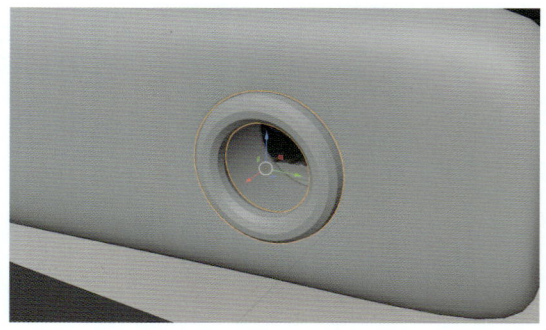

21   ([Modify Properties])에서 [Mirror] 명령을 선택하여 반대쪽 Torus도 만들어 줍니다. 이때 옵션창의 [Mirror Object] 항목에서 을 클릭한 다음 손잡이(Cube)를 선택하고 [Axis](축)는 X를 선택합니다(X가 기본으로 선택되어 있습니다). Torus가 손잡이를 중심으로 X축으로 Mirror되어서 나타납니다.

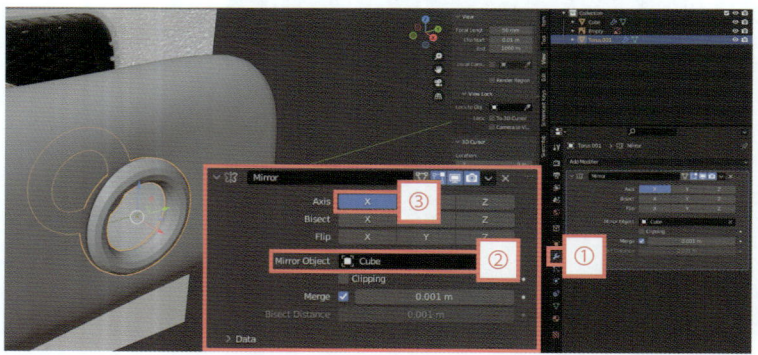

22   다시 ([Modify Properties])의 [Subdivision Subface] 명령으로 폴리곤을 올려 부드럽게 만듭니다. 이때 옵션에서 [Levels Viewport]와 [Render]를 모두 2로 설정합니다.

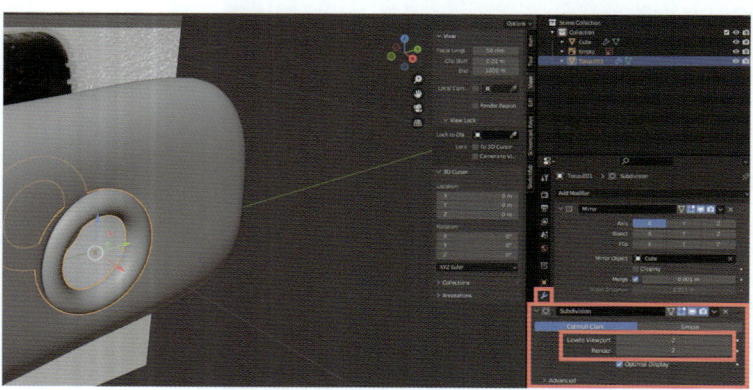

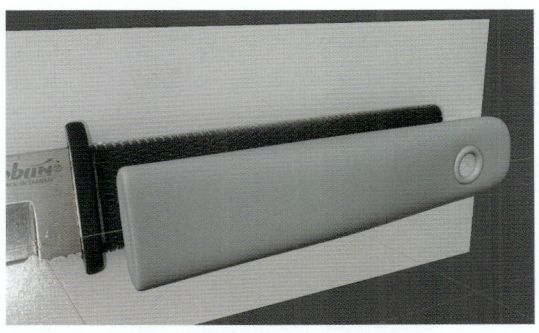

23 나이프의 손잡이가 완성되었습니다.

2 칼날 모델링

이어서 칼날 모델링을 진행하겠습니다. 칼날도 손잡이와 마찬가지로 참고 이미지에 맞추어 그려주는 방식으로 모델링할 것입니다.

2.1 칼날 형태

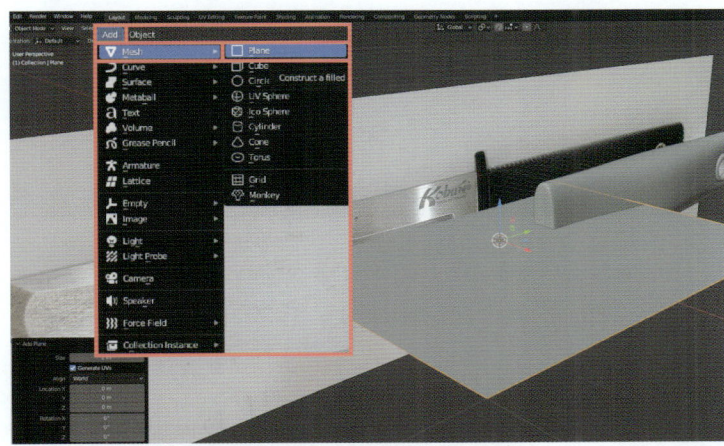

01 먼저 오브젝트 모드에서 서브메뉴바의 [Add] → [Mesh] → [Plane]을 차례로 클릭해 기본이 될 Plane을 하나 추가합니다.

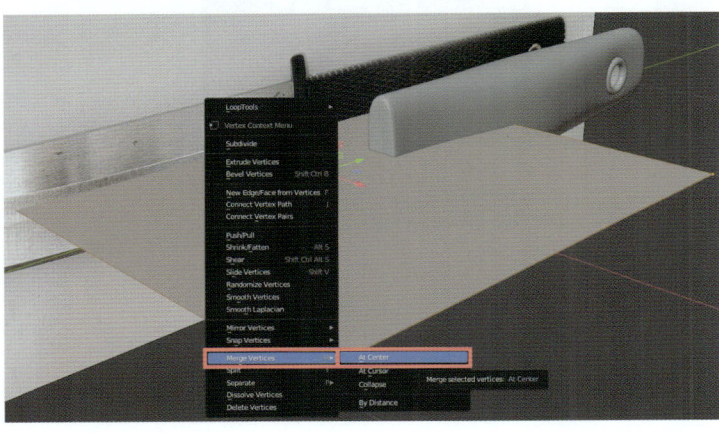

02 [Tab] 키를 눌러 에디트 모드로 전환합니다. Vertex Select(숫자 [1]) 모드에서 마우스 우클릭한 뒤, 팝업된 메뉴에서 [Merge Vertices] → [At Center] 명령을 선택하여 모든 Vertex(4개)를 하나의 Vertex로 합쳐줍니다.

03 사이드 뷰(숫자 키패드 [3])으로 전환한 뒤, 합쳐진 Vertex를 그림처럼 위쪽 칼날이 시작되는 지점으로 옮깁니다. 단축키 [E]를 누른 상태에서 마우스를 움직이면 Vertex에서 Edge가 추출됩니다.

04 계속 추출해서 참고 이미지의 칼날 모양에 맞추어 테두리를 만들어 줍니다. 이때 비슷한 간격으로 여러 번 끊어서 Edge를 생성해야 합니다. 손잡이 때와는 다르니 주의하세요. 칼등과 칼날의 Vertex가 서로 짝을 맞춰 세로로 평행하게 위치하는 것이 좋습니다 (그림 참조). 이 Vertex들이 칼날 옆면을 이루게 됩니다.

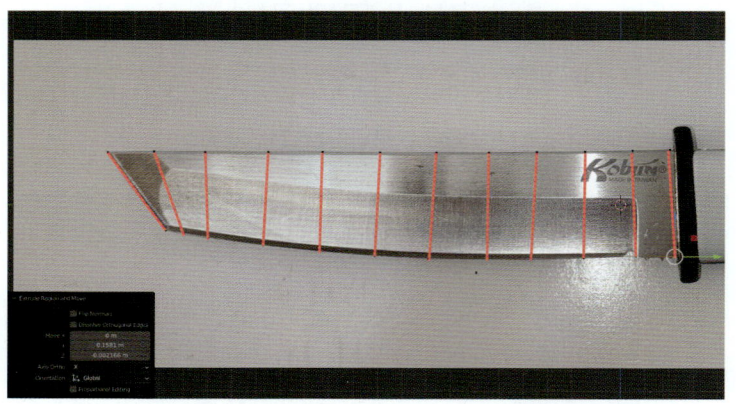

05 Edge Select 모드(숫자 [2])로 칼 끝부분 Edge를 선택해줍니다. (Vertex 2개를 선택해도 동일합니다.) 그리고 서브 메뉴바에서 [Vertex] → [New Edge/Face from Vertices]를 클릭하거나 단축키 [F]를 눌러 면을 생성합니다.

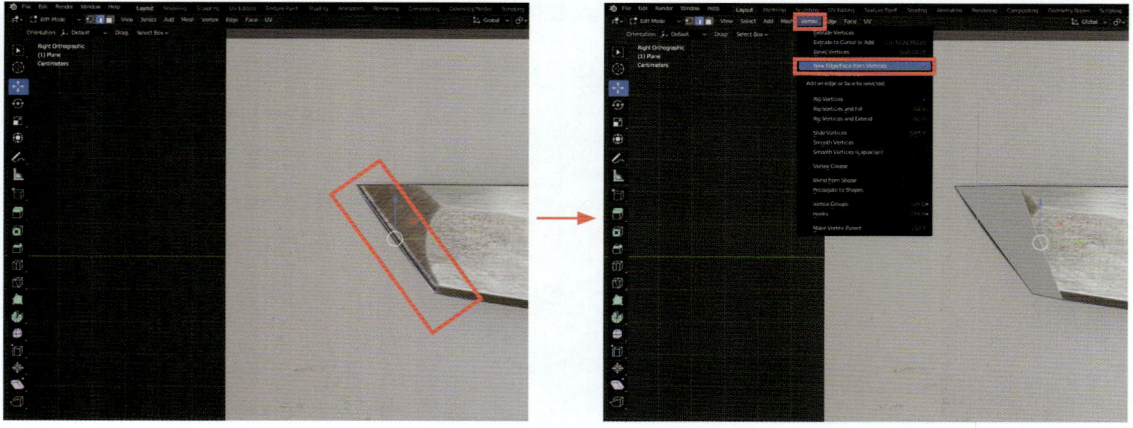

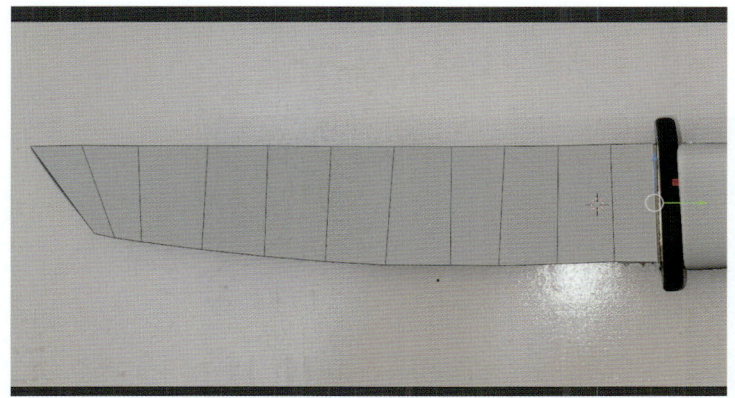

06 계속해서 단축키 [F]를 눌러 모든 면을 생성해 칼날 형태를 완성합니다.

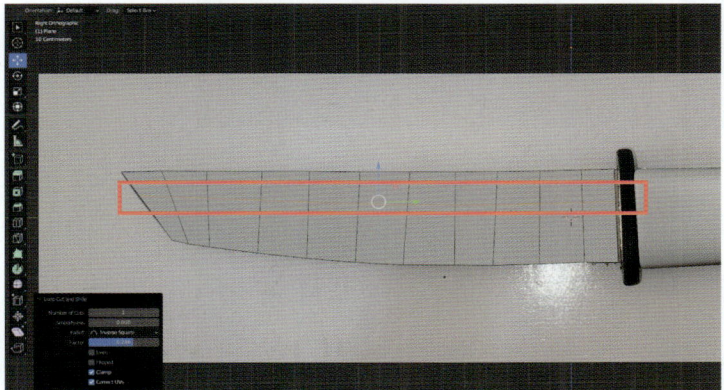

07 참고 이미지를 볼 때, 칼날에는 각진 부분이 있습니다. 이 디테일을 구현하겠습니다. [Ctrl]+[R]을 눌러 Edge를 하나 추가하고, 그림처럼 약간 위쪽에 위치시켜줍니다.

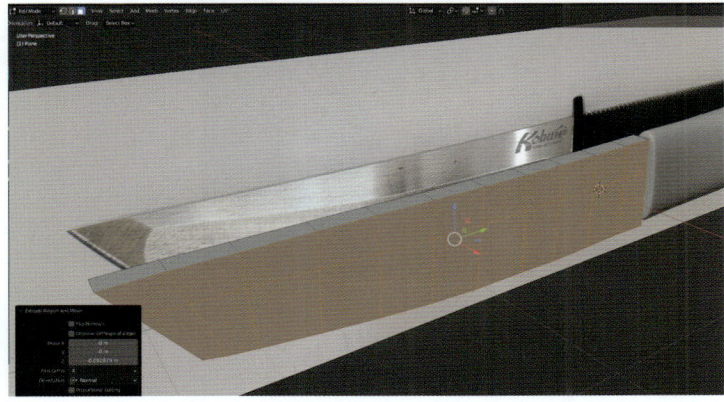

08 이제 입체로 만들겠습니다. Face Select(숫자 [3]) 모드로 변경하고, 단축키 [A]를 눌러 모든 Face를 선택합니다. 그리고 단축키 [E](Extrude), [X(X축으로)]를 누르고 마우스를 움직여 그림처럼 면을 추출합니다. (뷰포트를 회전시켜 손잡이와 두께를 맞춰주면 좋습니다.)

09 반대쪽 칼날은 Mirror 명령으로 복사해줄 겁니다. 그 전에 필요 없는 안쪽 면 Face들은 전체 선택해서 [Del] 키로 지워줍니다.

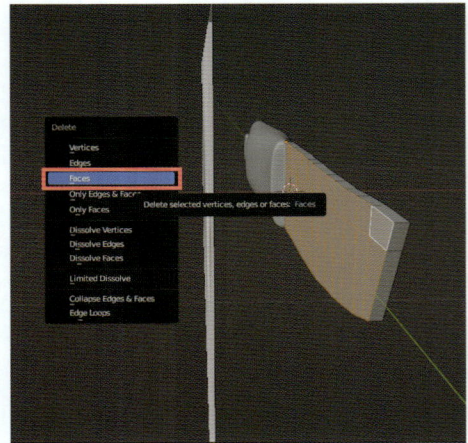 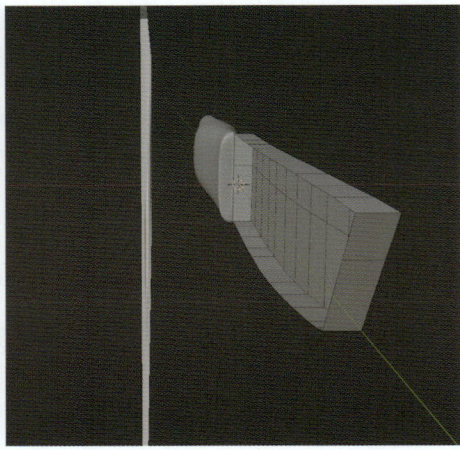

10 ([Modify Properties])에서 [Mirror] 명령을 주어 반대쪽을 생성해줍니다. 이때 [Clipping] 박스에 체크해야 중간 부분이 붙습니다.

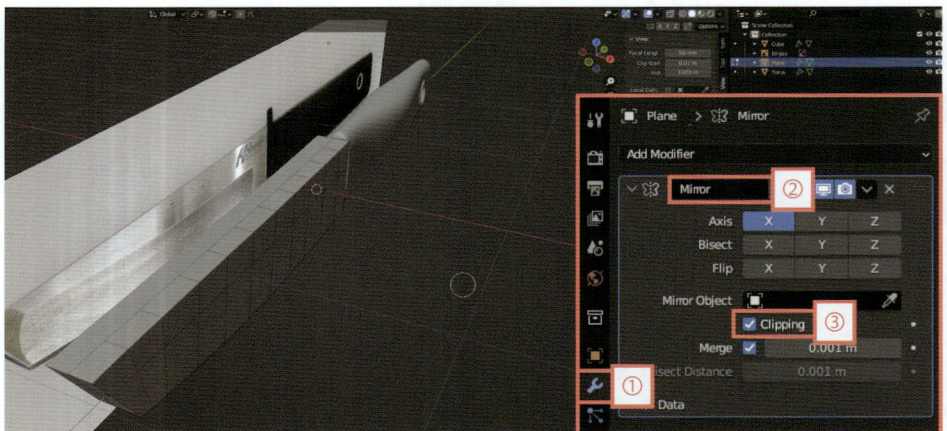

이렇게 칼날 오브젝트가 만들어졌습니다.

2.2 칼날 디테일

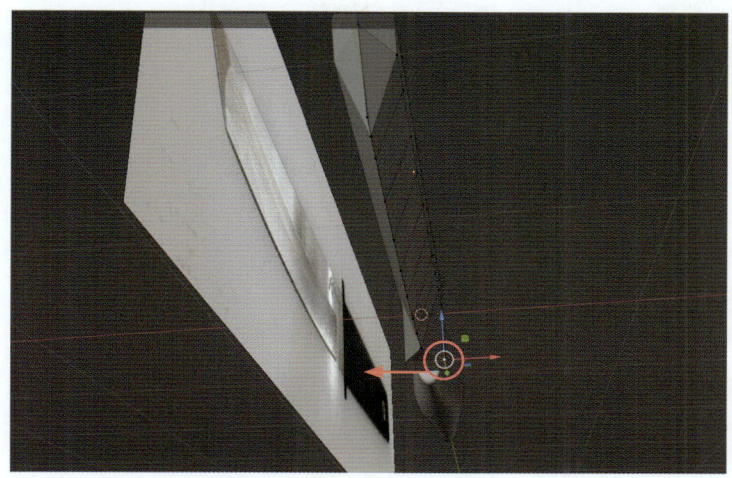

01 이제 칼날의 디테일을 만들 차례입니다. 먼저 날부터 날카롭게 세워주겠습니다. 칼날 아랫변의 바깥쪽 Vertex를 선택하고, [G], [X]로 안쪽으로 모아줍니다. 현재 Mirror 명령에 [Clipping]이 적용되어 있으므로, 중앙 부분에서 반대쪽 Vertex와 자동으로 붙게 됩니다. 하나씩 차례로 모아주되, 칼날 밑부분은 두께가 있으므로 마지막 2개 Vertex는 남겨주세요.

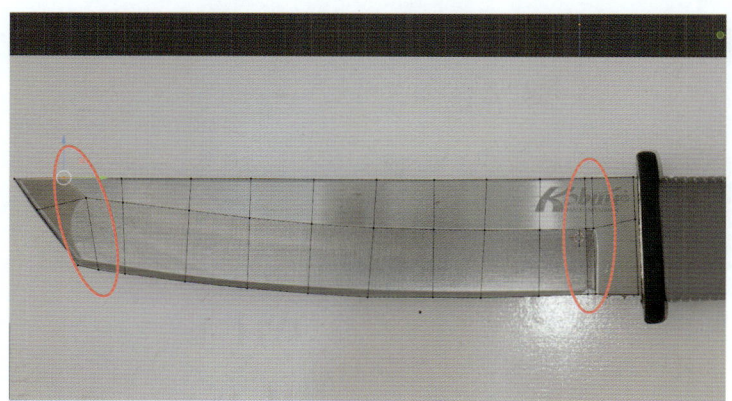

02 다음으로 칼날의 옆 모양을 다듬겠습니다. 사이드 뷰(숫자 키패드 [3])으로 전환하고, ([Toggle X-Ray])를 켜서 참고 이미지가 보이게 합시다. 그 상태에서 Vertex를 이미지에 맞추어 조정해 줍니다.

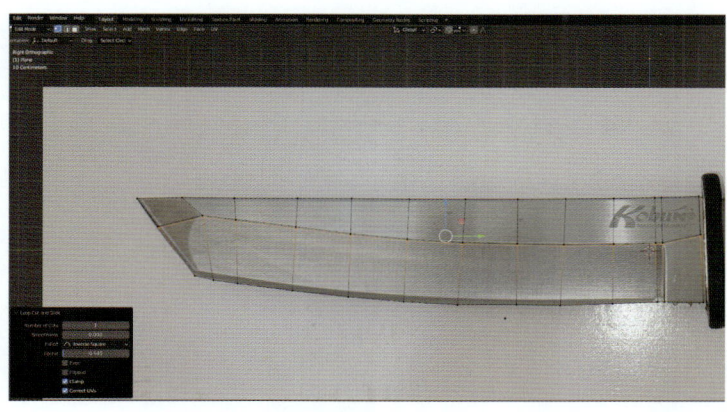

03 이미지를 잘 보면 칼날이 한 덩어리가 아니라, 아래쪽에 더 얇게 세워져 있습니다. 이것은 [Ctrl]+[R] 로 중앙 Edge에 선을 하나 더 추가해서 구현합니다. 경계선을 만들어야 하는 부분은 이런 식으로 Edge를 2개 만들어 아주 가깝게 붙여주면 됩니다.

04 칼날 부분도 같은 방법으로 Edge를 하나 더 추가해줍니다.

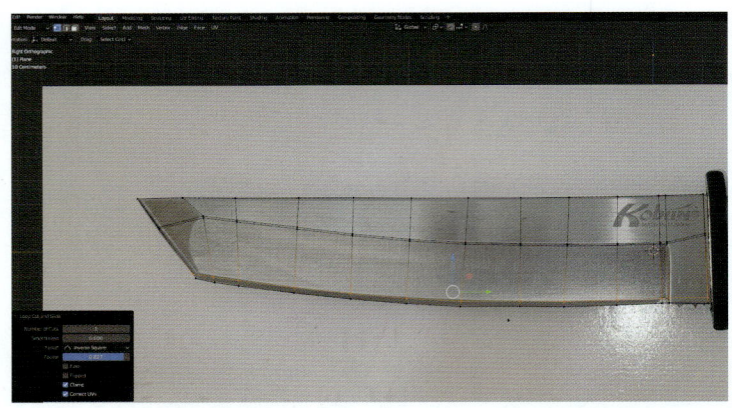

05 칼날 앞부분에도 Edge를 추가해줍니다.

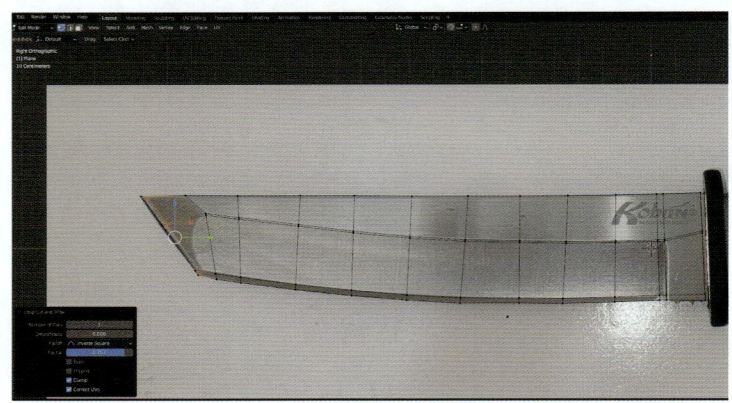

06 대략 윤곽은 잡았지만, 아직 맞지 않는 부분이 있습니다. 바로 칼날 앞쪽의 라운드 처리된 부분입니다. 이것을 구현해 주겠습니다. 조금 어렵습니다만, 차근차근 해봅시다. 일단 라운드 디테일을 만들기 위한 밑준비부터 하겠습니다. 먼저 얇은 칼날 부근에 첫 번째 그림처럼 가로 Edge 두 줄을 추가합니다. 그리고 앞쪽에 세로로 Edge 한 줄을 또 추가합니다. 마지막으로 밑 칼날 부분에 가로로 Edge를 하나 더 추가합니다.

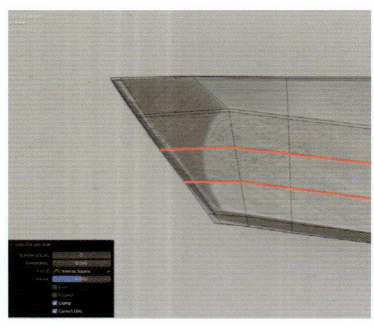 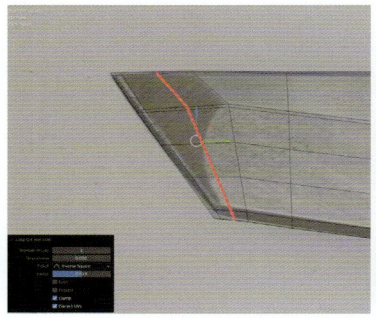 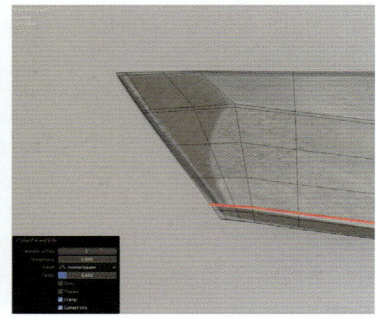

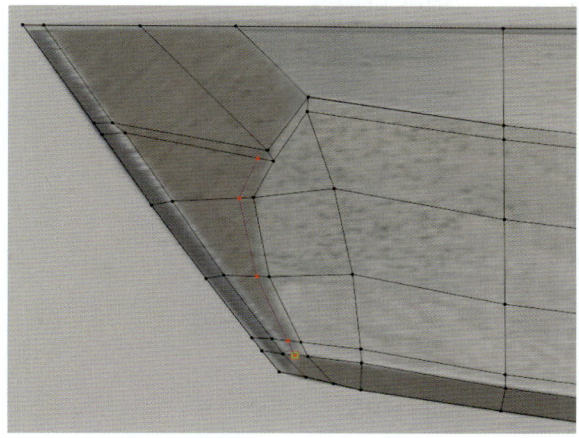

07 이렇게 큰 Edge 추가가 끝났다면, Edge를 움직여 둥근 선에 맞춰 줍시다. 더 세부적인 표현이 필요할 때는 단축키 [K](Knife)를 눌러 그림처럼 자르듯이 Edge를 추가해주면 됩니다. [Enter] 키를 쳐줘야 적용 완료됩니다. (Knife 활성화 시, 자동으로 Vertex Select 모드로 바뀝니다.)

08 이제 하나로 합쳐야 할 Vertex는 [Shift] 키로 다중 선택하고, 마우스 우클릭하여 팝업된 메뉴에서 [Merge Vertices] → [At Last]를 클릭해서 합쳐줍니다. 마지막에 선택한 Vertex로 합쳐집니다.

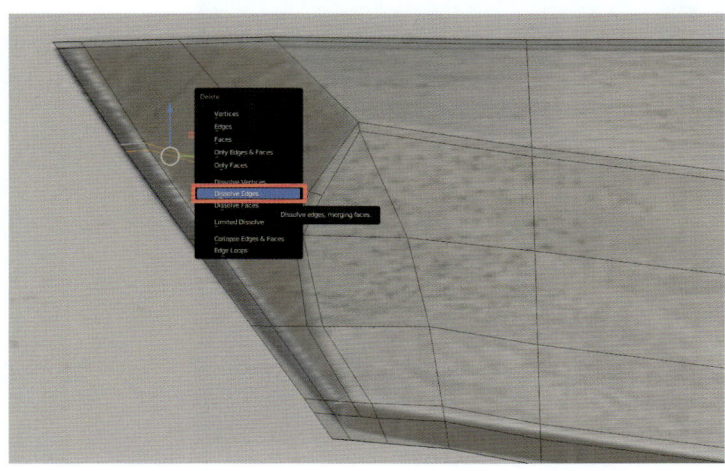

09 필요 없는 Edge는 Edge Select 모드(숫자 [2])로 선택해 키보드 [Del] 키를 누르고 [Dissolve Edges]을 선택하여 지워줍니다. 필요 없는 Vertex도 마찬가지로 Vertex Select 모드(숫자 [1])에서 [Del] 키를 누른 후 팝업된 메뉴에서 [Dissolve Vertices]을 선택하여 지우면 됩니다.

10 칼날 앞부분 모양이 다음 그림처럼 될 때까지 Edge와 Vertex들을 잘 정리해줍니다.

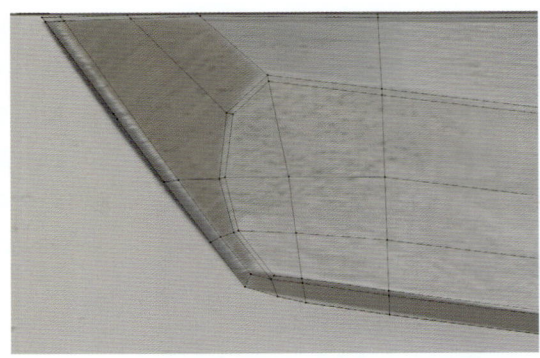

11 우측 🔧([Modify Properties])에서 [Subdivision Surface] 명령을 선택하고 결과를 확인합니다.

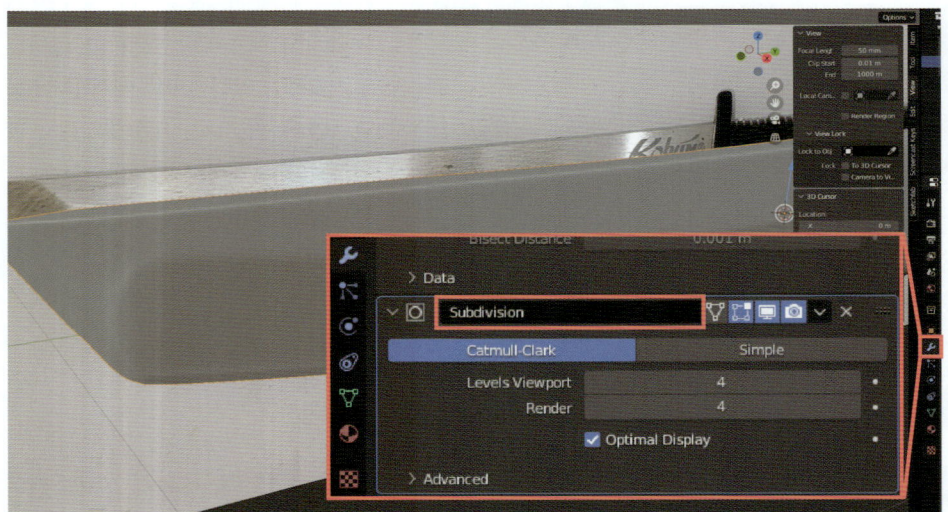

12 이미지를 보면, 칼날 뒷부분에도 앞쪽과 마찬가지로 움푹 들어간 부분이 있습니다. 에디트 모드로 진입해서 똑같이 Edge를 추가하고 다듬어 참고 이미지에 맞게 경계를 표현해 줍니다.

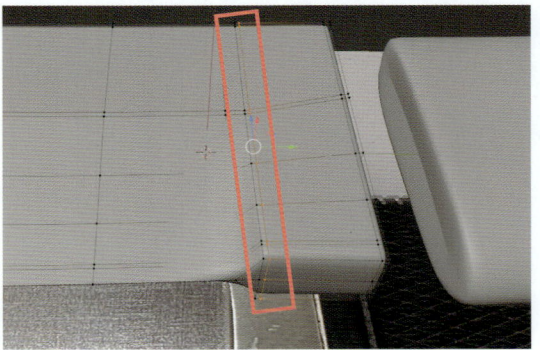

13 다시 오브젝트 모드로 돌아와 결과를 확인합니다. 뷰포트를 돌려 가며 부족하거나 잘못된 부분은 보완해줍니다.

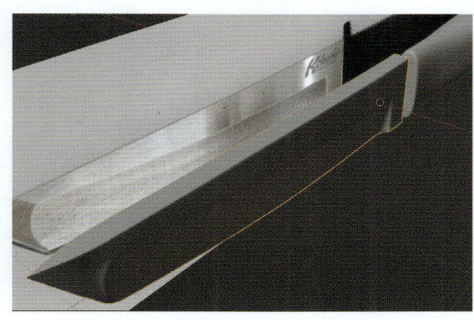
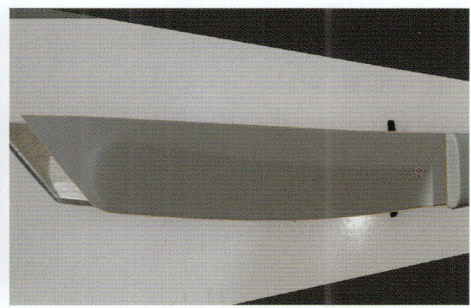

칼날이 완성되었습니다. 칼날 부분은 모양 잡기가 조금 어렵습니다. 몇 번을 반복해서 도전하는 것을 추천합니다.

3 코등이 모델링

참고 이미지에서 보이듯, 나이프에도 Chapter 02에서 만들었던 검처럼 손잡이와 칼날을 연결해주면서, 손을 보호하는 중간 부분이 있습니다. 이를 '코등이'라고 합니다. 코등이 모델링을 진행하겠습니다.

01 오브젝트 모드에서 서브 메뉴바의 [Add] → [Mesh] → [Cylinder]를 차례로 클릭해 코등이가 될 원기둥을 하나 추가합니다. 매끄러운 윤곽을 원하기 때문에, 좌측 하단 [Add Cylinder] 옵션창에서 [Vertices] 수치를 100으로 변경해줍니다.

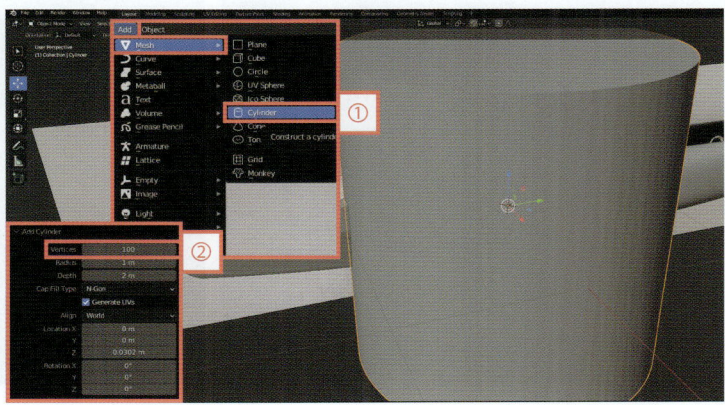

02 키보드에서 [R](Rotate), [X], 90을 차례로 입력하여 원기둥을 옆으로 세워준 뒤, [S](Scale) 키를 누르고 납작하게 만듭니다. 그리고 [G](Move) 키를 이용해 납작한 기둥이 칼날과 손잡이 사이에 들어가도록 그림처럼 위치와 크기를 조정해 줍니다.

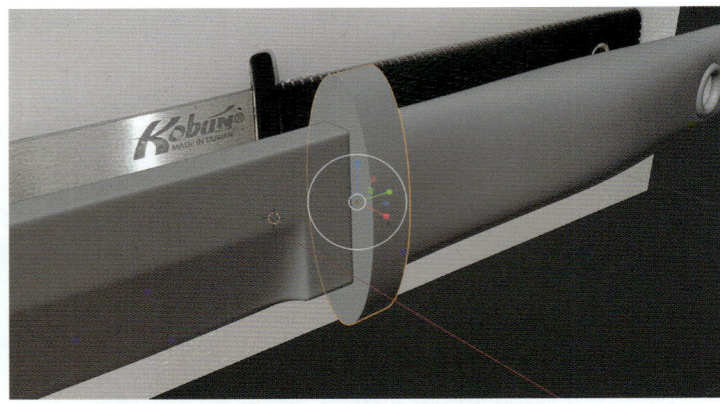

03 마우스 우클릭하여 팝업된 메뉴에서 [Shade Smooth] 명령을 선택하여 오브젝트가 부드럽게 보이게 해줍니다. 그런데 전반적으로 너무 부드러워져 각이 살아 있어야 할 부분까지 뭉개진 상태입니다.

04 우측 ([Object Data Properties]) 탭에서 [Normals] 영역의 [Auto Smooth]에 체크합니다. 그러면 경계선 부분이 나눠져 보이게 됩니다.

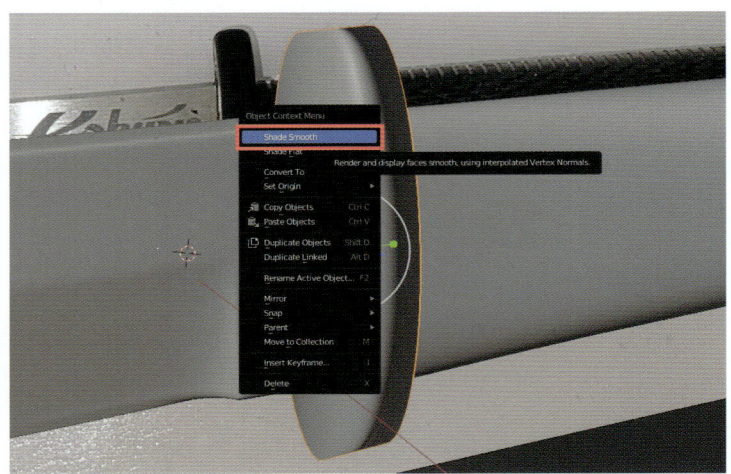

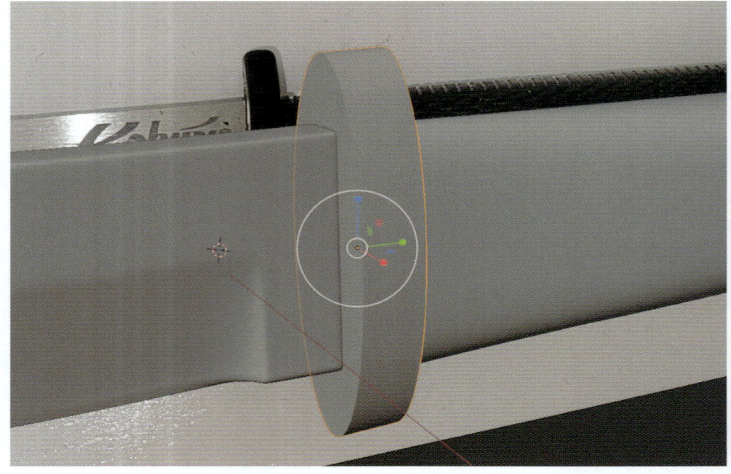

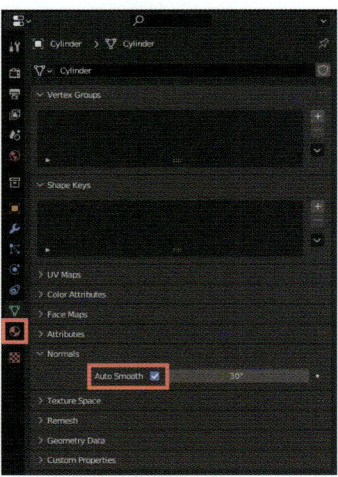

05 이 경계를 더 살려주겠습니다. 에디트 모드로 전환해 [Alt] 키를 누르고 그림처럼 코등이 위쪽 테두리 Edge를 모두 선택합니다. 이 상태에서 [Ctrl]+[B]를 눌러 [Bevel] 명령을 줍니다. 좌측 하단 [Bevel] 옵션창에서 [Segments] 수치를 4로 해줍니다. 그러면 위아래 테두리가 살아 있는 코등이가 됩니다.

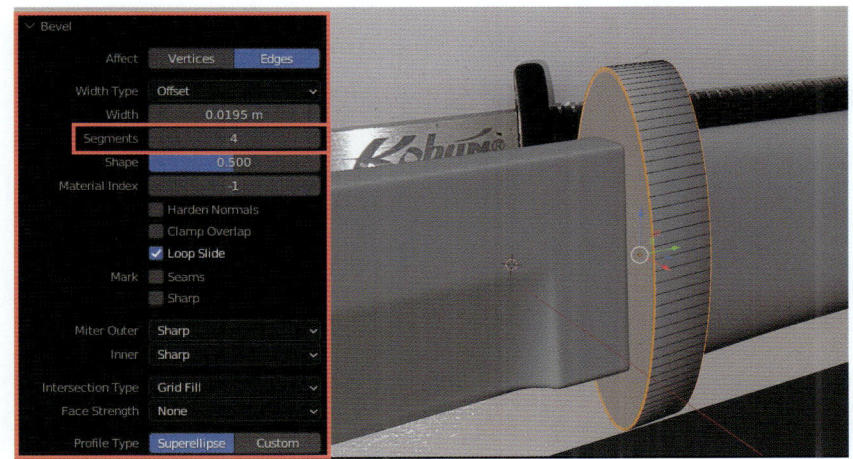

06 코등이 모델링까지 완성하여, 이렇게 나이프 모델링을 마쳤습니다.

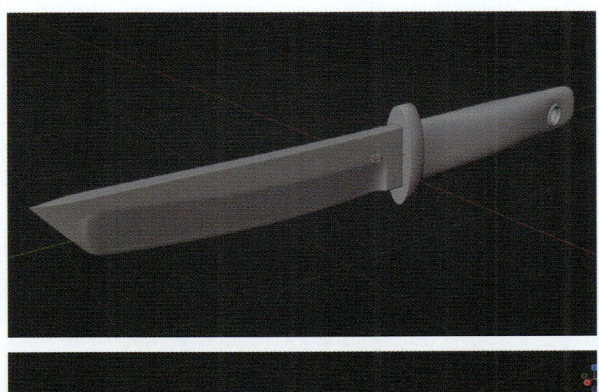

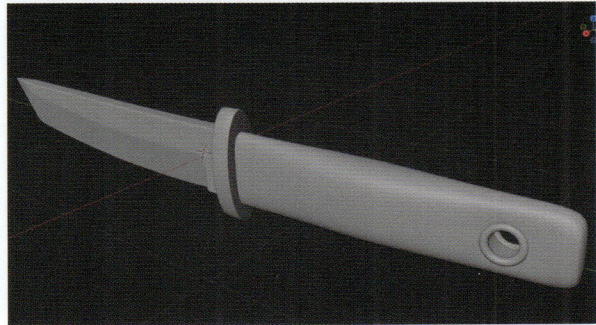

SECTION 02 나이프 매핑

모델링이 끝났으면 이제는 매핑 작업을 할 차례입니다. 나이프의 손잡이, 칼날, 코등이 각 부분마다 UV를 펼쳐주고 쉐이딩 작업을 거치겠습니다. Chapter 04에서 작업한 고양이 캐릭터와 다른 점은 모든 UV를 잘 펼쳐 주는 것이 아니라 필요한 부분만 펼쳐서 UV를 이미지에 맞춘다는 것입니다.

1 칼날 매핑

칼날부터 매핑을 진행하겠습니다. 지금 단계에서 참고 이미지는 필요 없으므로, 작업에 앞서 아웃라이너 창에서 👁 아이콘을 클릭해 참고 이미지를 숨깁니다.

01 오브젝트 모드에서 칼날을 선택하고 상단 메뉴에서 [UV Editing]을 클릭합니다. UV 작업 분할 화면이 뜹니다. 숫자 키패드 [3]을 눌러 우측 3D 뷰를 사이드 뷰로 돌립니다. [Tab] 키를 눌러 에디트 모드로 전환한 뒤, Face Select 모드(숫자 [3])에서 단축키 [A]를 눌러 모든 면을 선택합니다.

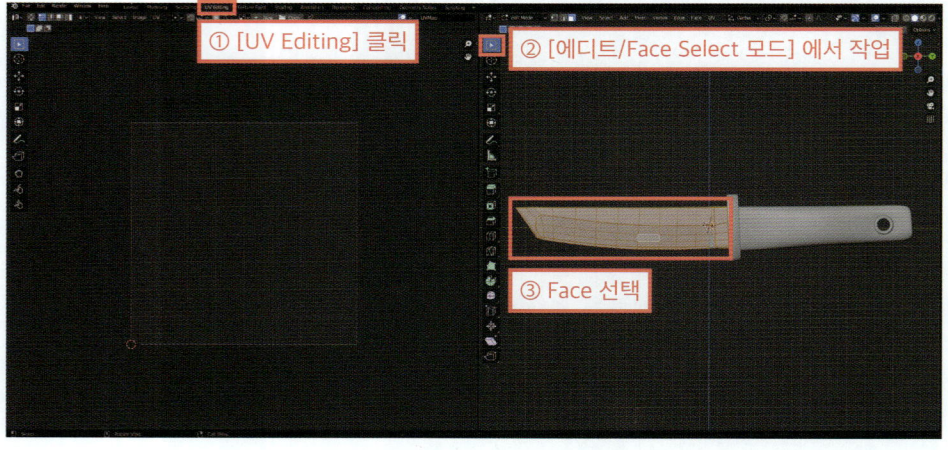

06 Image Texture 노드에서 [Open] 을 누르고, 처음 참고 이미지로 불러왔던 knife.jpg 파일을 찾아 지정해 줍니다.

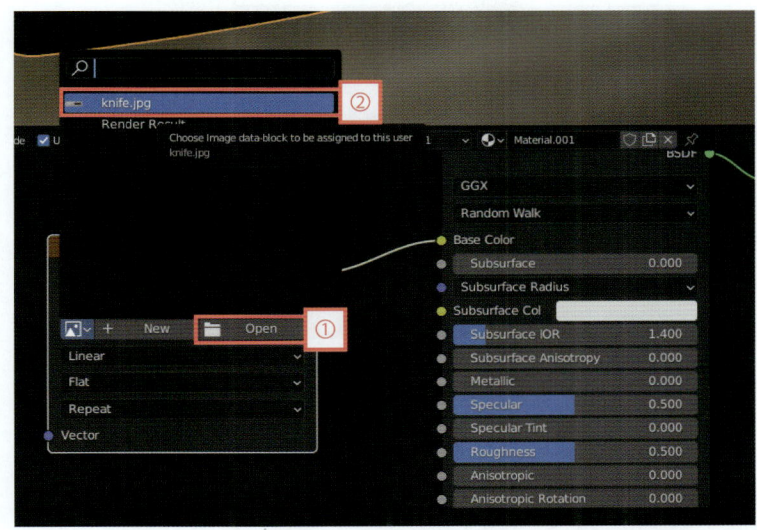

07 칼날에 이미지가 적용되어 재질이 부여되었으나, 위치가 다소 맞지 않습니다.

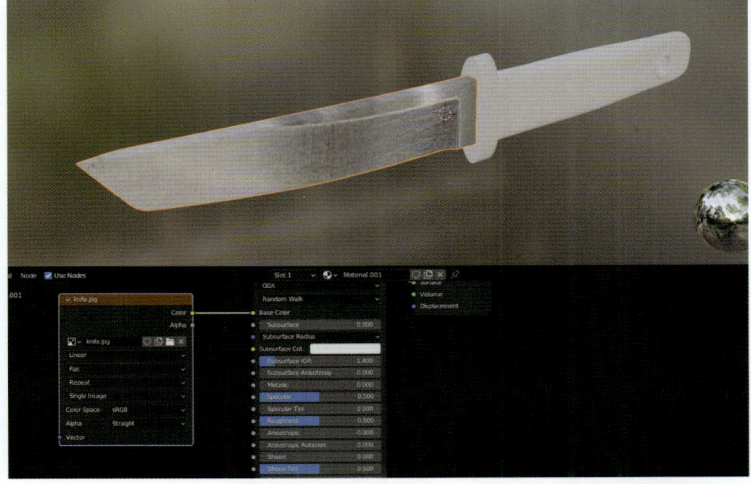

08 위치를 조정하겠습니다. 쉐이더 에디터 좌측에 있는 편집기 창 상단 메뉴의 ![icon]([Editor Type]) 아이콘을 클릭해, 해당 창을 UV Editor 창으로 변경해 줍니다.

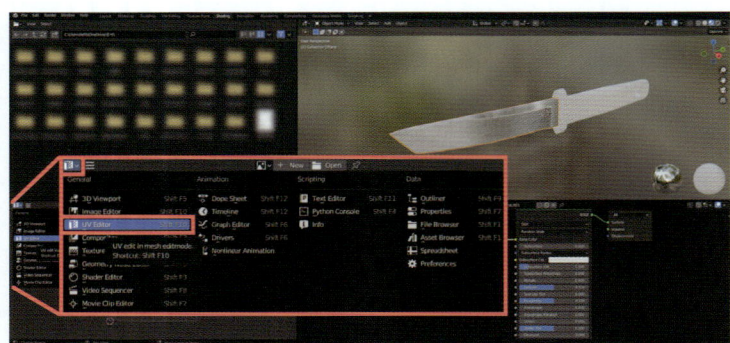

09 UV Editor 상단 중앙에 새로 생겨난 ![icon]([Browser Image to Link]) 아이콘을 눌러 knife.jpg 파일을 불러옵니다.

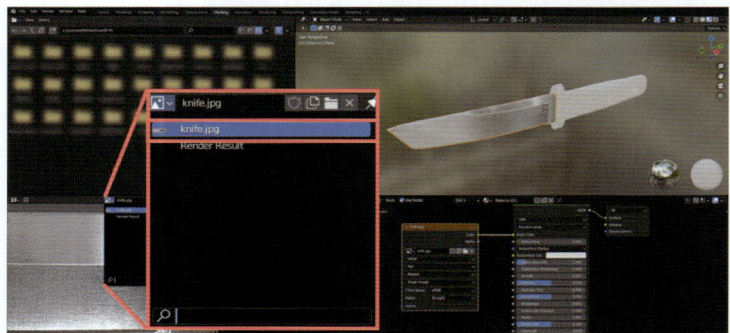

10 이미지와 비교해 보니, 확실히 모델링의 크기가 작네요. 크기를 맞춰 주겠습니다. 우측 상단 창의 칼날을 선택한 뒤 [Tab] 키를 눌러 에디트 모드로 바꾸어 주고, 상단 숫자 [3]과 [A]를 차례로 눌러 모든 Face를 선택합니다.

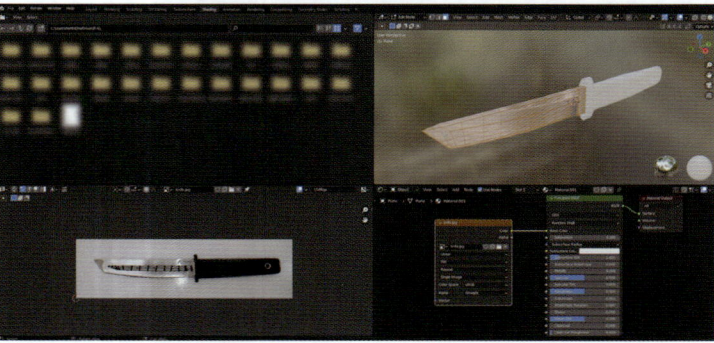

> **tip** 분할된 창의 경계에 마우스를 가져다 대면 커서가 ↔ 모양으로 바뀝니다. 이 상태에서 클릭해 드래그하면 원하는 대로 창의 크기를 조정할 수 있습니다. 작업에 따라 창 크기를 바꾸고 편하게 사용하세요.

11 좌측 하단 UV Editor 창에서 단축키 [S](Scale), [Y]를 눌러 Y축으로 칼날을 늘려줍니다.

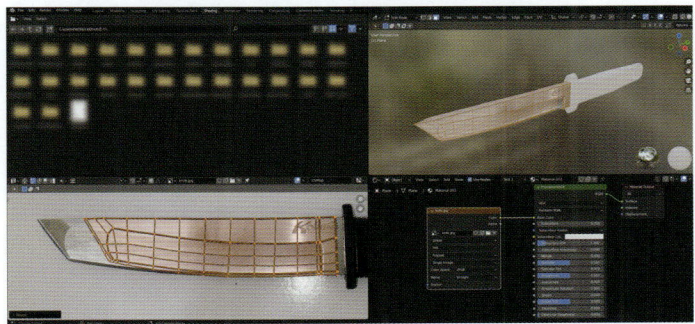

12 계속해서 [S](Scale), [X]를 눌러 X축으로 칼날을 늘려줍니다.

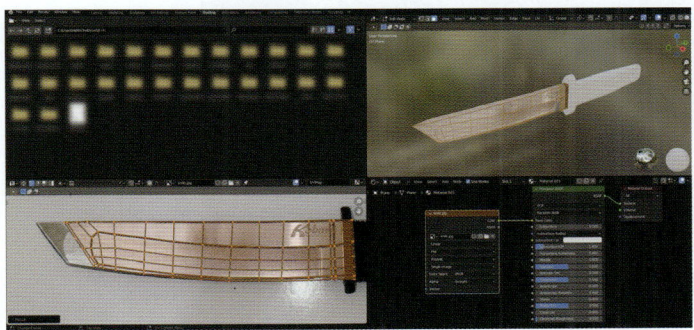

13 단축키 [G](Move)로 위치를 맞춰줍니다.

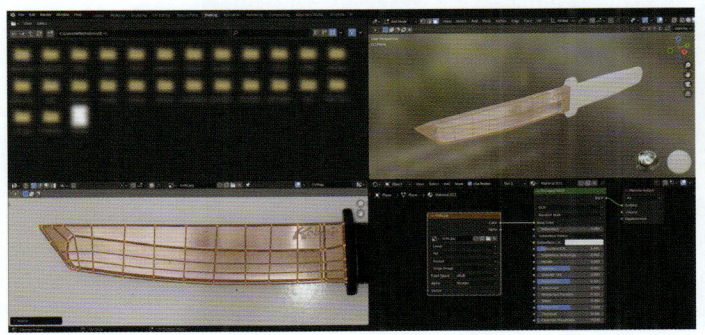

한눈에 보는 작업 과정, 고수의 뷰! (01~13단계)

14 조정이 끝났으면 오브젝트 모드로 돌아와 3D 뷰에서 매핑 상태를 확인합니다. 칼날은 제대로 매핑이 되었으나 칼등 부분이 어색합니다.

15 다시 에디트 모드로 변경해서 그림처럼 칼등 부분 Face를 다중 선택([Shift] 키+클릭)합니다.

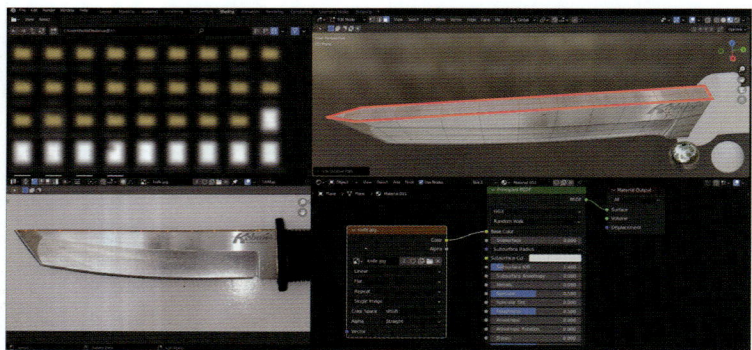

16 3D 뷰 상단 메뉴바에서 [UV] → [Unwrap]을 차례로 선택합니다.

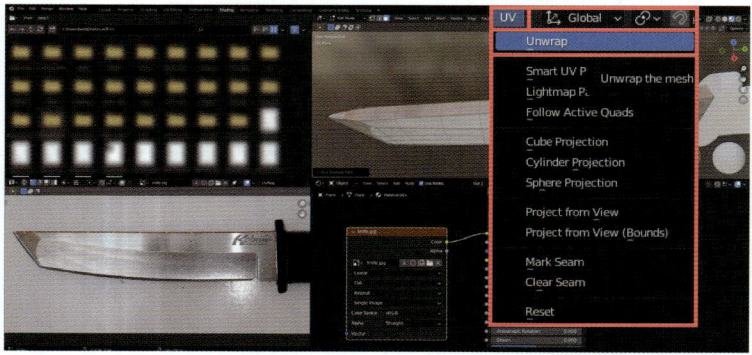

17 좌측 하단 UV 창을 보면 선택한 칼등 Face가 펼쳐져 있습니다. 원본 참고 이미지(knife.jpg)에는 칼등이 나와 있지 않으므로, 동일 재질인 칼날의 윗부분을 대신 사용해야 합니다. 그림처럼 칼등 Face의 크기와 위치를 조절해 줍니다.

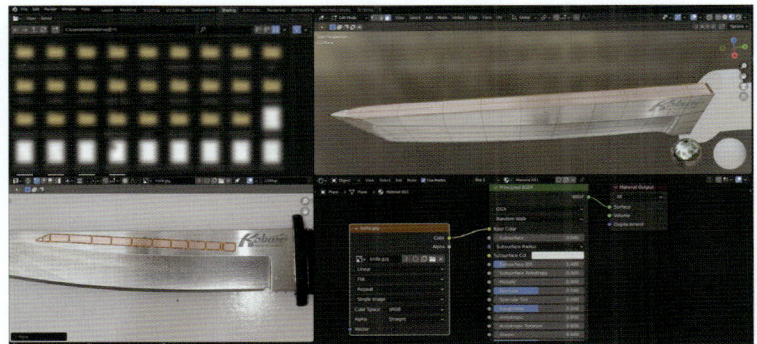

18 오브젝트 모드에서 다시 확인합니다. 참고 이미지와 잘 맞춰졌습니다.

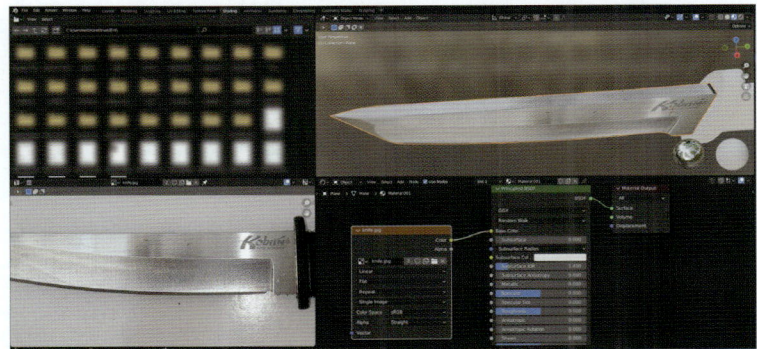

19 참고 이미지(사진)는 실제 나이프보다 광택이 조금 약합니다. 반짝거리는 금속 느낌을 살려주겠습니다. 쉐이더 에디터에서 Principled BSDF 노드의 [Metallic] 수치를 올려서 금속 질감을 더 부여해줍니다. 반대로 [Roughness] 수치는 내려 빛의 반사 정도를 올려 칼날 매핑을 완성합니다.

2 손잡이 매핑

이어서 손잡이 매핑을 진행하겠습니다. 칼날을 매핑했던 것과 과정은 거의 비슷합니다.

01 3D 뷰에서 손잡이를 선택하고 상단 메뉴바에서 [UV Editing]을 눌러 UV 모드로 들어갑니다. 칼날 때와 마찬가지로 에디트 모드/Face Select 모드에서 단축키 [A]로 손잡이의 모든 Face를 선택해 줍니다.

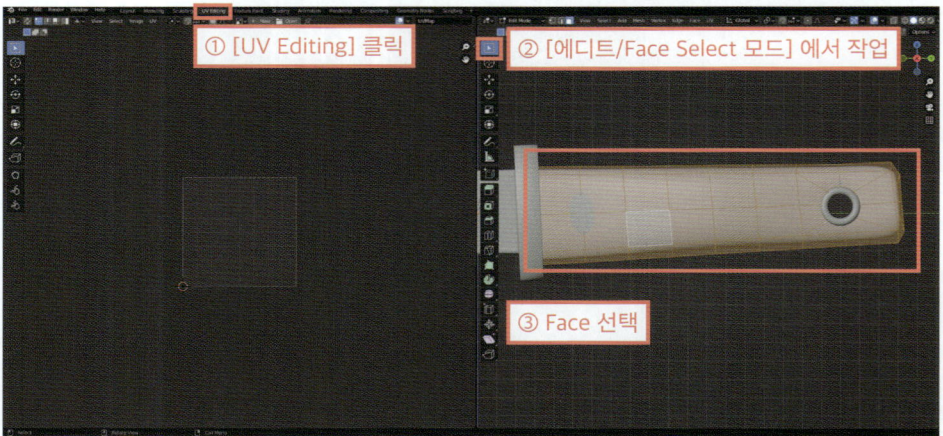

02 그리고 3D 뷰의 상단 메뉴바에서 [UV] → [Project from View]를 차례로 선택하면 좌측 2D 뷰에 이 모양 그대로 UV가 생성됩니다.

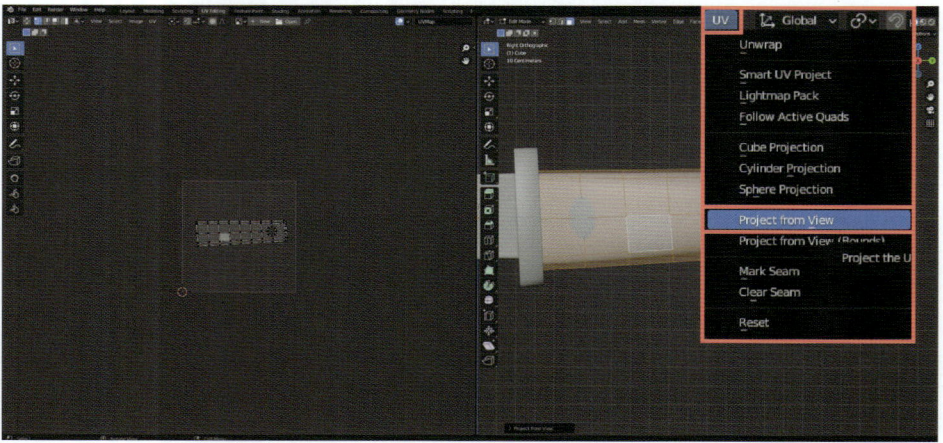

03 상단 메뉴에서 [Shading]을 눌러 Shading 모드로 들어갑니다. 쉐이더 에디터에서 [+ New] 버튼으로 새로운 쉐이더를 생성합니다. 그리고 [Add] → [Texture] → [Image Texture]를 클릭해 Image Texture 노드를 추가합니다.

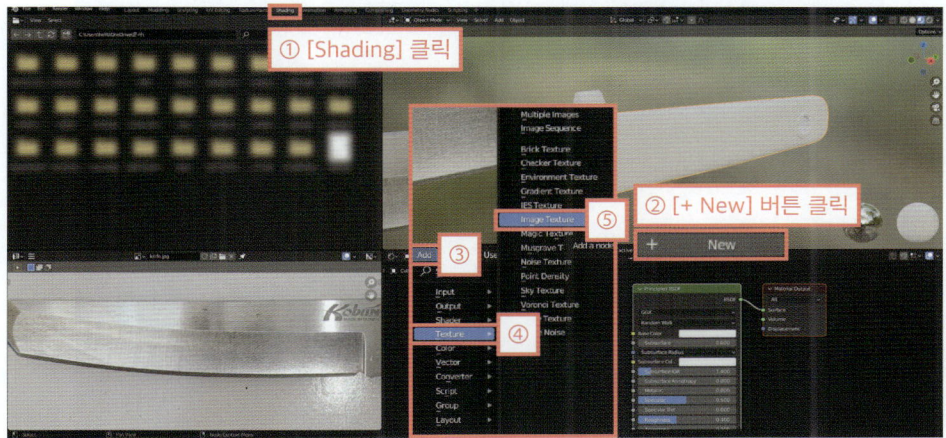

04 Image Texture의 [Color] 노드를 Principled BSDF의 [Base Color] 노드에 드래그해 연결해줍니다. 지정된 이미지가 없어 검은색으로 나타납니다.

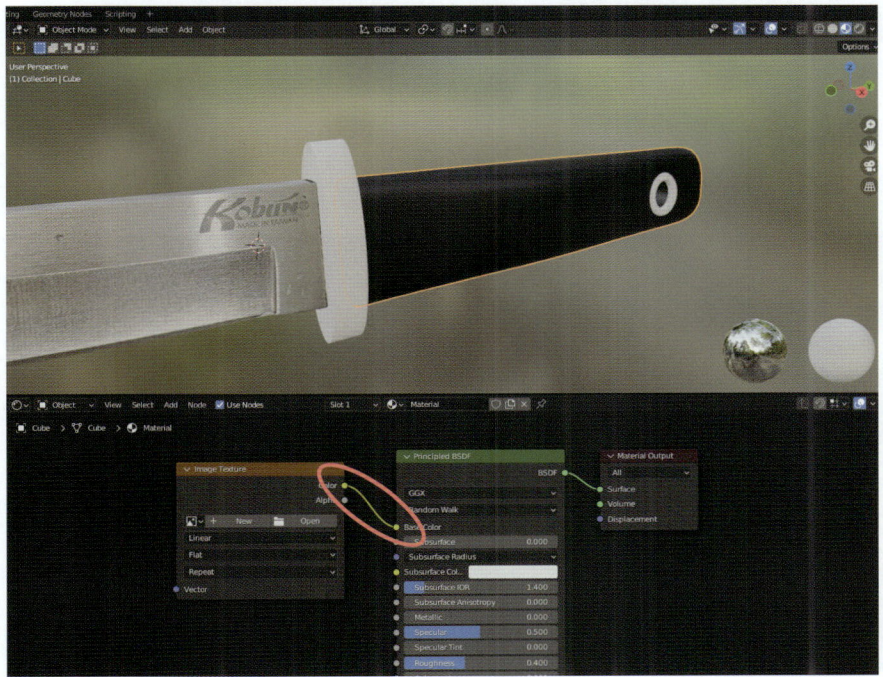

05 이제 ([Browser Image to Link])를 눌러 knife.jpg 파일을 불러오면, 손잡이에 Knife 텍스처가 적용됩니다. 아직은 좀 이상하게 보입니다.

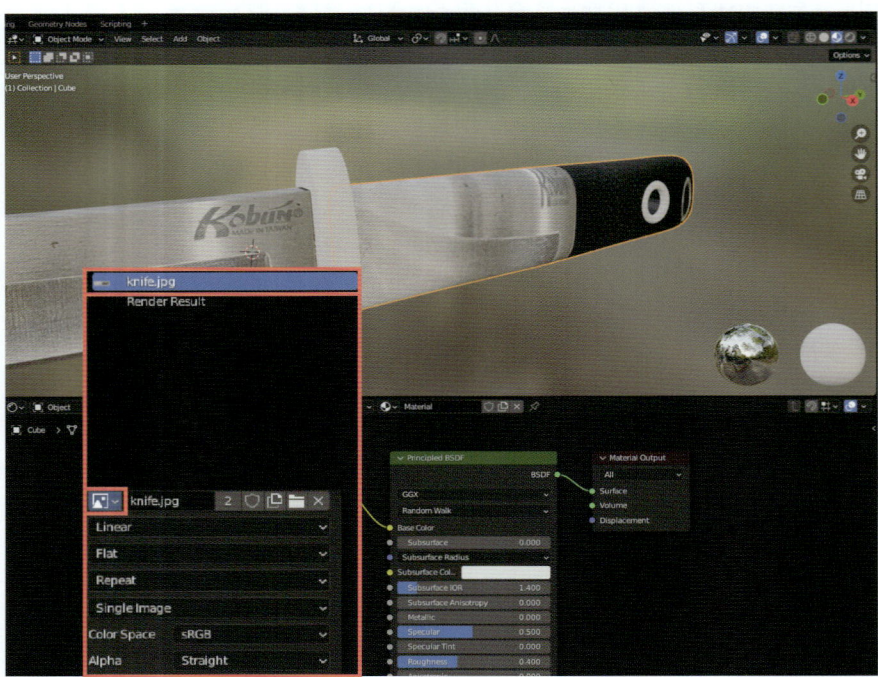

06 역시 크기가 안 맞아서 그렇습니다. 이것도 위치를 맞춰주겠습니다. 3D 뷰에서 [Tab] 키를 눌러 에디트 모드로 바꾸고, [A]를 눌러 손잡이의 모든 Face를 선택합니다. 좌측 하단 UV 창에 Face가 보입니다.

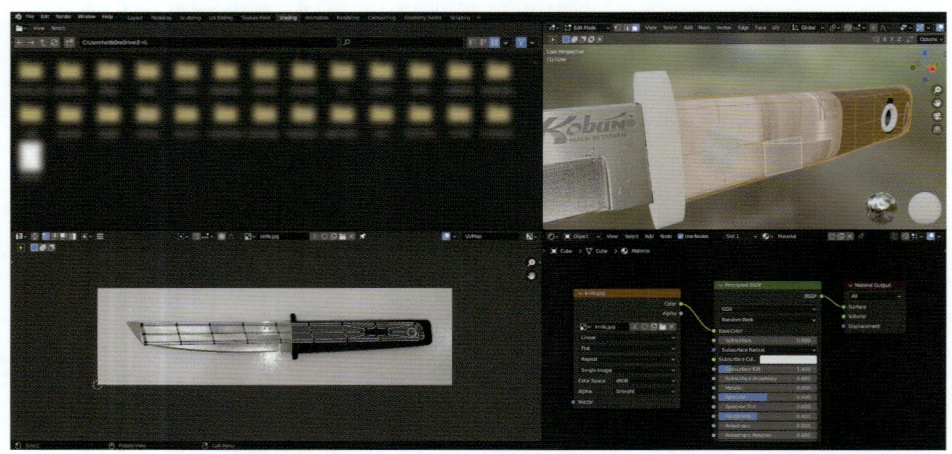

07 칼날 때와 마찬가지로 [S](Scale)와 [G](Move)를 적절히 사용해 위치를 잡아줍니다.

08 어느 정도 위치를 조정했으면 다시 오브젝트 모드에서 결과를 확인합니다. 사이드 뷰에서 UV를 펼쳤기 때문에 손잡이 윗부분과 아랫부분은 UV가 깨져 보입니다.

09 다시 에디트 모드로 전환합니다. Face Select 모드(숫자 [3])에서 [Shift] 키를 눌러 그림처럼 윗면의 Face를 다중 선택합니다. 그리고 3D 뷰 메뉴바에서 [UV] → [Unwrap]을 차례로 선택하면, 좌측 하단의 UV Editor 창에 UV가 생성됩니다.

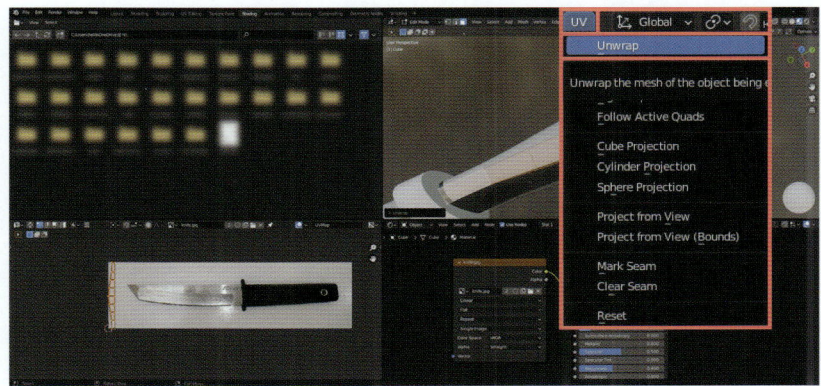

10 　좌측 하단 UV 창에서 위치와 크기를 조정해줍니다. 이 UV 창에서는 뷰포트 시점 조정이 불가능하므로, 같은 패턴의 손잡이 옆면에 위치시켜서 작업합니다. 빈 곳 없이 옆면과 같은 질감이 구현되도록 오브젝트 모드에서 결과를 확인해 가면서 조금씩 수정합니다.

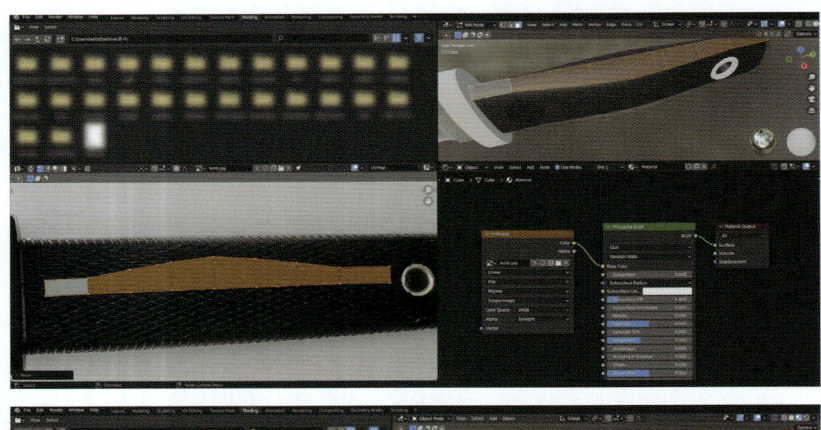

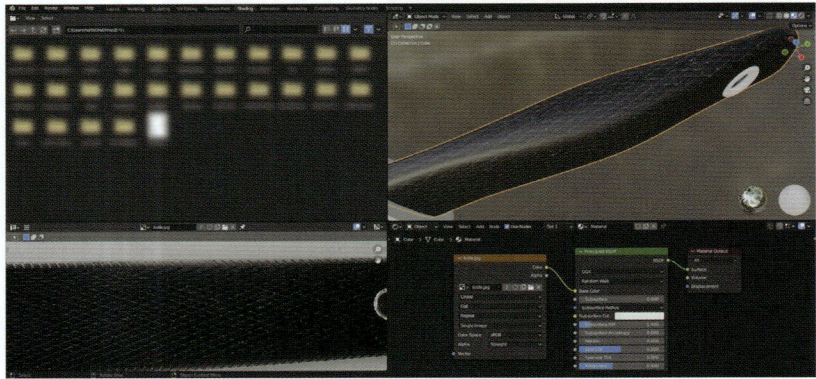

11 　손잡이 밑도 09~10과 같은 방법으로 작업해 줍니다.

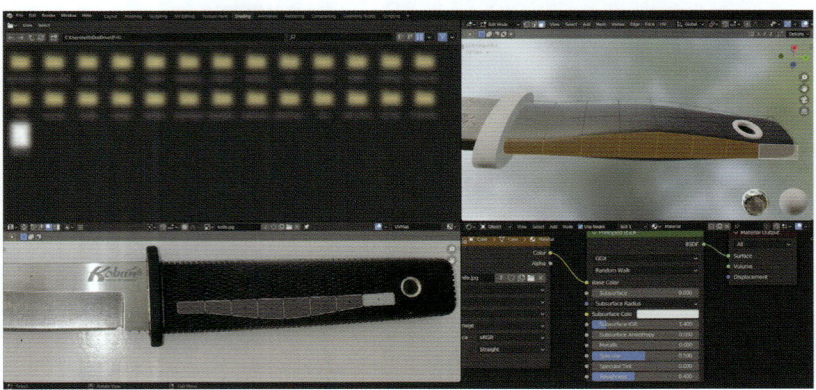

12 손잡이 뒷부분도 이미지가 깨어져 보이네요. 수정해 주겠습니다. [Tab] 키를 눌러 에디트 모드로 바꾸고, Face Select 모드(숫자 [3])으로 그림처럼 다중 선택합니다.

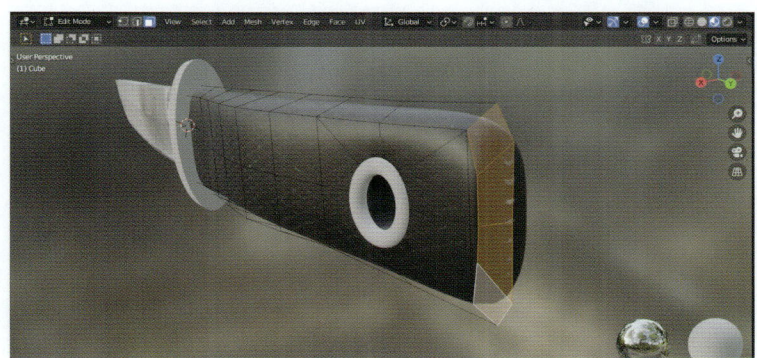

13 메뉴바에서 [UV] → [Unwrap]을 차례로 선택하면 좌측 하단 UV 창에 Face가 나타납니다.

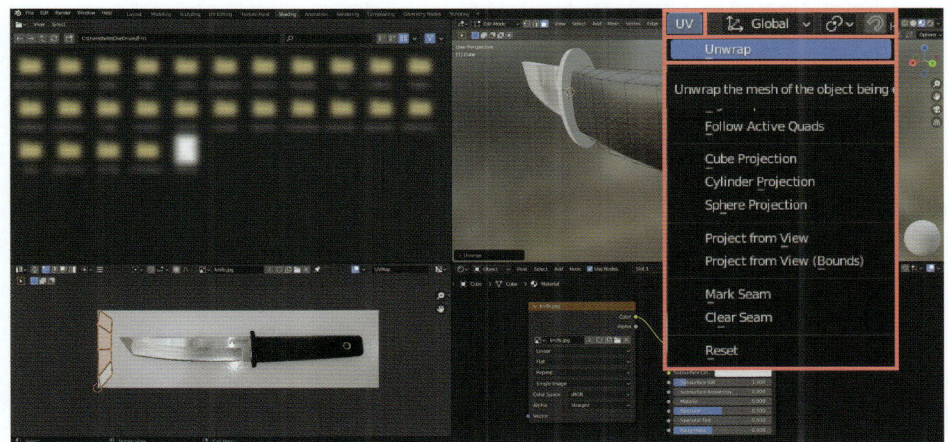

14 같은 방법으로 위치와 크기를 조정해줍니다. 또는 다음 그림처럼 Vertex Select(숫자 [1]) 모드에서 Vertex를 하나씩 조정해서 맞추어도 됩니다.

15 오브젝트 모드로 왔다 갔다 하면서 결과물을 확인합니다. 잘 채워졌다면 마무리합니다.

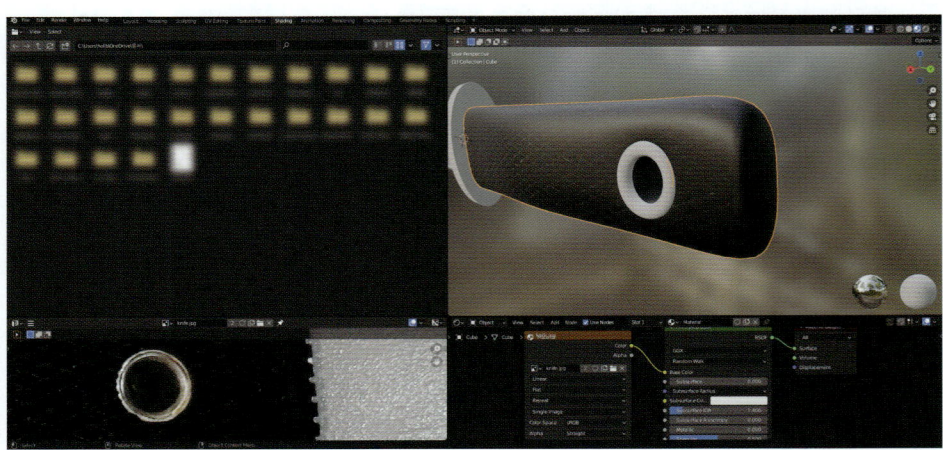

16 마지막으로 남은 손잡이 링을 매핑하겠습니다. 쉐이더 조정만으로 진행하겠습니다. 손잡이 링을 선택하고 ￢ New ￣ 버튼으로 새로운 쉐이더를 생성합니다.

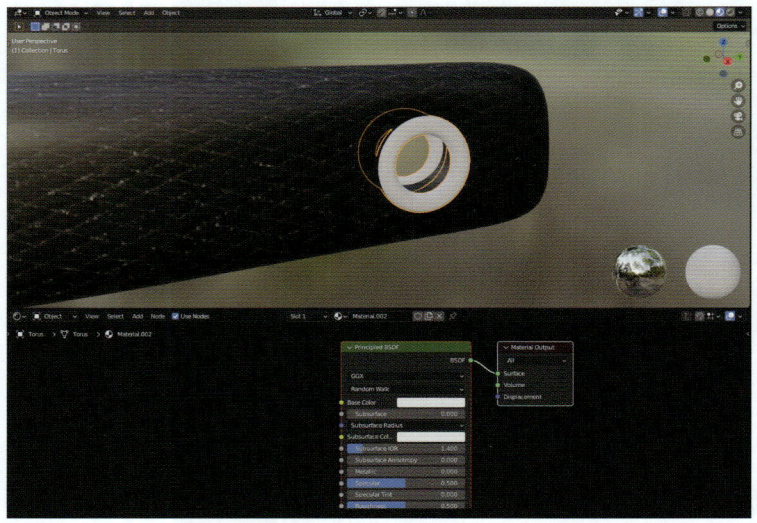

17 쉐이더의 [Base Color] 컬러박스를 클릭해서 색을 지정해줍니다. 지금까지는 이미지를 그대로 가져왔지만, 여기서는 살짝 다르게 구리색을 골라보았습니다. 그리고 [Metallic] 수치는 1로 주어 금속 재질을 만들어주고, [Roughness] 수치를 내려 적절한 반사 재질로 만들어주면 됩니다.

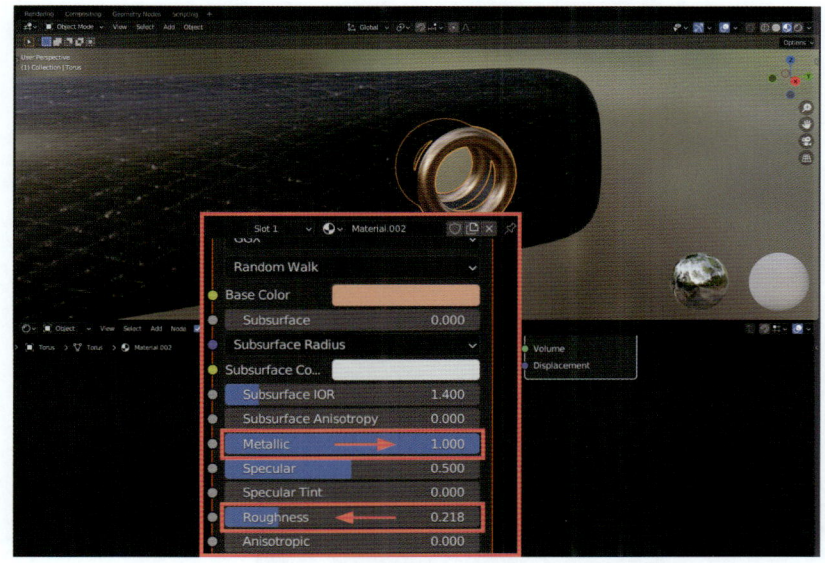

3 코등이 매핑

코등이 매핑을 진행하겠습니다. 코등이 역시 쉐이더 조정으로 매핑을 하겠습니다.

01 코등이 부분을 선택하고 ┼ New 버튼을 눌러 새로운 쉐이더를 생성합니다.

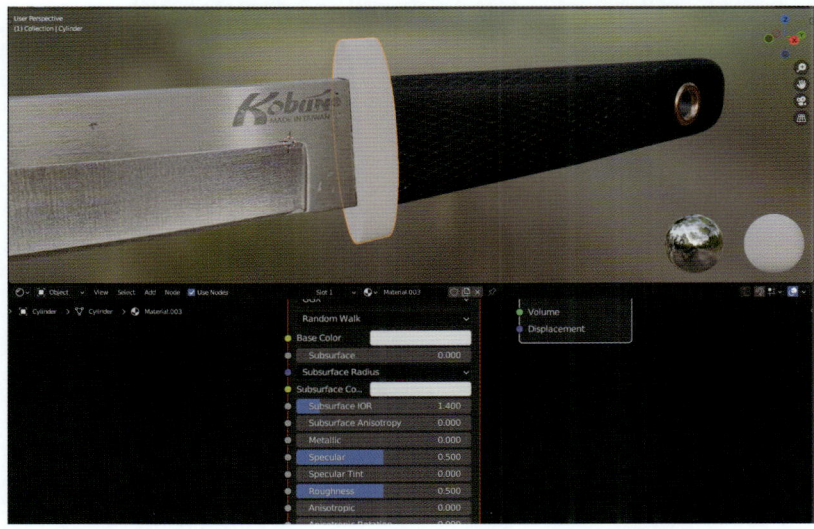

02   색을 먼저 입혀주겠습니다. [Base Color] 컬러박스를 클릭합니다. 옵션창에서 ([Eyedropper]) 아이콘을 클릭하고 손잡이를 클릭해서 색을 지정합니다. 그러면 다음 그림처럼 손잡이의 검은색이 지정됩니다.

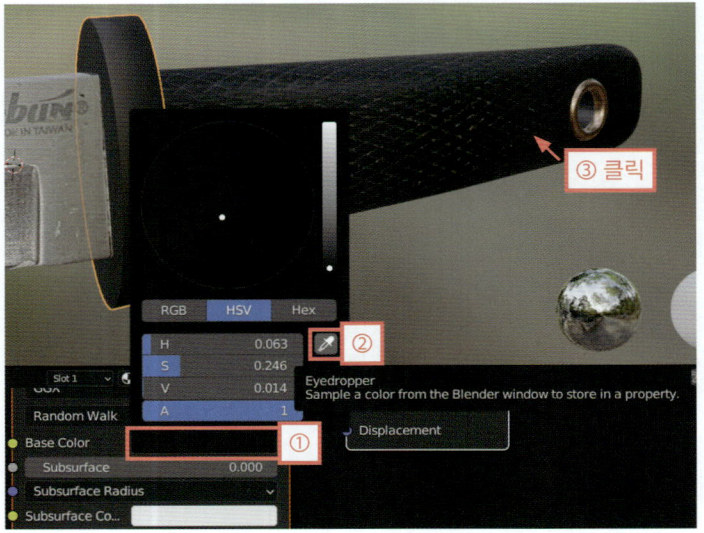

03   [Metallic] 수치는 0으로 해서 비금속 재질로 만듭니다. 그리고 [Roughness] 수치를 손잡이와 비슷한 느낌이 나도록 조정해 줍니다.

매핑까지 모두 완료되었습니다.

SECTION 03 | 렌더링

이제 완성한 나이프를 렌더링해서 이미지로 저장하고 마무리하겠습니다.

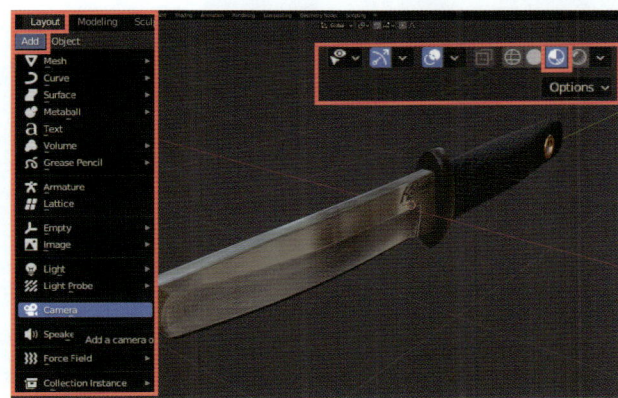

01 상단 메뉴에서 [Layout]을 클릭해 렌더링 모드로 들어갑니다. 우측 상단의 [Viewport Shading] 토글 중 세 번째 아이콘을 활성화시켜 재질이 보이는 상태에서 작업하겠습니다. 먼저 서브 메뉴바에서 [Add] → [Camera]를 차례로 선택하여 카메라부터 추가합니다.

02 숫자 키패드 [0]을 눌러 카메라 뷰로 바꿉니다. 현재는 카메라 위치 때문에 나이프가 보이지 않습니다. 단축키 [N]을 눌러 뷰포트 우측에 정보창을 띄웁니다. [View] 탭의 [View Lock] 항목에서 [To 3D Cursor]와 [Camera to View], 두 체크박스를 체크하고 마우스 휠을 이용해 나이프를 화면 중앙에 위치시킵니다.

그리고 Camera를 선택하고 ([Object Data Properties]) 탭의 Lens 항목에서 [Focal Length] 수치를 30mm로 내립니다. 화각이 넓어지면서 약간의 왜곡 현상이 생깁니다.

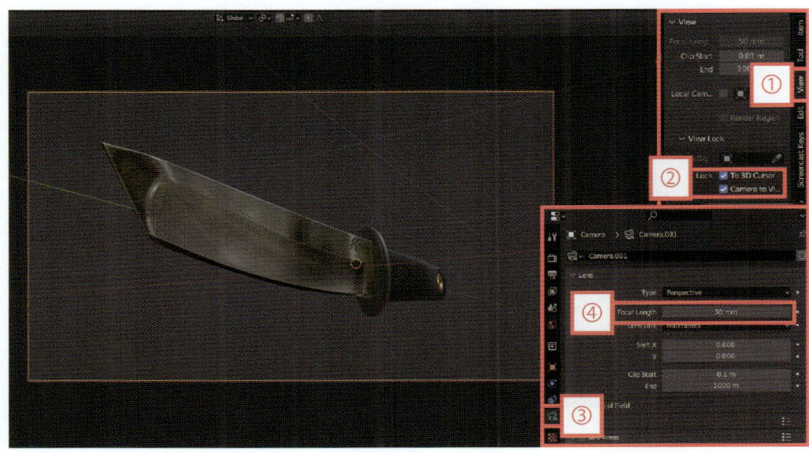

03 이제 [Camera to View]는 체크 해제하고 마우스 휠을 움직이면 카메라는 고정된 채로 화면을 제어할 수 있습니다. 그리고 ([World Properties]) 탭에서 [Surface] → → [Environment Texture]를 선택합니다.

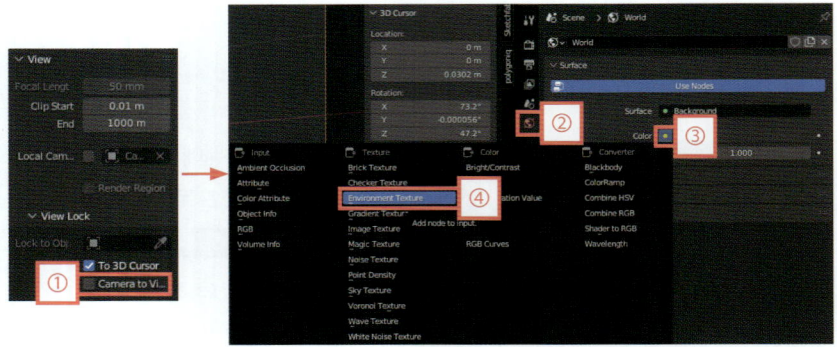

04 아래 생겨난 Open 버튼을 클릭해 Blender File View 창을 띄우고, C:₩Program Files₩BlenderFoundation₩Blender3.4₩3.4₩datafiles₩studiolights₩world 폴더에서 forest.exr 파일을 선택하고 [Open Image]로 열어줍니다.

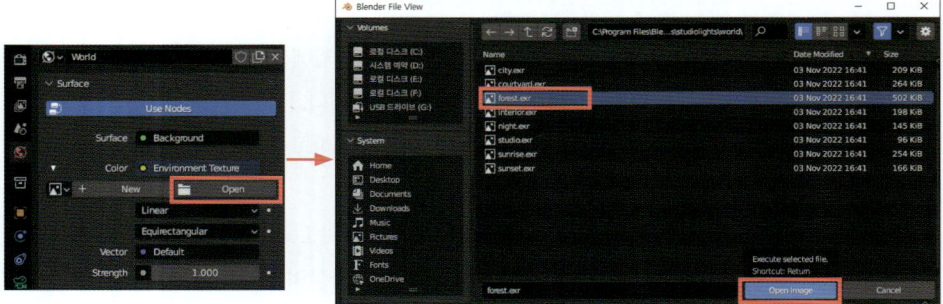

05 우측 상단 ([Viewport Shading] 토글)에서 마지막 네 번째 토글을 활성화하면 뷰포트에서 forest.exr 파일이 라이트로 적용된 결과를 확인할 수 있습니다.

06 우측 ([Render Properties]) 탭에서 [Film] → [Transparent] 박스에 체크해주면, 배경이 그림처럼 다시 투명해집니다. 이 상태에서 최종 렌더링하겠습니다.

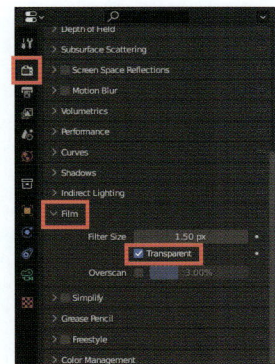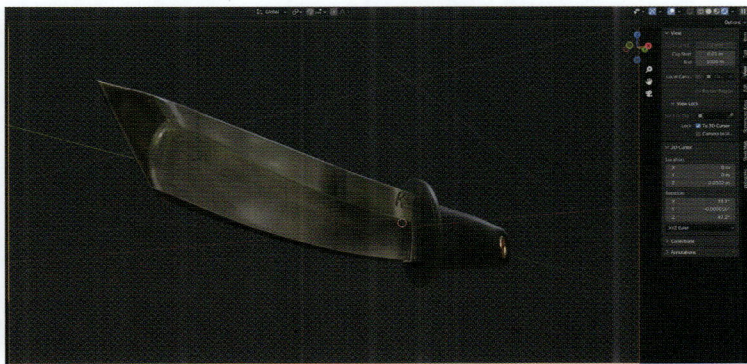

07 먼저 ([Render Properties]) 탭에서 Render Engine이 [Cycles]인지 확인합니다. 그리고 ([Output Properties]) 탭의 [Format]에서 렌더링 이미지 사이즈를 정해줍니다. 같은 탭의 [Output]에서 경로와 파일명을 지정해 줍니다.

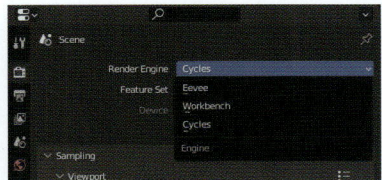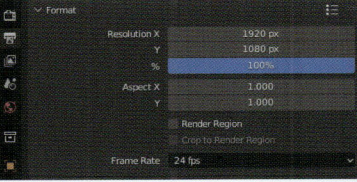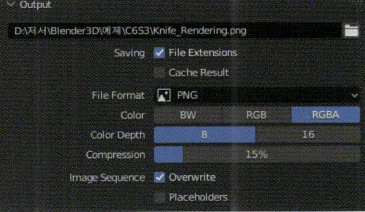

08 마지막으로 [F12] 키를 누르면 렌더링이 됩니다. 저장된 이미지를 포토샵 프로그램에서 열어 이미지를 보정해서 마무리합니다.

Section 01
얼굴 모델링: 스컬핑(Sculpting)

Section 02
몸통 모델링

Section 03
디테일 모델링 및 마무리

Section 04
매핑(Mapping)

Section 05
자세 잡기

Chapter 07
여자 캐주얼 캐릭터: 스컬핑부터 리깅까지

앞의 6개 Chapter를 거쳐 우리는 3D 그래픽/모델링의 기본 개념부터 블렌더의 기초 작업 방식까지 차근차근 익혀 보았습니다. 이제는 실전입니다. 인간 캐릭터를 처음부터 끝까지 만들어 보면서, 복잡한 오브젝트 구현에 도전해 보고자 합니다. 길고 힘든 과정이지만, 함께 한다면 어렵지 않을 것입니다.

SECTION 01 얼굴 모델링: 스컬핑(Sculpting)

Chapter 04에서처럼, 얼굴 모델링부터 시작합니다. 그런데 이번에는 여태 했던 폴리곤 모델링이 아니라, 블렌더의 스컬핑(Sculpting) 기능을 이용해 스컬핑 모델링을 해보고자 합니다. 블렌더의 특징이자 장점 중 하나는 폴리곤 모델링과 스컬핑 모델링을 모두 지원한다는 것입니다. 이 시점에서 스컬핑 모델링을 시도해 보고, 그 방식을 이해하면 더욱 좋을 것입니다.

스컬핑 모델링은 점토 등의 부드러운 재료로 입체를 만드는 미술 기법인 소조(塑造)를 3D 뷰포트로 가져온 것입니다. 학창시절, 미술 시간에 지점토나 찰흙을 주물러 컵이나 작은 조형을 만든 것을 떠올리면 쉽게 스컬핑 모델링을 이해할 수 있습니다. 형태를 실시간으로 보면서 작업하는 만큼 직관적이고, 폴리곤처럼 면을 나누어가며 하지 않으므로 더 부드러운 표현이 가능해 유기체 모델링에 많이 쓰입니다. 기본적으로 하이폴리곤일 수밖에 없기 때문에, 게임이나 애니메이션에 사용하려면 가공(정리) 작업이 필요합니다. 이를 '리토폴로지(Retopology)'라고 합니다. 스컬핑으로 얼굴을 만든 다음, 면을 재정리해서 완성하는 순서로 리토폴로지까지 진행해 보겠습니다.

1 얼굴 스컬핑

1.1 모델링 준비

01 블렌더를 실행하고, 큐브 오브젝트를 제외한 라이트와 카메라를 선택해 지웁니다.

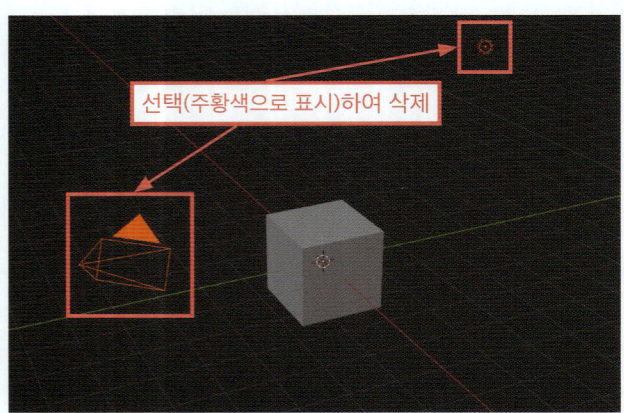

02 큐브를 선택하고 우측 아래에서 🔧 ([Modify Properties])를 클릭합니다. [Subdivision Surface] 명령을 선택하고, [Levels Viewport] 수치를 3으로 바꿉니다. 그러면 큐브가 구 형태로 변환됩니다. ⌄를 누르고 [Apply]를 클릭해 적용 완료합니다.

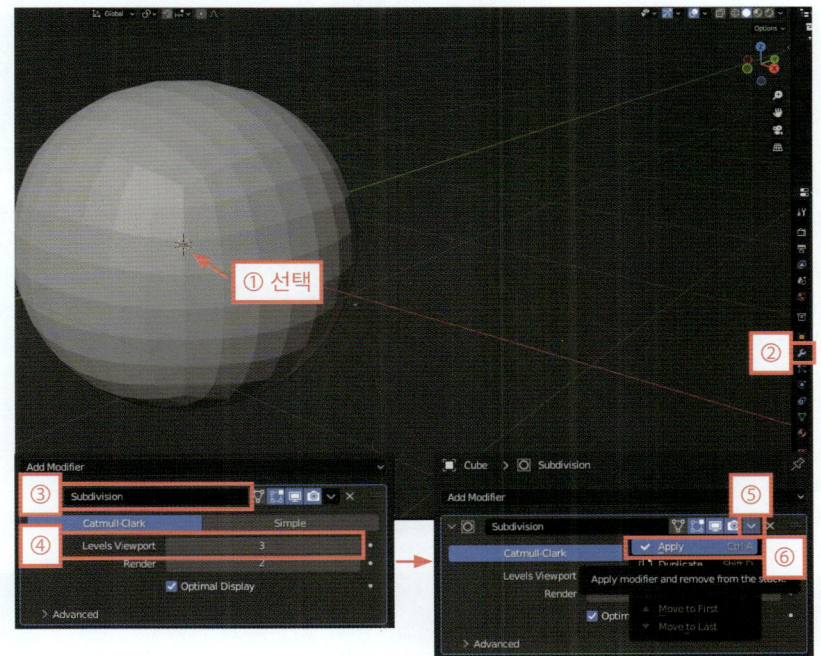

03 이 구를 다듬어 얼굴을 만들 것입니다. 참고 이미지를 바탕에 깔고 모델링을 진행하겠습니다. 숫자 키패드 [1]을 눌러 정면 뷰로 바꾸어줍니다. 서브 메뉴바에서 [Add] → [Image] → [Reference]를 차례로 클릭합니다.

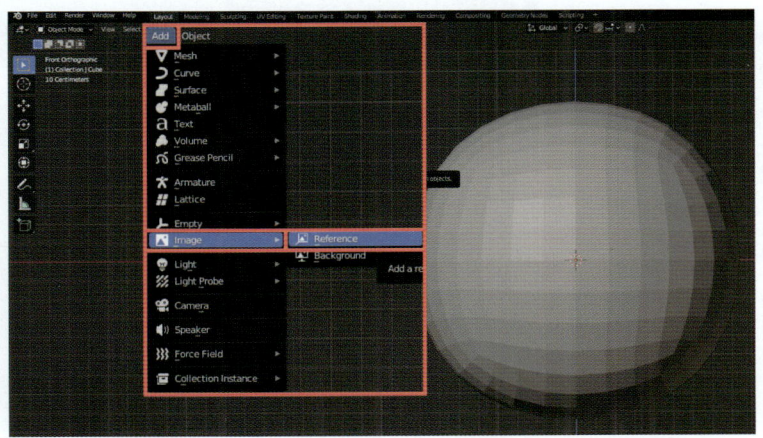

04 예제 폴더에서 Face_Front.jpg 파일을 불러옵니다.

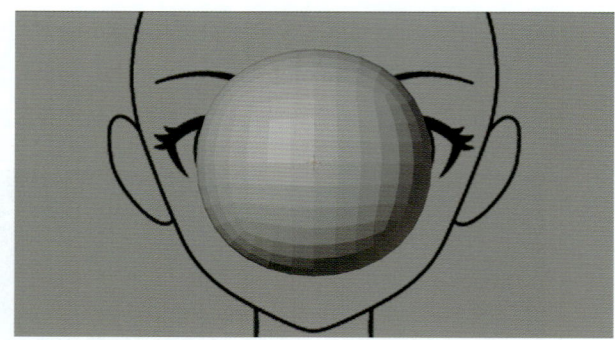

05 이번에는 숫자 키패드 [3]을 눌러 사이드 뷰로 바꾸고, 같은 방법으로 참고 이미지 Face_Left.jpg를 불러옵니다.

06 큐브를 선택하고 ([Move])와 ([Scale])을 이용해 그림처럼 크기와 위치를 맞춥니다.

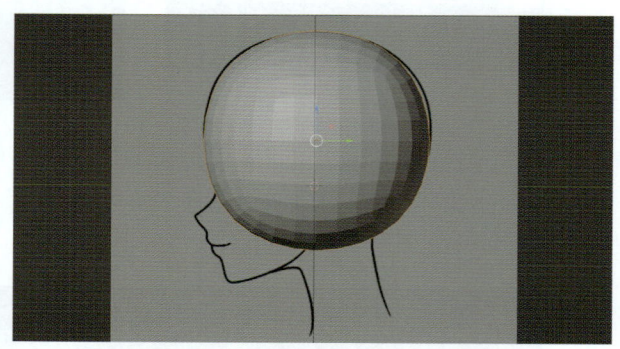

07 뷰포트를 위에서 내려다보는 각도로 맞추고, 참고 이미지를 각각 움직여 그림처럼 ㄱ자 형태로 만들어줍니다. 기본 준비는 다 되었습니다.

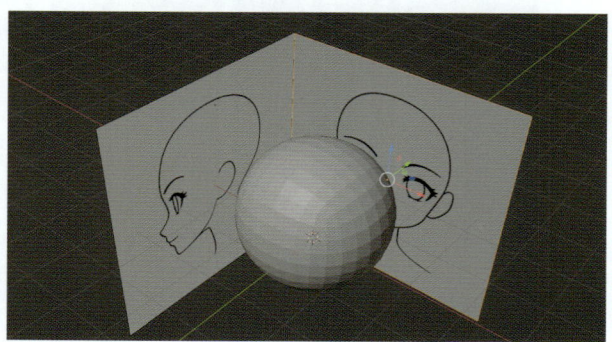

1.2 스컬핑: 얼굴형(두상)

01 숫자 키패드 [3]을 눌러 사이드 뷰로 시점을 전환하면, 얼굴 앞쪽이 덜 만들어졌음을 알 수 있습니다. 얼굴 옆모습부터 참고 이미지와 맞춰주겠습니다. 큐브를 선택하고 상단 메뉴에서 [Sculpting]을 클릭해 [Sculpt Mode]로 들어가면, 다음과 같은 화면이 보입니다.

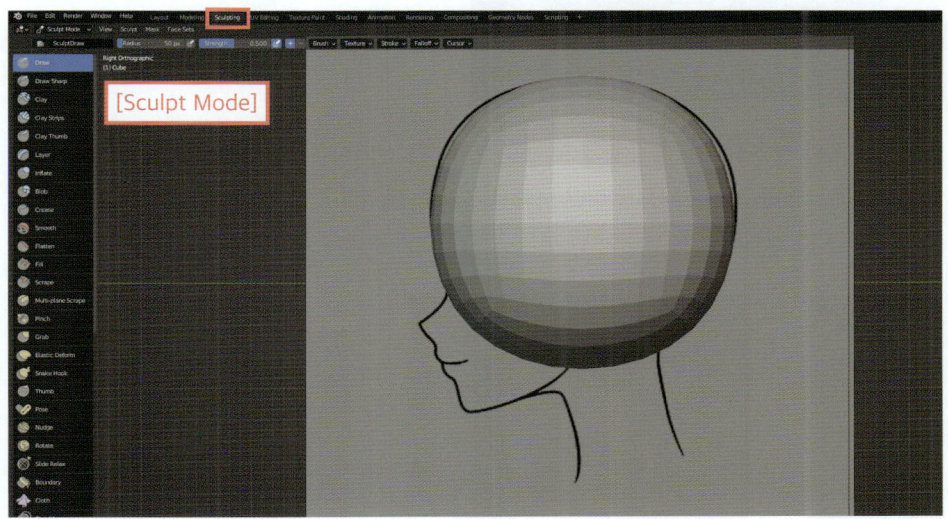

> **참고**
>
> Sculpt Mode(스컬프트 모드) 화면 구성
>
>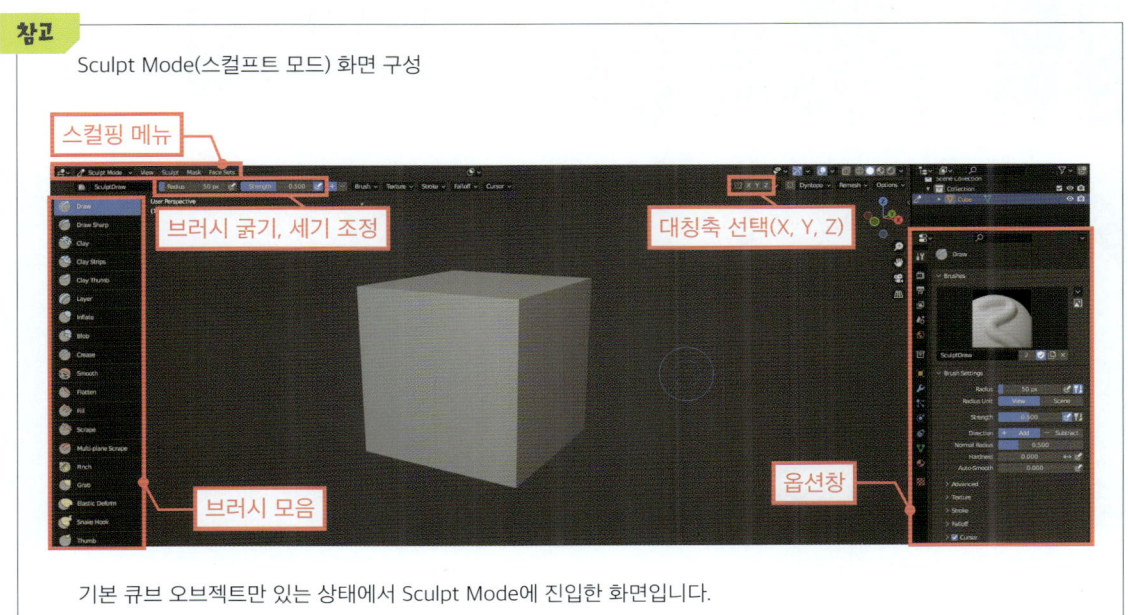
>
> 기본 큐브 오브젝트만 있는 상태에서 Sculpt Mode에 진입한 화면입니다.

02 얼굴은 좌우 대칭이므로, 이전에 Chapter 04에서 했듯 대칭으로 바꿔주고 작업하겠습니다. 우측 상단에 있는 대칭 토글 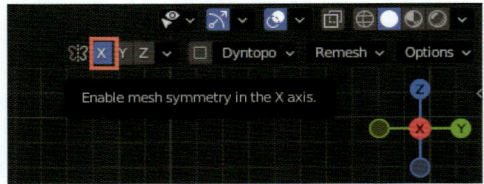 중 [X]를 클릭하면 대칭 작업을 할 수 있습니다.

03 좌측의 브러시 모음에서 ([Grab]) 브러시를 선택한 뒤, 우측 브러시 옵션창 [Brush Settings]에서 Radius의 수치를 올리면 브러시 크기가 커집니다. 여기서는 203px로 설정했습니다. 이 브러시를 캐릭터의 턱 부분이 될 구의 왼쪽 아랫면 부근에 가져다 놓습니다.

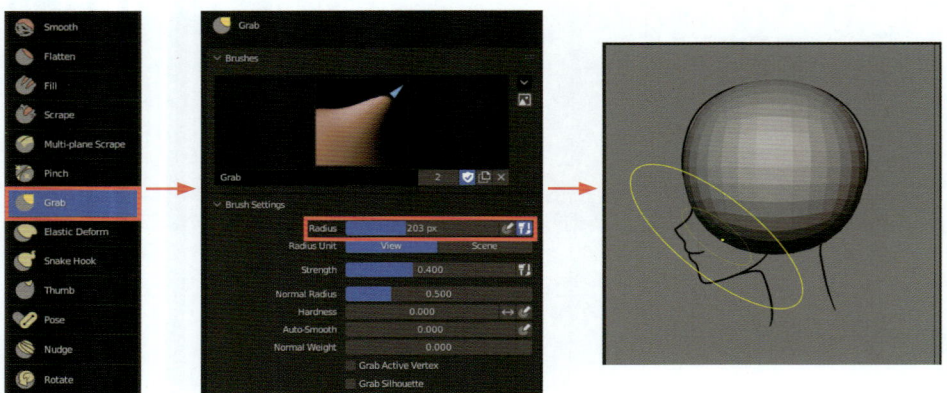

> **tip** 브러시 사이즈는 좌측 상단 [Radius] 수치를 조정하면 됩니다. 그리고 브러시 세기는 [Strength] 수치를 조정합니다.
>
>
>
> 또는 오브젝트 위에 마우스 커서를 놓고 마우스 우클릭하면 됩니다.
>
>
>
> 단축키는 다음과 같습니다.
> - 브러시 축소: [(여는 대괄호)
> - 브러시 확대:](닫는 대괄호)

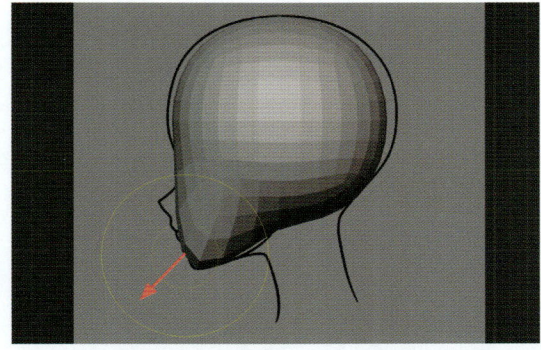

04 그 상태에서 마우스를 클릭한 채 이미지의 턱 방향으로 그림처럼 당겨서 모양을 만들어줍니다. ([Grab]) 브러시는 이렇게 브러시 범위에 속한 폴리곤을 자연스럽게 당기거나 밀어 넣는 브러시입니다. (Zbrush 프로그램의 Move 브러시와 동일합니다.)

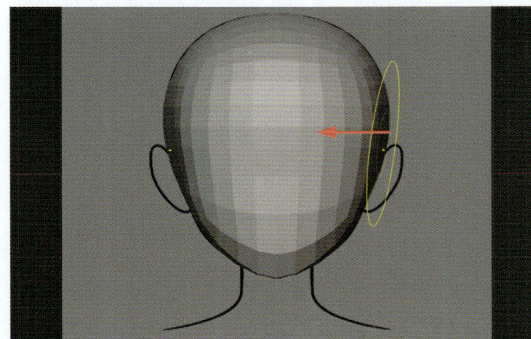

05 숫자 키패드 [1]을 눌러 정면 뷰로 바꾸고 마찬가지로 ([Grab]) 브러시로 참고 이미지에 맞게 모양을 다듬어줍니다.

06 우측 상단 메뉴 중 [Remesh]를 클릭하고, 가장 아래 [Remesh] 버튼을 누르면 Face들이 다시 균일하게 재정리됩니다. 단축키는 [Ctrl]+[R]입니다.

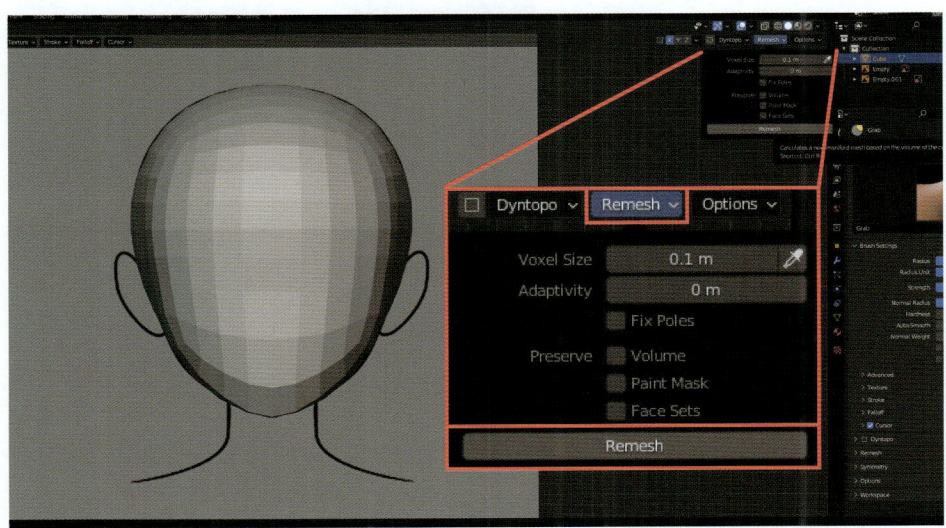

07 상황에 따라 와이어가 보이면 작업하기 쉽습니다. 우측 ■ ([Object Properties]) 탭에서 [Viewport Display] 항목의 [Wireframe] 박스에 체크하면, 이렇게 와이어프레임을 같이 볼 수 있습니다.

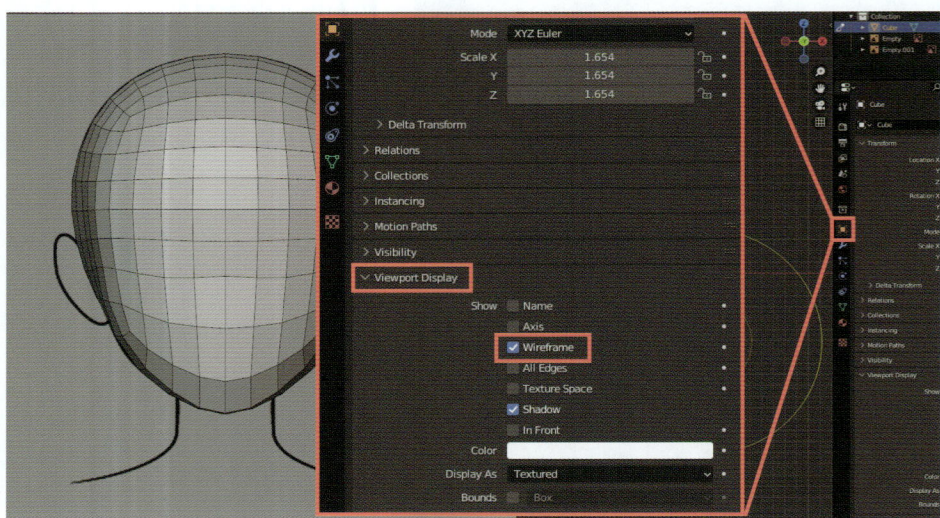

08 단축키 [R]로 Voxel Size를 조절합니다. 마우스를 움직여 보면 얼마나 많은 Face로 분할할 것인지 미리 볼 수 있습니다. 이때 중요한 것은 절대 처음부터 많은 Face를 만들지 않는 것입니다. Face 수치는 조금씩 증가시키는 것이 아주 중요한 포인트입니다! 여기서는 일단 0.0605로 정했습니다.

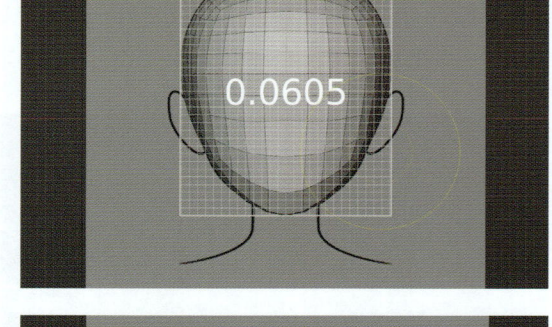

09 원하는 Face 수를 정했으면 그 상태에서 단축키 [Ctrl]+[R]을 누릅니다. 정한 숫자에 맞게 Face 분할이 이루어집니다.

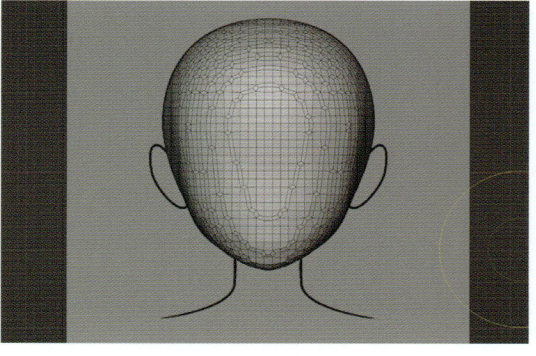

1.3 스컬핑: 이목구비

얼굴형이 완성되었으니 이목구비를 만들어보겠습니다. [Wireframe] 체크박스를 해제한 상태에서 작업합니다.

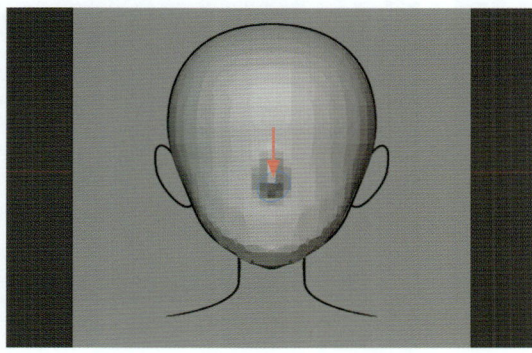

01 먼저 ([Draw]) 브러시를 선택합니다. 범위에 속한 폴리곤들을 튀어나오게 하는 브러시입니다. 코는 오똑하니, 브러시 크기(Radius)는 좀 작게 합니다(여기서는 43px). 이 상태에서 다음처럼 얼굴 중앙, 코가 위치할 부분을 문질러 돌출시킵니다.

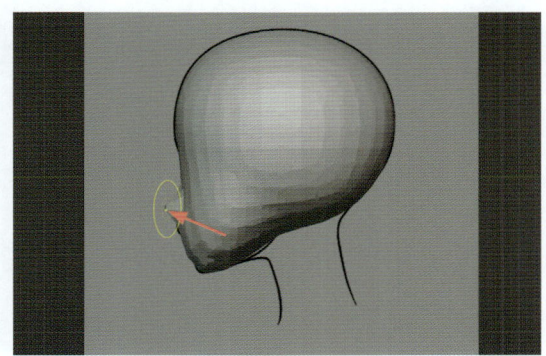

02 사이드 뷰(숫자 키패드 [3])로 바꾸고, ([Grab]) 브러시를 선택합니다. 브러시 크기를 키워서(118px) 코 부근의 Face를 움직여 참고 이미지에 맞춰줍니다. 원하는 부분을 클릭하고 드래그하면 Face를 방향 상관없이 자유롭게 움직일 수 있습니다. 필요 시 크기를 바꿔 가며 선을 따라 그림처럼 잘 다듬어줍시다.

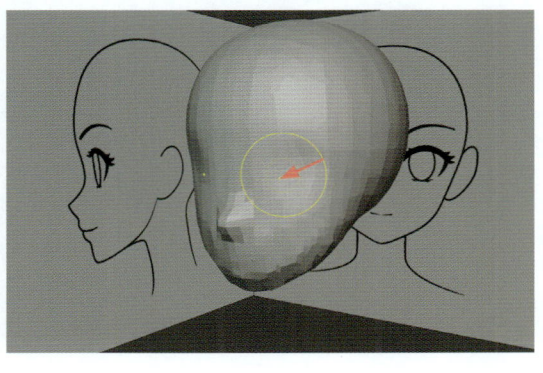

03 눈은 얼굴 윤곽에서 안쪽으로 들어가 있기 때문에 안쪽으로 살짝 파줍니다. ([Grab])이나 ([Draw]) 브러시를 사용합니다.

04 현재 Face 단계에서 할 수 있는 작업이 끝났다면, 더 세밀한 표현을 위해 Face를 더 늘려주도록 합니다. 이전에 했던 것처럼 단축키 [R]로 Face 수를 미리 체크하고, 원하는 수가 띄워진 상태에서 [Ctrl]+[R]을 눌러 분할 및 균일화를 실행해줍니다.

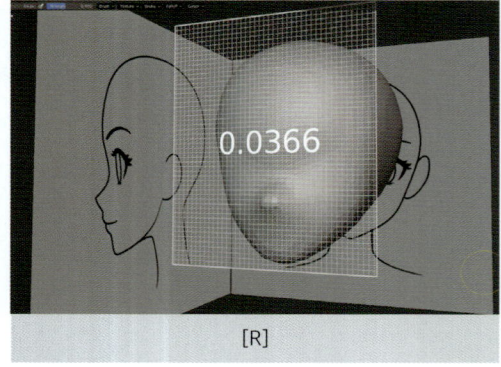
[R]

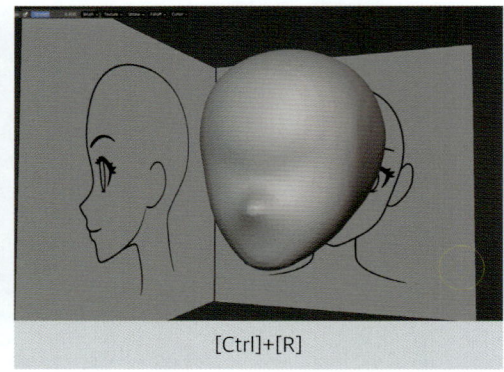
[Ctrl]+[R]

05 우측 상단의 ([Toggle X-Ray])를 활성화해(단축키 [Alt]+[Z]) 오브젝트를 투명하게 바꿉니다. 참고 이미지에 맞추어 ([Draw Sharp]) 브러시로 입매를 따라 가로로 파서 스컬핑을 합니다. [Draw Sharp] 브러시는 Draw 브러시의 일종으로, 더 예리하고 세밀하게 그릴 수 있는 브러시입니다.

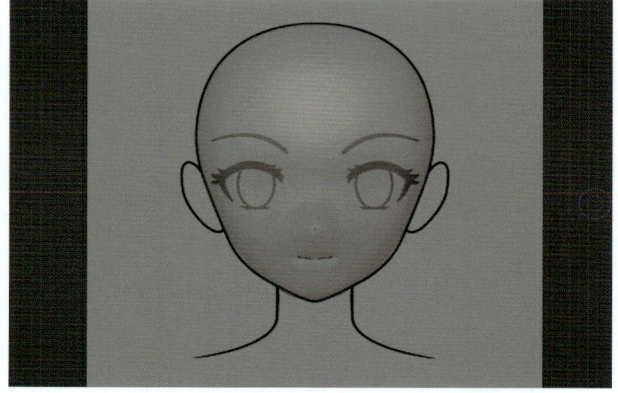

06 ([Toggle X-Ray])를 끄고, 전반적으로 다듬어줍니다.

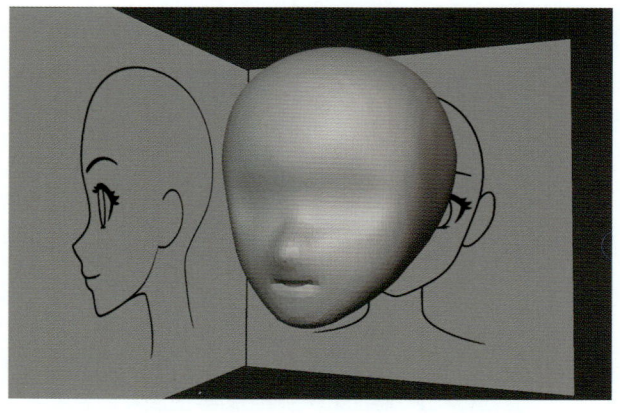

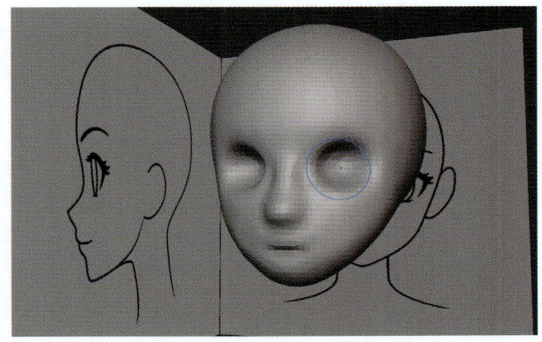

07 ([Draw]) 브러시의 사이즈를 키우고, [Ctrl] 키(역방향 역할)를 누른 채 안구가 자리 잡을 부분(안와)을 스컬핑해줍니다. [Ctrl] 키는 브러시 작용을 거꾸로 바꿔주는 역할을 합니다.

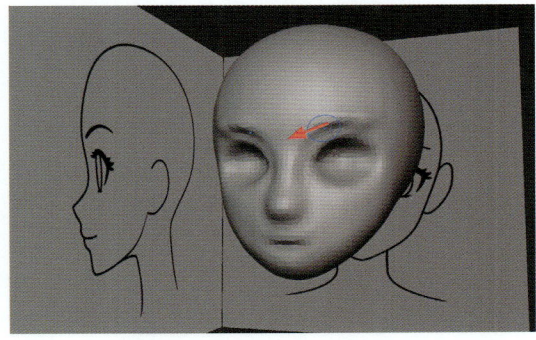

08 ([Draw]) 브러시로 눈썹 등 눈 주변부를 조금씩 다듬어줍니다.

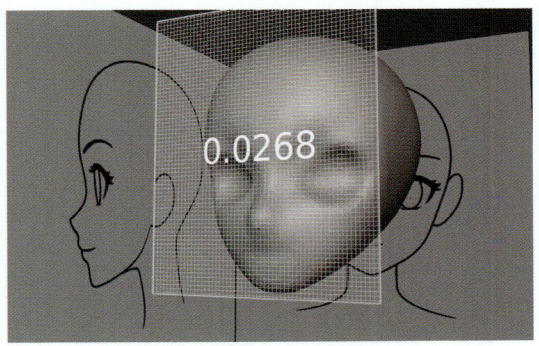

09 [R], [Ctrl]+[R]을 차례로 눌러 다시 Face를 늘려주고 재정렬해줍니다. 이 작업은 스컬핑을 진행하면서 중간중간 계속 해준다고 생각하면 됩니다.

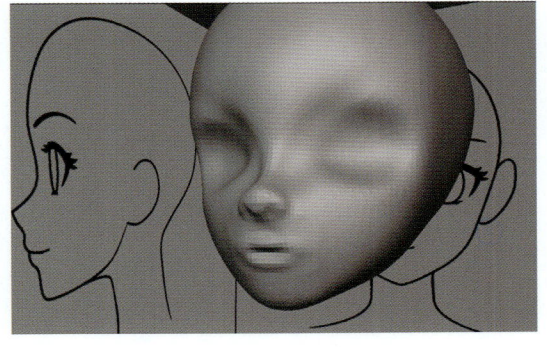

10 페이스가 조금 더 늘어났기 때문에 조금 더 디테일한 스컬핑을 할 수 있습니다.

11 이제 귀를 스컬핑하도록 하겠습니다. 사이드 뷰로 뷰포트 시점을 변경한 후, [Alt]+[Z]를 눌러 오브젝트를 투명하게 만들고, ([Draw]) 브러시로 귀 부분을 그대로 따라 그려줍니다.

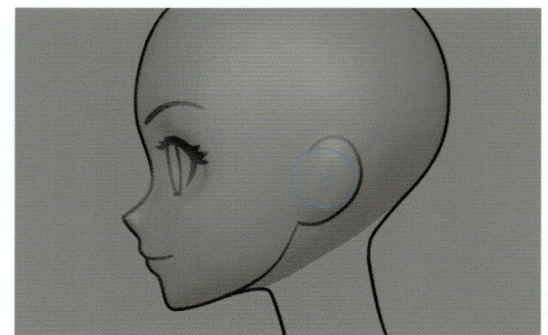

12 ([Grab]) 브러시로 귀를 추출해줍니다.

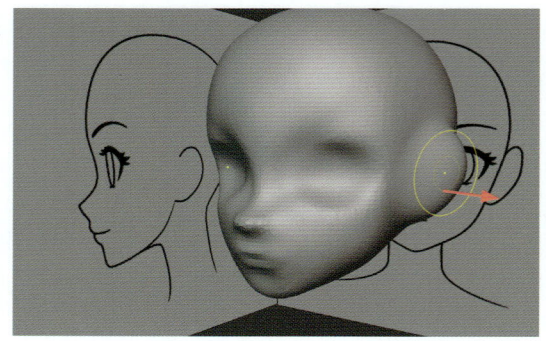

13 돌려보면서 귓바퀴 윤곽을 다듬어줍니다.

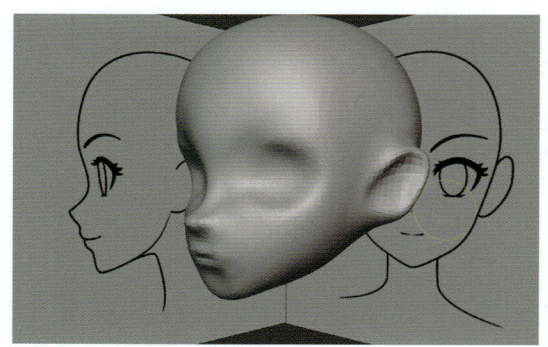

14 [Draw] 브러시와 [Draw Sharp] 브러시로 귀 모양을 스컬핑해줍니다. 스컬핑 시 막연히 머릿속에 있는 이미지로 스컬핑하지 말고, 꼭 실제 귀 사진을 보면서 스컬핑하는 것을 추천드립니다. 머릿속에 있는 데이터가 틀린 경우가 많습니다.

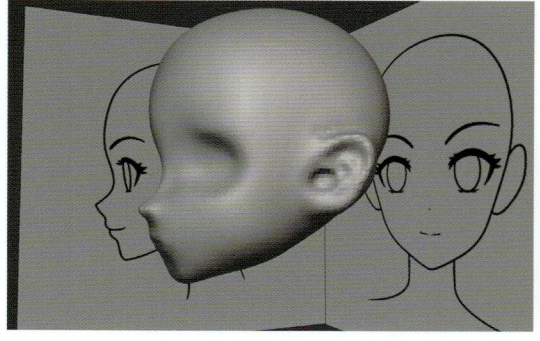

한눈에 보는 작업 과정, 고수의 뷰! (01~14단계)

1.4 스컬핑: 목

여기까지 만든 얼굴과 몸통을 이을 목을 만들도록 하겠습니다.

01 ([Grab]) 브러시로 당겨서 만들 수도 있지만, 여기서는 새로운 Cylinder 오브젝트를 추가해서 만들도록 하겠습니다. 상단 메뉴에서 [Modeling]을 클릭합니다. [Tab] 키를 눌러 에디트 모드로 변경합니다. 그리고 서브 메뉴바에서 [Add] → [Cylinder]를 차례로 선택해 추가합니다.

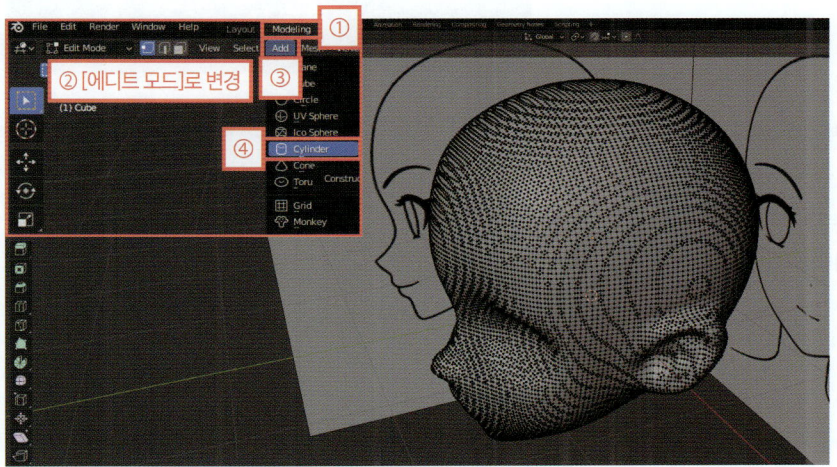

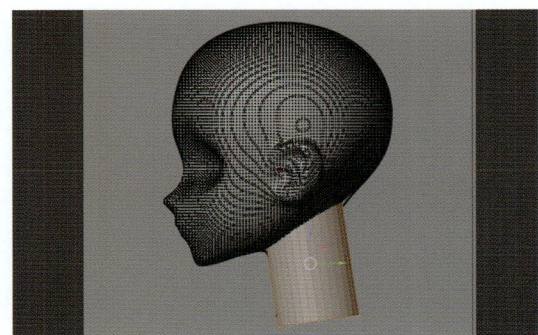

02 사이드 뷰(숫자 키패드 [3])로 뷰포트를 전환하고 추가한 Cylinder의 위치와 크기를 다음 그림과 같이 조절해줍니다. 이때 Cylinder의 윗부분이 얼굴 안쪽으로 들어가게 위치시켜야 합니다.

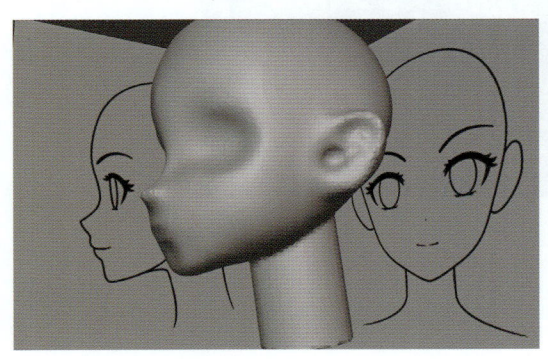

03 다시 상단 메뉴의 [Sculpting]을 눌러 Sculpt 모드로 돌아옵니다. 곧바로 단축키 [Ctrl]+[R](Remesh 기능)을 누르면, 추가된 Cylinder가 기존 스컬핑된 얼굴과 하나의 오브젝트로 합쳐집니다. 이처럼 Remesh 기능은 면을 재분할하는 것뿐 아니라 새로운 오브젝트를 하나의 오브젝트로 합칠 수도 있습니다.

04 표면을 매끄럽게 하는  ([Smooth]) 브러시로 문질러 목의 질감을 자연스럽게 다듬어줍니다. 그리고 ([Grab]) 브러시로 목 둘레의 Face를 움직여서 참고 이미지에 맞춰줍시다.

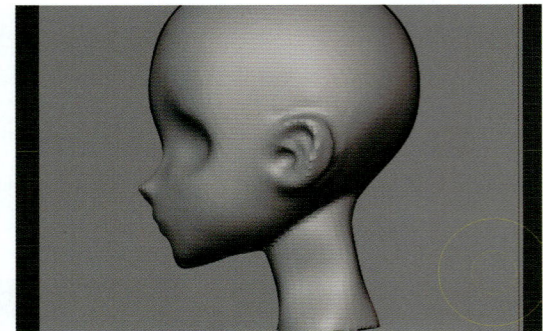

05 새 파츠가 생겼으니 다시 [R] 키로 밀도를 좀 더 올리고, [Ctrl]+[R]을 눌러 Remesh해 주겠습니다. 조금 더 다듬어줍니다.

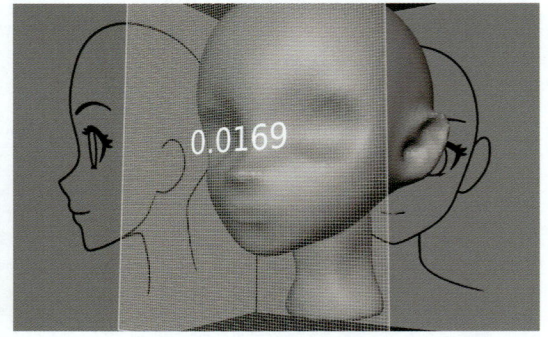

1.5 스컬핑: 눈

01 이번엔 뼈대만 잡아둔 눈 주위를 디테일하게 스컬핑할 차례입니다. 먼저 안구를 만든 후에 진행하도록 하겠습니다. 상단 메뉴에서 [Layout]을 누른 후, 서브 메뉴바에서 [Add] → [Mesh] → [UV Sphere]를 차례로 클릭해 Sphere를 추가해줍니다.

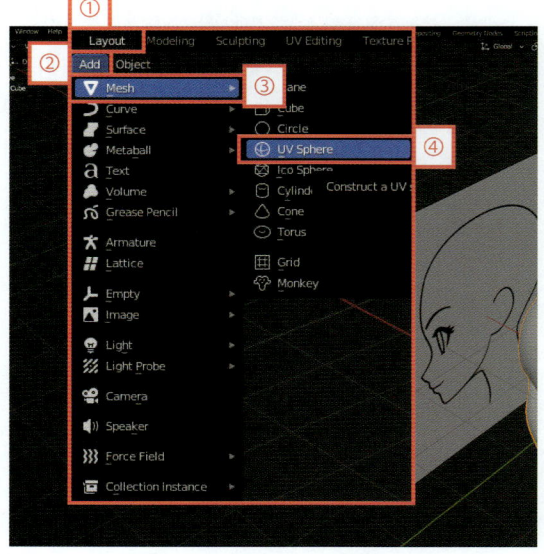

02 와이어 방향을 고려해 Sphere를 단축키 [R], [X]를 눌러 90도로 회전시킨 뒤, 위치와 크기에 맞게 조정해줍니다.

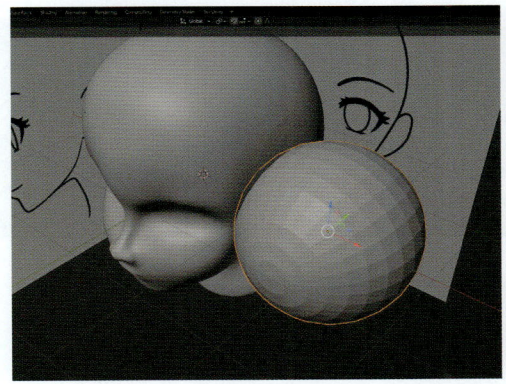
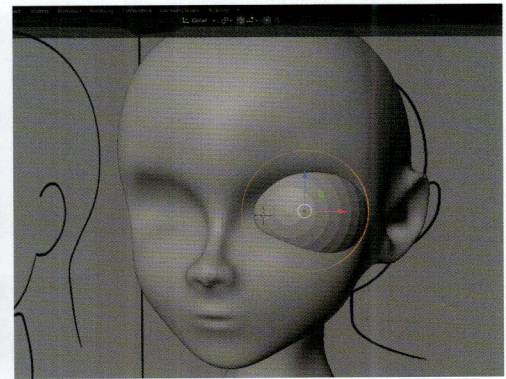

03 얼굴 오브젝트를 선택하고 다시 Sculpt 모드로 돌아옵니다. 안구가 구 형태라서 얼굴 바깥으로 튀어나와 보입니다. 바깥으로 튀어나오지 않게 ([Grab]) 브러시로 눈 주위의 Face를 잡아당겨 얼굴 형태를 다듬어줍니다.

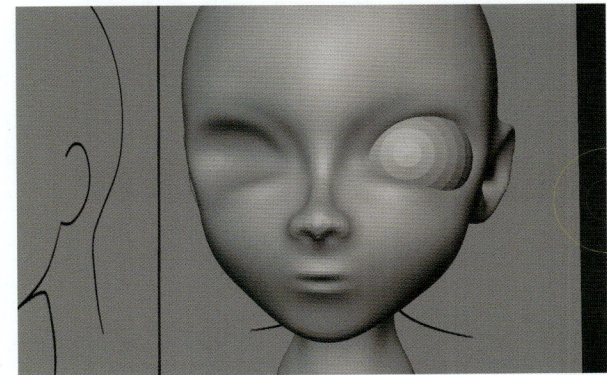

04 정면 뷰(숫자 키패드 [1])에서 참고 이미지와 비교하며 작업합니다. 이때 참고 이미지를 살짝 옆으로 이동시키면서 함께 확인하는 것도 좋은 방법입니다.

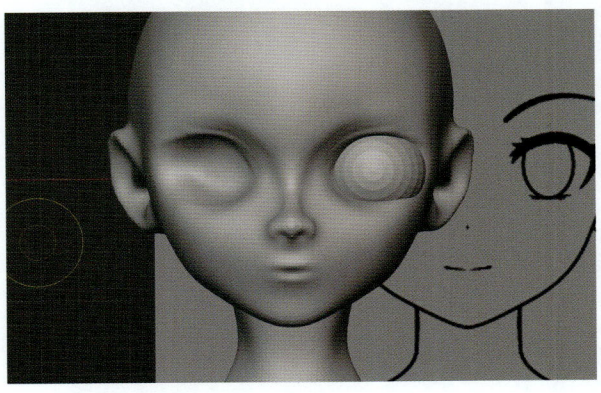

05 지금은 안구가 이질적으로 각져 보입니다. 부드럽게 만들고 진행하도록 하겠습니다. 다시 Layout 모드로 가서, 안구를 선택하고 우측 🔧([Modify Properties])에서 [Subdivision Surface] 명령을 선택합니다. [Levels Viewport] 수치는 3으로 합니다.

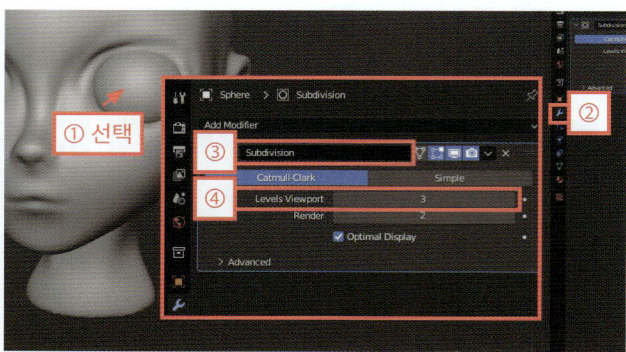

06 Sculpt 모드로 돌아와, ⭕ ([Draw]) 브러시로 눈 주위를 디테일하게 스컬핑합니다.

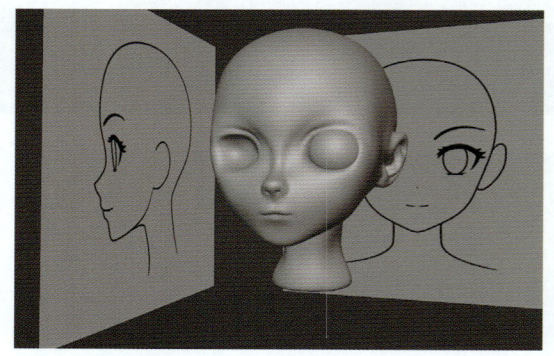

07 ⭕([Draw Sharp]) 브러시로 턱선을 잡아준 뒤(왼쪽 그림), ⭕([Grab]) 브러시로 계속해서 다듬어서 턱선을 완성해줍니다(오른쪽 그림).

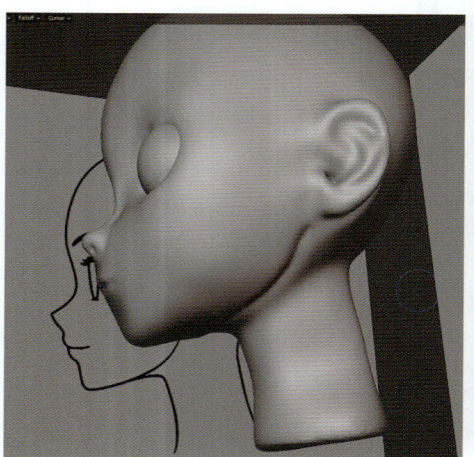
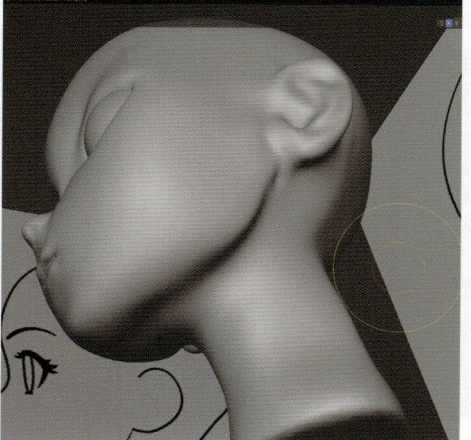

> [Draw] 브러시 상태에서 [Ctrl]을 누르면 [Draw Sharp]와 같은 마이너스 브러시가 됩니다. [Ctrl]이 반대 방향, 즉 리버스 기능을 더해주기 때문입니다.

08 사이드 뷰(왼쪽 그림)와 정면 뷰(오른쪽 그림)에서 참고 이미지에 맞춰 전반적으로 형태를 다듬어줍니다.

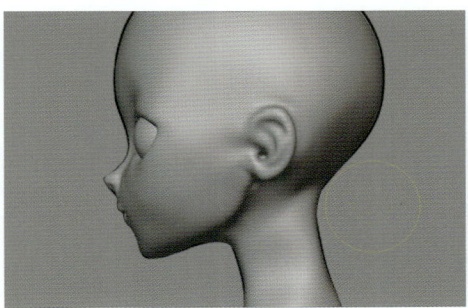
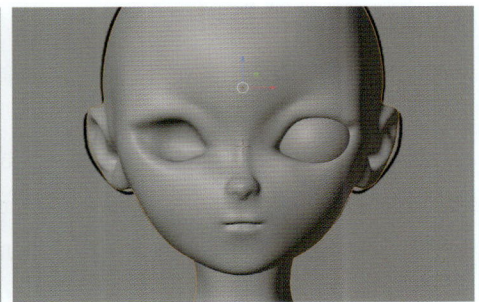

09 얼굴 스컬핑은 이쯤에서 마무리하겠습니다. 현재 작업은 리토폴로지(Retopology) 작업을 위한 베이스 작업이기 때문에, 디테일 스컬핑은 생략합니다. 만약 이 자체를 하이폴리곤 데이터로 사용하고자 한다면, 보다 디테일하게 스컬핑을 진행해야 합니다.

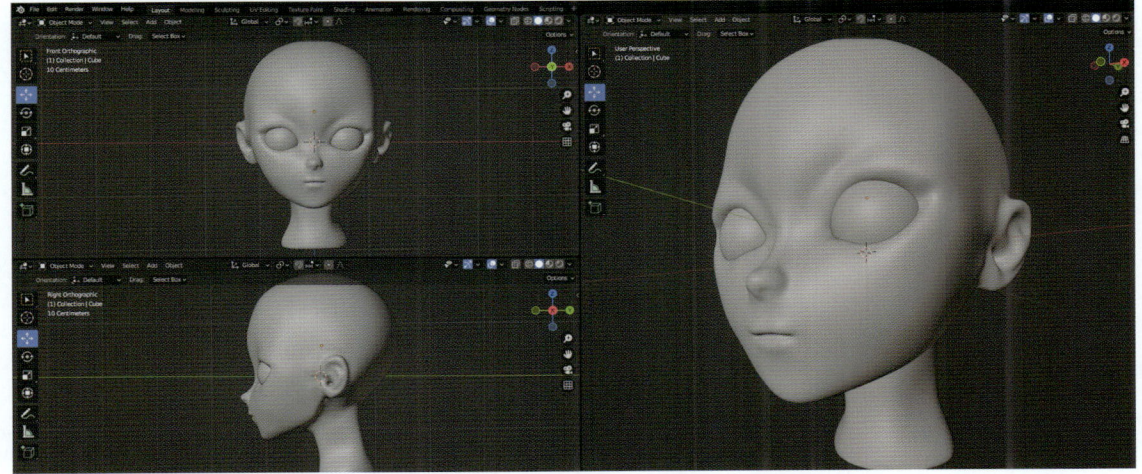

2 얼굴 리토폴로지(Retopology)

리토폴로지(Retopology)란 최적화를 위해 면을 다시 재구성하는 것을 말합니다. 현재 스컬핑된 데이터는 용량도 많고 면도 균일하지 않으므로 스컬핑된 하이폴리곤 데이터를 기반으로 면을 재구성해서 로우폴리곤 데이터로 만들도록 하겠습니다. 블렌더에서 리토폴로지는 보통 유료 애드온(AddOn)을 많이 사용하지만, 여기서는 블렌더의 기본 기능으로 작업하도록 하겠습니다.

2.1 리토폴로지 준비

본격적인 리토폴로지 작업을 하기 전에 필요한 몇 가지를 설정하겠습니다.

01 블렌더의 기본 애드온 몇 가지를 설치하고 진행하겠습니다. 상단 메뉴에서 [Edit] → [Preferences]를 클릭합니다. Blender Preferences 창에서 [Add-ons] 탭을 클릭하고 검색창에 'bs'까지 입력하면, [Mesh: Bsurfaces GPL Edtion]이 검색됩니다. 체크해서 활성화시킵니다.

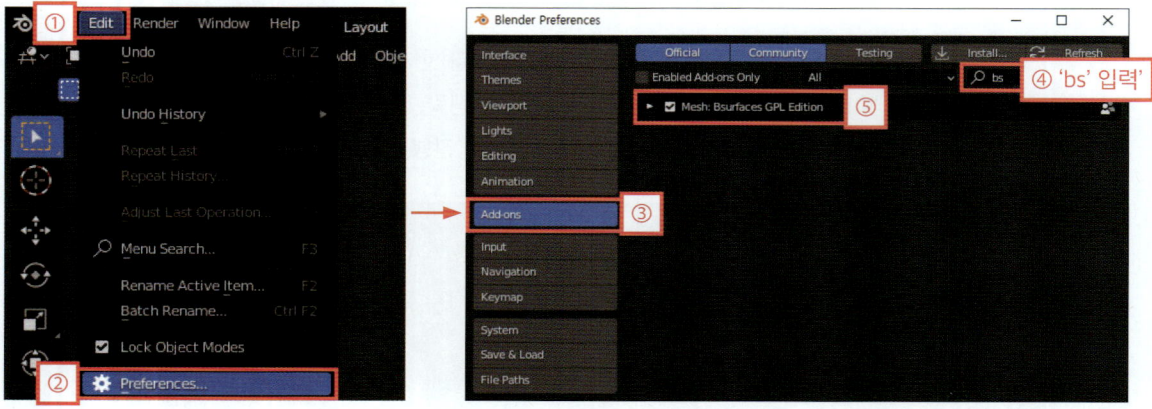

02 창을 닫고 단축키 [N]을 눌러 우측 정보창을 띄워보면, 왼쪽 그림처럼 [Edit] 탭에 [Bsurfaces]가 활성화된 걸 확인할 수 있습니다. 가장 위의 Initialize (Add BSurface mesh) 버튼을 클릭합니다. 그러면 오른쪽 그림처럼 [Edit] 탭에 새 메뉴가 생깁니다. 우측 🔧([Modify Properties])를 눌러 확인해보면 [Shrinkwrap]이란 명령이 적용되어 있습니다. 좌측 툴바에서는 ✏️([Annotate])가 자동으로 활성화됩니다.

03 좌우대칭 작업을 위해 ([Modify Properties]) → [Add Modifier]를 차례로 클릭해서 [Mirror] 명령을 추가로 주었습니다.

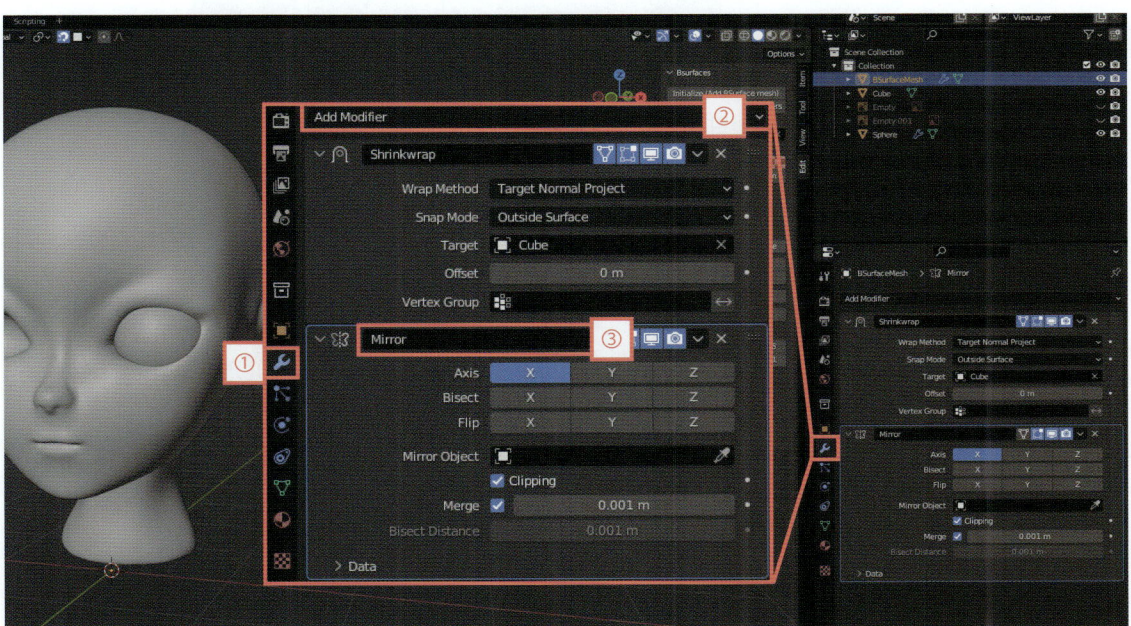

2.2 리토폴로지: 가이드라인 그리기(Annotate)

이제 ✏️([Annotate]) 툴을 이용해서 라인을 그리고, 그 라인대로 면을 생성해 보도록 하겠습니다. 입체적인 얼굴을 무작정 면으로 덮으려고 하면 잘하기 어려우므로, 이렇게 눈, 코, 입술 등 여러 면이 필요한 이목구비나 작업 기준이 되어줄 경계선(예: 이마와 머리의 구분선, 턱과 목의 구분선) 등은 먼저 구현하는 것이 좋습니다.

01 눈부터 시작하겠습니다. 눈동자 주위에 ✏️([Annotate]) 툴로 다음 그림처럼 라인을 그려주세요. 이때 중요한 것은 방향입니다. 첫 라인을 안쪽에서 바깥쪽으로 그렸다면, 다른 라인도 모두 안쪽에서 바깥쪽으로 그려 주어야 합니다.

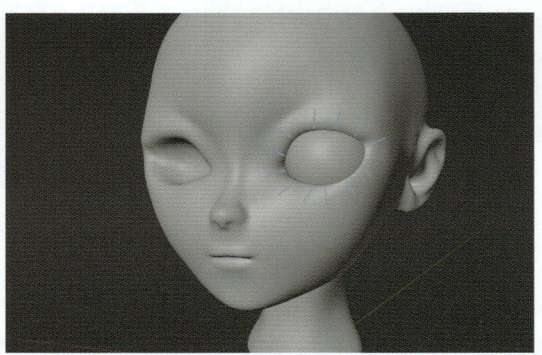

02 뷰포트 우측 상단 정보창의 [Edit] 탭 [Bsurfaces]에서 `Add Surface` 버튼을 누르면 아까 그려준 라인을 잇는 면이 생성됩니다. 이때 ☑ `In Front` 를 체크해서 면이 오브젝트 위에 보이도록 합니다. 그리고 좌측 하단 옵션창에서 [Cross] 수치를 1로 줄여주면, 다음 그림처럼 됩니다.

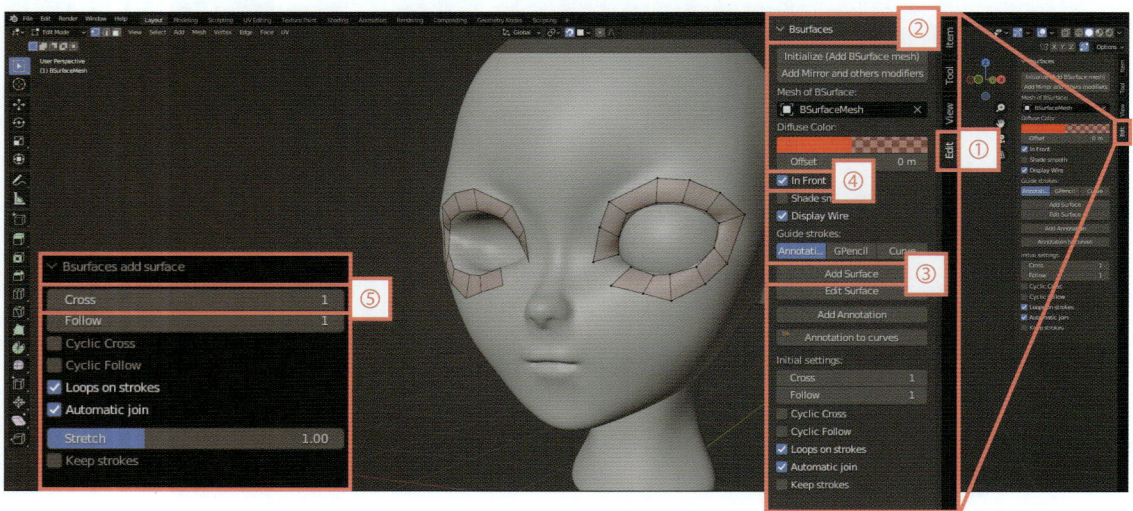

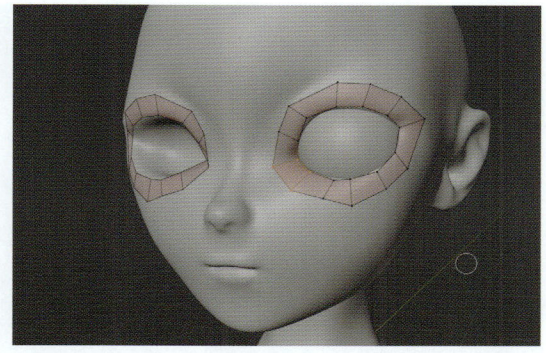

03 가운데 비어 있는 부분을 마저 연결하겠습니다. Edge Select 모드(숫자 [2])로 전환하고, 끝 Edge 2개를 다중 선택해서 [F]를 누르면 면이 생성됩니다. 계속 이런 방법으로 면을 생성하면 됩니다. 중요한 것은 모든 면이 사각형으로 이루어져야 한다는 것입니다.

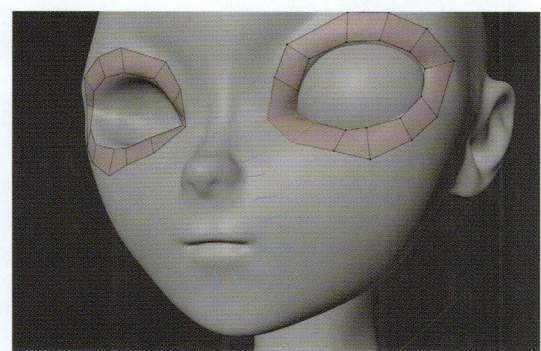

04 다시 ([Annotate]) 툴을 활성화하고, 이번에는 콧잔등부터 입술 바로 아래 부분까지 둘러싸는 모양이 되도록 라인을 그려줍니다. Mirror 명령이 적용되어 있는 상태이므로, 그림처럼 절반만 그려줘야 합니다.

05 똑같이 우측 상단 [Edit] 탭 [Bsurfaces]에서 Add Surface 를 눌러서 면을 생성합니다. 가운데 빈 곳이 없도록 주의합니다.

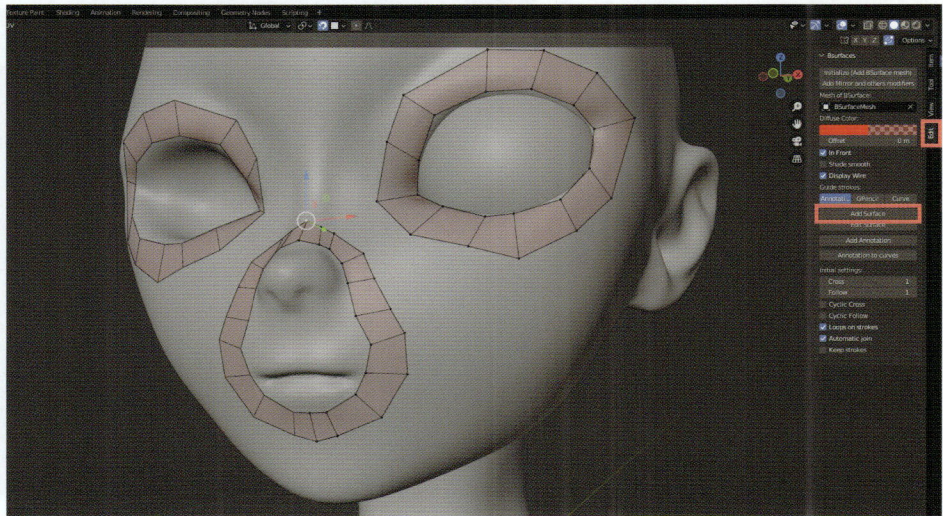

06 다음으로 턱 라인을 따라 선을 그려 줍니다.

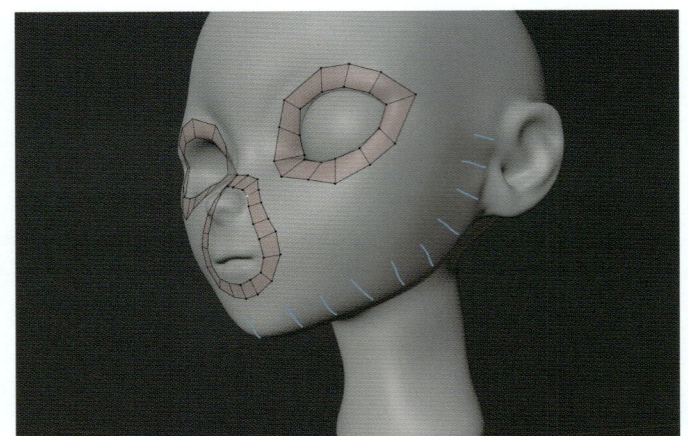

07 Add Surface 를 눌러 면을 생성해주고, 계속해서 이마 라인을 따라 선을 마저 그려줍니다.

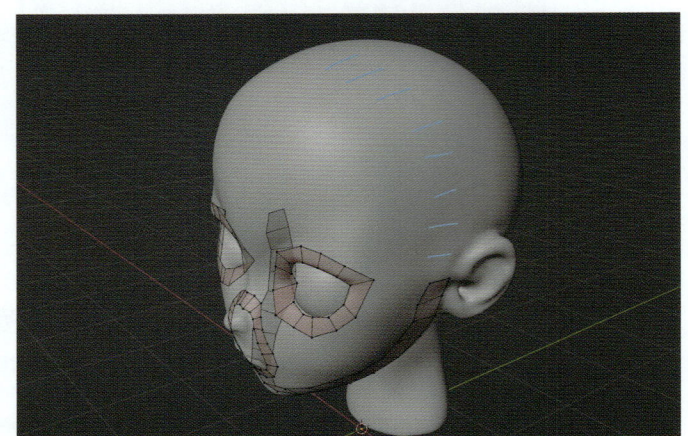

08 Add Surface 를 눌러 면을 생성해주면 그림처럼 얼굴 전체를 둘러싼 면 띠가 생깁니다. 숫자 [1]을 눌러 Vertex Select 모드로 바꾸고, Vertex를 조금씩 다듬어 주도록 합니다.

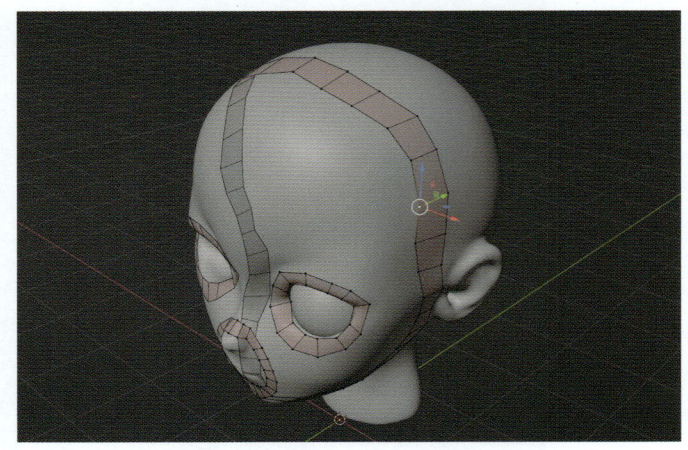

09 우측 상단 Viewport Shading 토글 옆 ⌄ 버튼을 클릭해 [Viewport Shading] 창을 연 뒤, [Option] → [Backface Culling] 박스를 체크하면 가려지는 부분은 라인만 보이고 색은 보이지 않게 되어, 작업 시 조금 더 편하게 할 수 있습니다.

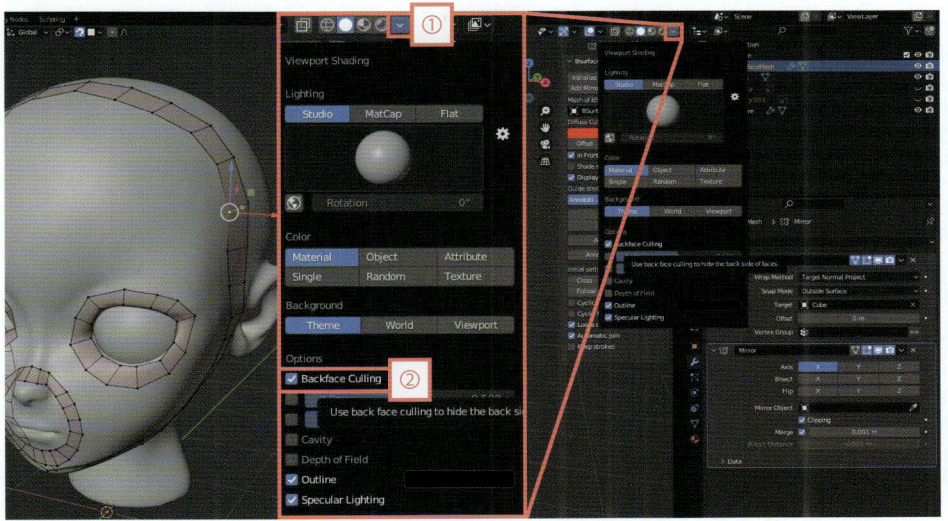

10 같은 방법으로 이마 라인을 만들어 주고, 이어서 이마 라인과 연결된 뒤통수 라인도 만들어줍니다.

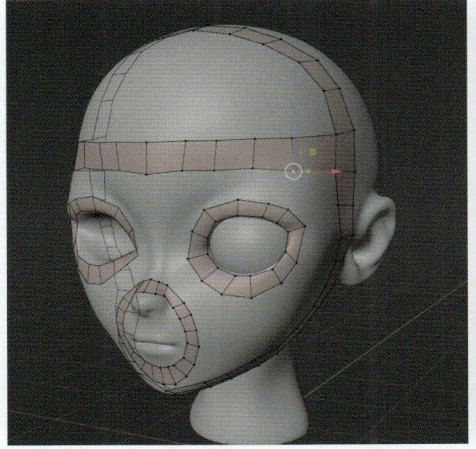
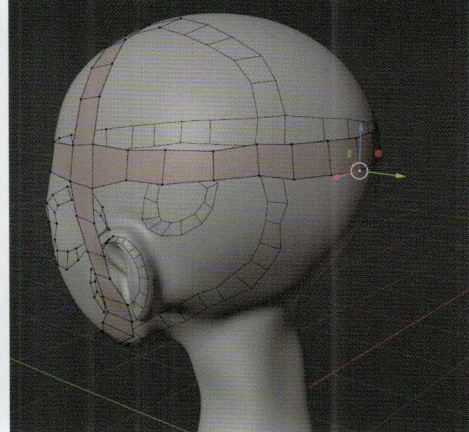

11 귀도 그림처럼 테두리를 만들어줍니다. 나중에 다른 면과 연결할 것을 생각해서, 마지막 면 연결(단축키 [F])은 하지 않고 비워두겠습니다. 여기까지 진행했다면, 기본 틀 만들기는 끝입니다.

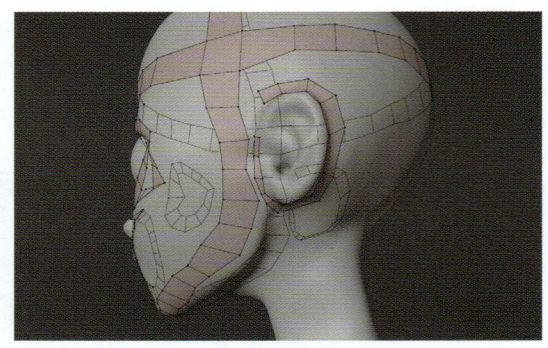

2.3 리토폴로지: 면 채우기

지금부터는 여태 생성한 면을 기본 가이드라인으로 삼아, 차례로 면을 생성해 얼굴 전체를 면으로 채우는 작업을 할 것입니다.

| 얼굴 |

01 가장 먼저 정면으로 돌아와 눈과 눈 사이 미간을 만들어주겠습니다. Edge Select 모드에서 코 옆의 Edge를 선택하고, 단축키 [E]를 눌러 안쪽으로 면을 추출해줍니다. 이때 [Mirror] 옵션의 [Clipping] 박스가 체크되어 있어야만 중앙이 연결됩니다. 두 번 반복해 그림처럼 만듭니다.

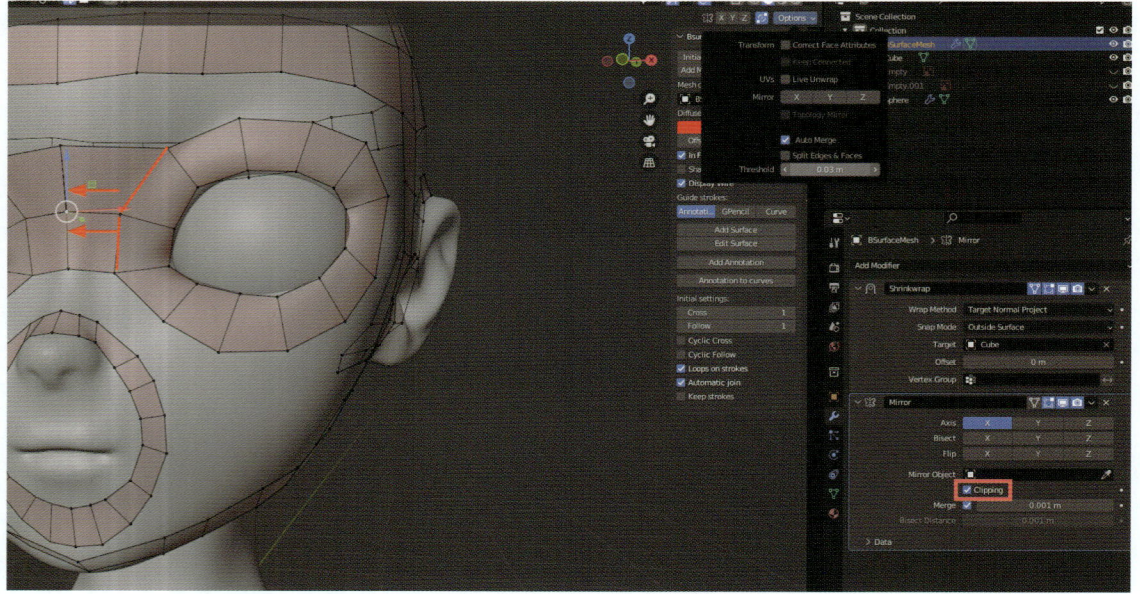

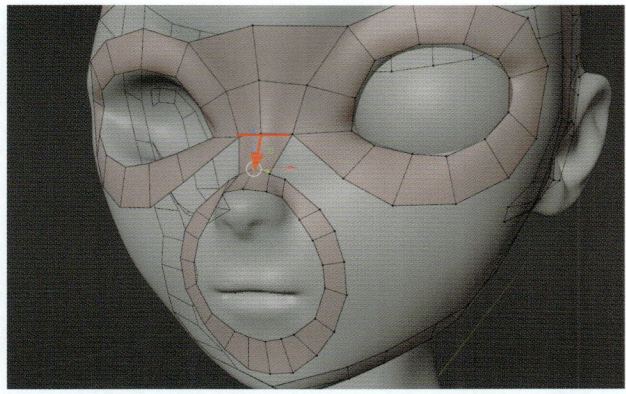

02 추출한 면의 아래쪽 Edge를 선택해, 똑같이 🟦 ([Extrude], 단축키 [E])로 입 주위 라인과 연결해줍니다.

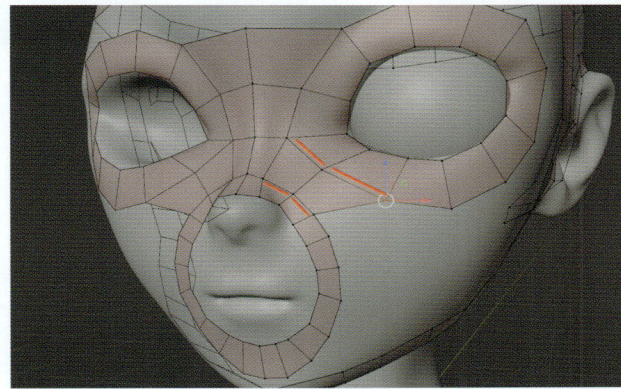

03 이어서 한 줄을 더 만듭니다. 연결하고자 하는 Edge를 다중 선택하고 단축키 [F]를 눌러 면을 생성해줍니다. 그리고 Vertex를 조정해 간격을 균일하게 다듬어줍니다.

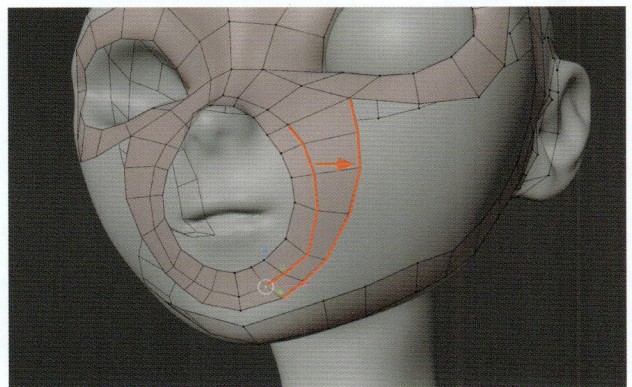

04 계속해서 얼굴을 면으로 덮어 나가겠습니다. Edge Select 모드로 입 테두리 Edge를 선택해서 단축키 [E]를 눌러 면을 추출해줍니다.

05 이 라인을 턱 라인과 연결해줄 것입니다. 우측 상단 ([Auto Merge Vertices]) 토글을 켠 채로 Vertex를 움직여 붙여야 할 Vertex와 가까이 가져가면 자동으로 하나의 Vertex로 합쳐집니다.

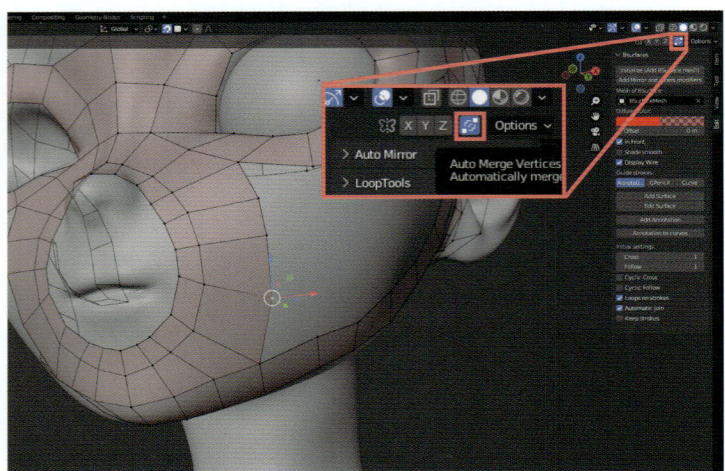

06 Edge Select 모드에서 단축키 [E](Extrude)로 코 밑부분을 생성한 후, 다시 Vertex Select 모드에서 모양을 다듬어줍니다.

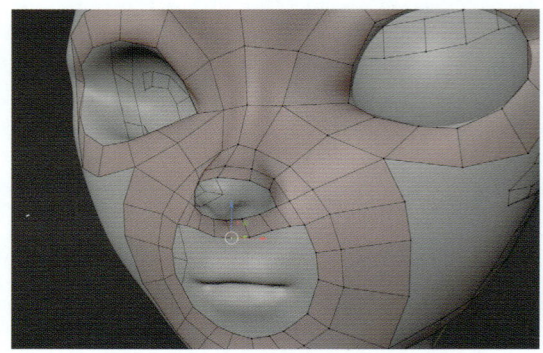

07 같은 방법으로 다음 그림을 참고해 면을 생성해서 콧볼과 코끝을 감싸줍니다. 다른 부분에 비해 좀더 많은 면을 사용해서 디테일하게 면을 생성해 주는 것이 좋습니다.

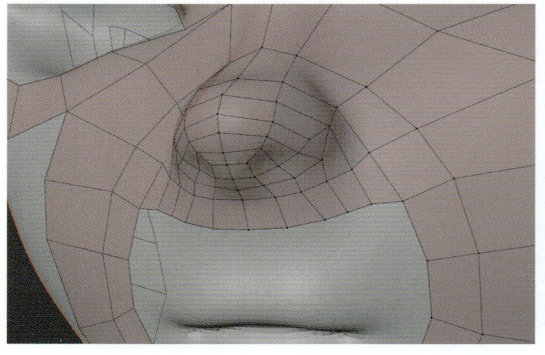

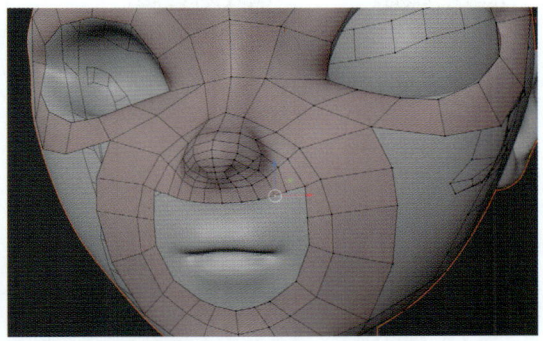

08 중간 중간 Vertex Select 모드로 전환해 Vertex를 다듬어 주면서 진행합니다.

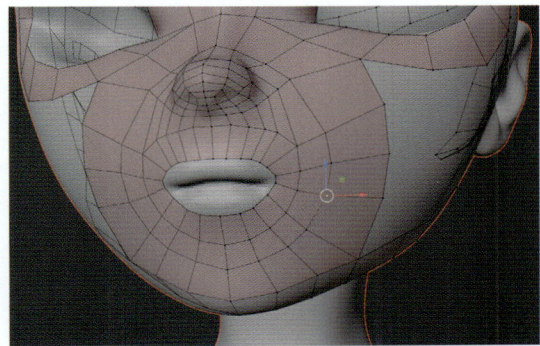

09 같은 방법으로 면들을 더 생성해 입술 주위를 채워줍니다.

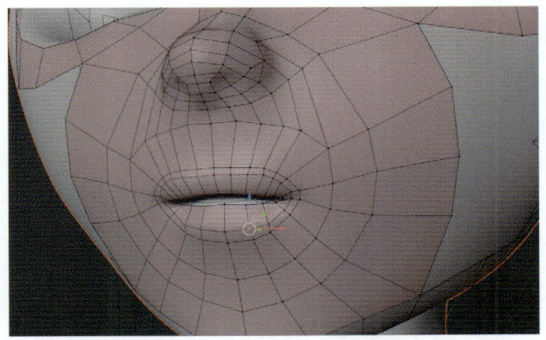

10 윗입술과 아랫입술에도 각각 면을 생성해줍니다. 입술의 굴곡을 고려하여 바깥쪽 줄은 얇게, 안쪽 줄은 입술 두께대로 만들어주면 됩니다.

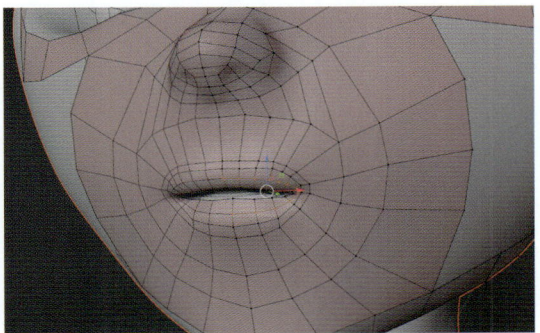

11 ([Loop Cut], 단축키 [Ctrl]+[R])으로 Edge를 추가한 후 입술 모양을 마저 다듬어줍니다.

12 눈가도 똑같이 🔲([Loop Cut], 단축키 [Ctrl]+[R])으로 Edge를 추가해 줍니다.

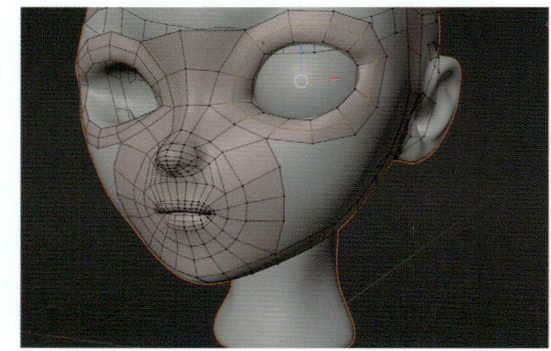

13 계속해서 눈과 입 주변 면들을 연결해서 얼굴을 완성해 나갑니다.

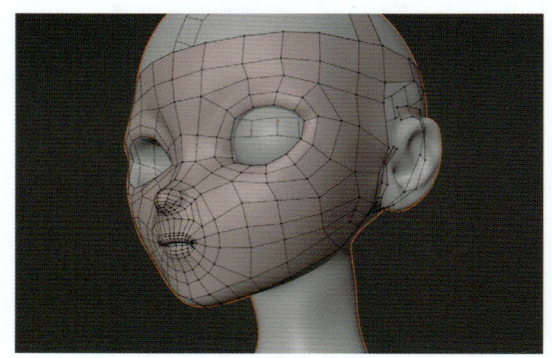

14 얼굴 옆쪽 끝의 면들을, 이전에 생성해 놓은 귀 테두리 면들과 연결해줍니다. 이러면 얼굴은 어느 정도 완성되었습니다.

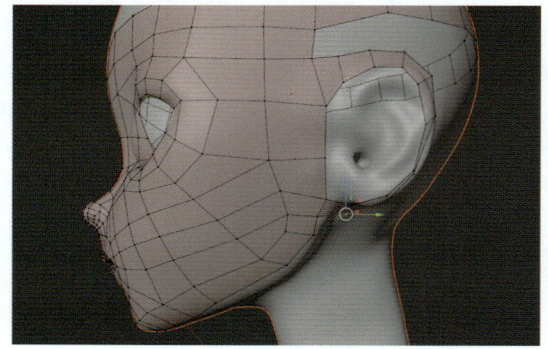

| 머리 |

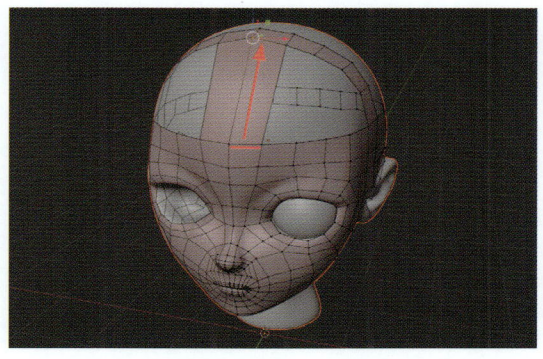

01 이제는 머리 쪽의 면 정리를 할 차례입니다. 앞쪽부터 시작합니다. 미간 위 가장 바깥 Edge를 선택하고, 🔲 ([Extrude], 단축키 [E])로 면을 추출해 이마에서 정수리로 향하는 세로 면을 생성합니다. 그리고 생성한 면을 Vertex Select 모드(숫자 [1])에서 움직여 정수리 쪽의 Vertex에 가까이 가져가면, 자동으로 하나로 붙습니다.

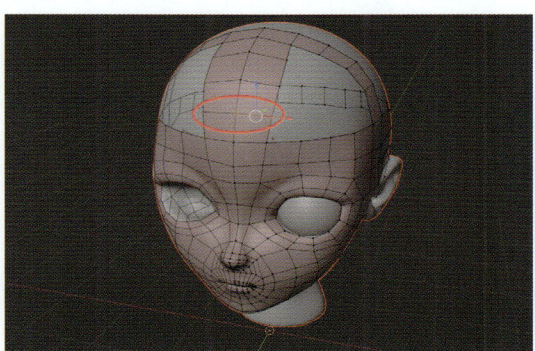

02 면 분할을 위해, 그림과 같이 🔲 ([Loop Cut], 단축키 [Ctrl]+[R])으로 중간 Edge를 생성합니다. 이때 마우스 휠을 돌리면 선을 추가할 수 있습니다.

03 Edge Select 모드(숫자 [2])로 새로 생겨난 바깥쪽 Edge를 선택, 🔲 ([Extrude], 단축키 [E])로 면을 추출합니다. 그런 뒤 Vertex Select 모드(숫자 [1])로 바꾸고, 끝부분 Vertex를 움직여 위아래 Vertex와 합쳐줍니다(왼쪽 그림). 주변에 이미 만들어져 있는 Face의 크기를 고려하면서 여러 번 반복해 빈 곳을 메워줍시다(오른쪽 그림).

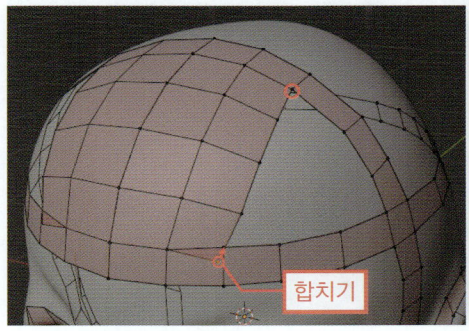
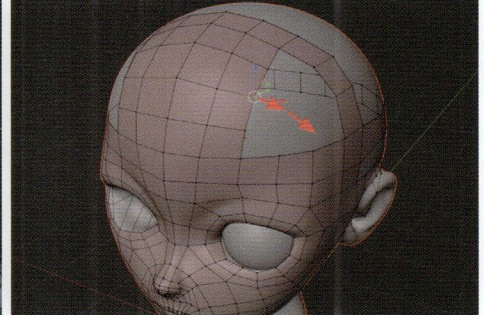

04 Vertex를 조정하여 그림과 같은 모양이 되도록 앞머리 구석 면을 생성해줍니다. 이때 모든 면의 모양은 사각형(Vertex 4개)이어야 합니다.

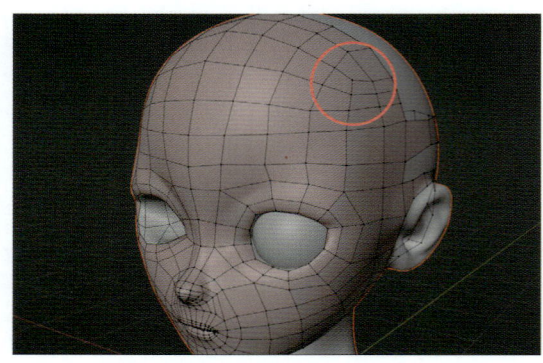

05 아까 만들어둔 뒷머리를 가로지르는 테두리가 있습니다. 중앙 위쪽 Edge에서 시작해 01~04와 같은 방법으로 면을 생성해 뒷머리 위쪽을 가득 채워줍니다.

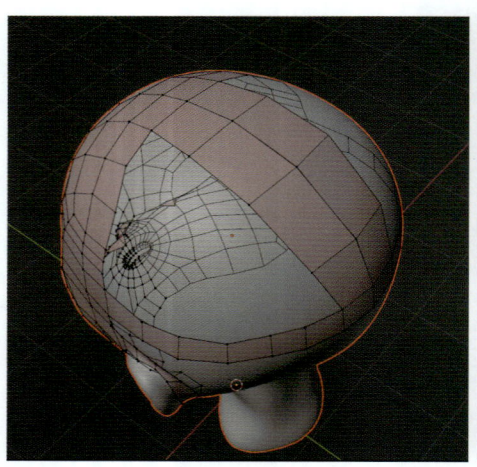
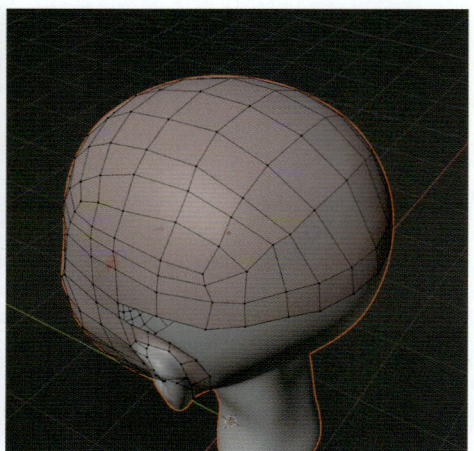

06 위쪽 절반을 다 채웠다면, 계속해서 같은 방식으로 아래쪽 절반도 면을 생성해 채워줍니다. 이렇게 머리까지 마무리되었습니다.

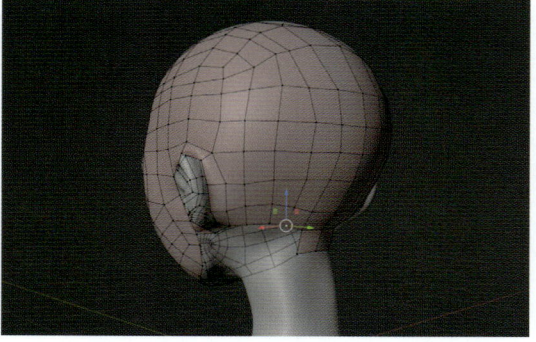

| 목, 귀 |

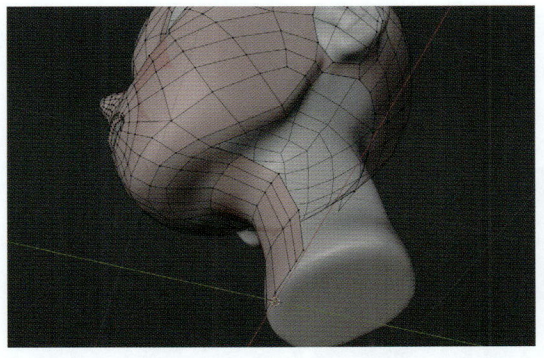

01 남은 부분도 마저 면 채우기를 진행하겠습니다. 목부터 작업합니다. 턱끝 Edge로부터 면을 생성해서, 그림처럼 앞쪽 목을 덮어줍니다.

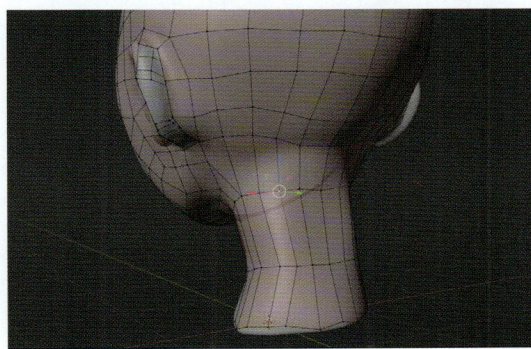

02 뒷머리 아래쪽 Edge로부터 똑같이 뒷목 면도 생성하고, 앞서 만든 앞목 면과 연결해주면 끝입니다.

03 다음으로 귀도 만들어 주겠습니다. 먼저 그림처럼 아까 만들어 두었던 테두리 안쪽 Edge로부터 로 면을 생성합니다. 귀 모양을 생각하면서 계속 면을 추출합니다.

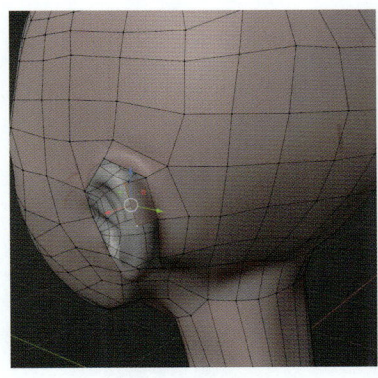 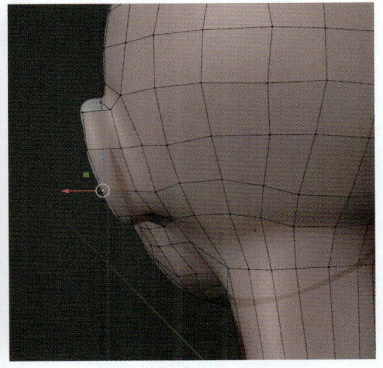

04 사각형 형태를 유지하는 것을 염두에 두면서, 귓바퀴 면을 만들어줍니다. [Alt] 키를 누른 채 Edge를 마우스로 클릭하면 연결된 Edge들이 모두 선택됩니다. 이어서 ([Extrude])로 귀 안쪽까지 면을 추출합니다.

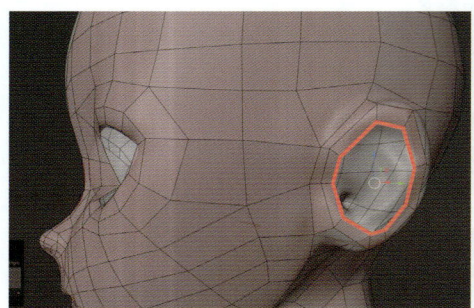
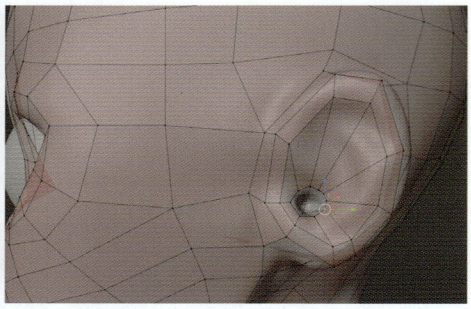

05 단축키 [F]를 눌러 귓구멍도 면을 채워줍니다.

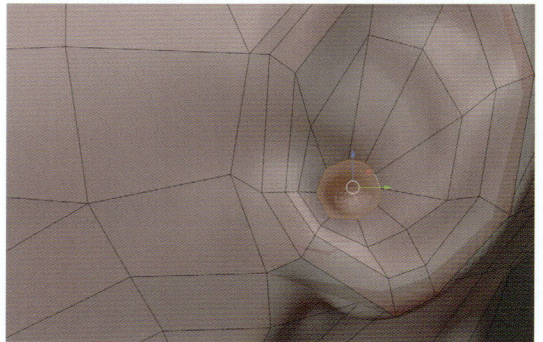

06 그런데 귀 안쪽(귓구멍) 면도 사각형이어야 됩니다. 그림처럼 [Shift] 키를 눌러 위아래 Vertex 2개를 다중 선택합니다. 마우스 우클릭으로 [Vertex Context Menu]를 호출하고, [Connect Vertex Path(단축키 [J])]를 클릭하면 두 Vertex 사이에 Edge가 생성됩니다.

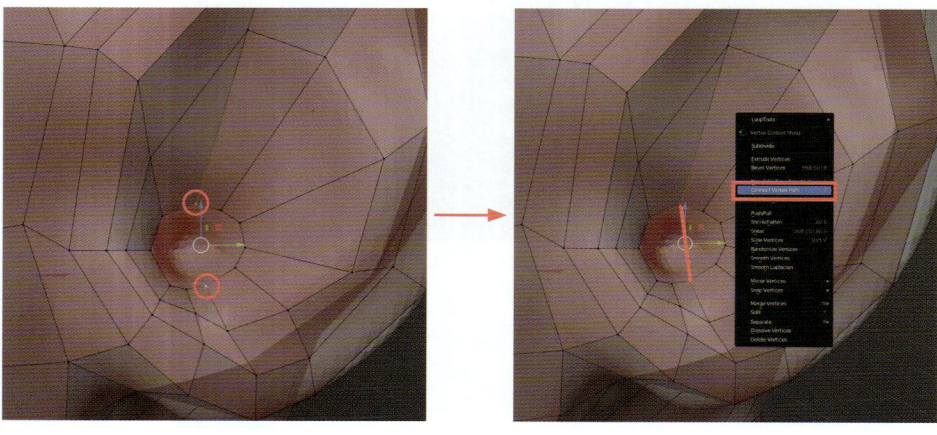

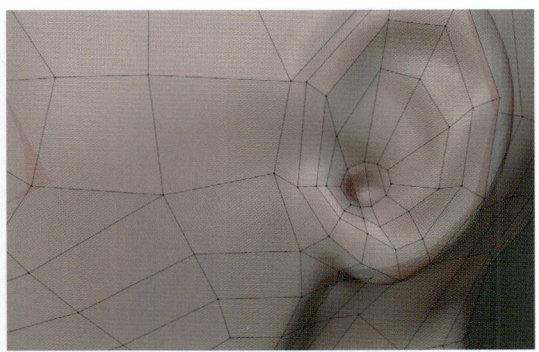

07 모양을 생각하며 여러 번 반복해 그림처럼 사각형으로 귓구멍 면을 분할해주면 됩니다.

08 이렇게 얼굴 표면을 Face로 전부 덮으면 리토폴로지 작업은 거의 끝입니다. 마지막으로 Sculpt 모드로 전환한 뒤, 키보드 [Shift] 키를 누른 채 ([Slide Relax]) 브러시로 살짝 문지르면 면들이 균일하게 정리됩니다.

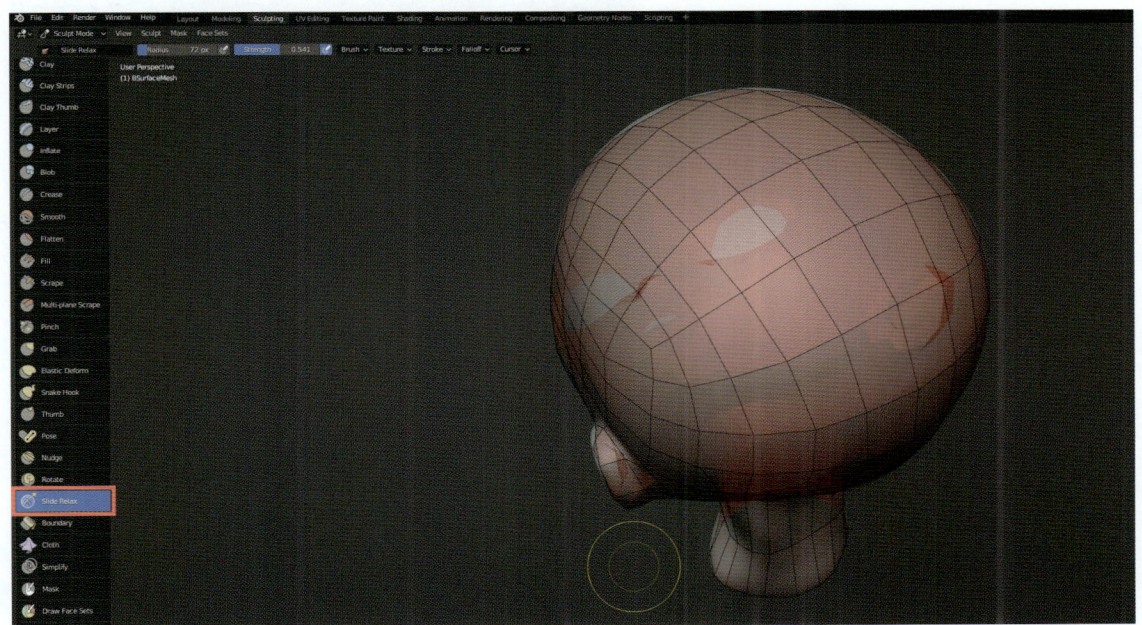

3 얼굴 데이터 정리

두상을 포함한 얼굴형과 이목구비, 목까지 대략적인 얼굴 모델링을 완료했습니다. 추후 보다 상세한 작업을 위해 [Modify Properties]를 활용하여 디테일을 정리하고, [Mirror] 기능을 통해 좌우대칭 작업을 완료하겠습니다.

01 상단 메뉴에서 [Layout] 메뉴를 클릭합니다. 리토폴로지한 BSurfaceMesh를 선택하고(아웃라이너 창 활용), 마우스 우클릭하여 메뉴를 팝업한 후, [Convert To] → [Mesh]를 선택합니다. 그러면 🔧([Modify Properties])에서 주었던 명령들이 모두 적용된 상태로 바뀝니다.

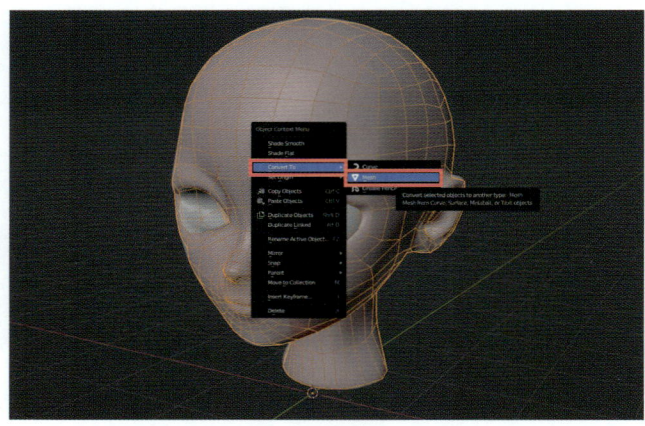

02 리토폴로지한 BSurfaceMesh와 눈 오브젝트인 Sphere를 제외하고, 다른 오브젝트들을 아웃라이너 창에서 차례로 클릭해 키보드 [Del] 키를 눌러 지워줍니다.

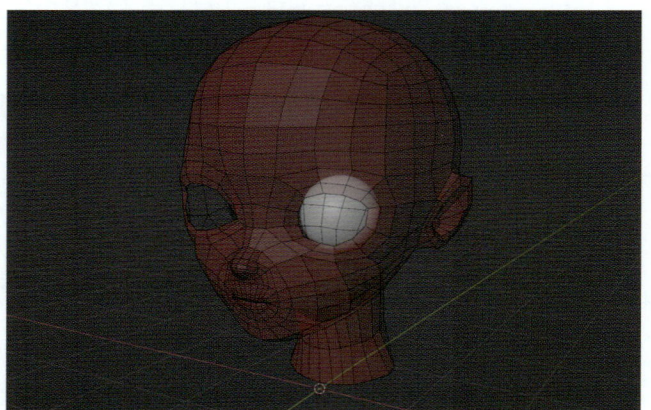

03 BSurfaceMesh에 자동 적용된 Material도 지우겠습니다. 뷰포트 우측 하단에서 ⬤([Material Properties]) 탭을 클릭하고 상단에 있는 ➖ 버튼을 눌러 적용된 Material을 지웁니다. Base Color인 빨간색이 지워지고 회색 Solid만 남습니다.

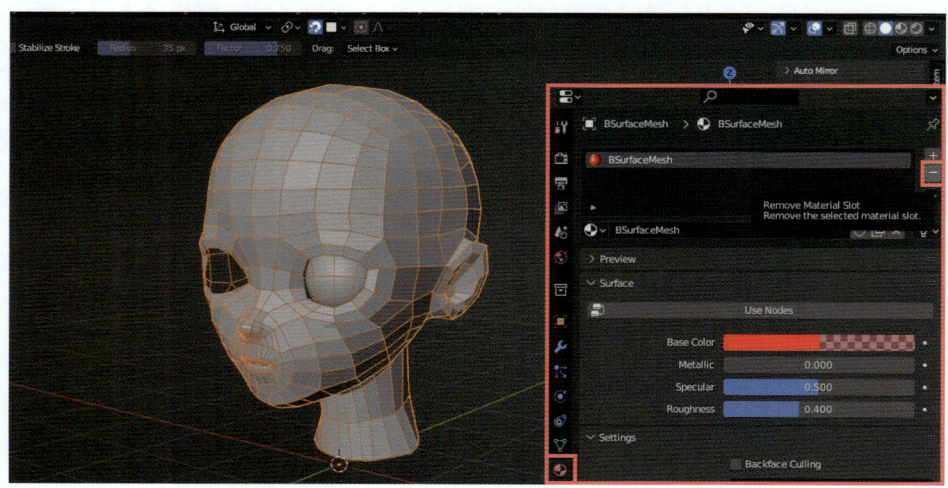

04 이어서 우측 정보창(단축키 [N])의 [Edit] 탭에서 [In Front]와 [Display Wire] 박스도 체크 해제합니다.

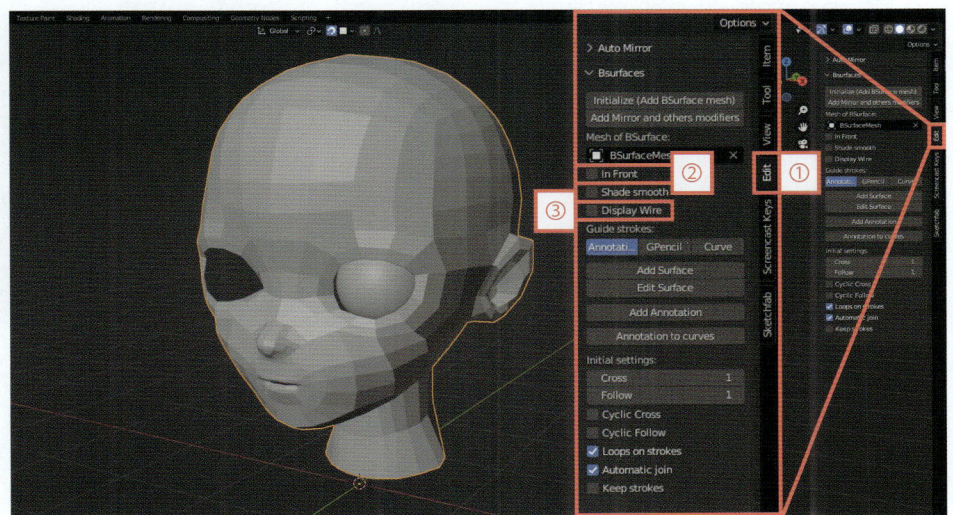

05 Sphere(눈)를 선택하고 ([Modify Properties])를 클릭합니다. 원래 적용되어 있는 [Subdivision] 명령은 를 클릭해 지우고, 대신 [Mirror] 명령을 줍니다. 그리고 Mirror 옵션창에서 (스포이드 툴)을 누르고 뷰포트에서 BSurfaceMesh(얼굴)를 선택합니다.

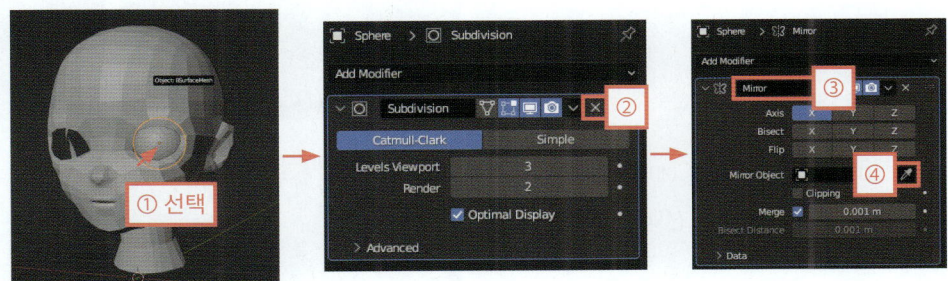

06 그러면 BSurfaceMesh를 기준으로 Sphere가 Mirror되어 나타납니다. 즉 반대쪽 눈이 마저 생겼습니다. 이 상태에서 마우스 우클릭하여 메뉴를 팝업한 후, [Convert To] → [Mesh]를 선택하여 적용 완료합니다.

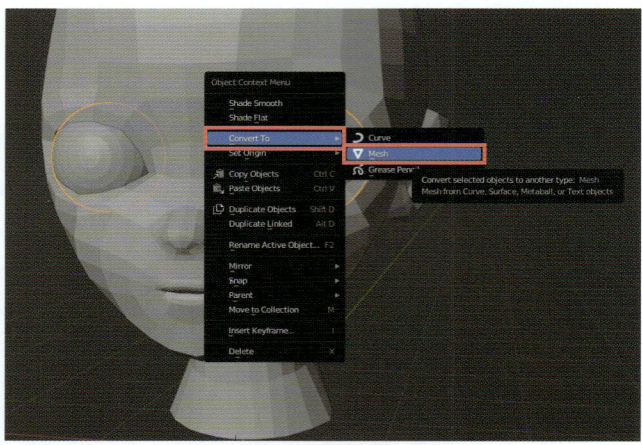

07 BSurfaceMesh와 Sphere를 [Shift] 키로 다중 선택하고 [Ctrl]+[J]를 눌러 하나의 오브젝트로 만들어줍니다. 우측 상단 아웃라이너 창에서 합쳐진 오브젝트 이름을 'face'로 바꿔주었습니다.

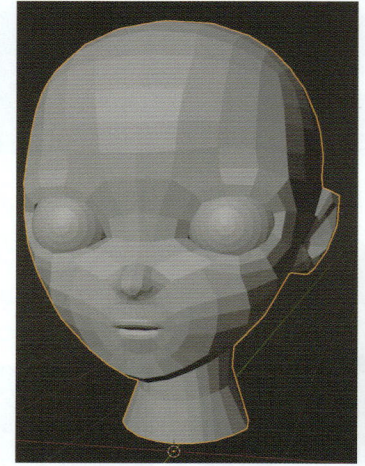

'face'로 이름을 변경

08 마우스 우클릭하여 메뉴를 팝업한 후, [Shade Smooth] 명령을 선택하여 부드럽게 보이게 합니다.

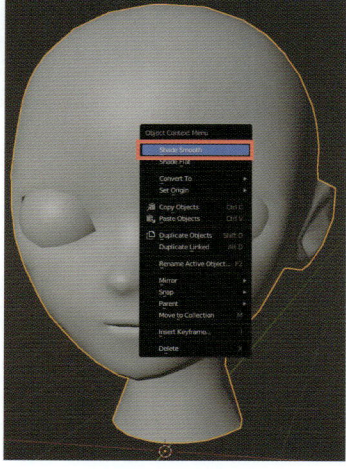

09 뷰포트를 돌려 눈가를 자세히 보면 틈새가 보입니다. [Tab] 키를 눌러 에디트 모드로 바꾸고, Edge Select(숫자 [2]) 모드에서 Edge를 움직여 틈새가 안 보이게 조정해줍니다.

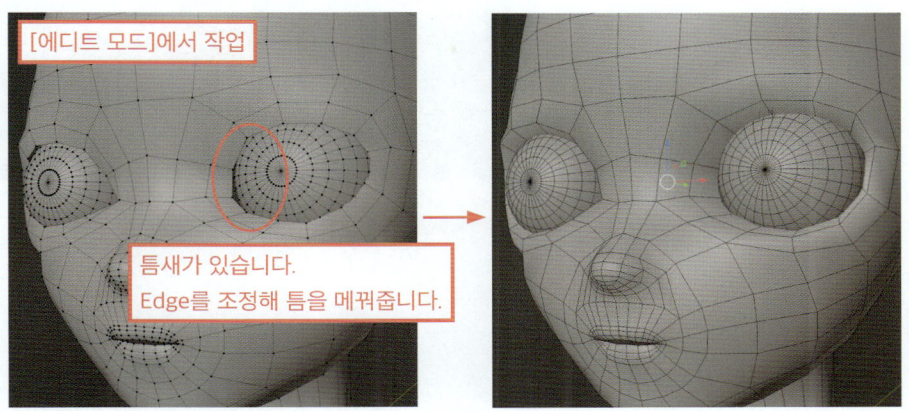

10 눈과 귀를 조금 더 다듬겠습니다. [Alt]+[Z]를 눌러 ([Toggle X-Ray])를 활성화하고 Face Select 모드로 바꾼 뒤(숫자 [3]), 얼굴 한쪽 면들을 마우스 드래그로 선택해서 지워줍니다.

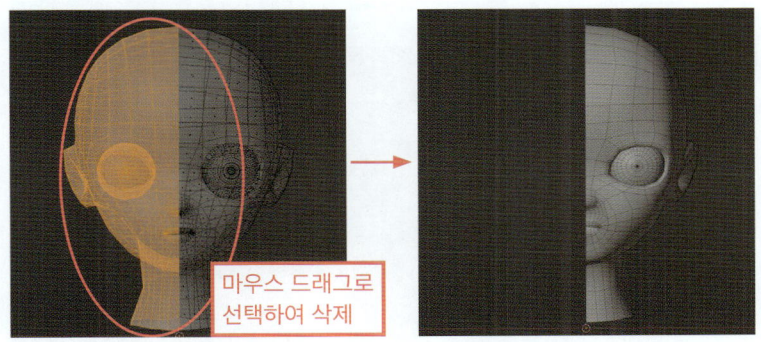

11 ([Toggle X-Ray])를 끄고, ([Modify Properties])에서 [Mirror] 명령을 주어 반대쪽 얼굴을 생성합니다. 이때 [Clipping] 박스에 체크가 되어 있어야 합니다.

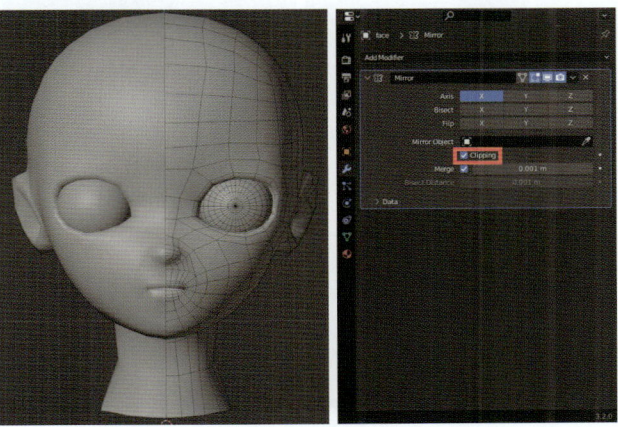

12 ([Loop Cut], 단축키 [Ctrl]+[R])으로 눈 주변에 Edge를 2개 더 생성해줍니다.

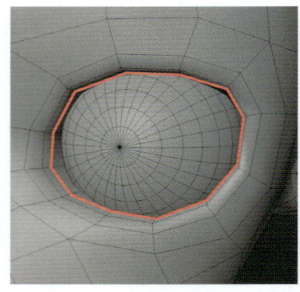 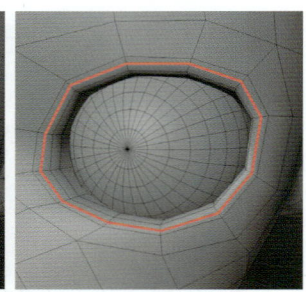

13 눈 모양을 생각해서 그림처럼 Edge를 앞으로 조금 튀어나오게 합니다.

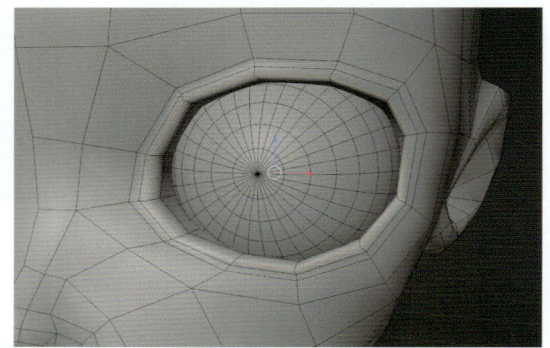

14 눈동자에 맞게 Vertex를 다듬어줍니다.

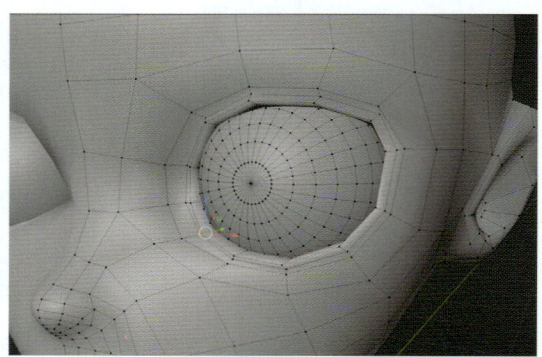

15 귀에도 (Loop Cut)을 사용해 얼굴과 귀 연결 부위에 왼쪽 그림처럼 Edge를 1개 더 추가합니다. 그리고 귀 모양을 생각하면서 추가한 Edge를 조절해줍니다.

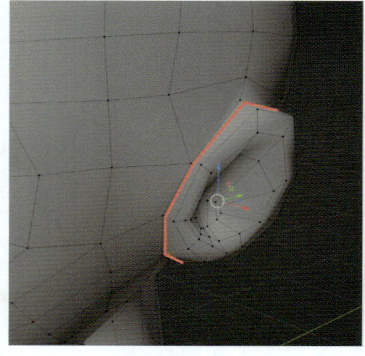 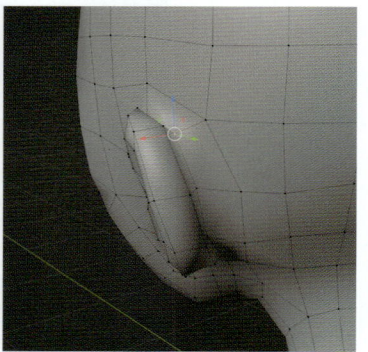

16 　작업이 끝나면, [Subdivision Surface] 명령을 선택하여 모델링을 부드럽게 만들어주고 마치게 됩니다. 따라서 얼굴이 어떻게 보이는지, 지금 시점에서 미리 확인해 보겠습니다. 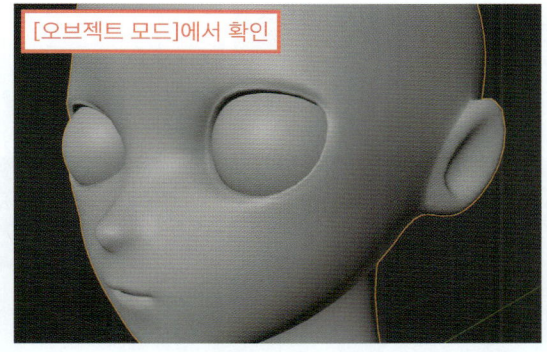([Modify Properties])에서 [Subdivision Surface] 명령을 준 뒤, [Tab] 키를 눌러 오브젝트 모드로 바꾸고 체크하면 됩니다.

17 　에디트 모드로 돌아가, Subdivision 상태에서 이상하게 보이는 부분들을 수정해줍니다.

18 　수정이 끝났다면 우측 옵션창에서 Subdivision은 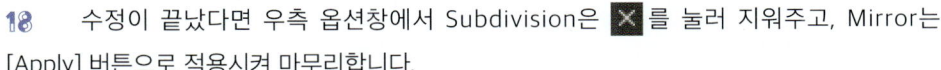를 눌러 지워주고, Mirror는 [Apply] 버튼으로 적용시켜 마무리합니다.

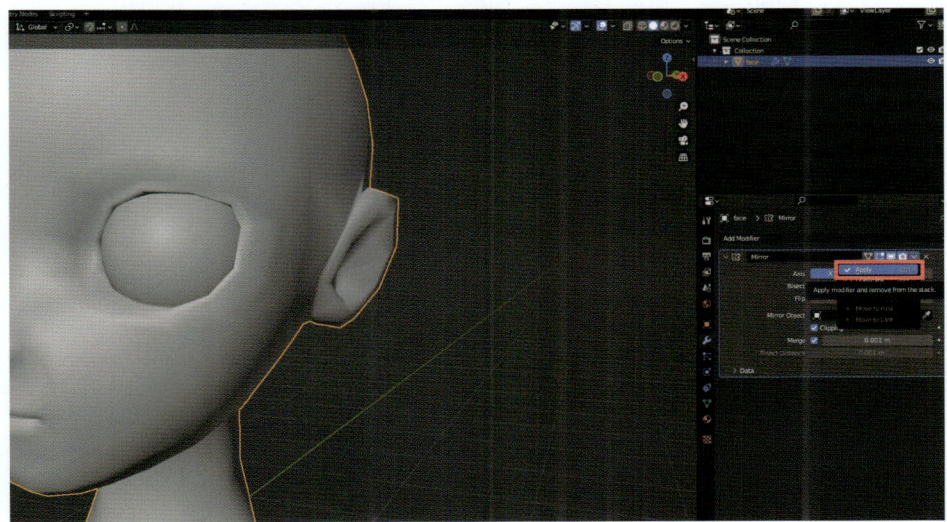

19 대략적으로 얼굴이 완성되었습니다. 더 디테일한 부분은 추후 수정해 가도록 하겠습니다. (아직 몸통 작업이 남아 있으므로 Subdivision은 적용하지 않습니다. 다음 그림은 참고용으로 Subdivision을 적용시켜 오브젝트가 부드럽게 보이는 이미지입니다.)

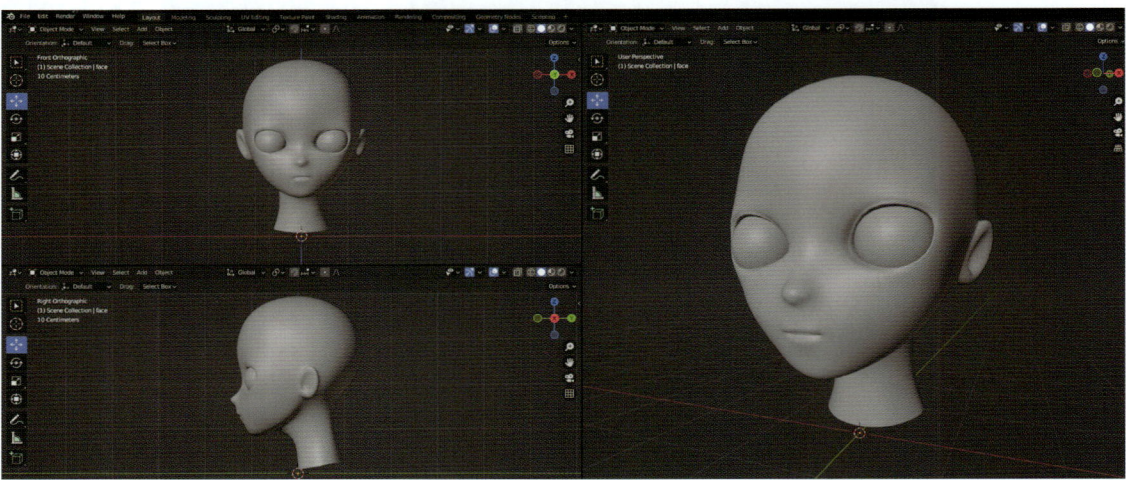

정리

📂 브러시 종류

- 🟡 Grab 브러시: 폴리곤을 당기거나 밀어 넣는 브러시
- 🟡 Draw 브러시: 폴리곤을 튀어나오게 하는 브러시
- 🟡 Draw Sharp 브러시: 드로우 브러시의 일종으로, 더 예리하고 세밀하게 그릴 수 있는 브러시

> ⚠️ 주의 Draw 브러시와 Draw Sharp 브러시는 아이콘이 매우 유사합니다. Draw Sharp 브러시 아이콘엔 윤곽선이 있으니, 윤곽선으로 구분하길 바랍니다.

- 🟡 Smooth 브러시: 표면을 매끄럽게 다듬는 브러시

📂 Face 작업 시 유용한 단축키

- [R]: Face 숫자 미리 보기
- [Ctrl]+[R]: Face 분할 및 균일화 실행

SECTION 02 | 몸통 모델링

얼굴에 이어 이제부터는 몸통 모델링을 하겠습니다. 몸통 역시 얼굴과 같은 방식으로 스컬핑 작업 후에 리토폴로지해서 만들어도 됩니다. 여기서는 얼굴과 달리 로우폴리곤 모델링 방식으로 제작하는 방법을 설명하겠습니다.

1 몸통

01 참고 이미지를 바탕에 깔고 모델링을 진행하겠습니다. 정면 뷰(숫자 키패드 [1])에서 최상단 메뉴 중 [Layout]을 클릭해 폴리곤 모델링 모드로 바꿉니다. 서브 메뉴바의 [Add] → [Image] → [Reference]를 차례로 클릭하고, 예제 폴더에서 Body_Front.jpg 이미지를 불러옵니다. (이때 face 오브젝트는 우측 상단 아웃라이너 창에서 👁 아이콘을 꺼서 숨겨둡니다.)

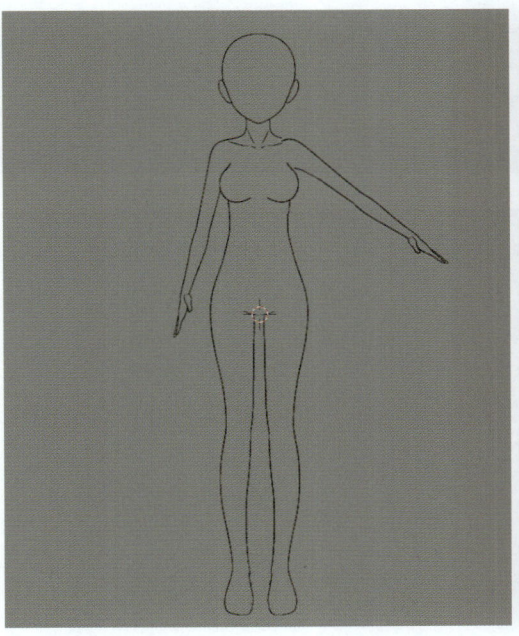
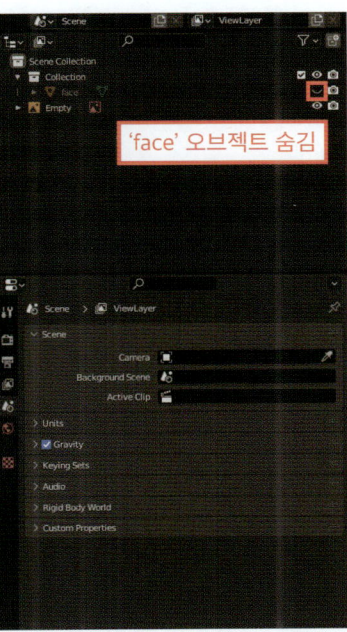

'face' 오브젝트 숨김

02 사이드 뷰(숫자 키패드 [3])로 바꾸고, 다시 서브 메뉴바의 [Add] → [Image] → [Reference]를 차례로 클릭하여 예제 폴더에서 Body_left.jpg 이미지를 불러옵니다.

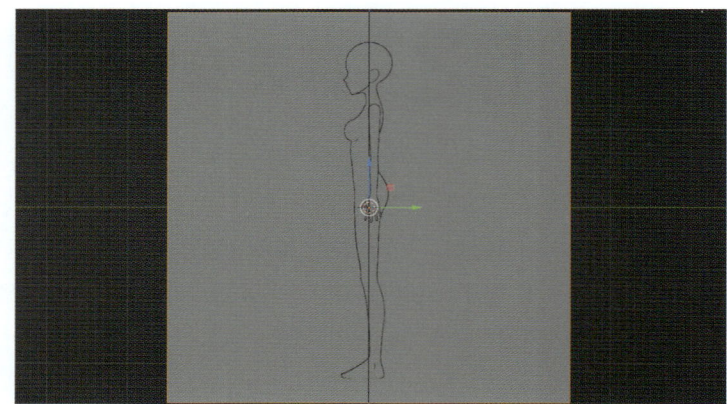

03 추가한 참고 이미지를 움직여 그림처럼 ㄱ자 형태로 만들어줍니다.

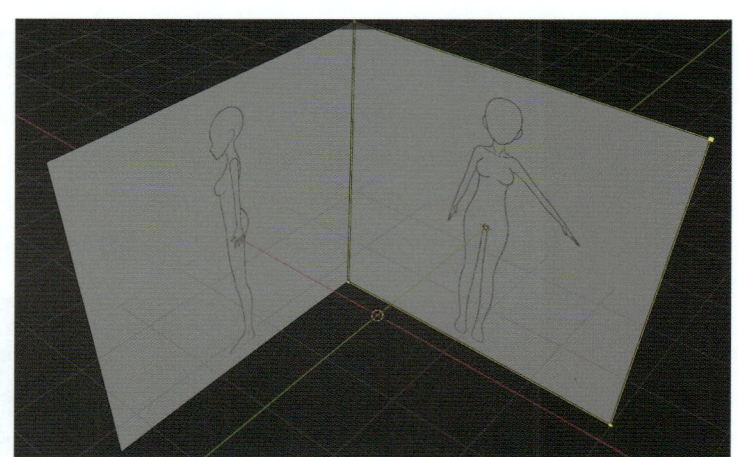

04 환경 세팅이 끝났습니다. 이제 서브 메뉴바에서 [Add] → [Mesh] → [Cylinder]를 클릭하여 몸통 기본형이 되어줄 Cylinder를 추가합니다. 좌측 아래 옵션창에서 [Vertices]를 12로 수정합니다.

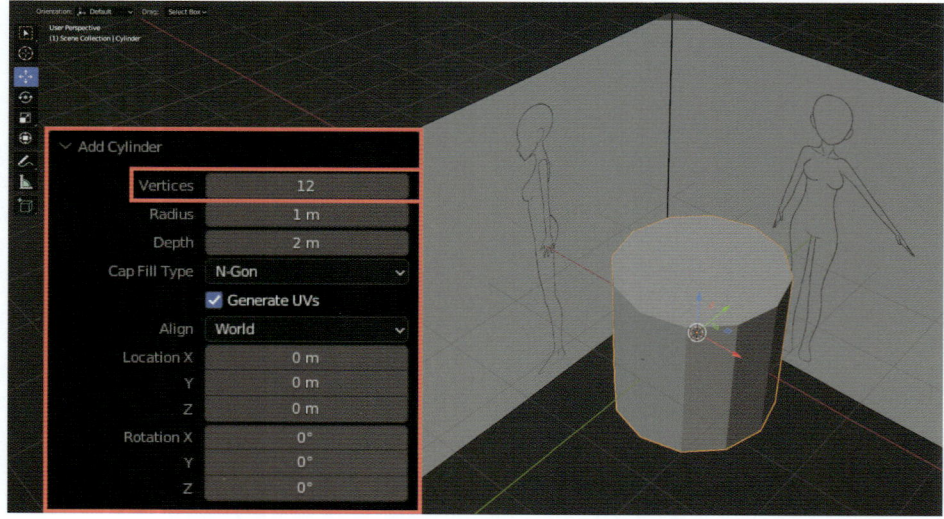

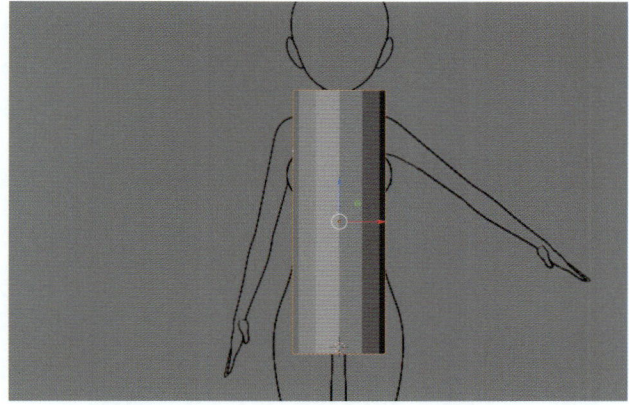

05 정면 뷰에서 작업합니다. ([Scale], 단축키 [S]) 툴로 Cylinder 크기를 조절해서, 참고 이미지의 골반부터 목까지 맞춰줍니다.

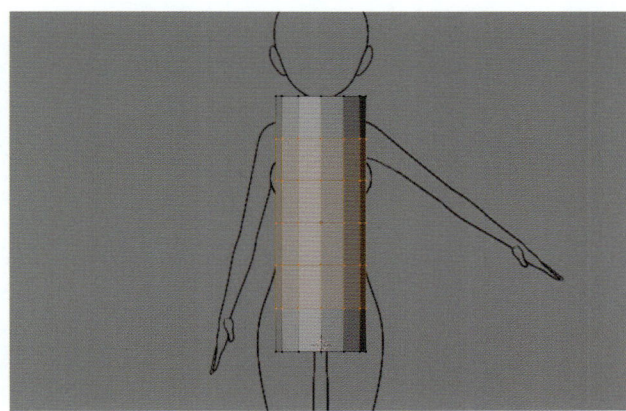

06 ([Loop Cut], [Ctrl]+[R]) 툴로 Cylinder에 가로 Edge를 5줄 추가합니다. 이때 마우스 휠을 움직이거나 좌측 하단 옵션창에서 Edge 수를 늘릴 수 있습니다.

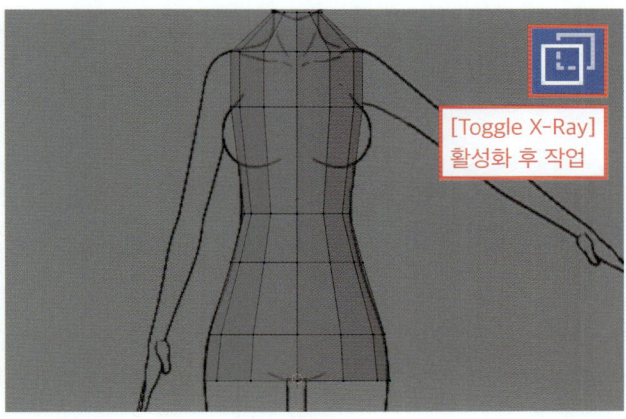

07 우측 상단 ([Toggle X-Ray])를 켜서 투명하게 만듭니다. 그리고 추가한 각 Edge를 마우스 드래그로 선택해서, 키보드 [S](Scale), [X](X축으로)로 차례로 너비를 조정하여 그림처럼 실루엣을 맞춰줍니다. 꼭 X축만 조정해야 합니다.

08 목 부근이 맞지 않습니다. 다시 ([Loop Cut])으로 목에 한 줄 더 추가해 맞춰줍니다. 이런 식으로 처음에 Edge 개수를 잘못 지정했더라도, 필요에 따라 추가하면서 작업하면 됩니다.

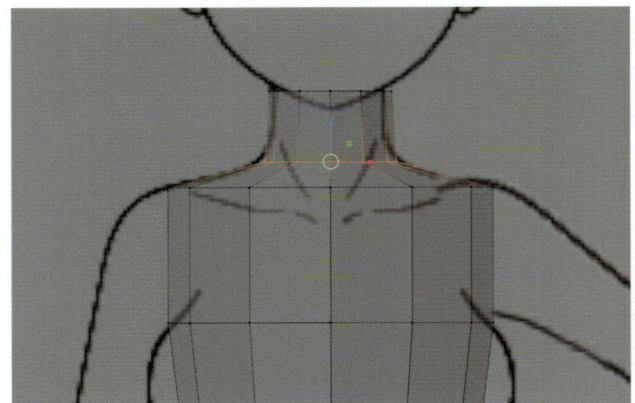

09 이번에는 사이드 뷰(숫자 키패드 [3])에서 각 Edge를 실루엣에 맞춰줍니다. 키보드 [S](Scale), [Y](Y축으로)를 눌러 크기를 줄이고, [R](Rotate)이나 [G](Move)도 적절히 활용해 다음 그림처럼 만들어줍니다. 가슴 부위는 추후 만들 것이고 지금은 몸통의 대략적인 형태만 맞추겠습니다.

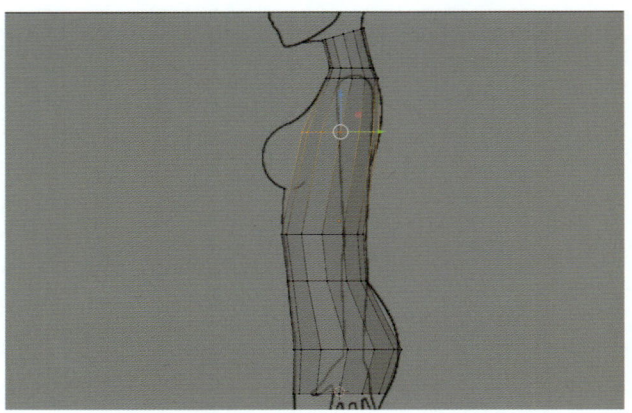

10 사람 몸통도 좌우가 같으므로, 좌우대칭으로 모델링을 진행합니다. 정면 뷰로 돌아와 Face Select 모드(숫자 [3])으로 전환합니다. 몸통 오브젝트 반을 드래그해 선택하고, 키보드 [Del] 키를 누릅니다. 팝업된 메뉴에서 [Faces]를 선택하면 몸통 절반이 지워집니다.

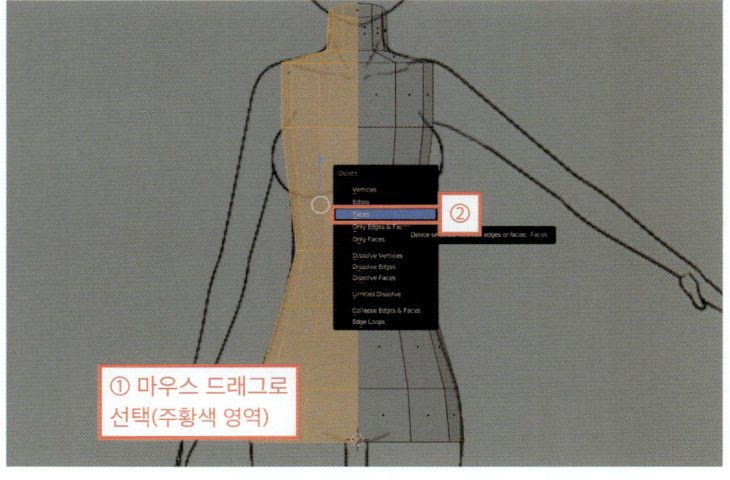

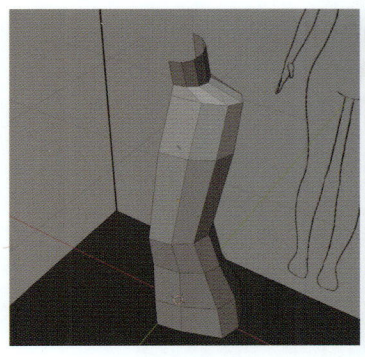 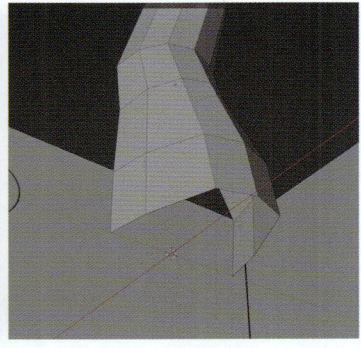

11 ([Toggle X-Ray])는 비활성화합니다. 오브젝트를 보면 Cylinder 윗부분과 아랫부분 Face는 지워지지 않은 상태입니다. 따로 선택해서 지워줍니다.

12 다시 몸통을 선택하고, ([Modify Properties])에서 [Mirror] 명령을 선택하여 반대쪽이 나타나게 합니다. 이때 [Clipping] 박스에 체크해야 중앙 부분이 붙습니다.

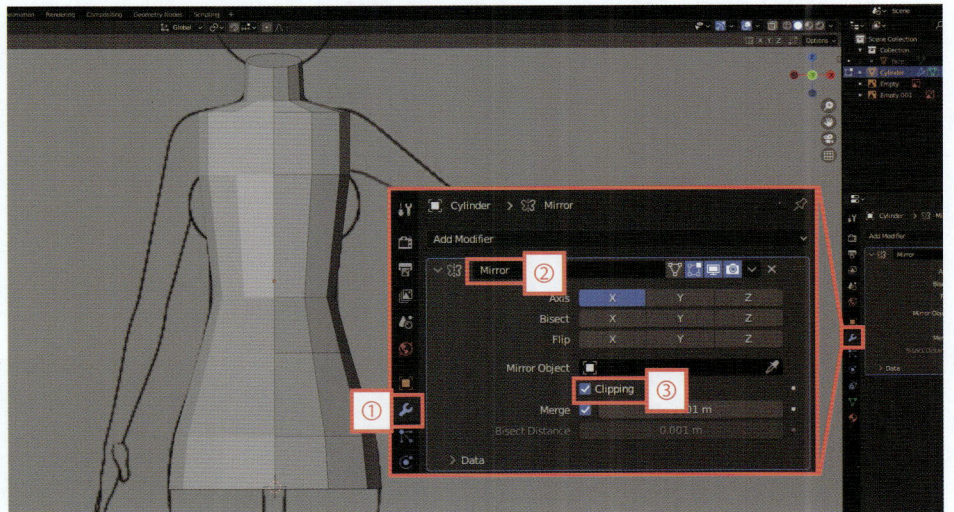

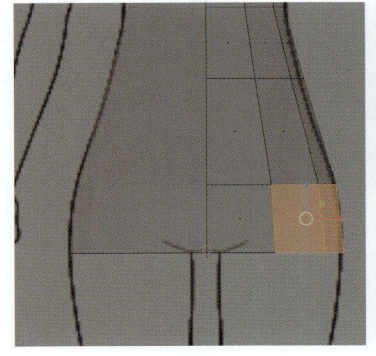 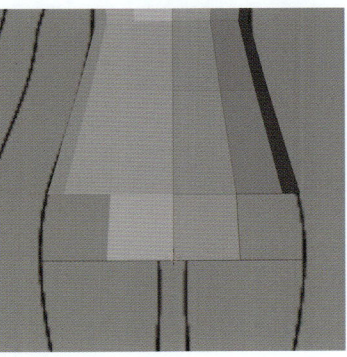

13 다리가 연결될 수 있도록 몸통 아래를 다듬어주어야 합니다. 가장 바깥쪽 아래의 Face 2개를 선택해 지웁시다.

14 그림과 같이 만들어줍니다. 상황에 따라 우측 상단 ([Toggle X-Ray])를 켰다 껐다 하면서 작업합니다. (이후 모든 모델링 단계에 적용됩니다.)

15 형태를 다듬어주겠습니다. 정면 뷰에서 Vertex Select 모드(숫자 [1])로 그림처럼 골반 부분을 V자 형태로 만들어줍니다.

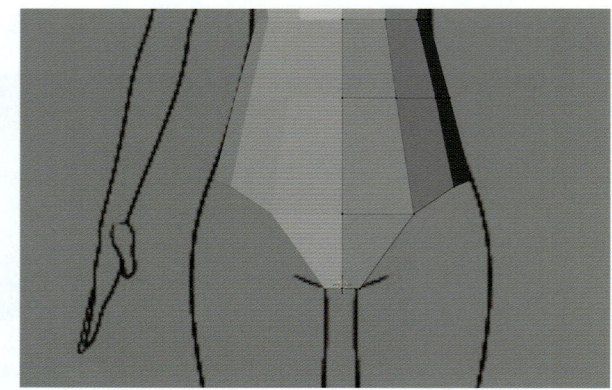

16 여기까지 마치고 보면, 밑부분은 그림처럼 뚫려 있습니다. 여기를 막아 주겠습니다.

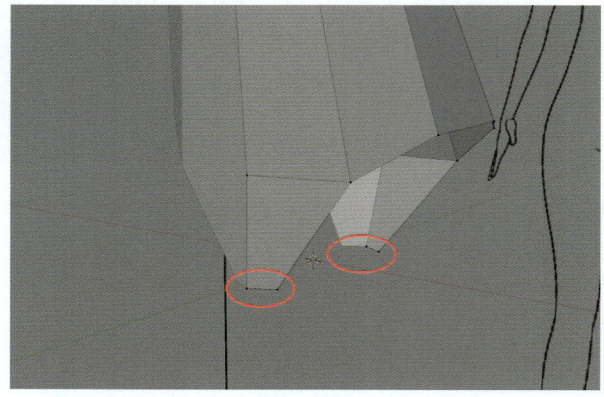

17 Edge Select 모드(숫자 [2])로 바꾸고, [Shift] 키로 앞뒤 Edge를 다중 선택합니다. 마우스 우클릭하여 팝업된 메뉴에서 [Bridge Edge Loops]를 클릭하면 선택한 Edge들이 서로 연결됩니다.

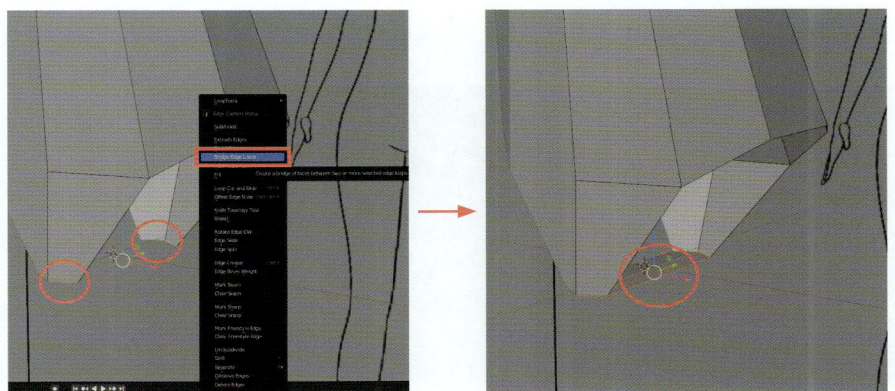

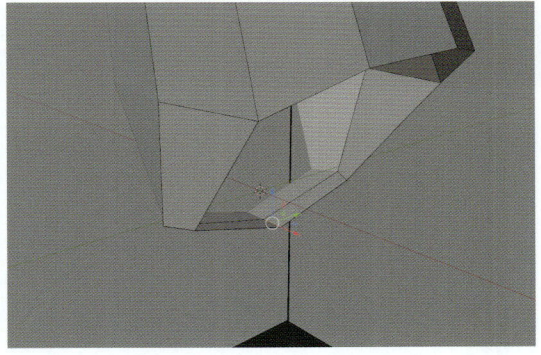

18 ([Loop Cut], [Ctrl]+[R])으로 연결된 Edge 중앙 부분을 분할해 줍니다.

19 정면과 옆면에서 참고 이미지에 맞게 다듬어줍니다.

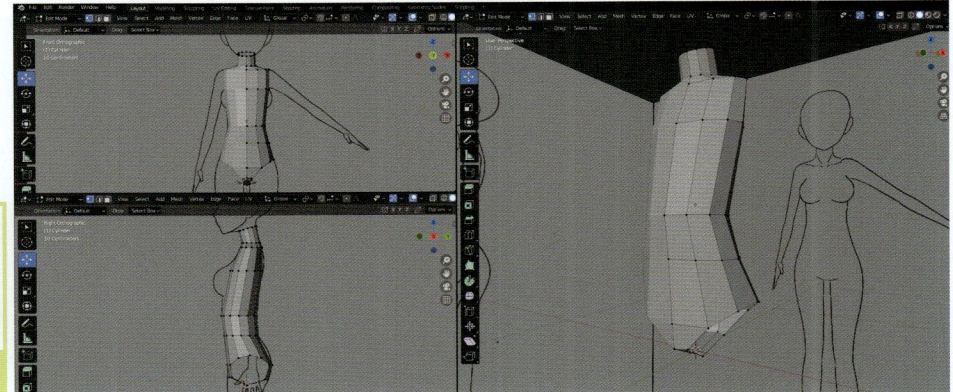

한눈에 보는 작업 과정,
고수의 뷰! (13~19단계)

2 다리/발

01 몸통이 대략 완성되었으니, 이제 다리를 만들겠습니다. 오브젝트 모드에서 서브 메뉴바 → [Add] → [Mesh] → [Cylinder]를 차례로 클릭해 실린더 하나를 생성하고, [Add Cylinder] 옵션창에서 [Vertices]를 8로 줄여줍니다.

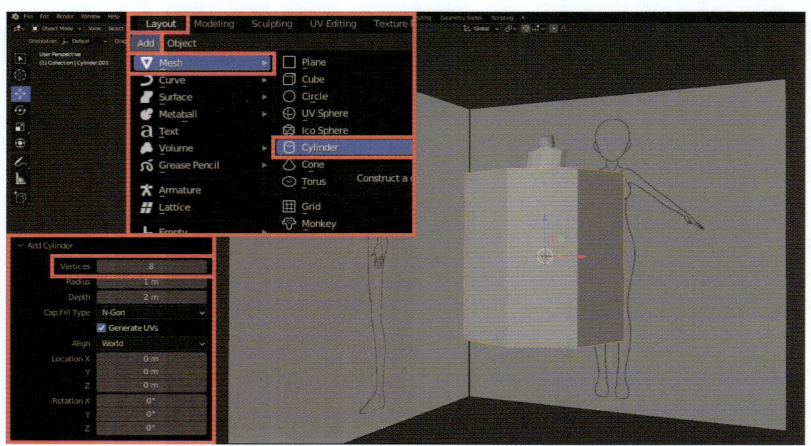

02 위치와 크기를 조절해 그림처럼 참고 이미지에 맞추어 위치시킵니다.

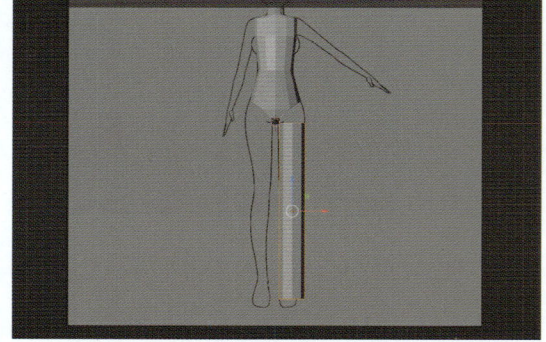

03 에디트 모드로 전환하고, ([Loop Cut], [Ctrl]+[R])으로 면을 분할해줍니다. 이때 마우스 휠을 움직여 [Number of Cuts]를 5로 해줍니다.

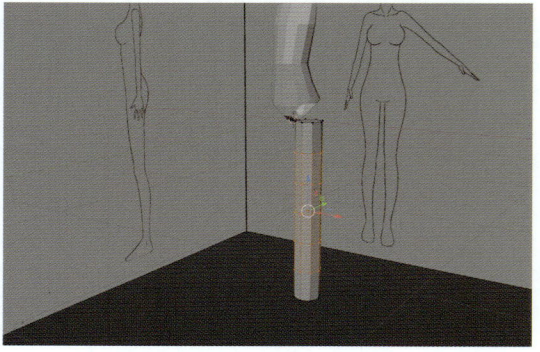

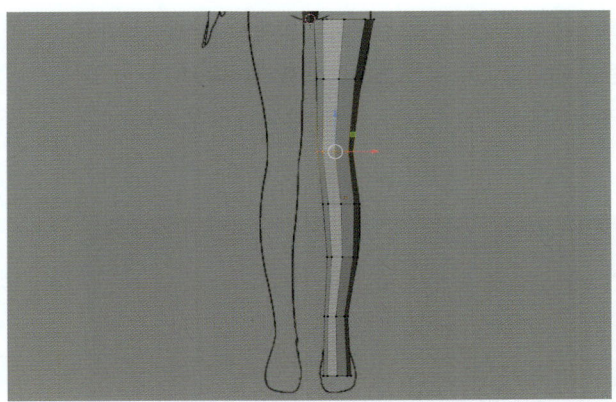

04 정면 뷰에서 Vertex Select 모드(숫자 [1])로 각 Edge를 선택, [S](Scale), [X]로 X축으로만 크기를 줄여 참고 이미지에 맞춥니다.

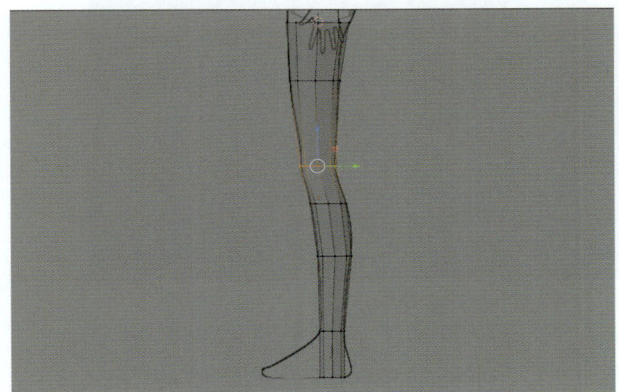

05 사이드 뷰에서도 각 Edge를 [S](Scale), [Y]로 Y축으로만 크기를 줄여서 참고 이미지에 맞춥니다. (필요 시 [Move] 툴로 무릎, 발목 등의 위치를 생각하며 Edge 위치도 조정합니다.)

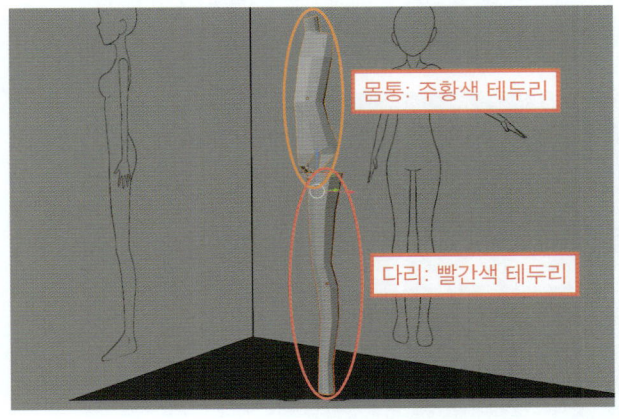

06 다리와 몸통을 하나의 오브젝트로 만들겠습니다. 오브젝트 모드에서 다리를 먼저 선택하고, [Shift] 키를 누른 채 몸통을 다중 선택합니다. 그러면 다리가 빨간색 테두리, 몸통이 주황색 테두리로 표시됩니다.

07 이 상태에서 [Ctrl]+[J]를 누르면 하나의 오브젝트가 됩니다. 이때 반대쪽 다리도 생성되는데, 몸통의 Mirror 명령이 다리에도 적용된 결과입니다. 우측 🔧([Modify Properties])를 보면 Mirror 명령이 그대로 남아 있습니다. 만약 선택을 반대로 한다면 Mirror가 제대로 적용되지 않습니다.

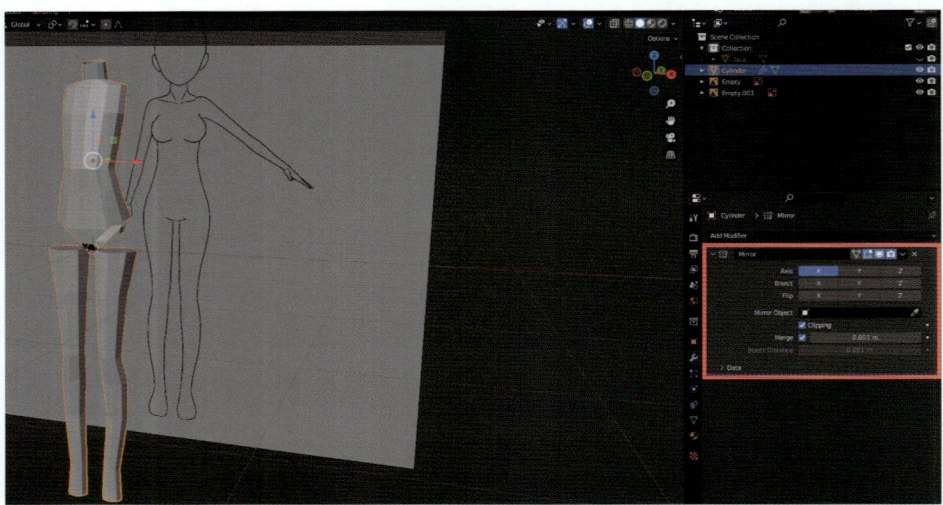

08 몸통과 다리를 연결하겠습니다. 그런데 양쪽 모두 면이 있거나, 반대로 면이 없어야 서로 연결할 수 있습니다. 이전에 몸통 아랫면을 지웠으므로, 다리의 윗면 역시 지우겠습니다. 에디트 모드/Face Select 모드 상태에서 그림처럼 Face를 선택하고, [Del] 키를 누른 후 [Faces]를 선택하여 지워줍니다.

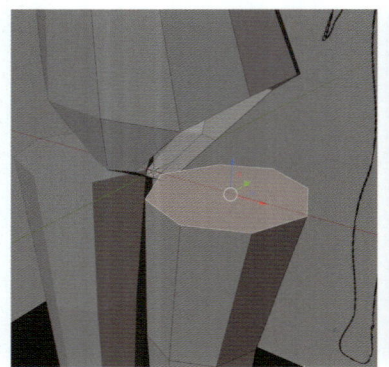 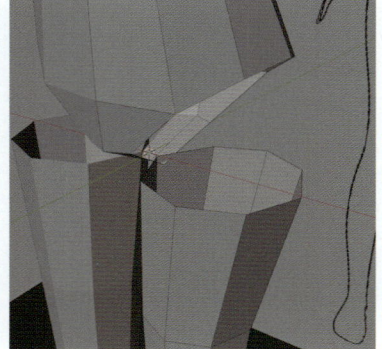

09 Edge Select 모드에서 키보드 [Alt] 키를 누른 상태에서 다리 윗 단면을 클릭하면 연결된 모든 Edge가 선택됩니다. 이어서 [Alt]+[Shift] 키를 누른 상태에서 몸통 연결 단면을 클릭해 다중 선택해줍니다.

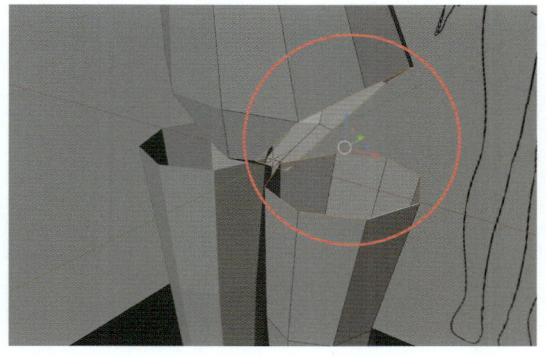

10 마우스 우클릭으로 [Edge Context Menu]를 호출하고, [Bridge Edge Loops] 명령을 클릭하여 선택한 Edge들을 연결해줍니다.

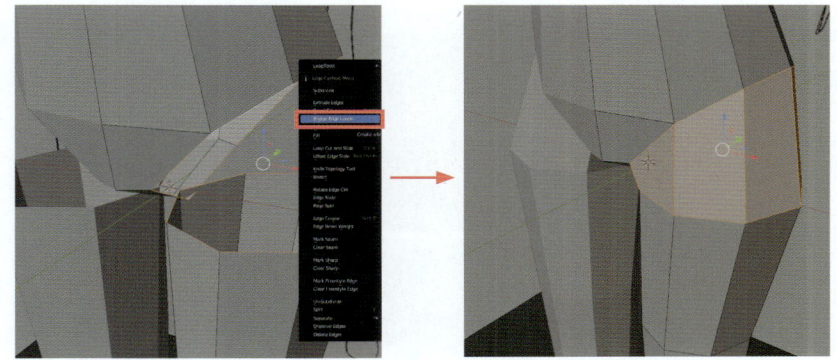

11 발을 만들겠습니다. Face Select 모드에서 다리 끝, 발이 될 부분의 Face 2개를 그림처럼 선택합니다. ([Extrude], 단축키 [E])로 Face를 추출합니다.

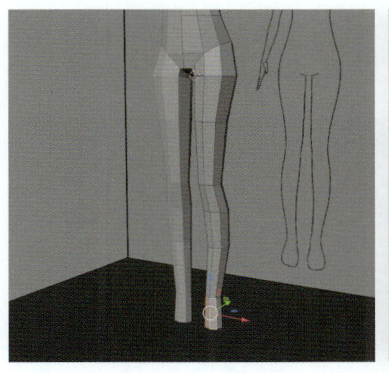
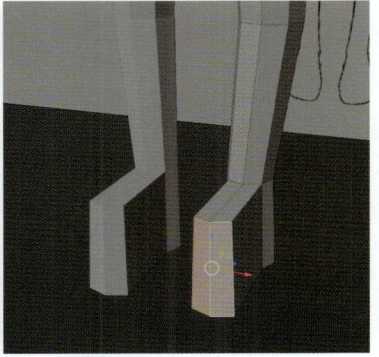

12 사이드 뷰에서 Vertex를 움직여 참고 이미지에 맞춥니다.

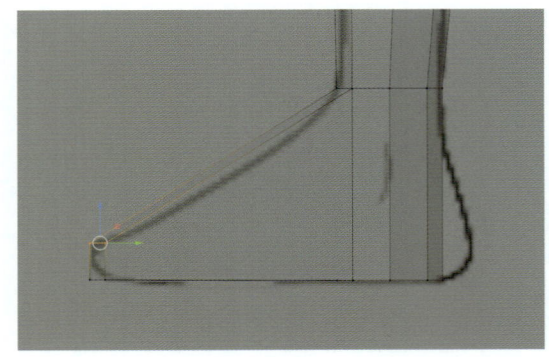

13 ([Loop Cut], [Ctrl]+[R])을 이용해 그림처럼 가로 세로 Edge를 한 줄씩 추가하고, 참고 이미지에 맞추어 발등과 뒤꿈치, 발가락 쪽을 좀더 다듬어줍니다.

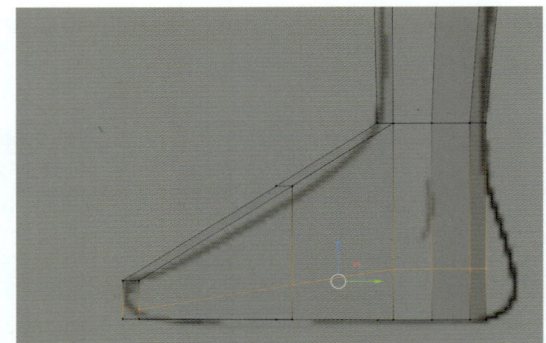

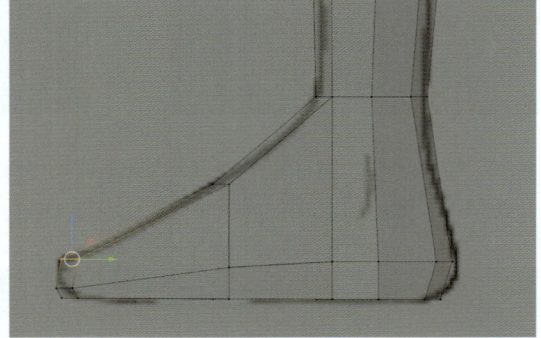

14 뷰포트를 돌려가면서 [Scale] 툴을 이용해 전체적인 발의 모양을 자연스럽게 다듬어주면 끝입니다.

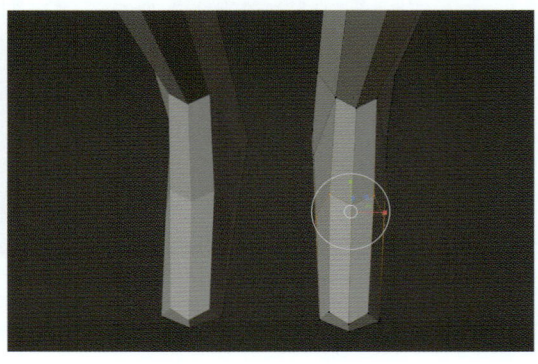

3 팔

01 이제 팔과 손을 만들겠습니다. 다시 한번 오브젝트 모드에서 서브 메뉴바 → [Add] → [Mesh] → [Cylinder]를 차례로 클릭하여 Cylinder를 하나 생성합니다. 좌측 하단 [Add Cylinder] 옵션창에서 [Vertices]를 8로 줄여줍니다([2. 다리/발]에서 바로 이어 작업한다면, 처음부터 8로 설정되어 있습니다).

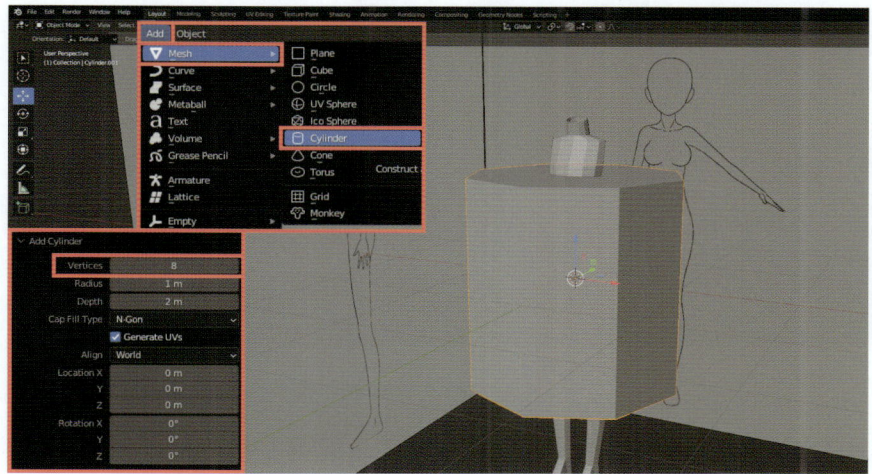

02 생성한 Cylinder의 위치와 크기를 단축키 [G](Move), [S](Scale), [R](Rotate)로 적절히 조정해서 그림처럼 만들어줍니다. 중앙 상단 [Global]을 [Local]로 바꾸면 Cylinder를 기준으로 축이 바뀌어 좀 더 편하게 위치와 크기를 조절할 수 있습니다.

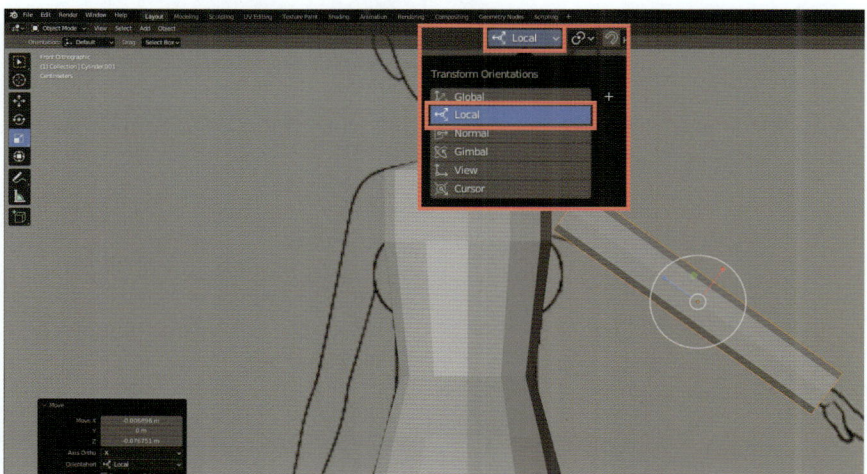

03 에디트 모드로 돌아가서 ▣([Loop Cut], [Ctrl]+[R])으로 팔에 Edge를 추가합니다. 마우스 휠을 움직이거나 옵션창 [Number of Cuts]에 5를 입력해 5줄로 만듭니다.

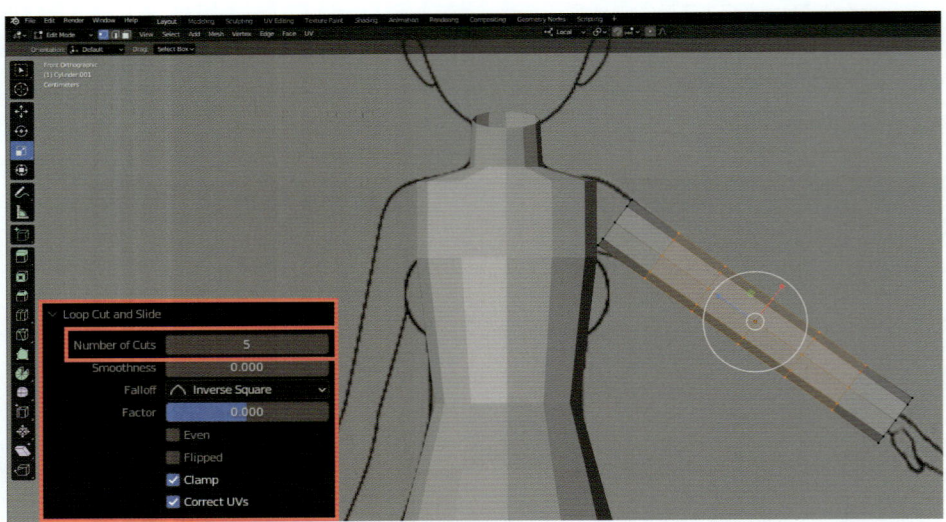

04 Edge Select 모드에서 [Alt] 키를 이용해 각 연결된 Edge를 모두 선택하고, ▣([Scale], 단축키 [S])로 참고 이미지에 맞추어 팔 모양을 만들어 줍니다.

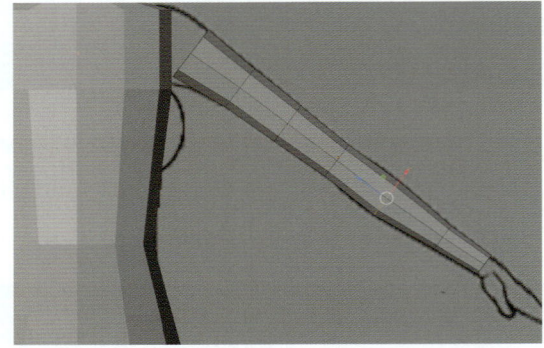

05 사이드 뷰에서도 같은 방법으로 참고 이미지에 맞추어줍니다.

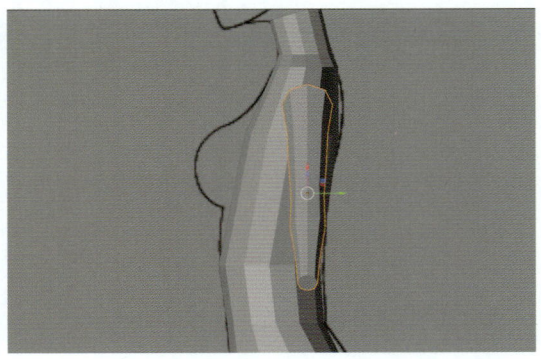

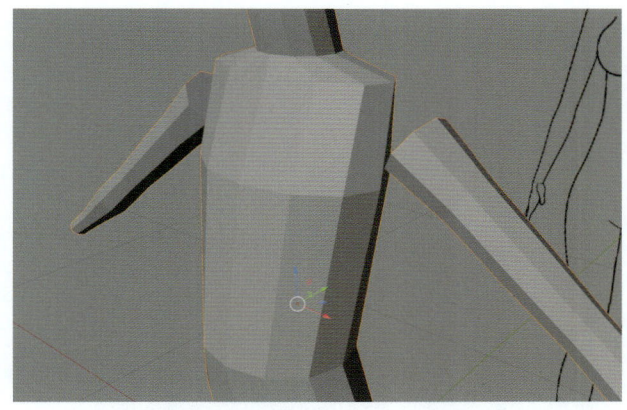

06 팔과 몸통을 하나의 오브젝트로 만들겠습니다. 오브젝트 모드로 돌아온 뒤, 다리를 작업할 때와 마찬가지로 팔을 먼저 선택하고, 키보드 [Shift] 키를 누른 상태에서 몸통을 다중 선택합니다. 그리고 [Ctrl]+[J]를 눌러 하나의 오브젝트로 만듭니다. Mirror 명령이 함께 적용되어 반대쪽 팔까지 잘 생성된 모습입니다.

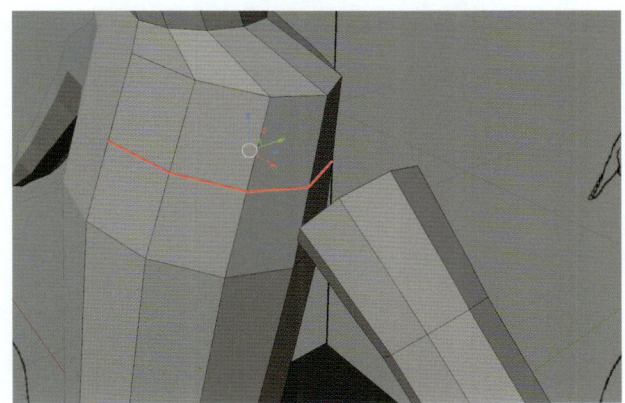

07 몸통과 팔을 연결하려면 양쪽의 Vertex 개수가 같아야 합니다. 팔은 처음 Cylinder를 생성할 때 8각형으로 생성했습니다. 팔이 연결될 몸통 부분도 [Vertices]를 8로 만들겠습니다. Loop Cut으로 그림처럼 가로로 한 번 더 분할해서 8각형으로 만들어줍니다.

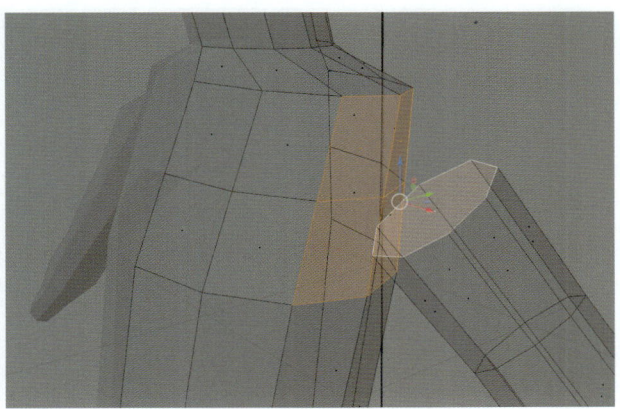

08 우측 상단의 ▣ ([Toggle X-Ray])를 활성화한 뒤, Face Select 모드에서 [Shift] 키를 누르고 그림처럼 연결할 Face들을 다중 선택합니다.

09 마우스 우클릭으로 [Face Context Menu]를 팝업하여 [Bridge Faces]를 클릭하면 연결됩니다.

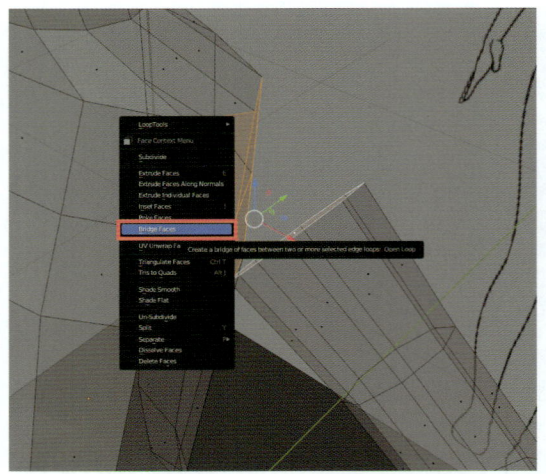

10 보통은 별다른 문제없이 제대로 붙게 되지만, 간혹 그림처럼 원치 않은 형태로 잘못 붙는 경우가 있습니다.

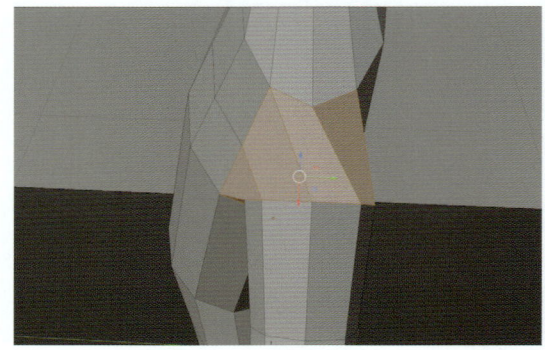

11 이럴 때에는 좌측 하단 옵션창에서 [Twist] 수치를 조정해서 원하는 결과를 찾으면 됩니다. (제대로 되어 있다면 이 과정은 생략합니다.)

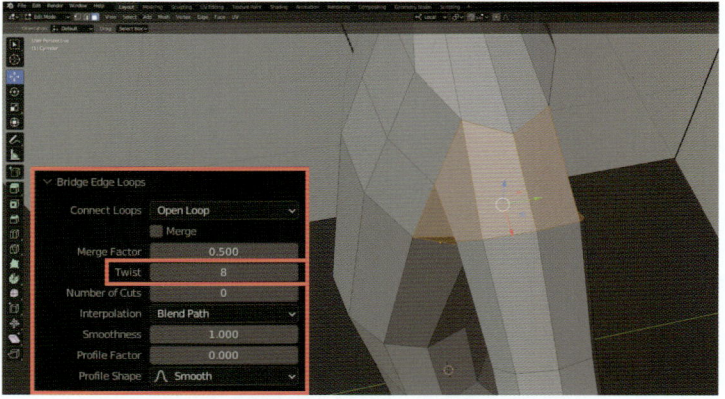

12 돌려보면서 전반적으로 Vertex를 다듬어주고 마칩니다.

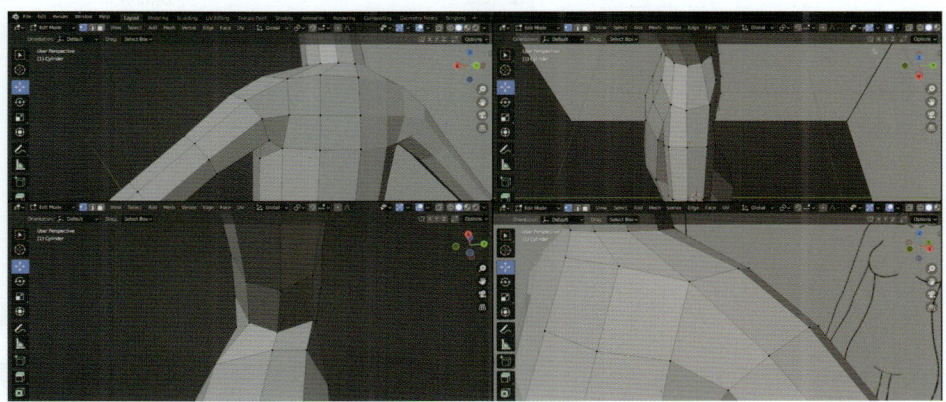

4 손

01 이번에는 손을 만들겠습니다. 먼저 오브젝트 모드에서 서브 메뉴바 → [Add] → [Mesh] → [Cube]를 차례로 선택하여 큐브 오브젝트를 생성합니다. 그리고 기본적인 손 모양을 생각하면서, 작고 납작한 형태로 만들어 팔 아래쪽 부근으로 옮겨둡니다.

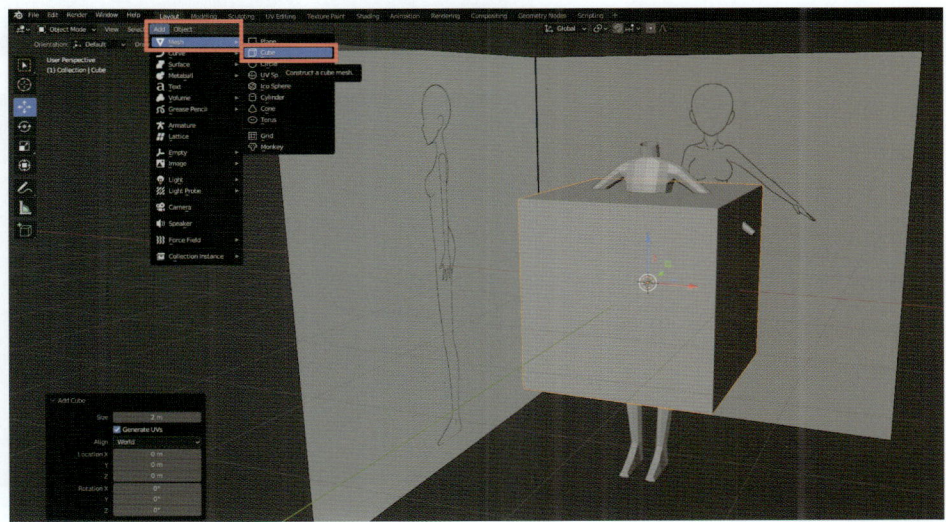

02 본격적으로 손을 만들어보겠습니다. 다음 그림처럼 만든 큐브를 선택하고, 에디트 모드로 전환해서 ([Loop Cut])으로 분할해줍니다. [Number of Cuts]는 3으로 해줍니다.

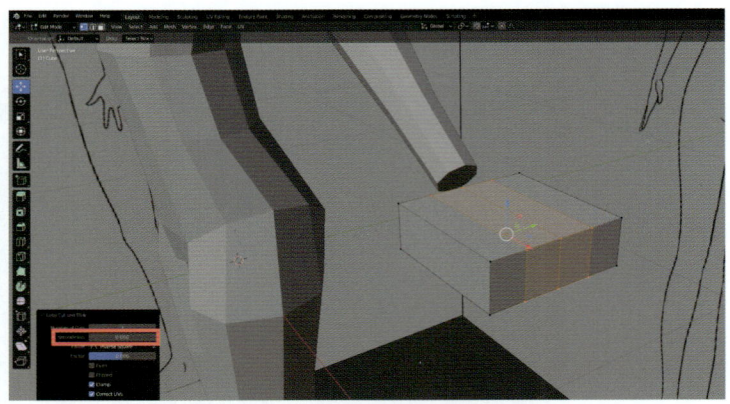

03 마찬가지로 가로로도 Loop Cut으로 면을 분할합니다. [Number of Cuts]는 2로 해줍니다.

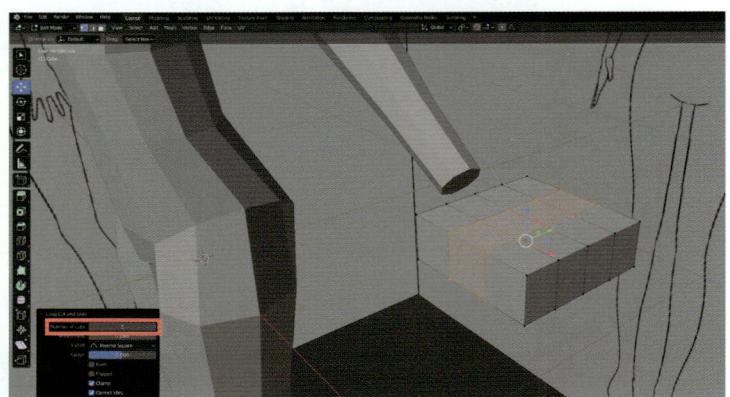

04 이제 손가락을 만듭니다. Face Select 모드로 바꾸고, 그림처럼 4개의 면을 선택합니다. 그리고 단축키 [I]를 눌러 ([Inset])으로 면을 분할합니다. 이때 좌측 하단 옵션창에서 [Individual]을 체크하면 각 면마다 Inset이 됩니다.

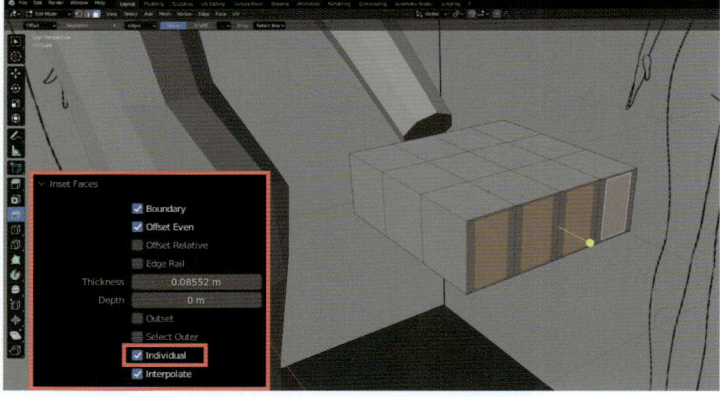

05 단축키 [E]를 눌러 Extrude로 면을 추출해줍니다. 계속해서 Extrude로 면을 두 번 더 추출해서 오른쪽 그림처럼 총 세 마디로 만들어줍니다.

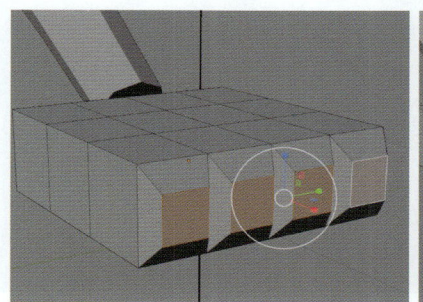
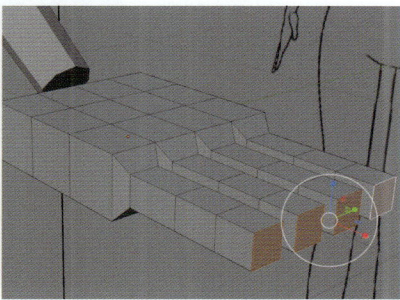

06 뷰포트를 위에서 내려다보는 시점(숫자 키패드 [7])으로 변경한 후에 각 손가락 길이를 자연스럽게 조절해줍니다. 그리고 끝으로 갈수록 작아지는 형태가 되도록 손가락 모양도 다듬어줍니다.

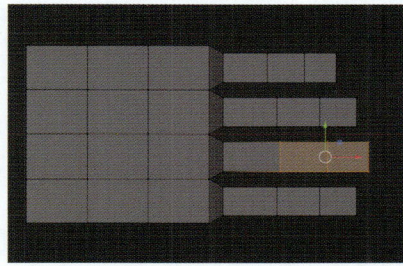
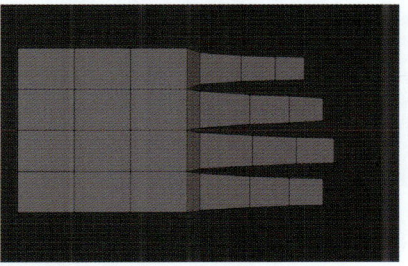

07 엄지손가락을 만들겠습니다. 먼저 옆면 중앙의 Face를 선택해서, [E](Extrude)로 면을 추출하고 [S](Scale)로 살짝 줄여줍니다. 그리고 다른 손가락을 만들 때와 같은 방법으로 두 마디 더 추출해서 엄지손가락 모양으로 다듬어줍니다.

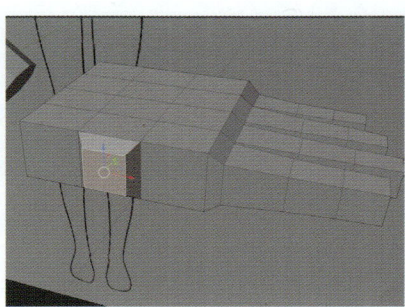
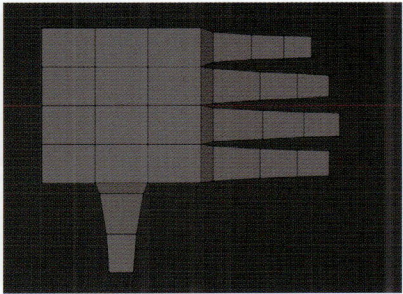

08 엄지손가락은 다른 손가락과 위치와 각도가 다릅니다. 위치를 잡아주겠습니다. 위에서 내려다보는 시점에서 그림처럼 앞쪽 두 마디를 선택하고 그림처럼 45도 정도 회전시켜줍니다.

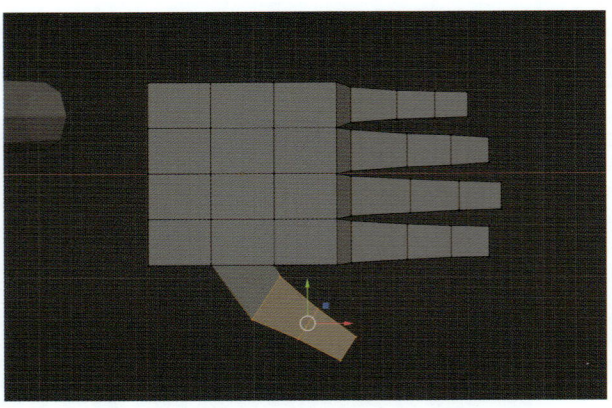

09 정면 뷰에서 Z 축으로 조금 내려주고, [R](Rotate), [Y](Y축)를 눌러 Y축으로 30도 정도 회전시켜줍니다.

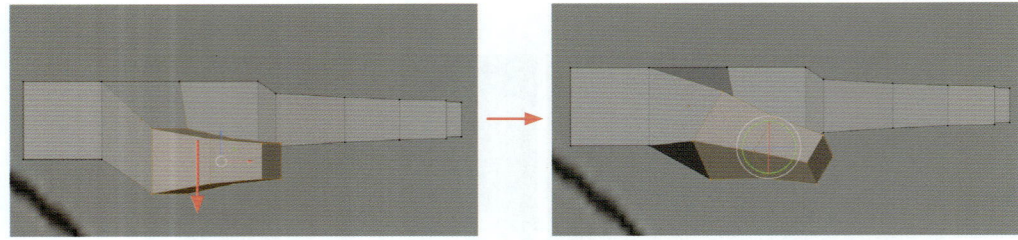

10 지금은 손이 너무 각져 있습니다. 실제 손처럼 부드럽게 만들어주겠습니다. 먼저 ([Loop Cut])으로 그림처럼 손 전체를 두르는 가로선을 하나 추가해줍니다.

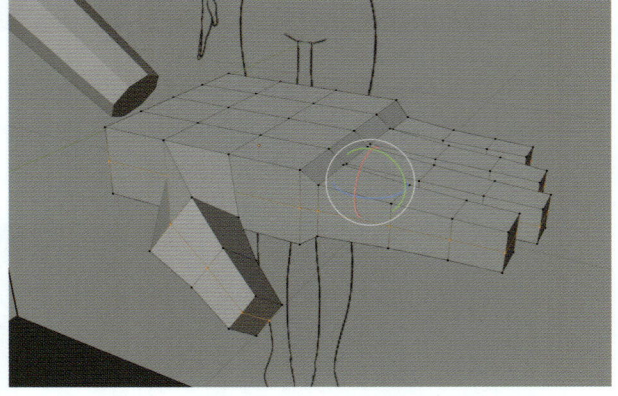

11   마우스 드래그로 손 전체를 선택하고, 좌측 툴바에서 ([Smooth])를 활성화한 뒤 나타난 노란색 점을 클릭하고 끌어서 그림처럼 부드럽게 만들어줍니다. 좌측 하단 [Smooth Vertices] 옵션창에서 직접 [Smoothing] 수치를 높게 조정해도 됩니다.

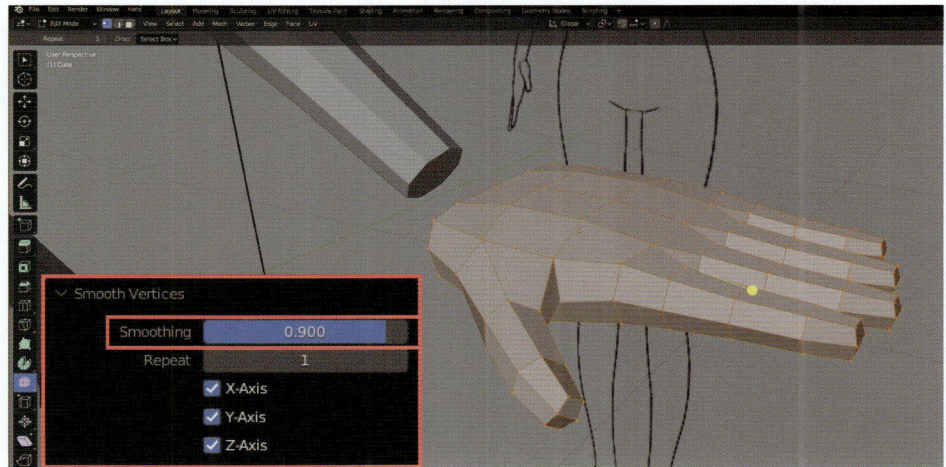

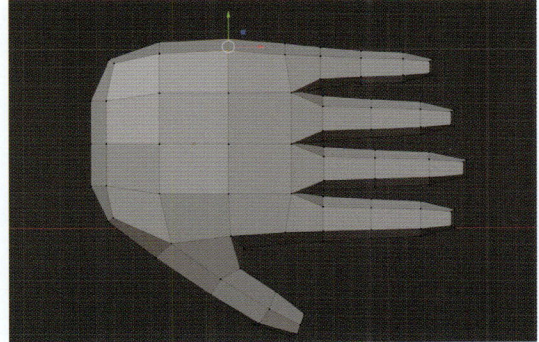

12   전체적으로 이상한 부분을 다듬어줍니다.

한눈에 보는 작업 과정,
고수의 뷰! (01~12단계)

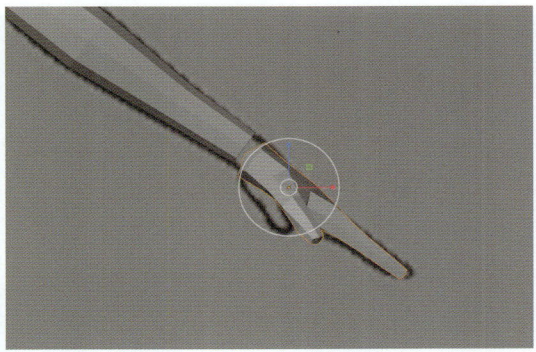

13   이제 팔과 연결하겠습니다. 팔과 자연스럽게 이어질 수 있도록, 손의 크기와 각도를 조절해줍니다. 이때 아직 서로 붙게 두어서는 안 됩니다.

14 손을 선택하고 [Shift] 키를 누른 채 팔을 다중 선택합니다. 그리고 [Ctrl]+[J]로 하나의 오브젝트로 만들어줍니다. 우측 상단 아웃라이너 창을 보면, Cube가 사라지고 Cylinder만 남아 있습니다.

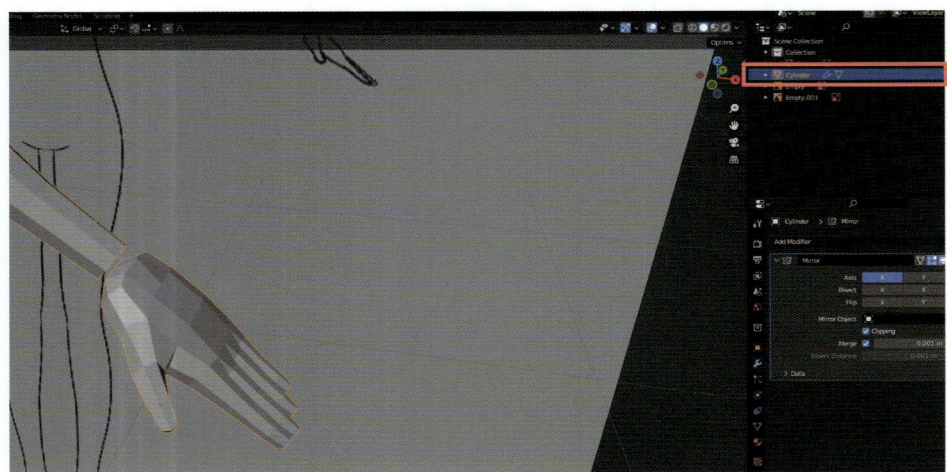

15 에디트 모드로 전환하고, Face Select 모드에서 연결할 손목 부분의 Face들(팔 아랫면과 손 윗면 4개)을 그림처럼 [Shift] 키로 다중 선택합니다. 양쪽 다 Vertex 수가 8개로 동일하니, 바로 연결할 수 있겠습니다.

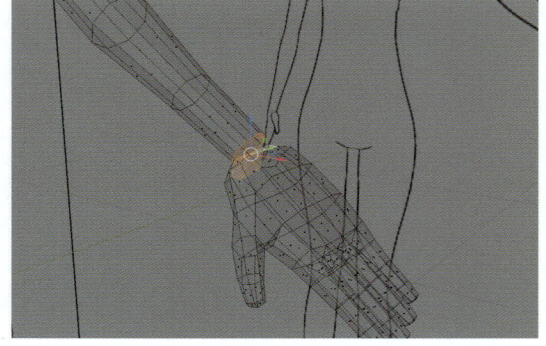

16 마우스 우클릭하여 [Face Context Menu]에서 [Bridge Faces] 명령을 선택하면 팔과 손이 연결됩니다.

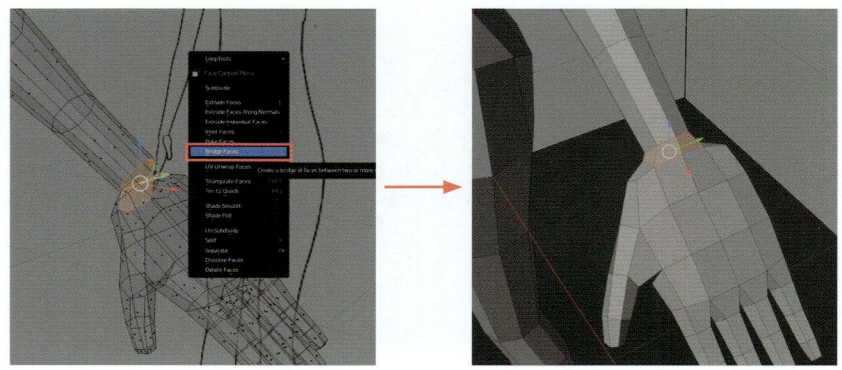

17 전체적으로 돌려 보면서 이상한 부분을 다듬어서 마무리합니다.

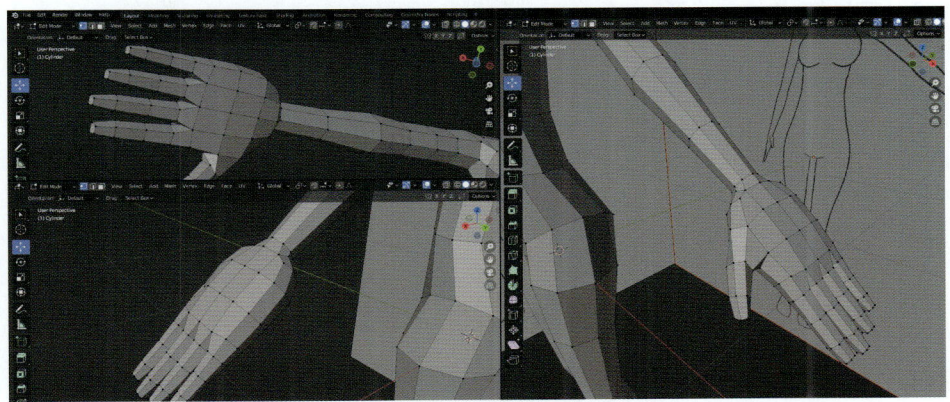

5 가슴

01 마지막으로 가슴을 만들겠습니다. 오브젝트 모드에서 서브 메뉴바 → [Add] → [Mesh] → [UV Sphere]를 차례로 클릭해 스피어를 하나 추가합니다. 좌측 하단 [Add UV Sphere] 옵션창에서 [Segments]는 8, [Ring]은 8로 지정합니다.

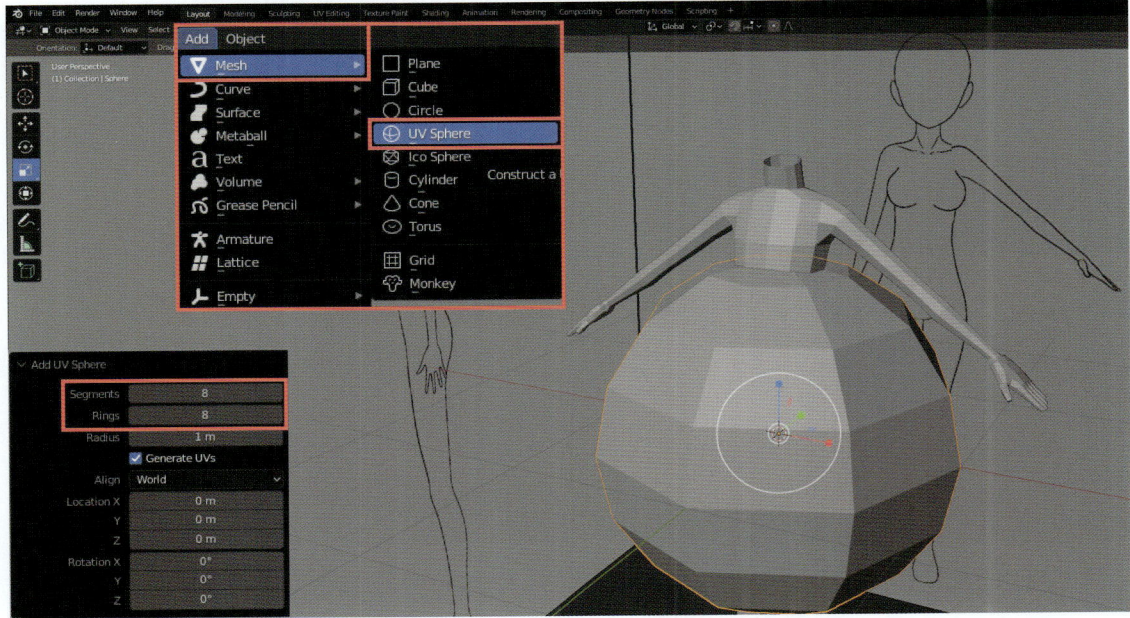

02 [R], [X], 90을 차례로 눌러 X축으로 90도 회전시켜 줍니다.

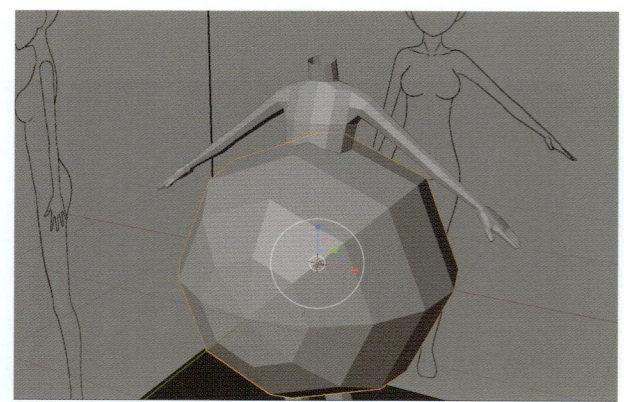

03 사이드 뷰로 돌리고, 에디트 모드로 전환한 뒤, Face Select 모드로 바꿔 Sphere 뒤쪽 면들을 선택해 [Del] 키로 지워줍니다.

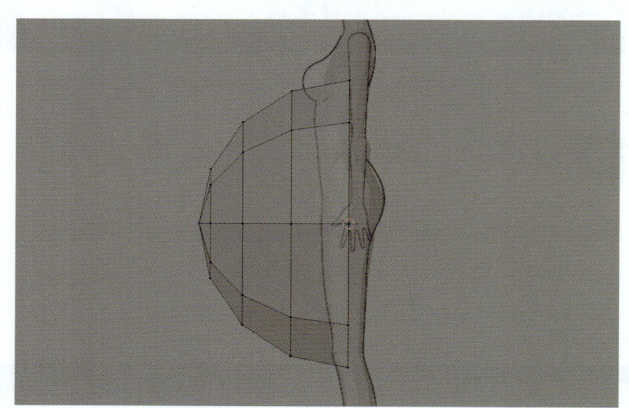

04 참고 이미지에 맞춰서 정면 뷰와 사이드 뷰를 오가며 크기와 위치를 조정합니다.

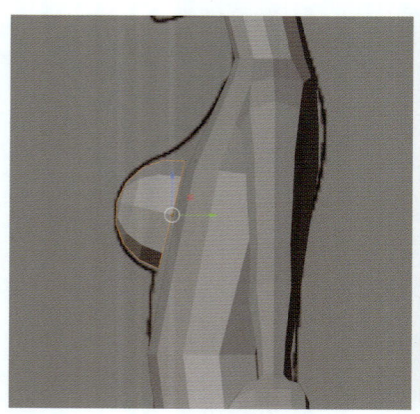
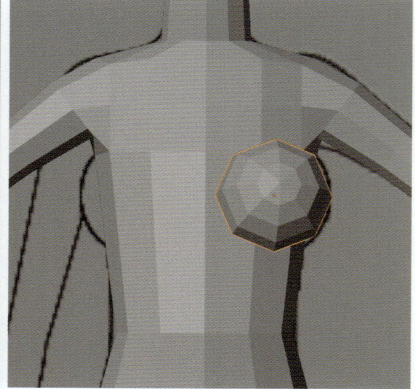

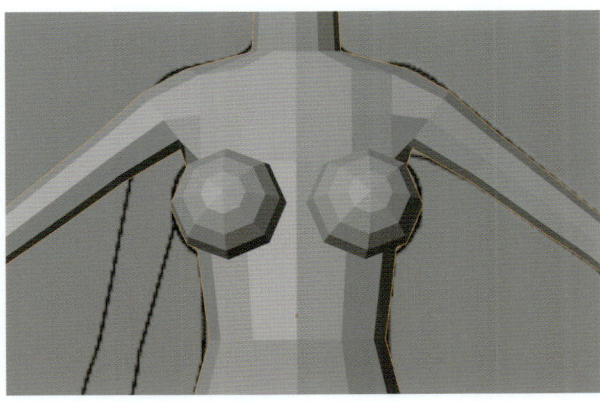

05 Sphere를 선택하고 [Shift] 키를 누른 상태에서 기존 제작된 몸통을 다중 선택합니다. [Ctrl]+[J]를 눌러 하나의 오브젝트로 만듭니다. 자동으로 Mirror 명령이 적용되어 반대쪽 Sphere가 생성됩니다.

06 이제 가슴과 몸통을 연결해야 합니다. Sphere의 Ring 수를 8로 했으니, 몸통도 그에 맞추어 ⊞ ([Loop Cut], [Ctrl]+[R])으로 2줄을 추가해줍니다.

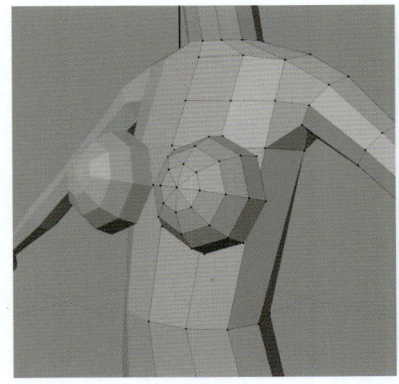 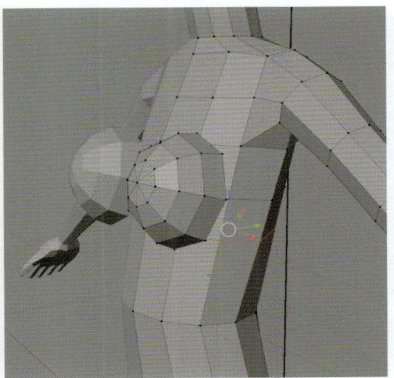

07 Sphere는 이미 뒤쪽 면이 지워진 상태이니, Sphere와 연결될 몸통 부분 Face 4개를 선택해서 지워줍니다.

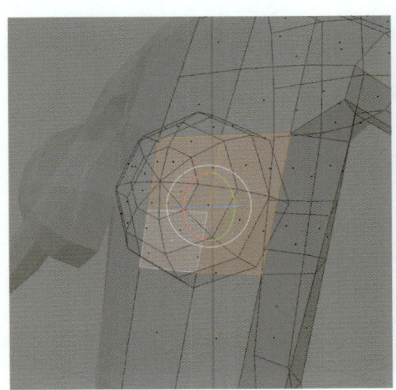 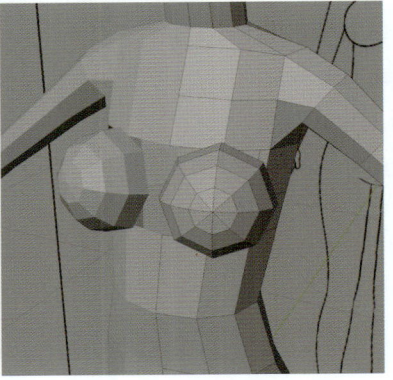

08 Vertex Select 모드에서 작업합니다. Sphere의 Vertex를 먼저 선택하고, [Shift] 키를 눌러 몸통의 Vertex를 다중 선택합니다.

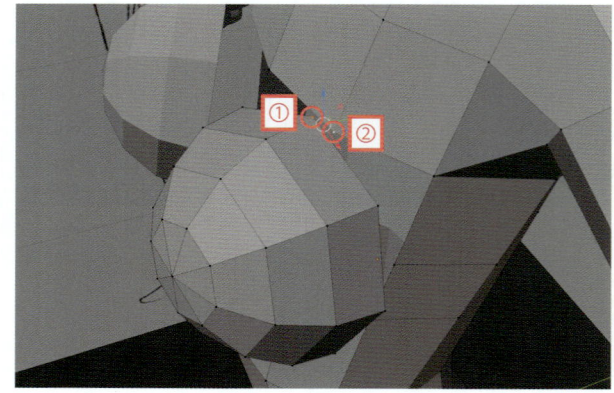

09 마우스 우클릭으로 [Vertex Context Menu]를 띄우고, [Merge Vertices] → [At Last]를 차례로 선택합니다. Sphere의 Vertex가 몸통의 Vertex로 합쳐집니다.

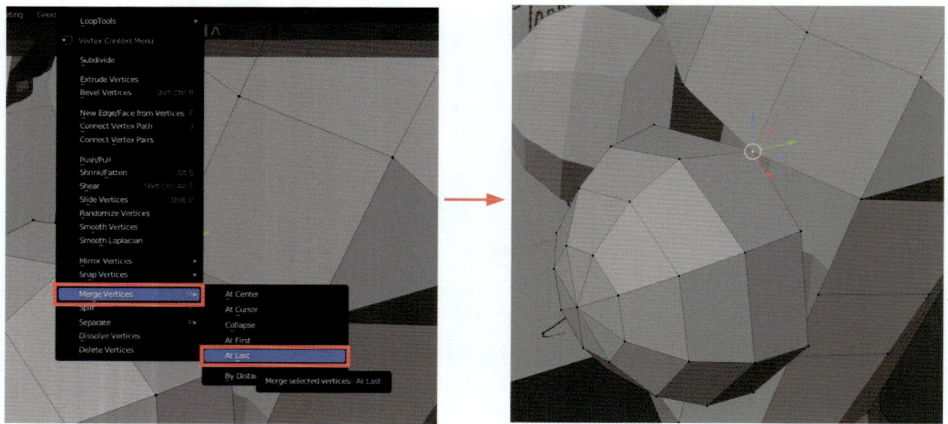

10 같은 방법으로 모든 Vertex를 이어줍니다. 단 안쪽 가운데 Vertex는 단순히 중앙 쪽으로 움직이면 Mirror 명령이 적용되어 자동으로 반대쪽 Vertex와 합쳐집니다.

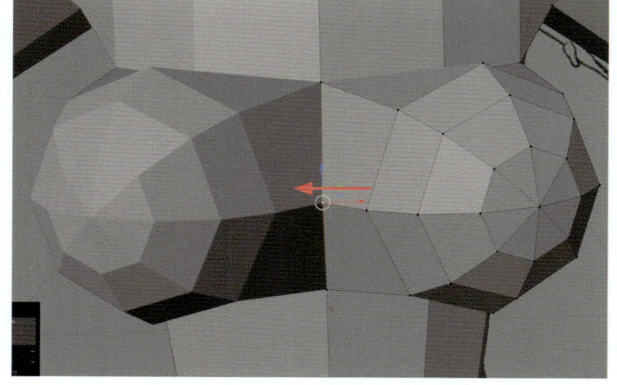

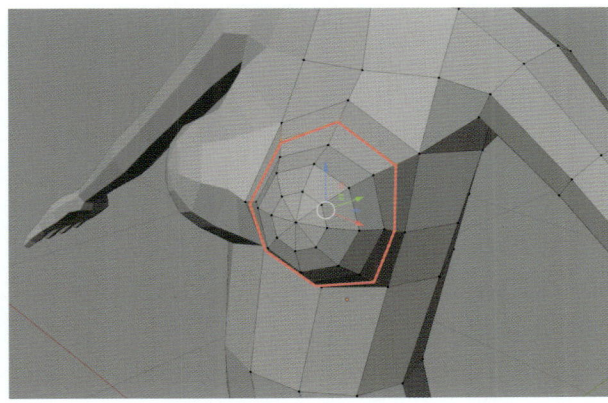

11 자연스러운 연결을 위해, ⬚([Loop Cut], [Ctrl]+[R])으로 Edge를 그림처럼 Edge를 한 줄 더 추가해줍니다.

12 참고 이미지에 맞추어 크기와 모양을 더 세밀하게 다듬어줍니다.

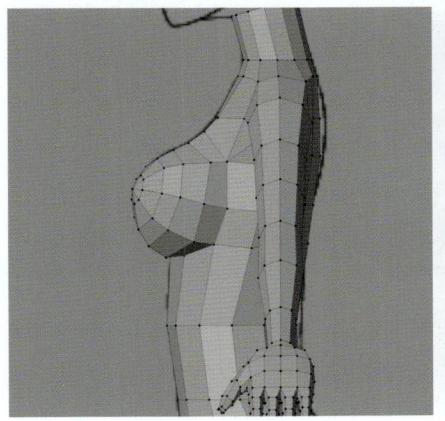
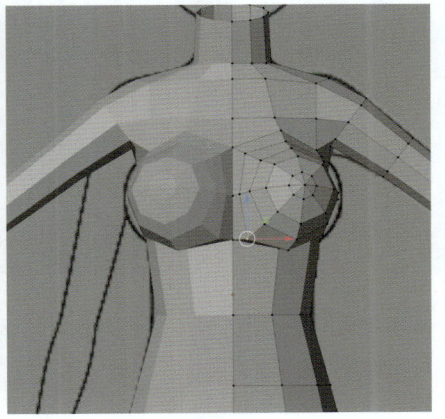

13 가슴을 포함하여 전체적인 몸통이 만들어졌습니다.

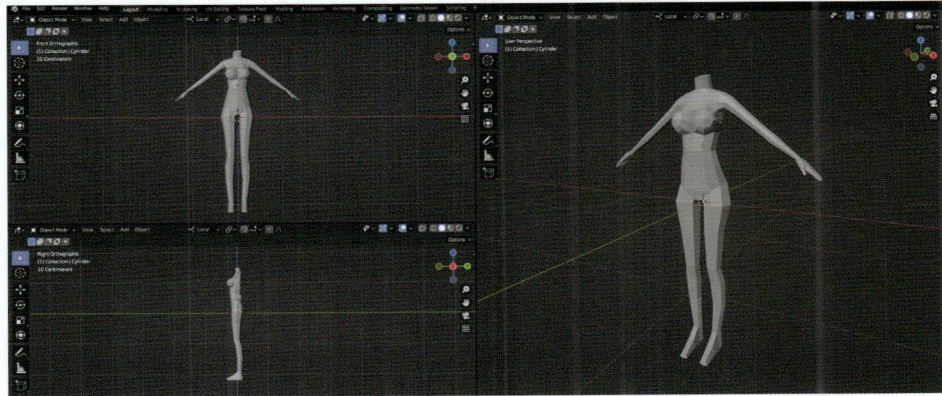

6 몸통 정리

인체 형태는 다 만들어졌지만, 이후 작업을 진행할 수 있도록 몇 가지 마무리를 하고 끝내겠습니다.

6.1 관절

01 인체의 구부러지는 부위에는 최소 3줄의 Edge가 있어야, 애니메이션 적용 시 곡선 처리 하기가 좋습니다. 캐릭터에 관절을 추가하는 셈입니다. 각 부위에 📦 ([Loop Cut], [Ctrl]+[R])으로 가로 Edge를 추가해, 총 3줄로 만들어주면 됩니다.

목 아래쪽에 Loop Cut으로 Edge 두 줄을 추가하고 다듬어줍니다. 기존 Edge를 중심으로, 위아래에 한 줄씩 위치하게 하면 됩니다.

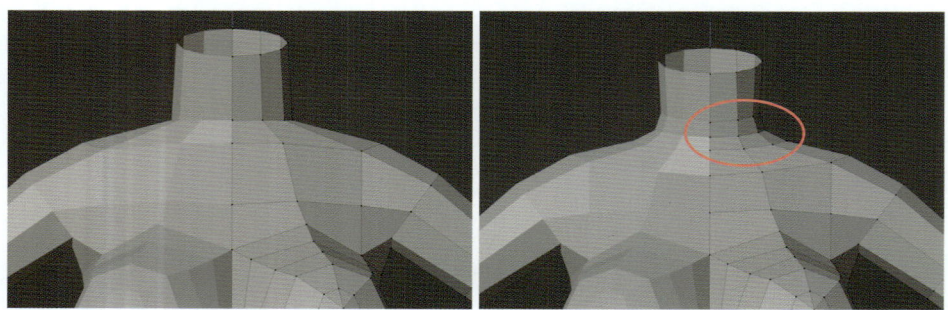

02 다른 관절부도 같은 방식으로 진행합니다. 팔과 이어지는 어깨에 한 줄 더 추가해서 어깨 모양을 다듬어줍니다.

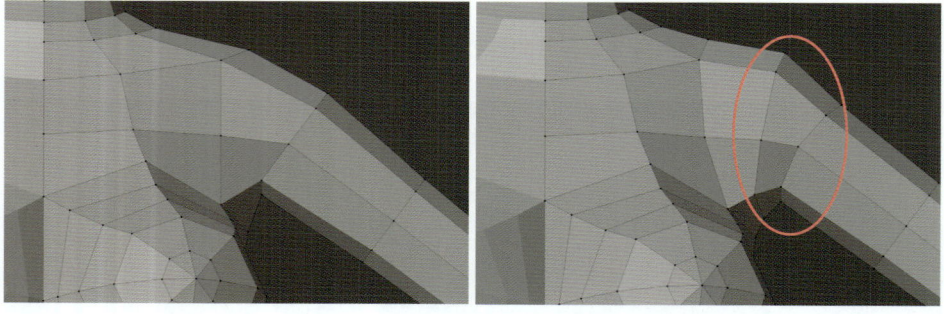

03 팔꿈치에도 두 줄 추가해서 다듬어줍니다.

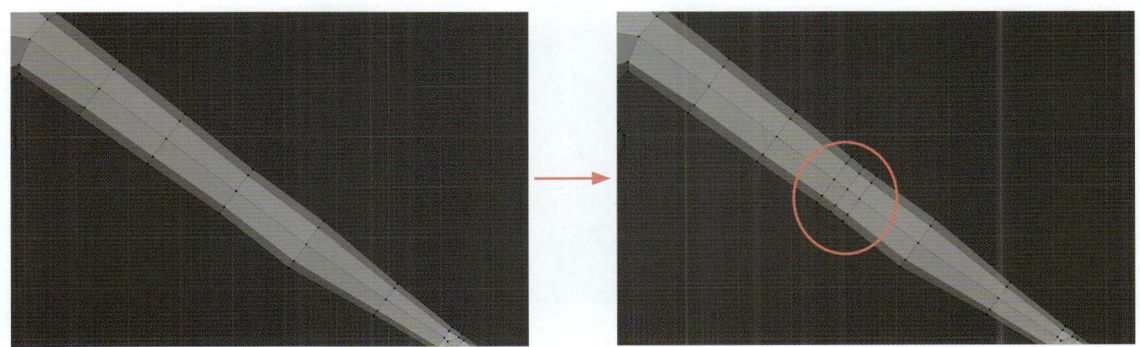

04 손목에도 두 줄 추가해서 다듬어줍니다.

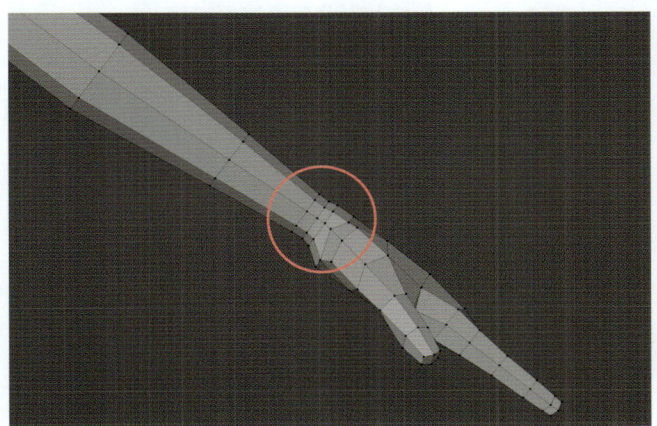

05 허리에도 두 줄을 추가해서 다듬어줍니다.

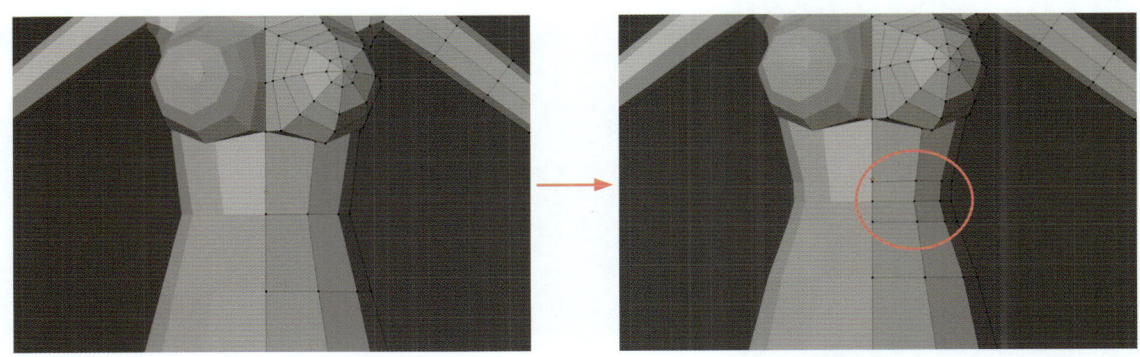

06 골반에도 한 줄 추가해서 다듬어줍니다.

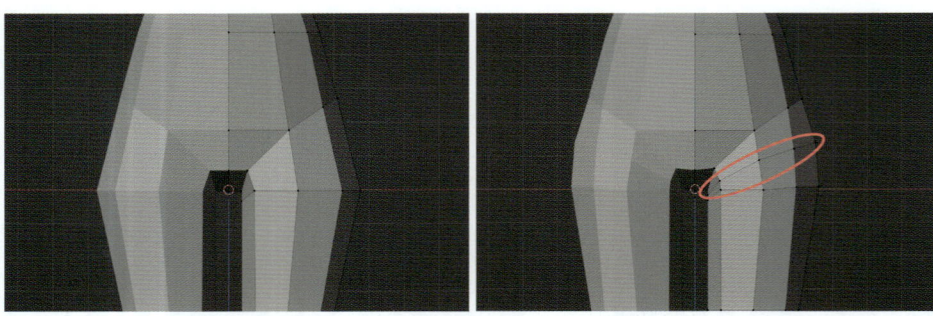

07 무릎도 두 줄을 추가해서 다듬어줍니다.

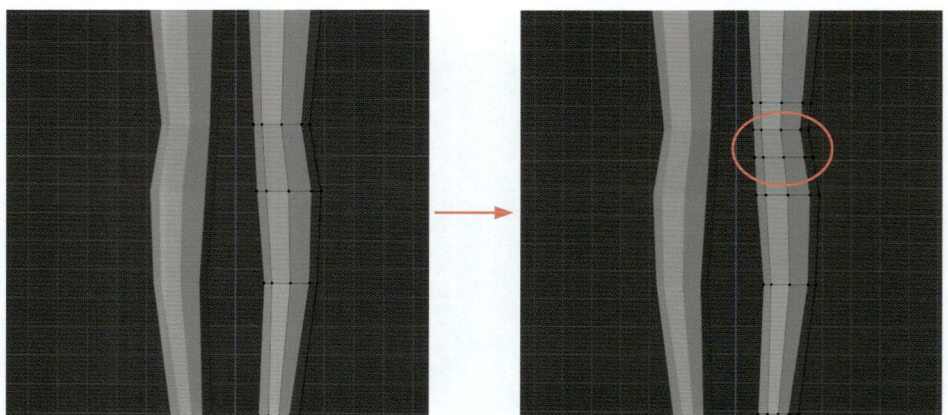

08 발목도 두 줄 추가해서 다듬어줍니다.

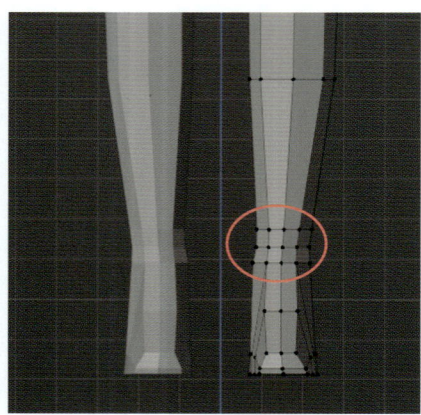

09 이렇게 모든 관절이 Edge 3줄로 이루어지도록 만들어주었습니다. 그런데 팔꿈치는 손목과 달리 한쪽으로만 관절이 꺾이지, 양쪽으로 자유롭게 꺾이진 않습니다. 그래서 팔꿈치 안쪽은 한 줄로 처리하는 게 좋습니다.

정면 뷰에서 팔꿈치 위아래에 추가한 Vertex를 선택하고, 평행한 안쪽 Vertex를 선택해 합쳐줍니다. 마우스 우클릭하여 팝업된 메뉴에서 [Merge Vertices] → [At Last]를 차례대로 선택합니다.

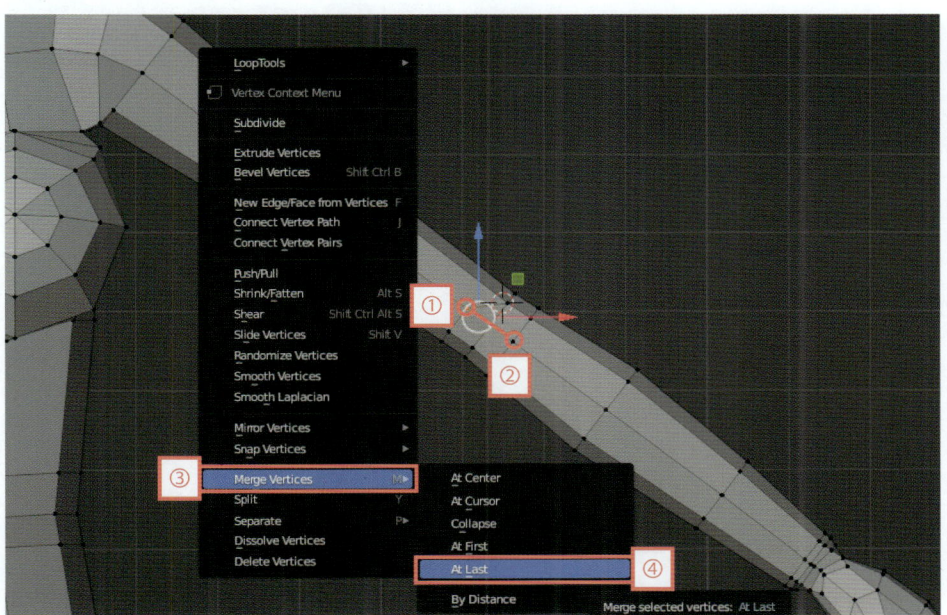

10 이 작업을 반복해 모든 Vertex를 합쳐서 다음 그림처럼 만들어줍니다.

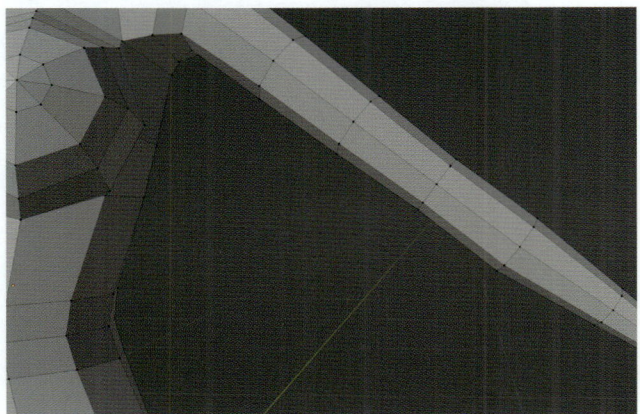

11   팔꿈치는 Vertex를 조정해 그 림처럼 보호대 모양으로 다듬어줍니다.

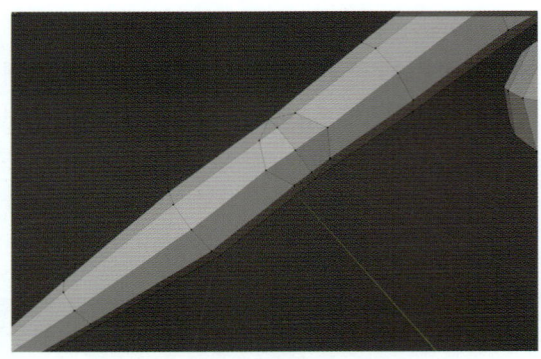

12   무릎도 팔꿈치와 마찬가지입니다. 구부러지는 모습을 생각해 무릎은 보호대 모양으로 다듬고, 오금(무릎 뒤쪽)은 한 줄로 처리해줍시다.

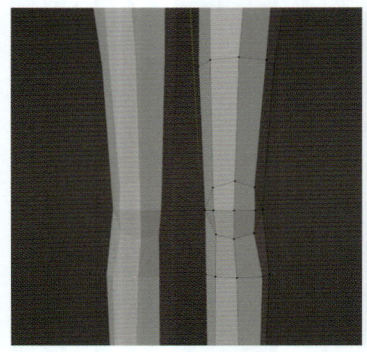 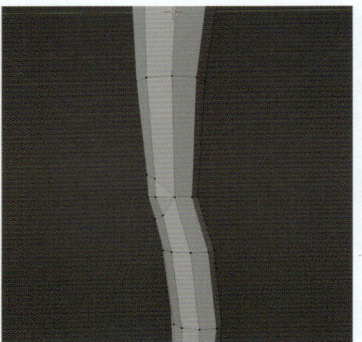

13   이제 오브젝트 모드로 바꾸고, 몸통 전체에 마우스 우클릭하여 팝업된 메뉴에서 [Shade Smooth]를 선택하여 각지지 않고 부드럽게 보이게 해줍니다.

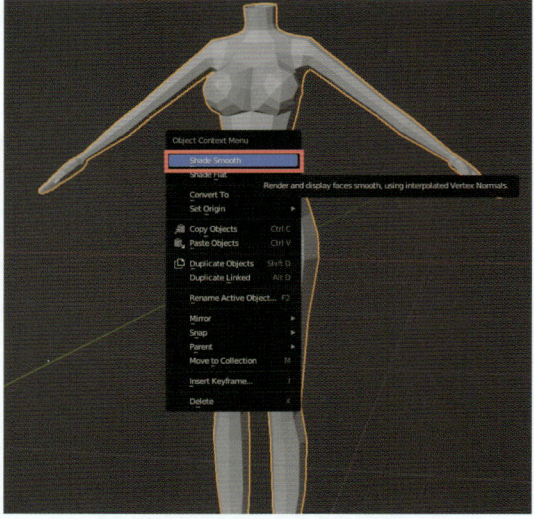

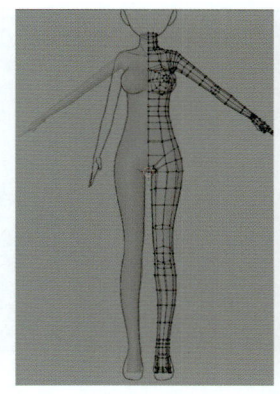
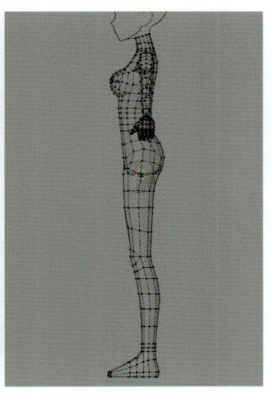

14 정면 뷰, 사이드 뷰에서 어떻게 보이는지 확인하고, 필요한 부분은 Loop Cut으로 선을 더 추가하는 등 참고 이미지와 비교하면서 다듬어줍니다.

15 몸통이 완성되었습니다.

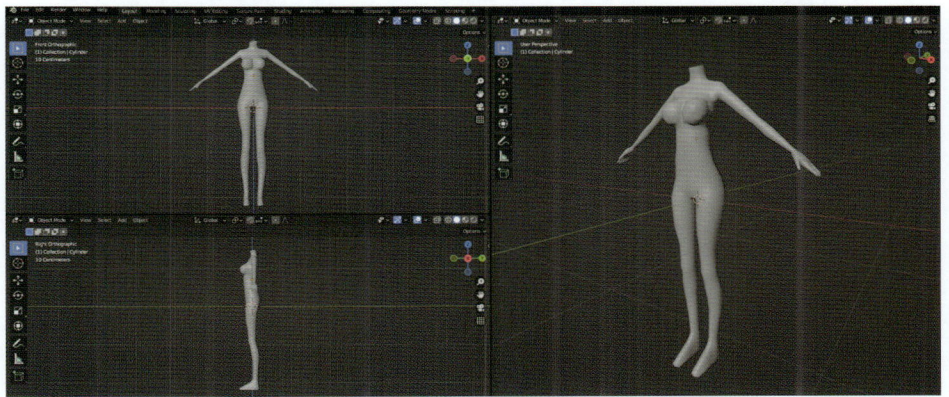

6.2 마무리

01 이제 완성한 몸통과 얼굴을 연결하겠습니다. 우측 상단 아웃라이너에서 숨겨 두었던 얼굴 모델링을 보이게 하고 크기와 위치를 조정해줍니다.

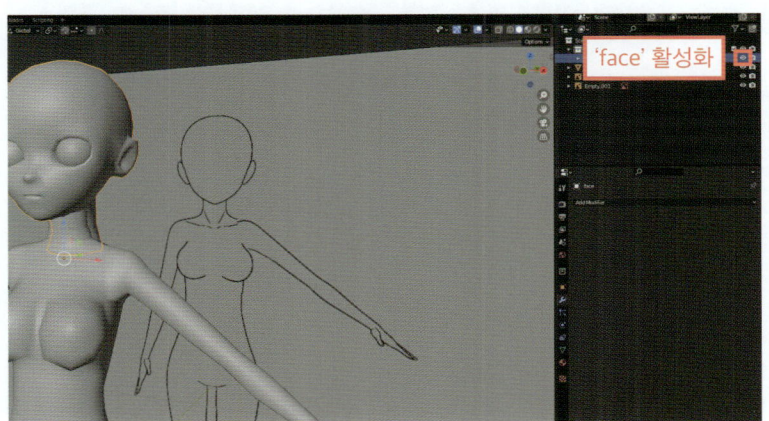

'face' 활성화

02 그런데 얼굴에도 목이 있고, 몸통에도 목이 있습니다. 아웃라이너 창에서 이번에는 몸통(Cylinder) 옆 👁 아이콘을 클릭해 잠시 숨겨 주고, 얼굴 모델링의 목 부분 Vertex를 전부 선택해서 [Del] 키로 지워줍니다.

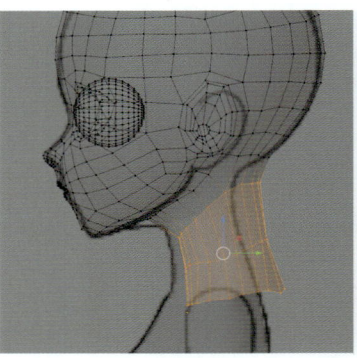
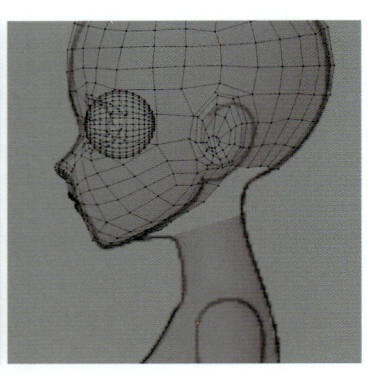

03 우측 🔧 ([Modify Properties])를 보면 얼굴은 Mirror가 없고, 몸통은 Mirror가 있는 상태입니다. Mirror 옵션창에서 [Apply]를 클릭해 명령 적용을 완료합니다. 둘 다 같은 상태가 되었습니다.

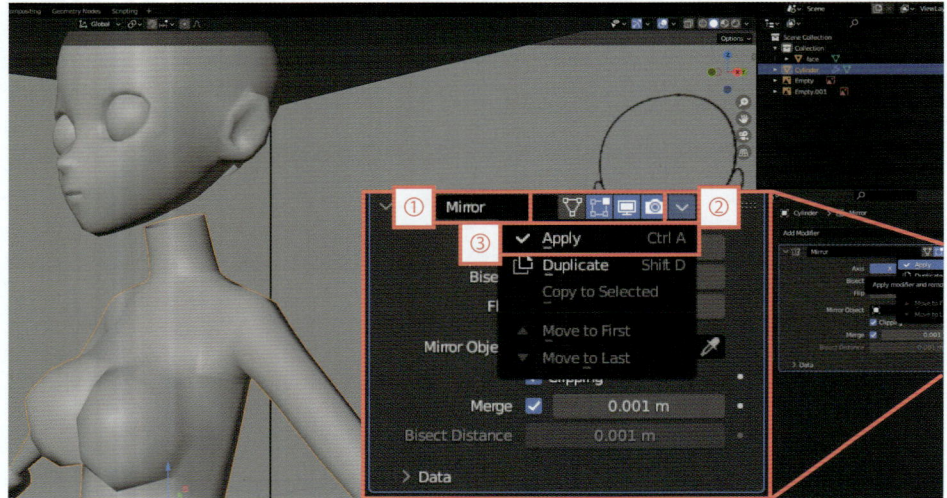

04 [Shift] 키로 얼굴과 몸통을 다중 선택하고, [Ctrl]+[J]를 눌러 하나의 오브젝트로 만들어줍니다.

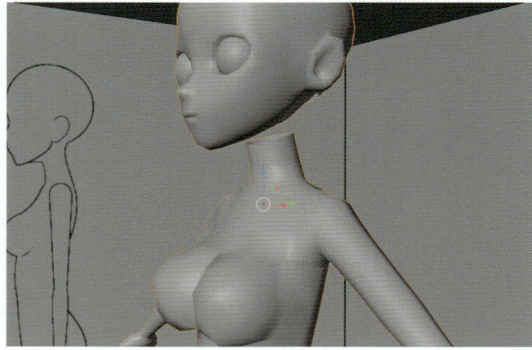

05 에디트 모드로 돌아가, Edge Select(숫자 [2]) 모드에서 [Alt] 키를 이용해 얼굴 단면 Edge를 모두 선택합니다. 이 상태에서 [Alt]+[Shift] 키를 다시 누르고 목 단면을 클릭하면 동시에 목 단면 Edge도 모두 선택됩니다. 이제 마우스 우클릭으로 [Edge Context Menu]를 띄우고, [Bridge Edge Loops] 명령을 클릭해 선택한 Edge를 연결해줍니다.

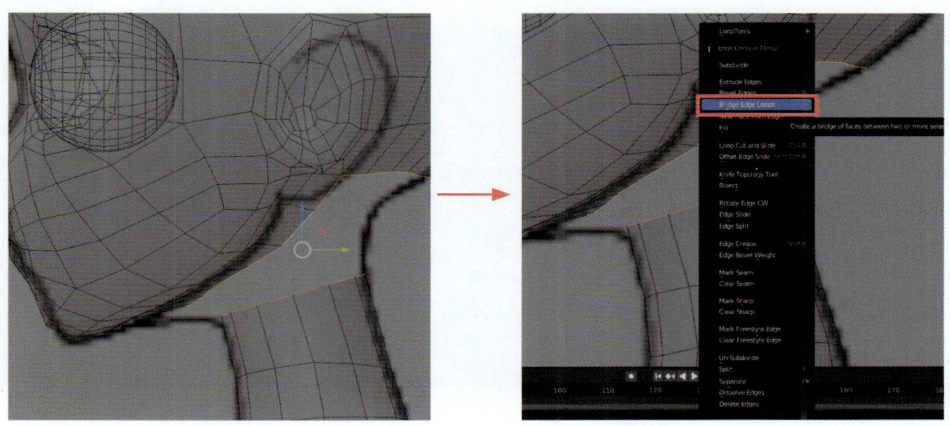

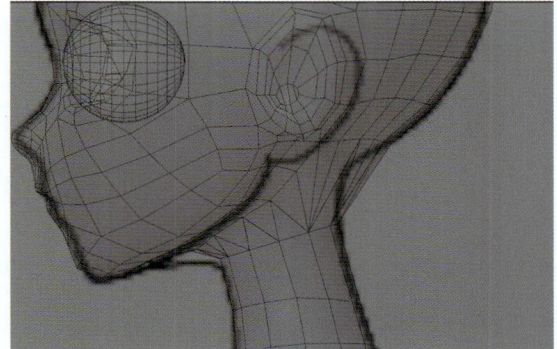

06 얼굴과 몸이 합쳐졌습니다.

07 이제 참고 이미지에 맞게 다시 한번 다듬어줍니다. 필요한 부분은 Loop Cut으로 Edge를 추가해서 다듬어줍니다.

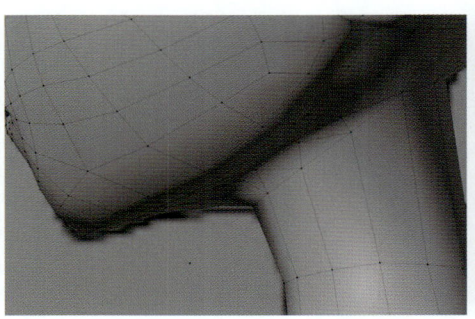 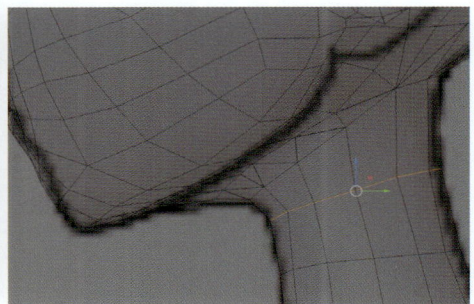

08 얼굴과 마찬가지로 아직 디테일 작업은 안 되었지만, 이로써 캐릭터의 몸은 모두 완성되었습니다.

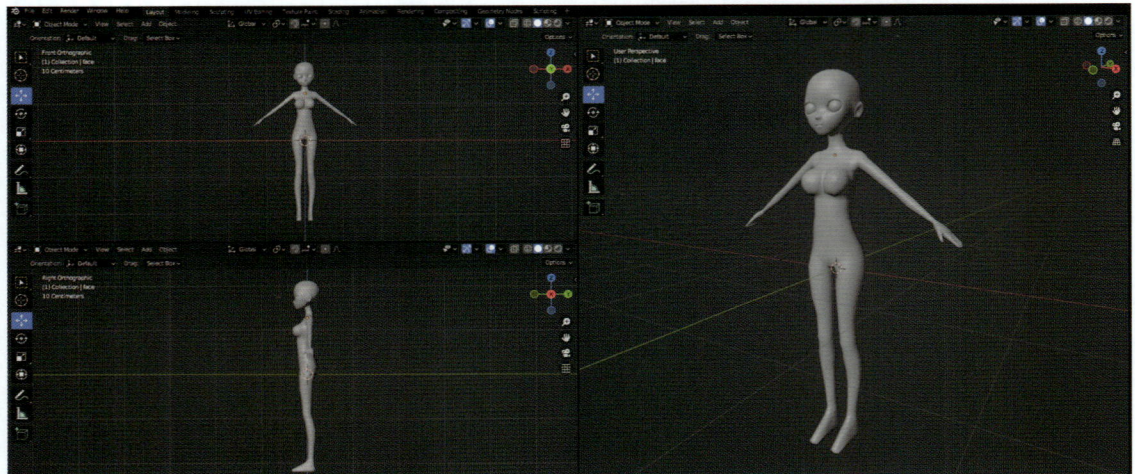

SECTION 03 | 디테일 모델링 및 마무리

지금은 오로지 얼굴과 몸만 있습니다. 캐릭터에게 머리카락을 붙여주고 옷을 입혀서 개성을 부여해 보겠습니다. 디테일 모델링인 셈입니다. 머리카락이나 옷은 제작 방법이 다양합니다. 여기서는 캐주얼 캐릭터임을 감안해 간소한 방식으로 진행하겠습니다. 머리카락은 변형이 자유로운 Curve 기능으로 만들고, 옷은 몸통에서 추출해서 만든 다음 Cloth 기능으로 자연스럽게 주름을 잡아주도록 하겠습니다. 그리고 매핑 단계로 넘어가기 전에 필요한 몇 가지 마무리 작업을 하고 마치겠습니다.

1 머리카락 모델링: Curve

01 머리카락부터 모델링하겠습니다. 참고 이미지는 숨기고, 완성된 캐릭터 본체만 두고 시작합니다. 서브 메뉴바에서 [Add] → [Curve] → [Path]를 차례대로 클릭해 선을 하나 만들어줍니다.

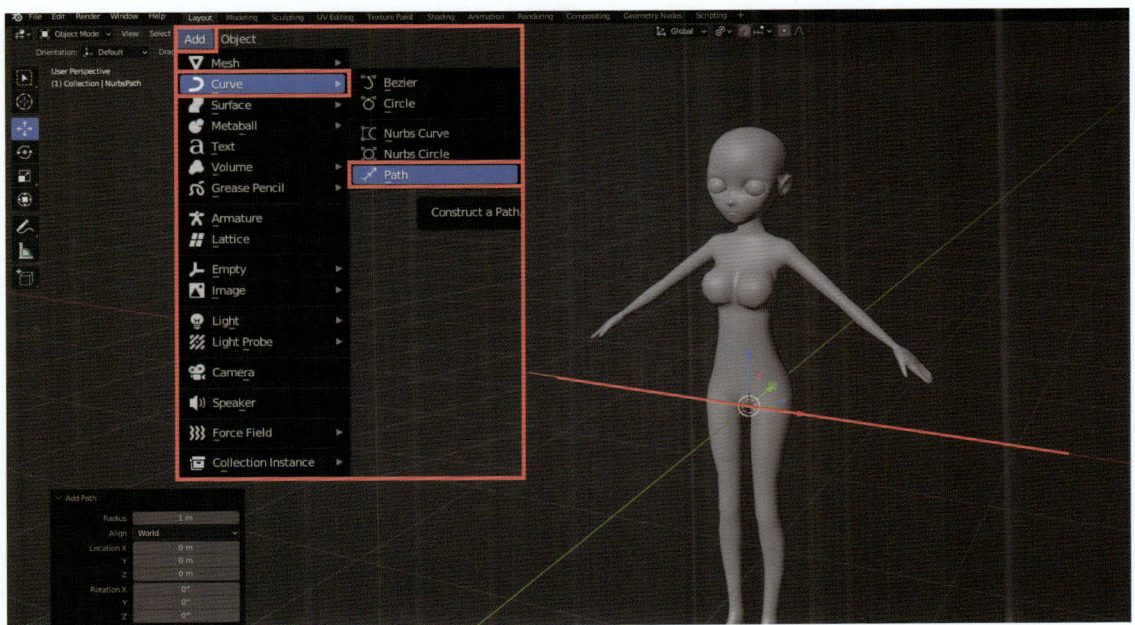

02 다시 [Add] → [Curve] → [Circle]을 차례로 클릭해 추가로 원도 하나 만들어줍니다.

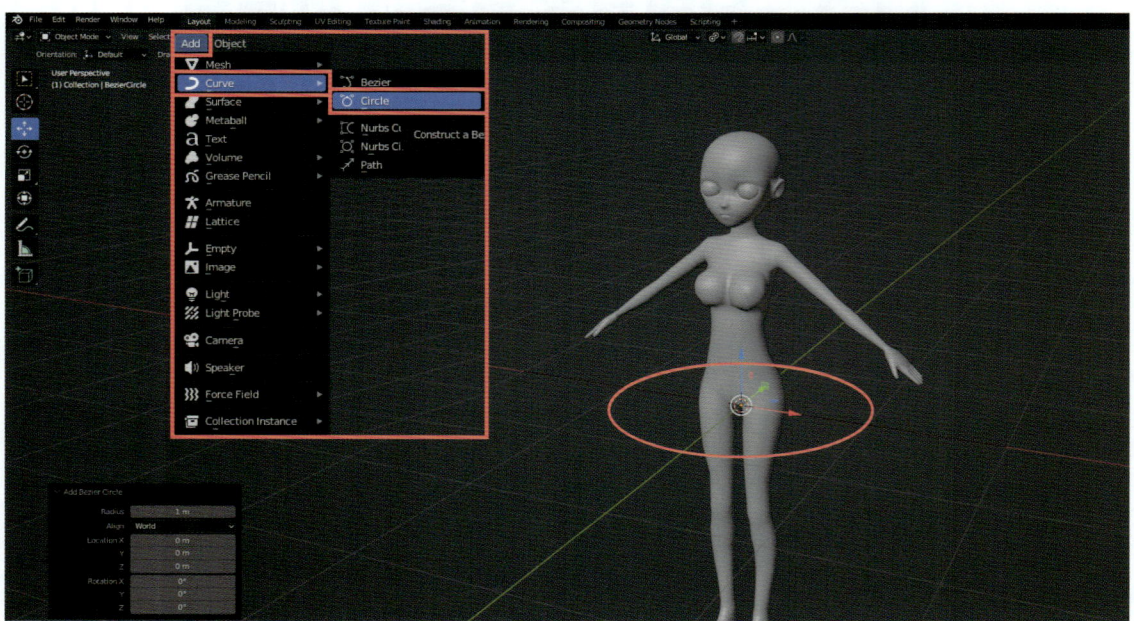

03 Path를 선택하고 우측 ![icon]([Object Data Properties]) 탭의 [Geometry] → [Bevel] 항목으로 갑니다. [Object] 버튼을 선택한 뒤, 스포이드 툴로 Circle을 클릭합니다. 그러면 자동으로 Path에 Circle 모양으로 두께가 생성됩니다.

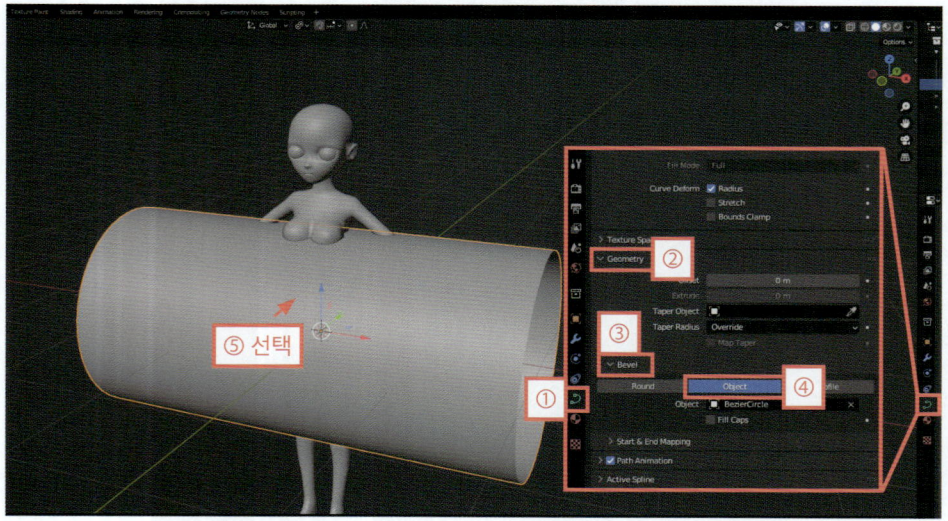

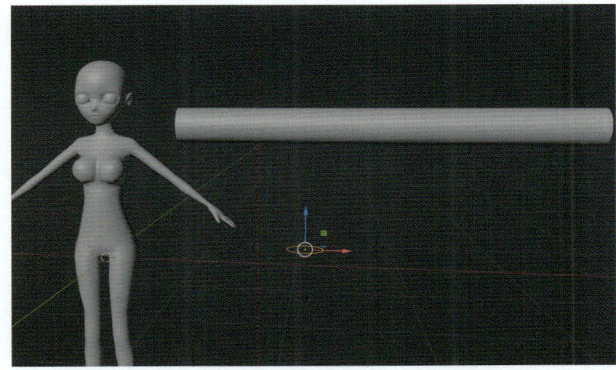

04 작업을 위해 Path를 캐릭터 본체에서 떨어뜨려줍니다. 이것이 머리카락 한 묶음이 됩니다. 너무 크니 좀 줄여주겠습니다. Circle을 선택하고 [S]로 Scale을 조절하면, Path도 연동되어서 Scale이 조절됩니다.

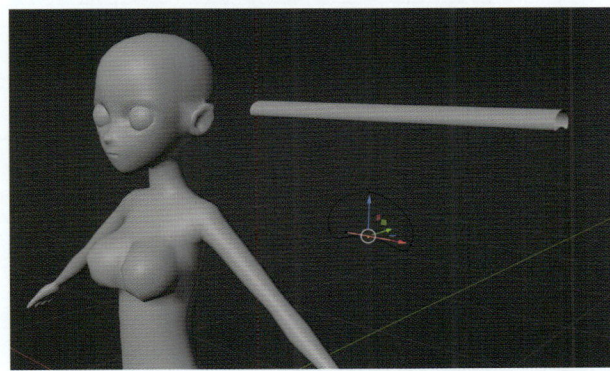

05 이 연동은 에디트 모드에서도 마찬가지입니다. Circle의 모양을 다듬으면, Path의 모양도 바뀝니다.

06 더 세밀한 모델링을 위해 조절점을 더 추가하고 싶다면, Vertex 2개를 선택하고 마우스 우클릭하여 팝업된 메뉴에서 [Subdivide]를 선택합니다. 그러면 선택한 Vertex 사이에 Vertex가 하나 더 추가됩니다.

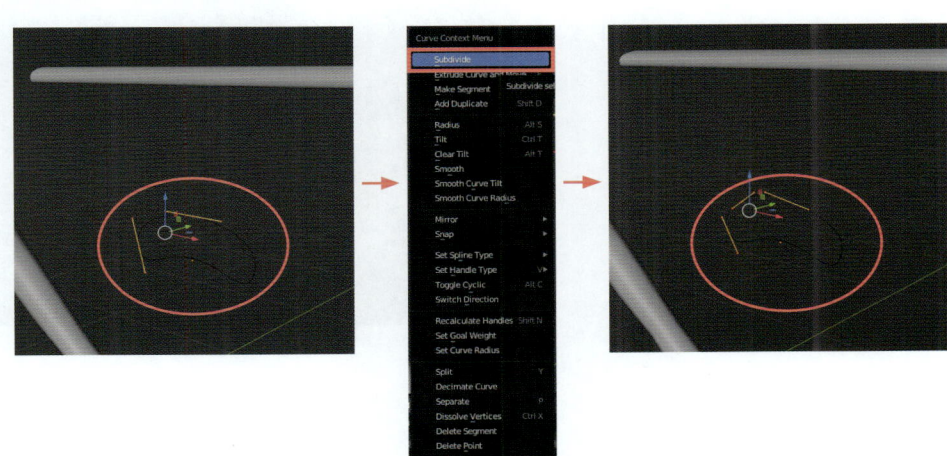

07 같은 방법으로 조절점들을 몇 개 더 만들어줍니다.

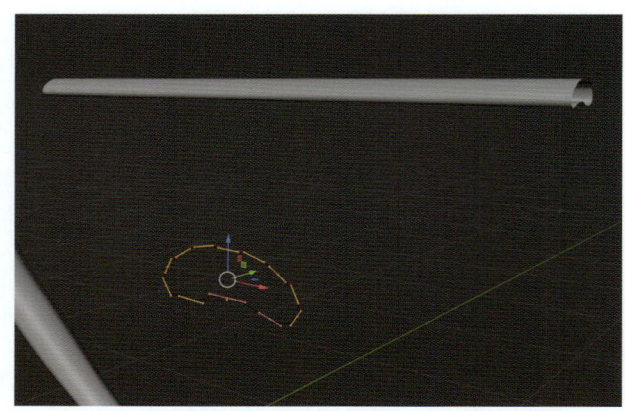

08 Vertex를 조절해서 그림처럼 머리카락 단면을 만들어줍니다.

09 이제 Path를 선택하고 에디트 모드에서 모양을 다듬어 주겠습니다. 먼저 [Alt]+[S]로 크기를 조절합니다.

한눈에 보는 작업 과정, 고수의 뷰! (01~09단계)

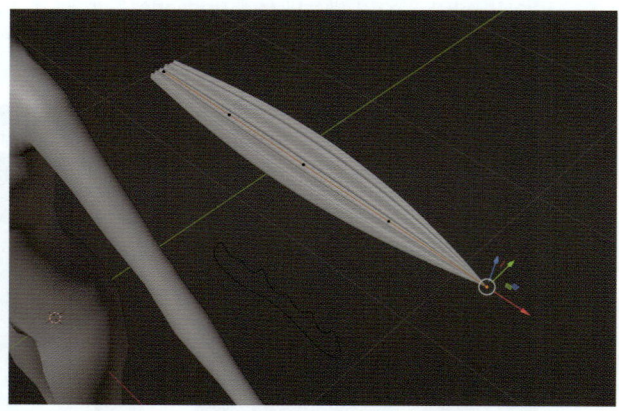

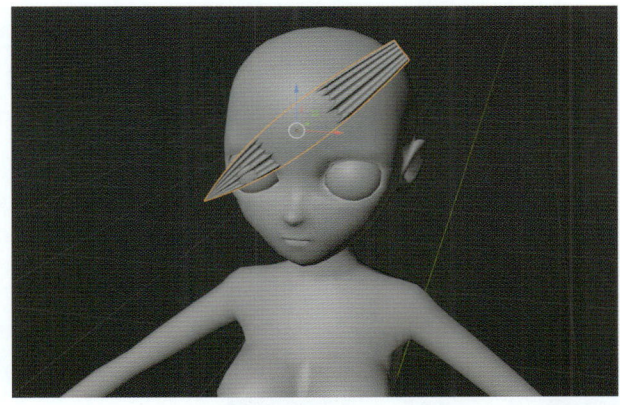

10 머리카락 전체를 일일이 모델링하기 어려우니, 이것을 기본 머리카락 모듈로 삼아 조금씩 변형해서 사용하겠습니다. 오브젝트 모드에서 두상에 맞게 그림처럼 크기와 위치를 조절합니다.

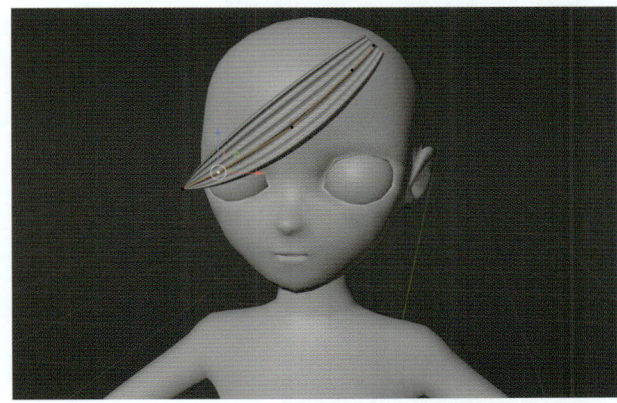

11 에디트 모드에서 모양을 더 세밀하게 다듬어줍니다.

12 이것을 여러 개 이어 붙여서 머리를 채워주겠습니다. 오브젝트 모드에서 [Shift]+[D]를 눌러 완성한 기본 머리카락 오브젝트를 복사해줍니다. 처음 머리카락의 옆쪽에 위치시키고, 에디트 모드에서 각도와 모양을 자연스럽게 다듬어줍니다.

13 같은 방법으로 원하는 머리 모양을 만들어가면 됩니다. 머리카락을 더 길게 하고 싶을 경우, 끝 부분 Vertex를 선택하고 [E](Extrude)를 누르면 Vertex가 추출되어 머리카락이 길어집니다. 단축키 [Alt]+[S](크기 조절)와 [Ctrl]+[T](회전)를 적절하게 사용해 자연스럽게 머리 모양을 수정합니다.

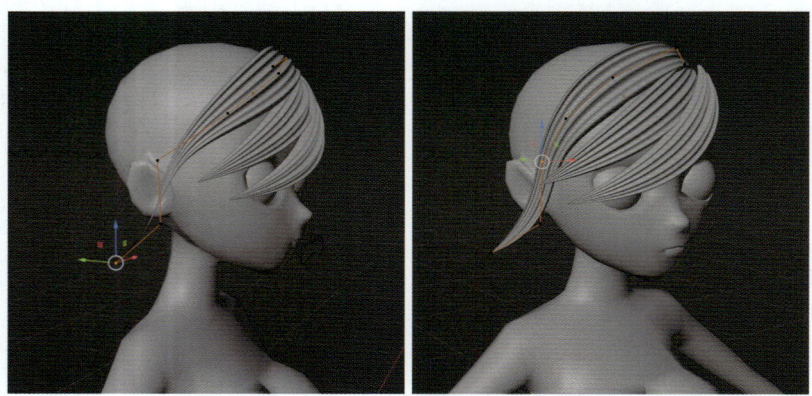

14 가르마 반대쪽 머리카락은 어떻게 할까요? 기본 머리카락을 [Shift]+[D]로 복사한 후, 마우스 우클릭하여 팝업된 메뉴에서 [Mirror] → [X Global]을 클릭하면 됩니다. 이것은 Global X축 기준으로 오브젝트를 반전시키는 명령입니다.

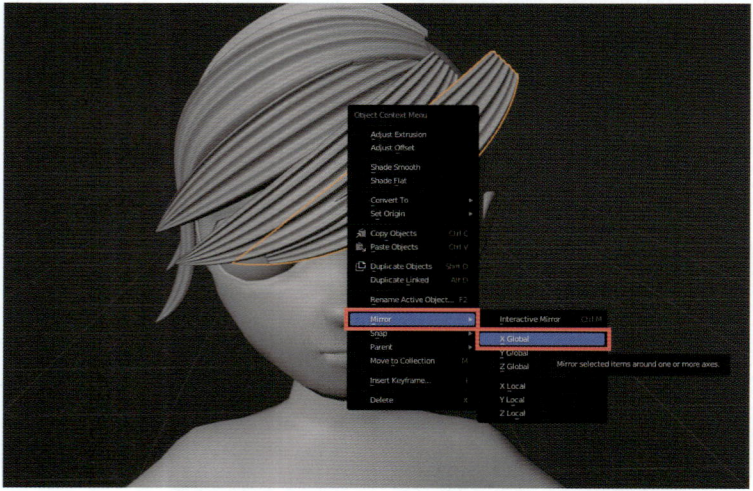

15 원하는 곳에 위치시키고 똑같이 [Alt]+[S](크기 조절)와 [Ctrl]+[T](회전)로 다듬어줍니다. 이 반전 버전의 머리카락을 복사해서 이쪽의 머리를 채워주면 됩니다.

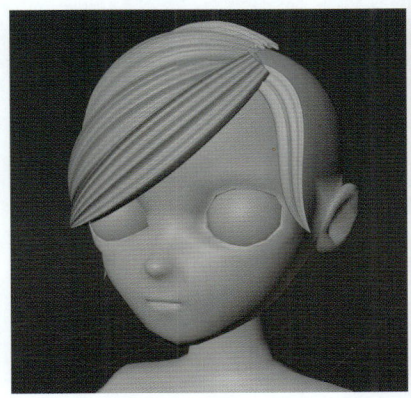 

16 동일한 방법으로 뒷머리카락도 전부 붙여줍니다. 활동성 있는 숏컷 머리스타일로 만들어 보았습니다.

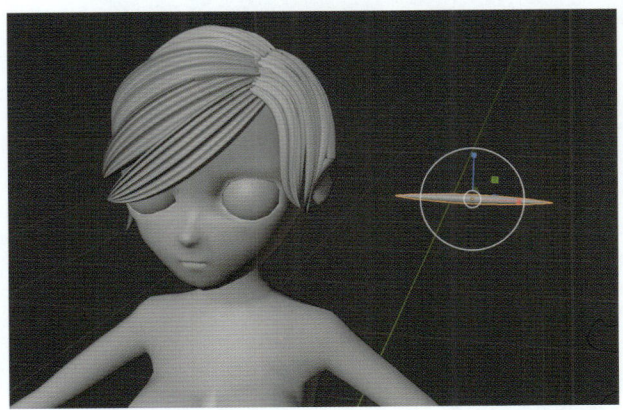

17 머리 사이사이에 빈 곳이 있습니다. Path와 Circle을 다시 하나씩 추가해서 이번엔 심플한 모양으로 머리카락 한 가닥을 생성해줍니다.

18 그림처럼 중간 중간 빈 곳에 새로 만든 머리카락을 넣어 채워줍니다.

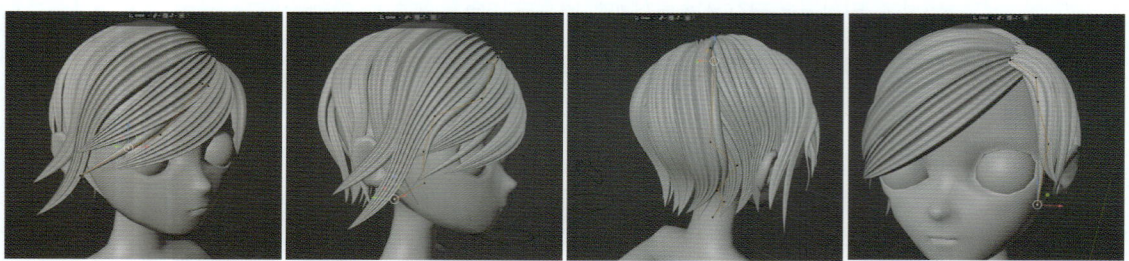

19 이제 마무리하겠습니다. 모든 머리카락을 선택하고 마우스 우클릭하여 팝업된 메뉴에서 [Convert To] → [Mesh]를 클릭해 Mesh로 바꾸어줍니다. 이때 아웃라이너 창에서 'NurbsPath' 이름을 모두 선택하면 편하게 진행할 수 있습니다.

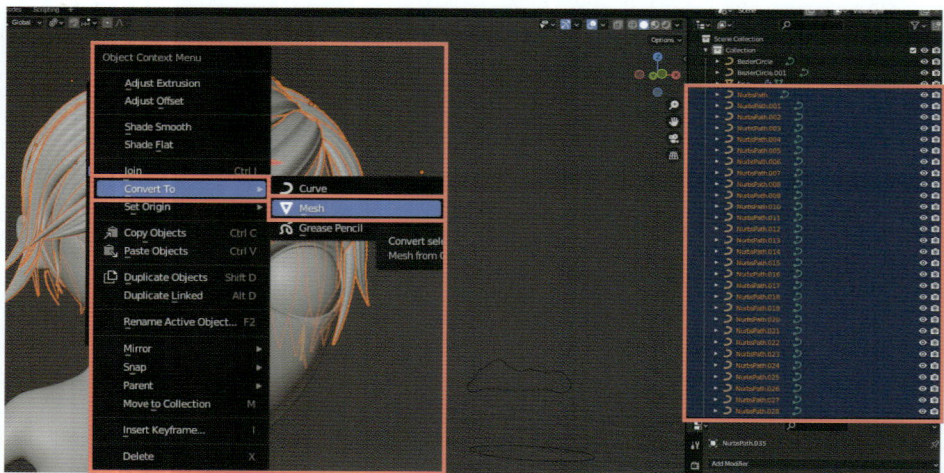

20 [Ctrl]+[J]를 눌러 머리카락 (NurbsPath) 전체를 하나의 오브젝트로 만들어줍니다.

21 서브 메뉴바의 [Object] → [Set Origin] → [Origin to Geometry]을 차례로 클릭하여 중심점을 오브젝트 중앙으로 위치시켜 줍니다.

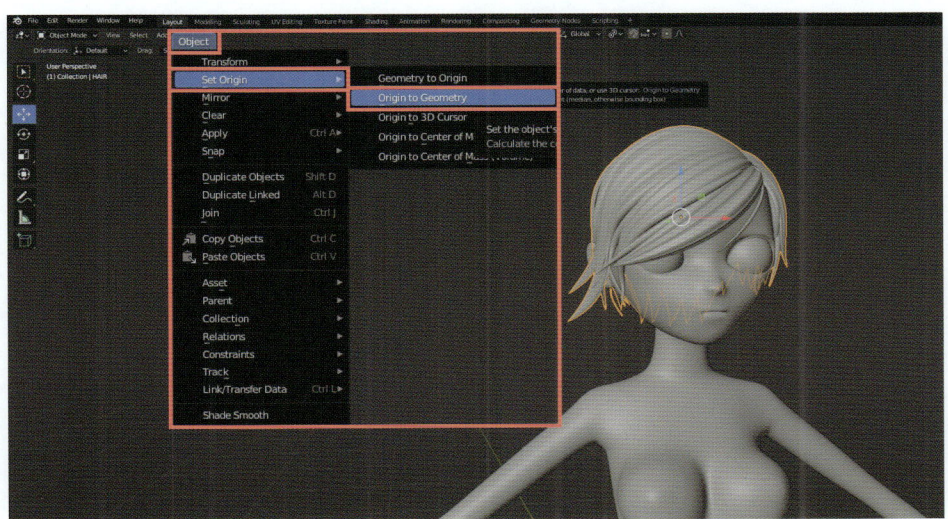

22 머리카락 모양 만들기용으로 쓰인 Circle은 지워주고 오브젝트 이름도 정리해줍니다. 머리카락까지 대략적으로 완성되었습니다.

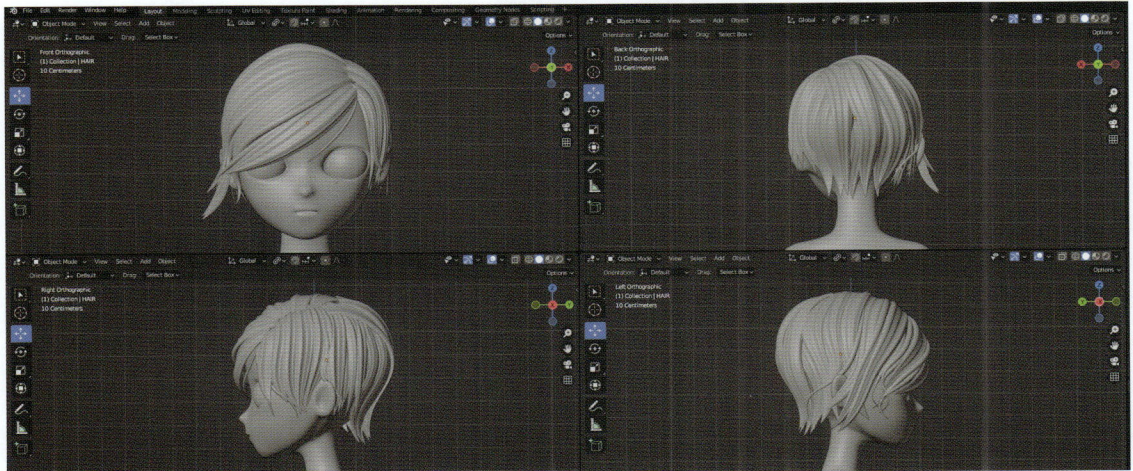

2 옷 모델링

알다시피 의복에는 아주 다양한 조합이 있습니다. 여기서는 처음 옷을 만드는 것이니, 비교적 단순한 형태를 지녀 만들기 쉬운 서핑 슈트를 만들겠습니다.

01 에디트 모드에서 Face Select 모드로 진입한 후에 그림처럼 옷이 될 부분의 면들을 뷰포트를 돌려가며 빠짐없이 다중 선택합니다. 그대로 [Shift]+[D]를 누르면 그 자리에 복사됩니다. 이동은 필요 없으므로 마우스 우클릭해서 완료합니다.

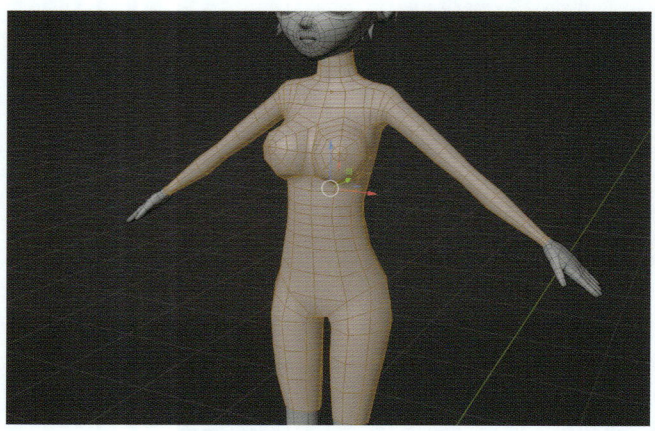

02 마우스 우클릭으로 [Face Context Menu]를 호출하고, [Separate] → [Selection]을 클릭해서 몸통에서 분리해줍니다.

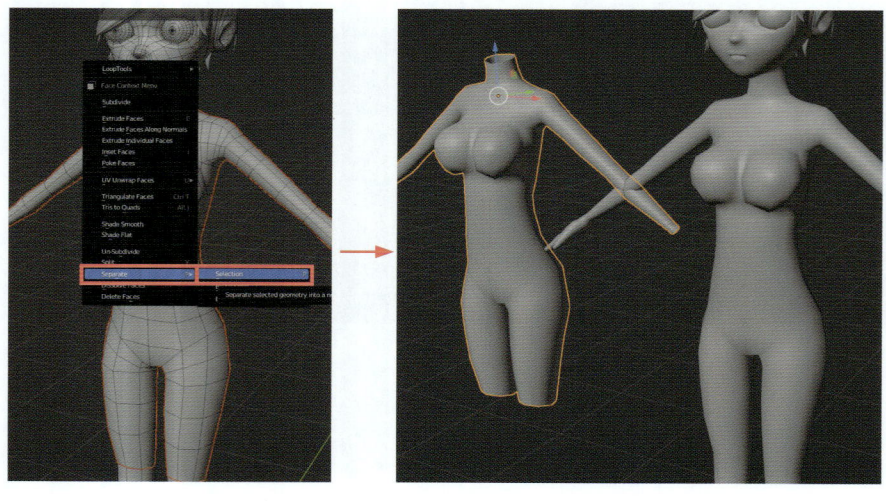

03   에디트 모드에서 Face Select 모드로 진입한 후에 단축키 [A]를 눌러 옷의 모든 Face를 선택합니다. 서브 메뉴바에서 [Mesh] → [Transform] → [Shrink/Fatten]을 차례로 클릭하고 마우스를 움직이면 오브젝트가 부풀어 오르거나 쪼그라듭니다. 옷이기 때문에 약간 부풀어 오르게 해줍니다. 좌측 하단 [Shring/Fatten] 옵션창에서 [Offset] 수치를 변경하여 디테일하게 조정할 수 있습니다.

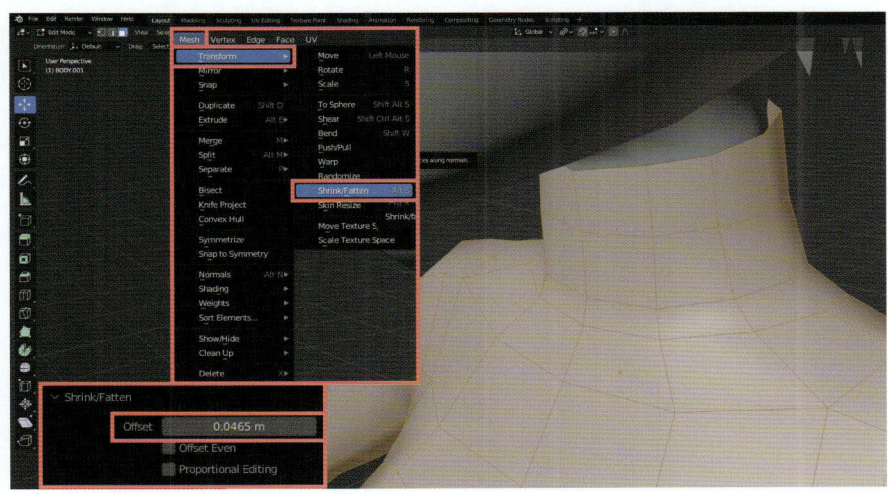

04   ([Modify Properties])에서 [Add Modifer] → [Solidify]를 클릭합니다. 오브젝트(옷)에 두께가 생성됩니다. [Thickness] 항목의 수치를 변경해 디테일하게 조정할 수 있습니다. 적당한 두께가 잡혔다면 ∨를 누르고 [Apply] 버튼을 선택하여 적용 완료합니다.

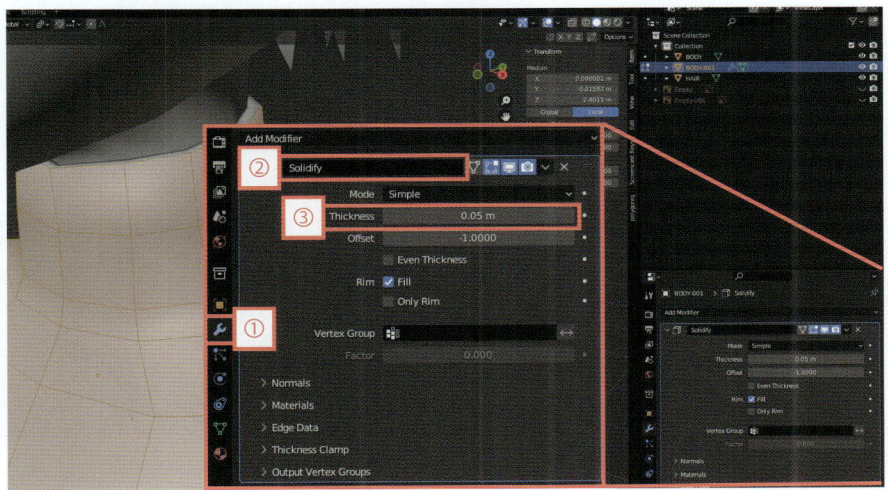

05 마지막에 부드럽게 만들기 위해 Subdivision을 적용했을 시 단면이 과하게 부드러워지지 않게 목, 팔, 다리에 있는 옷의 각 단면에 [Ctrl]+[R]로 Edge를 하나씩 추가해줍니다.

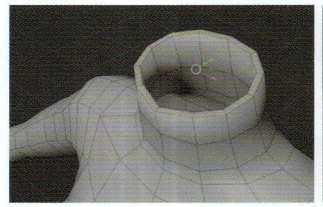 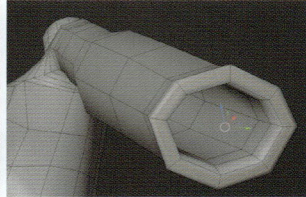 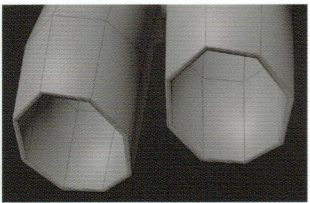

06 바지 끝단에도 가로 Edge를 한 줄 추가해줍니다.

3 모델링 정리

모델링이 완성되었습니다. 매핑 전 모델링을 정리하겠습니다.

01 파츠별로 매핑하는 것이 편하므로, 합쳐주었던 눈을 분리하겠습니다. 에디트 모드에서 눈 부분 Face를 클릭하고 단축키 [L]을 눌러 눈을 이루는 모든 Face를 선택합니다. 마우스 우클릭하여 팝업된 메뉴에서 [Separate] → [Selection]을 차례로 클릭하여 분리해줍니다.

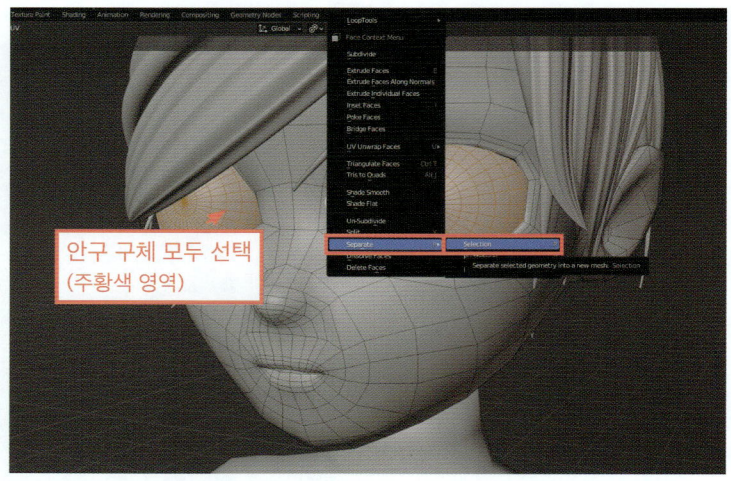

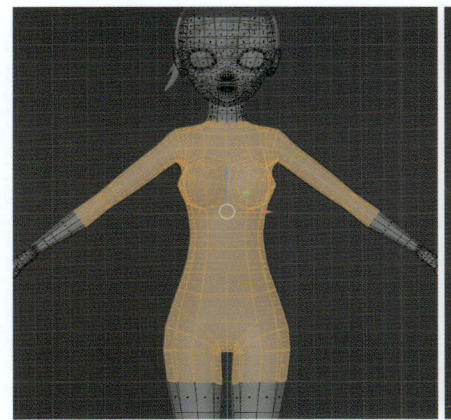 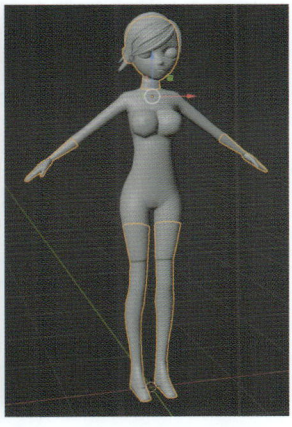

02 옷에 가려서 보이지 않을 몸통 부분의 Face도 그림처럼 선택해서 지워 줍니다.

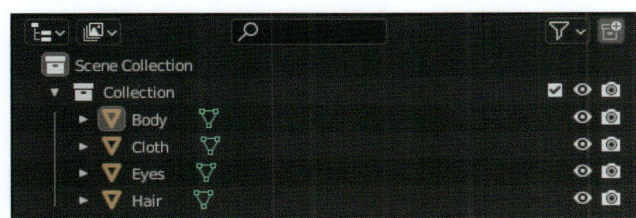

03 우측 상단 아웃라이너에서 각 파츠의 이름을 그림과 같이 변경하여 정리해줍니다.

04 가끔 모델링 과정에서 오브젝트의 Face가 잘못되어 뒤집어져 있는 경우가 있습니다. 매핑 전 꼭 확인하는 게 좋습니다. 우측 상단에 위치한 ([Viewport Overlays])의 드롭다운 메뉴를 열어 [Face Orientation]을 체크합니다. 파란색으로 보이는 부분은 정상이며 빨간색으로 보이는 부분은 Face가 뒤집혀 있는 상태입니다.

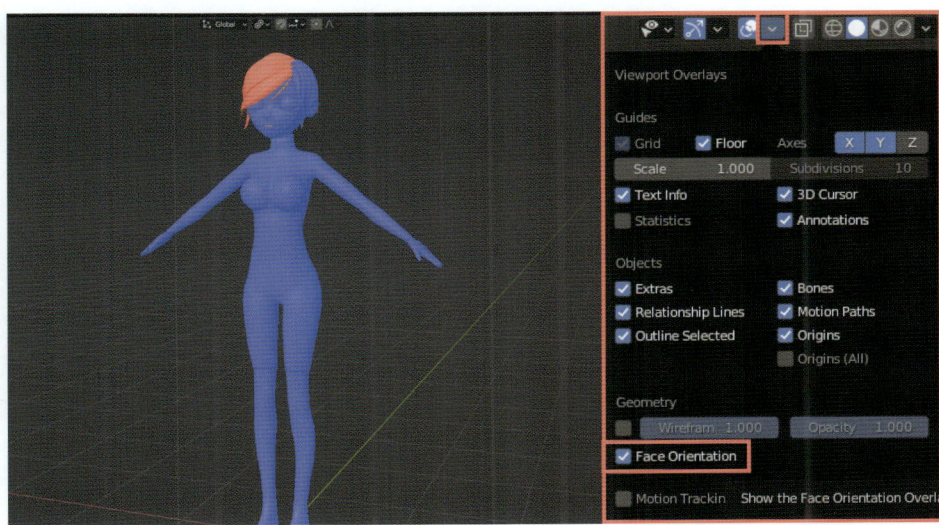

05 잘못된 Face를 수정해 주겠습니다. Hair 오브젝트를 선택합니다.

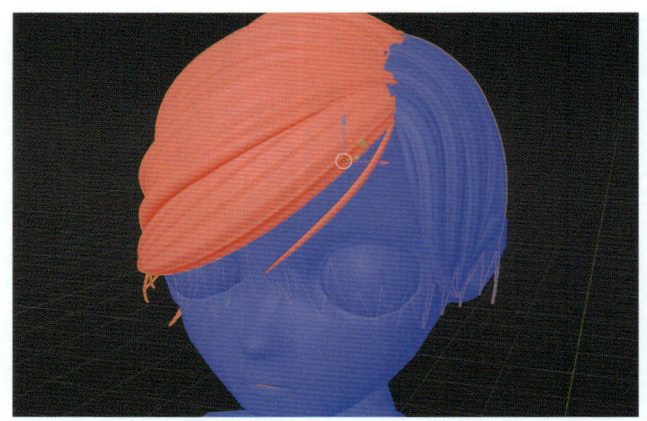

06 에디트 모드로 전환하고 단축키 [A]를 눌러 모든 Face를 선택합니다.

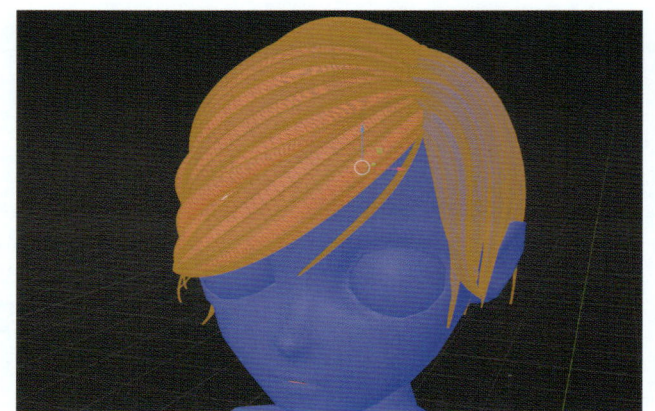

07 이 상태에서 [Shift]+[N]을 누르면 빨간색이 파란색으로 바뀌게 됩니다. 모든 Face가 정상으로 되었습니다.

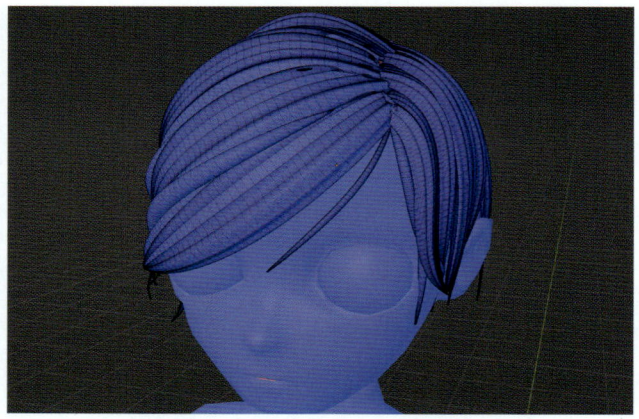

08 현재 오브젝트들은 머리카락을 제외하고는 로우폴리곤 상태입니다. 각 파츠에 [Subdivision Surface] 명령을 줘서 좀더 부드럽게 만들겠습니다.

09 먼저 Body(캐릭터 본체) 오브젝트를 선택하고 ([Modify Properties])에서 [Subdivision Surface] 명령을 선택합니다. [Levels Viewport]는 2, [Render]는 2로 입력하고 를 눌러 [Apply]해서 적용 완료합니다.

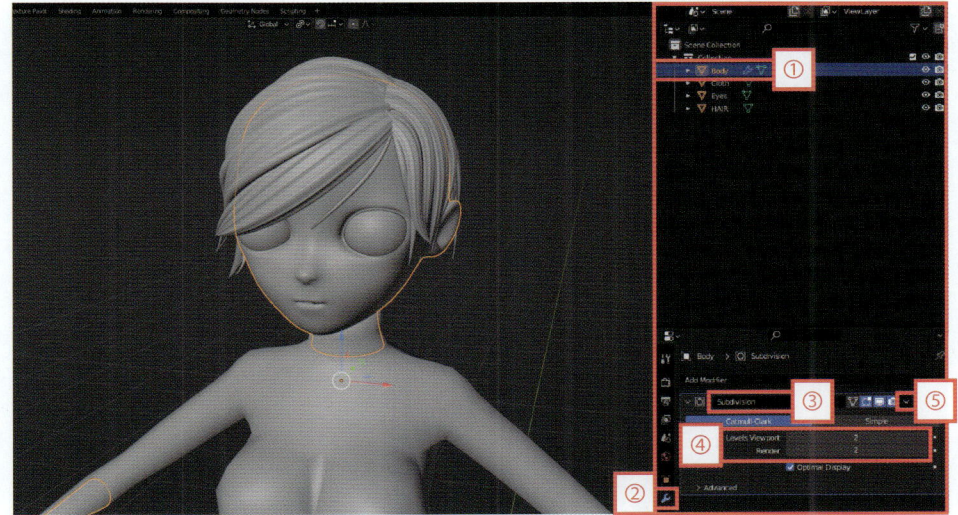

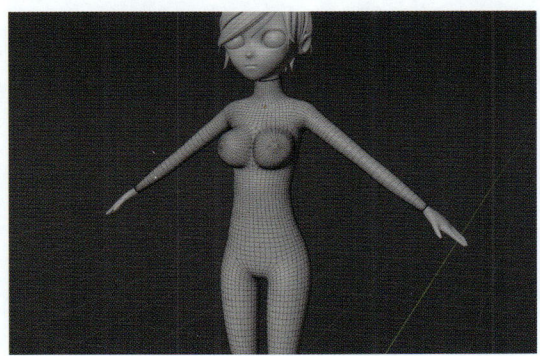

10 Cloth(옷)도 같은 방법으로 부드럽게 만들어줍니다.

11 Subdivision Surface 명령 때문에 폴리곤들이 많아져서 모델링을 조금 더 다듬겠습니다. Cloth 오브젝트를 선택하고 상단 메뉴에서 [Sculpting]을 선택합니다. ([Draw]) 브러시를 이용해 처음 얼굴 스컬핑에서 했던 것처럼 그림을 그리듯이 몸의 굴곡을 표현해줍니다.

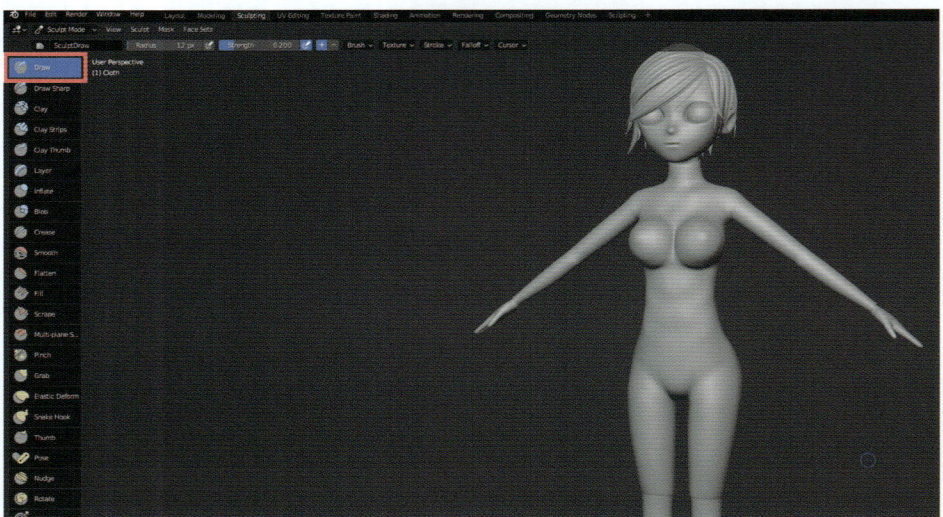

12 [Layout] 메뉴로 돌아가서 Body를 선택하고 다시 [Sculpting]을 선택합니다. 모델링이 부족해 보이는 부분은, 브러시를 이용해 스컬핑해서 표현해줍니다. 매핑 준비까지 다 마쳤습니다.

SECTION 04 | 매핑(Mapping)

모델링은 모두 다 마쳤으니 캐릭터에 색과 재질을 입혀줄 매핑 시간입니다. 앞서 Chapter 04에서 만들었던 고양이 캐릭터 작업과 같은 순서로 차근차근 진행해 보겠습니다.

1 UV

익히 알다시피 텍스처 작업 전 UV를 다 펼쳐주어야 합니다. 각 파츠 모두 자동 UV로 작업 진행 하겠습니다.

01 먼저 캐릭터 몸통(Body)부터 UV 작업을 하겠습니다. 얼굴을 선택하고 상단 메뉴에서 [UV Editing]을 선택해 UV 편집을 시작합니다. 우측 3D 뷰를 보면 자동으로 에디트 모드로 바뀌어 있습니다.

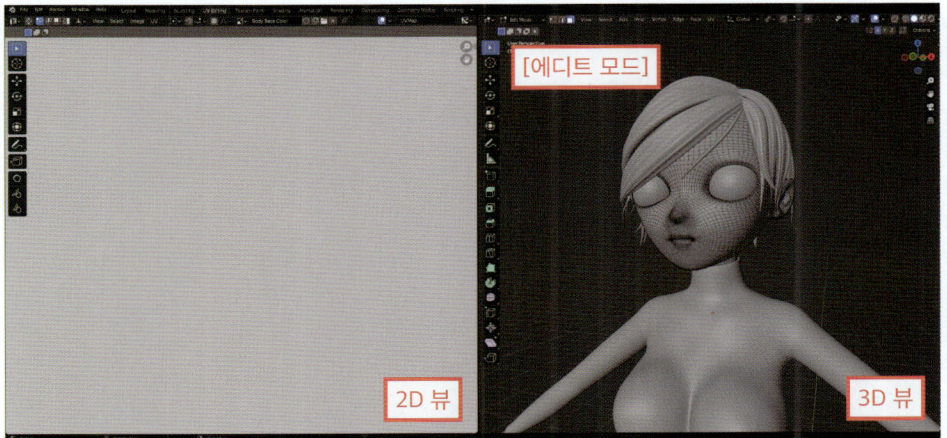

02 [A]를 눌러 모든 Face를 다 선택합니다. 서브 메뉴바에서 [UV] → [Smart UV Project]를 차례대로 선택합니다. 옵션창이 팝업되면 그대로 [OK] 선택하여 완료합니다.

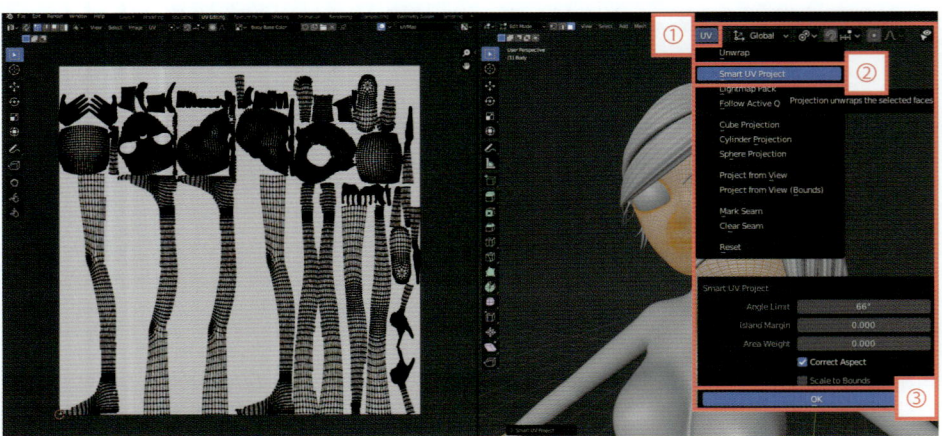

03 다른 파츠도 같은 방식으로 진행합니다. [Tab] 키를 눌러 오브젝트 모드로 돌아가서 이번에는 옷(Cloth) 오브젝트를 선택하고 에디트 모드로 변경합니다. [A]를 눌러 모든 Face를 선택하고 서브 메뉴바에서 [UV] → [Smart UV Project]를 차례로 클릭하고 옵션창에서 [OK]를 눌러 완료합니다.

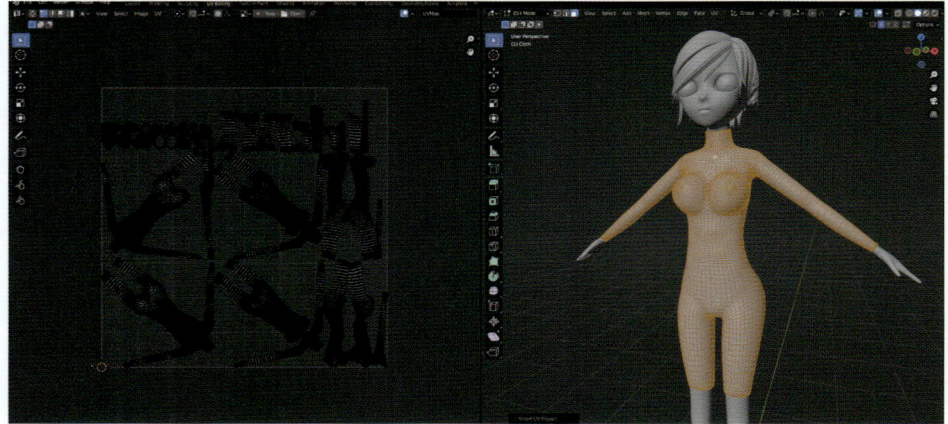

04 눈(Eyes)과 머리카락(Hair) 모두 같은 방법으로 UV 작업을 완료해줍니다.

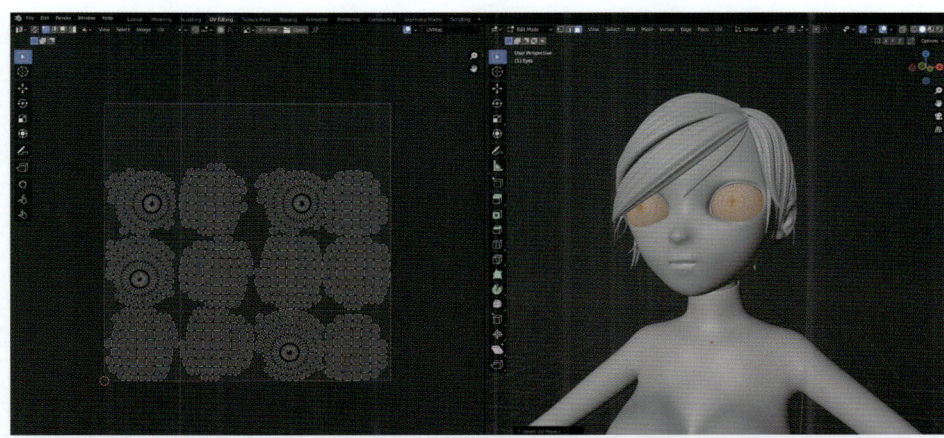

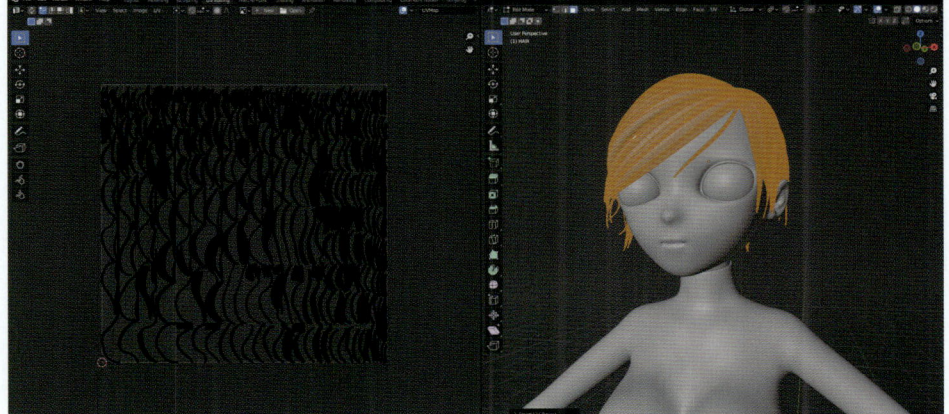

2 텍스처 페인팅(Texture Painting)

UV 작업이 끝났으니 다음으로 색과 질감을 입히는 매핑 작업을 하겠습니다. Texture Paint 기능으로 직접 채색해 주겠습니다. 이 작업은 가능하면 마우스보다는 태블릿 펜을 사용하는 것이 좋습니다.

01 오브젝트 모드에서 몸통(Body) 오브젝트를 선택하고, 상단 메뉴에서 [Texture Paint] 메뉴를 클릭합니다. 몸통이 자주색으로 바뀝니다. 현재 아무런 재질이 지정되어 있지 않아서 그렇습니다.

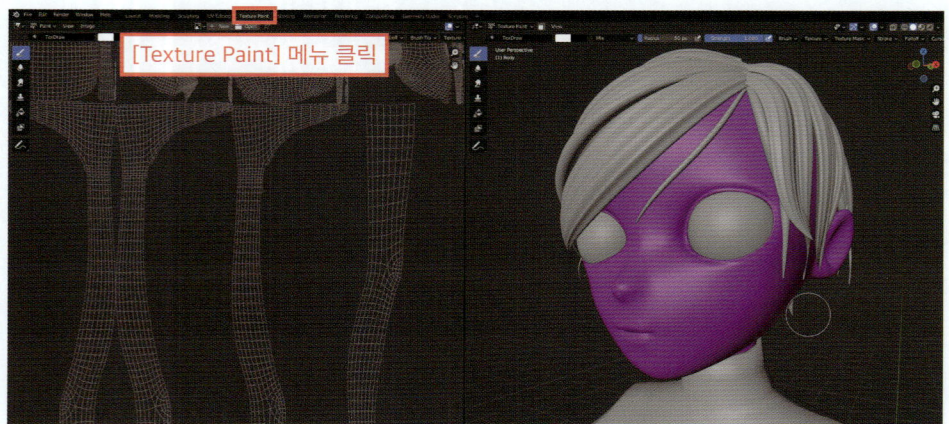

02 우측 ([World Properties]) 탭에서, Texture Slots 항목의 'No Textures' 옆 ➕ 아이콘을 눌러 [Base Color]를 클릭해 재질을 추가합니다. [Add Texture Paint Slot] 옵션창이 뜨면, 사이즈는 가로세로 2048px로 변경하고 [Alpha]는 체크 해제합니다. [OK]를 눌러 완료합니다.

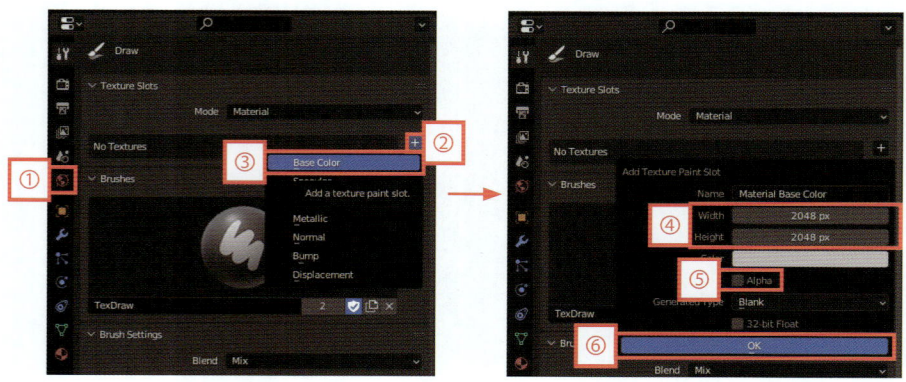

얼굴과 몸통이 기본색인 회색으로 바뀝니다. 이제 채색 작업을 진행하면 됩니다.

03 좌측 툴바에서 ([Fill]) 툴을 활성화한 뒤, 상단 메뉴에 있는 컬러 박스를 클릭해서 적당한 피부색을 선택합니다. Body 오브젝트를 클릭하면 지정한 색이 채워집니다.

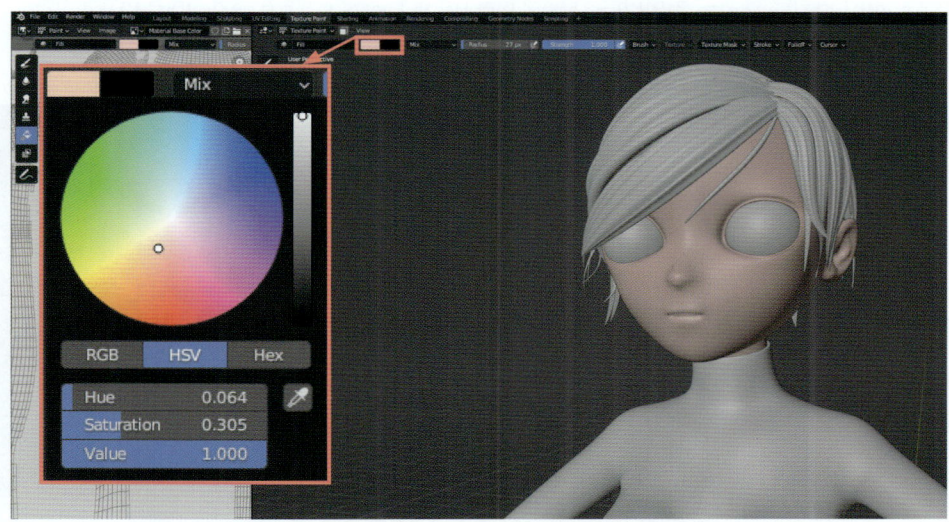

04 우측 상단 (Viewport Shading 토글) 중 세 번째 ([Material Preview])를 켜면, 재질과 라이트가 적용되었을 때 어떻게 보일지 미리보기를 할 수 있습니다. 컴퓨터 성능에 따라 지연 시간이 걸릴 수도 있는데, 상황에 따라 ([Solid])로 바꾸면서 작업해 나가면 됩니다.

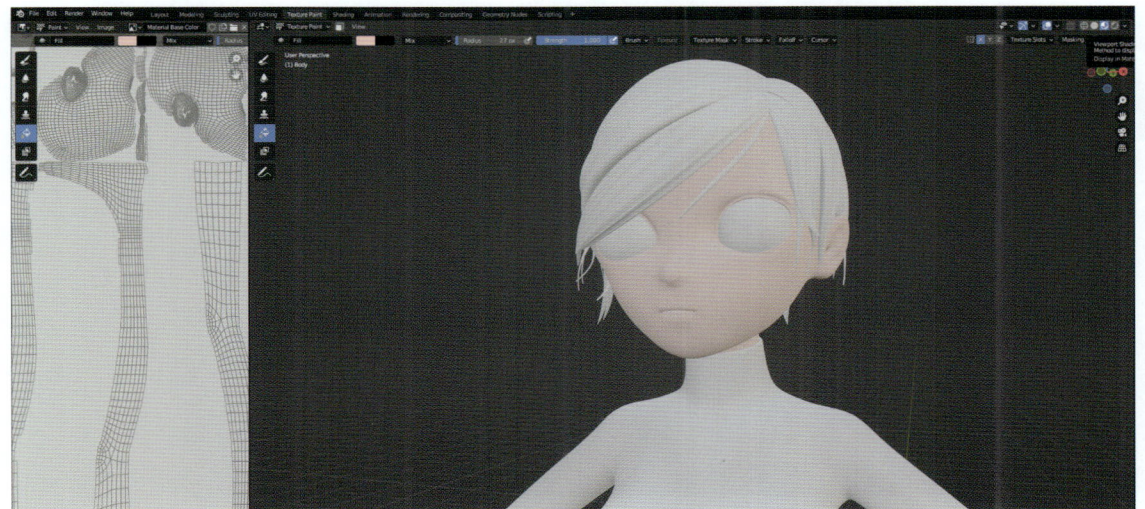

05 더 세밀한 얼굴 표현은, ([Draw]) 툴을 클릭하고 마찬가지로 컬러 박스에서 원하는 색을 지정해서 그림을 그리듯이 해줍니다. 이때 중요한 것이 상단 메뉴의 Strength 0.300 바에서 [Strength] 수치를 내리는 것입니다. (필요에 따라 Hair와 Eyes 오브젝트는 숨김 상태로 바꾸고 작업하면 됩니다.)

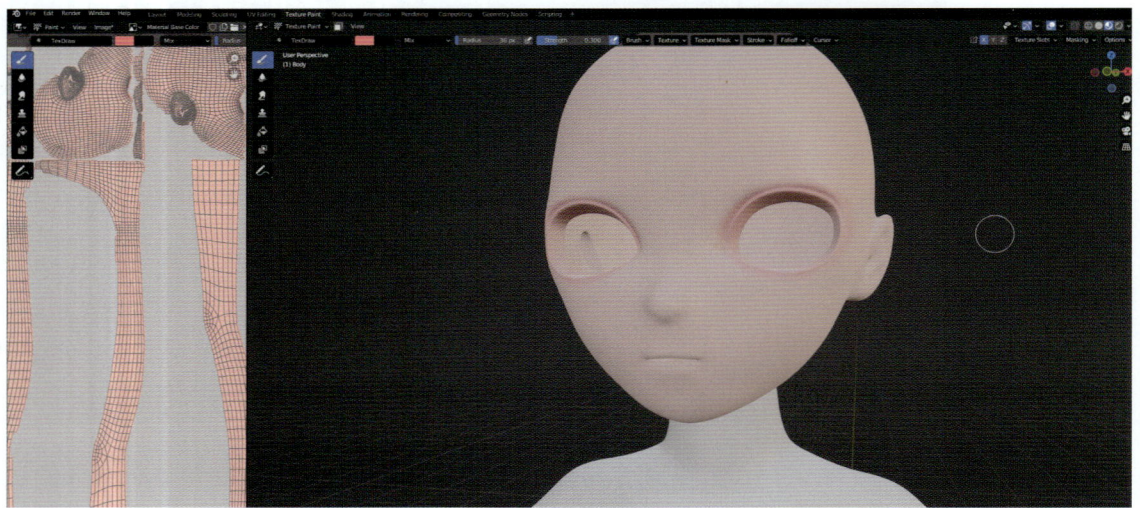

자연스러운 모습이 되도록 눈가에 음영을 그려주었습니다.

> **tip** [Strength] 수치를 내리고 연하게 여러 번 덧칠해서 채색을 하는 것이 포인트입니다.

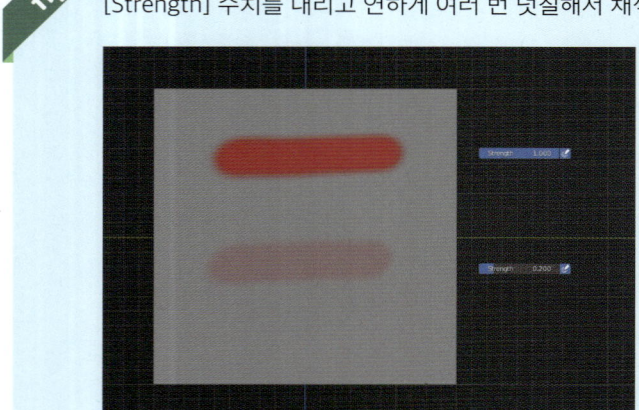

06 컬러를 변경하고 [Strength] 수치를 조절하면서 눈썹, 메이크업 등 얼굴의 다른 디테일도 표현해줍니다.

07 채색이 끝났으면 이미지 파일로 저장해야 합니다. 만약 저장하지 않고 Blender를 종료한다면 채색 작업 내용이 다 날아가 버리니 꼭 주의하길 바랍니다. 좌측 2D 뷰의 서브 메뉴바에서, [Image] → [Save As…]를 차례로 선택하여 저장해줍니다.

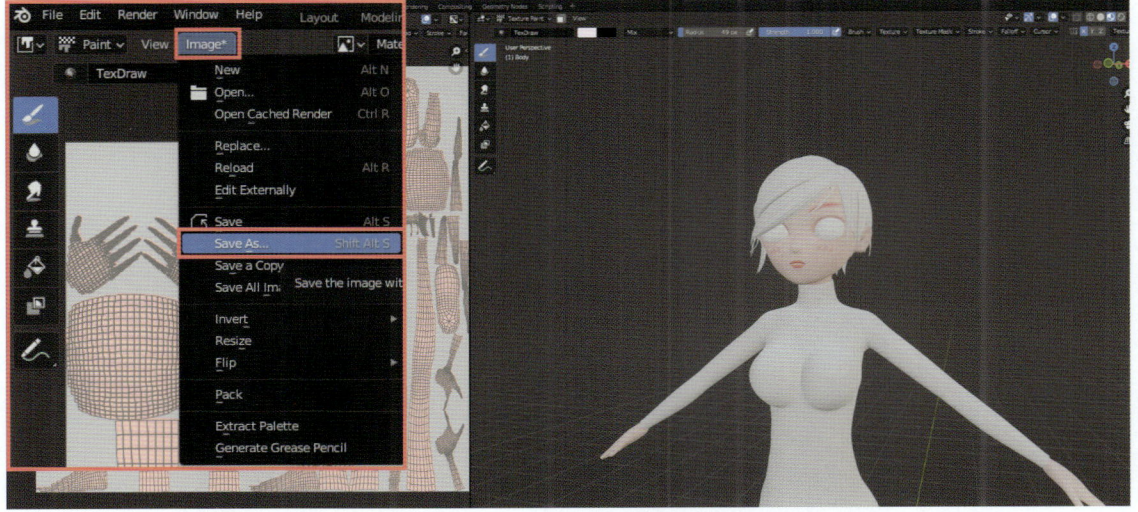

08 다른 파츠도 같은 순서로 진행합니다. 상단 메뉴에서 [Layout] 메뉴를 클릭한 후에 Eyes(눈) 오브젝트를 선택하고 다시 [Texture Paint] 메뉴를 클릭합니다. 우측 ([Active Tool and Workspace Settings]) 탭에서 'No textures' 옆 아이콘을 눌러 눈 [Base Color]를 추가합니다. (몸통 때와 다른 탭이지만, 방법은 동일합니다.)

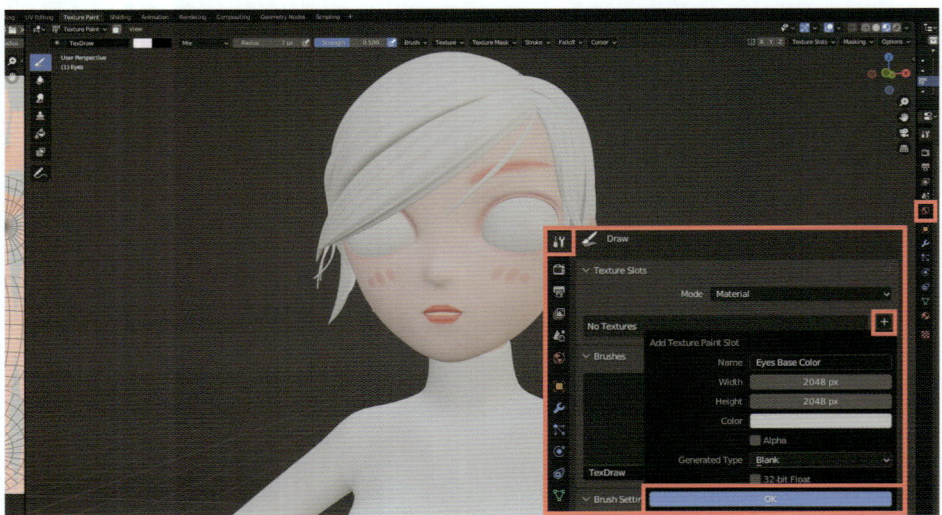

09 왼쪽 툴바에서 ([Fill])을 활성화하고 상단 왼쪽 컬러박스를 클릭해서 흰색을 선택합니다. 오브젝트에 클릭하면 지정한 색이 채워집니다. 눈자위가 채색되었습니다.

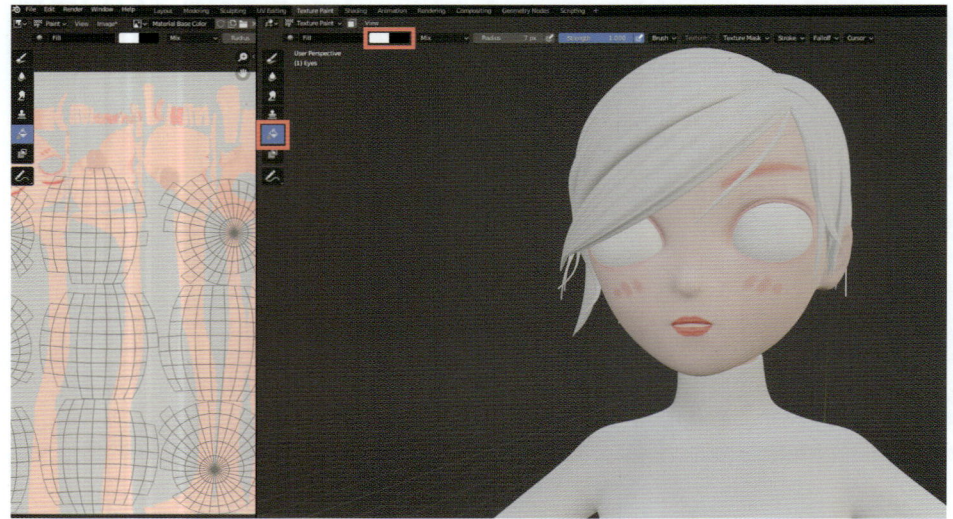

10   눈동자는 ([Draw]) 툴로 그려줍니다. 눈동자 표현을 위해서 다음 그림처럼 색을 겹쳐서 칠해야 할 때는 키보드 [Ctrl] 키를 누른 상태에서 채색하면 두 번째 색이 칠해집니다.

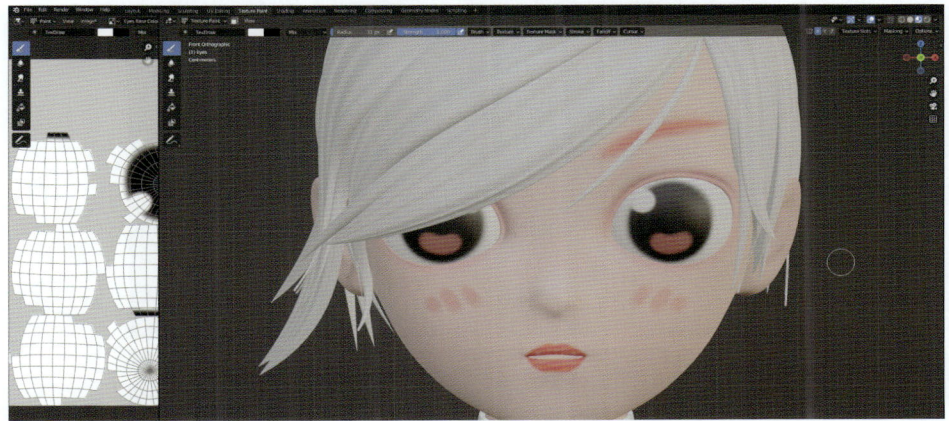

11   마찬가지로 작업이 끝났으면 2D 뷰 서브 메뉴바에서 이미지로 저장해줍니다.

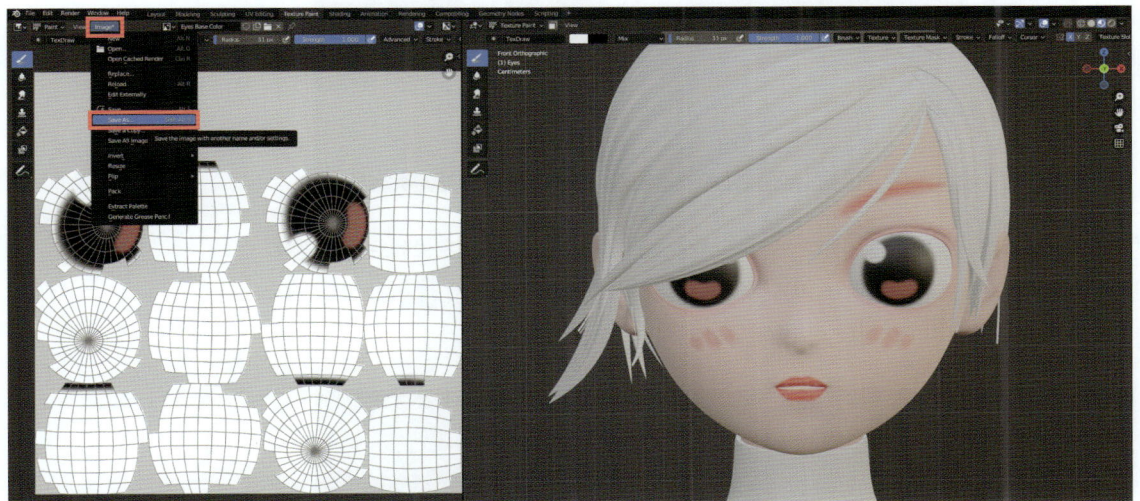

12 옷과 머리카락 역시 같은 방법으로 채색해줍니다.

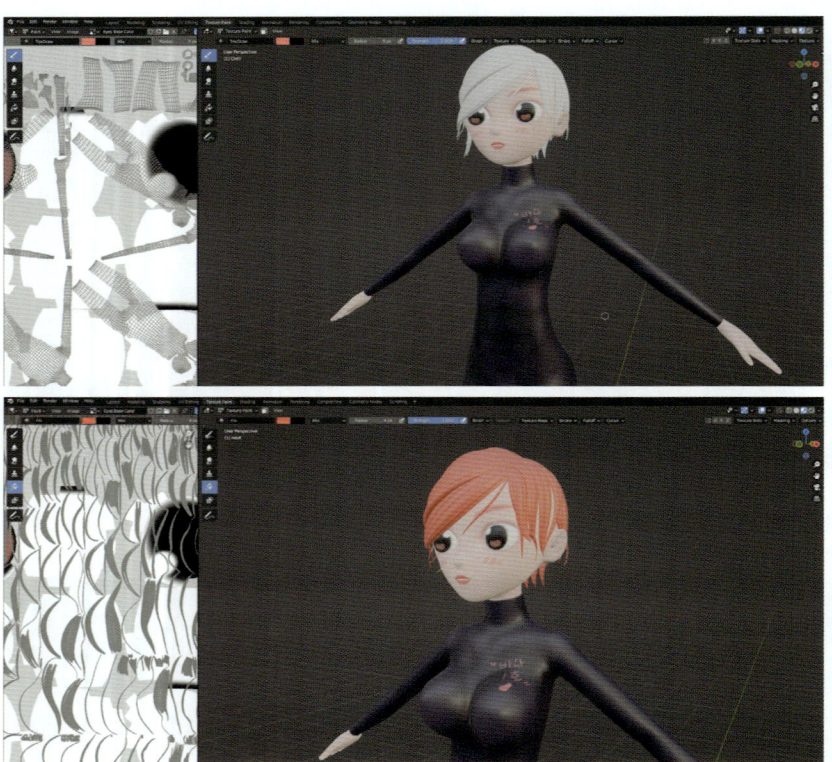

13 머리카락 사이로 얼굴색이 보여 어색해 보입니다. 다시 Body 오브젝트를 선택해서 그림처럼 머리카락과 같은 색으로 두피를 칠해줍니다. 이때 상단 메뉴에서 ([Strength Pressure]) 토글을 끄고 채색하면 태블릿 필압이 적용되지 않습니다.

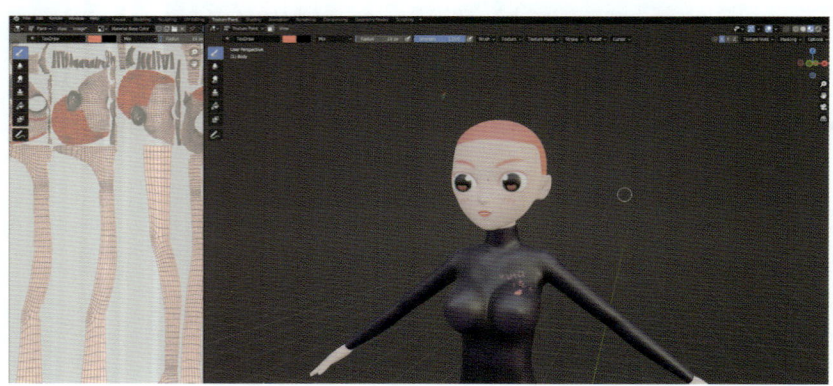

14 조금이라도 수정했으면 꼭 다시 이미지로 저장합니다. (좌측 2D 뷰 Image 옆에 애스터리스크(*)가 표시되면(Image*) 다시 저장해야 한다는 알림입니다.)

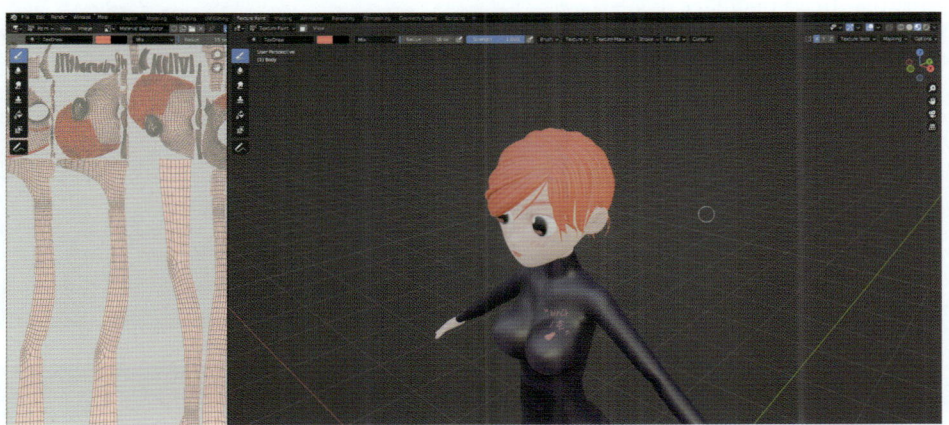

3 쉐이딩(Shading)

재질을 정해 주겠습니다. 상단 메뉴에서 [Shading] 메뉴를 선택합니다.

01 몸통(Body)을 선택하고, 화면 하단 Shader Editor에서 [Roughness] 수치를 조금 내립니다(여기서는 0.400). 표면을 부드럽게 해서 약간의 광택을 줍니다.

02 옷(Cloth)은 서핑 슈트임을 고려하여 [Roughness]는 조금 내리고(0.400), [Specular] 수치는 올려(1.000) 빛이 퍼지도록 해줍니다.

03 눈(Eyes) 역시 [Roughness]를 내려(0.300) 빛 반사를 표현해줍니다.

04 머리카락(Hair)도 [Roughness]를 살짝 내려(0.309) 윤기를 주었습니다.

이렇게 캐릭터의 매핑 작업을 모두 완료했습니다.

SECTION 05 자세 잡기

마지막 단계입니다. 우리 책에선 애니메이션을 다루지 않지만, 여러분이 작업한 작업물을 추후 애니메이션에 사용할 수 있도록 캐릭터의 뼈대를 잡겠습니다.

1 Rig(캐릭터 컨트롤러) 생성

자세를 잡기 위해 먼저 오브젝트를 컨트롤할 뼈대를 심어주는 리깅 작업을 진행하겠습니다.

01 [Layout] 메뉴에서 Viewport Shading을 ([Material Preview])로 바꿔준 화면에서 시작합니다. 리깅 전에 애드온 하나를 활성화하겠습니다. 상단 메뉴에서 [Edit] → [Preferences]를 차례로 선택합니다.

우측 상단에서 해당 토글 활성화

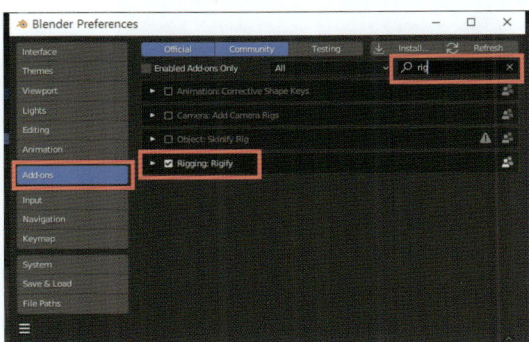

[Blender Preferences] 팝업창의 [Add-ons] 탭 검색창에 'Rig'를 검색합니다. [Rigging: Rigify]가 보입니다. 체크해서 사용하도록 합니다.

02 창을 닫고 단축키 [Shift]+[A]로 [Add] 메뉴를 호출합니다. [Armature] → [Human(Meta-Rig)]를 차례로 선택합니다. 그림처럼 사람 형태의 뼈 세팅이 나타납니다.

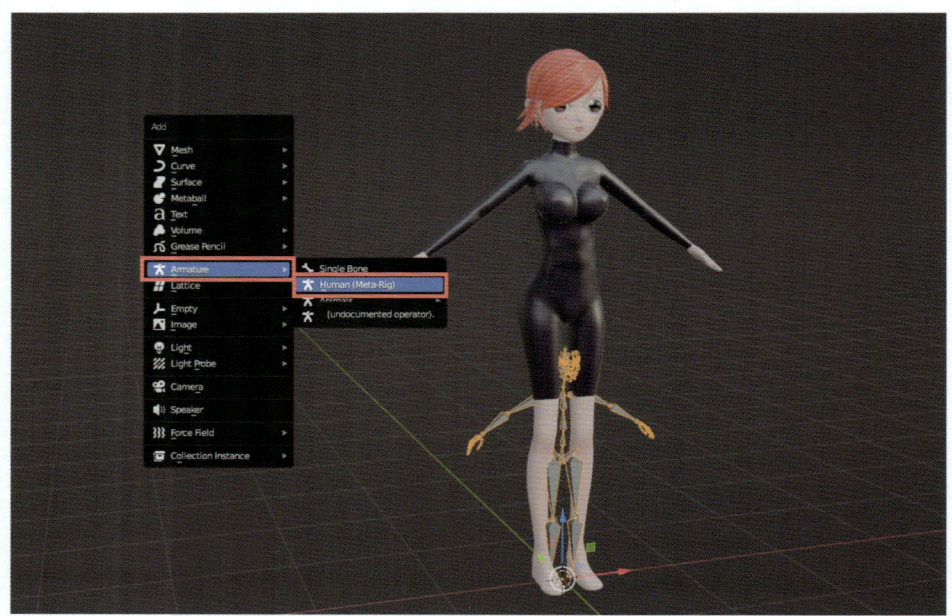

> **tip** 원래는 [Armature]에 Single Bone만 존재합니다. Add-ons에 [Rigging: Rigify]를 추가하면 여러 가지 뼈 세팅들을 사용할 수 있습니다. 이 중 [Human (Meta-Rig)]는 [Basic Human(Meta-Rig)]과는 달리 손가락과 얼굴 근육 제어 뼈까지 사용할 수 있습니다.

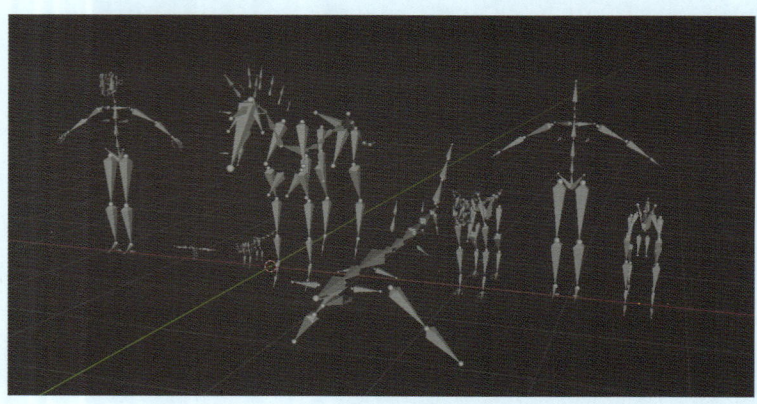

03 단축키 [S]를 눌러 크기를 키워줍니다.

04 정면 뷰(숫자 키패드 [1])로 돌리고, [Tab] 키를 눌러 에디트 모드로 변경합니다. [Move] 툴을 이용해서 뼈와 뼈 사이의 둥근 부분을 움직여 오브젝트 마디에 위치시켜 줄 겁니다.

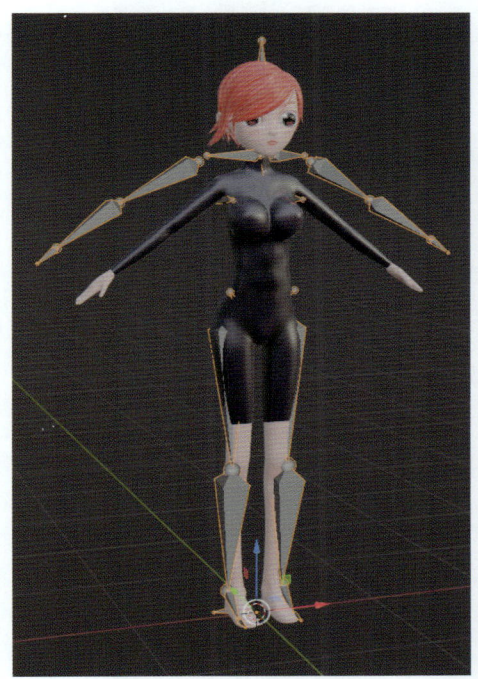

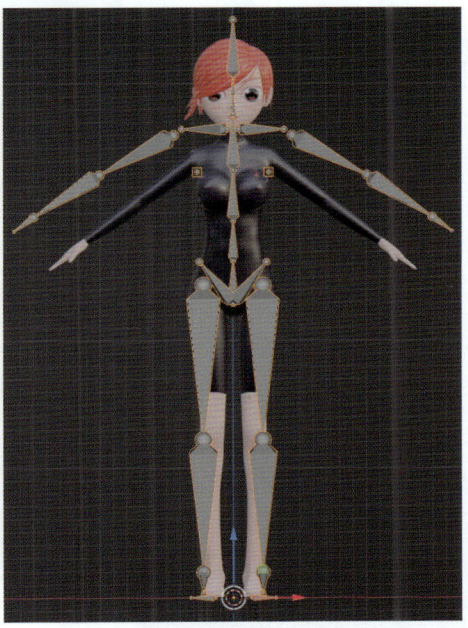

05 작업하기 전에 몇 가지 준비를 해줘야 합니다. 우측 상단  아이콘을 클릭해 Mirror X를 활성화해야 좌우 대칭으로 작업할 수 있습니다. 그리고 우측 ([Object Properties]) 탭에서 [Viewport Display] 항목의 [In Front] 박스를 체크해야 뼈들이 오브젝트 위에 보여 작업하기 수월합니다.

06 사이드 뷰(숫자 키패드 [3])에서도 같은 방법으로 뼈들의 위치를 조정해줍니다. 다음 그림처럼 관절 부분에 동그란 뼈가 위치하도록 해주면 됩니다.

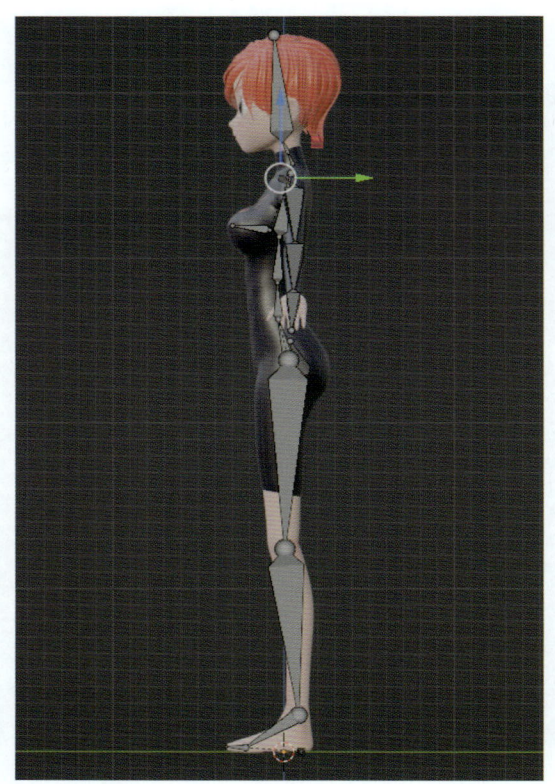

07 이 뼈를 그대로 사용해도 되지만 블렌더는 보다 진화된 Rig를 제공합니다. 뼈(metarig)를 선택한 상태에서 우측 ([Object Data Properties]) 탭으로 갑니다. 그리고 [Rigify] 항목에서 [Generate Rig]를 클릭합니다. 그럼 오른쪽 그림처럼 우측 상단 아웃라이너 창에 Rig가 생성됩니다.

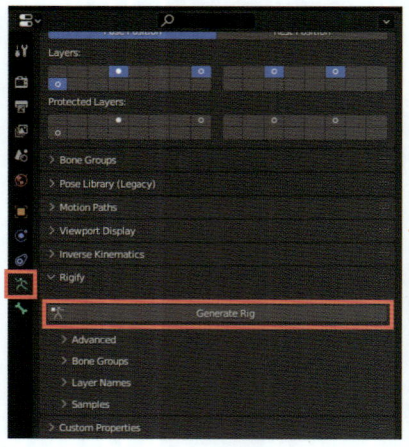

08 그러나 뷰포트에는 아무런 변화가 없고 하단 중앙에 보면 경고 문구가 떠 있을 뿐입니다. 이런 현상은 매번 일어나는 것은 아니며, 작업에 따라 다를 수 있습니다.

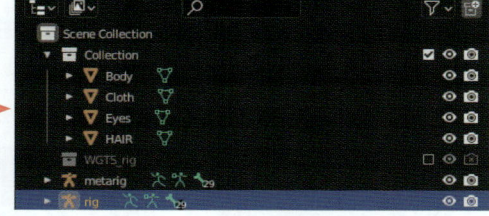

09   여기서는 이런 문제가 발생할 시의 해결 방법을 알아보겠습니다. 일단 아웃라이너 창의 생성된 Rig는 선택해서 지워줍니다.

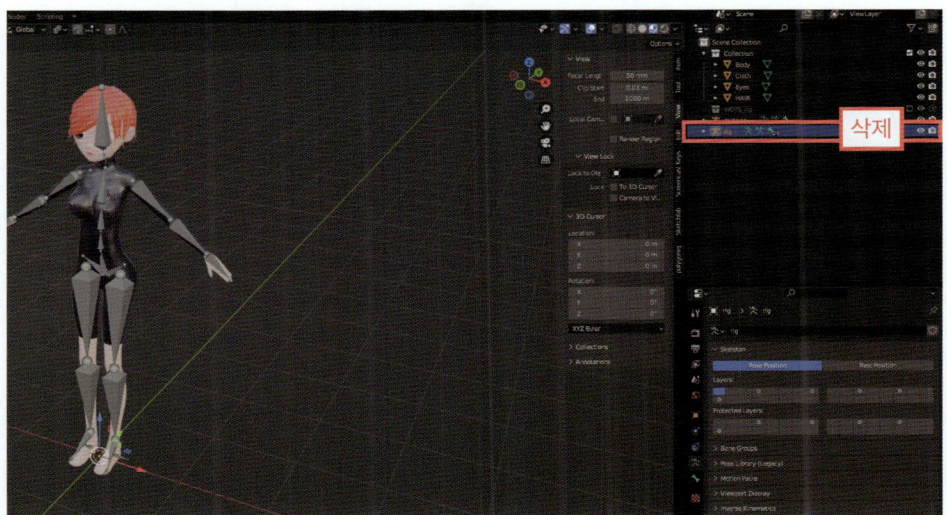

10   경고창 내용을 다시 보면 [spine.004]가 연결이 안 되어 있다는 내용입니다. 아웃라이너 창에서 [spine.004]를 찾아보니 첫 번째 목뼈네요. 확대해 보면 [spine.003]과의 사이에 다른 부분과 달리 검정색 선이 안 보입니다. 즉, 두 부분이 끊어져 있습니다.

11 이 두 뼈를 연결하겠습니다. [spine.003]을 선택하고 [Shift]+[S]를 누릅니다. 주변에 여러 버튼이 생성되는데, 그중 [Cursor to Selected]를 선택합니다. 그럼 Cursor가 [spine.003] 위치로 옵니다.

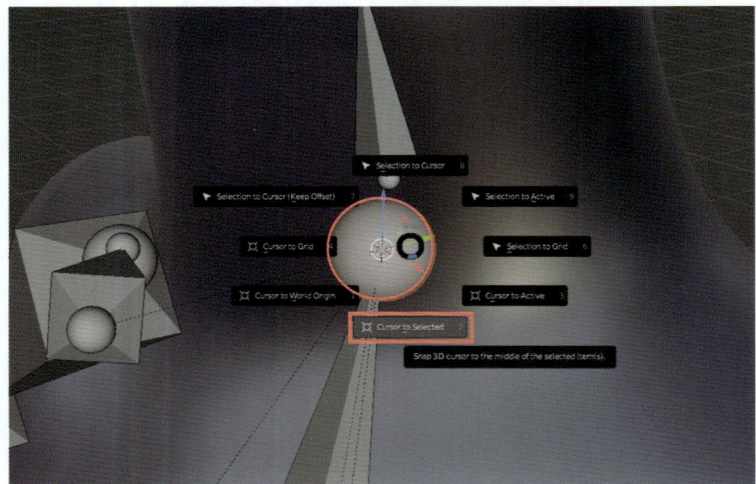

12 이제 [spine.004]를 선택합니다. 똑같이 [Shift]+[S]를 누르고, 이번에는 [Selection to Cursor] 명령을 주면 선택한 [spine.004]가 [spine.003]에 연결됩니다.

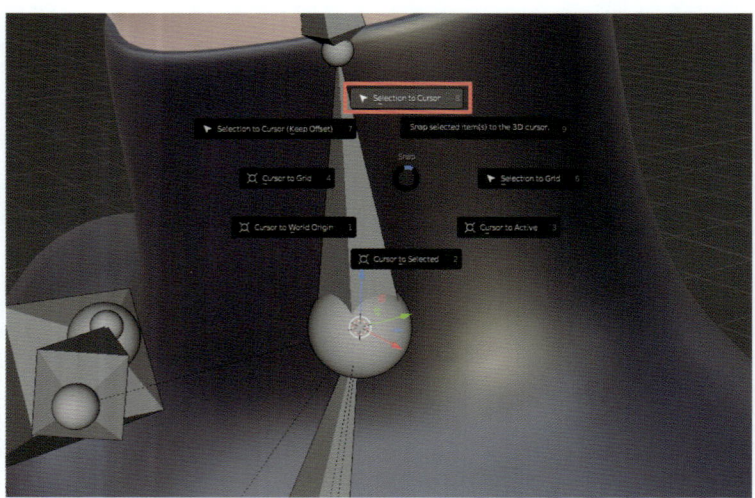

13 이제 다시 ([Object Data Properties]) 탭의 [Generate Rig] 버튼을 클릭합니다. 이번에는 경고창 없이 Rig가 생성(generate)되었지만 크기가 뼈대와 다르게 생성되었습니다.

14 처음 생성한 뼈대(metarig)의 크기를 조절했기 때문에 이런 현상이 일어납니다. 오브젝트 모드에서 뼈대를 선택하고, [Ctrl]+[A]로 [Apply] 메뉴를 불러 [All Transforms] 명령을 줍시다. 모든 오브젝트 정보가 리셋됩니다. 다시 한번 아웃라이너 창에 생성된 Rig는 지워줍니다.

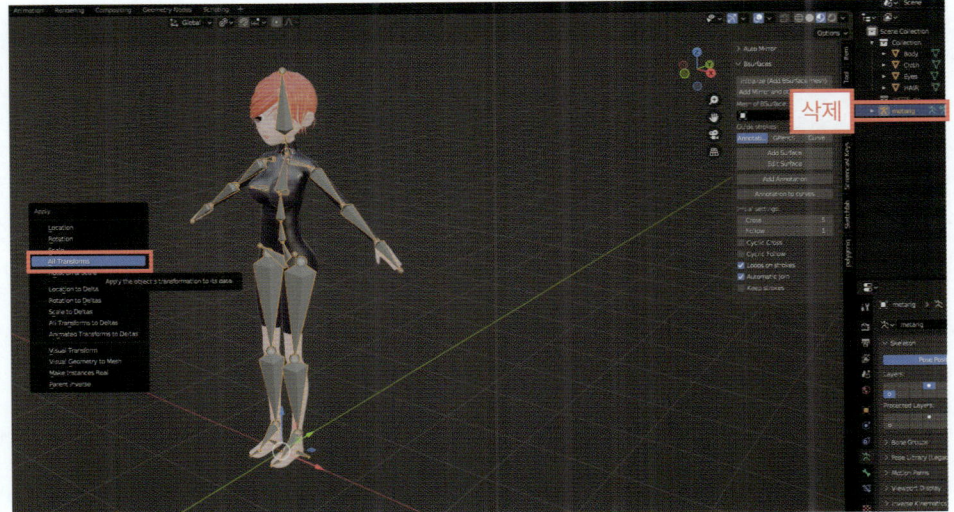

15 ([Object Data Properties]) 탭의 [Generate Rig] 버튼을 클릭합니다. 이번에야말로 Rig가 제대로 생성되었습니다.

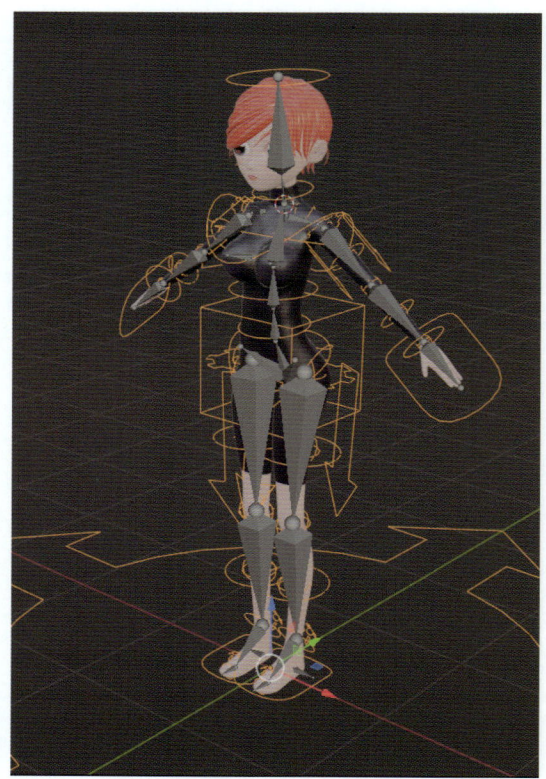

16 이제 처음 생성한 뼈대인 [metarig]는 필요 없으므로 지워줍니다.

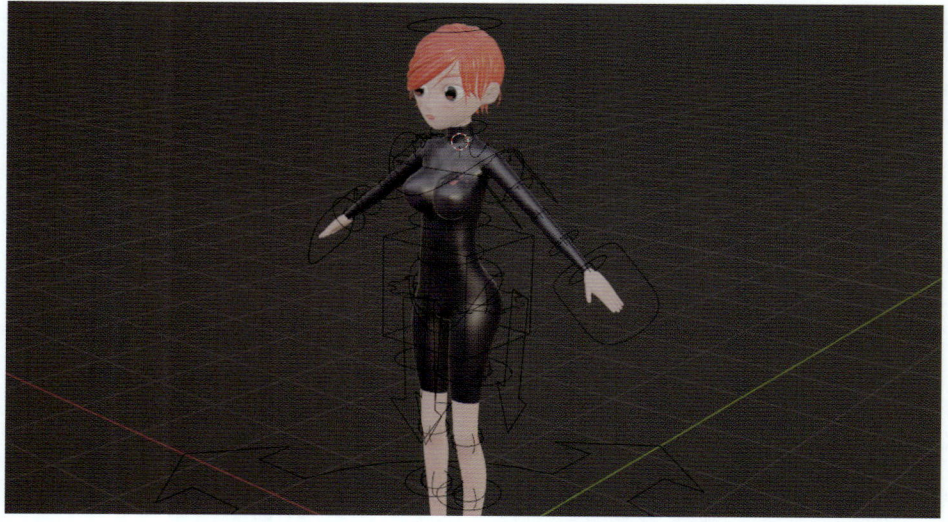

2 캐릭터와 컨트롤러 연결하기 & Weight

생성된 Rig와 캐릭터를 연결하겠습니다.

01 먼저 Body와 Rig를 연결하겠습니다. 아웃라이너에서 Body를 선택하고 키보드 [Ctrl] 키를 누른 상태에서 Rig를 다중 선택합니다. 그리고 단축키 [Ctrl]+[P]로 [Set Parent To] 메뉴를 호출해서, [Armature Deform] 아래 [With Automatic Weights] 명령을 줍니다. 잠시 기다린 뒤 아웃라이너를 확인해 보면 오른쪽 그림처럼 rig 하위에 Body가 들어와 있습니다.

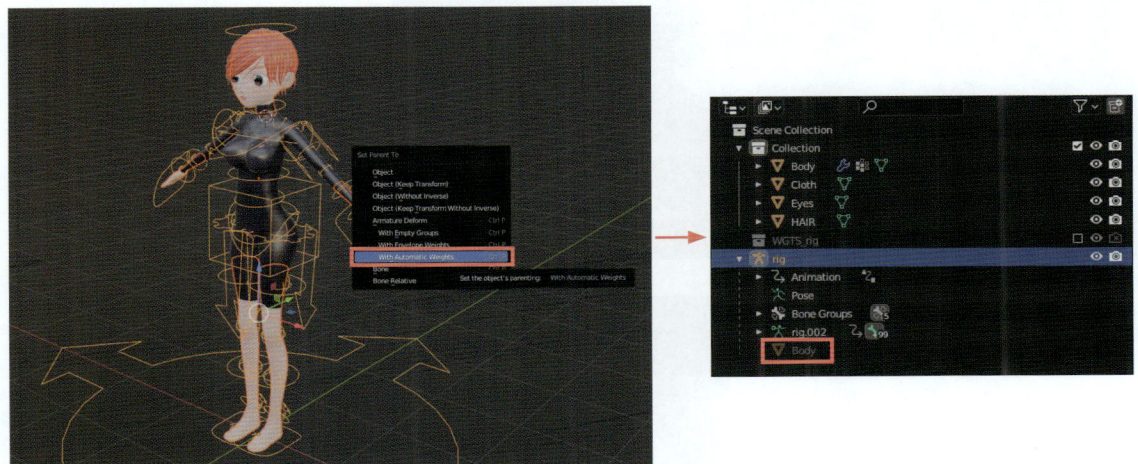

02 Rig를 선택하고 좌측 상단에서 Pose Mode로 바꾸어줍니다. Rig를 움직여 보면 Body가 따라 움직이는 것을 확인할 수 있습니다.

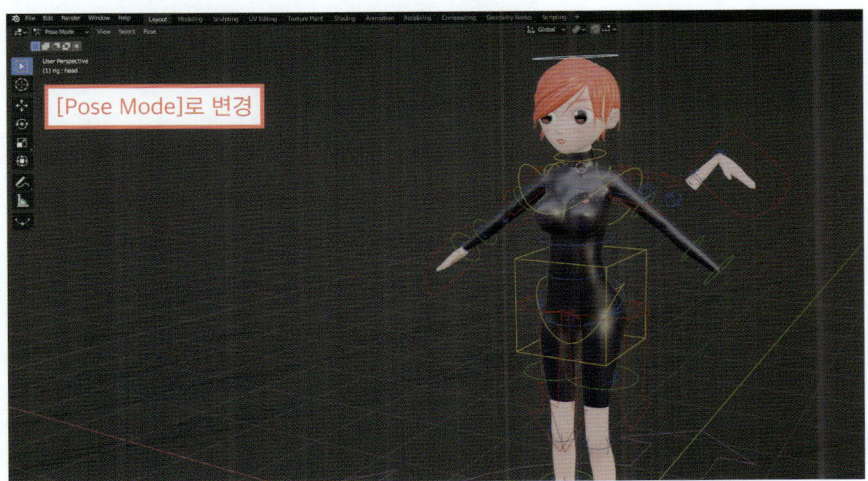

03 Eyes도 같은 방법으로 Rig에 연결해줍니다. (연결할 때는 오브젝트 모드에서 해야 합니다. 다시 Pose Mode로 변경하면 Rig를 움직일 수 있습니다.)

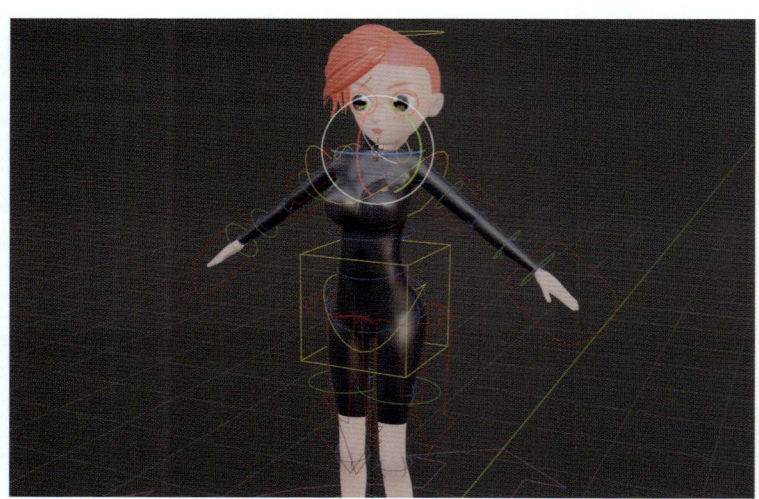

04 Cloth도 Rig에 연결해줍니다. 그런데 Rig를 움직여 보면 다른 파츠와 달리 Cloth는 안쪽 면이 튀어나오는 현상이 생깁니다.

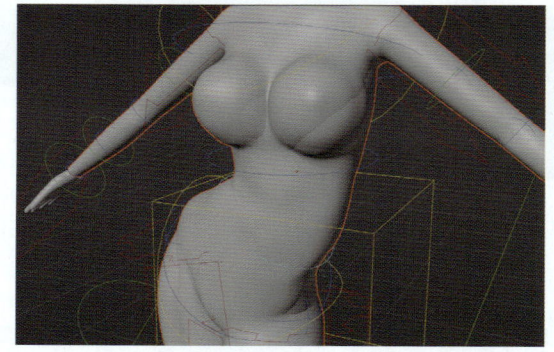

05 되돌아보면 Cloth 모델링 시 [Solidify] 명령으로 두께를 만들어 주었습니다. 이처럼 오브젝트에 두께가 존재하기 때문에 발생한 현상입니다. [Weight Paint]로 수정해도 되지만 여기서는 모델링을 수정한 후 다시 Rig에 연결하도록 하겠습니다.

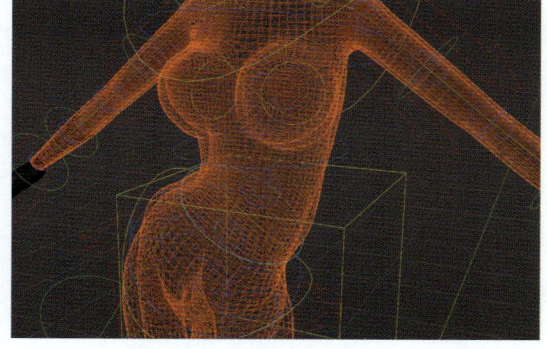

06 오브젝트 모드에서 Cloth를 선택하고 🔧([Modify Properties])를 보면 [Armature]라는 명령이 적용되어 있습니다. ❌를 눌러 지워줍니다.

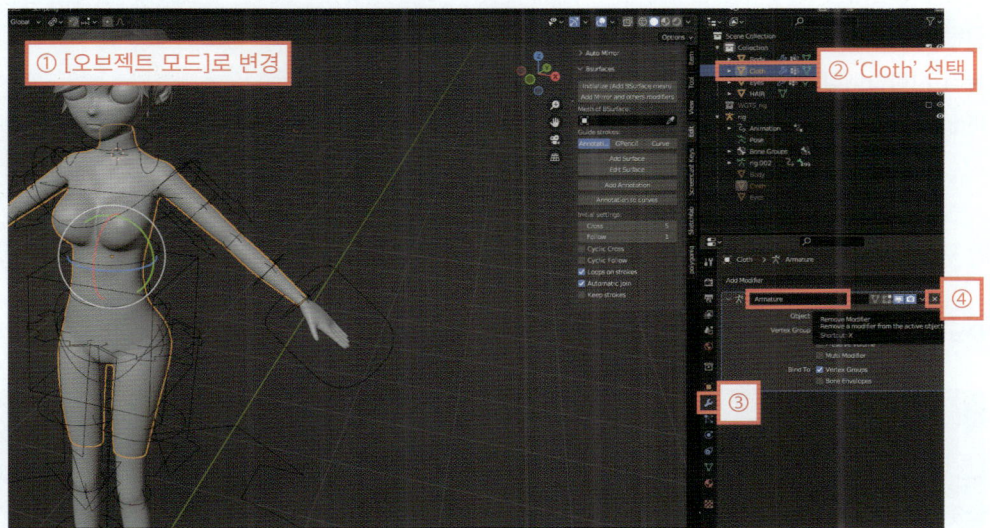

07 아웃라이너 창에서 Cloth를 제외한 나머지 오브젝트는 👁 아이콘을 클릭해서 숨겨 둡니다.

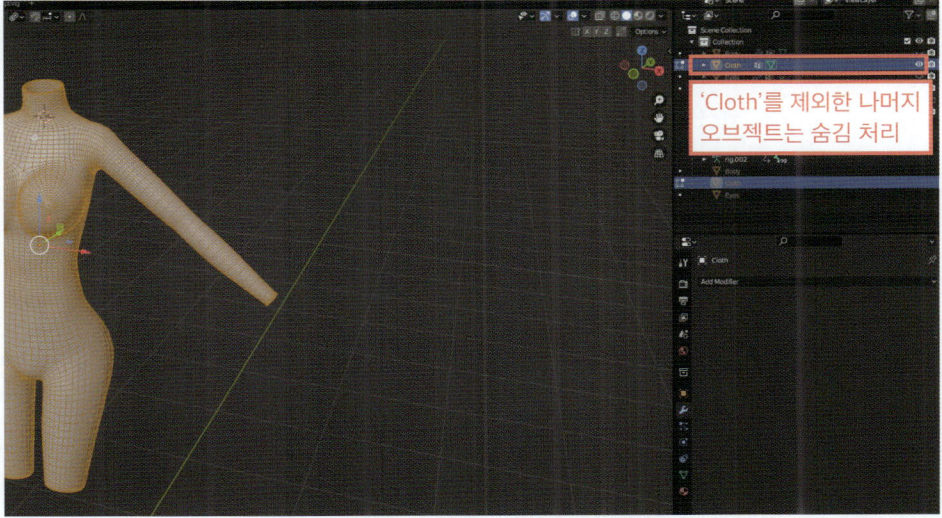

08 에디트 모드에서 Edge Select (숫자 [2]) 모드로 진입한 후, [Alt] 키를 이용해 그림처럼 옷의 목깃 안쪽에 연결된 Edge를 모두 선택하고 [Del] 키를 눌러 지워줍니다. 팝업창에서 당연히 [Edges]를 선택해야 합니다.

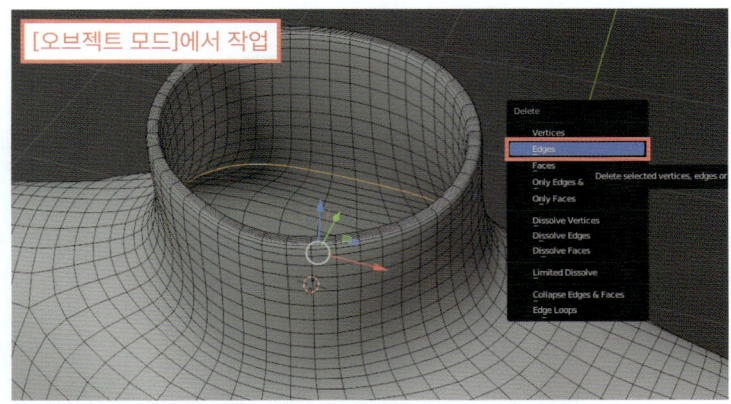

09 팔 안쪽도 그림처럼 선택해서 지워 줍니다.

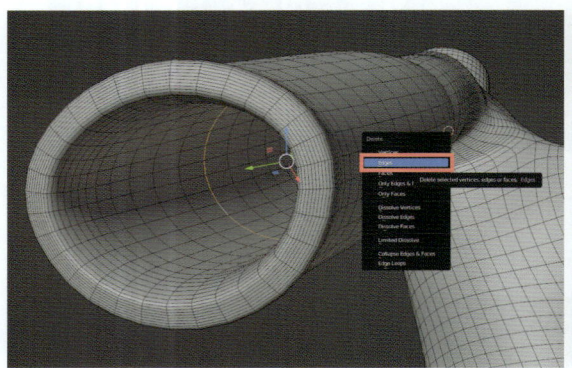 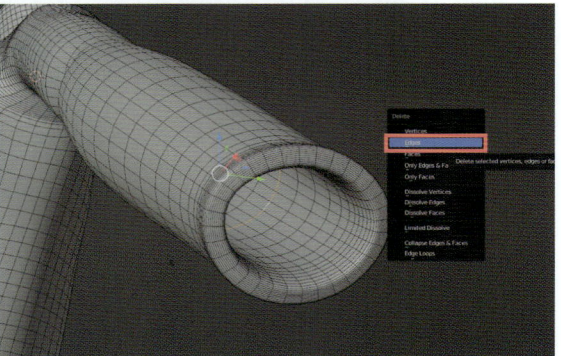

10 다리 안쪽도 지워 줍니다.

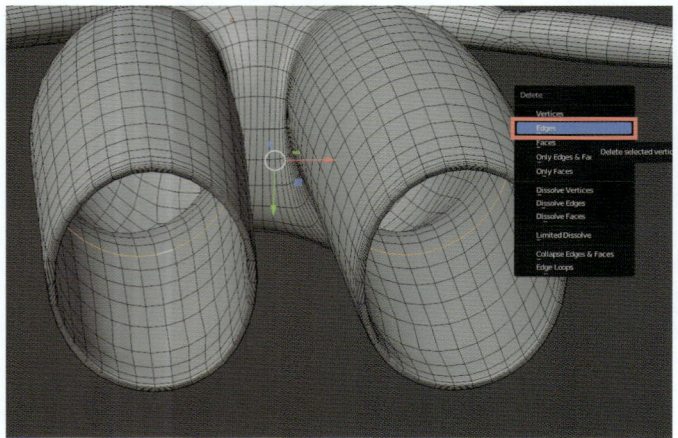

11   Face Select(숫자 [3]) 모드로 바꾼 뒤, 안쪽 아무 Face를 선택하고 [L]을 누르면 연결된 모든 면들이 선택됩니다. 좀 전에 연결된 Edge를 지웠기 때문에 그림처럼 안쪽 면들이 전부 선택되는 것입니다. 키보드 [Del] 키를 눌러 팝업되는 메뉴에서 [Faces]를 눌러 지워 줍니다.

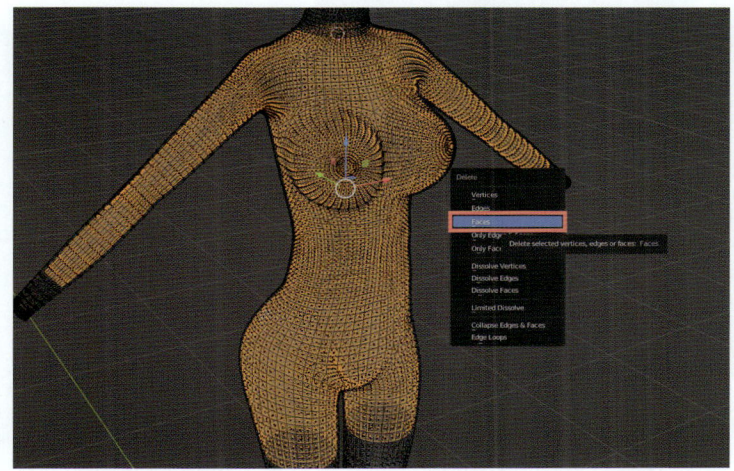

12   Cloth와 Rig를 다시 연결하겠습니다. 오브젝트 모드에서 Cloth를 선택하고 [Ctrl] 키를 누른 채로 Rig를 다중 선택합니다. [Ctrl]+[P]를 눌러 팝업되는 메뉴에서 [Armature Deform] → [With Automatic Weights]를 차례로 선택합니다.

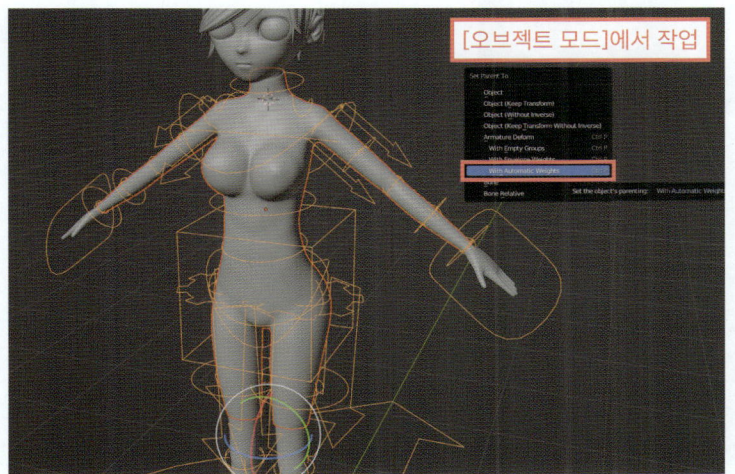

13 Pose Mode에서 Rig를 움직여 보면 이전과 달리 문제없이 움직여지는 것을 확인할 수 있습니다.

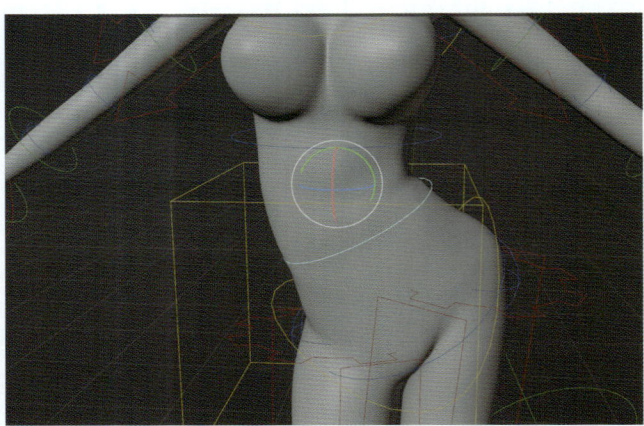

14 이제 Hair를 연결하겠습니다. 이전과 같은 방식으로 연결을 시도했더니, 중앙 하단에 경고가 나타나면서 Weight가 적용되지 않습니다. 이러한 문제는 Mesh를 최적화하면 해결됩니다.

⚠ Bone Heat Weighting: failed to find solution for one or more bones

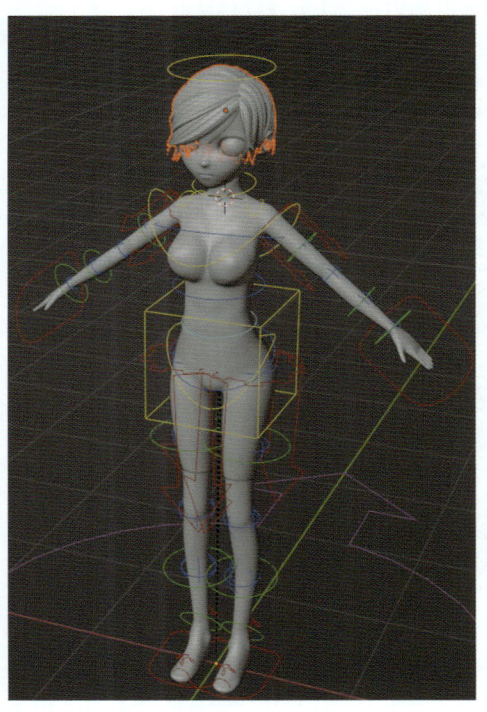

15 Hair를 선택하고 에디트 모드로 변경합니다. [A]를 눌러 모든 Face를 선택합니다.

16 서브 메뉴바에서 [Mesh] → [Clean Up] → [Decimate Geometry]를 차례로 선택합니다. 좌측 하단 옵션창에서 [Ratio]를 0.9로 조금 줄여줍니다. (이후 Automatic Weights 했을 때 다시 경고창이 뜨면 이 수치를 더 줄여줍니다.)

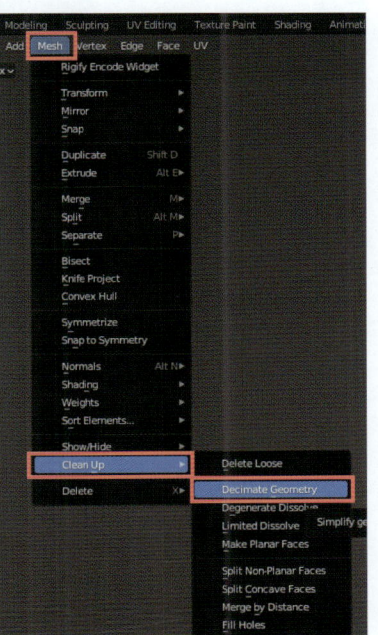

17 다시 Automatic Weights를 적용해봅시다. [Ctrl]+[P]를 눌러 팝업되는 메뉴에서 [Armature Deform] → [With Automatic Weights]를 차례로 선택합니다.

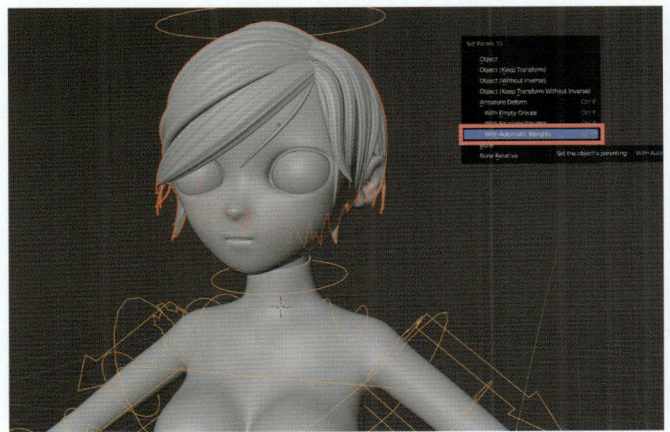

18 모든 오브젝트를 Rig에 연결해 주었습니다. Rig를 움직여 테스트합니다. 머리카락 부분이 조금 문제가 있어 보입니다. 동작을 잡고 [Weight Paint]로 수정해 주겠습니다. Rig를 움직여 오른쪽 그림처럼 서핑 보드로 파도를 타는 동작을 만들어줍니다.

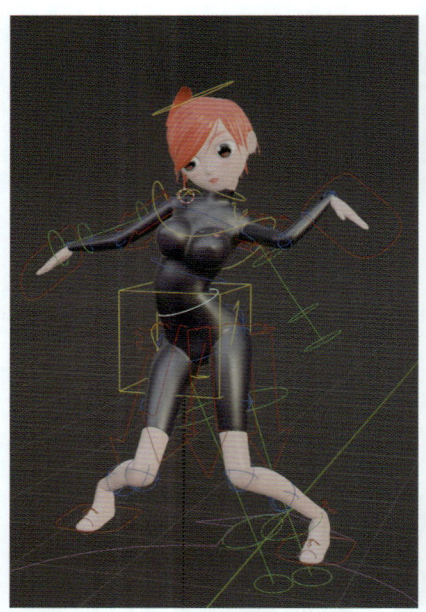
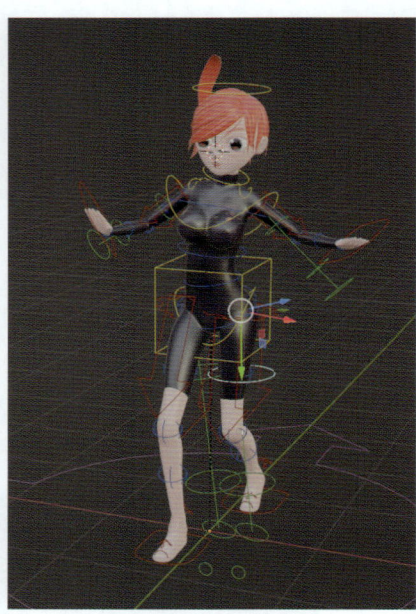

19 Rig를 잘 따라 움직이지 않는 머리카락 부분을 수정하겠습니다. 오브젝트 모드에서 [HAIR]를 선택합니다. 좌측 상단에서 모드를 [Weight Paint]로 바꾸어줍니다.

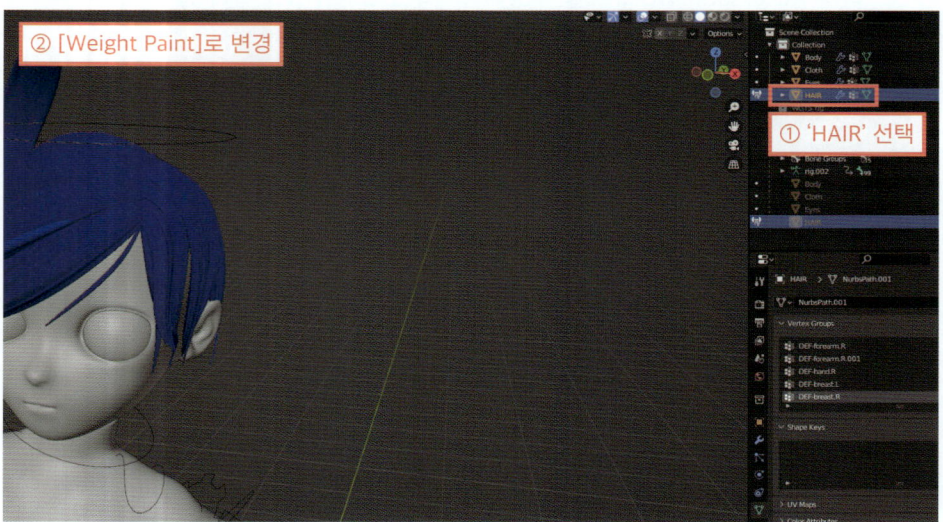

20 우측 ([Object Data Properties]) 탭의 [Vertex Groups]에서 [DEF spine.006]을 선택합니다. 머리카락이 따라 움직여야 할 Rig입니다.

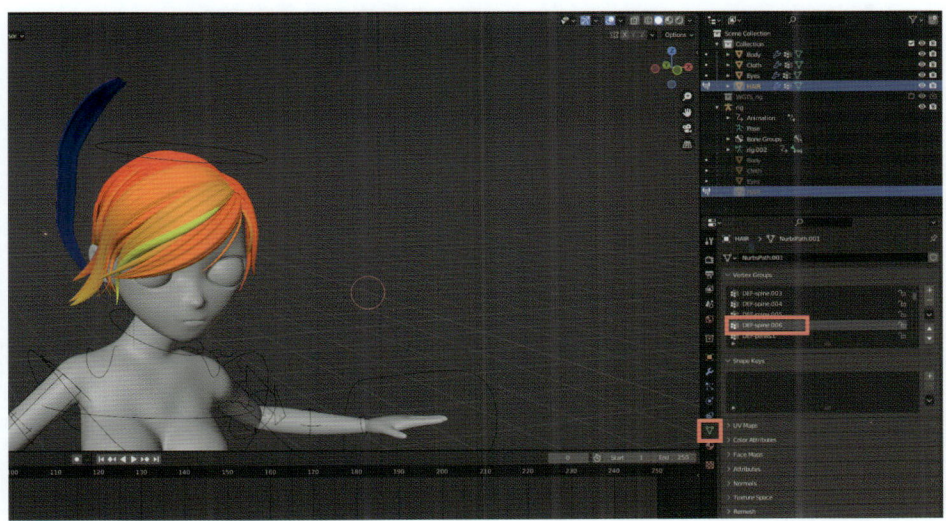

21 키보드 [N] 키를 눌러 우측의 정보창을 팝업시킵니다. [Tool] 탭의 Brush 이미지를 클릭하고, [Add] 브러시를 선택합니다.

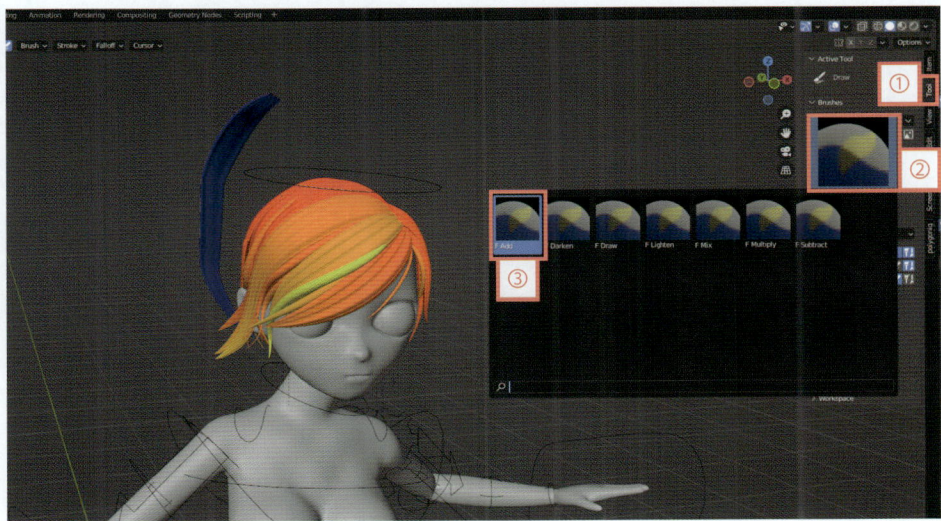

22 이 Add 브러시로 색을 칠하듯이 머리카락 부분을 칠해서 모두 빨간색으로 만듭니다. 빨간색으로 색칠된 부분이 100% 따라 움직이게 됩니다.

23 만약 다른 파츠도 문제가 있다면 같은 방법으로 수정해서 원하는 동작을 완성합니다.

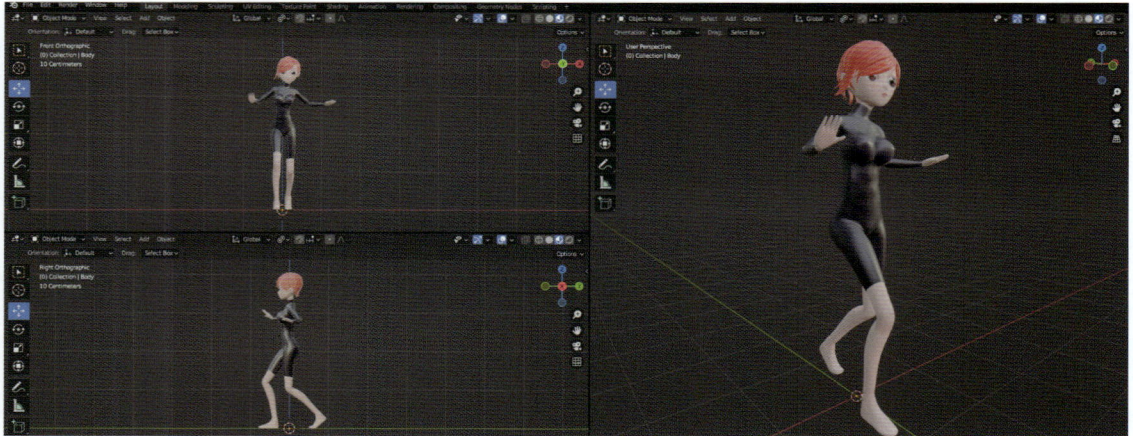

24 Chapter 07은 여기까지입니다. 다음은 예시로 서핑 보드도 만들고 카메라를 추가해서 렌더링해본 화면입니다.

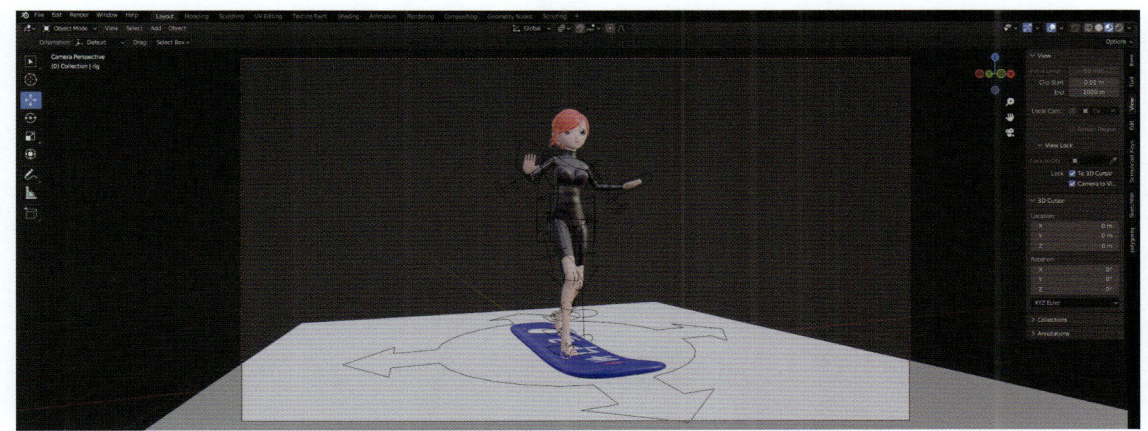

Section 01
상의(반팔 티셔츠) 제작하기

Section 02
액세서리(가방) 제작하기

Chapter 08

제페토 아이템 만들기

지금까지 3D 모델링의 전 과정을 실습해 보았습니다. 그런데 어디에 활용할 수 있을까요? 향후 3D 모델링으로 무엇을 할 수 있는지, 제페토 아이템을 제작해 보며 살짝 맛보도록 하겠습니다. 제페토(Zepeto)는 '네이버제트'에서 서비스하는 3D 아바타(캐릭터) 애플리케이션입니다. 아바타로 가상공간에서 전 세계 사람들과 교류하는 한편, 나만의 콘텐츠를 제작해 수익을 창출할 수도 있습니다. 제페토 스튜디오는 제페토 캐릭터의 의상(상의, 하의 등) 및 액세서리(가방, 반지 등) 아이템을 제작해서 판매할 수 있도록 돕는 제페토 공식 프로그램입니다. 제페토 스튜디오 웹페이지 가이드에는 'BLENDER로 아이템 만들기(3D)' 섹션(https://docs.zepeto.me/studio-item/lang-ko/docs/getting_started)이 있습니다. 안내를 보면, 먼저 몇 가지 파일과 프로그램을 설치해야 합니다.

첫 번째는 Unity(유니티)란 게임 엔진입니다. 제페토에서는 3D 애니메이션, 가상현실 인터랙티브 콘텐츠 제작을 위해 사용됩니다. 가이드에 따르면, 제페토 스튜디오는 특정 버전, 'Unity 2020.3.9'가 필요합니다. 가이드 페이지의 안내에 따라 내려 받아 설치해 줍시다. 그밖에 3D 모델링 프로그램과 이미지 편집용 프로그램이 필요합니다. 3D 모델링 프로그램은 이미 블렌더가 있으니 패스하고, 이미지 편집용 프로그램을 준비합니다. Adobe Photoshop(포토샵)을 주로 사용하지만, Affinity Photo, Krita 등 다른 프로그램을 사용해도 상관없습니다. 제페토 측에서는 Photoshop 평가판 링크를 제공합니다.

- Unity 엔진(2020.3.9): https://unity.com/releases/editor/whats-new/2020.3.9
- 제페토 스튜디오: https://bit.ly/3NX4FT1
- 이미지 편집 프로그램: https://www.adobe.com/products/photoshop.html

SECTION 01 | 상의(반팔 티셔츠) 제작하기

 모델링

블렌더를 이용해 제페토에서 사용할 드레스, 상의, 바지, 스커트, 아웃웨어(외투), 양말, 신발 등 다양한 의류와 액세서리를 만들 수 있는데, 일단은 가장 기본적인 간단한 반팔 티셔츠를 만들어 보면서 전반적인 제작 과정을 익혀보고자 합니다.

01　제페토 스튜디오에서 [가이드] → [BLENDER로 아이템 만들기(3D)] → [3D 모델링 준비하기] 페이지를 보면, [아이템 제작용 가이드 파일] 코너가 있습니다. 그중 creatorBaseSet_ZEPETO.zip 파일을 내려 받아 압축을 풀어주세요.

🔍 https://studio.zepeto.me/kr/guides/creating-your-item-3d-modelers-1

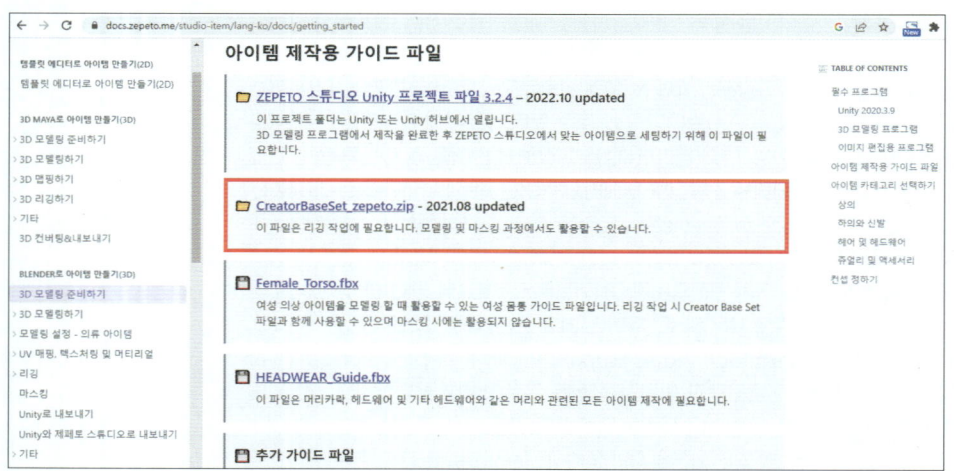

02　열어보면 다른 파일 없이 creatorBaseSet_zepeto.fbx 하나만 들어있습니다. 이제 블렌더를 실행하고 초기 화면의 큐브 오브젝트와 라이트, 카메라를 삭제한 뒤 상단 메뉴에서 [File] → [Import] → [FBX(.fbx)]를 차례로 선택하여 다운받은 creatorBaseSet_zepeto.fbx 파일을 찾아, [Import FBX] 버튼을 클릭해 불러옵니다. 그림처럼 사람 형태의 오브젝트가 하나 나타납니다.

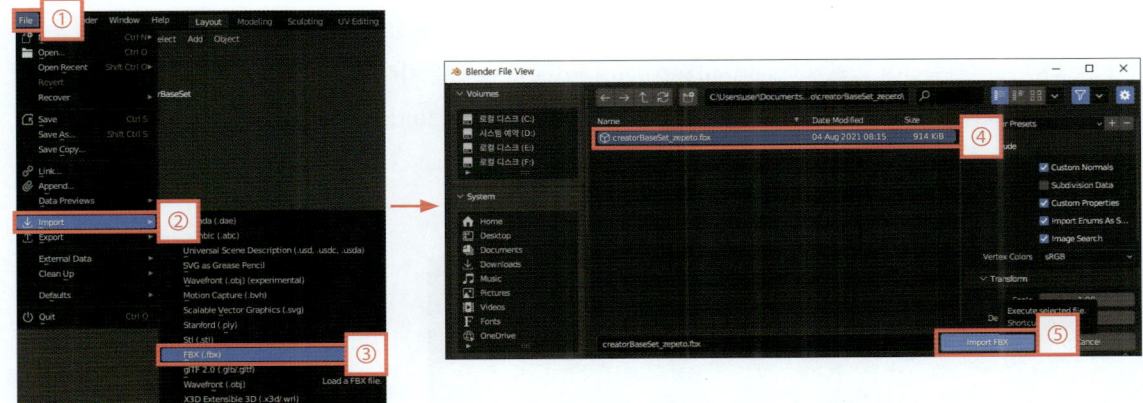

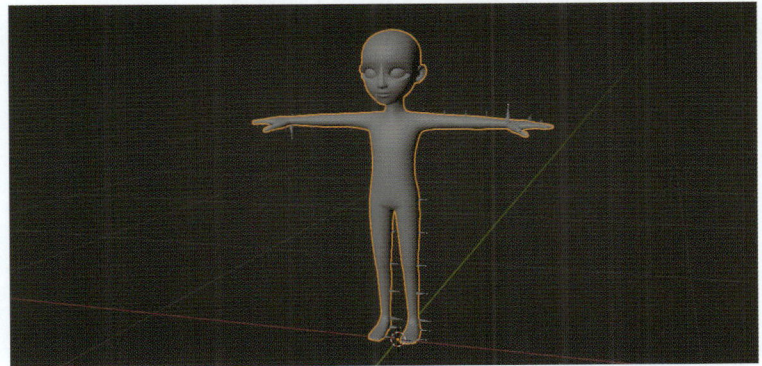

03 이 오브젝트를 토대로 티셔츠의 형태를 만들 것입니다. 먼저 [Tab] 키를 눌러 에디트 모드로 변경합니다. 정면 뷰(숫자 키패드 [1])로 돌리고, 우측 상단 ([Toggle X-Ray])를 켜서 뒷면까지 선택되도록 합니다. Face Select 모드(숫자 [3])로 드래그해서 그림처럼 짧은 반팔 티 모양으로 선택합니다. (돌려보면서 잘못 선택된 부분은 [Shift] 키+클릭으로 선택 해제해줍니다.)

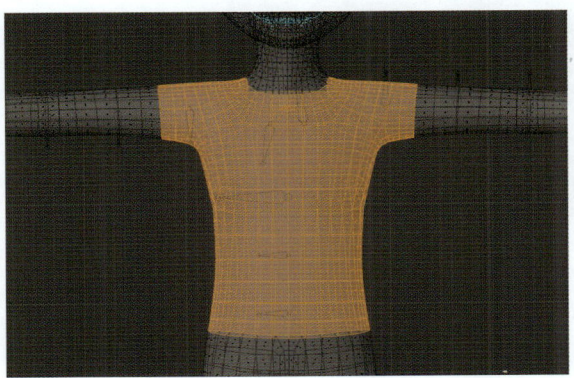

04 [Shift]+[D]로 선택한 부분을 복사하고 마우스 우클릭하여 복사 완료합니다. 그 상태에서 바로 마우스 우클릭하여 팝업된 메뉴에서 [Separate] → [Selection]을 차례로 선택해 새로운 오브젝트로 분리해줍니다. 그런 뒤 우측 아웃라이너 창에서 zepeto_creatorBaseSet을 열어 보면 목록에 mask.001이 새로 생성된 것을 확인할 수 있습니다. 분리한 mask.001을 선택하고 이름을 '상의'로 바꿔줍니다.

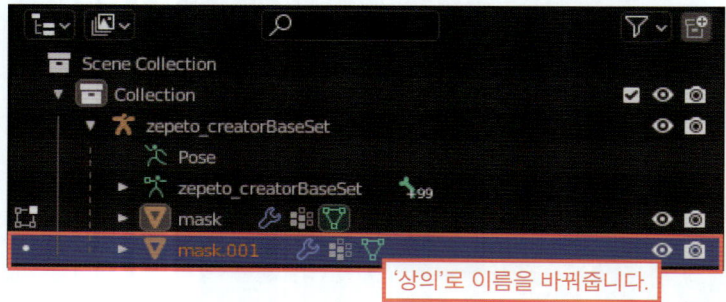

'상의'로 이름을 바꿔줍니다.

05 그리고 에디트 모드로 변경합니다. Edge Select(숫자 [2]) 모드에서 키보드 [A] 키를 눌러 모든 Edge를 선택하고 서브 메뉴바에서 [Mesh] → [Transform] → [Shrink/Fatten]를 차례로 선택합니다. 이 상태에서 마우스를 움직여 약간 부풀어 오르게 만들어 줍니다. 반팔 티셔츠의 기본형이 완성되었습니다.

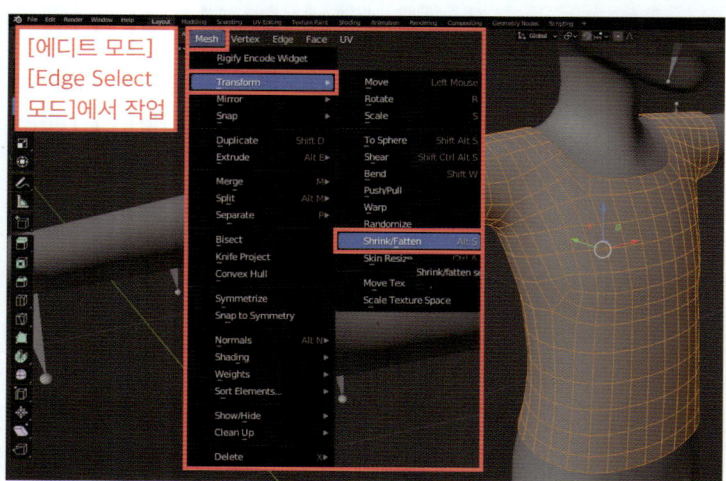

06 이제 모양을 다듬겠습니다. 반팔 티셔츠 역시 좌우대칭이므로, Mirror 상태에서 작업할 것입니다. 그런데 우측 🔧([Modify Properties])를 보니, [zepeto_creatorBaseSet]란 명령이 적용되어 있습니다. 기본 몸(mask)에서 추출해서 만들었기 때문입니다. ❌를 눌러 지웁니다. 그런 뒤 정면 뷰에서 🔲([Toggle X-Ray])를 켜고, 마우스 드래그로 그림처럼 절반의 면을 선택(숫자 [3])해서 [Del] 키로 지워줍니다.

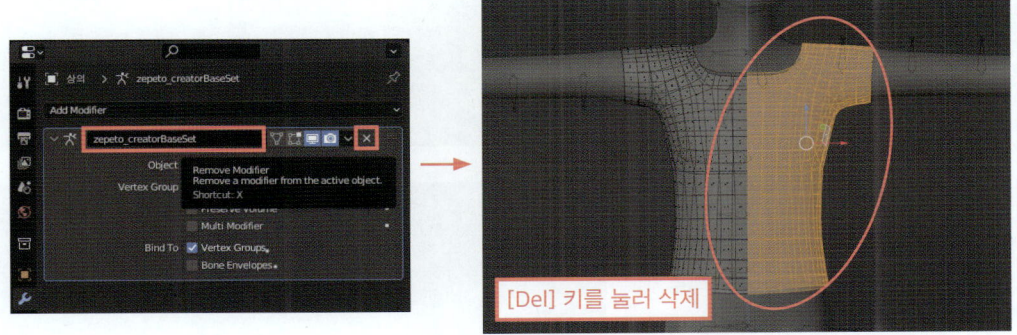

07 남은 절반을 선택하고, 우측 🔧([Modify Properties])에서 다시 [Mirror] 명령을 선택합니다. 옵션에서 [Clipping] 박스를 체크해야 중앙 부분이 붙습니다.

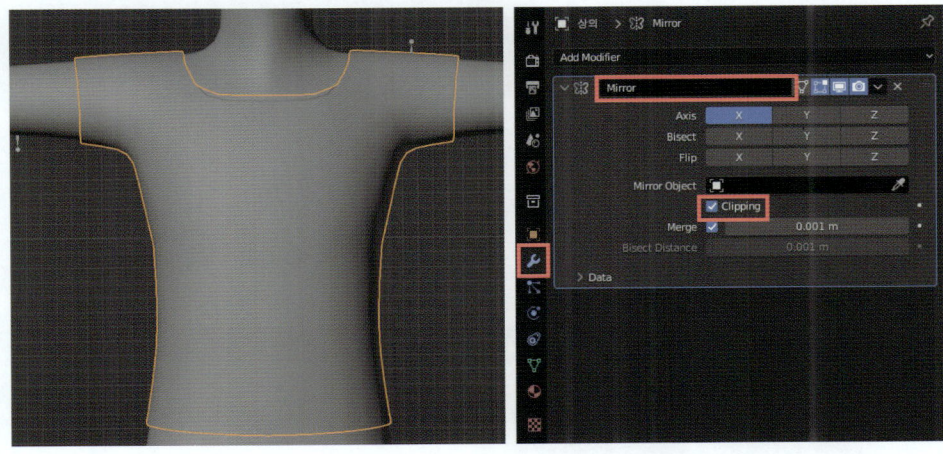

08 옷이 몸과 너무 붙어 있으니, 자연스러운 품을 만들어 주겠습니다. Edge Select 모드에서 [Alt]+클릭으로 그림처럼 소매 끝 Edge를 모두 선택합니다. 그리고 뷰포트 상단 중앙에 있는 ([Proportional Editing])을 켭니다. 이는 원하는 영역만 사이즈를 조정하거나 위치를 옮기게 해주는 기능입니다.

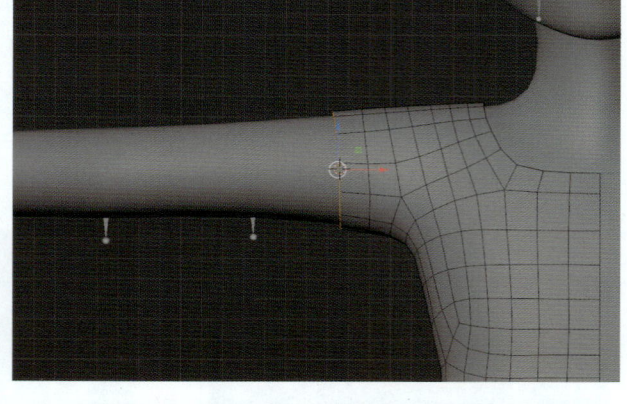

09 크기를 조정할 것이니, [S](Scale) 키를 누르고 마우스 휠을 움직여 영역을 정합니다. 현재 오브젝트가 작은 관계로, 휠을 위로 많이 돌려야만 영역(그림의 회색 원)이 나타날 것입니다. 원하는 부분만 둘러싸는 적당한 영역을 정한 후 마우스를 움직여 크기를 키워줍니다.

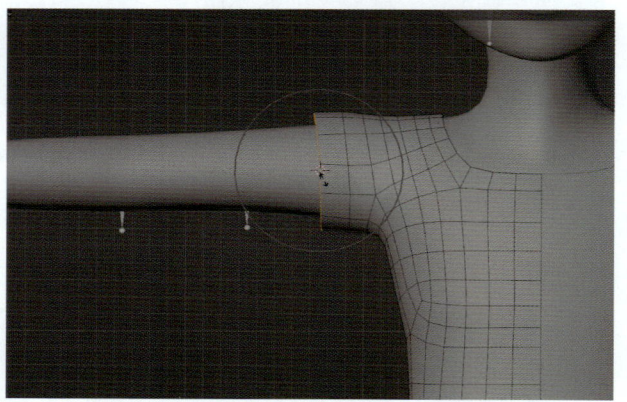

> **tip**
> 처음에는 Proportional size가 오브젝트에 비해 많이 크므로(뷰포트 좌측 상단에서 수치 확인 가능), 영역이 그림과 같이 (확대된 상태의) 뷰포트에 안 들어올 만큼 크게 나타납니다. 이것을 마우스 휠로 줄여서 작업하는 것입니다.
>
>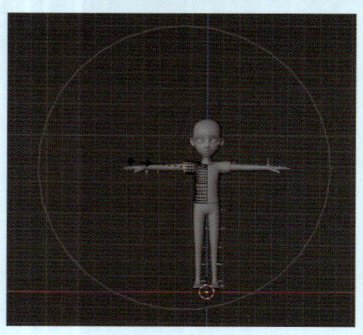

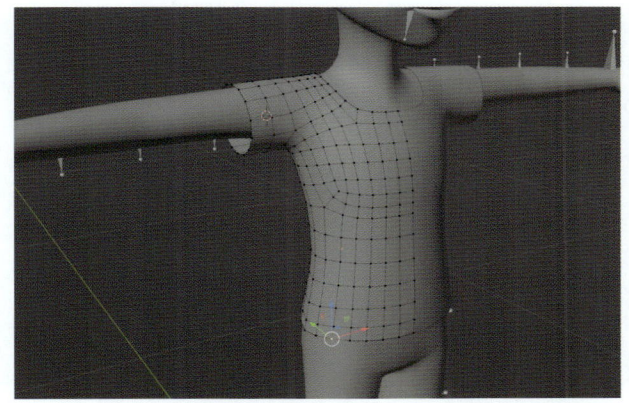

10 같은 방법으로 옷의 가로 Edge를 하나씩 키워서 옷을 수정해 줍니다. 여기서는 몸에 너무 붙지 않게 조금 넉넉한 옷으로 만들었습니다.

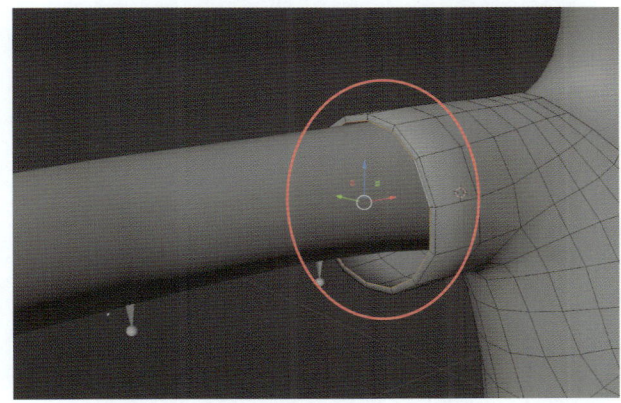

11 우리가 입는 실제 옷이라면 이대로 두어도 자연스럽지만, 제페토 옷은 몸통 안쪽이 보이면 안 되기 때문에 이런 단면들을 막아줘야 합니다. Edge Select 모드에서 [Alt]+클릭으로 소매 끝 단면들을 한꺼번에 선택합니다. [E](Extrude)를 눌러 선택한 Edge를 추출하고, [S](scale)를 눌러 살짝 안쪽으로 줄여줍니다.

12 한 번 더 같은 방법으로 추출하고, [S](Scale)로 그림처럼 아주 작게 줄여줍니다. (이때, 아웃라이너 창에서 mask 옆의 👁 아이콘을 잠시 꺼주면 편리하게 작업할 수 있습니다.)

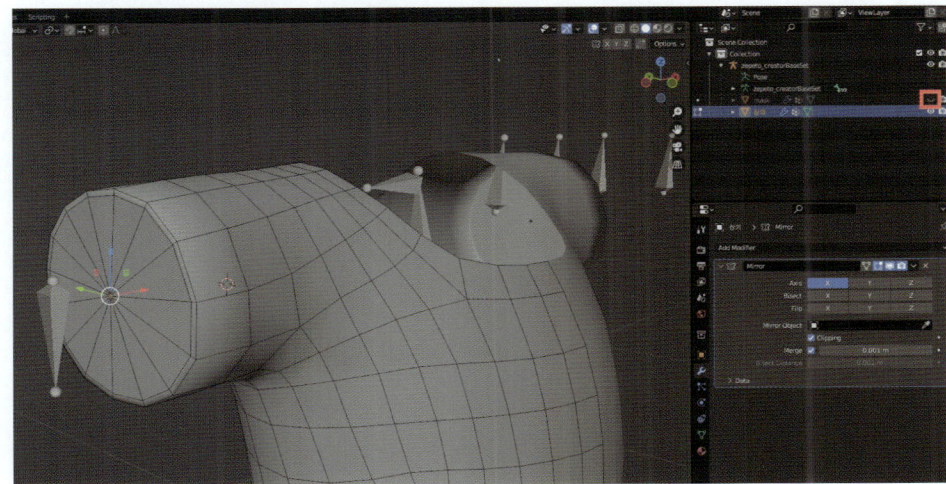

13   이 상태에서 Vertex Select 모드로 바꾸고, 마우스 우클릭하여 팝업된 메뉴에서 [Merge Vertices] → [At Center]를 차례로 선택하여 하나의 Vertex로 만들어 줍니다. 합쳐진 Vertex를 [G](Move) 키를 이용해 몸통 안쪽으로 넣어 줍니다.

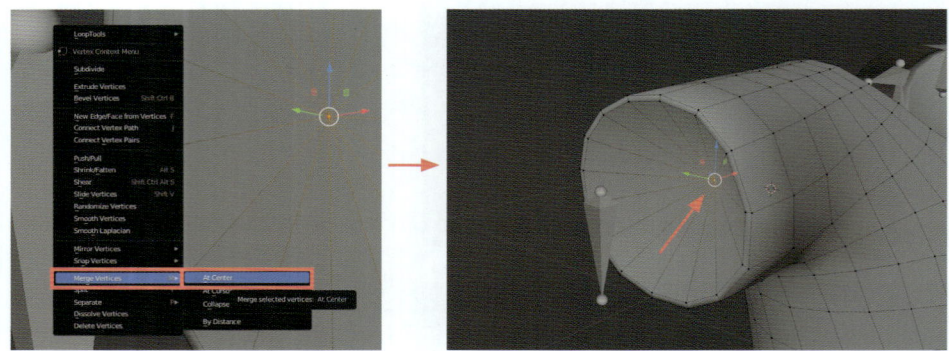

14   아웃라이너 창의 👁 아이콘을 클릭해 mask(몸통)를 다시 나타나게 해서, 그림처럼 몸통과 옷의 틈새가 없는지 확인합니다. 필요하면 다시 수정합니다.

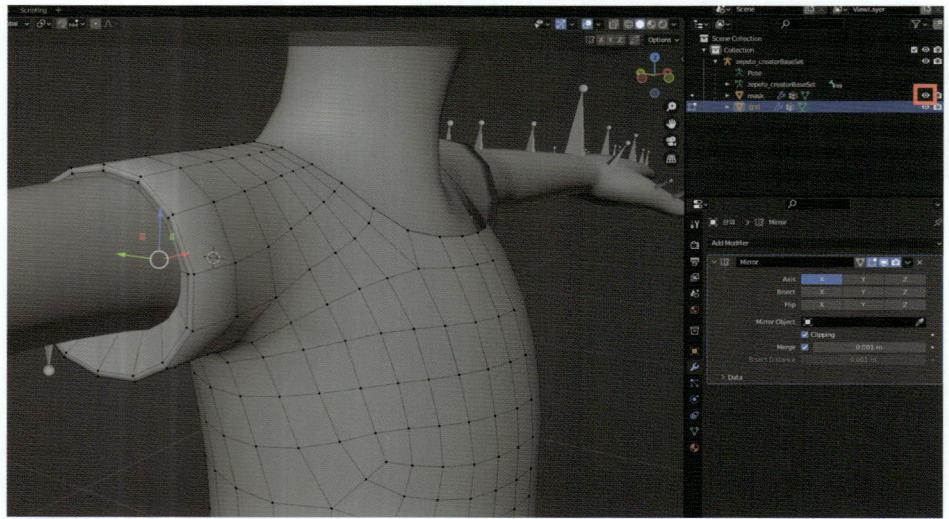

15 넥라인과 옷 밑단은 반팔 티셔츠를 다시 하나의 오브젝트로 만든 후 단면 작업을 하겠습니다. 오브젝트 모드로 바꾸고, 🔧([Modify Properties])에서 [Mirror] 옆의 ⌄ 아이콘을 클릭하고, 드롭다운 메뉴에서 [Apply]를 선택해 [Mirror] 명령을 적용 완료합니다.

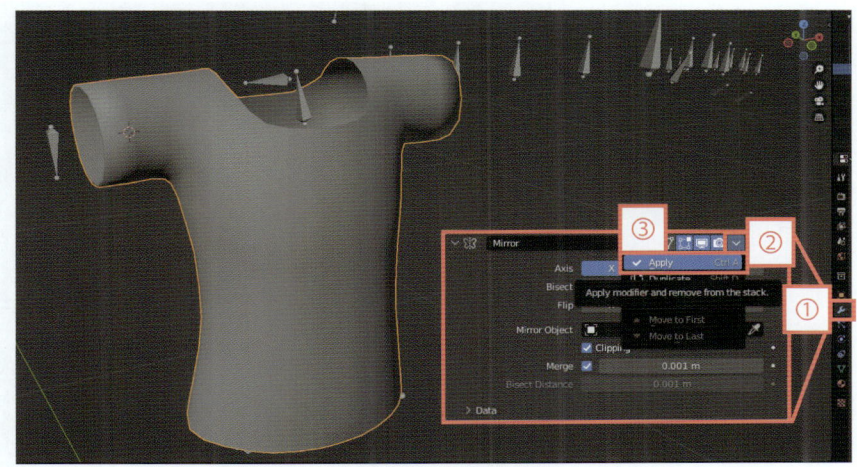

16 소매와 마찬가지 방법으로 11~14단계를 따라 넥라인 단면을 처리해줍니다.

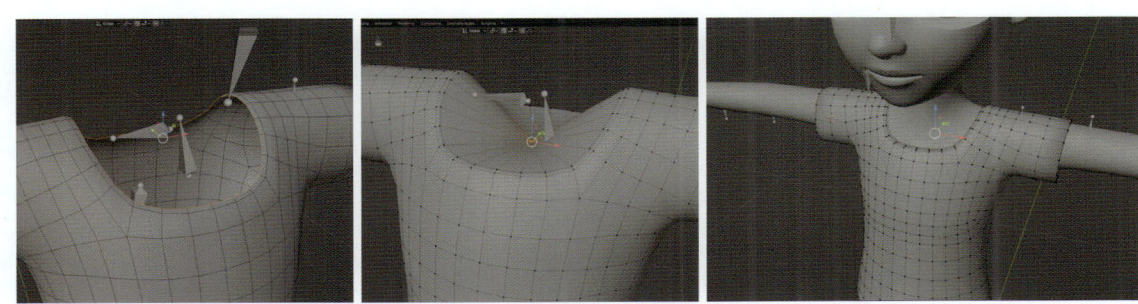

17 옷 밑단 역시 같은 방법으로 처리해줍니다.

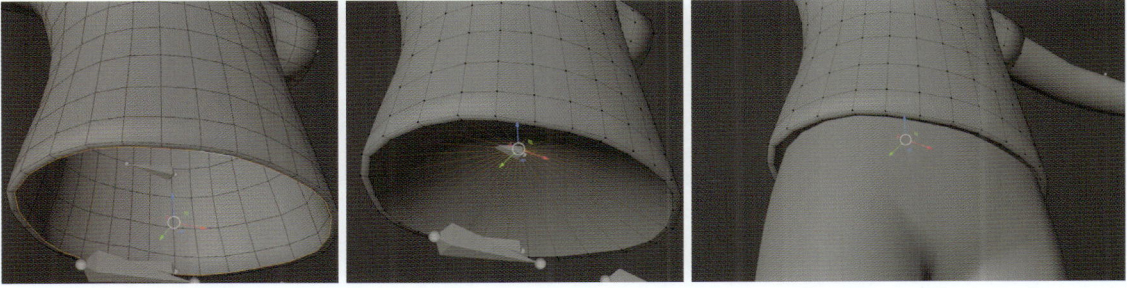

2 UV

상의 모델링 작업을 완료했으니 이젠 UV 작업을 진행하겠습니다.

01 상단 메뉴에서 [UV Editing]을 클릭합니다. 우측 3D 뷰에서 [Alt]+마우스 클릭으로 소매 끝 Edge를 모두 선택합니다. 마우스 우클릭하여 팝업된 메뉴에서 [Mark Seam]을 선택하여 Edge를 Seam으로 만듭니다.

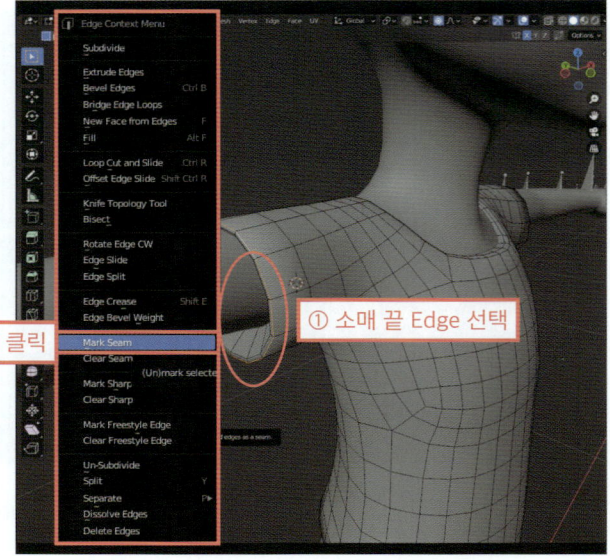

02 Edge가 빨간색으로 바뀝니다. 반대쪽 소매도 같은 방법으로 Seam으로 만들어 줍니다.

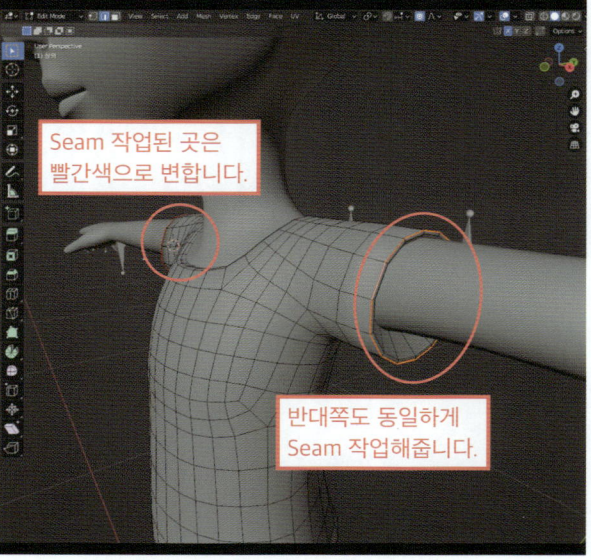

03 이 과정을 반복해 Seam 작업을 전체적으로 해주겠습니다. 먼저 그림을 참고해, 양쪽 어깨선을 Seam으로 만들어 줍니다.

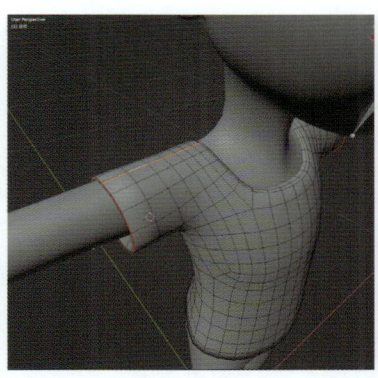 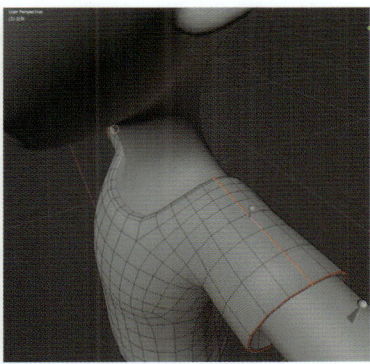

04 티셔츠의 재봉선을 생각하며 옷의 양 옆구리 쪽에도 Seam 작업을 해줍니다.

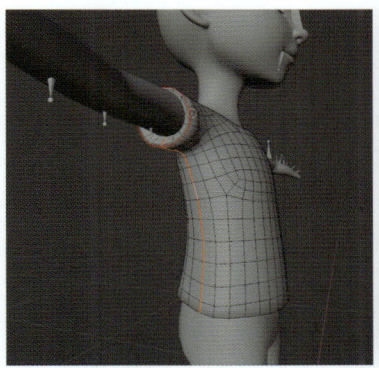 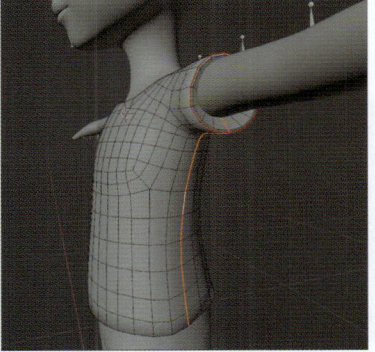

05 넥라인과 밑단도 마찬가지로 Seam 작업합니다.

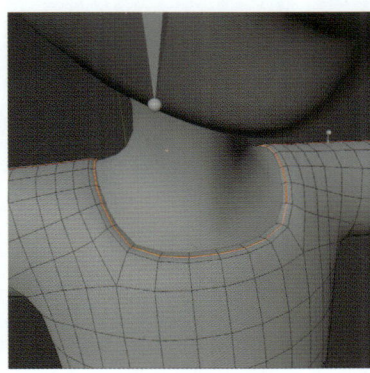 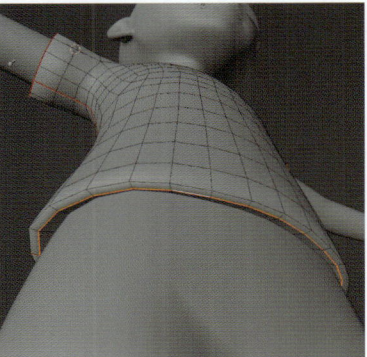

06 이제 [A]를 눌러 모든 Edge를 선택합니다. 그리고 우측 3D 뷰의 서브 메뉴바에서 [UV] → [Unwrap]을 차례로 선택하면, 좌측 2D 뷰에 전개도가 펼쳐집니다.

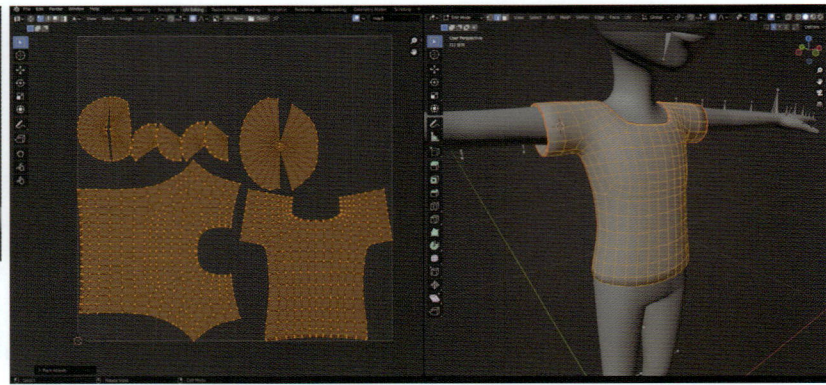

07 좌측 2D 뷰에서 Vertex Select 모드로 Vertex를 선택하고 키보드 [L] 키를 누르면 연결된 덩어리가 모두 선택됩니다. [R]을 눌러 회전시키고 [G]를 눌러 움직여 공간을 최대한 잘 활용해 배치해 줍니다.

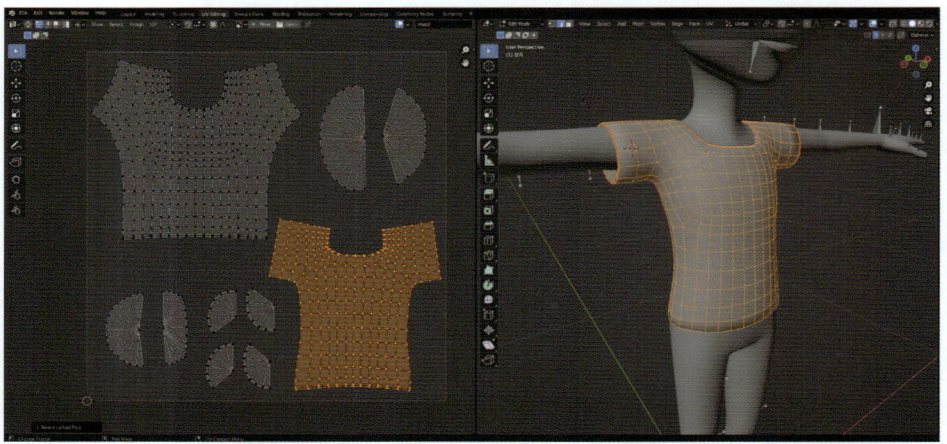

UV 작업을 무사히 마쳤습니다. 이렇게 채색 준비가 모두 끝났습니다.

3 텍스처 페인트(Texture Paint)

01 제작한 옷을 선택한 상태에서 상단 메뉴에서 [Shading]을 클릭합니다. 하단 쉐이더 에디터 창에서 [Base Color] 색을 바꾸어 보면 옷뿐 아니라 몸통의 색 역시 같이 변하는 것을 확인할 수 있습니다. 이는 옷을 몸통에서 추출해서 만들었기 때문입니다.

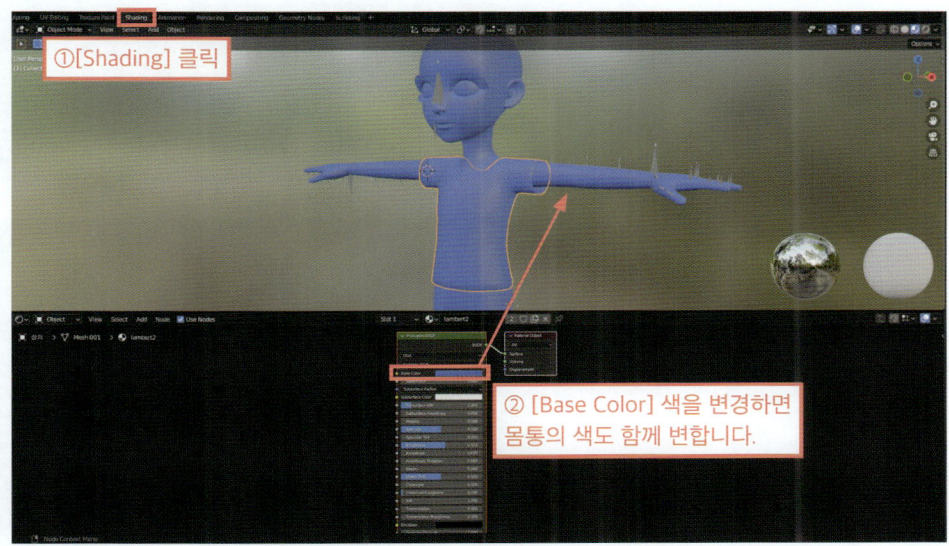

02 채색에 들어가기 앞서 옷 재질을 별도로 만들어줘야 합니다. 일단 쉐이더 에디터 상단 중앙에 있는 `Slot 1  lambert2  2` 메뉴바에서, ✕ 버튼을 눌러 옷에 지정된 Material을 모두 지워줍시다.

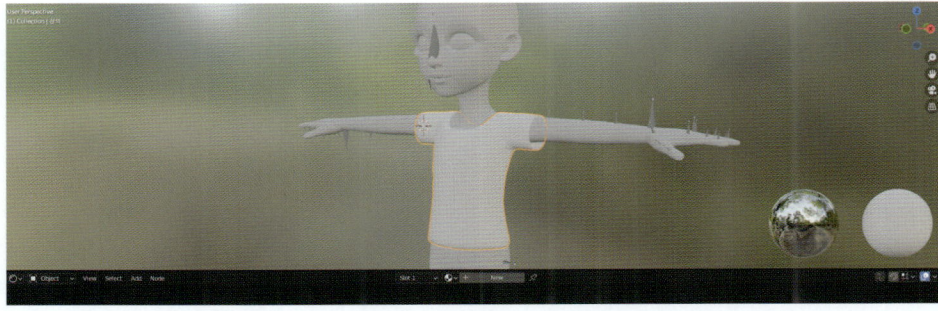

03 옷을 선택한 상태에서 새로 나타난 [+ New] 버튼을 눌러 새로운 Material을 지정해 줍니다.

04 다시 [Base Color]를 바꿔보면 몸의 색은 변하지 않고 옷 색만 바뀌는 것을 확인할 수 있습니다.

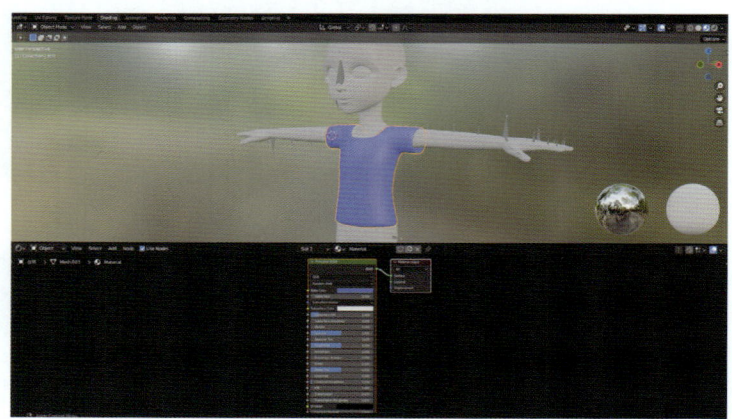

05 채색 준비는 끝났습니다. 이제 상단 메뉴에서 [Texture Paint]를 클릭합니다. 현재는 텍스처가 지정되어 있지 않아, 옷이 자주색으로 나타납니다.

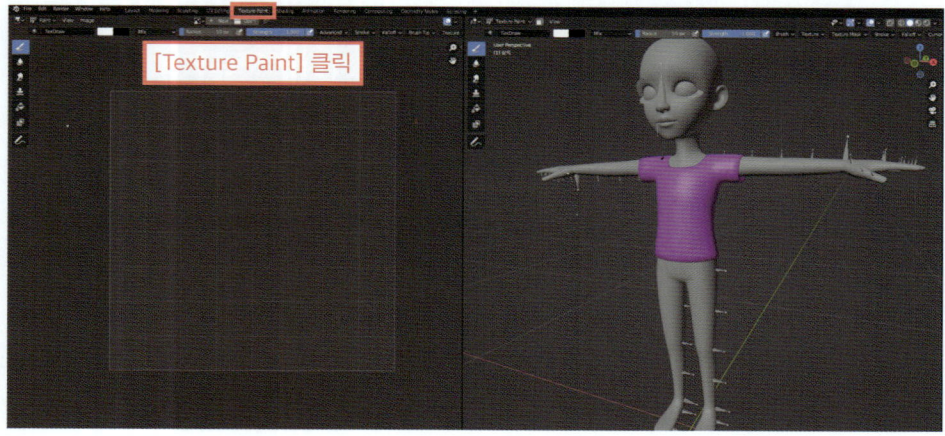

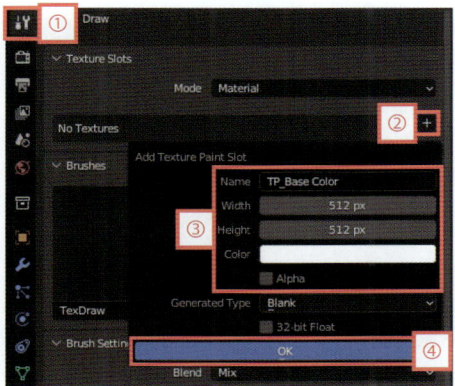

06 우측 ([Active Tool and Workspace settings]) 탭에서, 'No Textures' 옆 를 누릅니다. [Base Color]를 선택합니다. [Name](이름)은 'TP_BaseColor', 사이즈는 위아래 512px로 입력하고, [Color]는 흰색, [Alpha]는 체크 해제합니다. 제페토 제작 권장 사이즈가 512px이므로 특히 사이즈에 신경 쓰도록 합니다. [OK] 버튼을 눌러 적용합니다.

07 3D 뷰에서 ([Fill]) 툴을 활성화하고 컬러박스에서 원하는 기본색을 정한 후 오브젝트를 클릭해 색을 채웁니다. 그리고 2D 뷰 상단 메뉴의 ([Browse Image to be linked]) 아이콘을 클릭해 이전에 만든 TP_BaseColor를 적용해서 전개도와 채색 현황이 표시되게 만들어줍시다.

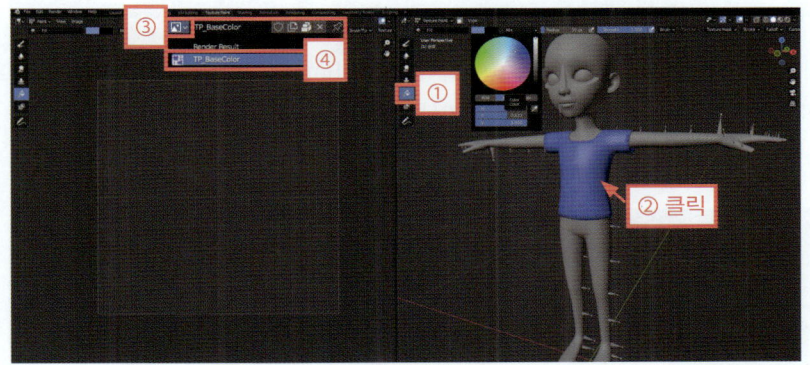

08 다음 그림처럼 화면이 만들어집니다. 이 상태에서 ([Draw]) 툴로 3D 뷰에서 옷의 밝고 어두운 부분을 표현해줍니다. 이때 Strength 0.252 수치는 내리고 채색합니다.

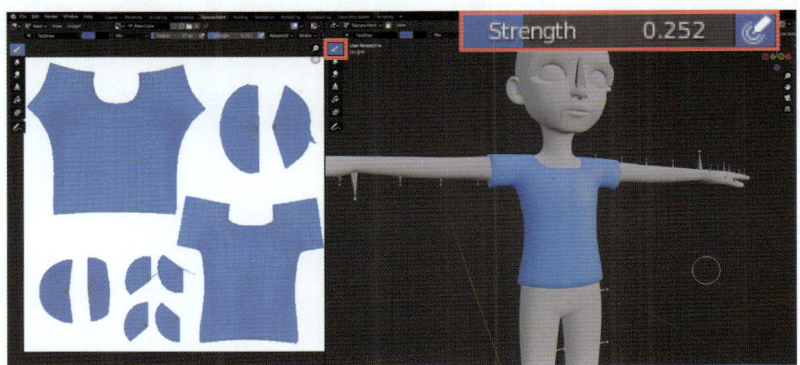

09　단색 티셔츠로 마무리해도 되지만, 아기자기한 그림들을 그려 프린팅 티셔츠로 만들겠습니다. 이처럼 명확한 그림을 그릴 때는 Strength 1.000 수치는 1로 하고, ([Strength Pressure]) 역시 해제해서 태블릿 필압이 적용되지 않도록 하는 것이 좋습니다.

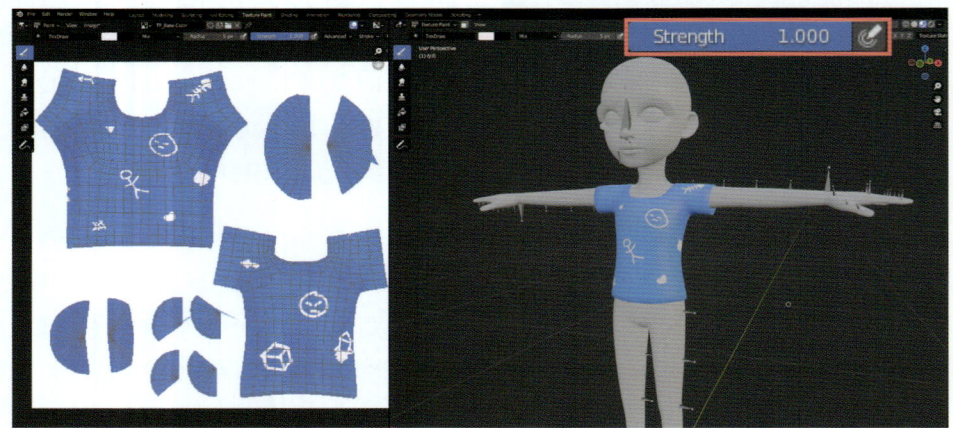

10　작업이 완료되었으면 2D 뷰 상단의 서브 메뉴바에서 [Image] → [Save As…]를 순서대로 선택하여 꼭 저장해 줍니다. 파일명은 'TP_BaseColor.png'로 했습니다. 이후 작업에 필요하니 위치를 기억해 둡시다.

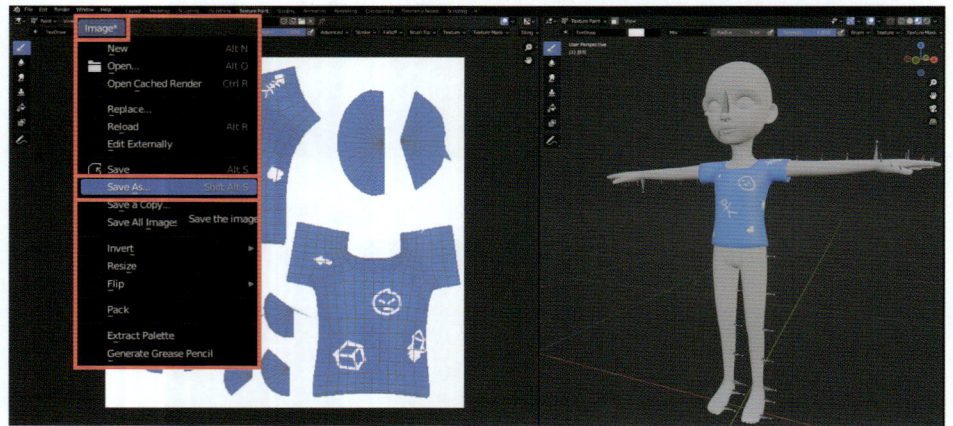

4 리깅(Rigging)

리깅을 진행하겠습니다. 리깅 작업에 앞서, 뼈를 잘 보이는 상태로 바꿔주고 진행하겠습니다.

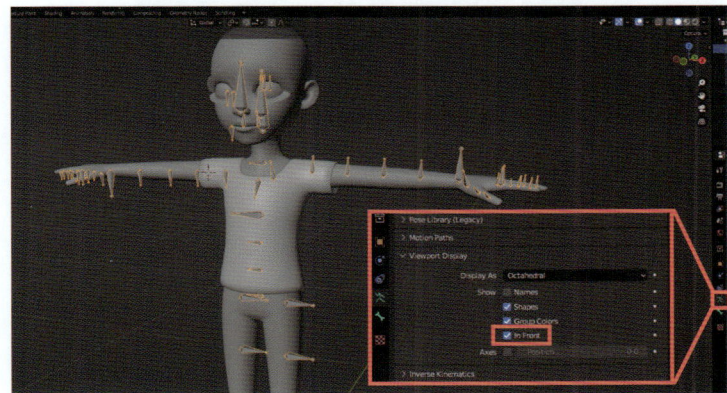

01 뼈를 선택하고 우측 ([Object Data Properties]) 탭에서 [Viewport Display] 항목 아래 [In Front] 박스를 체크하면, 뼈가 항상 앞쪽에 표시되게 됩니다.

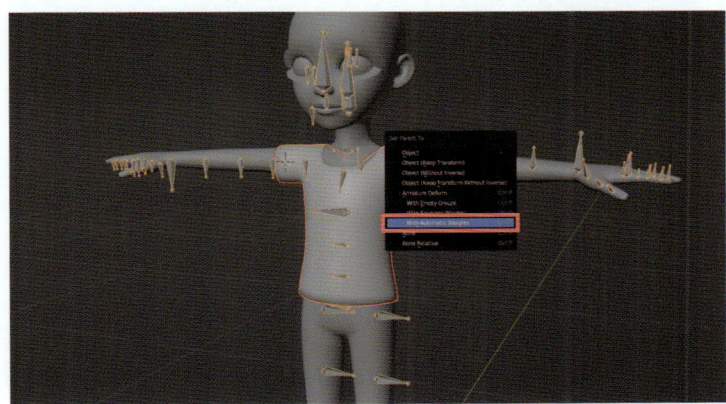

02 상단 메뉴에서 [Layout]을 클릭합니다. 오브젝트 모드에서 옷을 선택하고 [Shift] 키를 누른 상태에서 뼈(몸에서 튀어나온 뿔 모양)를 클릭해서 다중 선택합니다. [Ctrl]+[P]를 누르고 [Set Parent To] 메뉴를 호출해서, [Armature Deform] 아래 [With Automatic Weights]를 선택합니다.

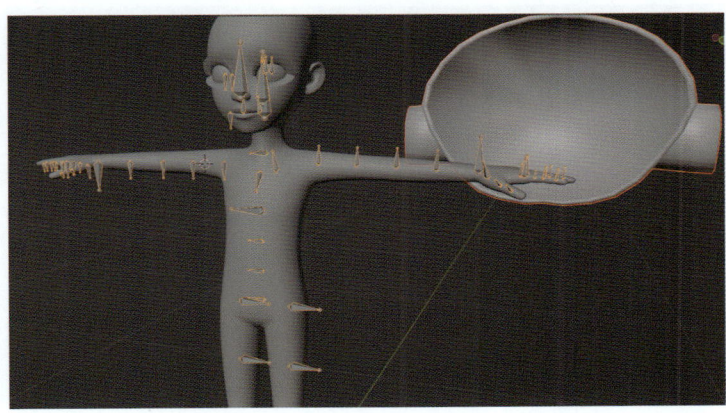

03 그러면 옷과 뼈가 연결됩니다. 단, 옷의 크기와 위치가 그림처럼 변합니다.

04 제페토 데이터의 Location은 0, Rotation X는 90, Scale은 0.01이어야 합니다. 그런데 우측 ([Object Properties]) 탭을 보면 현재는 Location이 0, Rotation X는 0, Scale은 1.000으로 되어 있습니다. 수정하겠습니다.

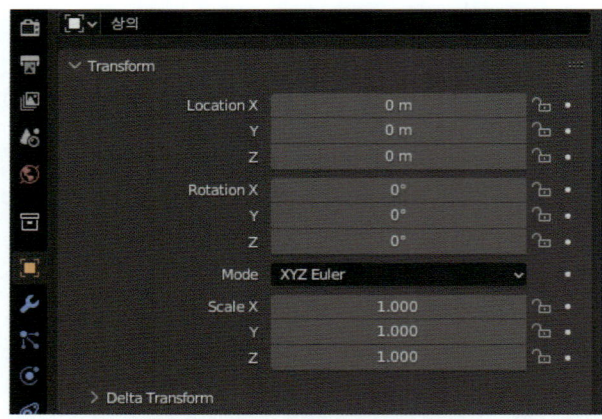

05 먼저 상의 오브젝트를 선택하고 [Crtl]+[A]를 눌러 팝업된 메뉴에서 [All Transforms] 명령을 선택하여, 모든 Transform을 리셋해줍니다.

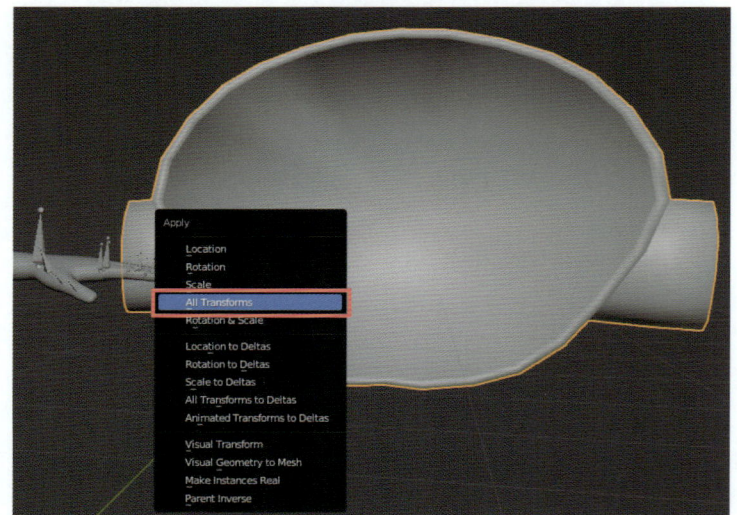

06 우측 ([Object Properties]) 탭에서 수치를 조정합니다. Location에는 모두 0, Rotation X에는 90(나머지는 그대로), Scale에는 모두 0.01씩을 입력합니다. 상의의 위치와 크기가 원래대로 몸에 알맞게 맞춰집니다. (Automatic Weights 적용 시 크기와 위치 변동이 없더라도 이 과정은 꼭 수행해서 Location은 0, Rotation X는 90, Scale은 0.01로 해주어야 합니다.)

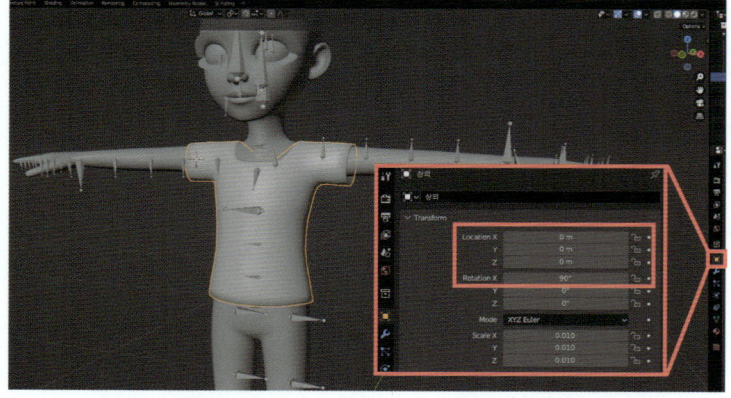

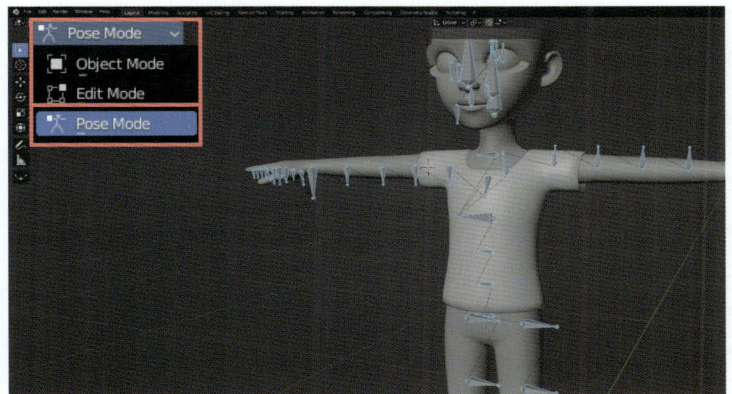

07 뼈(zepeto_creatorBaseSet)를 선택하고 좌측 상단에서 Pose Mode로 바꿉니다. 하늘색으로 바뀐 뼈를 움직여 봅니다. (뼈를 선택했을 때 연결된 점선이 보여야 합니다.) 기본적으로 옷이 뼈를 따라 움직입니다.

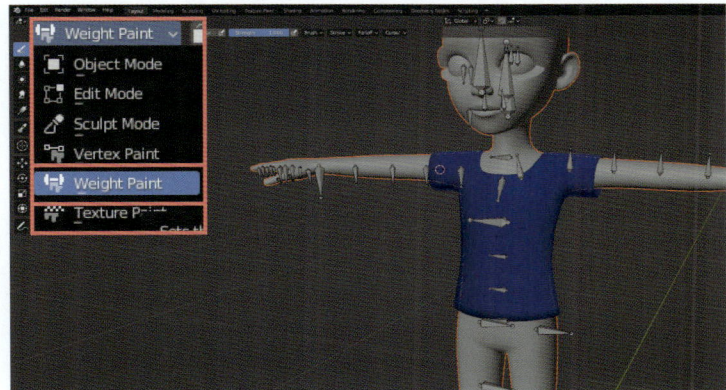

08 다시 오브젝트 모드로 변경합니다. 몸통의 Weight 수치를 상의에 그대로 복사할 수가 있습니다. 먼저 뼈(zepeto_creatorBaseSet)를 선택하고 [Shift] 키를 누른 상태에서 몸통(mask)을 클릭합니다. 마지막으로 만든 옷(상의)까지 클릭해서 다중 선택해 줍니다(순서가 중요합니다!). 그리고 좌측 상단에서 오브젝트 모드를 Weight Paint로 변경해줍니다.

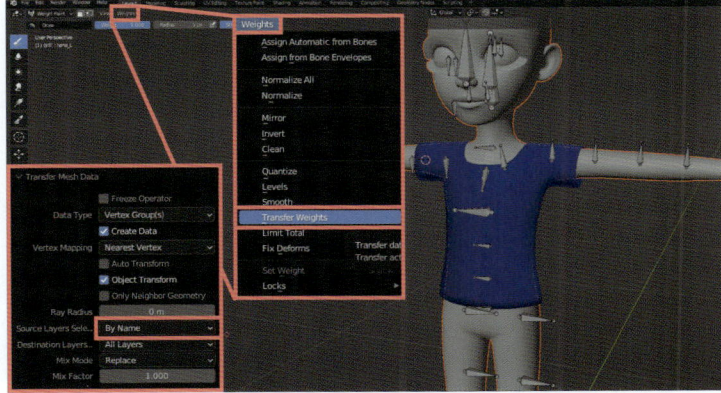

09 서브 메뉴바에서 [Weights] → [Transfer Weights] 명령을 차례로 선택합니다. 그리고 좌측 하단 Transfer Mesh Data 옵션창에서 [Source Layers Select] 항목을 [By Name]으로 변경합니다.

10   다시 오브젝트 모드로 변경합니다. 몸통(mask)의 Weight 정보가 상의에 그대로 복사되었습니다.

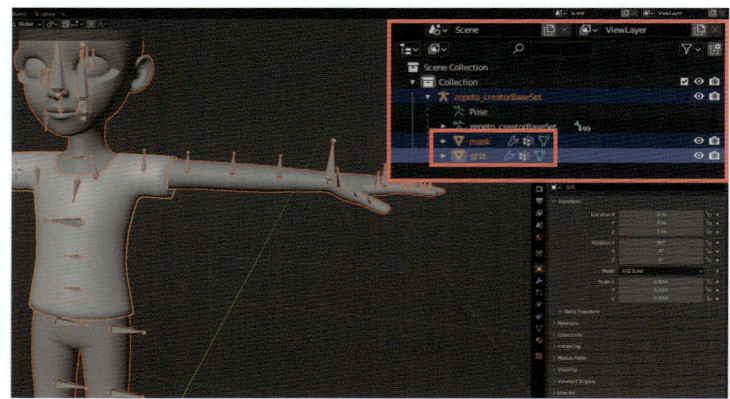

11   뼈를 선택하고 Pose Mode로 변경해서 다시 뼈들을 움직여 보면서 잘못된 부분이 있는지 확인합니다. 문제가 없습니다.

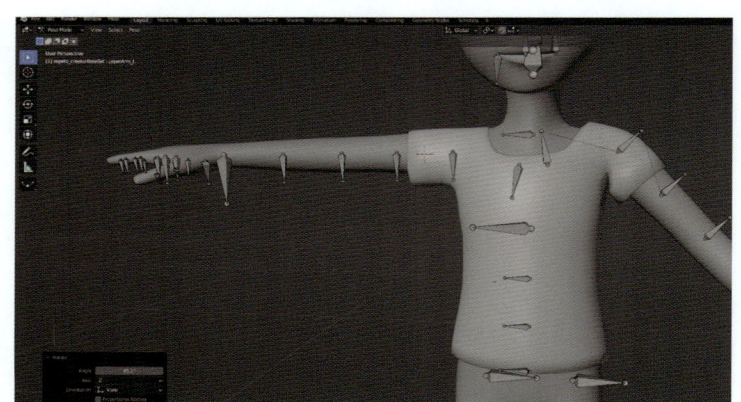

12   만일 문제가 있다면 Weight Paint로 수정할 수 있습니다. 현재 몸(mask)은 우측 상단 아웃라이너 창에서 👁 아이콘을 클릭해서 숨겨둔 상태입니다.

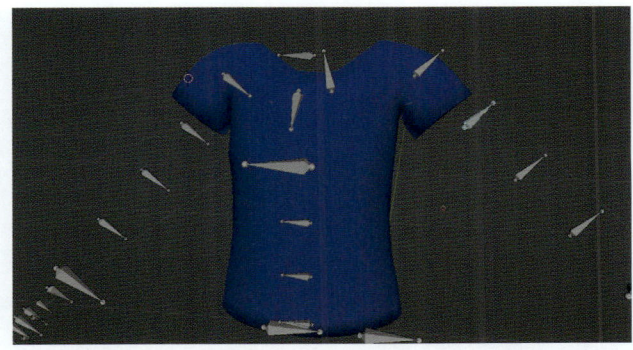

13 다시 오브젝트 모드로 변경합니다. 뼈를 먼저 선택한 뒤 [Shift] 키를 누르고 옷을 다중 선택합니다. 그리고 좌측 상단의 모드를 Weight Paint로 변경합니다.

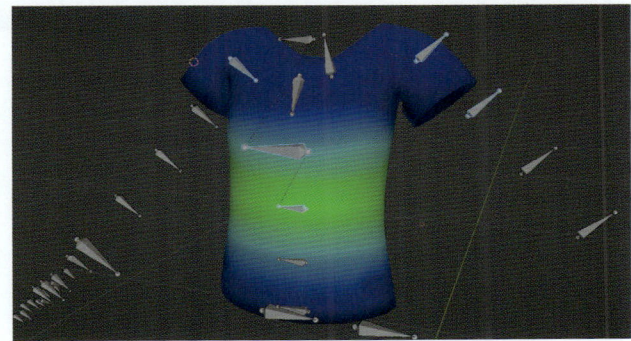

14 [Ctrl] 키를 누르고 뼈를 선택하면, 해당 뼈의 영향을 받는 영역이 색으로 표시됩니다. 빨간색은 100% 영향을 받는 곳이며, 녹색은 50% 정도, 파란색은 영향을 받지 않는 곳을 표시합니다.

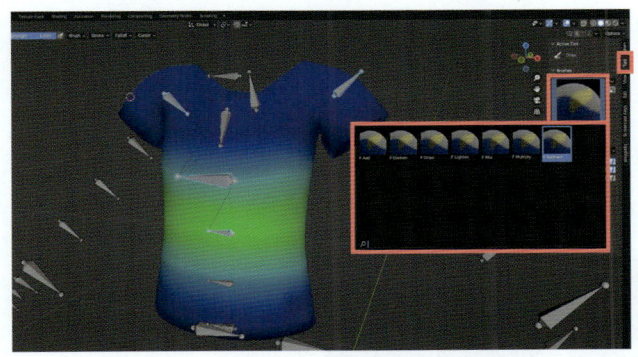

15 단축키 [N]을 눌러 우측 정보창을 팝업시키고, [Tool] 탭으로 이동합니다. Brushes 아래 그림을 클릭하면, 브러시의 종류를 고를 수 있습니다. 이때 뼈의 영향력을 높이고 싶으면 [Add]를 선택하고, 반대로 영향력을 낮추고 싶으면 [Subtract]를 선택해서 그림을 그리듯이 칠해주면 됩니다.

16 팔을 내리고 올린 상태를 체크하면 됩니다.

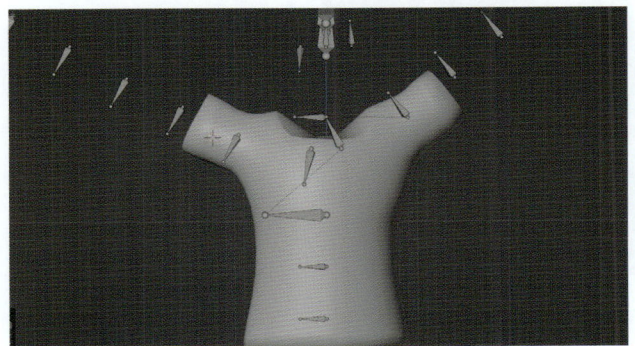

17 움직인 뼈들을 다시 리셋시키려면 Pose Mode로 전환하여 단축키 [A]로 모든 뼈를 선택한 뒤, 서브 메뉴 바에서 [Pose] → [Clear Transform] → [All]을 차례대로 선택하면 됩니다.

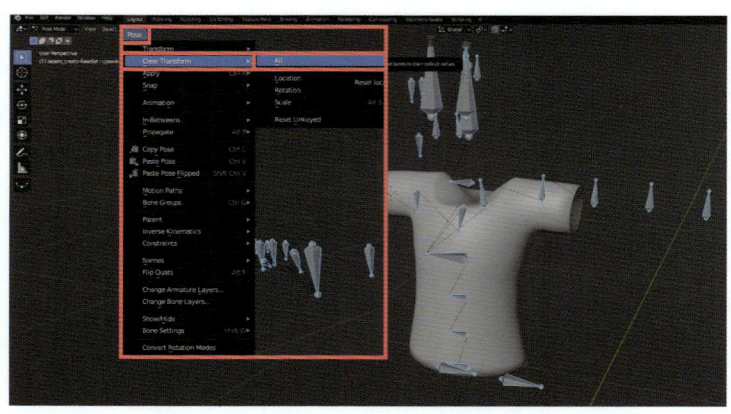

여기까지 기본적인 모델링 작업은 마무리했습니다.

5 Unity로 내보내기

작업한 데이터를 제페토 스튜디오에 올리기 위해선 제페토에서 정한 규칙에 따라 몇 가지 세팅을 해주어야 합니다. 첫째, Vertex Paint 기능을 이용한 옷에 가려 안 보이는 몸통 부분 작업입니다. Vertex Paint로 칠해준 부분은 투명 처리되어서 화면에 보이지 않게 됩니다. 둘째, 제페토 스튜디오에 보낼 오브젝트 정리입니다. 셋째, 오브젝트의 Transform 수치를 맞추어야 합니다. 하나씩 차근차근 해보겠습니다.

5.1 Vertex Paint

01 먼저 Vertex Paint 기능으로 옷에 가려 안 보일 몸통 부분을 처리해주겠습니다. 오브젝트 모드에서 몸통(mask)을 선택하고 좌측 상단에서 [Vertex Paint]를 선택합니다.

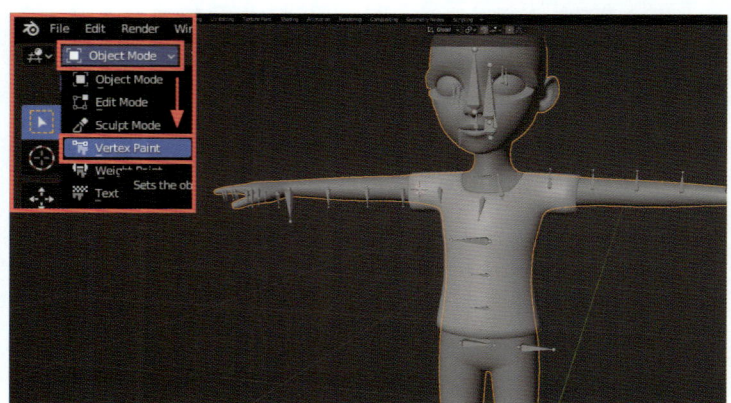

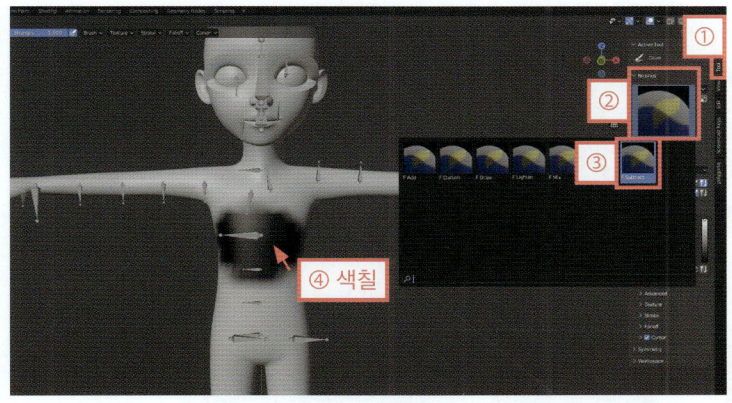

02 단축키 [N]을 눌러 우측 정보 창을 열고, [Tool] 탭에서 [Subtract] 브러시를 선택합니다. 옷은 잠시 숨겨주고, 옷에 가려질 몸통 부분을 칠해줍니다. 검정색으로 채색됩니다.

03 옷을 보이게 해서 경계선을 잘 확인하면서 칠해줍니다. 튀어나온 부분은 우측 [Tool] 탭 → [Brushes] → [Add]로 브러시를 바꿔 칠해서 지워줍니다.

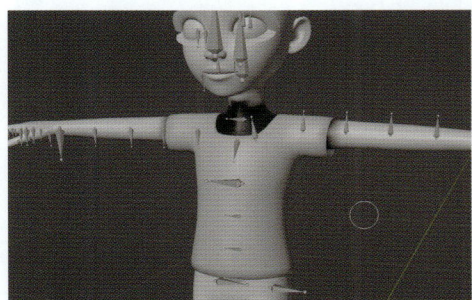 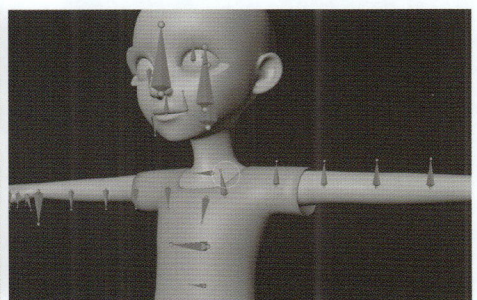

04 다시 옷을 안 보이게 하고 경계선 부분을 잘 정리해서 꼼꼼하게 칠해 줍니다. 이때 우측 상단 [Viewport Shading]은 Solid로 되어 있어야( ) Vertex Paint 색이 보입니다.

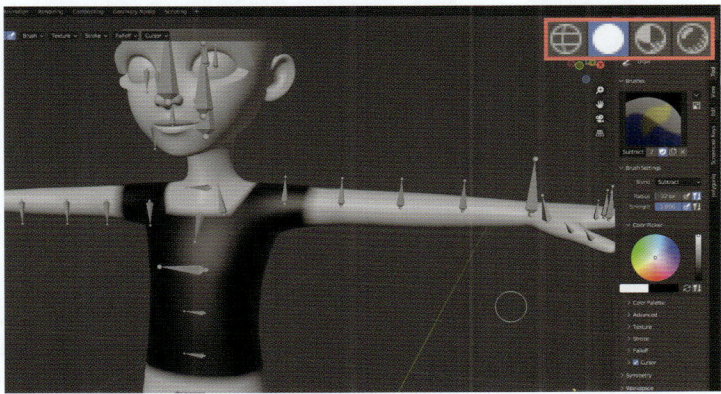

5.2 오브젝트 정리

다음 순서로, 기본 캐릭터인 mask를 정리하겠습니다.

01 오브젝트 모드로 돌아와 mask 오브젝트를 선택하고, 서브 메뉴바에서 [Object] → [Parent] → [Clear and keep Transformation] 명령을 차례로 선택합니다. 그러면 계층구조는 리셋되지만 위치값은 그대로 유지됩니다. 우측 상단 아웃라이너 창을 보면 mask가 zepeto_creatorBaseSet 하위 목록에서 빠져 단독으로 위치되는 것을 확인할 수 있습니다.

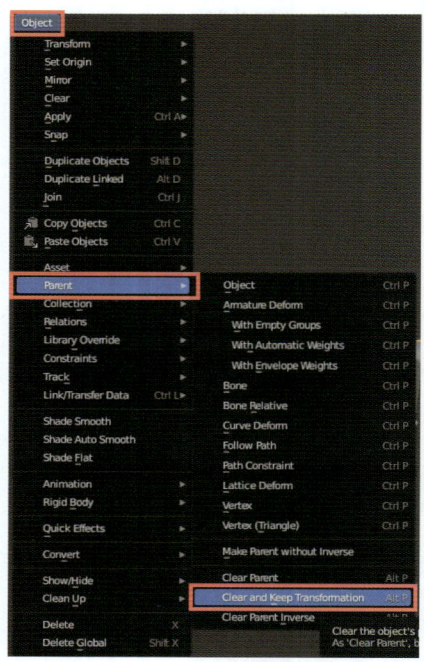

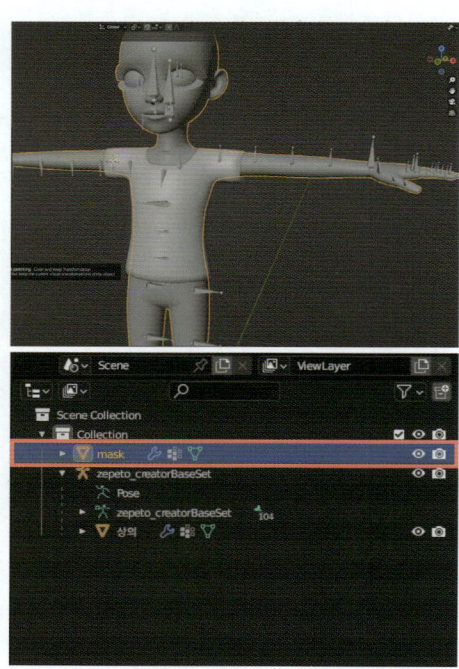

02 ([Modify Properties])에서 zepeto_creatorBaseSet도 [Apply] 버튼을 눌러 적용 완료해줍니다.

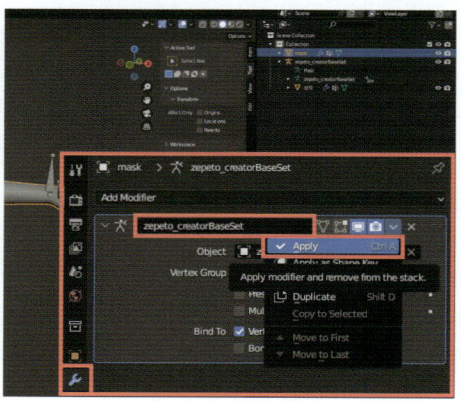

03 파일명도 정리하는 게 좋습니다. 우측 상단 아웃라이너 창에서 제작한 상의 이름을 'Top'으로 바꾸고, 아래쪽 ([Material Properties]) 탭을 클릭해서 Material 이름도 'Top'으로 통일시켜 줍니다.

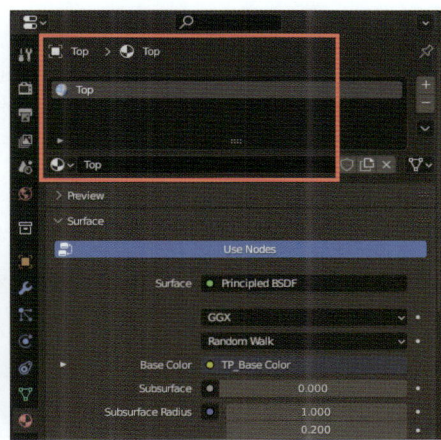

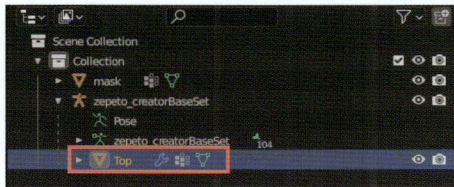

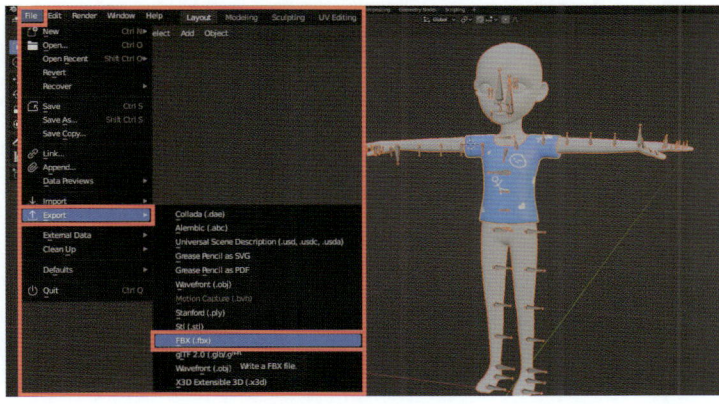

04 이제 게임엔진 호환 파일 형식인 fbx 파일로 저장하겠습니다. 기본 캐릭터(mask)와 뼈와 티셔츠(Top)을 다중 선택합니다. 상단 메뉴에서 [File] → [Export] → [FBX]를 클릭합니다.

05 Blender File View 창이 나타납니다. 우측 옵션창에서 몇 가지 설정을 해줘야 합니다. 먼저 Include 항목에서 [Selected Objects] 박스에 체크합니다. 선택한 세 가지 오브젝트를 FBX 파일에 포함해줍니다. Armature 항목에서 [Add Leaf Bones]를 체크 해제합니다. 엔진 적재용으로 리깅된 데이터를 내보내는 경우, 이 옵션은 해제해야 합니다. 애니메이션과는 상관 없으니 [Bake Animation] 항목도 체크 해제합니다. 이 상태에서 경로와 파일명을 설정하고 [Export FBX] 버튼을 클릭하면 됩니다.

6 제페토 스튜디오

작업이 완성되었습니다. 저장한 FBX 파일을 제페토 스튜디오에서 확인하겠습니다.

01 시작 전 가이드의 'ZEPETO 스튜디오 Unity 프로젝트 파일 3.2.7' 링크에서 내려받았던, 제페토 스튜디오를 실행합니다. 압축을 풀고, [Assets] 폴더 안에 있는 Playground.unity 프로그램을 더블클릭하면 됩니다. Unity가 자동 연동되어서 실행됩니다. (버전은 다운받는 시점에 따라 다를 수 있습니다.)

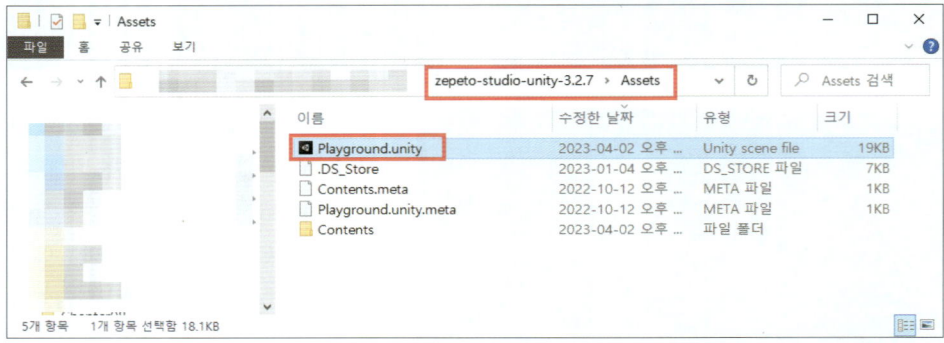

02 잠시 기다리면 다음 그림과 같은 Unity 화면이 나타납니다. 하단에 아이콘이 있는 공간을 Project 창이라고 합니다. 그곳에서 마우스 우클릭하여 [Import New Asset⋯]을 선택합니다.

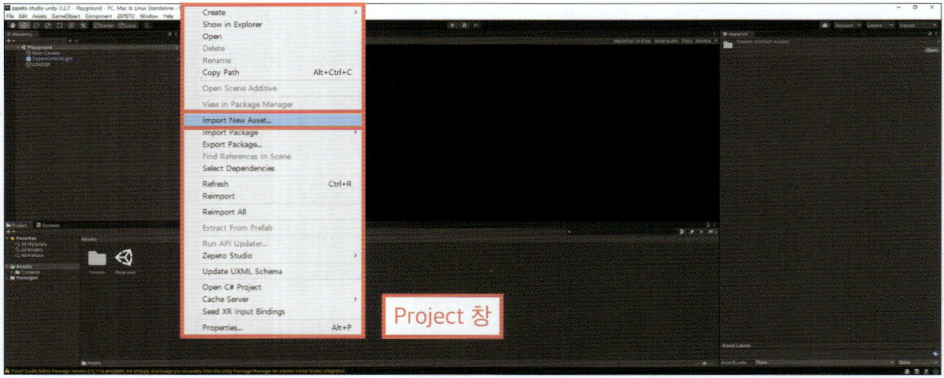

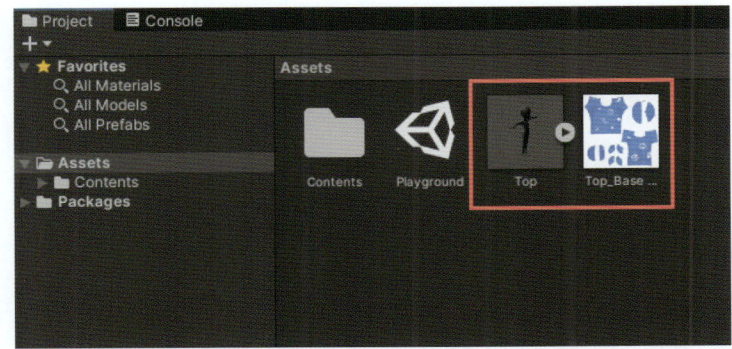

03 탐색기 팝업창이 뜨면, 블렌더에서 제작한 Texture(TP_BaseColor.png)와 FBX 파일(Top.fbx)을 불러옵니다. 두 파일이 Project 창에 옆 그림처럼 배치됩니다.

04 Texture를 적용할 Material을 하나 만들겠습니다. Project 창에서 다시 마우스 우클릭하여 팝업된 메뉴에서 [Create] → [Material]을 차례로 선택합니다.

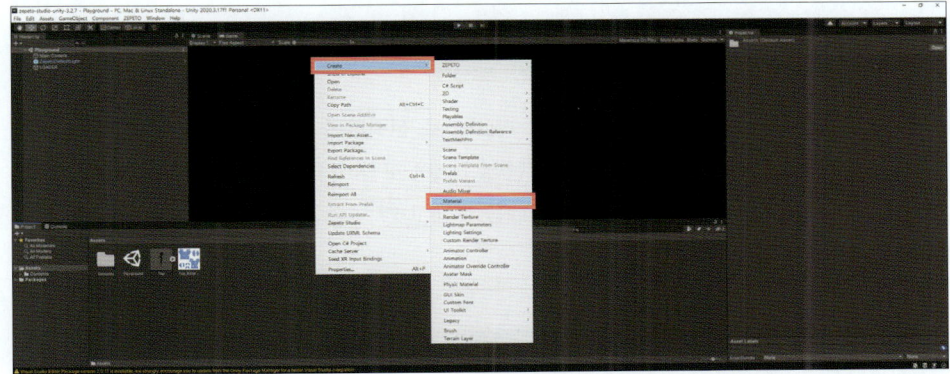

05 New Material 아이콘이 새로 나타납니다. 그 아이콘을 선택하고, 화면 우측 Inspector 창에서 [Shader]를 ZEPETO → [Standard]로 선택합니다.

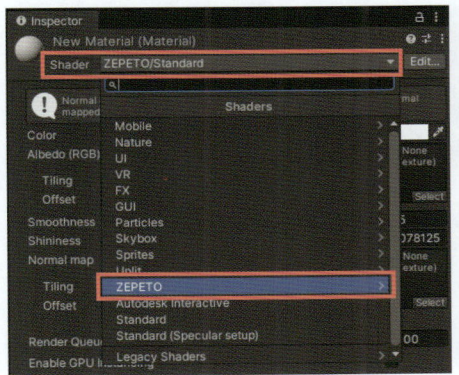 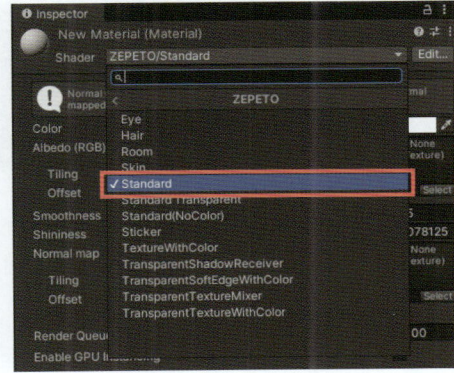

06 Material을 선택하고, Project 창에서 Texture인 Top_BaseColor.png를 우측 Inspector 창의 Albedo에 드래그 앤 드롭해서 지정해줍니다. 하단의 구에 티셔츠 텍스처가 적용된 것을 확인할 수 있습니다.

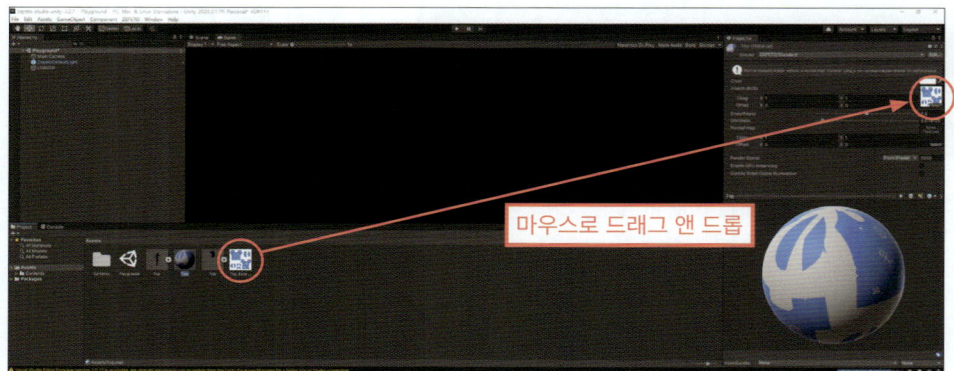

07 이어서 Project 창에서 FBX 파일인 Top.fbx를 선택하면 우측 Inspector 창이 바뀝니다. 상단의 Materials 탭으로 들어가면 중간 부분에 Top이 보입니다. 처음에는 'None (Material)' 상태입니다. 여기에 앞서 생성한 New Material을 드래그 앤 드롭 해줍니다. 우측 아래의 [Apply] 버튼을 눌러 적용 완료합니다.

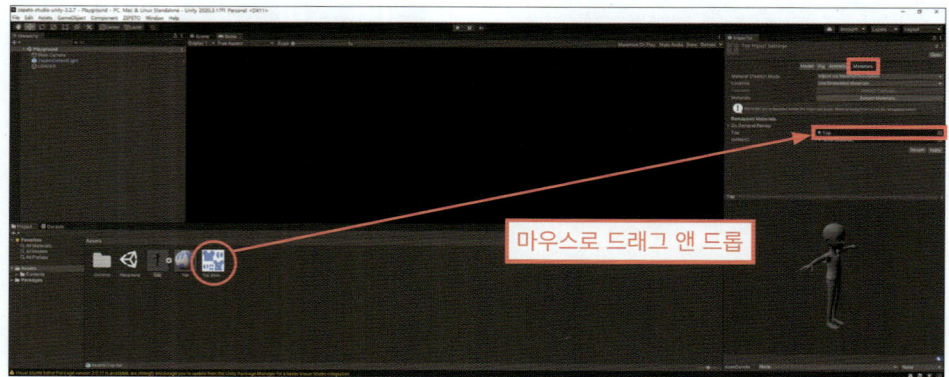

08 FBX 파일(Top.fbx)을 다시 선택하고 마우스 우클릭하여 팝업된 메뉴에서 [Zepeto Studio] → [Convert to ZEPETO style]을 차례로 클릭해줍니다.

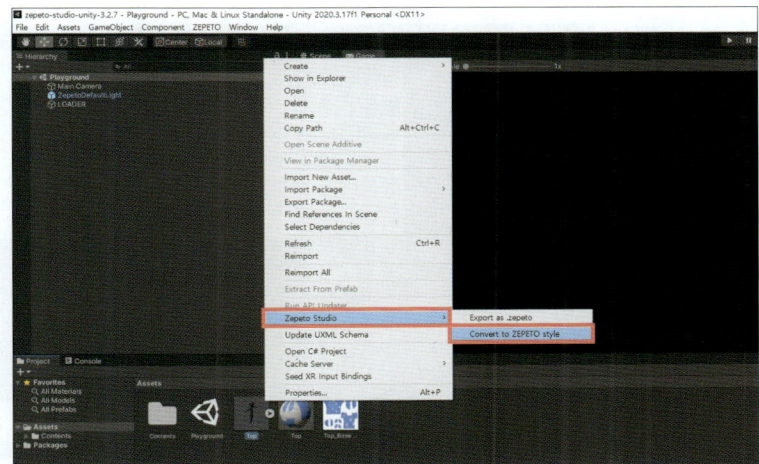

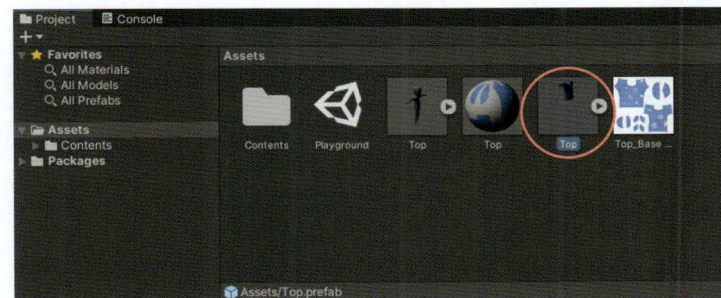

09 그러면 Project 창에 'Top'이라는 Prefab 파일이 하나 생성됩니다.

10 좌측 상단 Hierarchy 창에서 맨 아래 [LOADER]를 선택합니다. 그리고 우측 Inspector 창을 아래로 내리면 Clothes 항목이 있습니다. 두 번째의 [ClothesTop] 박스를 체크해 활성화합니다. 그 옆 'None (Object)' 칸에 새로 생성한 Top Prefeb를 드래그 앤 드롭해서 적용해줍니다.

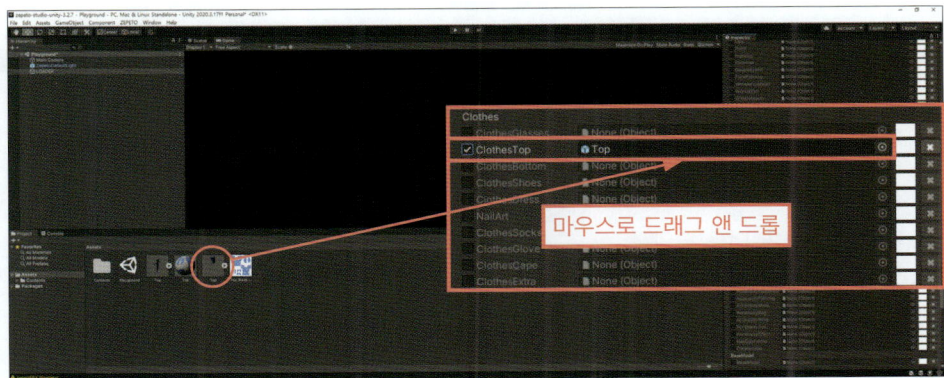

11 상단 중앙의 ▶ ([Play]) 버튼을 누르면 비어 있던 Game 창에 티셔츠를 입은 캐릭터가 나타납니다.

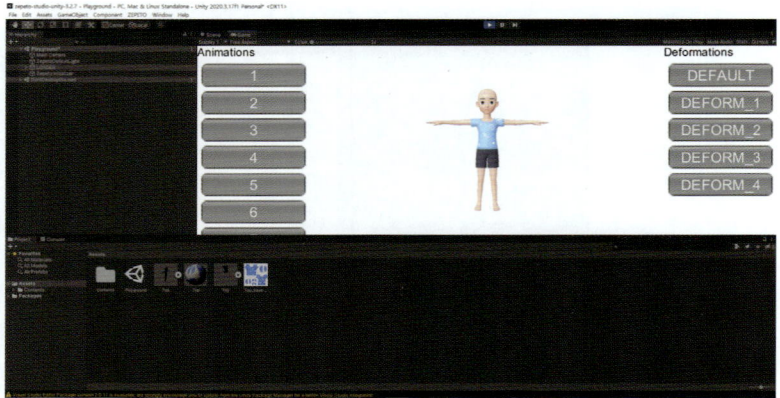

12 왼쪽 [Animations] 항목의 숫자 버튼들을 눌러 각 포즈에서 이상이 없는지 확인합니다. 옷이 변형되어 파고 들거나 이상한 부분이 있으면 블렌더로 돌아가 리깅을 다시 체크하길 바랍니다.

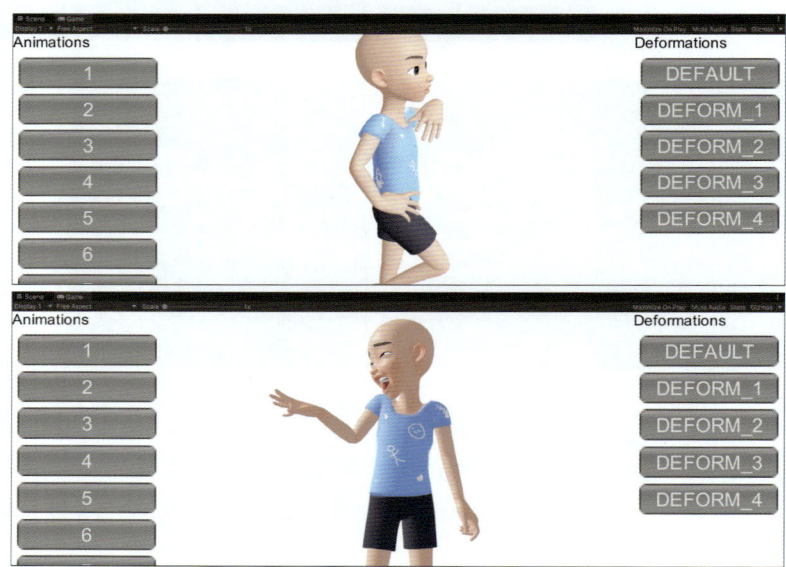

13 이렇게 기본 프린팅 반팔 티셔츠를 만들어 봤습니다. 이 방식과 파이프라인을 기반으로 해서, 모델링과 텍스처 제작을 좀더 신경 쓰면 더욱 다양한 옷들을 만들 수 있습니다. 다음은 긴팔 스웨터를 만들어본 예시입니다.

SECTION 02 | 액세서리(가방) 제작하기

1 리깅(Rigging)

같은 손가방이어도, 디자인은 다양하게 만들 수 있습니다. 블렌더로 원하는 형태의 손가방을 자유롭게 만들어 보세요. 여기서는 동그란 가죽 손가방을 제작했습니다. (어떻게 만들었는지 가방을 모델링하는 과정이 궁금하다면 옆에 있는 QR 코드를 스캔하여 PDF 파일을 내려받아 참고해 주세요.)

가방 모델링
(https://bit.ly/3Bt2AH8)

이 가방을 제페토에 업로드하기 위해 리깅을 진행하겠습니다. 앞서 작업한 옷과 다르게 가방의 경우 몇 가지 세팅을 해야 합니다. 특히 손가방의 경우 리깅이 조금 특이하게 이루어집니다. 설명을 천천히 잘 따라하길 바랍니다.

01 매핑까지 완료된 가방 오브젝트가 있는 상태에서 시작합니다. 먼저 가방과 가방을 들고 있는 손까지 하나의 오브젝트로 만들겠습니다. 상단 메뉴에서 [Layout]을 클릭하여 시작합니다. 그 다음에 상단 메뉴에서 [File] → [Import] → [FBX]를 클릭하여 제페토에서 제공하는 기본 캐릭터인 creatorBaseSet_zepeto.fbx 파일(예제 폴더 내, creatorBaseSet_zepeto.fbx)을 불러옵니다.

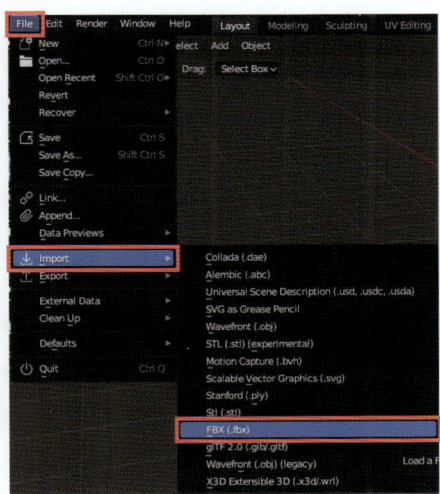
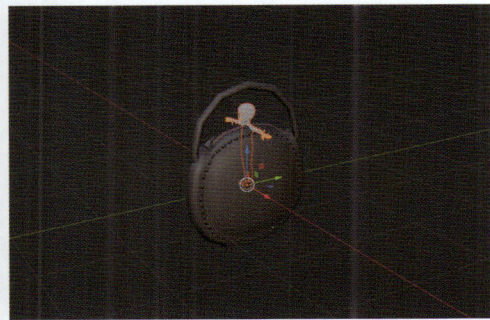

02 가방의 크기와 위치를 그림처럼 조정해 줍니다.

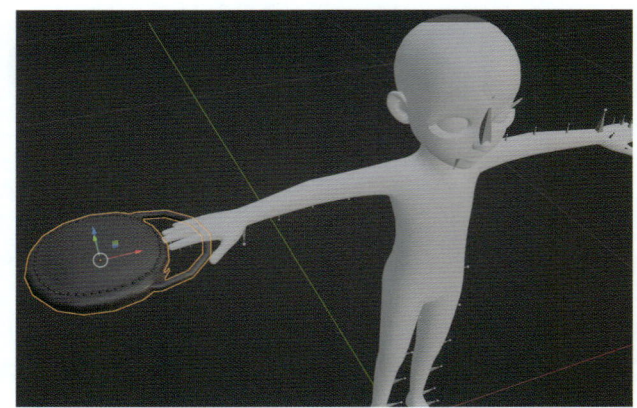

03 뼈를 선택하고 왼쪽 상단에서 Pose Mode로 변경한 후 그림처럼 손가락을 회전시켜 가방을 들고 있는 모양으로 만들어 줍니다.

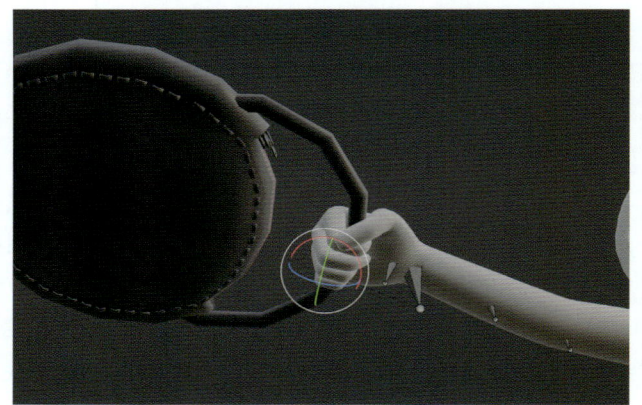

04 이때 우측 ([Object Properties]) 탭에서 Viewport Display 항목 아래 [In Front] 박스를 체크하면 뼈가 가려지지 않아 조금 더 쉽게 작업할 수 있습니다.

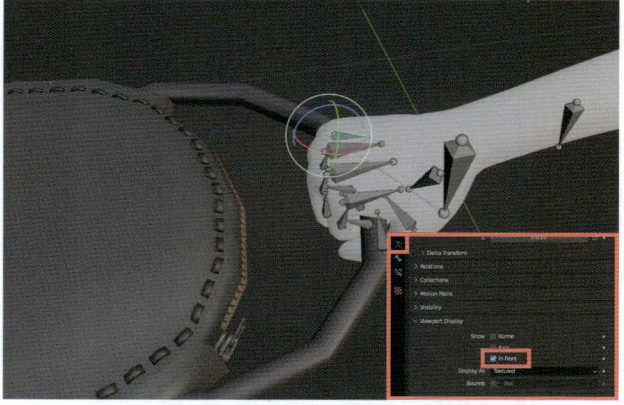

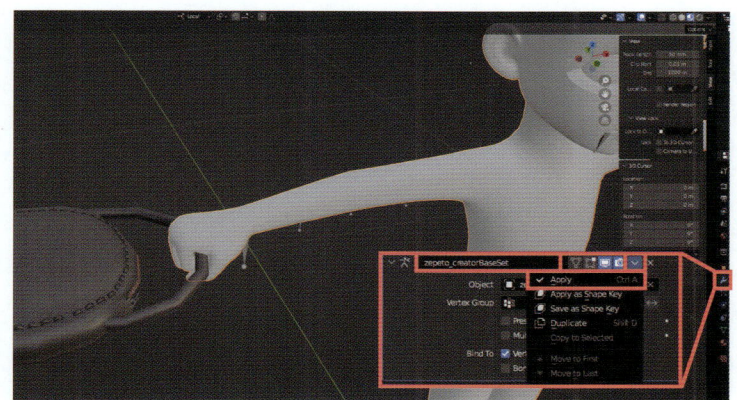

05 캐릭터를 선택하고 ([Modify Properties])을 클릭합니다. 현재 zepeto_creatorBaseSet란 명령이 적용되어 있습니다. 를 눌러 [Apply]를 선택하여 적용 완료해줍니다. 이 작업을 하지 않으면 에디트 모드 변경 시 손가락이 다시 펼쳐집니다.

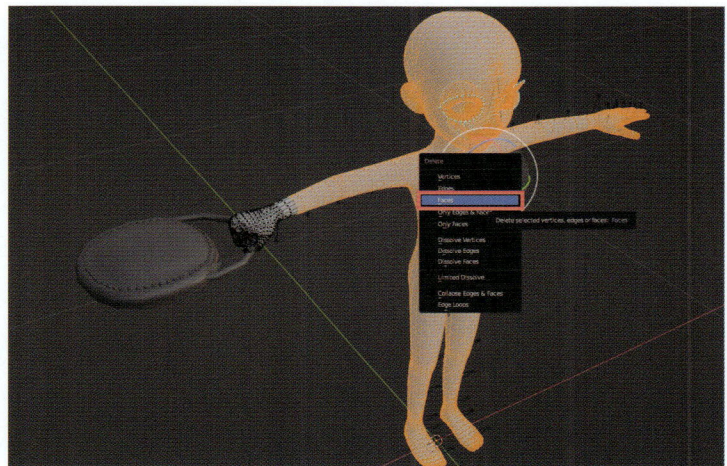

06 에디트 모드로 변경하고 가방을 들고 있는 손을 제외한 나머지 면들은 선택해서 [Del] 키를 누른 후 [Faces]를 선택하여 지워줍니다.

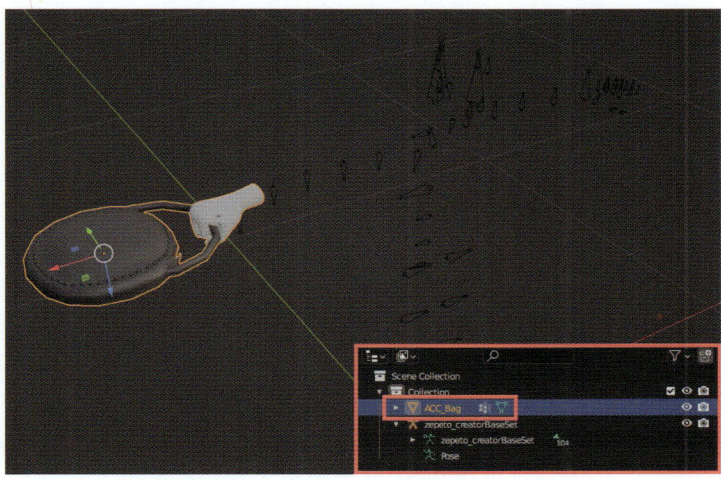

07 오브젝트 모드로 돌아와 가방과 손을 다중 선택해서 [Ctrl]+[J]로 하나의 오브젝트로 만들어 줍니다.

08 하나가 된 가방을 제외한 나머지 뼈도 지워줍니다.

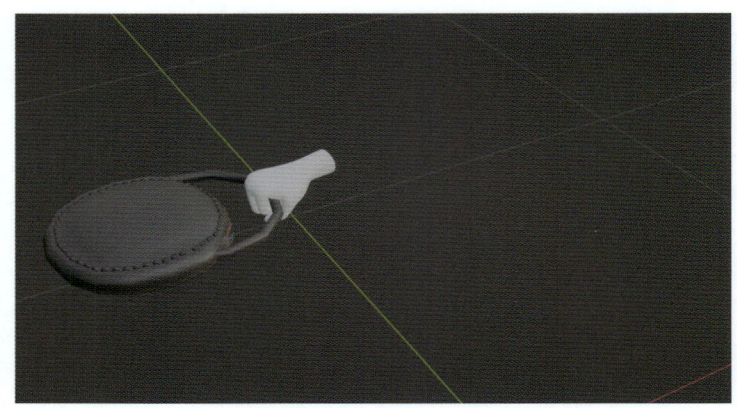

09 가방에는 이미 매트리얼을 지정했지만 현재 손과 합쳐졌으므로 매트리얼을 다시 지정해야 합니다. 우측 ([Material Properties]) 탭을 보면 매트리얼이 2개가 있습니다. 위 매트리얼은 앞서 지정한 가방 매트리얼이며, 아래 매트리얼은 합쳐진 손의 매트리얼입니다. 알아보기 쉽게 매트리얼 이름을 변경해주겠습니다. 위 매트리얼은 'ACC_Bag'으로, 아래 매트리얼은 'skin'으로 하겠습니다. ACC_Bag은 다른 이름으로 정해도 되지만, skin은 꼭 'skin'으로 해주어야 엔진에서 문제가 생기지 않습니다.

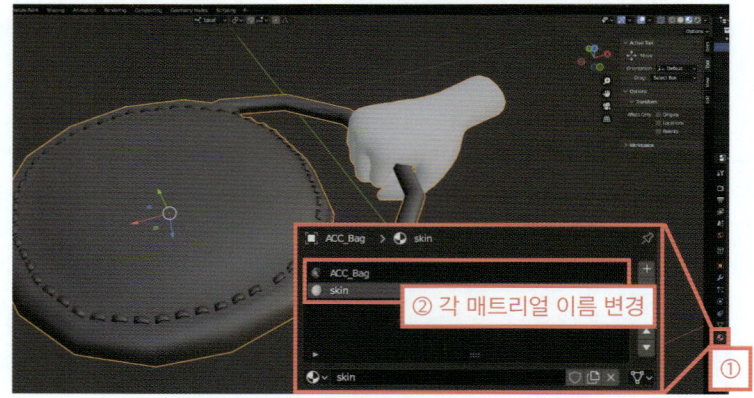

10 매트리얼을 한 번 더 재지정하겠습니다. 에디트 모드로 변경하고 Face Select 모드에서 손의 아무 면이나 선택한 후 [L]을 누르면 손 오브젝트만 전부 선택됩니다. 우측 ([Material Properties]) 탭에서 skin을 선택하고 [Assign] 버튼을 눌러줍니다.

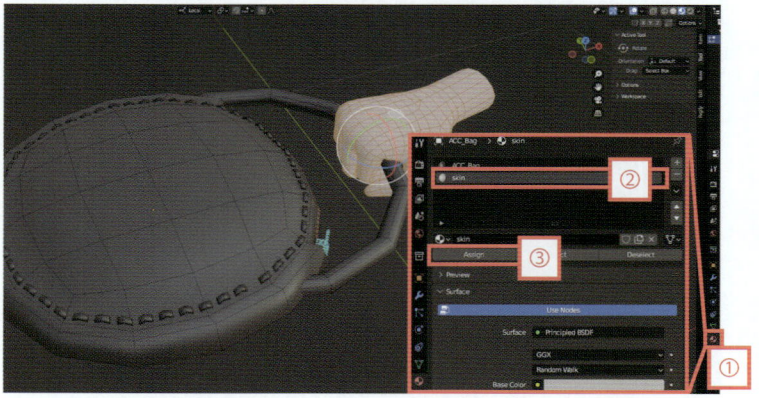

11 이 상태에서 서브 메뉴바에서 [Select] → [Invert]를 차례로 선택하면 가방이 선택됩니다. 이번에는 'ACC_Bag' 매트리얼을 선택하고 똑같이 [Assign] 버튼을 클릭해줍니다. 매트리얼 재지정이 끝났습니다.

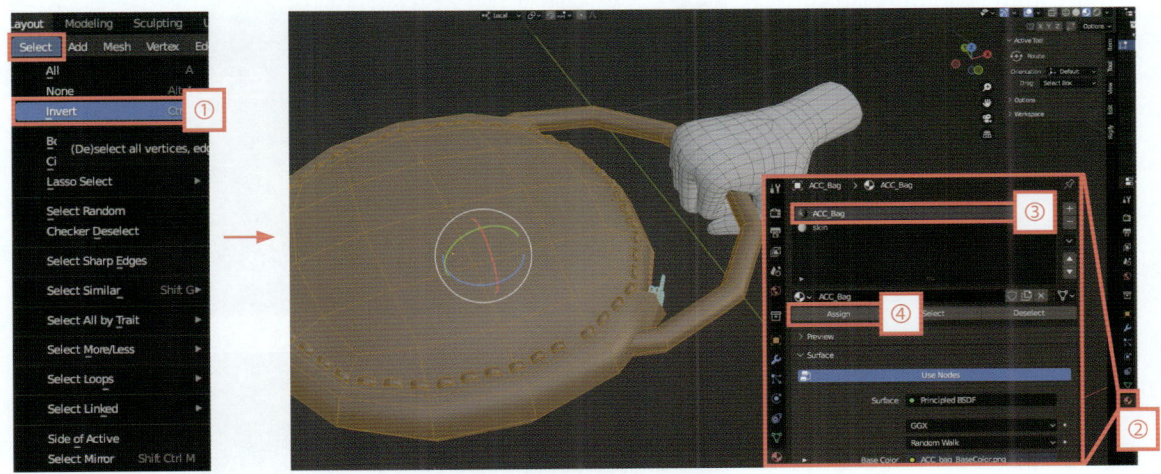

12 리깅을 위한 준비 단계가 끝났습니다. 이제 진짜 리깅 작업에 들어가겠습니다. 앞서 불러왔던 creatorBaseSet_zepeto.fbx 파일을 다시 불러옵니다.

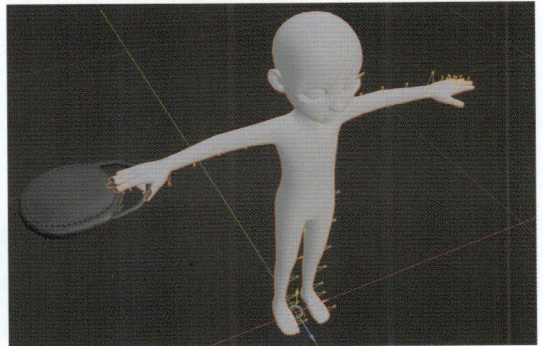

13 가방 리깅을 위해 겹쳐 보이는 몸통인 mask 오브젝트는 우측 상단 아웃라이너 창에서 👁 아이콘을 해제해서 잠시 숨겨 둡니다.

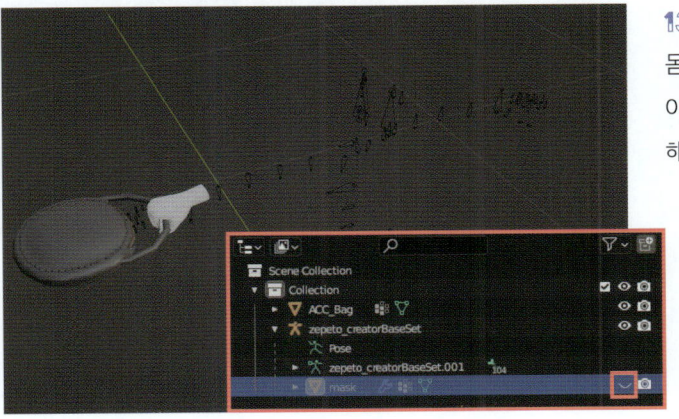

14 가방을 선택하고 [Shift] 키를 눌러 뼈를 다중 선택합니다. 마우스 우 클릭하여 팝업된 메뉴에서 [Parent] → [Armature Deform]을 차례로 선택하여 가방과 뼈를 연결해줍니다.

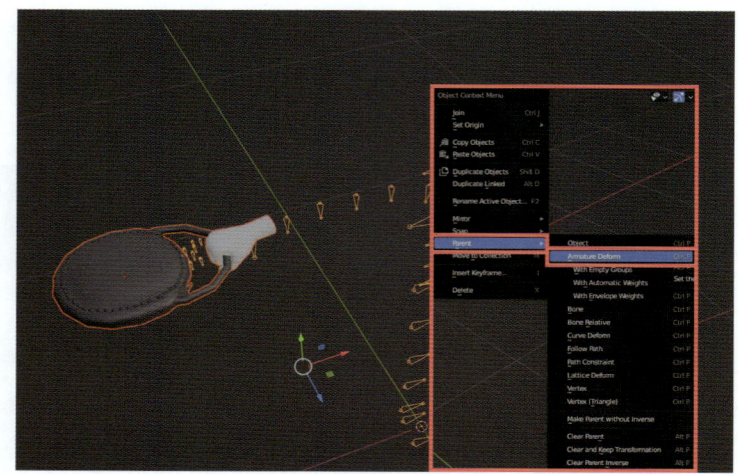

15 이번에는 뼈를 먼저 선택하고 가방을 다중 선택해서 Weight Paint 모드로 바꾸어 줍니다.

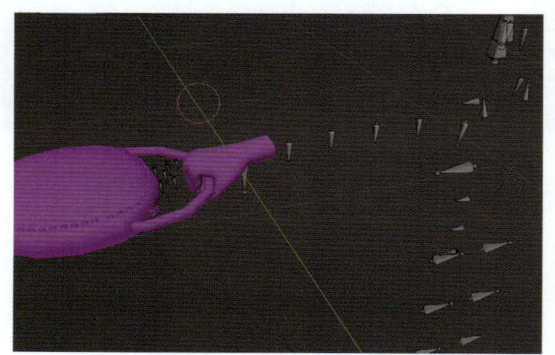

16 단축키 [V](Vertex Selection), [A](All)를 눌러 모든 Vertex를 선택합니다. 우측 ([Object Data Properties]) 탭의 Vertex Groups 목록에서 hand R을 찾아서 선택합니다. Weight 수치는 1로 주고 [Assign]을 눌러 hand R 뼈에 모든 Vertex가 따라 움직이게 해줍니다.

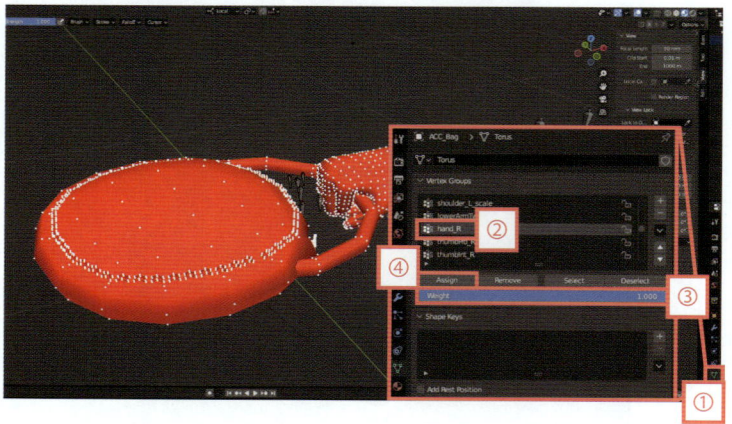

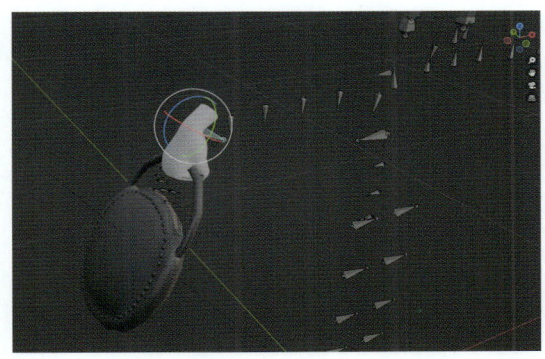

17 다시 오브젝트 모드로 바꾸고 뼈를 선택해서 Pose Mode로 변경합니다. hand R 뼈를 잡고 움직여 보면 가방이 잘 따라 움직입니다. 그런데 지금처럼 손목 끝 부분까지 움직이면 안 됩니다. 손목 끝 부분은 움직이지 않고 고정되어 있어야 합니다.

18 다시 Weight Paint 모드로 돌아갑니다. 단축키 [N]을 눌러 우측 정보창을 팝업시킵니다. [Tool] 탭을 클릭한 후에 [Brushes] → [Add] 브러시를 차례로 선택하여 손목 부분을 문질러 줍니다. 색이 파란색으로 바뀝니다. 파란색에 가까울수록 지정한 뼈로부터 영향을 덜 받습니다.

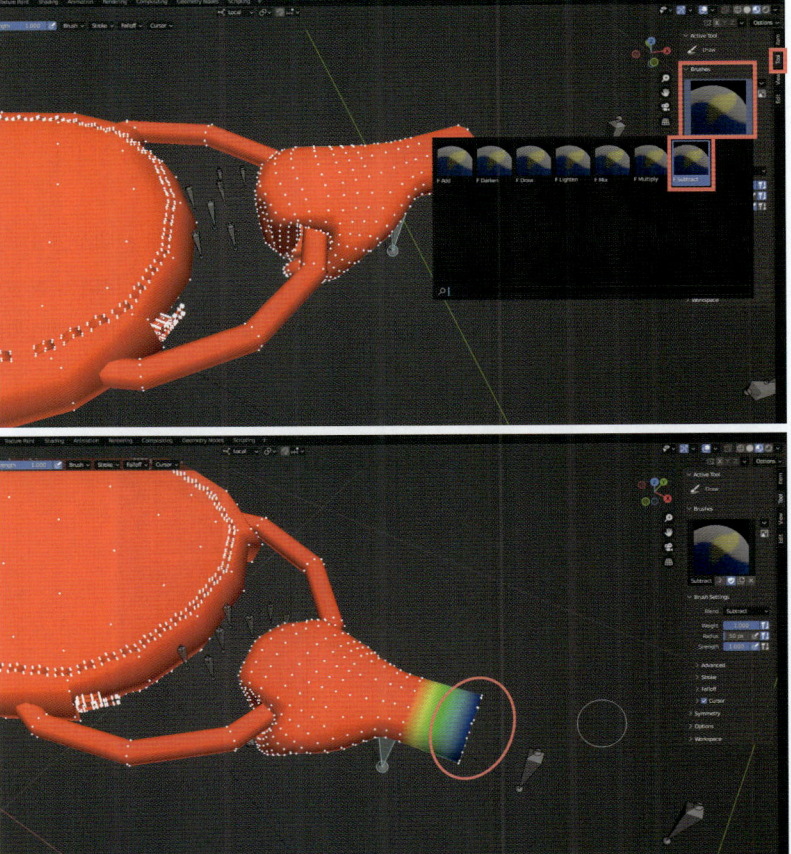

19 Pose Mode에서 움직여 보면 손목 부분은 고정되어 있고 가방만 잘 움직이는 것을 확인할 수 있습니다.

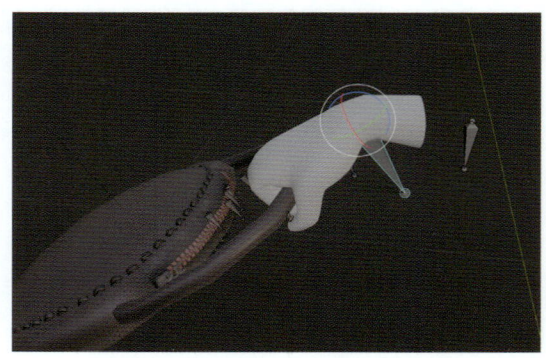

2 Unity로 내보내기

앞서 [Section 01. 상의(반팔 티셔츠) 제작하기]에서와 마찬가지로, 작업한 데이터를 제페토 스튜디오에 올리기 위해선 제페토에서 정한 규칙에 따라 몇 가지 세팅을 해주어야 합니다. 일단 Vertex Paint 기능으로 오브젝트가 겹쳐, 안 보여야 하는 손 부분을 처리해 주겠습니다. Vertex Paint로 칠해준 부분은 투명하게 처리되어서 화면에 보이지 않게 됩니다. 또한 제페토 스튜디오에 보낼 오브젝트 정리와 오브젝트의 Transform 수치를 맞추는 작업도 함께 해주겠습니다.

01 먼저 Vertex Paint부터 작업하겠습니다. 오브젝트 모드에서 몸통(mask)을 선택하고 좌측 상단에서 Vertex Paint 모드로 변경합니다. [Subtract] 브러시로 가방과 겹쳐져 안 보여야 할 손 부분을 칠해줍니다. 검정색으로 표시됩니다. (이때 우측 상단 Viewport Shading은 Solid로 되어 있어야 Vertex Paint 색이 보입니다.)

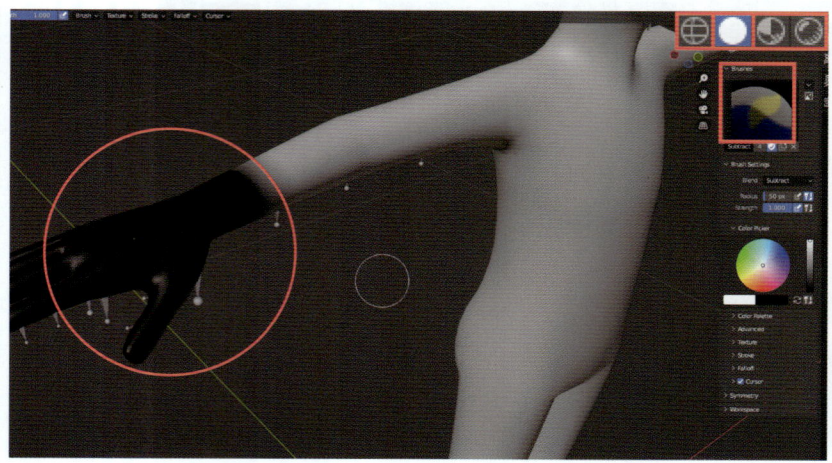

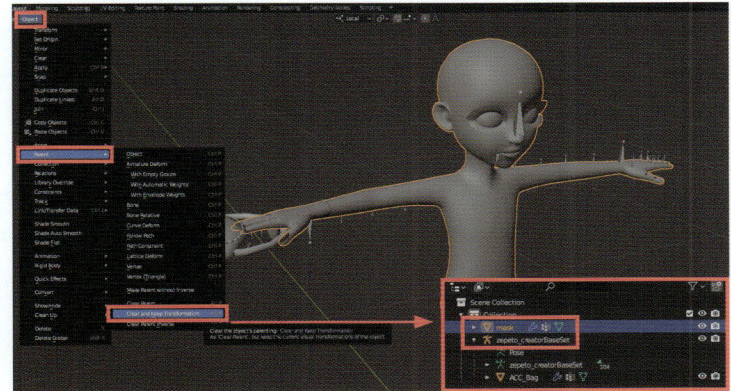

02 기본 캐릭터인 mask를 정리하겠습니다. mask를 선택하고 서브 메뉴바에서 [Object] → [Parent] → [Clear and keep Transformation]을 차례대로 선택해서 계층구조는 리셋하고 위치값은 그대로 유지시켜줍니다. 우측 상단 아웃라이너를 보면 mask가 zepeto_creatorBaseSet에서 빠져 단독으로 위치되는 것을 확인할 수 있습니다.

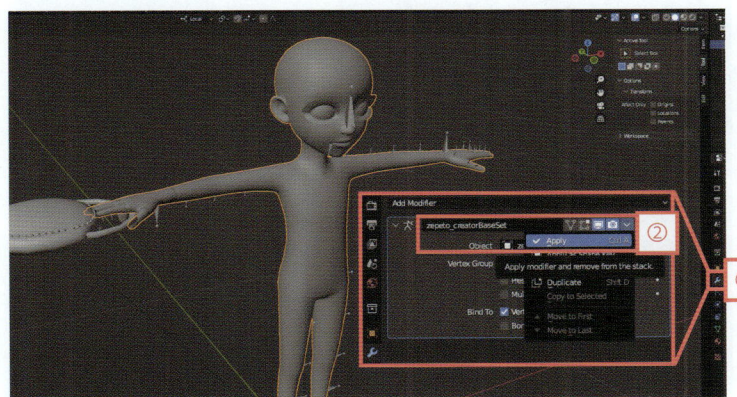

03 ([Modify Properties])에서 적용되어 있는 zepeto_creator BaseSet도 [Apply]를 클릭해서 적용 완료해줍니다.

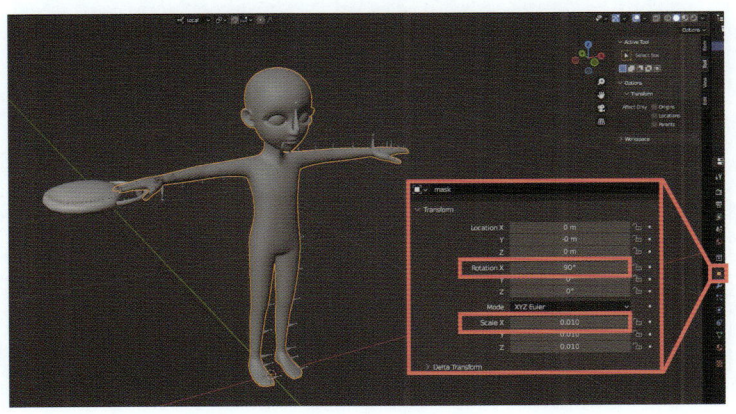

04 이제 마지막으로 오브젝트의 [Transform] 수치를 체크하겠습니다. mask를 선택하고 ([Object Properties]) 탭 → [Transform]을 선택하여 확인해 보면 [Rotation X]는 90, [Scale]은 0.010으로 되어 있는 것을 알 수 있습니다. 이 수치는 제페토 스튜디오에서 요구하는 오브젝트 Transform으로, 다른 오브젝트들 역시 이 수치를 맞추어야 합니다.

05 이번에는 가방을 선택하고 ([Object Properties]) 탭을 확인해 봅니다. 수치가 제페토에서 요구하는 Transform 수치가 아닙니다.

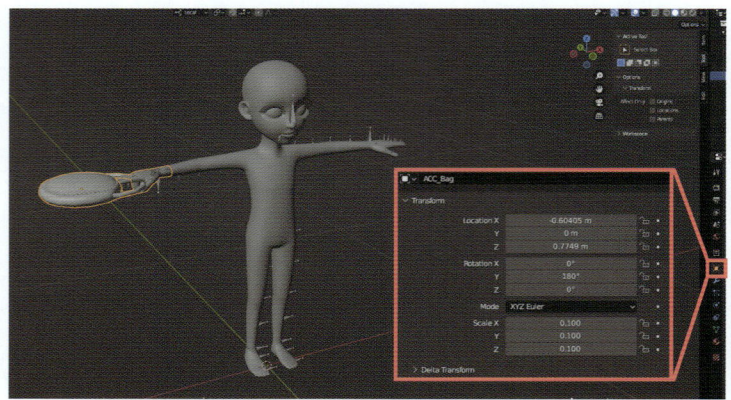

06 제페토에서 요구하는 Transform 수치를 맞추겠습니다. [Ctrl]+ [A]를 누르고 팝업된 메뉴에서 [All Transforms] 명령을 선택하여 모든 값을 리셋해줍니다.

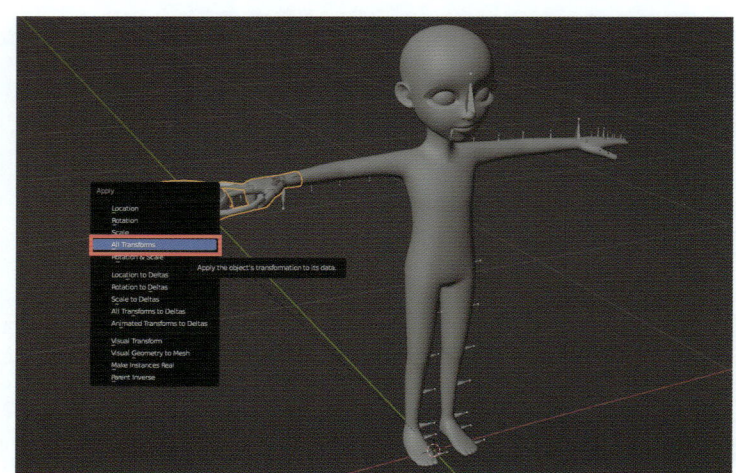

07 우측에서 [Transform] 수치를 [Rotation X]는 -90, [Scale X, Y, Z]는 각 100으로 입력합니다.

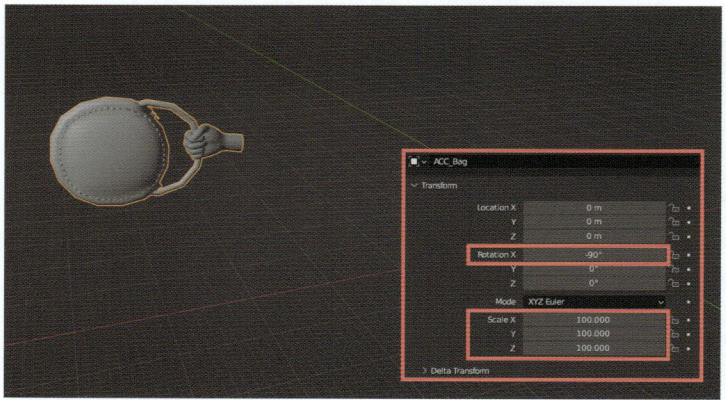

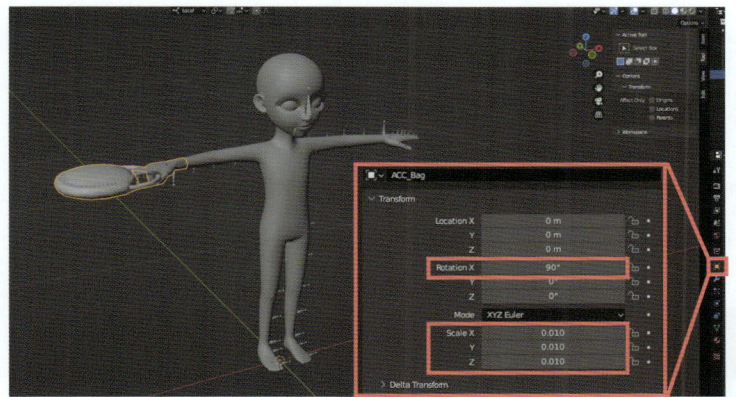

08 이 상태에서 다시 [Ctrl]+[A]를 눌러 팝업된 메뉴에서 [All Transforms]를 선택하여 리셋시킵니다. 우측 [Transform] 수치에 이번에는 [Rotation X]는 90, [Scale X, Y, Z]에는 각각 0.01을 입력하면 됩니다. 이제 크기와 위치도 맞고 Transform 수치는 제페토에서 요구하는 수치에 맞는 데이터가 되었습니다.

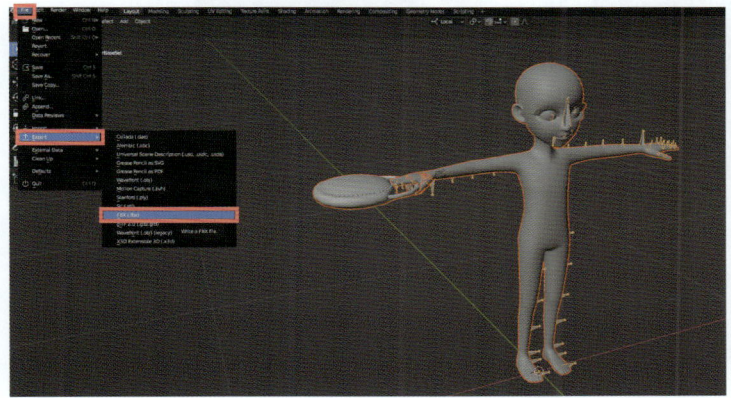

09 마지막으로 엔진 호환 파일인 fbx 파일로 저장하겠습니다. 기본 캐릭터(mask)와 뼈 그리고 가방(ACC_Bag)을 다중 선택합니다. 상단 메뉴에서 [File] → [Export] → [FBX(.fbx)]를 차례로 클릭합니다.

10 내보내기 창에서 옵션을 조정합니다. 상의 때와 동일합니다. Include 항목에서 [Selected Object]를 체크하고, Armature 항목의 [Add Leaf Bones]와 그 아래의 [Bake Animation] 박스는 모두 체크 해제합니다. 경로와 파일명을 정하고 [Export FBX]를 선택하면 됩니다.

3 제페토 스튜디오

작업이 완성되었습니다. FBX로 저장해서 제페토 스튜디오에서 확인하겠습니다.

01 상의 때와 마찬가지로 Playground.unity를 실행합니다. Unity의 Project 창에서 마우스 우클릭하고 [Import New Asset]을 선택합니다.

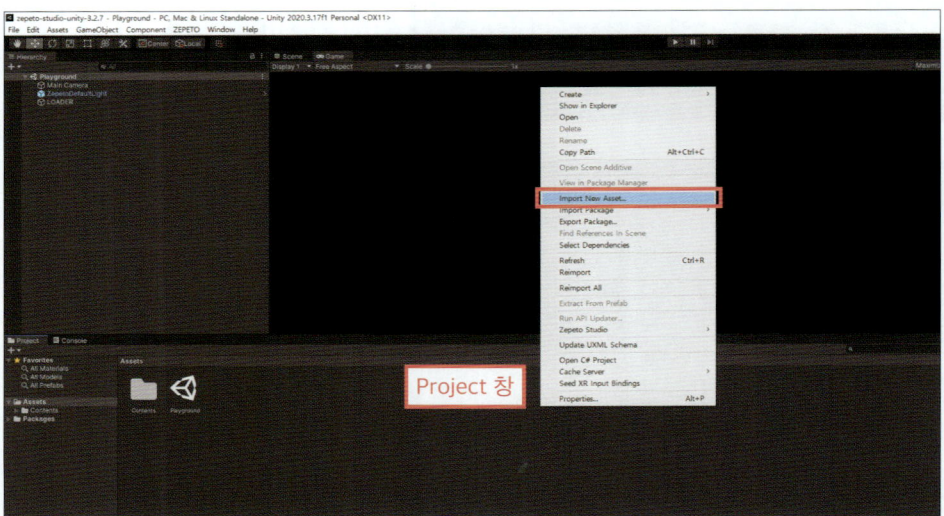

02 제작한 Texture(ACC_bag_BaseColor.png)와 FBX 파일(ACC_Bag.fbx)을 선택해서 불러옵니다.

03 Texture를 적용할 Material을 하나 만들겠습니다. Project 창에서 마우스 우클릭하고 [Create] → [Material]을 차례로 선택합니다. 그리고 화면 우측 Inspector창에서 [Shader]를 [ZEPETO] → [Standard]로 정해줍니다.

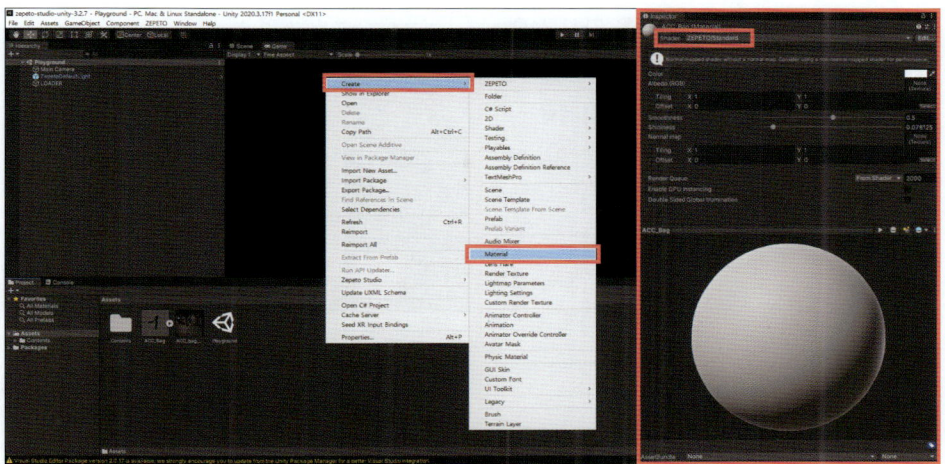

04 Project 창의 Texture인 ACC_bag_BaseColor.png를, 우측 Inspector 창의 Albedo에 드래그 앤 드롭해서 지정해줍니다.

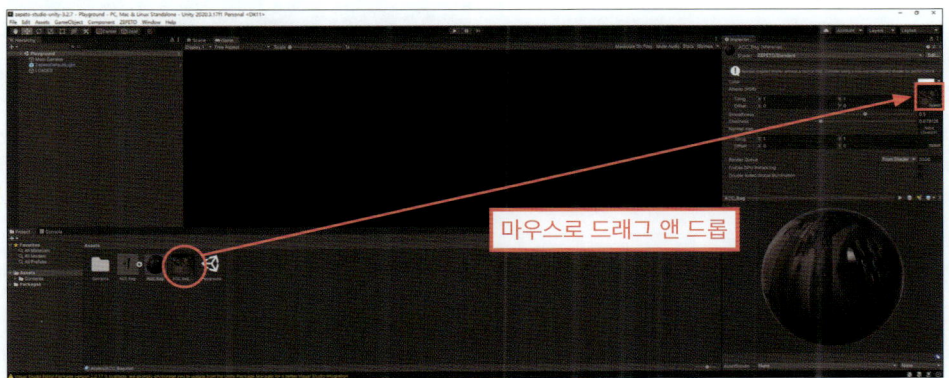

05 이번에는 Project 창의 FBX 파일인 ACC_Bag.fbx을 선택합니다. 우측 Inspector 창의 ACC_Bag에, 앞에서 생성한 Material을 드래그 앤 드롭해줍니다.

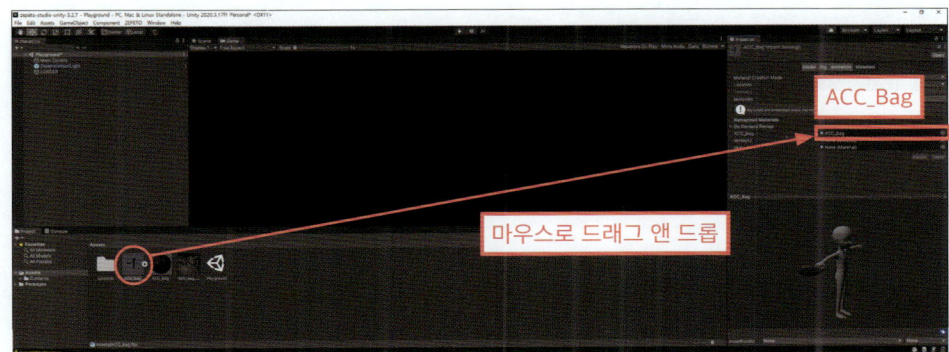

06 FBX 파일(ACC_Bag.fbx)을 다시 선택하고 마우스 우클릭한 뒤, [Zepeto Studio] → [Convert to ZEPETO style]을 차례로 선택합니다. 그러면 Project 창에 ACC_Bag이라는 Prefab 파일이 하나 생성됩니다.

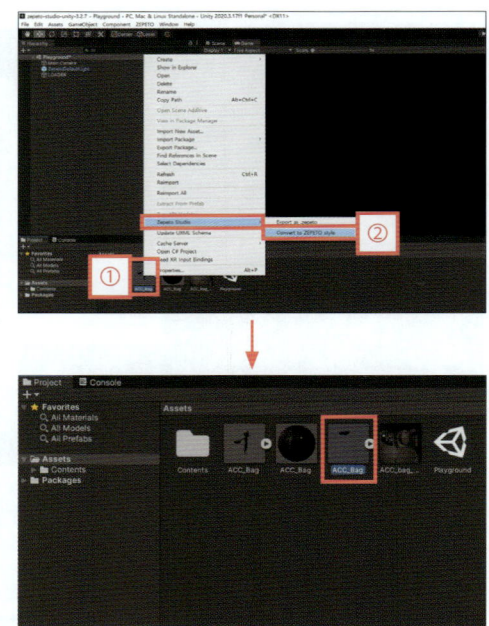

07 다음으로 좌측 상단 Hierarchy 창의 [LOADER]를 선택합니다. 우측 Inspector 창의 [Accessory Bag]을 체크해 활성화하고, 새로 생성한 ACC_Bag Prefeb을 드래그 앤 드롭해서 적용해줍니다.

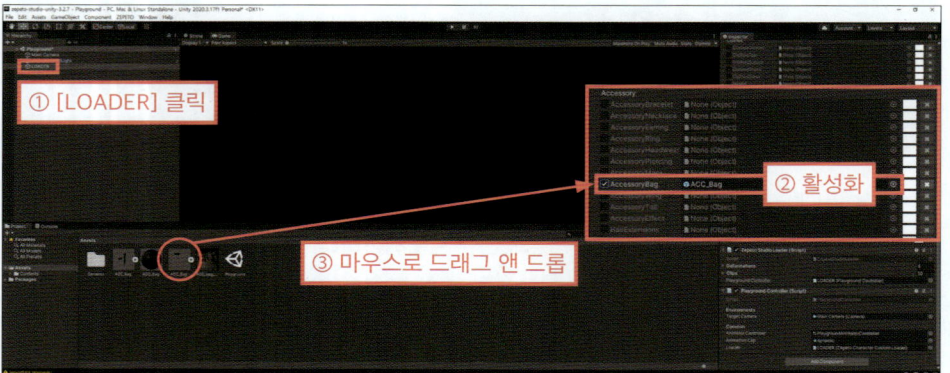

08 상단 중앙의 ▶([Play]) 버튼을 누르면 비어 있던 Game 창에 가방을 든 캐릭터가 나타납니다.

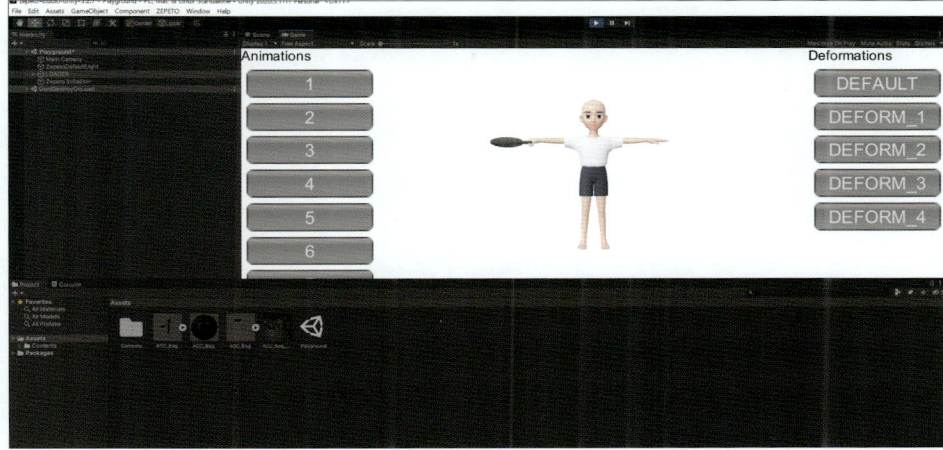

09 왼쪽 [Animations] 항목의 숫자 버튼들을 눌러 각 포즈에서 이상이 없는지 확인합니다. 가방이 제대로 적용된 것을 확인할 수 있습니다.